中华正史经典

三国志

二

〔晋〕陈寿 撰
〔南朝宋〕裴松之 注

中华书局

# 三国志卷二十七　魏书二十七

## 徐胡二王传第二十七

　　徐邈字景山,燕国蓟人也。太祖平河朔,召为丞相军谋掾,试守奉高令,入为东曹议令史。魏国初建,为尚书郎。时科禁酒,而邈私饮至于沈醉。校事赵达问以曹事,邈曰:"中圣人。"达白之太祖,太祖甚怒。度辽将军鲜于辅进曰:"平日醉客谓酒清者为圣人,浊者为贤人,邈性修慎,偶醉言耳。"竟坐得免刑。后领陇西太守,转为南安。文帝践阼,历谯相、平阳、安平太守,颍川典农中郎将,所在著称,赐爵关内侯。车驾幸许昌,问邈曰:"颇复中圣人不?"邈对曰:"昔子反毙于榖阳,御叔罚于饮酒,臣嗜同二子,不能自惩,时复中之。然宿瘤以丑见传,而臣以醉见识。"帝大笑,顾左右曰:"名不虚立。"迁抚军大将军军师。

　　明帝以凉州绝远,南接蜀寇,以邈为凉州刺史,使持节领护羌校尉。至,值诸葛亮出祁山,陇右三郡反,邈辄遣参军及金城太守等击南安贼,破之。河右少雨,常苦乏谷,邈上修武威、酒泉盐池以收虏谷,又广开水田,募贫民佃之,家家丰足,仓库盈溢。乃支度州界军用之馀，以市金帛犬马，通供中国之费。以渐收敛民间私仗，藏之府库。然后率以仁义，立学明训，禁厚葬，断淫祀，进善黜恶，风化大行，百姓归心焉。西域流通，荒戎入贡，皆邈勋也。讨叛羌柯吾有功，封都亭侯，邑三百户，加建威将军。邈与羌、胡从事，不问小过；若犯大罪，先告部帅，使知，应死者乃斩以徇，是以信服畏威。赏赐皆散与将士，无入家者，妻子衣食不充；天子闻而嘉之，随时供给其家。弹邪绳枉，州界肃清。

正始元年，还为大司农。迁为司隶校尉，百寮敬惮之。公事去官。后为光禄大夫，数岁即拜司空，邈叹曰："三公论道之官，无其人则缺，岂可以老病忝之哉？"遂固辞不受。嘉平元年，年七十八，以大夫薨于家，用公礼葬，谥曰穆侯。子武嗣。六年，朝廷追思清节之士，诏曰："夫显贤表德，圣王所重；举善而教，仲尼所美。故司空徐邈、征东将军胡质、卫尉田豫皆服职前朝，历事四世，出统戎马，入赞庶政，忠清在公，忧国忘私，不营产业，身没之后，家无馀财，朕甚嘉之。其赐邈等家谷二千斛，钱三十万，布告天下。"邈同郡韩观曼游，有鉴识器干，与邈齐名，而在孙礼、卢毓先，为豫州刺史，甚有治功，卒官。[1]卢钦著书，称邈曰："徐公志高行絜，才博气猛。其施之也，高而不狷，絜而不介，博而守约，猛而能宽。圣人以清为难，而徐公之所易也。"或问钦："徐公当武帝之时，人以为通，自在凉州及还京师，人以为介，何也？"钦答曰："往者毛孝先、崔季珪等用事，贵清素之士，于时皆变易车服以求名高，而徐公不改其常，故人以为通。比来天下奢靡，转相仿效，而徐公雅尚自若，不与俗同，故前日之通，乃今日之介也。是世人之无常，而徐公之有常也。"

[1] 魏名臣奏载黄门侍郎杜恕表，称："韩观、王昶，信有兼才，高官重任，不但三州。"

胡质字文德，楚国寿春人也。少与蒋济、朱绩俱知名于江、淮间，仕州郡。蒋济为别驾，使见太祖。太祖问曰："胡通达，长者也，宁有子孙不？"济曰："有子曰质，规模大略不及于父，至于精良综事过之。"① 太祖即召质为顿丘令。县民郭政通于从妹，杀其夫程他，郡史冯谅系狱为证。政与妹皆耐掠隐抵，谅不胜痛，自诬，当反其罪。质至官，察其情色，更详其事，检验具服。

①案胡氏谱：通达名敏，以方正征。

入为丞相东曹议令史，州请为治中。将军张辽与其护军武周有隙。辽见刺史温恢求请质，质辞以疾。辽出谓质曰："仆委意于君，何以相辜如此？"质曰："古人之交也，取多知其不贪，奔北知其不怯，闻流言而不信，故可终也。武伯南身为雅士，往者将军称之不容于口，今以睚眦之恨，乃成嫌隙。睚，五卖反。眦，士卖反。况质才薄，岂能终好？是以不愿也。"辽感言，复与周平。①

①虞预晋书曰：周字伯南，沛国竹邑人。位至光禄大夫。子陔，字元夏。陔及二弟韶、茂，皆总角见称，并有器望，虽乡人诸父，未能觉其多少。时同郡刘公荣，名知人，尝造周。周谓曰："卿有知人之明，欲使三儿见卿，卿为目高下，以效郭、许之听可乎？"公荣乃自诣陔兄弟，与共言语，观其举动。出语周曰："君三子皆国士也。元夏器量最优，有辅佐之风，展力仕宦，可为亚公。叔夏、季夏，不减常伯、纳言也。"陔少出仕宦，历职内外，泰始初为吏部尚书，迁左仆射、右光禄大夫、开府仪同三司，卒于官。陔以在魏已为大臣，本非佐命之数，怀逊让，不得已而居位，故在官职，无所荷任，夙夜思恭而已。终始全洁，当世以为美谈。韶历二官吏部郎。山涛启事称韶清白有诚，终于散骑常侍。茂至侍中、尚书。颍川荀恺，宣帝外孙，世祖姑子，自负贵戚，要与茂交。茂拒而不答，由是见恚。元康元年，杨骏被诛，恺时为尚书仆射，以茂骏之姨弟，陷为骏党，遂枉见杀，众咸冤痛之。

太祖辟为丞相属。黄初中，徙吏部郎，为常山太守，迁任东莞。

士卢显为人所杀，质曰："此士无雠而有少妻，所以死乎！"悉见其比居年少，书吏李若见问而色动，遂穷诘情状。若即自首，罪人斯得。每军功赏赐，皆散之于众，无入家者。在郡九年，吏民便安，将士用命。

迁荆州刺史，加振威将军，赐爵关内侯。吴大将朱然围樊城，质轻军赴之。议者皆以为贼盛不可迫，质曰："樊城卑下，兵少，故当进军为之外援；不然，危矣。"遂勒兵临围，城中乃安。迁征东将军，假节都督青、徐诸军事。广农积谷，有兼年之储，置东征台，且佃且守。又通渠诸郡，利舟楫，严设备以待敌。海边无事。

性沉实内察，不以其节检物，所在见思。嘉平二年薨，家无馀财，惟有赐衣书箧而已。军师以闻，追进封阳陵亭侯，邑百户，谥曰贞侯。子威嗣。六年，诏书褒述质清行，赐其家钱谷。语在徐邈传。威，咸熙中官至徐州刺史，①有殊绩，历三郡守，所在有名。卒于安定。

①晋阳秋曰：威字伯虎。少有志尚，厉操清白。质之为荆州也，威自京都省之。家贫，无车马童仆，威自驱驴单行，拜见父。停厩中十馀日，告归。临辞，质赐绢一匹，为道路粮。威跪曰："大人清白，不审于何得此绢？"质曰："是吾俸禄之馀，故以为汝粮耳。"威受之，辞归。每至客舍，自放驴，取樵炊爨，食毕，复随旅进道，往还如是。质帐下都督，素不相识，先其将归，请假还家，阴资装百馀里要之，因与为伴，每事佐助经营之，又少进饮食，行数百里。威疑之，密诱问，乃知其都督也，因取向所赐绢答谢而遣之。后因他信，具以白质。质杖其都督一百，除吏名。其父子清慎如此。于是名誉著闻，历位宰牧。晋武帝赐见，论边事，语及平生。帝叹其父清，谓威曰："卿清孰与父清？"威对曰："臣不如也。"帝曰："以何为不如？"对曰："臣父清恐人知，臣清恐人不知，是臣不如者远也。"官至前将军、青州刺史。太康元年卒，追赠镇东将军。威弟豹，字季象，征南将军；威子奕，字次孙，平东将军；并以洁行垂名。

王昶字文舒，太原晋阳人也。①少与同郡王凌俱知名。凌年长，昶兄事之。文帝在东宫，昶为太子文学，迁中庶子。文帝践阼，徙散骑侍郎，为洛阳典农。时都畿树木成林，昶斫开荒莱，勤劝百姓，垦田特多。迁兖州刺史。明帝即位，加扬烈将军，赐爵关内侯。昶虽在外任，心存朝廷，以为魏承秦、汉之弊，法制苛碎，不大厘改国典以准先王之风，而望治化复兴，不可得也。乃著治论，略依古制而合于时务者二十馀篇，又著兵书十馀篇，言奇正之用，②青龙中奏之。

①案王氏谱：昶伯父柔，字叔优；父泽，字季道。

郭林宗传曰：叔优、季道幼少之时，闻林宗有知人之鉴，共往候之，请问才行所宜，以自处业。林宗笑曰："卿二人皆二千石才也，虽然，叔优当以仕宦显，季道宜以经术进，若违才易务，亦不至也。"叔优等从其言。叔优至北中郎将，季道代郡太守。

②孙子兵法曰：兵以正合，以奇胜；奇正还相生，若循环之无端。

其为兄子及子作名字，皆依谦实，以见其意，故兄子默字处静，沈字处道，其子浑字玄冲，深字道冲。遂书戒之曰：

夫人为子之道，莫大于宝身全行，以显父母。此三者人知其善，而或危身破家，陷于灭亡之祸者，何也？由所祖习非其道也。夫孝敬仁义，百行之首，行之而立，身之本也。孝敬则宗族安之，仁义则乡党重之，此行成于内，名著于外者矣。人若不笃于至行，而背本逐末，以陷浮华焉，以成朋党焉；浮华则有虚伪之累，朋党则有彼此之患。此二者之戒，昭然著明，而循覆车滋众，逐末弥甚，皆由惑当时之誉，昧目前之利故也。夫富贵声名，人情所乐，而君子或得而不处，何也？恶不由其道耳。患人知进而不知退，知欲而不知足，故有困辱之累，悔吝之咎。语曰:"如不知足,则失所欲。"故知足之足常足矣。览往事之成败,察将来之吉凶,未有干名要利,欲而不厌,而能保世持家,永全福禄者也。欲使汝曹立身行己,遵儒者之教,履道家之言,故以玄默冲虚为名,欲使汝曹顾名思义,不敢违越也。古者盘杅有铭,几杖有诚,俯仰察焉,用无过行;况在己名,可不戒之哉!夫物速成则疾亡,晚就则善终。朝华之草,夕而零落;松柏之茂,隆寒不衰。是以大雅君子恶速成,戒阙党也。若范勺对秦客而武子击之,折其委笄,恶其掩人也。<sup>①</sup>夫人有善鲜不自伐,有能者寡不自矜,伐则掩人,矜则陵人。掩人者人亦掩之,陵人者人亦陵之。故三郤为戮于晋,王叔负罪于周,不惟矜善自伐好争之咎乎?故君子不自称,非以让人,恶其盖人也。夫能屈以为伸,让以为得,弱以为强,鲜不遂矣。夫毁誉,爱恶之原而祸福之机也,是以圣人慎之。孔子曰:"吾之于人,谁毁谁誉;如有所誉,必有所试。"又曰:"子贡方人。赐也贤乎哉,我则不暇。"以圣人之德,犹尚如此,况庸庸之徒而轻毁誉哉?

　　昔伏波将军马援戒其兄子,言:"闻人之恶,当如闻父母之名;耳可得而闻,口不可得而言也。"斯戒至矣。<sup>②</sup>人或毁己,当退而求之于身。若己有可毁之行,则彼言当矣;若己无可毁之行,则彼言妄矣。当则无怨于彼,妄则无害于身,又何反报焉?且闻人毁己而忿者,恶丑声之加人也,人报者滋甚,不如默而自修己也。谚曰:"救寒莫如重裘,止谤莫如自修。"斯言信矣。若与是非之士,凶险之人,近犹不可,况与对校乎?其害深矣。夫虚伪之人,言不根道,行不顾言,其为浮浅较可识别;而世人惑焉,犹不检之以言行也。近济阴魏讽、山阳曹伟皆以倾邪败没,荧惑当世,挟持奸慝,驱动后生。虽刑于铁钺,大为炯戒,然所污染,固以众矣。可不慎与!③

若夫山林之士,夷、叔之伦,甘长饥于首阳,安赴火于緜山,虽可以激贪励俗,然圣人不可为,吾亦不愿也。今汝先人世有冠冕,惟仁义为名,守慎为称,孝悌于闺门,务学于师友。吾与时人从事,虽出处不同,然各有所取。颍川郭伯益,好尚通达,敏而有知。其为人弘旷不足,轻贵有馀;得其人重之如山,不得其人忽之如草。吾以所知亲之昵之,不愿儿子为之。④北海徐伟长,不治名高,不求苟得,澹然自守,惟道是务。其有所是非,则托古人以见其意,当时无所褒贬。吾敬之重之,愿儿子师之。东平刘公幹,博学有高才,诚节有大意,然性行不均,少所拘忌,得失足以相补。吾爱之重之,不愿儿子慕之。⑤乐安任昭先,淳粹履道,内敏外恕,推逊恭让,处不避洿,怯而义勇,在朝忘身。吾友之善之,愿儿子遵之。⑥若引而伸之,触类而长之,汝其庶几举一隅耳。及其用财先九族,其施舍务周急,其出入存故老,其论议贵无贬,其进仕尚忠节,其取人务实道,其处世戒骄淫,其贫贱慎无戚,其进退念合宜,其行事加九思,如此而已。吾复何忧哉?

①国语曰:范文子暮退于朝,武子曰:"何暮也?"对曰:"有秦客廋辞于朝,大夫莫之能对也,吾知三焉。"武子怒曰:"大夫非不能也,让父兄也。尔童子而三掩人于朝,吾不在,晋国亡无日也。"击之以杖,折其委笄。臣松之案:对秦客者,范燮也。此云范匄,盖误也。

②臣松之以为援之此诫,可谓切至之言,不刊之训也。凡道人过失,盖谓居室之愆,人未之知,则由己而发者也。若乃行事,得失已暴于世,因其善恶,即以为诫,方之于彼,则有愈焉。然援诚称龙伯高之美,言杜季良之恶,致使事徹时主,季良以败。言之伤人,孰大于此?与其所诫,自相违伐。

③世语曰:黄初中,孙权通章表。伟以白衣登江上,与权交书求略,欲以交

结京师，故诛之。

④伯益名奕，郭嘉之子。

⑤臣松之以为文舒复拟则文渊，显言人之失。魏讽、曹伟，事陷恶逆，著以为诫，差无可尤。至若郭伯益、刘公幹，虽其人皆往，善恶有定；然既友之于昔，不宜复毁之于今，而乃形于翰墨，永传后叶，于旧交则违久要之义，于子孙则扬人前世之恶。于夫鄙怀，深所不取。善乎东方之诫子也，以首阳为拙，柳下为工，寄旨古人，无伤当时。方之马、王，不亦远哉！

⑥昭先名嘏。别传曰：嘏，乐安博昌人。世为著姓，凤智性成，故乡人为之语曰："蒋氏翁，任氏童。"父旐，字子旌，以至行称。汉末，黄巾贼起，天下饥荒，人民相食。寇到博昌，闻旐姓字，乃相谓曰："宿闻任子旌，天下贤人也。今虽作贼，那可入其乡邪？"遂相帅而去。由是声闻远近，州郡并招举孝廉，历酸枣、祝阿令。嘏八岁丧母，号泣不绝声，自然之哀，同于成人，故幼以至性见称。年十四始学，疑不再问，三年中诵五经，皆究其义，兼包群言，无不综览，于时学者号之神童。遂遇荒乱，家贫卖鱼，会官税鱼，鱼贵数倍，嘏取直如常。又与人共买生口，各雇八匹。后生口家来赎，时价直六十匹。共买者欲随时价取赎，嘏自取本价八匹。共买者惭，亦还取本价。比居者擅耕嘏地数十亩种之，人以语嘏，嘏曰："我自以借之耳。"耕者闻之，惭谢还地。及邑中争讼，皆诣嘏质之，然后意厌。其子弟有不顺者，父兄窃数之曰："汝所行，岂可令任君知邪！"其礼教所化，率皆如此。会太祖创业，召海内至德，嘏应其举，为临菑侯庶子、相国东曹属、尚书郎。文帝时，为黄门侍郎。每纳忠言，辄手书怀本，自在禁省，归书不封。帝嘉其淑慎，累迁东郡、赵郡、河东太守，所在化行，有遗风馀教。嘏为人淳粹恺悌，虚己若不足，恭敬如有畏。其修身履义，皆沈默潜行，不显其美，故时人少得称之。著书三十八篇，凡四万馀言。嘏卒后，故吏东郡程咸、赵国刘固、河东上官崇等，录其事行及所著书奏之。诏下秘书，以贯群言。

青龙四年，诏"欲得有才智文章，谋虑渊深，料远若近，视昧而察，筹不虚运，策弗徒发，端一小心，清修密静，乾乾不解，志尚在公者,无限年齿,勿拘贵贱,卿校已上各举一人"。太尉司马宣王以昶应选。正始中,转在徐州,封武观亭侯,迁征南将军,假节都督荆、豫诸军事。昶以为国有常众,战无常胜;地有常险,守无常势。今屯宛,去襄阳三百馀里,诸军散屯,船在宣池,有急不足相赴,乃表徙治新野,习水军于二州,广农垦殖,仓谷盈积。

嘉平初,太傅司马宣王既诛曹爽,乃奏博问大臣得失。昶陈治略五事:其一,欲崇道笃学,抑绝浮华,使国子入太学而修庠序;其二,欲用考试,考试犹准绳也,未有舍准绳而意正曲直,废黜陟而空论能否也;其三,欲令居官者久于其职,有治绩则就增位赐爵;其四,欲约官实禄,励以廉耻,不使与百姓争利;其五,欲绝侈靡,务崇节俭,令衣服有章,上下有叙,储谷畜帛,反民于朴。诏书褒赞。因使撰百官考课事,昶以为唐虞虽有黜陟之文,而考课之法不垂。周制冢宰之职,大计群吏之治而诛赏,又无校比之制。由此言之,圣主明于任贤,略举黜陟之体,以委达官之长,而总其统纪,故能否可得而知也。其大指如此。

二年,昶奏:"孙权流放良臣,適庶分争,可乘衅而制吴、蜀;白帝、夷陵之间,黔、巫、秭归、房陵皆在江北,民夷与新城郡接,可袭取也。"乃遣新城太守州泰袭巫、秭归、房陵,荆州刺史王基诣夷陵,昶诣江陵,两岸引竹絙为桥,渡水击之。贼奔南岸,凿七道并来攻。于是昶使积弩同时俱发,贼大将施绩夜遁入江陵城,追斩数百级。昶欲引致平地与合战,乃先遣五军案大道发还,使贼望见以喜之,以所获铠马甲首,驰环城以怒之,设伏兵以待之。绩果追军,与战,克之。绩遁走,斩其将锺离茂、许旻,收其甲首旗鼓珍宝器仗,振旅而还。王基、州泰皆有功。于是迁昶征南大将军、仪同三司,进封京陵侯。毌丘俭、文钦作乱,引兵拒俭、钦有功,封二子亭侯、关内侯,进位骠骑将军。诸葛诞反,昶据夹石以逼江陵,持施绩、全熙使不得东。诞既诛,诏曰:"昔孙膑佐赵,直凑大梁。西兵骤进,亦所以成东征之势也。"增邑千户,并前四千七百户,迁司空,持节、都督如故。甘露四年薨,谥曰穆侯。子浑嗣,咸熙中为越骑校尉。①

① 案晋书:浑自越骑入晋,累居方任,平吴有功,封一子江陵侯,位至司徒。浑子济,字武子,有隽才令望,为河南尹、太仆。早卒,追赠骠骑将军。浑弟深,冀州刺史。深弟湛,字处冲,汝南太守。湛子承,字安期,东海内史。承子述,字怀祖,尚书令、卫将军。述子坦之,字文度,北中郎将,徐、兖二州刺史。昶诸子中,湛最有德誉,而承亦自为名士,述及坦之并显重于世,为时盛门云。自湛已下事,见晋阳秋也。

王基字伯舆,东莱曲城人也。少孤,与叔父翁居。翁抚养甚笃,基亦以孝称。年十七,郡召为吏,非其好也,遂去,入琅邪界游学。黄初中,察孝廉,除郎中。是时青土初定,刺史王凌特表请基为别驾,后召为秘书郎,凌复请还。顷之,司徒王朗辟基,凌不遣。朗书劾州曰:"凡家臣之良,则升于公辅,公臣之良,则入于王职,是故古者侯伯有贡士之礼。今州取宿卫之臣,留秘阁之吏,所希闻也。"凌犹不遣。凌流称青土,盖亦由基协和之辅也。大将军司马宣王辟基,未至,擢为中书侍郎。

明帝盛修宫室,百姓劳瘁。基上疏曰:"臣闻古人以水喻民,曰'水所以载舟,亦所以覆舟'。故在民上者,不可以不戒惧。夫民逸则虑易,苦则思难,是以先王居之以约俭,俾不至于生患。昔颜渊云东野子之御,马力尽矣而求进不已,是以知其将败。今事役劳苦,男女离旷,愿陛下深察东野之弊,留意舟水之喻,息奔驷于未尽,节力役于未困。昔汉有天下,至孝文时唯有同姓诸侯,而贾谊忧之曰:'置火积薪之下而寝其上,因谓之安也。'今寇贼未殄,猛将拥兵,检之则无以应敌,久之则难以遗后,当盛明之世,不务以除患,若子孙不竞,社稷之忧也。使贾谊复起,必深切于曩时矣。"

散骑常侍王肃著诸经传解及论定朝仪,改易郑玄旧说,而基据持玄义,常与抗衡。迁安平太守,公事去官。大将军曹爽请为从事中郎,出为安丰太守。郡接吴寇,为政清严有威惠,明设防备,敌不敢犯。加讨寇将军。吴尝大发众集建业,扬声欲入攻扬州,刺史诸葛诞使基策之。基曰:"昔孙权再至合肥,一至江夏,其后全琮出庐江,朱然寇襄阳,皆无功而还。今陆逊等已死,而权年老,内无贤嗣,中无谋主。权自出则惧内衅卒起,痈疽发溃;遣将则旧将已尽,新将未信。此不过欲补定支党,还自保护耳。"后权竟不能出。时曹爽专柄,风化陵迟,基著时要论以切世事。以疾征还,起家为河南尹,未拜,爽伏诛,基尝为爽官属,随例罢。

其年为尚书,出为荆州刺史,加扬烈将军,随征南王昶击吴。基别袭步协于夷陵,协闭门自守。基示以攻形,而实分兵取雄父邸阁,收米三十馀万斛,虏安北将军谭正,纳降数千口。于是移其降民,置夷陵县。赐爵关内侯。基又表城上昶,徙江夏治之,以逼夏口,由是贼不敢轻越江。明制度,整军农,兼修学校,南方称之。时朝廷议欲伐吴,诏基量进趣之宜。基对曰:"夫兵动而无功,则威名折于外,财用穷于内,故必全而后用也。若不资通川聚粮水战之备,则虽积兵江内,无必渡之势矣。今江陵有沮、漳二水,溉灌膏腴之田以千数。安陆左右,陂池沃衍。若水陆并农,以实军资,然后引兵诣江陵、夷陵,分据夏口,顺沮、漳,资水浮谷而下。贼知官兵有经久之势,则拒天诛者意沮,而向王化者益固。然后率合蛮夷以攻其内,精卒劲兵以讨其外,则夏口以上必拔,而江外之郡不守。如此,吴、蜀之交绝,交绝而吴禽矣。不然,兵出之利,未可必矣。"于是遂止。

司马景王新统政,基书戒之曰:"天下至广,万机至猥,诚不可不矜矜业业，坐而待旦也。夫志正则众邪不生，心静则众事不躁，思虑审定则教令不烦，亲用忠良则远近协服。故知和远在身，定众在心。许允、傅嘏、袁侃、崔赞皆一时正士，有直质而无流心，可与同政事者也。"景王纳其言。

高贵乡公即尊位，进封常乐亭侯。毌丘俭、文钦作乱，以基为行监军、假节，统许昌军，适与景王会于许昌。景王曰："君筹俭等何如？"基曰："淮南之逆，非吏民思乱也，俭等诳胁迫惧，畏目下之戮，是以尚群聚耳。若大兵临逼，必土崩瓦解，俭、钦之首，不终朝而县于军门矣。"景王曰："善。"乃令基居军前。议者咸以俭、钦慓悍，难与争锋。诏基停驻。基以为："俭等举军足以深入，而久不进者，是其诈伪已露，众心疑沮也。今不张示威形以副民望，而停军高垒，有似畏懦，非用兵之势也。若或虏略民人，又州郡兵家为贼所得者，更怀离心；俭等所迫胁者，自顾罪重，不敢复还，此为错兵无用之地，而成奸宄之源。吴寇因之，则淮南非国家之有，谯、沛、汝、豫危而不安，此计之大失也。军宜速进据南顿，南顿有大邸阁，计足军人四十日粮。保坚城，因积谷，先人有夺人之心，此平贼之要也。"基屡请，乃听进据㶏水。既至，复言曰："兵闻拙速，未睹工迟之久。方今外有强寇，内有叛臣，若不时决，则事之深浅未可测也。议者多欲将军持重。将军持重是也，停军不进非也。持重非不行之谓也，进而不可犯耳。今据坚城，保壁垒，以积实资虏，县运军粮，甚非计也。"景王欲须诸军集到，犹尚未许。基曰："将在军，君令有所不受。彼得则利，我得亦利，是谓争城，南顿是也。"遂辄进据南顿，俭等从项亦争欲往，发十馀里，闻基先到，复还保项。时兖州刺史邓艾屯乐嘉，俭使文钦将兵袭艾。基知其势分，进兵逼项，俭众遂败。钦等已平，迁镇南将军，都督豫州诸军事，领豫州刺史，进封安乐乡侯。上疏求分户二百，赐叔父子乔爵关内侯，以报叔父拊育之德。有诏特听。

诸葛诞反，基以本官行镇东将军，都督扬、豫诸军事。时大军在项，以贼兵精，诏基敛军坚垒。基累启求进讨。会吴遣朱异来救诞，军于安城。基又被诏引诸军转据北山，基谓诸将曰："今围垒转固，兵马向集，但当精修守备以待越逸，而更移兵守险，使得放纵，虽有智者不能善后矣。"遂守便宜上疏曰："今与贼家对敌，当不动如山。若迁移依险，人心摇荡，于势大损。诸军并据深沟高垒，众心皆定，不可倾动，此御兵之要也。"书奏，报听。大将军司马文王进屯丘头，分部围守，各有所统。基督城东城南二十六军，文王敕军吏入镇南部界，一不得有所遣。城中食尽，昼夜攻垒，基辄拒击，破之。寿春既拔，文王与基书曰："初议者云云，求移者甚众，时未临履，亦谓宜然。将军深算利害，独秉固志，上违诏命，下拒众议，终至制敌禽贼，虽古人所述，不是过也。"文王欲遣诸将轻兵深入，招迎唐咨等子弟，因衅有荡覆吴之势。基谏曰："昔诸葛恪乘东关之胜，竭江表之兵，以围新城，城既不拔，而众死者太半。姜维因洮上之利，轻兵深入，粮饷不继，军覆上邽。夫大捷之后，上下轻敌，轻敌则虑难不深。今贼新败于外，又内患未弭，是其修备设虑之时也。且兵出逾年，人有归志，今俘馘十万，罪人斯得，自历代征伐，未有全兵独克如今之盛者也。武皇帝克袁绍于官渡，自以所获已多，不复追奔，惧挫威也。"文王乃止。以淮南初定，转基为征东将军，都督扬州诸军事，进封东武侯。基上疏固让，归功参佐，由是长史司马等七人皆侯。

是岁，基母卒，诏秘其凶问，迎基父豹丧合葬洛阳，追赠豹北海太守。甘露四年，转为征南将军，都督荆州诸军事。常道乡公即尊位，增邑千户，并前五千七百户。前后封子二人亭侯、关内侯。

景元二年，襄阳太守表吴贼邓由等欲来归化，基被诏，当因此震荡江表。基疑其诈,驰驿陈状。且曰:"嘉平以来,累有内难,当今之务,在于镇安社稷,绥宁百姓,未宜动众以求外利。"文王报书曰:"凡处事者,多曲相从顺,鲜能确然共尽理实。诚感忠爱,每见规示,辄敬依来指。"后由等竟不降。①

① 司马彪战略载基此事,详于本传。曰:"景元二年春三月,襄阳太守胡烈表上'吴贼邓由、李光等,同谋十八屯,欲来归化,遣将张吴、邓生,并送质任。克期欲令郡军临江迎拔'。大将军司马文王启闻。诏征南将军王基部分诸军,使烈督万人径造沮水,荆州、义阳南屯宜城,承书夙发。若由等如期到者,便当因此震荡江表。基疑贼诈降,诱致官兵,驰驿止文王,说由等可疑之状。'且当清澄,未宜便举重兵深入应之'。又曰:'夷陵东道,当由车御,至赤岸乃得渡沮,西道当出箭籋口,乃趣平土,皆山险狭,竹木丛蔚,卒有要害,弩马不陈。今者筋角弩弱,水潦方降,废盛农之务,徼难必之利,此事之危者也。昔子午之役,兵行数百里而值霖雨,桥阁破坏,后粮腐败,前军县乏。姜维深入,不待辎重,士众饥饿,覆军上邽。文钦、唐咨,举吴重兵,昧利寿春,身没不反。此皆近事之鉴戒也。嘉平以来,累有内难。当今之宜,当镇安社稷,抚宁上下,力农务本,怀柔百姓,未宜动众以求外利也。得之未足为多,失之伤损威重。'文王累得基书,意疑。寻敕诸军已上道者,且权停住所在,须后节度。基又言于文王曰:'昔汉祖纳郦生之说,欲封六国,寤张良之谋,而趣销印。基谋虑浅短,诚不及留侯,亦惧襄阳有食其之谬。'文王于是遂罢军严,后由等果不降。"

是岁基薨,追赠司空,谥曰景侯。子徽嗣,早卒。咸熙中,开建五等,以基著勋前朝,改封基孙廙,而以东武馀邑赐一子爵关内侯。晋室践阼,下诏曰:"故司空王基既著德立勋,又治身清素,不营产业,久在重任,家无私积,可谓身没行显,足用励俗者也。其以奴婢二人赐其家。"

评曰:徐邈清尚弘通,胡质素业贞粹,王昶开济识度,王基学行坚白,皆掌统方任,垂称著绩。可谓国之良臣,时之彦士矣

# 三国志卷二十八　魏书二十八

## 王毌丘诸葛邓锺传第二十八

王凌字彦云,太原祁人也。叔父允,为汉司徒,诛董卓。卓将李傕、郭汜等为卓报仇,入长安,杀允,尽害其家。凌及兄晨,时年皆少,逾城得脱,亡命归乡里。凌举孝廉,为发干长,① 稍迁至中山太守,所在有治,太祖辟为丞相掾属。

①魏略曰:凌为长,遇事,髡刑五岁,当道扫除。时太祖车过,问此何徒,左右以状对。太祖曰:"此子师兄子也,所坐亦公耳。"于是主者选为骁骑主簿。

文帝践阼,拜散骑常侍,出为兖州刺史,与张辽等至广陵讨孙权。临江,夜大风,吴将吕范等船漂至北岸。凌与诸将逆击,捕斩首房,获舟船,有功,封宜城亭侯,加建武将军,转在青州。是时海滨乘丧乱之后,法度未整。凌布政施教,赏善罚恶,甚有纲纪,百姓称之,不容于口。后从曹休征吴,与贼遇于夹石,休军失利,凌力战决围,休得免难。仍徙为扬、豫州刺史,咸得军民之欢心。始至豫州,旌先贤之后,求未显之士,各有条教,意义甚美。初,凌与司马朗、贾逵友善，及临兖、豫，继其名迹。正始初，为征东将军，假节都督扬州诸军事。二年，吴大将全琮数万众寇芍陂，凌率诸军逆讨，与贼争塘，力战连日，贼退走。进封南乡侯，邑千三百五十户。迁车骑将军、仪同三司。

是时，凌外甥令狐愚以才能为兖州刺史，屯平阿。舅甥并典兵，专淮南之重。凌就迁为司空。司马宣王既诛曹爽，进凌为太尉，假节钺。凌、愚密协计，谓齐王不任天位，楚王彪长而才，欲迎立彪都许昌。嘉平元年九月，愚遣将张式至白马，与彪相问往来。凌又遣舍人劳精诣洛阳，语子广。广言："废立大事，勿为祸先。"① 其十一月，愚复遣式诣彪，未还，会愚病死。② 二年，荧惑守南斗，凌谓："斗中有星，当有暴贵者。"③ 三年春，吴贼塞涂水。凌欲因此发，大严诸军，表求讨贼；诏报不听。凌阴谋滋甚，遣将军杨弘以废立事告兖州刺史黄华，华、弘连名以白太傅司马宣王。宣王将中军乘水道讨凌，先下赦赦凌罪，又将尚书广东，使为书喻凌，大军掩至百尺逼凌。凌自知势穷，乃乘船单出迎宣王，遣掾王彧谢罪，送印绶、节钺。军到丘头，凌面缚水次。宣王承诏遣主簿解缚反服，见凌，慰劳之，还印绶、节钺，遣步骑六百人送还京都。凌至项，饮药死。④ 宣王遂至寿春。张式等皆自首，乃穷治其事。彪赐死，诸相连者悉夷三族。⑤ 朝议咸以为春秋之义，齐崔杼、郑归生皆加追戮，陈尸斫棺，载在方策。凌、愚罪宜如旧典。乃发凌、愚冢，剖棺，暴尸于所近市三日，烧其印绶、朝服，亲土埋之。⑥ 进弘、华爵为乡侯。广有志尚学行，死时年四十馀。⑦

①汉晋春秋曰：凌、愚谋，以帝幼制于强臣，不堪为主，楚王彪长而才，欲迎立之，以兴曹氏。凌使人告广，广曰："凡举大事，应本人情。今曹爽以骄奢失民，何平叔虚而不治，丁、毕、桓、邓虽并有宿望，皆专竞于世。加变易朝典，政令数改，所存虽高而事不下接，民习于旧，众莫之从。故虽

势倾四海，声震天下，同日斩戮，名士减半，而百姓安之，莫或之哀，失民故也。今懿情虽难量，事未有逆，而擢用贤能，广树胜己，修先朝之政令，副众心之所求。爽之所以为恶者，彼莫不必改，夙夜匪解，以恤民为先。父子兄弟，并握兵要，未易亡也。”凌不从。

臣松之以为如此言之类，皆前史所不载，而犹出习氏。且制言法体不似于昔，疑悉凿齿所自造者也。

②魏书曰：愚字公治，本名浚，黄初中，为和戎护军。乌丸校尉田豫讨胡有功，小违节度，愚以法绳之。帝怒，械系愚，免官治罪，诏曰“浚何愚”！遂以名之。正始中，为曹爽长史，后出为兖州刺史。

魏略曰：愚闻楚王彪有智勇。初东郡有讹言云：“白马河出妖马，夜过官牧边鸣呼，众马皆应，明日见其迹，大如斛，行数里，还入河中。”又有谣言：“白马素羁西南驰，其谁乘者朱虎骑。”楚王小字朱虎，故愚与王凌阴谋立楚王。乃先使人通意于王，言“使君谢王，天下事不可知，愿王自爱”！彪亦阴知其意，答言“谢使君，知厚意也。”

③魏略曰：凌闻东平民浩详知星，呼问详。详疑凌有所挟，欲悦其意，不言吴当有死丧，而言淮南楚分也，今吴、楚同占，当有王者兴。故凌计遂定。

④魏略载凌与太傅书曰：“卒闻神军密发，已在百尺，虽知命穷尽，迟于相见，身首分离，不以为恨，前后遣使，有书未得还报，企踵西望，无物以譬。昨遣书之后，便乘船来相迎，宿丘头，旦发于浦口，奉被露布敕书，又得二十三日况，累纸诲示，闻命惊愕，五内失守，不知何地可以自处。仆久忝朝恩，历试无效，统御戎马，董齐东夏，事有阙废，中心犯义，罪在三百，妻子同县，无所祷矣。不图圣恩天覆地载，横蒙视息，复睹日月。亡甥令狐愚携惑群小之言，仆即时呵抑，使不得竟其语。既人已知，神明所鉴，夫非事无阴，卒至发露，知此枭夷之罪也。生我者父母，活我者子也。”又重曰：“身陷刑罪，谬蒙赦宥。今遣掾送印绶，顷至，当如诏书自缚归命。虽足下私之，官法有分。”及到，如书。太傅使人解其缚。凌既蒙赦，加恃旧好，不复自疑，径乘小船自趣太傅。太傅使人逆止之，住船淮中，相去十馀丈。凌知见外，乃遥谓太傅曰：“卿直以折简召我，

我当敢不至邪?而乃引军来乎!"太傅曰:"以卿非肯逐折简者故也。"凌曰:"卿负我!"太傅曰:"我宁负卿,不负国家。"遂使人送来西。凌自知罪重,试索棺钉,以观太傅意,太傅给之。凌行到项,夜呼掾属与决曰:"行年八十,身名并灭邪!"遂自杀。

干宝晋纪曰:凌到项,见贾逵祠在水侧,凌呼曰:"贾梁道,王凌固忠于魏之社稷者,唯尔有神,知之。"其年八月,太傅有疾,梦凌、逵为疬,甚恶之,遂薨。

⑤魏略载:山阳单固,字恭夏,为人有器实。正始中,兖州刺史令狐愚与固父伯龙善,辟固,欲以为别驾。固不乐为州吏,辞以疾。愚礼意愈厚,固不欲应。固母夏侯氏谓固曰:"使君与汝父久善,故命汝不止,汝亦故当仕进,自可往耳。"固不获已,遂往,与兼治中从事杨康并为愚腹心。后愚与王凌通谋,康、固皆知其计。会愚病,康应司徒召诣洛阳,固亦以疾解禄。康在京师露其事,太傅乃东取王凌。到寿春,固见太傅,太傅问曰:"卿知其事为邪?"固对不知。太傅曰:"且置近事。问卿,令狐反乎?"固又曰无。而杨康白,事事与固连。遂收捕固及家属,皆系廷尉,考实数十,固故云无有。太傅录杨康,与固对相诘。固辞穷,乃骂康曰:"老庸既负使君,又灭我族,顾汝当活邪!"辞定,事上,须报,廷尉以旧皆听得与其母妻子相见。固见其母,不仰视,其母知其惭也,字谓之曰:"恭夏,汝本自不欲应州郡也,我强故耳。汝为人吏,自当尔耳。此自门户衰,我无恨也。汝本意与我语。"固终不仰,又不语,以至于死。初,杨康自以白其事,冀得封拜,后以辞颇参错,亦并斩。临刑,俱出狱,固又骂康曰:"老奴,汝死自分耳。若令死者有知,汝何面目以行地下也。"

⑥干宝晋纪曰:兖州武吏东平马隆,托为愚家客,以私财更殡葬,行服三年,种植松柏。一州之士愧之。

⑦魏氏春秋曰:广字公渊。弟飞枭、金虎,并才武过人。太傅尝从容问蒋济,济曰:"凌文武俱赡,当今无双。广等志力,有美于父耳。"退而悔之,告所亲曰:"吾此言,灭人门宗矣。"

魏末传曰:凌少子字明山,最知名。善书,多技艺,人得其书,皆以为法。走向太原,追军及之,时有飞鸟集桑树,随枝低印,举弓射之即倒,追人乃止不复进。明山投亲家食，亲家告吏，乃就执之。

　　毌丘俭字仲恭，河东闻喜人也。父兴，黄初中为武威太守，伐叛柔服，开通河右，名次金城太守苏则。讨贼张进及讨叛胡有功，封高阳乡侯。①入为将作大匠。俭袭父爵，为平原侯文学。明帝即位，为尚书郎，迁羽林监。以东宫之旧，甚见亲待。出为洛阳典农。时取农民以治宫室，俭上疏曰："臣愚以为天下所急除者二贼，所急务者衣食。诚使二贼不灭，士民饥冻，虽崇美宫室，犹无益也。"迁荆州刺史。

　　①魏名臣奏载雍州刺史张既表曰："河右遐远，丧乱弥久，武威当诸郡路道喉辖之要，加民夷杂处，数有兵难。领太守毌丘兴到官，内抚吏民，外怀羌、胡，卒使柔附，为官效用。黄华、张进初图逆乱，扇动左右，兴志气忠烈，临难不顾，为将校民夷陈说祸福，言则涕泣。于时男女万口，咸怀感激，形毁发乱，誓心致命。寻率精兵踧胁张掖，济拔领太守杜通、西海太守张睦。张掖番和、骊靬二县吏民及郡杂胡弃恶诣兴，兴皆安恤，使尽力田。兴每所历，尽竭心力，诚国之良吏。殿下即位，留心万机，苟有毫毛之善，必有赏录，臣伏缘圣旨，指陈其事。"

　　青龙中，帝图讨辽东，以俭有干策，徙为幽州刺史，加度辽将军，使持节，护乌丸校尉。率幽州诸军至襄平，屯辽隧。右北平乌丸单于寇娄敦、辽西乌丸都督率众王护留等，昔随袁尚奔辽东者，率众五千馀人降。寇娄敦遣弟阿罗槃等诣阙朝贡，封其渠率二十馀人为侯、王，赐舆马缯彩各有差。公孙渊逆与俭战，不利，引还。明年，帝遣太尉司马宣王统中军及俭等众数万讨渊，定辽东。俭以功进封安邑侯，食邑三千九百户。

　　正始中，俭以高句骊数侵叛，督诸军步骑万人出玄菟，从诸道讨之。句骊王宫将步骑二万人，进军沸流水上，大战梁口，梁音渴。宫连破走。俭遂束马悬车，以登丸都，屠句骊所都，斩获首虏以千数。句骊沛者名得来，数谏宫，①宫不从其言。得来叹曰："立见此地将生蓬蒿。"遂不食而死，举国贤之。俭令诸军不坏其墓，不伐其树，得其妻子，皆放遣之。宫单将妻子逃窜，俭引军还。六年，复征之，宫遂奔买沟。俭遣玄菟太守王颀追之，②过沃沮千有馀里，至肃慎氏南界，刻石纪功，刊丸都之山，铭不耐之城。诸所诛纳八千馀口，论功受赏，侯者百馀人。穿山溉灌，民赖其利。

① 臣松之按东夷传：沛者，句骊国之官名。

② 世语曰：颀字孔硕，东莱人，晋永嘉中大贼王弥，颀之孙。

迁左将军，假节监豫州诸军事，领豫州刺史，转为镇南将军。诸葛诞战于东关，不利，乃令诞、俭对换。诞为镇南，都督豫州。俭为镇东，都督扬州。吴太傅诸葛恪围合肥新城，俭与文钦御之，太尉司马孚督中军东解围，恪退还。

初，俭与夏侯玄、李丰等厚善。扬州刺史前将军文钦，曹爽之邑人也，骁果粗猛，数有战功，好增虏获，以徼宠赏，多不见许，怨恨日甚。俭以计厚待钦，情好欢洽。钦亦感戴，投心无贰。正元二年正月，有彗星数十丈，西北竟天，起于吴、楚之分。俭、钦喜，以为己祥。遂矫太后诏，罪状大将军司马景王，移诸郡国，举兵反。迫胁淮南将守诸别屯者，及吏民大小，皆入寿春城，为坛于城西，歃血称兵为盟，分老弱守城，俭、钦自将五六万众渡淮，西至项。俭坚守，钦在外为游兵。①

① 俭、钦等表曰："故相国懿，匡辅魏室，历事忠贞，故烈祖明皇帝授以寄托之任。懿戮力尽节，以宁华夏。又以齐王聪明，无有秽德，乃心勤尽忠以辅上，天下赖之。懿欲讨灭二虏以安宇内，始分军粮，克时同举，未成而薨。齐王以懿有辅己大功，故遂使师承统懿业，委以大事。而师以盛年在职，无疾托病，坐拥强兵，无有臣礼，朝臣非之，义士讥之，天下所闻，其罪一也。懿造计取贼，多春军粮，克期有日。师为大臣，当除国难，又为人子，当卒父业。哀声未绝而便罢息，为臣不忠，为子不孝，其罪二

也。贼退过东关，坐自起众，三征同进，丧众败绩，历年军实，一旦而尽，致使贼来，天下骚动，死伤流离，其罪三也。贼举国悉众，号五十万，来向寿春，图诣洛阳，会太尉孚与臣等建计，乃杜塞要险，不与争锋，还固新城。淮南将士，冲锋履刃，昼夜相守，勤瘁百日，死者涂地，自魏有军已来，为难苦甚，莫过于此。而师遂意自由，不论封赏，权势自在，无所领录，其罪四也。故中书令李丰等，以师无人臣节，欲议退之。师知而请丰，其夕拉杀，载尸埋棺。丰等为大臣，帝王腹心，擅加酷暴，死无罪名，师有无君之心，其罪五也。懿每叹说齐王自堪人主，君臣之义定。奉事以来十有五载，始欲归政，按行武库，诏问禁兵不得妄出。师自知奸愿，人神所不祐，矫废君主，加之以罪。孚，师之叔父，性甚仁孝，追送齐王，悲不自胜。群臣皆怒而师怀忍，不顾大义，其罪六也。又故光禄大夫张缉，无罪而诛，夷其妻子，并及母后，逼恐至尊，强催督遣，临时哀愕，莫不伤痛；而师称庆，反以欢喜，其罪七也。陛下践阼，聪明神武，事经圣心，欲崇省约，天下闻之，莫不欢庆；而师不自改悔，修复臣礼，而方征兵募士，毁坏宫内，列侯自卫。陛下即阼，初不朝觐。陛下欲临幸师舍以省其疾，复拒不通，不奉法度，其罪八也。近者领军许允当为镇北，以厨钱给赐，而师举奏加辟，虽云流徙，道路饿杀，天下闻之，莫不哀伤，其罪九也。三方之守，一朝阙废，多选精兵，以自营卫，五营领兵，阙而不补，多载器杖，充聚本营，天下所闻，人怀愤怨，讹言盈路，以疑海内，其罪十也。多休守兵，以占高第，以空虚四表，欲擅强势，以逞奸心，募取屯田，加其复赏，阻兵安忍，坏乱旧法。合聚藩王公以著邺，欲悉诛之，一旦举事废主。天不长恶，使目肿不成，其罪十一也。臣等先人皆随从太祖武皇帝征讨凶暴，获成大功，与高祖文皇帝即受汉禅，开国承家，犹尧舜相传也。臣与安丰护军郑翼、庐江护军吕宣、太守张休、淮南太守丁尊、督守合肥护军王休等议，各以累世受恩，千载风尘，思尽躯命，以完全社稷安主为效。斯义苟立，虽焚妻子，吞炭漆身，死而不恨也。按师之罪，宜加大辟，以彰奸愿。春秋之义，一世为善，十世宥之。懿有大功，海内所书，依古典议，废师以侯就第。弟昭，忠肃宽明，乐善好士，有高世君子之度，忠诚为国，不与师同。臣等碎首所保，可以代师辅导圣躬。太尉孚,忠孝小心,所宜亲宠,授以保傅。护军散骑常侍望,忠公亲事,当官称能,远迎乘舆,有宿卫之功,可为中领军。春秋之义,大义灭亲,故周公诛弟,石碏戮子,季友鸩兄,上为国计,下全宗族。殛鲧用禹,圣人明典,古今所称。乞陛下下臣等所奏,朝堂博议。臣言当道,使师逊位避贤者,罢兵去备,如三皇旧法,则天下协同。若师负势恃众不自退者,臣等率将所领,昼夜兼行,惟命是授。臣等今日所奏,惟欲使大魏永存,使陛下得行君意,远绝亡之之祸,百姓安全,六合一体,使忠臣义士,不愧于三皇五帝耳。臣恐兵起,天下扰乱,臣辄上事,移三征及州郡国典农,各安慰所部吏民,不得妄动,谨具以状闻。惟陛下爱养精神,明虑危害,以宁海内。师专权用势,赏罚自由,闻臣等举众,必下诏禁绝关津,使驿书不通,擅复征调,有所收捕。此乃师诏,非陛下诏书,在所皆不得复承用。臣等道远,惧文书不得皆通,辄临时赏罚,以便宜从事,须定表上也。"

大将军统中外军讨之,别使诸葛诞督豫州诸军从安风津拟寿春,征东将军胡遵督青、徐诸军出于谯、宋之间,绝其归路。大将军屯汝阳,使监军王基督前锋诸军据南顿以待之。令诸军皆坚壁勿与战。俭、钦进不得斗,退恐寿春见袭,不得归,计穷不知所为。淮南将士,家皆在北,众心沮散,降者相属,惟淮南新附农民为之用。大将军遣兖州刺史邓艾督泰山诸军万馀人至乐嘉,示弱以诱之,大将军寻自洸至。钦不知,果夜来欲袭艾等,会明,见大军兵马盛,乃引还。① 大将军纵骁骑追击,大破之,钦遁走。是日,俭闻钦战败,恐惧夜走,众溃。比至慎县,左右人兵稍弃俭去,俭独与小弟秀及孙重藏水边草中。安风津都尉部民张属就射杀俭,传首京都。属封侯。秀、重走入吴。将士诸为俭、钦所迫胁者,悉归降。②

①魏氏春秋曰:钦中子俶,小名鸯。年尚幼,勇力绝人,谓钦曰:"及其未定,击之可破也。"于是分为二队,夜夹攻军。俶率壮士先至,大呼大将军,军中震扰。钦后期不应。会明,俶退,钦亦引还。

《魏末传》曰：殿中人姓尹，字大目，小为曹氏家奴，常侍在帝侧，大将军将俱行。大目知大将军一目已突出，启云："文钦本是明公腹心，但为人所误耳，又天子乡里。大目昔为文钦所信，乞得追解语之，令还与公复好。"大将军听遣大目单身往，乘大马，被铠甲，追文钦，遥相与语。大目心实欲曹氏安，谬言："君侯何苦若不可复忍数日中也！"欲使钦解其旨。钦殊不悟，乃更厉声骂大目："汝先帝家人，不念报恩，而反与司马师作逆；不顾上天，天不佑汝！"乃张弓傅矢欲射大目，大目涕泣曰："世事败矣，善自努力也。"

② 钦与郭淮书曰："大将军昭伯与太傅俱受顾命，[1] 登床把臂，托付天下，此远近所知。后以势利，乃绝其祀，及其亲党，皆一时之俊，可为痛心，奈何奈何！公侯恃与大司马公恩亲分著，义贯金石，当此之时，想益毒痛，有不可堪也。王太尉嫌其专朝，潜欲举兵，事竟不捷，复受诛夷，害及楚王，想甚追恨。太傅既亡，然其子师继承父业，肆其虐暴，日月滋甚，放主弑后，残戮忠良，包藏祸心，遂至篡弑。此可忍也，孰不可忍？钦以名义大故，事君有节，忠愤内发，忘寝与食，无所吝顾也。会毋丘子邦自与父书，腾说公侯，尽事主之义，欲奋白发，同符太公，惟须东问，影响相应，闻问之日，能不慷慨！是以不顾妻孥之痛，即与毋丘镇东举义兵三万余人，西趋京师，欲扶持王室，扫除奸逆。企踵西望，不得声问，鲁望高子，不足喻急。夫当仁不让，况救君之难，度道远艰，故不果期要耳。然同身共济，安危势同，祸痛已连，非言饰所解，自公侯所明也。共事曹氏，积信魏朝，行道之人，皆所知见。然在朝之士，冒利偷生，烈士所耻，公侯所贱，贾竖所不忍为也，况当涂之士邪？军屯住项，小人以闰月十六日别进兵，就于乐嘉城讨师，师之徒众，寻时崩溃，其所斩截，不复訾原，但当长驱径至京师，而流言半至，毋丘不复详之，更谓小人为误，诸军便尔瓦解。毋丘还走，追寻释解，无所及。小人还项，复遇王基等十二军追寻毋丘，进兵讨之，即时克破，所向全胜，要那后无继何？孤军梁昌，进退失所，还据寿春，寿春复走，狼狈蹶阆，无复他计，惟当归命大吴，借兵乞食，继踵伍员耳。不若仆隶，如何快心，复君之雠，永使曹氏少享血食，此亦大国之所估念也。想公侯不使程婴、杵臼擅名于前

代，而使大魏独无鷹扬之士与？今大吴敦崇大义，深见愍悼。然仆于国大分连接，远同一势，日欲俱举，瓜分中国，不愿偏取以为己有。公侯必欲共忍帅胸怀，宜广大势，恐秦川之卒不可孤举。今者之计，宜屈己伸人，托命归汉，东西俱举，尔乃可克定师党耳。深思鄙言，若愚计可从，宜使汉军克制期要，使六合校考，与周、召同封，以托付儿孙。此亦非小事也，大丈夫宁处其落落，是以远呈忠心，时望嘉应。"时郭淮已卒，钦未知，故有此书。

世语曰：毌丘俭之诛，党与七百馀人，传侍御史杜友治狱，惟举首事十人，馀皆奏散。友字季子，东郡人，仕晋冀州刺史、河南尹。子默，字世玄，历吏部郎、卫尉。

俭子甸为治书侍御史，先时知俭谋将发，私出将家属逃走新安灵山上。别攻下之，夷俭三族。①

①世语曰：甸字子邦，有名京邑。齐王之废也，甸谓俭曰："大人居方岳重任，国倾覆而晏然自守，将受四海之责。"俭然之。大将军恶其为人也。及俭起兵，问屈颃所在，云不来无能也。俭初起兵，遣子宗四人入吴。太康中，吴平，宗兄弟皆还中国。宗字子仁，有俭风，至零陵太守。宗子奥，巴东监军、益州刺史。

习凿齿曰：毌丘俭感明帝之顾命，故为此役。君子谓毌丘俭事虽不成，可谓忠臣矣。夫竭节而赴义者我也，成之与败者时也，我苟无时，成何可必乎？忘我而不自必，乃所以为忠也。古人有言："死者复生，生者不愧。"若毌丘俭可谓不愧也。

钦亡入吴，吴以钦为都护、假节、镇北大将军、幽州牧、谯侯。①

①钦降吴表曰："禀命不幸，常隶魏国，两绝于天。虽侧伏隅都，自知无路。司马师滔天作逆，废害二主，辛、癸、高、莽，恶不足喻。钦累世受魏恩，乌鸟之情，窃怀愤踊，在三之义，期于弊仆。前与毌丘、郭淮等俱举义兵，当共讨师，扫除凶孽，诚臣偻偻愚管所执。智虑浅薄，微节不骋，进无所依，悲痛切心。退惟不能扶翼本朝，抱愧俯仰，靡所自厝。冒缘古义，固有所归，庶假天威，得展万一，僵仆之日，亦所不恨。辄相率将，归

命圣化，惭偷苟生，非辞所陈。谨上还所受魏使持节、前将军、山桑侯印绶。临表惶惑，伏须罪诛。"

魏书曰：钦字仲若，谯郡人。父稷，建安中为骑将，有勇力。钦少以名将子，材武见称。魏讽反，钦坐与讽辞语相连，及下狱，掠笞数百，当死，太祖以稷故赦之。太和中，为五营校督，出为牙门将。钦性刚暴无礼，所在倨傲陵上，不奉官法，辄见奏遣，明帝抑之。后复以为淮南牙门将，转为庐江太守、鹰扬将军。王凌奏钦贪残，不宜抚边，求免官治罪，由是征钦还。曹爽以钦乡里，厚养待之，不治钦事。复遣还庐江，加冠军将军，贵宠逾前。钦以故益骄，好自矜伐，以壮勇高人，颇得虚名于三军。曹爽诛后，进钦为前将军以安其心，后代诸葛诞为扬州刺史。自曹爽之诛，钦常内惧，与诸葛诞相恶，无所与谋。会诞去兵，毌丘俭往，乃阴共结谋。战败走，昼夜间行，追者不及，遂得入吴，孙峻厚待之。钦虽在他国，不能屈节下人，自吕据、朱异等诸大将皆憎疾之，惟峻常左右之。

诸葛诞字公休，琅邪阳都人，诸葛丰后也。初以尚书郎为荥阳令，[1] 入为吏部郎。人有所属托，辄显其言而承用之，后有当否，则公议其得失以为褒贬，自是群僚莫不慎其所举。累迁御史中丞尚书，与夏侯玄、邓飏等相善，收名朝廷，京都翕然。言事者以诞、飏等修浮华，合虚誉，渐不可长。明帝恶之，免诞官。[2] 会帝崩，正始初，玄等并在职。复以诞为御史中丞尚书，出为扬州刺史，加昭武将军。

[1] 魏氏春秋曰：诞为郎，与仆射杜畿试船陶河，遭风覆没，诞亦俱溺。虎贲浮河救诞，诞曰："先救杜侯。"诞飘于岸，绝而复苏。

[2] 世语曰：是时，当世俊士散骑常侍夏侯玄、尚书诸葛诞、邓飏之徒，共相题表，以玄、畴四人为四聪，诞、备八人为八达，中书监刘放子熙、孙资子密、吏部尚书卫臻子烈三人，咸不及比，以父居势位，容之为三豫，凡十五人。帝以构长浮华，皆免官废锢。

王凌之阴谋也，太傅司马宣王潜军东伐，以诞为镇东将军、假节都督扬州诸军事,封山阳亭侯。诸葛恪兴东关,遣诞督诸军讨之,与战,不利。还,徙为镇南将军。

后毌丘俭、文钦反,遣使诣诞,招呼豫州士民。诞斩其使,露布天下,令知俭、钦凶逆。大将军司马景王东征,使诞督豫州诸军,渡安风津向寿春。俭、钦之破也,诞先至寿春。寿春中十馀万口,闻俭、钦败,恐诛,悉破城门出,流迸山泽,或散走入吴。以诞久在淮南,乃复以为镇东大将军、仪同三司、都督扬州。吴大将孙峻、吕据、留赞等闻淮南乱,会文钦往,乃帅众将钦径至寿春;时诞诸军已至,城不可攻,乃走。诞遣将军蒋班追击之,斩赞,传首,收其印节。进封高平侯,邑三千五百户,转为征东大将军。

诞既与玄、飏等至亲,又王凌、毌丘俭累见夷灭,惧不自安,倾帑藏振施以结众心,厚养亲附及扬州轻侠者数千人为死士。①甘露元年冬,吴贼欲向徐堨,计诞所督兵马足以待之,而复请十万众守寿春,又求临淮筑城以备寇,内欲保有淮南。朝廷微知诞有自疑心,以诞旧臣,欲入度之。二年五月,征为司空。诞被诏书,愈恐,遂反。召会诸将,自出攻扬州刺史乐綝,杀之。②敛淮南及淮北郡县屯田口十馀万官兵,扬州新附胜兵者四五万人,聚谷足一年食,闭城自守。遣长史吴纲将小子靓至吴请救。③吴人大喜,遣将全怿、全端、唐咨、王祚等,率三万众,密与文钦俱来应诞。以诞为左都护、假节、大司徒、骠骑将军、青州牧、寿春侯。是时镇南将军王基始至,督诸军围寿春,未合。咨、钦等从城东北,因山乘险,得将其众突入城。

①魏书曰:诞赏赐过度。有犯死罪者,亏制以活之。

②世语曰:司马文王既秉朝政,长史贾充以为宜遣参佐慰劳四征,于是遣充至寿春。充还启文王:"诞再在扬州,有威名,民望所归。今征,必不来,祸小事浅;不征,事迟祸大。"乃以为司空。书至,诞曰:"我作公当在

王文舒后，今便为司空！不遣使者，健步赍书，使以兵付乐綝，此必綝所为。"乃将左右数百人至扬州，扬州人欲闭门，诞叱曰："卿非我故吏邪！"径入，琳逃上楼，就斩之。

魏末传曰：贾充与诞相见，谈说时事，因谓诞曰："洛中诸贤，皆愿禅代，君所知也。君以为云何？"诞厉色曰："卿非贾豫州子？世受魏恩，如何负国，欲以魏室输人乎？非吾所忍闻。若洛中有难，吾当死之。"充默然。诞既被征，请诸牙门置酒饮宴，呼牙门从兵，皆赐酒令醉，谓众人曰："前作千人铠仗始成，欲以击贼，今当还洛，不复得用，欲暂出，将见人游戏，须臾还耳；诸君且止。"乃严鼓将士七百人出。乐綝闻之，闭州门。诞历南门宣言曰："当还洛邑，暂出游戏，扬州何为闭门见备？"前至东门，东门复闭，乃使兵缘城攻门，州人悉走，因风放火，焚其府库，遂杀綝。

诞表曰："臣受国重任，统兵在东。扬州刺史乐綝专诈，说臣与吴交通，又言被诏当代臣位，无状日久。臣奉国命，以死自立，终无异端。忿綝不忠，辄将步骑七百人，以今月六日讨綝，即日斩首，函头驿马传送。若圣朝明臣，臣即魏臣；不明臣，臣即吴臣。不胜发愤有日，谨拜表陈愚，悲感泣血，哽咽断绝，不知所如，乞朝廷察臣至诚。"

臣松之以为魏末传所言，率皆鄙陋。疑诞表言曲，不至于此也。

③世语曰：黄初末，吴人发长沙王吴芮冢，以其砖于临湘为孙坚立庙。芮容貌如生，衣服不朽。后豫发者见吴纲曰："君何类长沙王吴芮，但微短耳。"纲瞿然曰："是先祖也，君何由见之？"见者言所由，纲曰："更葬否？"答曰："即更葬矣。"自芮之卒年至冢发，四百馀年，纲，芮之十六世孙矣。

六月，车驾东征，至项。大将军司马文王督中外诸军二十六万众，临淮讨之。大将军屯丘头。使基及安东将军陈骞等四面合围，表里再重，堑垒甚峻。又使监军石苞督兖州刺史州泰等，[2]简锐卒为游军，备外寇。钦等数出犯围，逆击走之。吴将朱异再以大众来迎诞等，渡黎浆水，泰等逆与战，每摧其锋。孙綝以异战不进，怒而杀之。城中食转少，外救不至，众无所恃。将军蒋班、焦彝，皆诞爪牙计事者也,弃诞,逾城自归大将军。① 大将军乃使反间,以奇变说全怿等,怿等率众数千人开门来出。城中震惧,不知所为。

①汉晋春秋曰:蒋班、焦彝言于诸葛诞曰:"朱异等以大众来而不能进,孙綝杀异而归江东,外以发兵为名,而内实坐须成败,其归可见矣。今宜及众心尚固,士卒思用,并力决死,攻其一面,虽不能尽克,犹可有全者。"文钦曰:"江东乘战胜之威久矣,未有难北方者也。况公今举十馀万之众内附,而钦与全端等皆同居死地,父子兄弟尽在江表,就孙綝不欲,主上及其亲戚岂肯听乎?且中国无岁无事,军民并疲,今守我一年,势力已困,异图生心,变故将起,以往准今,可计日而望也。"班、彝固劝之,钦怒,而诞欲杀班。二人惧,且知诞之必败也,十一月,乃相携而降。

三年正月,诞、钦、咨等大为攻具,昼夜五六日攻南围,欲决围而出。① 围上诸军,临高以发石车火箭逆烧破其攻具,弩矢及石雨下,死伤者蔽地,血流盈堑。复还入城,城内食转竭,降出者数万口。钦欲尽出北方人,省食,与吴人坚守,诞不听,由是争恨。钦素与诞有隙,徒以计合,事急愈相疑。钦见诞计事,诞遂杀钦。钦子鸯及虎将兵在小城中,闻钦死,勒兵驰赴之,众不为用。鸯、虎单走,逾城出,自归大将军。军吏请诛之,大将军令曰:"钦之罪不容诛,其子固应当戮,然鸯、虎以穷归命,且城未拔,杀之是坚其心也。"乃赦鸯、虎,使将兵数百骑驰巡城,呼语城内云:"文钦之子犹不见杀,其馀何惧?"表鸯、虎为将军,各赐爵关内侯。城内喜且扰,又日饥困,诞、咨等智力穷。大将军乃自临围,四面进兵,同时鼓噪登城,城内无敢动者。诞窘急,单乘马,将其麾下突小城门出。大将军司马胡奋部兵逆击,斩诞,传首,夷三族。诞麾下数百人,坐不降见斩,皆曰:"为诸葛公死,不恨。"其得人心如此。② 唐咨、王祚及诸裨将皆面缚降,吴兵万众,器仗军实山积。

①汉晋春秋曰："文钦曰：'蒋班、焦彝谓我不能出而走，全端、全怿又率众逆降，此敌无备之时也，可以战矣。'诞及唐咨等皆以为然，遂共悉众出攻。"

②干宝晋纪曰：数百人拱手为列，每斩一人，辄降之，竟不变，至尽，时人比之田横。吴将于诠曰："大丈夫受命其主，以兵救人，既不能克，又束手于敌，吾弗取也。"乃免胄冒陈而死。

初围寿春，议者多欲急攻之，大将军以为："城固而众多，攻之必力屈，若有外寇，表里受敌，此危道也。今三叛相聚于孤城之中，天其或者将使同就戮，吾当以全策縻之，可坐而制也。"诞以二年五月反，三年二月破灭。六军按甲，深沟高垒，而诞自困，竟不烦攻而克。①及破寿春，议者又以为淮南仍为叛逆，吴兵室家在江南，不可纵，宜悉坑之。大将军以为古之用兵，全国为上，戮其元恶而已。吴兵就得亡还，适可以示中国之弘耳。一无所杀，分布三河近郡以安处之。

①干宝晋纪曰："初，寿春每岁雨潦，淮水溢，常淹城邑。故文王之筑围也，诞笑之曰：'是固不攻而自败也。'及大军之攻，亢旱逾年。城既陷，是日大雨，围垒皆毁。诞子靓，字仲思，吴平还晋。靓子恢，字道明，位至尚书令，追赠左光禄大夫开府。"

唐咨本利城人。黄初中，利城郡反，杀太守徐箕，推咨为主。文帝遣诸军讨破之，咨走入海，遂亡至吴，官至左将军，封侯、持节。诞、钦屠戮，咨亦生禽，三叛皆获，天下快焉。①拜咨安远将军，其馀裨将咸假号位，吴众悦服。江东感之，皆不诛其家。其淮南将吏士民诸为诞所胁略者，惟诛其首逆，馀皆赦之。听鸯、虎收敛钦丧，给其车牛，致葬旧墓。②

①傅子曰：宋建椎牛祷赛，终自焚灭。文钦曰祠祭事天，斩于人手。诸葛诞夫妇聚会神巫，淫祀求福，伏尸淮南，举族诛夷。此天下所共见，足为明鉴也。

②习凿齿曰：自是天下畏威怀德矣。君子谓司马大将军于是役也，可谓能以德攻矣。夫建业者异矣，各有所尚，而不能兼并也。故穷武之雄毙于不仁，存义之国丧于懦退，今一征而禽三叛，大虏吴众，席卷淮浦，俘馘十万，可谓壮矣。而未及安坐，丧王基之功，种惠吴人，结异类之情，宠鸯葬钦，忘畴昔之隙，不咎诞众，使扬士怀愧，功高而人乐其成，业广而敌怀其德，武昭既敷，文算又洽，推此道也，天下其孰能当之哉？丧王基，语在基传。

鸯一名俶。晋诸公赞曰，俶后为将军，破凉州虏，名闻天下。太康中为东夷校尉、假节。当之职，入辞武帝，帝见而恶之，托以他事免俶官。东安公繇，诸葛诞外孙，欲杀俶，因诬杨骏，诬俶谋逆，遂夷三族。

邓艾字士载，义阳棘阳人也。少孤，太祖破荆州，徙汝南，为农民养犊。年十二，随母至颍川，读故太丘长陈寔碑文，言"文为世范，行为士则"，艾遂自名范，字士则。后宗族有与同者，故改焉。为都尉学士，以口吃，不得作干佐。为稻田守丛草吏。同郡吏父怜其家贫，资给甚厚，艾初不称谢。每见高山大泽，辄规度指画军营处所，时人多笑焉。后为典农纲纪，上计吏，因使见太尉司马宣王。宣王奇之，辟之为掾，①迁尚书郎。

①世语曰：邓艾少为襄城典农部民，与石苞皆年十二三。谒者阳翟郭玄信，武帝监军郭诞元奕之子。建安中，少府吉本起兵许都，玄信坐被刑在家，从典农司马求人御，以艾、苞与御，行十馀里，与语，悦之，谓二人皆当远至为佐相。艾后为典农功曹，奉使诣宣王，由此见知，遂被拔擢。

时欲广田畜谷，为灭贼资，使艾行陈、项已东至寿春。艾以为"田良水少，不足以尽地利，宜开河渠，可以引水浇溉，大积军粮，又通运漕之道"。乃著济河论以喻其指。又以为"昔破黄巾，因为屯田，积谷于许都以制四方。今三隅已定，事在淮南，每大军征举，运兵过半，功费巨亿，以为大役。陈、蔡之间，土下田良，可省许昌左右诸稻田，并水东下。令淮北屯二万人，淮南三万人，十二分休，常有四万人，且田且守。水丰常收三倍于西，计除众费，岁完五百万斛以为军资。六七年间，可积三千万斛于淮上，此则十万之众五年食也。以此乘吴，无往而不克矣。"宣王善之，事皆施行。正始二年，乃开广漕渠，每东南有事，大军兴众，泛舟而下，达于江、淮，资食有储而无水害，艾所建也。

出参征西军事，迁南安太守。嘉平元年，与征西将军郭淮拒蜀偏将军姜维。维退，淮因西击羌。艾曰："贼去未远，或能复还，宜分诸军以备不虞。"于是留艾屯白水北。三日，维遣廖化自白水南向艾结营。艾谓诸将曰："维今卒还，吾军人少，法当来渡而不作桥。此维使化持吾，令不得还。维必自东袭取洮城。"洮城在水北，去艾屯六十里。艾即夜潜军径到，维果来渡，而艾先至据城，得以不败。赐爵关内侯，加讨寇将军，后迁城阳太守。

是时并州右贤王刘豹并为一部，艾上言曰："戎狄兽心，不以义亲，强则侵暴，弱则内附，故周宣有玁狁之寇，汉祖有平城之围。每匈奴一盛，为前代重患。自单于在外，莫能牵制长卑。诱而致之，使来入侍。由是羌夷失统，合散无主。以单于在内，万里顺轨。今单于之尊日疏，外土之威浸重，则胡虏不可不深备也。闻刘豹部有叛胡，可因叛割为二国，以分其势。去卑功显前朝，而子不继业，宜加其子显号，使居雁门。离国弱寇，追录旧勋，此御边长计也。"又陈："羌胡与民同处者，宜以渐出之，使居民表崇廉耻之教，塞奸宄之路。"大将军司马景王新辅政，多纳用焉。迁汝南太守，至则寻求昔所厚己吏父，久已死，遣吏祭之，重遗其母，举其子与计吏。艾所在，荒野开辟，军民并丰。

诸葛恪围合肥新城，不克，退归。艾言景王曰："孙权已没，大臣未附，吴名宗大族，皆有部曲，阻兵仗势，足以建命。恪新秉国政,而内无其主,不念抚恤上下以立根基,竞于外事,虐用其民,悉国之众,顿于坚城,死者万数,载祸而归,此恪获罪之日也。昔子胥、吴起、商鞅、乐毅皆见任时君,主没而败。况恪才非四贤,而不虑大患,其亡可待也。"恪归,果见诛。迁兖州刺史,加振威将军。上言曰:"国之所急,惟农与战,国富则兵强,兵强则战胜。然农者,胜之本也。孔子曰'足食足兵',食在兵前也。上无设爵之劝,则下无财畜之功。今使考绩之赏,在于积粟富民,则交游之路绝,浮华之原塞矣。"

高贵乡公即尊位,进封方城亭侯。毌丘俭作乱,遣健步赍书,欲疑惑大众,艾斩之,兼道进军,先趣乐嘉城,作浮桥。司马景王至,遂据之。文钦以后大军破败于城下,艾追之至丘头。钦奔吴。吴大将军孙峻等号十万众,将渡江,镇东将军诸葛诞遣艾据肥阳,艾以与贼势相远,非要害之地,辄移屯附亭,遣泰山太守诸葛绪等于黎浆拒战,遂走之。其年征拜长水校尉。以破钦等功,进封方城乡侯,行安西将军。解雍州刺史王经围于狄道,姜维退驻锺提,乃以艾为安西将军,假节、领护东羌校尉。议者多以为维力已竭,未能更出。艾曰:"洮西之败,非小失也;破军杀将,仓廪空虚,百姓流离,几于危亡。今以策言之,彼有乘胜之势,我有虚弱之实,一也。彼上下相习,五兵犀利,我将易兵新,器杖未复,二也。彼以船行,吾以陆军,劳逸不同,三也。狄道、陇西、南安、祁山,各当有守,彼专为一,我分为四,四也。从南安、陇西,因食羌谷,若趣祁山,熟麦千顷,为之县饵,五也。贼有黠数,其来必矣。"顷之,维果向祁山,闻艾已有备,乃回从董亭趣南安,艾据武城山以相持。维与艾争险,不克,其夜,渡渭东行,缘山趣上邽,艾与战于段谷,大破之。甘露元年诏曰:"逆贼姜维连年狡黠,民夷骚动,西土不宁。艾筹画有方,忠勇奋发,斩将十数,馘首千计;国威震于巴、蜀,武声扬于江、岷。今以艾为镇西将军、都督陇右诸军事，进封邓侯。分五百户封子忠为亭侯。"二年，拒姜维于长城，维退还。迁征西将军，前后增邑凡六千六百户。景元三年，又破维于侯和，维却保沓中。四年秋，诏诸军征蜀，大将军司马文王皆指授节度，使艾与维相缀连；雍州刺史诸葛绪要维，令不得归。艾遣天水太守王颀等直攻维营，陇西太守牵弘等邀其前，金城太守杨欣等诣甘松。维闻钟会诸军已入汉中，引退还。欣等追蹑于彊川口，大战，维败走。闻雍州已塞道，屯桥头，从孔函谷入北道，欲出雍州后。诸葛绪闻之，却还三十里。维入北道三十馀里，闻绪军却，寻还，从桥头过，绪趣截维，较一日不及。维遂东引，还守剑阁。钟会攻维未能克。艾上言："今贼摧折，宜遂乘之，从阴平由邪径经汉德阳亭趣涪，出剑阁西百里，去成都三百馀里，奇兵冲其腹心。剑阁之守必还赴涪，则会方轨而进；剑阁之军不还，则应涪之兵寡矣。军志有之曰：'攻其无备，出其不意。'今掩其空虚，破之必矣。"

冬十月，艾自阴平道行无人之地七百馀里，凿山通道，造作桥阁。山高谷深，至为艰险，又粮运将匮，频于危殆。艾以毡自裹，推转而下。将士皆攀木缘崖，鱼贯而进。先登至江由，蜀守将马邈降。蜀卫将军诸葛瞻自涪还绵竹，列陈待艾。艾遣子惠唐亭侯忠等出其右，司马师纂等出其左。忠、纂战不利，并退还，曰："贼未可击。"艾怒曰："存亡之分，在此一举，何不可之有？"乃叱忠、纂等，将斩之。忠、纂驰还更战，大破之，斩瞻及尚书张遵等首，进军到雒。刘禅遣使奉皇帝玺绶，为笺诣艾请降。

艾至成都，禅率太子诸王及群臣六十馀人面缚舆榇诣军门，艾执节解缚焚榇，受而宥之。检御将士，无所虏略，绥纳降附，使复旧业，蜀人称焉。辄依邓禹故事，承制拜禅行骠骑将军，太子奉车、诸王驸马都尉。蜀群司各随高下拜为王官，或领艾官属。以师纂领益州刺史、陇西太守牵弘等领蜀中诸郡。使于绵竹筑台以为京观，用彰战功。士卒死事者，皆与蜀兵同共埋藏。艾深自矜伐，谓蜀士大夫曰："诸君赖遭某，故得有今日耳。若遇吴汉之徒，已殄灭矣。"又曰："姜维自一时雄儿也，与某相值，故穷耳。"有识者笑之。

十二月，诏曰："艾曜威奋武，深入虏庭，斩将搴旗，枭其鲸鲵，使僭号之主，稽首系颈，历世逋诛，一朝而平。兵不逾时，战不终日，云彻席卷，荡定巴蜀。虽白起破强楚，韩信克劲赵，吴汉禽子阳，亚夫灭七国，计功论美，不足比勋也。其以艾为太尉，增邑二万户，封子二人亭侯，各食邑千户。"①艾言司马文王曰："兵有先声而后实者，今因平蜀之势以乘吴，吴人震恐，席卷之时也。然大举之后，将士疲劳，不可便用，且徐缓之；留陇右兵二万人，蜀兵二万人，煮盐兴冶，为军农要用，并作舟船，豫顺流之事，然后发使告以利害，吴必归化，可不征而定也。今宜厚刘禅以致孙休，安士民以来远人，若便送禅于京都，吴以为流徙，则于向化之心不劝。宜权停留，须来年秋冬，比尔吴亦足平。以为可封禅为扶风王，锡其资财，供其左右。郡有董卓坞，为之宫舍。爵其子为公侯，食郡内县，以显归命之宠。开广陵、城阳以待吴人，则畏威怀德，望风而从矣。"文王使监军卫瓘喻艾："事当须报，不宜辄行。"艾重言曰："衔命征行，奉指授之策，元恶既服；至于承制拜假，以安初附，谓合权宜。今蜀举众归命，地尽南海，东接吴会，宜早镇定。若待国命，往复道途，延引日月。春秋之义，大夫出疆，有可以安社稷，利国家，专之可也。今吴未宾，势与蜀连，不可拘常以失事机。兵法，进不求名，退不避罪，艾虽无古人之节，终不自嫌以损于国也。"锺会、胡烈、师纂等皆白艾所作悖逆，变衅以结。诏书槛车征艾。②

①袁子曰：诸葛亮，重人也，而骤用蜀兵，此知小国弱民难以久存也。今国家一举而灭蜀，自征伐之功，未有如此之速者也。方邓艾以万人入江由

之危险，锺会以二十万众留剑阁而不得进，三军之士已饥，艾虽战胜克将，使刘禅数日不降，则二将之军难以反矣。故功业如此之难也。国家前有寿春之役，后有灭蜀之劳，百姓贫而仓廪虚，故小国之虑，在于时立功以自存，大国之虑，在于既胜而力竭，成功之后，戒惧之时也。

②魏氏春秋曰：艾仰天叹曰："艾忠臣也，一至此乎？白起之酷，复见于今日矣。"

艾父子既囚，锺会至成都，先送艾，然后作乱。会已死，艾本营将士追出艾槛车，迎还。瓘遣田续等讨艾，遇于绵竹西，斩之。子忠与艾俱死。馀子在洛阳者悉诛，徙艾妻子及孙于西域。①

①汉晋春秋曰：初艾之下江由也，以续不进，欲斩，既而舍之。及瓘遣续，谓曰："可以报江由之辱矣。"杜预言于众曰："伯玉其不免乎！身为名士，位望已高，既无德音，又不御下以正，是小人而乘君子之器，将何以堪其责乎？"瓘闻之，不俟驾而谢。

世语曰：师纂亦与艾俱死。纂性急少恩，死之日体无完皮。

初，艾当伐蜀，梦坐山上而有流水，以问殄虏护军爰邵。邵曰："按易卦，山上有水曰蹇。蹇繇曰：'蹇利西南，不利东北。'孔子曰：'蹇利西南，往有功也；不利东北，其道穷也。'往必克蜀，殆不还乎！"艾怃然不乐。①

①荀绰冀州记曰：邵起自干吏，位至卫尉。长子翰，河东太守。中子敞，大司农。少子倩，字君幼，宽厚有器局，勤于当世，历位冀州刺史、太子右卫率。翰子俞，字世都，清贞贵素，辩于论议，采公孙龙之辞以谈微理。少有能名，辟太尉府，稍历显位，至侍中中书令，迁为监。

臣松之按：蹇象辞云"蹇利西南，往得中也"，不云"有功"；下云"利见大人，往有功也"。

泰始元年，晋室践阼，诏曰："昔太尉王凌谋废齐王，而王竟不足以守位。征西将军邓艾，矜功失节，实应大辟。然被书之日，罢遣人众，束手受罪，比于求生遂为恶者，诚复不同。今大赦得还，若无子孙者听使立后,令祭祀不绝。"三年,议郎段灼上疏理艾曰:"艾心怀至忠而荷反逆之名,平定巴蜀而受夷灭之诛,臣窃悼之。惜哉,言艾之反也!艾性刚急,轻犯雅俗,不能协同朋类,故莫肯理之。臣敢言艾不反之状。昔姜维有断陇右之志,艾修治备守,积谷强兵。值岁凶旱,艾为区种,身被乌衣,手执耒耜,以率将士。上下相感,莫不尽力。艾持节守边,所统万数,而不难仆虏之劳,士民之役,非执节忠勤,孰能若此?故落门、段谷之战,以少击多,摧破强贼。先帝知其可任,委艾庙胜,授以长策。艾受命忘身,束马悬车,自投死地,勇气陵云,士众乘势,使刘禅君臣面缚,叉手屈膝。艾功名以成,当书之竹帛,传祚万世。七十老公,反欲何求!艾诚恃养育之恩,心不自疑,矫命承制,权安社稷;虽违常科,有合古义,原心定罪,本在可论。钟会忌艾威名,构成其事。忠而受诛,信而见疑,头县马市,诸子并斩,见之者垂泣,闻之者叹息。陛下龙兴,阐弘大度,释诸嫌忌,受诛之家,不拘叙用。昔秦民怜白起之无罪,吴人伤子胥之冤酷,皆为立祠。今天下民人为艾悼心痛恨,亦犹是也。臣以为艾身首分离,捐弃草土,宜收尸丧,还其田宅。以平蜀之功,绍封其孙,使阖棺定谥,死无馀恨。赦冤魂于黄泉,收信义于后世,葬一人而天下慕其行,埋一魂而天下归其义,所为者寡而悦者众矣。"九年,诏曰:"艾有功勋,受罪不逃刑,而子孙为民隶,朕常愍之。其以嫡孙朗为郎中。"

艾在西时,修治障塞,筑起城坞。泰始中,羌虏大叛,频杀刺史,凉州道断。吏民安全者,皆保艾所筑坞焉。①

①世语曰:咸宁中,积射将军樊震为西戎牙门,得见辞,武帝问震所由进,震自陈曾为邓艾伐蜀时帐下将,帝遂寻问艾,震具申艾之忠,言之流涕。先是以艾孙朗为丹水令,由此迁为定陵令。次孙千秋有时望,光禄大夫王戎辟为掾。永嘉中,朗为新都太守,未之官,在襄阳失火,朗及

三国志卷二十八

母妻子举室烧死，惟子韬子行得免。千秋先卒，二子亦烧死。

艾州里时辈南阳州泰，亦好立功业，善用兵，官至征虏将军、假节都督江南诸军事。景元二年薨，追赠卫将军，谥曰壮侯。[1]

[1] 世语曰：初，荆州刺史裴潜以泰为从事，司马宣王镇宛，潜数遣诣宣王，由此为宣王所知。及征孟达，泰又导军，遂辟泰。泰频丧考、妣、祖，九年居丧，宣王留缺待之，至三十六日，擢为新城太守。宣王为泰会，使尚书钟繇调泰："君释褐登宰府，三十六日拥麾盖，守兵马郡；乞儿乘小车，一何驶乎？"泰曰："诚有此。君，名公之子，少有文采，故守吏职；猕猴骑土牛，又何迟也！"众宾咸悦。后历兖、豫州刺史，所在有筹算绩效。

钟会字士季，颍川长社人，太傅繇小子也。少敏惠夙成。[1] 中护军蒋济著论，谓"观其眸子，足以知人。"会年五岁，繇遣见济，济甚异之，曰："非常人也。"及壮，有才数技艺，而博学精练名理，以夜续昼，由是获声誉。正始中，以为秘书郎，迁尚书中书侍郎。[2] 高贵乡公即尊位，赐爵关内侯。

[1] 会为其母传曰："夫人张氏，字昌蒲，太原兹氏人，太傅定陵成侯之命妇也。世长吏二千石。夫人少丧父母，充成侯家，修身正行，非礼不动，为上下所称述。贵妾孙氏，摄嫡专家，心害其贤，数谮毁无所不至。孙氏辨博有智巧，言足以饰非成过，然竟不能伤也。及妊娠，愈更嫉妒，乃置药食中，夫人中食，觉而吐之，瞑眩者数日。或曰：'何不向公言之？'答曰：'嫡庶相害，破家危国，古今以为鉴诫。假如公信我，众谁能明其事？彼以心度我，谓我必言，固将先我；事由彼发，顾不快耶！'遂称疾不见。孙氏果谓成侯曰：'妾欲其得男，故饮以得男之药，反谓毒之！'成侯曰：'得男药佳事，暗于食中与人，非人情也。'遂讯侍者具服，孙氏由是得罪出。成侯问夫人何能不言，夫人言其故，成侯大惊，益以此贤之。黄初六年，生会，恩宠愈隆。成侯既出孙氏，更纳正嫡贾氏。"

臣松之按：钟繇于时老矣，而方纳正室。盖礼所云宗子虽七十无无主妇之义也。

魏氏春秋曰:会母见宠于繇,繇为之出其夫人。卞太后以为言,文帝诏繇复之。繇志愤,将引鸩,弗获,餐椒致噤,帝乃止。

②世语曰:司马景王命中书令虞松作表,再呈辄不可意,命松更定。以经时,松思竭不能改,心苦之,形于颜色。会察其有忧,问松,松以实答。会取视,为定五字。松悦服,以呈景王,王曰:"不当尔邪,谁所定也?"松曰:"锺会。向亦欲启之,会公见问,不敢饕其能。"王曰:"如此,可大用,可令来。"会问松王所能,松曰:"博学明识,无所不贯。"会乃绝宾客,精思十日,平旦入见,至鼓二乃出。出后,王独拊手叹息曰:"此真王佐材也!"

松字叔茂,陈留人,九江太守边让外孙。松弱冠有才,从司马宣王征辽东,宣王命作檄,及破贼,作露布。松从还,宣王辟为掾,时年二十四,迁中书郎,遂至太守。松子濬,字显弘,晋廷尉。

臣松之以为锺会名公之子,声誉夙著,弱冠登朝,已历显位,景王为相,何容不悉,而方于定虞松表然后乃蒙接引乎?设使先不相识,但见五字而便知可大用,虽圣人其犹病诸,而况景王哉?

毌丘俭作乱,大将军司马景王东征,会从,典知密事,卫将军司马文王为大军后继。景王薨于许昌,文王总统六军,会谋谟帷幄。时中诏敕尚书傅嘏,以东南新定,权留卫将军屯许昌为内外之援,令嘏率诸军还。会与嘏谋,使嘏表上,辄与卫将军俱发,还到雒水南屯住。于是朝廷拜文王为大将军、辅政,会迁黄门侍郎,封东武亭侯,邑三百户。

甘露二年,征诸葛诞为司空,时会丧宁在家,策诞必不从命,驰白文王。文王以事已施行,不复追改。① 及诞反,车驾住项,文王至寿春,会复从行。

①会时遭所生母表。其母传曰:"夫人性矜严,明于教训,会虽童稚,勤见规诲。年四岁授孝经,七岁诵论语,八岁诵诗,十岁诵尚书,十一诵易,十二诵春秋左氏传、国语,十三诵周礼、礼记,十四诵成侯易记,十五使入太学问四方奇文异训。谓会曰:'学猥则倦,倦则意怠;吾惧汝之意

急,故以渐训汝,今可以独学矣。'雅好书籍,涉历众书,特好易、老子,
每读易孔子说鸣鹤在阴、劳谦君子、籍用白茅、不出户庭之义,每使会
反复读之,曰:'易三百馀爻,仲尼特说此者,以谦恭慎密,枢机之发,行
己至要,荣身所由故也,顺斯术已往,足为君子矣。'正始八年,会为尚
书郎,夫人执会手而诲之曰:'汝弱冠见叙,人情不能不自足,则损在其
中矣,勉思其戒!'是时大将军曹爽专朝政,日纵酒沉醉,会兄侍中毓宴
还,言其事。夫人曰:'乐则乐矣,然难久也。居上不骄,制节谨度,然后
乃无危溢之患。今奢僭若此,非长守富贵之道。'嘉平元年,车驾朝高平
陵,会为中书郎,从行。相国宣文侯始举兵,众人恐惧,而夫人自若。中
书令刘放、侍郎卫瓘、夏侯和等家皆怪问:'夫人一子在危难之中,何能
无忧?'答曰:'大将军奢僭无度,吾常疑其不安。太傅义不危国,必为大
将军举耳。吾儿在帝侧何忧?闻且出兵无他重器,其势必不久战。'果如
其言,一时称明。会历机密十馀年,颇豫政谋。夫人谓曰:'昔范氏少子
为赵简子设伐邯之计,事从民悦,可谓功矣。然其母以为乘伪作诈,末
业鄙事,必不能久。其识本深远,非近人所言,吾常乐其为人。汝居心
正,吾知免矣。但当修所志以辅益时化,不忝先人耳。常言人谁能皆体
自然,但力行不倦,抑亦其次。虽接鄙贱,必以言信。取与之间,分画分
明。'或问:'此无乃小乎?'答曰:'君子之行,皆积小以致高大,若以小
善为无益而弗为,此乃小人之事耳。希通慕大者,吾所不好。'会自幼
少,衣不过青绀,亲营家事,自知恭俭。然见得思义,临财必让。会前后
赐钱帛数百万计,悉送供公家之用,一无所取。年五十有九,甘露二年
二月暴疾薨。比葬,天子有手诏,命大将军高都侯厚加赠赠,丧事无巨
细,一皆供给。议者以为公侯有夫人,有世妇,有妻,有妾,所谓外命妇
也。依春秋成风、定姒之义,宜崇典礼,不能总称妾名,于是称成侯命
妇。殡葬之事,有取于古制,礼也。"

　　初,吴大将全琮,孙权之婚亲重臣也,琮子怿、孙静、从子端、
翩、缉等,皆将兵来救诞。怿兄子辉、仪留建业,与其家内争讼,携
其母,将部曲数十家渡江,自归文王。会建策,密为辉、仪作书,使

辉、仪所亲信赍人城告怪等，说吴中怒怪等不能拔寿春，欲尽诛诸将家，故逃来归命。怪等恐惧，遂将所领开东城门出降，皆蒙封宠，城中由是乖离。寿春之破，会谋居多，亲待日隆，时人谓之子房。军还，迁为太仆，固辞不就。以中郎在大将军府管记室事，为腹心之任。以讨诸葛诞功，进爵陈侯，屡让不受。诏曰："会典综军事，参同计策，料敌制胜，有谋谟之勋，而推宠固让，辞指款实，前后累重，志不可夺。夫成功不处，古人所重，其听会所执，以成其美。"迁司隶校尉。虽在外司，时政损益，当世与夺，无不综典。嵇康等见诛，皆会谋也。

文王以蜀大将姜维屡扰边陲，料蜀国小民疲，资力单竭，欲大举图蜀。惟会亦以为蜀可取，豫共筹度地形，考论事势。景元三年冬，以会为镇西将军、假节都督关中诸军事。文王敕青、徐、兖、豫、荆、扬诸州，并使作船，又令唐咨作浮海大船，外为将伐吴者。四年秋，乃下诏使邓艾、诸葛绪各统诸军三万馀人，艾趣甘松、沓中连缀维，绪趣武街、桥头绝维归路。会统十馀万众，分从斜谷、骆谷入。先命牙门将许仪在前治道，会在后行，而桥穿，马足陷，于是斩仪。仪者，许褚之子，有功王室，犹不原贷。诸军闻之，莫不震竦。蜀令诸围皆不得战，退还汉、乐二城守。魏兴太守刘钦趣子午谷，诸军数道平行，至汉中。蜀监军王含守乐城，护军蒋斌守汉城，兵各五千。会使护军荀恺、前将军李辅各统万人，恺围汉城，辅围乐城。会径过，西出阳安口，遣人祭诸葛亮之墓。使护军胡烈等行前，攻破关城，得库藏积谷。姜维自沓中还，至阴平，合集士众，欲赴关城。未到，闻其已破，退趣白水，与蜀将张翼、廖化等合守剑阁拒会。会移檄蜀将吏士民曰：

往者汉祚衰微，率土分崩，生民之命，几于泯灭。太祖武皇帝神武圣哲，拨乱反正，拯其将坠，造我区夏。高祖文皇帝应天顺民，受命践阼。烈祖明皇帝奕世重光，恢拓洪业。然江山之外，异政殊俗，率土齐民未蒙王化，此三祖所以顾怀遗恨也。今主上圣德钦明，绍隆前绪，宰辅忠肃明允，劬劳王室，布政垂惠而万邦协和，施德百蛮而肃慎致贡。悼彼巴蜀，独为匪民，愍此百姓，劳役未已。是以命授六师，龚行天罚，征西、雍州、镇西诸军，五道并进。古之行军，以仁为本，以义治之；王者之师，有征无战；故虞舜舞干戚而服有苗，周武有散财、发廪、表闾之义。今镇西奉辞衔命，摄统戎重，庶弘文告之训，以济元元之命，非欲穷武极战，以快一朝之政，故略陈安危之要，其敬听话言。

益州先主以命世英才，兴兵朔野，困踬冀、徐之郊，制命绍、布之手，太祖拯而济之，与隆大好。中更背违，弃同即异，诸葛孔明仍规秦川，姜伯约屡出陇右，劳动我边境，侵扰我氐、羌，方国家多故，未遑修九伐之征也。今边境乂清，方内无事，畜力待时，并兵一向，而巴蜀一州之众，分张守备，难以御天下之师。段谷、侯和沮伤之气，难以敌堂堂之陈。比年以来，曾无宁岁，征夫勤瘁，难以当子来之民。此皆诸贤所亲见也。蜀相壮见禽于秦，公孙述授首于汉，九州之险，是非一姓。此皆诸贤所备闻也。明者见危于无形，智者规祸于未萌，是以微子去商，长为周宾，陈平背项，立功于汉。岂晏安鸩毒，怀禄而不变哉？今国朝隆天覆之恩，宰辅弘宽恕之德，先惠后诛，好生恶杀。往者吴将孙壹举众内附，位为上司，宠秩殊异。文钦、唐咨为国大害，叛主雠贼，还为戎首。咨困逼禽获，钦二子还降，皆将军、封侯；咨与闻国事。壹等穷踧归命，犹加盛宠，况巴蜀贤知见机而作者哉！诚能深鉴成败，邈然高蹈，投迹微子之踪，错身陈平之轨，则福同古人，庆流来裔，百姓士民，安堵

旧业，农不易亩，市不回肆，去累卵之危，就永安之福，岂不美
与！若偷安旦夕，迷而不反，大兵一发，玉石皆碎，虽欲悔之，
亦无及已。其详择利害，自求多福，各具宣布，咸使闻知。

邓艾追姜维到阴平，简选精锐，欲从汉德阳入江由、左儋道诣
绵竹，趣成都，与诸葛绪共行。绪以本受节度邀姜维，西行非本诏，
遂进军前向白水，与会合。会遣将军田章等从剑阁西，径出江由。
未至百里，章先破蜀伏兵三校，艾使章先登。遂长驱而前。会与绪
军向剑阁，会欲专军势，密白绪畏懦不进，槛车征还。军悉属会，①
进攻剑阁，不克，引退，蜀军保险拒守。艾遂至绵竹，大战，斩诸葛
瞻。维等闻瞻已破，率其众东入于巴。会乃进军至涪，遣胡烈、田
续、庞会等追维。艾进军向成都，刘禅诣艾降，遣使敕维等令降于
会。维至广汉郪县，令兵悉放器仗，送节传于胡烈，便从东道诣会
降。会上言曰："贼姜维、张翼、廖化、董厥等逃死遁走，欲趣成都。
臣辄遣司马夏侯咸、护军胡烈等，经从剑阁，出新都、大渡截其前，
参军爰彰、将军句安等蹑其后，参军皇甫闿、将军王买等从涪南出
冲其腹，臣据涪县为东西势援。维等所统步骑四五万人，擐甲厉
兵，塞川填谷，数百里中首尾相继，凭恃其众，方轨而西。臣敕咸、
闿等令分兵据势，广张罗罔，南杜走吴之道，西塞成都之路，北绝
越逸之径，四面云集，首尾并进，蹊路断绝，走伏无地。臣又手书申
喻，开示生路，群寇困逼，知命穷数尽，解甲投戈，面缚委质，印绶
万数，资器山积。昔舜舞干戚，有苗自服；牧野之师，商旅倒戈：有
征无战，帝王之盛业。全国为上，破国次之；全军为上，破军次之：
用兵之令典。陛下圣德，侔踪前代，翼辅忠明，齐轨公旦，仁育群
生，义征不谧，殊俗向化，无思不服，师不逾时，兵不血刃，万里同
风，九州共贯。臣辄奉宣诏命，导扬恩化，复其社稷，安其闾伍，舍
其赋调，弛其征役，训之德礼以移其风，示之轨仪以易其俗，百姓

欣欣，人怀逸豫，后来其苏，义无以过。"会于是禁检士众不得钞略，虚己诱纳，以接蜀之群司，与维情好欢甚。② 十二月诏曰："会所向摧弊，前无强敌，缄制众城，罔罗迸逸。蜀之豪帅，面缚归命，谋无遗策，举无废功。凡所降诛，动以万计，全胜独克，有征无战。拓平西夏，方隅清晏。其以会为司徒，进封县侯，增邑万户。封子二人亭侯，邑各千户。"

①按百官名：绪入晋为太常崇礼卫尉。子冲，廷尉。

荀绰兖州记曰：冲子诠，字德林，玫字仁林，并知名显达。诠，兖州刺史。玫，侍中御史中丞。

②世语曰：夏侯霸奔蜀，蜀朝问"司马公如何德"？霸曰："自当作家门。""京师俊士"？曰："有钟士季，其人管朝政，吴、蜀之忧也。"

汉晋春秋曰：初，夏侯霸降蜀，姜维问之曰："司马懿既得彼政，当复有征伐之志不？"霸曰："彼方营立家门，未遑外事。有钟士季者，其人虽少，终为吴、蜀之忧，然非非常之人亦不能用也。"后十五年而会果灭蜀。

按习凿齿此言，非出他书，故采用世语而附益也。

会内有异志，因邓艾承制专事，密白艾有反状，① 于是诏书槛车征艾。司马文王惧艾或不从命，敕会并进军成都，监军卫瓘在会前行，以文王手笔令宣喻艾军，艾军皆释仗，遂收艾入槛车。会所惮惟艾，艾既禽而会寻至，独统大众，威震西土。自谓功名盖世，不可复为人下，加猛将锐卒皆在己手，遂谋反。欲使姜维等皆将蜀兵出斜谷，会自将大众随其后。既至长安，令骑士从陆道，步兵从水道顺流浮渭入河，以为五日可到孟津，与骑会洛阳，一旦天下可定也。会得文王书云："恐邓艾或不就征，今遣中护军贾充将步骑万人径入斜谷，屯乐城，吾自将十万屯长安，相见在近。"会得书，惊呼所亲语之曰："但取邓艾，相国知我能独办之；今来大重，必觉我异矣，便当速发。事成，可得天下；不成，退保蜀汉，不失作刘备也。我自淮南以来，画无遗策，四海所共知也。我欲持此安归乎！"会以五年正月十五日至，其明日，悉请护军、郡守、牙门骑督以上及蜀之故官，为太后发丧于蜀朝堂。矫太后遗诏，使会起兵废文王，皆班示坐上人，使下议讫，书版署置，更使所亲信代领诸军。所请群官，悉闭著益州诸曹屋中，城门宫门皆闭，严兵围守。会帐下督丘建本属胡烈，烈荐之文王，会请以自随，任爱之。建愍烈独坐，启会，使听内一亲兵出取饮食，诸牙门随例各内一人。烈绐语亲兵及疏与其子曰：“丘建密说消息，会已作大坑，白棓棓与棒同。数千，欲悉呼外兵入，人赐白帽，苦治反。拜为散将，以次棓杀坑中。”诸牙门亲兵亦咸说此语，一夜传相告，皆遍。或谓会：“可尽杀牙门骑督以上。”会犹豫未决。十八日中，烈军兵与烈儿雷鼓出门，诸军兵不期皆鼓噪出，曾无督促之者，而争先赴城。时方给与姜维铠杖，白外有匈匈声，似失火，有顷，白兵走向城。会惊，谓维曰：“兵来似欲作恶，当云何？”维曰：“但当击之耳。”会遣兵悉杀所闭诸牙门郡守，内人共举机以柱门，兵斫门，不能破。斯须，门外倚梯登城，或烧城屋，蚁附乱进，矢下如雨，牙门、郡守各缘屋出，与其卒兵相得。姜维率会左右战，手杀五六人，众既格斩维，争赴杀会。会时年四十，将士死者数百人。②

① 世语曰：会善效人书，于剑阁要艾章表白事，皆易其言，令辞指悖傲，多自矜伐。又毁文王报书，手作以疑之也。

② 晋诸公赞曰：胡烈儿名渊，字世元，遵之孙也。遵，安定人，以才兼文武，累居藩镇，至车骑将军。子奋，字玄威，亦历方任。女为晋武帝贵人，有宠。太康中，以奋为尚书仆射，加镇军大将军、开府。弟广，字宣祖，少府。次烈，字玄武，泰州刺史。次岐，字玄巖，并州刺史。广子喜，凉州刺史。渊小字鹞鸱，时年十八，既杀会救父，名震远近。后赵王伦篡位，三王兴义，伦使渊与张泓将兵御齐王，屡破齐军。会成都战克，渊乃归降伏法。

初，艾为太尉，会为司徒，皆持节、都督诸军如故，咸未受命而

毙。会兄毓,以四年冬薨,会竟未知问。会兄子邕,随会与俱死。会
所养兄子毅及峻、迪<sub>敕连反</sub>。等下狱,当伏诛。司马文王表天子下诏
曰:"峻等祖父繇,三祖之世,极位台司,佐命立勋,飨食庙庭。父
毓,历职内外,干事有绩。昔楚思子文之治,不灭斗氏之祀。晋录成
宣之忠,用存赵氏之后。以会、邕之罪,而绝繇、毓之类,吾有愍然!
峻、迪兄弟特原,有官爵者如故。惟毅及邕息伏法。"或曰,毓曾密
启司马文王,言会挟术难保,不可专任,故宥峻等云。①

①汉晋春秋曰:文王嘉其忠亮,笑答毓曰:"若如卿言,必不以及宗矣。"

　　初,文王欲遣会伐蜀,西曹属邵悌求见曰:"今遣钟会率十馀
万众伐蜀,愚谓会单身无重任,不若使馀人行。"文王笑曰:"我宁
当复不知此耶?蜀为天下作患,使民不得安息,我今伐之如指掌
耳,而众人皆言蜀不可伐。夫人心豫怯则智勇并竭,智勇并竭而强
使之,适为敌禽耳。惟钟会与人意同,今遣会伐蜀,必可灭蜀。灭蜀
之后,就如卿所虑,当何所能一办耶?凡败军之将不可以语勇,亡
国之大夫不可与图存,心胆以破故也。若蜀以破,遗民震恐,不足
与图事;中国将士各自思归,不肯与同也。若作恶,只自灭族耳。卿
不须忧此,慎莫使人闻也。"及会白邓艾不轨,文王将西,悌复曰:
"钟会所统,五六倍于邓艾,但可敕会取艾,不足自行。"文王曰:
"卿忘前时所言邪,而更云可不须行乎?虽尔,此言不可宣也。我要
自当以信义待人,但人不当负我,我岂可先人生心哉! 近日贾护军
问我,言:'颇疑钟会不?'我答言:'如今遣卿行,宁可复疑卿邪?'
贾亦无以易我语也。我到长安,则自了矣。"军至长安,会果已死,
咸如所策。①

①按咸熙元年百官名:邵悌字元伯,阳平人。

汉晋春秋曰:文王闻钟会功曹向雄之收葬会也,召而责之曰:"往者王
经之死,卿哭于东市而我不问,今钟会躬为叛逆而又辄收葬,若复相

容，其如王法何！"雄曰："昔先王掩骼埋胔，仁流朽骨，当时岂先卜其功罪而后收葬哉？今王诛既加，于法已备，雄感义收葬，教亦无阙。法立于上，教弘于下，以此训物，雄日可矣！何必使雄背死违生，以立于时。殿下雠对枯骨，捐之中野，百岁之后，为臧获所笑，岂仁贤所掩哉？"王悦，与宴谈而遣之。

习凿齿曰：向伯茂可谓勇于蹈义也，哭王经而哀感市人，葬锺会而义动明主，彼皆忠烈奋劲，知死而往，非存生也。况使经、会处世，或身在急难，而有不赴乎？故寻其奉死之心，可以见事生之情，览其忠贞之节，足以愧背义之士矣。王加礼而遣，可谓明达。

会尝论易无互体、才性同异。及会死后，于会家得书二十篇，名曰道论，而实刑名家也，其文似会。初，会弱冠与山阳王弼并知名。弼好论儒道，辞才逸辩，注易及老子，为尚书郎，年二十馀卒。[1]

[1]弼字辅嗣。何劭为其传曰：弼幼而察慧，年十馀，好老氏，通辩能言。父业，为尚书郎。时裴徽为吏部郎，弼未弱冠，往造焉。徽一见而异之，问弼曰："夫无者诚万物之所资也，然圣人莫肯致言，而老子申之无已者何？"弼曰："圣人体无，无又不可以训，故不说也。老子是有者也，故恒言无所不足。"寻亦为傅嘏所知。于时何晏为吏部尚书，甚奇弼，叹之曰："仲尼称后生可畏，若斯人者，可与言天人之际乎！"正始中，黄门侍郎累缺。晏既用贾充、裴秀、朱整，又议用弼。时丁谧与晏争衡，致高邑王黎于曹爽，爽用黎。于是以弼补台郎。初除，觐爽，请间，爽为屏左右，而弼与论道，移时无所他及，爽以此嗤之。时爽专朝政，党与共相进用，弼通俊不治名高。寻黎无几时病亡，爽用王沈代黎，弼遂不得在门下，晏为之叹恨。弼在台既浅，事功亦雅非所长，益不留意焉。淮南人刘陶善论纵横，为当时所推。每与弼语，常屈弼。弼天才卓出，当其所得，莫能夺也。性和理，乐游宴，解音律，善投壶。其论道傅会文辞，不如何晏，自然有所拔得，多晏也。颇以所长笑人，故时为士君子所疾。弼与锺会善，会论议以校练为家，然每服弼之高致。何晏以为圣人无喜怒哀乐，其论甚精，锺会等述之。弼与不同，以为圣人茂于人者神明也，同于人者五情也，神明茂故能体冲和以通无，五情同故不能无哀乐以应物，然

则圣人之情,应物而无累于物者也。今以其无累,便谓不复应物,失之多矣。弼注易,颍川人荀融难弼大衍义。弼答其意,白书以戏之曰:"夫明足以寻极幽微,而不能去自然之性。颜子之量,孔父之所预在,然遇之不能无乐,丧之不能无哀。又常狭斯人,以为未能以情从理者也,而今乃知自然之不可革。足下之量,虽已定乎胸怀之内,然而隔逾旬朔,何其相思之多乎?故知尼父之于颜子,可以无大过矣。"弼注老子,为之指略,致有理统。著道略论,注易,往往有高丽言。太原王济好谈,病老、庄,常云:"见弼易注,所悟者多。"然弼为人浅而不识物情,初与王黎、荀融善,黎夺其黄门郎,于是恨黎,与融亦不终。正始十年,曹爽废,以公事免。其秋遇疠疾亡,时年二十四,无子绝嗣。弼之卒也,晋景王闻之,嗟叹者累日,其为高识所惜如此。

孙盛曰:易之为书,穷神知化,非天下之至精,其孰能与于此?世之注解,殆皆妄也。况弼以傅会之辨而欲笼统玄旨者乎?故其叙浮义则丽辞溢目,造阴阳则妙赜无间,至于六爻变化,群象所效,日时岁月,五气相推,弼皆摈落,多所不关。虽有可观者焉,恐将泥夫大道。

博物记曰:初,王粲与族兄凯俱避地荆州,刘表欲以女妻粲,而嫌其形陋而用率,以凯有风貌,乃以妻凯。凯生业,业即刘表外孙也。蔡邕有书近万卷,末年载数车与粲,粲亡后,相国掾魏讽谋反,粲子与焉,既被诛,邕所与书悉入业。业字长绪,位至谒者仆射。子宏字正宗,司隶校尉。宏,弼之兄也。

魏氏春秋曰:文帝既诛粲二子,以业嗣粲。

评曰:王凌风节格尚,毌丘俭才识拔干,诸葛诞严毅威重,锺会精练策数,咸以显名,致兹荣任,而皆心大志迁,不虑祸难,变如发机,宗族涂地,岂不谬惑邪!邓艾矫然强壮,立功立事,然暗于防患,咎败旋至,岂远知乎诸葛恪而不能近自见,此盖古人所谓目论者也。①

①史记曰:越王无疆与中国争强,当楚威王时,越北伐齐,齐威王使人说越云,越王不纳。齐使者曰:"幸也,越之不亡也。吾不贵其用智之如目,

目见毫毛而不自见其睫也。今王知晋之失计,不自知越之过,是目论也。”

【校勘记】

〔1〕大将军昭伯与太傅俱受顾命　傅下原衍“伯”字,据殿本考证删。
〔2〕又使监军石苞督兖州刺史州泰等　原脱“督”字,据晋书卷三三石苞传补。

# 三国志卷二十九　魏书二十九

## 方技传第二十九

华佗字元化,沛国谯人也,一名旉。① 游学徐土,兼通数经。沛相陈珪举孝廉,太尉黄琬辟,皆不就。晓养性之术,时人以为年且百岁而貌有壮容。又精方药,其疗疾,合汤不过数种,心解分剂,不复称量,煮熟便饮,语其节度,舍去辄愈。若当灸,不过一两处,每处不过七八壮,病亦应除。若当针,亦不过一两处,下针言"当引某许,若至,语人"。病者言"已到",应便拔针,病亦行差。若病结积在内,针药所不能及,当须刳割者,便饮其麻沸散,须臾便如醉死无所知,因破取。病若在肠中,便断肠湔洗,缝腹膏摩,四五日差,不痛,人亦不自寤,一月之间,即平复矣。

①臣松之案:古"敷"字与"专"相似,写书者多不能别。寻佗字元化,其名宜为旉也。

故甘陵相夫人有娠六月,腹痛不安,佗视脉,曰:"胎已死矣。"使人手摸知所在,在左则男,在右则女。人云"在左",于是为汤下之,果下男形,即愈。

县吏尹世苦四支烦，口中干，不欲闻人声，小便不利。佗曰："试作热食，得汗则愈；不汗，后三日死。"即作热食而不汗出，佗曰："藏气已绝于内，当啼泣而绝。"果如佗言。

府吏兒寻、李延共止，俱头痛身热，所苦正同。佗曰："寻当下之，延当发汗。"或难其异，佗曰："寻外实，延内实，故治之宜殊。"即各与药，明旦并起。

盐渎严昕与数人共候佗，适至，佗谓昕曰："君身中佳否？"昕曰："自如常。"佗曰："君有急病见于面，莫多饮酒。"坐毕归，行数里，昕卒头眩堕车，人扶将还，载归家，中宿死。

故督邮顿子献得病已差，诣佗视脉，曰："尚虚，未得复，勿为劳事，御内即死。临死，当吐舌数寸。"其妻闻其病除，从百馀里来省之，止宿交接，中间三日发病，一如佗言。

督邮徐毅得病，佗往省之。毅谓佗曰："昨使医曹吏刘租针胃管讫，便苦咳嗽，欲卧不安。"佗曰："刺不得胃管，误中肝也，食当日减，五日不救。"遂如佗言。

东阳陈叔山小男二岁得疾，下利常先啼，日以羸困。问佗，佗曰："其母怀躯，阳气内养，乳中虚冷，儿得母寒，故令不时愈。"佗与四物女宛丸，十日即除。

彭城夫人夜之厕，虿螫其手，呻呼无赖。佗令温汤近热，渍手其中，卒可得寐，但旁人数为易汤，汤令暖之，其旦即愈。

军吏梅平得病，除名还家，家居广陵，未至二百里，止亲人舍。有顷，佗偶至主人许，主人令佗视平，佗谓平曰："君早见我，可不至此。今疾已结，促去可得与家相见，五日卒。"应时归，如佗所刻。

佗行道，见一人病咽塞，嗜食而不得下，家人车载欲往就医。佗闻其呻吟，驻车往视，语之曰："向来道边有卖饼家蒜齑大酢，从取三升饮之，病自当去。"即如佗言，立吐蛇一枚，县车边，欲造佗。

佗尚未还，小儿戏门前，逆见，自相谓曰："似逢我公，车边病是也。"疾者前入坐，见佗北壁县此蛇辈约以十数。

又有一郡守病，佗以为其人盛怒则差，乃多受其货而不加治，无何弃去，留书骂之。郡守果大怒，令人追捉杀佗。郡守子知之，属使勿逐。守瞋恚既甚，吐黑血数升而愈。

又有一士大夫不快，佗云："君病深，当破腹取。然君寿亦不过十年，病不能杀君，忍病十岁，寿俱当尽，不足故自刳裂。"士大夫不耐痛痒，必欲除之。佗遂下手，所患寻差，十年竟死。

广陵太守陈登得病，胸中烦懑，面赤不食。佗脉之曰："府君胃中有虫数升，欲成内疽，食腥物所为也。"即作汤二升，先服一升，斯须尽服之。食顷，吐出三升许虫，赤头皆动，半身是生鱼脍也，所苦便愈。佗曰："此病后三期当发，遇良医乃可济救。"依期果发动，时佗不在，如言而死。

太祖闻而召佗，佗常在左右。太祖苦头风，每发，心乱目眩，佗针鬲，随手而差。①

> ①佗别传曰：有人病两脚躄不能行，舆诣佗，佗望见云："已饱针灸服药矣，不复须看脉。"便使解衣，点背数十处，相去或一寸，或五寸，纵邪不相当。言灸此各十壮，灸创愈即行。后灸处夹脊一寸，上下行端直均调，如引绳也。

李将军妻病甚，呼佗视脉，曰："伤娠而胎不去。"将军言："闻实伤娠，胎已去矣。"佗曰："案脉，胎未去也。"将军以为不然。佗舍去，妇稍小差。百馀日复动，更呼佗，佗曰："此脉故事有胎。前当生两儿，一儿先出，血出甚多，后儿不及生。母不自觉，旁人亦不寤，不复迎，遂不得生。胎死，血脉不复归，必燥著母脊，故使多脊痛。今当与汤，并针一处，此死胎必出。"汤针既加，妇痛急如欲生者。佗曰："此死胎久枯，不能自出，宜使人探之。"果得一死男，手足完具，色黑，长可尺所。

佗之绝技，凡此类也。然本作士人，以医见业，意常自悔，后太祖亲理，得病笃重，使佗专视。佗曰："此近难济，恒事攻治，可延岁月。"佗久远家思归，因曰："当得家书，方欲暂还耳。"到家，辞以妻病，数乞期不反。太祖累书呼，又敕郡县发遣。佗恃能厌食事，犹不上道。太祖大怒，使人往检。若妻信病，赐小豆四十斛，宽假限日；若其虚诈，便收送之。于是传付许狱，考验首服。荀彧请曰："佗术实工，人命所县，宜含宥之。"太祖曰："不忧，天下当无此鼠辈耶？"遂考竟佗。佗临死，出一卷书与狱吏，曰："此可以活人。"吏畏法不受，佗亦不强，索火烧之。佗死后，太祖头风未除。太祖曰："佗能愈此。小人养吾病，欲以自重，然吾不杀此子，亦终当不为我断此根原耳。"及后爱子仓舒病困，太祖叹曰："吾悔杀华佗，令此儿彊死也。"

初，军吏李成苦咳嗽，昼夜不寤，时吐脓血，以问佗。佗言："君病肠臃，咳之所吐，非从肺来也。与君散两钱，当吐二升馀脓血讫，快自养，一月可小起，好自将爱，一年便健。十八岁当一小发，服此散，亦行复差。若不得此药，故当死。"复与两钱散。成得药，去五六岁，亲中人有病如成者，谓成曰："卿今强健，我欲死，何忍无急去药，① 以待不祥？先持贷我，我差，为卿从华佗更索。"成与之。已故到谯，适值佗见收，匆匆不忍从求。后十八岁，成病竟发，无药可服，以至于死。②

①臣松之案：古语以藏为去。

②佗别传曰：人有在青龙中见山阳太守广陵刘景宗，景宗说中平日数见华佗，其治病手脉之候，其验若神。琅琊刘勋为河内太守，有女年几二十，左脚膝里上有疮，痒而不痛。疮愈数十日复发，如此七八年，迎佗使视，佗曰："是易治之。当得稻糠黄色犬一头，好马二匹。"以绳系犬颈，使走马牵犬，马极辄易，计马走三十馀里，犬不能行，复令步人拖曳，计

向五十里。乃以药饮女，女即安卧不知人。因取大刀断犬腹近后脚之前，以所断之处向疮口，令去二三寸。停之须史，有若蛇者从疮中而出，便以铁椎横贯蛇头。蛇在皮中动摇良久，须史不动，乃牵出，长三尺所，纯是蛇，但有眼处而无童子，又逆鳞耳。以膏散著疮中，七日愈。又有人苦头眩，头不得举，目不得视，积年。佗使悉解衣倒悬，令头去地一二寸，濡布拭身体，令周匝，候视诸脉，尽出五色。佗令弟子数人以铍刀决脉，五色血尽，视赤血，乃下，以膏摩被覆，汗自出周匝，饮以亭历犬血散，立愈。又有妇人长病经年，世谓寒热注病者。冬十一月中，佗令坐石槽中，平旦用寒水汲灌，云当满百。始七八灌，会战欲死，灌者惧，欲止。佗令满数。将至八十灌，热气乃蒸出，嚣嚣高二三尺。满百灌，佗乃使然火温床，厚覆，良久汗洽出，著粉，汗燥便愈。又有人病腹中半切痛，十馀日中，鬓眉堕落。佗曰："是脾半腐，可刳腹养治也。"使饮药令卧，破腹就视，脾果半腐坏。以刀断之，刮去恶肉，以膏傅疮，饮之以药，百日平复。

广陵吴普、彭城樊阿皆从佗学。普依准佗治，多所全济。佗语普曰："人体欲得劳动，但不当使极尔。动摇则谷气得消，血脉流通，病不得生，譬犹户枢不朽是也。是以古之仙者为导引之事，熊颈鸱顾，引挽腰体，动诸关节，以求难老。吾有一术，名五禽之戏，一曰虎，二曰鹿，三曰熊，四曰猿，五曰鸟，亦以除疾，并利蹄足，以当导引。体中不快，起作一禽之戏，沾濡汗出，因上著粉，身体轻便，腹中欲食。"普施行之，年九十馀，耳目聪明，齿牙完坚。阿善针术。凡医咸言背及胸藏之间不可妄针，针之不过四分，而阿针背入一二寸，巨阙胸藏针下五六寸，而病辄皆瘳。阿从佗求可服食益于人者，佗授以漆叶青黏散。漆叶屑一升，青黏屑十四两，以是为率，言久服去三虫，利五藏，轻体，使人头不白。阿从其言，寿百馀岁。漆叶处所而有，青黏生于丰、沛、彭城及朝歌云。①

①佗别传曰：青黏者，一名地节，一名黄芝，主理五藏，益精气。本出于迷

入山者，见仙人服之，以告佗。佗以为佳，辄语阿，阿又秘之。近者人见阿之寿而气力强盛，怪之，遂责阿所服，因醉乱误道之。法一施，人多服者，皆有大验。

文帝典论论郗俭等事曰："颍川郗俭能辟谷，饵伏苓。甘陵甘始亦善行气，老有少容。庐江左慈知补导之术。并为军吏。初，俭之至，市伏苓价暴数倍。议郎安平李覃学其辟谷，餐伏苓，饮寒水，中泄利，殆至陨命。后始来，众人无不鸱视狼顾，呼吸吐纳。军谋祭酒弘农董芬为之过差，气闭不通，良久乃苏。左慈到，又竞受其补导之术，至寺人严峻，往从问受。阉竖真无事于斯术也，人之逐声，乃至于是。光和中，北海王和平亦好道术，自以当仙。济南孙邕少事之，从至京师。会和平病死，邕因葬之东陶，有书百馀卷，药数囊，悉以送之。后弟子夏荣言其尸解。邕至今恨不取其宝书仙药。刘向惑于鸿宝之说，君游眩于子政之言，古今愚谬，岂唯一人哉！"

东阿王作辩道论曰："世有方士，吾王悉所招致，甘陵有甘始，庐江有左慈，阳城有郗俭。始能行气导引，慈晓房中之术，俭善辟谷，悉号三百岁。卒所以集之于魏国者，诚恐斯人之徒，接奸宄以欺众，行妖慝以惑民，岂复欲观神仙于瀛洲，求安期于海岛，释金辂而履云舆，弃六骥而美飞龙哉？自家王与太子及余兄弟咸以为调笑，不信之矣。然始等知上遇之有恒，奉不过于员吏，赏不加于无功，海岛难得而游，六駮难得而佩，终不敢进虚诞之言，出非常之语。余尝试郗俭绝谷百日，躬与之寝处，行步起居自若也。夫人不食七日则死，而俭犹如是。然不必益寿，可以疗疾而不惮饥馑焉。左慈善修房内之术，差可终命，然自非有志至精，莫能行也。甘始者，老而有少容，自诸术士咸共归之。然始辞繁寡实，颇有怪言。余常辟左右，独与之谈，问其所行，温颜以诱之，美辞以导之，始语余：'吾本师姓韩字世雄，尝与师于南海作金，前后数四，投数万斤金于海。'又言：'诸梁时，西域胡来献香罽、腰带、割玉刀，时悔不取也。'又言：'车师之西国，儿生，擘背出脾，欲其食少而弩行也。'又言：'取鲤鱼五寸一双，合其一煮药，俱投沸膏中，有药者奋尾鼓鳃，游行沉浮，有若处渊，其一者已熟而可啖。'余时问：'言率可试不？'言："

'是药去此逾万里，当出塞；始不自行不能得也。'言不尽于此，颇难悉载，故粗举其巨怪者。始若遭秦始皇、汉武帝，则复为徐市、栾大之徒也。"

杜夔字公良，河南人也。以知音为雅乐郎，中平五年，疾去官。州郡司徒礼辟，以世乱奔荆州。荆州牧刘表令与孟曜为汉主合雅乐，乐备，表欲庭观之，夔谏曰："今将军号为天子合乐，[1]而庭作之，无乃不可乎！"表纳其言而止。后表子琮降太祖，太祖以夔为军谋祭酒，参太乐事，因令创制雅乐。

夔善钟律，聪思过人，丝竹八音，靡所不能，惟歌舞非所长。时散郎邓静、尹齐善咏雅乐，歌师尹胡能歌宗庙郊祀之曲，舞师冯肃、服养晓知先代诸舞，夔总统研精，远考诸经，近采故事，教习讲肄，备作乐器，绍复先代古乐，皆自夔始也。

黄初中，为太乐令、协律都尉。汉铸钟工柴玉巧有意思，形器之中，多所造作，亦为时贵人见知。夔令玉铸铜钟，其声均清浊多不如法，数毁改作。玉甚厌之，谓夔清浊任意，颇拒捍夔。夔、玉更相白于太祖，太祖取所铸钟，杂错更试，然后知夔为精而玉之妄也，[2]于是罪玉及诸子，皆为养马士。文帝爱待玉，又尝令夔与左駬等于宾客之中吹笙鼓琴，[3]夔有难色，由是帝意不悦。后因他事系夔，使駬等就学，[4]夔自谓所习者雅，仕宦有本，意犹不满，遂黜免以卒。

弟子河南邵登、张泰、桑馥，各至太乐丞，下邳陈颃司律中郎将。自左延年等虽妙于音，咸善郑声，其好古存正莫及夔。[1]

①时有扶风马钧，巧思绝世。傅玄序之曰："马先生，天下之名巧也，少而游豫，不自知其为巧也。当此之时，言不及巧，焉可以言巧乎？为博士居贫，乃思绫机之变，不言而世人知其巧矣。旧绫机五十综者五十蹑，六十综者六十蹑，先生患其丧功费日，乃皆易以十二蹑。其奇文异变，因

感而作者，犹自然之成形，阴阳之无穷，此轮扁之对不可以言言者，又焉可以言校也。先生为给事中，与常侍高堂隆、骁骑将军秦朗争论于朝，言及指南车，二子谓古无指南车，记言之虚也。先生曰：'古有之，未之思耳，夫何远之有！'二子哂之曰：'先生名钧字德衡，钧者器之模，而衡者所以定物之轻重；轻重无准而莫不模哉！'先生曰：'虚争空言，不如试之易效也。'于是二子遂以白明帝，诏先生作之，而指南车成。此一异也，又不可以言者也，从是天下服其巧矣。居京都，城内有地，可以为圃，患无水以灌之，乃作翻车，令童儿转之，而灌水自覆，更入更出，其巧百倍于常。此二异也。其后人有上百戏者，能设而不能动也。帝以问先生：'可动否？'对曰：'可动。'帝曰：'其巧可益否？'对曰：'可益。'受诏作之。以大木雕构，使其形若轮，平地施之，潜以水发焉。设为女乐舞象，至令木人击鼓吹箫；作山岳，使木人跳丸掷剑，缘絙倒立，出入自在；百官行署，舂磨斗鸡，变巧百端。此三异也。先生见诸葛亮连弩，曰：'巧则巧矣，未尽善也。'言作之可令加五倍。又患发石车，敌人之于楼边县湿牛皮，中之则堕，石不能连属而至。欲作一轮，县大石数十，以机鼓轮为常，则以断县石飞击敌城，使首尾电至。尝试以车轮县瓴甓数十，飞之数百步矣。有裴子者，上国之士也，精通见理，闻而哂之。乃难先生，先生口屈不对。裴子自以为难得其要，言之不已。傅子谓裴子曰：'子所长者言也，所短者巧也。马氏所长者巧也，所短者言也。以子所长，击彼所短，则不得不屈。以子所短，难彼所长，则必有所不解者矣。夫巧，天下之微事也，有所不解而难之不已，其相击刺，必已远矣。心乖于内，口屈于外，此马氏所以不对也。'傅子见安乡侯，言及裴子之论，安乡侯又与裴子同。傅子曰：'圣人具体备物，取人不以一揆也：有以神取之者，有以言取之者，有以事取之者。有以神取之者，不言而诚心先达，德行颜渊之伦是也。以言取之者，以变辩是非，言语宰我、子贡是也。以事取之者，若政事冉有、季路，文学子游、子夏。虽圣人之明尽物，如有所用，必有所试，然则试冉、季以政，试游、夏以学矣。游、夏犹然，况自此而降者乎！何者？悬言物理，不可以言尽也，施之于事，言之难尽而试之易知也。今若马氏所欲作者，国之精器，军之要用也。费十寻之木,劳二人之力,不经时而是非定。难试易验之事而轻以言抑人异能,此犹以己智任天下之事,不易其道以御难尽之物,此所以多废也。马氏所作,因变而得是,则初所言者不皆是矣。其不皆是,因不用之,是不世之巧无由出也。夫同情者相妒,同事者相害,中人所不能免也。故君子不以人害人,必以考试为衡石;废衡石而不用,此美玉所以见诬为石,荆和所以抱璞而哭之也。'于是安乡侯悟,遂言之武安侯,武安侯忽之,不果试也。此既易试之事,又马氏巧名已定,犹忽而不察,况幽深之才,无名之璞乎!后之君子其鉴之哉!马先生之巧,虽古公输般、墨翟、王尔,近汉世张平子,不能过也。公输般、墨翟皆见用于时,乃有益于世。平子虽为侍中,马先生虽给事省中,俱不典工官,巧无益于世。用人不当其才,闻贤不试以事,良可恨也。"裴子者,裴秀。安乡侯者,曹羲。武安侯者,曹爽也。

朱建平,沛国人也。善相术,于间巷之间,效验非一。太祖为魏公,闻之,召为郎。文帝为五官将,坐上会客三十馀人,文帝问己年寿,又令遍相众宾。建平曰:"将军当寿八十,至四十时当有小厄,愿谨护之。"谓夏侯威曰:"君四十九位为州牧,而当有厄,厄若得过,可年至七十,致位公辅。"谓应璩曰:"君六十二位为常伯,而当有厄,先此一年,当独见一白狗,而旁人不见也。"谓曹彪曰:"君据藩国,至五十七当厄于兵,宜善防之。"

初,颍川荀攸、锺繇相与亲善。攸先亡,子幼。繇经纪其门户,欲嫁其妾。与人书曰:"吾与公达曾共使朱建平相,建平曰:'荀君虽少,然当以后事付锺君。'吾时啁之曰:'惟当嫁卿阿骛耳。'何意此子竟早陨没,戏言遂验乎!今欲嫁阿骛,使得善处。追思建平之妙,虽唐举、许负何以复加也!"

文帝黄初七年,年四十,病困,谓左右曰:"建平所言八十,谓昼夜也,吾其决矣。"顷之,果崩。夏侯威为兖州刺史,年四十九,十二月上旬得疾，念建平之言，自分必死，豫作遗令及送丧之备，咸使素办。至下旬转差，垂以平复。三十日日昃，请纪纲大吏设酒，曰："吾所苦渐平，明日鸡鸣，年便五十，建平之戒，真必过矣。"威罢客之后，合瞑疾动，夜半遂卒。璆六十一为侍中，直省内，欻见白狗，问之众人，悉无见者。于是数聚会，并急游观田里，饮宴自娱，过期一年，六十三卒。曹彪封楚王，年五十七，坐与王凌通谋，赐死。凡说此辈，无不如言，不能具详，故粗记数事。惟相司空王昶、征北将军程喜、中领军王肃有蹉跌云。肃年六十二，疾笃，众医并以为不愈。肃夫人问以遗言，肃云："建平相我逾七十，位至三公，今皆未也，将何虑乎！"而肃竟卒。

建平又善相马。文帝将出，取马外入，建平道遇之，语曰："此马之相，今日死矣。"帝将乘马，马恶衣香，惊啮文帝膝，帝大怒，即便杀之。建平黄初中卒。


周宣字孔和，乐安人也。为郡吏。太守杨沛梦人曰："八月一日曹公当至，必与君杖，饮以药酒。"使宣占之。是时黄巾贼起，宣对曰："夫杖起弱者，药治人病，八月一日，贼必除灭。"至期，贼果破。

后东平刘桢梦蛇生四足，穴居门中，使宣占之，宣曰："此为国梦，非君家之事也。当杀女子而作贼者。"顷之，女贼郑、姜遂俱夷讨，以蛇女子之祥，足非蛇之所宜故也。

文帝问宣曰："吾梦殿屋两瓦堕地，化为双鸳鸯，此何谓也？"宣对曰："后宫当有暴死者。"帝曰："吾诈卿耳！"宣对曰："夫梦者意耳，苟以形言，便占吉凶。"言未毕，而黄门令奏宫人相杀。无几，帝复问曰："我昨夜梦青气自地属天。"宣对曰："天下当有贵女子冤死。"是时，帝已遣使赐甄后玺书，闻宣言而悔之，遣人追使者不及。帝复问曰："吾梦摩钱文，欲令灭而更愈明，此何谓邪？"宣怅然不对。帝重问之,宣对曰:"此自陛下家事,虽意欲尔而太后不听,是以文欲灭而明耳。"时帝欲治弟植之罪,逼于太后,但加贬爵。以宣为中郎,属太史。

尝有问宣曰:"吾昨夜梦见刍狗,其占何也?"宣答曰:"君欲得美食耳!"有顷,出行,果遇丰膳。后又问宣曰:"昨夜复梦见刍狗,何也?"宣曰:"君欲堕车折脚,宜戒慎之。"顷之,果如宣言。后又问宣:"昨夜复梦见刍狗,何也?"宣曰:"君家欲失火,当善护之。"俄遂火起。语宣曰:"前后三时,皆不梦也。聊试君耳,何以皆验邪?"宣对曰:"此神灵动君使言,故与真梦无异也。"又问宣曰:"三梦刍狗而其占不同,何也?"宣曰:"刍狗者,祭神之物。故君始梦,当得饮食也。祭祀既讫,则刍狗为车所辗,故中梦当堕车折脚也。刍狗既车辗之后,必载以为樵,故后梦忧失火也。"宣之叙梦,凡此类也。十中八九,世以比建平之相矣。其馀效故不次列。明帝末卒。

管辂字公明,平原人也。容貌粗丑,无威仪而嗜酒,饮食言戏,不择非类,故人多爱之而不敬也。①

①辂别传曰:辂年八九岁,便喜仰视星辰,得人辄问其名,夜不肯寐。父母常禁之,犹不可止。自言"我年虽小,然眼中喜视天文。"常云:"家鸡野鹄,犹尚知时,况于人乎?"与邻比儿共戏土壤中,辄画地作天文及日月星辰。每答言说事,语皆不常,宿学者人不能折之,皆知其当有大异之才。及成人,果明周易,仰观、风角、占、相之道,无不精微。体性宽大,多所含受;憎己不雠,爱己不褒,每欲以德报怨。常谓:"忠孝信义,人之根本,不可不厚;廉介细直,士之浮饰,不足为务也。"自言:"知我者稀,则我贵矣,安能断江、汉之流,为激石之清?乐与季主论道,不欲与渔父同舟,此吾志也。"其事父母孝,笃兄弟,顺爱士友,皆仁和发中,终无所阙。臧否之士,晚亦服焉。父为琅琊即丘长,时年十五,来至官舍读书。始读诗、论语及易本,便开渊布笔,辞义斐然。于时黉上有远方及国内

诸生四百馀人，皆服其才也。琅邪太守单子春雅有材度，闻辂一黉之俊，欲得见，辂父即遣辂造之。大会宾客百馀人，坐上有能言之士，辂问子春："府君名士，加有雄贵之姿，辂既年少，胆未坚刚，若欲相观，惧失精神，请先饮三升清酒，然后言之。"子春大喜，便酌三升清酒，独使饮之。酒尽之后，问子春："今欲与辂为对者，若府君四坐之士邪？"子春曰："吾欲自与卿旗鼓相当。"辂言："始读诗、论、易本，学问微浅，未能上引圣人之道，陈秦、汉之事，但欲论金木水火土鬼神之情耳。"子春言："此最难者，而卿以为易邪？"于是唱大论之端，遂经于阴阳，文采葩流，枝叶横生，少引圣籍，多发天然。子春及众士互共攻劫，论难锋起，而辂人人答对，言皆有馀。至日向暮，酒食不行。子春语众人曰："此年少盛有才器，听其言论，正似司马犬子游猎之赋，何其磊落雄壮，英神以茂，必能明天文地理变化之数，不徒有言也。"于是发声徐州，号之神童。

　　父为利漕，利漕民郭恩兄弟三人，皆得躄疾，使辂筮其所由。辂曰："卦中有君本墓，墓中有女鬼，非君伯母，当叔母也。昔饥荒之世，当有利其数升米者，排著井中，啧啧有声，推一大石，下破其头，孤魂冤痛，自诉于天。"于是恩涕泣服罪。①

　　①辂别传曰：利漕民郭恩，字义博，有才学，善周易、春秋，又能仰观。辂就义博读易，数十日中，意便开发，言难逾师。于此分著下卦，用思精妙，占黉上诸生疾病死亡贫富丧衰，初无差错，莫不惊怪，谓之神人也。又从义博学仰观，三十日中通夜不卧，语义博："君但相语墟落处所耳，至于推运会，论灾异，自当出吾天分。"学未一年，义博反从辂问易及天文事要。义博每听辂语，未尝不推几慷慨。自言"登闻君至论之时，忘我笃疾，明暗之不相逮，何其远也"！义博设主人，独请辂，具告辛苦，自说："兄弟三人俱得躄疾，不知何故？试相为作卦，知其所由。若有咎殃者，天道赦人，当为吾祈福于神明，勿有所爱。兄弟俱行，此为更生。"辂便作卦，思之未详。会日夕，因留宿，至中夜，语义博曰："吾以此得之。"既言其事，义博悲涕沾衣，曰："皇汉之末，实有斯事。君不名主，讳也。我不得言，礼也。兄弟躄来三十馀载，脚如棘子，不可复治，但愿不及子孙

耳。"辂言火形不绝,水形无馀,不及后也。

广平刘奉林妇病困,已买棺器。时正月也,使辂占,曰:"命在八月辛卯日日中之时。"林谓必不然,而妇渐差,至秋发动,一如辂言。①

①辂别传曰:"鲍子春为列人令,有明思才理,与辂相见,曰:'闻君为刘奉林卜妇死亡七日,何其详妙!试为论其意义。'辂论爻象之旨,说变化之义,若规圆矩方,无不合也。子春自言:'吾少好谭易,又喜分著,可谓盲者欲视白黑,聋者欲听清浊,苦而无功也。听君语后,自视体中,真为愦愦者也。'"

辂往见安平太守王基,基令作卦,辂曰:"当有贱妇人,生一男儿,堕地便走入灶中死。又床上当有一大蛇衔笔,小大共视,须臾去之也。又乌来入室中,与燕共斗,燕死,乌去。有此三怪。"基大惊,问其吉凶。辂曰:"直客舍久远,魑魅魍魉为怪耳。儿生便走,非能自走,直宋无忌之妖将其入灶也。大蛇衔笔,直老书佐耳。乌与燕斗,直老铃下耳。今卦中见象而不见其凶,知非妖咎之征,自无所忧也。"后卒无患。①

①辂别传曰:基与辂共论易,数日中,大以为喜乐,语辂言:"俱相闻善卜,定共清论。君一时异才,当上竹帛也。"辂为基出卦。知其无咎,因谓基曰:"昔高宗之鼎,非雊所鸲,殷之阶庭,非木所生,而野鸟一鸲,武丁为高宗,桑榖暂生,太戊以兴。焉知三事不为吉祥,愿府君安身养德,从容光大,勿以知神奸污累天真。"

时信都令家妇女惊恐,更互疾病,使辂筮之。辂曰:"君北堂西头,有两死男子,一男持矛,一男持弓箭,头在壁内,脚在壁外。持矛者主刺头,故头重痛不得举也。持弓箭者主射胸腹,故心中县痛不得饮食也。昼则浮游,夜来病人,故使惊恐也。"于是掘徙骸骨,家中皆愈。①

①辂别传曰：王基即遣信都令迁掘其室中，入地八尺，果得二棺，一棺中有矛，一棺中有角弓及箭，箭久远，木皆消烂，但有铁及角完耳。及徙骸骨，去城一十里埋之，无复疾病。基曰："吾少好读易，玩之以久，不谓神明之数，其妙如此。"便从辂学易，推论天文。辂每开变化之象，演吉凶之兆，未尝不纤微委曲，尽其精神。基曰："始闻君言，如何可得，终以皆乱，此自天授，非人力也。"于是藏周易，绝思虑，不复学卜筮之事。辂乡里乃太原问辂："君往者为王府君论怪，云老书佐为蛇，老铃下为乌，此本皆人，何化之微贱乎？为见于爻象，出君意乎？"辂言："苟非性与天道，何由背爻象而任胸心者乎？夫万物之化，无有常形，人之变异，无有常体，或大为小，或小为大，固无优劣。夫万物之化，一例之道也。是以夏鲧，天子之父，赵王如意，汉祖之子，而鲧为黄熊，如意为苍狗，斯亦至尊之位而为黔喙之类也。况蛇者协辰巳之位，乌者栖太阳之精，此乃腾黑之明象，白日之流景，如书佐、铃下，各以微躯化为蛇、乌，不亦过乎！"

清河王经去官还家，辂与相见。经曰："近有一怪，大不喜之，欲烦作卦。"卦成，辂曰："爻吉，不为怪也。君夜在堂户前，有一流光如燕爵者，入君怀中，殷殷有声，内神不安，解衣彷徉，招呼妇人，觅索馀光。"经大笑曰："实如君言。"辂曰："吉，迁官之征也，其应行至。"顷之，经为江夏太守。①

①辂别传曰：经欲使辂卜，而有疑难之言。辂笑而答之曰："君侯州里达人，何言之鄙！昔司马季主有言，夫卜者必法天地，象四时，顺仁义。伏羲作八卦，周文王三百八十四爻，而天下治。病者或以愈，且死或以生，患或以免，事或以成，嫁女娶妻或以生长，岂直数千钱哉？以此推之，急务也。苟道之明，圣贤不让，况吾小人，敢以为难！"彦纬敛手谢辂："前言戏之耳。"于是辂为作卦，其言皆验。经每论辂，以为得龙云之精，能养和通幽者，非徒合会之才也。

辂又至郭恩家，有飞鸠来在梁头，鸣甚悲。辂曰："当有老公从东方来，携豚一头，酒一壶。主人虽喜，当有小故。"明日果有客，如所占。恩使客节酒、戒肉、慎火，而射鸡作食，箭从树间激中数岁女子手,流血惊怖。①

> ①辂别传曰:义博从辂学鸟鸣之候,辂言君虽好道,天才既少,又不解音
> 律,恐难为师也。辂为说八风之变,五音之数,以律吕为众鸟之商,六甲
> 为时日之端,反覆谲曲,出入无穷。义博静然沉思,驰精数日,卒无所
> 得。义博言:"才不出位,难以追征于此。"遂止。

辂至安德令刘长仁家,有鸣鹊来在阁屋上,其声甚急。辂曰:
"鹊言东北有妇昨杀夫,牵引西家人夫离娄,候不过日在虞渊之
际,告者至矣。"到时,果有东北同伍民来告,邻妇手杀其夫,诈言
西家人与夫有嫌,来杀我婿。①

> ①辂别传曰:勃海刘长仁有辩才,初虽闻辂能晓鸟鸣,后每见难辂曰:"夫
> 生民之音曰言,鸟兽之声曰鸣,故言者则有知之贵灵,鸣者则无知之贱
> 名,何由以鸟鸣为语,乱神明之所异也?孔子言'吾不与鸟兽同群',明
> 其贱也。"辂答曰:"夫天虽有大象而不能言,故运星精于上,流神明于
> 下,验风云以表异,役鸟兽以通灵。表异者必有浮沉之候,通灵者必有
> 宫商之应,是以宋襄失德,六鹢并退,伯姬将焚,鸟唱其灾,四国未火,
> 融风已发,赤鸟夹日,殃在荆楚。此乃上天之所使,自然之明符。考之律
> 吕则音声有本,求之人事则吉凶不失。昔在秦祖,以功受封,葛卢听音,
> 著在春秋,斯皆典谟之实,非圣贤之虚名也。商之将兴,由一燕卵也。文
> 王受命,丹鸟衔书,此乃圣人之灵祥,周室之休祚,何贱之有乎?夫鸟鸣
> 之听,精在鹈火,妙在八神,自非斯伦,犹子路之于死生也。"长仁言:
> "君辞虽茂,华而不实,未敢之信。"须臾有鸣鹊之验,长仁乃服。

辂至列人典农王弘直许,有飘风高三尺馀,从申上来,在庭中
幢幢回转,息以复起,良久乃止。直以问辂,辂曰:"东方当有马吏
至,恐父哭子,如何!"明日胶东吏到,直子果亡。直问其故,辂曰:
"其日乙卯,则长子之候也。木落于申,斗建申,申破寅,死丧之候
也。日加午而风发,则马之候也。离为文章,则吏之候也。申未为
虎,虎为大人,则父之候也。"有雄雉飞来,登直内铃柱头,直大以

不安,令辂作卦,辂曰:"到五月必迁。"时三月也,至期,直果为勃海太守。①

> ①辂别传曰:辂又曰:"夫风以时动,爻以象应,时者神之驱使,象者时之形表,一时其道,不足为难。"王弘直亦大学问,有道术,皆不能精。问辂:"风之推变,乃可尔乎?"辂言:"此但风之毛发,何足为异?若夫列宿不守,众神乱行,八风横起,怒气电飞,山崩石飞,树木摧倾,扬尘万里,仰不见天,鸟兽藏窜,兆民骇惊,于是使梓慎之徒,登高台,望风气,分灾异,刻期日,然后知神思退幽,灵风可惧。"

馆陶令诸葛原迁新兴太守,辂往祖饯之,宾客并会。原自起取燕卵、蜂窠、蜘蛛著器中,使射覆。卦成,辂曰:"第一物,含气须变,依乎宇堂,雄雌以形,翅翼舒张,此燕卵也。第二物,家室倒县,门户众多,藏精育毒,得秋乃化,此蜂窠也。第三物,觳觫长足,吐丝成罗,寻网求食,利在昏夜,此也蜘蛛。"举坐惊喜。①

> ①辂别传曰:诸葛原字景春,亦学士。好卜筮,数与辂共射覆,不能穷之。景春与辂有荣辱之分,因辂饯之,大有高谭之客。诸人多闻其善卜、仰观,不知其有大异之才,于是先与辂共论圣人著作之原,又叙五帝、三王受命之符。辂解景春微旨,遂开张战地,示以不固,藏匿孤虚,以待来攻。景春奔北,军师摧衄,自言吾睹卿旌旗,城池已坏也。其欲战之士,于此鸣鼓角,举云梯,弓弩大起,牙旗雨集。然后登城曜威,开门受敌,上论五帝,如江如汉,下论三王,如翮如翰;其英者若春华之俱发,其攻者若秋风之落叶。听者眩惑,不达其义,言者收声,莫不心服,虽白起之坑赵卒,项羽之塞濉水,无以尚之。于时客皆欲面缚衔璧,求束手于军鼓之下,辂犹总干山立,未便许之。至明日,离别之际,然后有腹心始终。一时海内俊士,八九人矣。蔡元才在朋友中最有清才,在众人中言:"本闻卿作狗,何意为龙?"辂言:"潜阳未变,非卿所知,焉有狗耳得闻龙声乎!"景春言:"今当远别,后会何期?且复共一射覆。"辂占既皆中。景春大笑,"卿为我论此卦意,纾我心怀"。辂为开爻散理,分赋形象,言征辞合,妙不可述。景春及众客莫不言听后论之美,胜于射覆之乐。景

春与辂别,戒以二事,言:"卿性乐酒,量虽温克,然不可保,宁当节之。卿有水镜之才,所见者妙,仰观虽神,祸如膏火,不可不慎。持卿睿才,游于云汉之间,不忧不富贵也。"辂言:"酒不可极,才不可尽,吾欲持酒以礼,持才以愚,何患之有也?"

辂族兄孝国,居在斥丘,辂往从之,与二客会。客去后,辂谓孝国曰:"此二人天庭及口耳之间同有凶气,异变俱起,双魂无宅,[1]流魂于海,骨归于家,少许时当并死也。"复数十日,二人饮酒醉,夜共载车,牛惊下道入漳河中,皆即溺死也。

①辂别传曰:辂又曰:"厚味腊毒,天精幽夕,坎为棺椁,兑为丧车。"

当此之时,辂之邻里,外户不闭,无相偷窃者。清河太守华表,召辂为文学掾。安平赵孔曜荐辂于冀州刺史裴徽曰:"辂雅性宽大,与世无忌,仰观天文则同妙甘公、石申,俯览周易则齐思季主。今明使君方垂神幽数,留精九皋,辂宜蒙阴和之应,得及羽仪之时。"徽于是辟为文学从事,引与相见,大善友之。徙部钜鹿,迁治中别驾。

初应州召,与弟季儒共载,至武城西,自卦吉凶,语儒云:"当在故城中见三狸,尔者乃显。"前到河西故城角,正见三狸共踞城侧,兄弟并喜。正始九年举秀才。[1]

①辂别传曰:辂为华清河所召,为北黉文学,一时士友无不叹慕。安平赵孔曜,明敏有思识,与辂有管、鲍之分,故从发干来,就郡黉上与辂相见,言:"卿腹中汪汪,故时死人半,今生人无双,当去俗腾飞,翱翔昊苍,云何在此?闻卿消息,使吾食不甘味也。冀州裴使君才理清明,能释玄虚,每论易及老、庄之道,未尝不注精于严、瞿之徒也。又眷吾意重,能相明信者。今当故往,为卿陈感虎开石之诚。"辂言:"吾非四渊之龙,安能使白日昼阴?卿若能动东风,兴朝云,吾志所不让也。"于是遂至冀州见裴使君。使君言:"君颜色何以消减于故邪?"孔曜言:"体中无药石之疾,然见清河郡内有一骐骥,拘絷后厩历年,去王良、伯乐百八十里,

不得骋天骨,起风尘,以此憔悴耳。"使君言:"骐骥今何在也?"孔曜言:"平原管辂字公明,年三十六,雅性宽大,与世无忌,可谓士雄。仰观天文则能同妙甘公、石申,俯览周易则能思齐季主,游步道术,开神无穷,可谓士英。抱荆山之璞,怀夜光之宝,而为清河郡所录北黉文学,可为痛心疾首也。使君方欲流精九泉,垂神幽薮,欲令明主不独治,逸才不久滞,高风退被,莫不草靡,宜使辂特蒙阴和之应,得及羽仪之时,必能翼宣隆化,扬声九围也。"裴使君闻言,则慷慨曰:"何乃尔邪!虽在大州,未见异才可用释人郁冈者,思还京师,得共论道耳,况草间自有清妙之才乎?如此便相为取之,莫使骐骥更为凡马,荆山反成凡石。"即檄召辂为文学从事。一相见,清论终日,不觉罢倦。天时大热,移床在庭前树下,乃至鸡向晨,然后出。再相见,便转为钜鹿从事。三见,转治中。四见,转为别驾。至十月,举为秀才。辂辞裴使君,使君言:"何、邓二尚书,[5]有经国才略,于物理无不精也。[6]何尚书神明精微,言皆巧妙,巧妙之志,殆破秋毫,君当慎之!自言不解易九事,必当以相问。比至洛,宜善精其理也。"辂言:"何若巧妙,以攻难之才,游形之表,未入于神。夫入神者,当步天元,推阴阳,探玄虚,极幽明,然后览道无穷,未暇细言。若欲差次老、庄而参爻、象,爱微辩而兴浮藻,可谓射侯之巧,非能破秋毫之妙也。若九事皆至义者,不足劳思也。若阴阳者,精之以久。辂去之后,岁朝当有时刑大风,风必摧破树木。若发于乾者,必有天威,不足共清谭者。"

十二月二十八日,吏部尚书何晏请之,邓飏在晏许。晏谓辂曰:"闻君蓍爻神妙,试为作一卦,知位当至三公不?"又问:"连梦见青蝇数十头,来在鼻上,驱之不肯去,有何意故?"辂曰:"夫飞鸮,天下贱鸟,及其在林食椹,则怀我好音,况辂心非草木,敢不尽忠?昔元、凯之弼重华,宣惠慈和,周公之翼成王,坐而待旦,故能流光六合,万国咸宁。此乃履道休应,非卜筮之所明也。今君侯位重山岳,势若雷电,而怀德者鲜,畏威者众,殆非小心翼翼多福之仁。又鼻者艮，此天中之山，<sup>①</sup>高而不危，所以长守贵也。今青蝇臭恶，而集之焉。位峻者颠，轻豪者亡，不可不思害盈之数，盛衰之期。是故山在地中曰谦，雷在天上曰壮；谦则裒多益寡，壮则非礼不履。未有损己而不光大，行非而不伤败。愿君侯上追文王六爻之旨，下思尼父象象之义，然后三公可决，青蝇可驱也。"飏曰："此老生之常谭。"辂答曰："夫老生者见不生，常谭者见不谭。"晏曰："过岁更当相见。"<sup>②</sup>辂还邑舍，具以此言语舅氏，舅氏责辂言太切至。辂曰："与死人语，何所畏邪？"舅大怒，谓辂狂悖。岁朝，西北大风，尘埃蔽天，十馀日，闻晏、飏皆诛，然后舅氏乃服。<sup>③</sup>

①臣松之案：相书谓眉之所在为天中。鼻有山象，故曰"天中之山"也。

②辂别传曰：辂为何晏所请，果共论易九事，九事皆明。晏曰："君论阴阳，此世无双。"时邓飏与晏共坐，飏言："君见谓善易，而语初不及易中辞义，何故也？"辂寻声答之曰："夫善易者不论易也。"晏含笑而赞之"可谓要言不烦也"。因请辂为卦。辂既称引鉴戒，晏谢之曰："知几其神乎，古人以为难；交疏而吐其诚，今人以为难。今君一面而尽二难之道，可谓明德惟馨。诗不云乎，'中心藏之，何日忘之'！"

③辂别传曰：舅夏大夫问辂："前见何、邓之日，为已有凶气未也？"辂言："与祸人共会，然后知神明交错；与吉人相近，又知圣贤求精之妙。夫邓之行步，则筋不束骨，脉不制肉，起立倾倚，若无手足，谓之鬼躁。何之视候，则魂不守宅，血不华色，精爽烟浮，容若槁木，谓之鬼幽。故鬼躁者为风所收，鬼幽者为火所烧，自然之符，不可以蔽也。"辂后因得休，裴使君问："何平叔一代才名，其实何如？"辂曰："其才若盆盎之水，所见者清，所不见者浊。神在广博，志不务学，弗能成才。欲以盆盎之水，求一山之形，形不可得，则智由此惑。故说老、庄则巧而多华，说易生义则美而多伪；华则道浮，伪则神虚；得上才则浅而流绝，得中才则游精而独出，辂以为少功之才也。"裴使君曰："诚如来论。吾数与平叔共说

老、庄及易，常觉其辞妙于理，不能折之。又时人吸习，皆归服之焉，益令不了。相见得清言，然后灼灼耳。”

　　始辂过魏郡太守钟毓，共论易义，辂因言“卜可知君生死之日”。毓使筮其生日月，如言无蹉跌。毓大愕然，曰：“君可畏也。死以付天，不以付君。”遂不复筮。毓问辂：“天下当太平否？”辂曰：“方今四九天飞，利见大人，神武升建，王道文明，何忧不平？”毓未解辂言，无几，曹爽等诛，乃觉寤云。①

①辂别传云：魏郡太守钟毓，清逸有才，难辂易二十馀事，自以为难之至精也。辂寻声投响，言无留滞，分张爻象，义皆殊妙。毓即谢辂。辂卜知毓生日月，毓愕然曰：“圣人运神通化，连属事物，何聪明乃尔！”辂言：“幽明同化，死生一道，悠悠太极，终而复始。文王损命，不以为忧，仲尼曳杖，不以为惧，绪烦著筮，宜尽其意。”毓曰：“生者好事，死者恶事，哀乐之分，吾所不能齐，且以付天，不以付君也。”石苞为邺典农，与辂相见，问曰：“闻君乡里翟文耀能隐形，其事可信乎？”辂言：“此但阴阳蔽匿之数，苟得其数，则四岳可藏，河海可逃。况以七尺之形，游变化之内，散云雾以幽身，布金水以灭迹，术足数成，不足为难。”苞曰：“欲闻其妙，君且善论其数也。”辂言：“夫物不精不为神，数不妙不为术，故精者神之所合，妙者智之所遇，合之几微，可以性通，难以言论。是故鲁班不能说其手，离朱不能说其目。非言之难，孔子曰‘书不尽言’，言之细也，‘言不尽意’，意之微也，斯皆神妙之谓也。请举其大体以验之。夫白日登天，运景万里，无物不照，及其入地，一炭之光，不可得见。三五盈月，清耀烛夜，可以远望，及其在昼，明不如镜。今逃日月者必阴阳之数，阴阳之数通于万类，鸟兽犹化，况于人乎！夫得数者妙，得神者灵，非徒生者有验，死亦有征。是以杜伯乘火气以流精，彭生托水变以立形。是故生者能出亦能入，死者能显亦能幽，此物之精气，化之游魂，人鬼相感，数使之然也。”苞曰：“目见阴阳之理，不过于君，君何以不隐？”辂曰：“夫陵虚之鸟，爱其清高，不愿江、汉之鱼；渊沼之鱼，乐其濡湿，不易腾风之鸟：由性异而分不同也。仆自欲正身以明道，直己以亲义，

见数不以为异，知术不以为奇，夙夜研几，孳孳温故，而素隐行怪，未暇斯务也。”

平原太守刘邠取印囊及山鸡毛著器中，使筮。辂曰：“内方外圆，五色成文，含宝守信，出则有章，此印囊也。高岳岩岩，有鸟朱身，羽翼玄黄，鸣不失晨，此山鸡毛也。”邠曰：“此郡官舍，连有变怪，使人恐怖，其理何由？”辂曰：“或因汉末之乱，兵马扰攘，军尸流血，污染丘山，故因昏夕，多有怪形也。明府道德高妙，自天祐之，愿安百禄，以光休宠。”①

①辂别传曰：故郡将刘邠字令元，清和有思理，好易而不能精。与辂相见，意甚喜欢，自说注易向讫也。辂言：“今明府欲劳不世之神，经纬大道，诚富美之秋。然辂以为注易之急，急于水火；水火之难，登时之验，易之清浊，延于万代，不可不先定其神而后垂明思也。自旦至今，听采圣论，未有易之一分，易安可注也！辂不解古之圣人，何以处乾位于西北，坤位于西南。夫乾坤者天地之象，然天地至大，为神明君父，覆载万物，生长无首，何以安处二位与六卦同列？乾之象象曰：‘大哉乾元，万物资始，乃统天。’夫统者，属也。尊莫大焉，何由有别位也？”邠依易系词，诸为之理以为注，不得其要。辂寻声下难，事皆穷析。曰：“夫乾坤者，易之祖宗，变化之根源，今明府论清浊者有疑，疑则无神，恐非注易之符也。”辂于此为论八卦之道及爻象之精，大论开廓，众化相连。邠所解者，皆以为妙，所不解者，皆以为神。自说：“欲注易八年，用思勤苦，历载靡宁，定相得至论，此才不及易，不爱久劳，喜承雅言，如此相为高枕偃息矣。”欲从辂学射覆，辂言：“今明府以虚神于注易，亦宜绝思于灵蓍。灵蓍者，二仪之明数，阴阳之幽契，施之于道则定天下吉凶，用之于术则收天下毫纤。纤微，未可以为易也。”邠曰：“以为术者易之近数，欲求其端耳。若如来论，何事于斯？”留辂五日，不遑恤官，但共清谭。邠自言：“数与何平叔论易及老、庄之道，至于精神遐流，与化周旋，清若金水，郁若山林，非吕侣也。”邠又曰：“此郡官舍，连有变怪，变怪多形，使人怖恐，君似当达此数者，其理何由也？”辂言：“此郡所以名平原者，本

有原，山无木石，与地自然；含阴不能吐云，含阳不能激风，阴阳虽弱，犹有微神；微神不真，多聚凶奸，以类相求，魑魅成群。或因汉末兵马扰攘，军尸流血，污染丘岳，疆魂相感，变化无常，故因昏夕之时，多有怪形也。昔夏禹文明，不怪于黄龙，周武信时，不惑于暴风，今明府道德高妙，神不惧妖，自天祐之，吉无不利，愿安百禄以光休宠也。"邠曰："听雅论为近其理，每有变怪，辄闻鼓角声音，或见弓剑形象。夫以土山之精，伯有之魂，实能合会，干犯明灵也。" 邠问辂："易言刚健笃实，辉光日新，斯为同不也?"辂曰："不同之名，朝旦为辉，日中为光。"

晋诸公赞曰：邠本名炎，犯晋太子讳，改为邠。位至太子仆。子粹，字纯嘏，侍中。次宏，字终嘏，太常。次汉，字仲嘏，光禄大夫。汉清冲有贵识，名亚乐广。宏子咸，徐州刺史。次耽，晋陵内史。耽子恢，字真长，尹丹杨，为中兴名士也。

清河令徐季龙使人行猎，令辂筮其所得。辂曰："当获小兽，复非食禽，虽有爪牙，微而不强，虽有文章，蔚而不明，非虎非雉，其名曰狸。"猎人暮归，果如辂言。季龙取十三种物，著大篋中，使辂射。云："器中藉藉有十三种物。"先说鸡子，后道蚕蛹，遂一一名之，惟以梳为枇耳。①

①辂别传曰：清河令徐季龙，字开明，有才机。与辂相见，共论龙动则景云起，虎啸则谷风至，以为火星者龙，参星者虎，火出则云应，参出则风到，此乃阴阳之感化，非龙虎之所致也。辂言："夫论难当先审其本，然后求其理，理失则机谬，机谬则荣辱之主。若以参星为虎，则谷风更为寒霜之风，寒霜之风非东风之名。是以龙者阳精，以潜于阴，幽灵上通，和气感神，二物相扶，故能兴云。夫虎者，阴精而居于阳，依木长啸，动于巽林，二气相感，故能运风。若磁石之取铁，不见其神而金自来，有征应以相感也。况龙有潜飞之化，虎有文明之变，招云召风，何足为疑?"季龙言："夫龙之在渊，不过一井之底，虎之悲啸，不过百步之中，形气浅弱，所通者近，何能溯景云而驰东风?"辂言："君不见阴阳燧在掌握之中，形不出手，乃上引太阳之火，下引太阴之水，嘘吸之间，烟景以

集。苟精气相感，县象应乎二燧；苟不相感，则二女同居，志不相得。自然之道，无有远近。"季龙言："世有军事，则感鸡雉先鸣，其道何由？复有他占，惟在鸡雉而已？"辂言："贵人有事，其应在天，在天则日月星辰也。兵动民忧，其应在物，在物则山林鸟兽也。夫鸡者兑之畜，金者兵之精，雉者离之鸟，兽者武之神，故太白扬辉则鸡鸣，荧惑流行则雉惊，各感数而动。又兵之神道，布在六甲，六甲推移，其占无常。是以晋枢牛响，果有西军，鸿嘉石鼓，鸣则有兵，不专近在于鸡雉也。"季龙言："鲁昭公八年，有石言于晋，师旷以为作事不时，怨讟动于民，则有非言之物而言，于理为合不？"辂言："晋平奢泰，崇饰宫室，斩伐林木，残破金石，民力既尽，怨及山泽，神痛人感，二精并作，金石同气，则兑为口舌，口舌之妖，动于灵石。传曰轻百姓，饰城郭，则金不从革，此之谓也。"季龙钦嘉，留辂经数日。辂占猎既验，季龙曰："君虽神妙，但不多藏物耳，何能皆得之？"辂言："吾与天地参神，蓍龟通灵，抱日月而游杳冥，极变化而览未然，况兹近物，能蔽聪明？"季龙大笑，"君既不谦，又念穷在近矣"。辂言："君尚未识谦言，焉能论道？夫天地者则乾坤之卦，蓍龟者则卜筮之数，日月者离坎之象，变化者阴阳之交，杳冥者神化之源，未然者则幽冥之先，此皆周易之纪纲，何仆之不谦？"季龙于是取十三种物，欲以穷之，辂射之皆中。季龙乃叹曰："作者之谓圣，述者之谓明，岂此之谓乎！"

辂随军西行，过毌丘俭墓下，倚树哀吟，精神不乐。人问其故，辂曰："林木虽茂，无形可久；碑诔虽美，无后可守。玄武藏头，苍龙无足，白虎衔尸，朱雀悲哭，四危以备，法当灭族。不过二载，其应至矣。"卒如其言。后得休，过清河倪太守。时天旱，倪问辂雨期，辂曰："今夕当雨。"是日晹燥，昼无形似，府丞及令在坐，咸谓不然。到鼓一中，星月皆没，风云并起，竟成快雨。于是倪盛修主人礼，共为欢乐。①

①辂别传曰：辂与倪清河相见，既刻雨期，倪犹未信。辂曰："夫造化之所以为神，不疾而速，不行而至。十六日壬子，直满，毕星中已有水气，水

气之发，动于卯辰，此必至之应也。又天昨檄召五星，宣布星符，刺下东井，告命南箕，使召雷公、电母、风伯、雨师，群岳吐阴，众川激精，云汉垂泽，蛟龙含灵，烨烨朱电，吐咀杳冥，殷殷雷声，噏吸雨灵，习习谷风，六合皆同，咳唾之间，品物流形。天有常期，道有自然，不足为难也。"倪曰："谭高信寡，相为忧之。"于是便留辂，往请府丞及清河令。若夜雨者当为啖二百斤犊肉，若不雨当住十日。辂曰："言念费损！"至日向暮，了无云气，众人并嗤辂。辂言："树上已有少女微风，树间又有阴鸟和鸣。又少男风起，众鸟和翔，其应至矣。"须史，果有艮风鸣鸟。日未入，东南有山云楼起。黄昏之后，雷声动天。到鼓一中，星月皆没，风云并兴，玄气四合，大雨河倾。倪调辂言："误中耳，不为神也。"辂曰："误中与天期，不亦工乎！"

　　正元二年，弟辰谓辂曰："大将军待君意厚，冀当富贵乎？"辂长叹曰："吾自知有分直耳，然天与我才明，不与我年寿，恐四十七八间，不见女嫁儿娶妇也。若得免此，欲作洛阳令，可使路不拾遗，桴鼓不鸣。但恐至太山治鬼，不得治生人，如何！"辰问其故，辂曰："吾额上无生骨，眼中无守精，鼻无梁柱，脚无天根，背无三甲，腹无三壬，此皆不寿之验。又吾本命在寅，加月食夜生，天有常数，不可得讳，但人不知耳。吾前后相当死者过百人，略无错也。"是岁八月，为少府丞。明年二月卒，年四十八。①

①辂别传曰：既有明才，遭朱阳之运，于时名势赫奕，若火猛风疾。当途之士，莫不枝附叶连。宾客如云，无多少皆为设食。宾无贵贱，候之以礼。京城纷纷，非徒归其名势而已，然亦怀其德焉。向不天命，辂之荣华，非世所测也。弟辰尝欲从辂学卜及仰观事，辂言："卿不可教耳。夫卜非至精不能见其数，非至妙不能睹其道，孝经、诗、论，足为三公，无用知之也。"于是遂止。子弟无能传其术者。辰叙曰："夫晋、魏之士，见辂道术神妙，占候无错，以为有隐书及象甲之数。辰每观辂书传，惟有易林、风角及鸟鸣、仰观星书三十馀卷，世所共有。然辂独在少府官舍，无家人子弟随之，其亡没之际，好奇不哀丧者，盗辂书，惟馀易林、风角及鸟鸣

书还耳。夫术数有百数十家，其书有数千卷，书不少也。然而世鲜名人，皆由无才，不由无书也。裴冀州、何、邓二尚书及乡里刘太常、颍川兄弟，以辂禀受天才，明阴阳之道，吉凶之情，一得其源，遂涉其流，亦不为难，常归服之。辂自言与此五君共语使人精神清发，昏不暇寐。自此以下，殆白日欲寝矣。又自言当世无所愿，欲得与鲁梓慎、郑裨灶、晋卜偃、宋子韦、楚甘公、魏石申共登灵台，披神图，步三光，明灾异，运蓍龟，决狐疑，无所复恨也。辰不以暗浅，得因孔怀之亲，数与辂有所诤论。至于辨人物，析臧否，说近义，弹曲直，拙而不工也。若夫数皇、羲之典，扬文、孔之辞，周流五曜，经纬三度，口满声溢，微言风集，若仰眺飞鸿，漂漂兮景没，若俯临深溪，杳杳兮精绝；逼以攻难，而失其端，欲受学求道，寻以迷昏，无不扼腕椎指，追响长叹也。昔京房虽善卜及风律之占，卒不免祸，而辂自知四十八当亡，可谓明哲相殊。又京房目见谗谄之党，耳听青蝇之声，面谏不从，而犹道路纷纭。辂处魏、晋之际，藏智于朴，卷舒有时，妙不见求，愚不见遗，可谓知几相遴也。京房上不量万乘之主，下不避佞谄之徒，欲以天文、洪范，利国利身，困不能用，卒陷大刑，可谓枯龟之馀智，膏烛之末景，岂不哀哉！世人多以辂畴之京房，辰不敢许也。至于仰察星辰，俯定吉凶，远期不失年岁，近期不失日月，辰以甘、石之妙不先也。射覆名物，见术流速，东方朔不过也。观骨形而审贵贱，览形色而知生死，许负、唐举不超也。若夫疏风气而探微候，听鸟鸣而识神机，亦一代之奇也。向使辂官达，为宰相大臣，膏腴流于明世，华曜列乎竹帛，使幽验皆举，秘言不遗，千载之后，有道者必信而贵之，无道者必疑而怪之；信者以妙过真，夫妙与神合者，得神则无所惑也。恨辂才长命短，道贵时贱，亲贤遐潜，不宣于良史，而为鄙弟所见追述，既自暗浊，又从来久远，所载卜占事，虽不识本卦，捃拾残馀，十得二焉。至于仰观灵曜，说魏、晋兴衰，及五运浮沉，兵革灾异，十不收一。无源何以成河？无根何以垂荣？虽秋菊可采，不及春英，临文慷慨，伏用哀惭。将来君子，幸以高明求其义焉。往孟荆州为列人典农，尝问亡兄，昔东方朔射覆得何卦，正知守宫、蜥蜴二物者。亡兄于此为安卦生象，辞喻交错，微义豪起，变化相推，会于辰巳，分别龙蛇，各使有理。言绝之后，孟荆州长叹息曰：‘吾闻君论，精神腾跃，殆欲飞散，何其汪汪乃至于斯邪！’”

臣松之案：辰所称乡里刘太常者，谓刘寔也。辰撰辂传，寔时为太常，颍川则寔弟智也。寔、智并以儒学为名，无能言之。世语称寔博辩，犹不足以并裴、何之流也。又案辂自说，云“本命在寅”，则建安十五年生也。至正始九年，应三十九，而传云三十六，以正元三年卒，应四十七，传云四十八，皆为不相应也。近有阚续伯者，名缵，该微通物，有良史风。为天下补缀遗脱，敢以所闻列于篇左。皆从受之于大人先哲，足以取信者，冀免虚诬之讥云尔。尝受辰传所谓刘太常者曰：“辂始见闻，由于为邻妇卜亡牛，云当在西面穷墙中，具头上向。教妇人令视诸丘冢中，果得牛。妇人因以为藏己牛，告官案验，乃知以术知，故裴冀州遂闻焉。”又云：“路中小人失妻者，辂为卜，教使明旦于东阳城门中伺担豚人牵与共斗。具如其言，豚逸走，即共追之。豚入人舍，突破主人瓮，妇从瓮中出。”刘侯云甚多此类，辰所载才十一二耳。刘侯云：“辰，孝廉才也。”中书令史纪玄龙，辂乡里人，云：“辂在田舍，尝候远邻，主人患数失火。辂卜，教使明日于南陌上伺，当有一角巾诸生，驾黑牛故车，必引留，为设宾主，此能消之。即从辂戒。诸生有急求去，不听，遂留当宿，意大不安，以为图己。主人罢入，生乃把刀出门，倚两薪积间，侧立假寐。燋有一小物直来过前，如兽，手中持火，以口吹之。生惊，举刀斫，正断要，视之则狐。自此主人不复有灾。”前长广太守陈承祐口受城门校尉华长骏语云：“昔其父为清河太守时，召辂作吏，骏与少小，后以乡里，遂加恩意，常与同载周旋，具知其事。云诸要验，三倍于传。辰既短才，又年县小，又多在田舍，故益不详。辰仕宦至州主簿、部从事，太康之初物故。”骏又云：“辂卜亦不悉中，十得七八，骏问其故，辂云：‘理无差错，来卜者或言不足以宣事实，故使尔。’华城门夫人者，魏故司空涿郡卢公女也，得疾，连年不差。华家时居西城下南缠里中，三厕在其东南。辂卜当有师从东方来，自言能治，便听使之，必得其力。后无何，有南征厮骀，当充甲卒，来诣卢公，占能治女郎。公即表请留之，专使其子将诣华氏疗疾，初用散药，后复用丸治，寻有效，即奏除骀名，以补太医。”又云：

"随辂父在利漕时,有治下屯民捕鹿者,其晨行还,见毛血,人取鹿处来诣厩告辂,辂为卦语云:'此有盗者,是汝东巷中第三家也。汝径往门前,伺无人时,取一瓦子,密发其碓屋东头第七桷,以瓦著下,不过明日食时,自送还汝。'其夜,盗者父病头痛,壮热烦疼,然亦来诣辂卜。辂为发祟,盗者具服。辂令担皮肉藏还著故处,病当自愈。乃密教鹿主往取。又语使复往如前,举桷弃瓦。盗父病差。又都尉治内史有失物者,辂使明晨于寺门外看,当逢一人,使指天画地,举手四向,自当得之。暮果获于故处矣。"

评曰:<u>华佗</u>之医诊,<u>杜夔</u>之声乐,<u>朱建平</u>之相术,<u>周宣</u>之相梦,<u>管辂</u>之术筮,诚皆玄妙之殊巧,非常之绝技矣。昔<u>史迁</u>著<u>扁鹊</u>、<u>仓公</u>、<u>日者</u>之传,所以广异闻而表奇事也。故存录云尔。

【校勘记】

〔1〕今将军号为天子合乐　号下原衍"不"字,据<u>何焯</u>校本删。

〔2〕然后知夔为精而玉之妄也　原脱"后"字,据<u>宋书</u>卷十一律志序补。

〔3〕又尝令夔与左骐等于宾客之中吹笙鼓琴　骐原作"愿",据<u>三国志辨误</u>卷上改。

〔4〕使骐等就学　骐原作"愿",同前。

〔5〕何邓二尚书　何,原作"丁",据<u>世说新语规箴</u>第十改。

〔6〕于物理无不精也　原脱"无"字,据<u>世说新语规箴</u>第十补。

# 三国志卷三十　魏书三十

## 乌丸鲜卑东夷传第三十

　　书载"蛮夷猾夏",诗称"玁狁孔炽",久矣其为中国患也。秦、汉以来,匈奴久为边害。孝武虽外事四夷,东平两越、朝鲜,西讨贰师、大宛,开邛莋、夜郎之道,然皆在荒服之外,不能为中国轻重。而匈奴最逼于诸夏,胡骑南侵则三边受敌,是以屡遣卫、霍之将,深入北伐,穷追单于,夺其饶衍之地。后遂保塞称藩,世以衰弱。建安中,呼厨泉南单于入朝,遂留内侍,使右贤王抚其国,而匈奴折节,过于汉旧。然乌丸、鲜卑稍更强盛,亦因汉末之乱,中国多事,不遑外讨,故得擅漠南之地,[1]寇暴城邑,杀略人民,北边仍受其困。会袁绍兼河北,乃抚有三郡乌丸,宠其名王而收其精骑。其后尚、熙又逃于蹋顿。蹋顿又骁武,边长老皆比之冒顿,恃其阻远,敢受亡命,以雄百蛮。太祖潜师北伐,出其不意,一战而定之,夷狄慴服,威振朔土。遂引乌丸之众服从征讨,而边民得用安息。后鲜卑大人轲比能复制御群狄,尽收匈奴故地,自云中、五原以东抵辽水,皆为鲜卑庭。数犯塞寇边,幽、并苦之。田豫有马城之围,毕轨

693

有陉北之败。青龙中，帝乃听王雄，遣剑客刺之。然后种落离散，互相侵伐，强者远遁，弱者请服。由是边陲差安，漠南少事，虽时颇钞盗，不能复相扇动矣。乌丸、鲜卑即古所谓东胡也。其习俗、前事，撰汉记者已录而载之矣。故但举汉末魏初以来，以备四夷之变云。①

① 魏书曰：乌丸者，东胡也。汉初，匈奴冒顿灭其国，馀类保乌丸山，因以为号焉。俗善骑射，随水草放牧，居无常处，以穹庐为宅，皆东向。日弋猎禽兽，食肉饮酪，以毛毳为衣。贵少贱老，其性悍骜，怒则杀父兄，而终不害其母，以母有族类，父兄以己为种，无复报者故也。常推募勇健能理决斗讼相侵犯者为大人，邑落各有小帅，不世继也。数百千落自为一部，大人有所召呼，刻木为信，邑落传行，无文字，而部众莫敢违犯。氏姓无常，以大人健者名字为姓。大人已下，各自畜牧治产，不相徭役。其嫁娶皆先私通，略将女去，或半岁百日，然后遣媒人送马牛羊以为聘娶之礼。婿随妻归，见妻家无尊卑，旦起皆拜，而不自拜其父母。为妻家仆役二年，妻家乃厚遣送女，居处财物，一出妻家。故其俗从妇人计，至战斗时，乃自决之。父子男女，相对蹲踞，悉髡头以为轻便。妇人至嫁时乃养发，分为髻，著句决，饰以金碧，犹中国有冠步摇也。父兄死，妻后母执嫂；若无执嫂者，则己子以亲之次妻伯叔焉，死则归其故夫。俗识鸟兽孕乳，时以四节，耕种常用布谷鸣为候。地宜青穄、东墙，东墙似蓬草，实如葵子，至十月熟。能作白酒，而不知作麴蘖。米常仰中国。大人能作弓矢鞍勒，锻金铁为兵器，能刺韦作文绣，织缕毡毼。有病，知以艾灸，或烧石自熨，烧地卧上，或随痛病处，以刀决脉出血，及祝天地山川之神，无针药。贵兵死，敛尸有棺，始死则哭，葬则歌舞相送。肥养犬，以采绳婴牵，并取亡者所乘马、衣物、生时服饰，皆烧以送之。特属累犬，使护死者神灵归乎赤山。赤山在辽东西北数千里，如中国人以死之魂神归泰山也。至葬日，夜聚亲旧员坐，牵犬马历位，或歌哭者，掷肉与之，使二人口颂咒文，使死者魂神径至，历险阻，勿令横鬼遮护，达其赤山，然后杀犬马、衣物烧之。敬鬼神，祠天地日月星辰山川，及先大人有

健名者,亦同祠以牛羊,祠毕皆烧之。饮食必先祭。其约法,违大人言死,盗不止死。其相残杀,令部落自相报,相报不止,诣大人平之,有罪者出其牛羊以赎死命,乃止。自杀其父兄无罪。其亡叛为大人所捕者,诸邑落不肯受,皆逐使至雍狂地。地无山,有沙漠、流水、草木,多蝮蛇,在丁令之西南,乌孙之东北,以穷困之。自其先为匈奴所破之后,人众孤弱,为匈奴臣服,常岁输牛马羊,过时不具,辄虏其妻子。至匈奴壹衍鞮单于时,乌丸转强,发掘匈奴单于冢,将以报冒顿所破之耻。壹衍鞮单于大怒,发二万骑以击乌丸。大将军霍光闻之,遣度辽将军范明友将三万骑出辽东追击匈奴。比明友兵至,匈奴已引去。乌丸新被匈奴兵,乘其衰弊,遂进击乌丸,斩首六千馀级,获三王首还。后数复犯塞,明友辄征破之。至王莽末,并与匈奴为寇。光武定天下,遣伏波将军马援将三千骑,从五原关出塞征之,无利,而杀马千馀匹。乌丸遂盛,钞击匈奴,匈奴转徙千里,漠南地空。建武二十五年,乌丸大人郝旦等九千馀人率众诣阙,封其渠帅为侯王者八十馀人,使居塞内,布列辽东属国、辽西、右北平、渔阳、广阳、上谷、代郡、雁门、太原、朔方诸郡界,招来种人,给其衣食,置校尉以领护之,遂为汉侦备,击匈奴、鲜卑。至永平中,渔阳乌丸大人钦志贲帅种人叛,鲜卑还为寇害,辽东太守祭肜募杀志贲,遂破其众。至安帝时,渔阳、右北平、雁门乌丸率众王无何等复与鲜卑、匈奴合,钞略代郡、上谷、涿郡、五原,乃以大司农何熙行车骑将军,左右羽林五营士,发缘边七郡黎阳营兵合二万人击之。匈奴降,鲜卑、乌丸各还塞外。是后,乌丸稍复亲附,拜其大人戎末廆为都尉。至顺帝时,戎末廆率将王侯咄归、去延等从乌丸校尉耿晔出塞击鲜卑有功,还皆拜为率众王,赐束帛。

汉末,辽西乌丸大人丘力居,众五千馀落,上谷乌丸大人难楼,众九千馀落,各称王,而辽东属国乌丸大人苏仆延,众千馀落,自称峭王,右北平乌丸大人乌延,众八百馀落,自称汗鲁王,皆有计策勇健。中山太守张纯叛入丘力居众中,自号弥天安定王,为三郡乌丸元帅,寇略青、徐、幽、冀四州,杀略吏民。灵帝末,以刘虞为幽州牧,募胡斩纯首,北州乃定。后丘力居死,子楼班年小,从子蹋顿有武略,代立,总摄三王部,众皆从其教令。袁绍与公孙瓒连战不决,蹋顿遣使诣绍求和亲,助绍击瓒,破之。绍矫制赐蹋顿、峭王、[2]汗鲁王印绶,皆以为单于。①

①英雄记曰:绍遣使即拜乌丸三王为单于,皆安车、华盖、羽旄、黄屋、左纛。版文曰:"使持节大将军督幽、青、并领冀州牧郋乡侯绍,[3]承制诏辽东属国率众王颁下、乌丸辽西率众王蹋顿、右北平率众王汗卢:维乃祖慕义迁善,款塞内附,北捍猃狁,东拒涉貊,世守北陲,为百姓保障,虽时侵犯王略,命将徂征厥罪,率不旋时,悔怨变改,方之外夷,最又聪惠者也。始有千夫长、百夫长以相统领,用能悉乃心,克有勋力于国家,稍受王侯之命。自我王室多故。公孙瓒作难,残夷厥土之君,以侮天慢主,是以四海之内,并执干戈以卫社稷。三王奋气裔土,忿奸忧国,控弦与汉兵为表里,诚甚忠孝,朝所嘉焉。然而虎兕长蛇,相随塞路,王官爵命,否而无闻。夫有勋不赏,俾勤者怠。今遣行谒者杨林,赍单于玺绶车服,以对尔劳。其各绥静部落,教以谨慎,无使作凶作愆。世复尔祀位,长为百蛮长。厥有咎有不臧者,泯于尔禄,而丧于乃庸,可不勉乎!乌桓单于都护部众,左右单于受其节度,他如故事。"

后楼班大,峭王率其部众奉楼班为单于,蹋顿为王。然蹋顿多画计策。广阳阎柔,少没乌丸、鲜卑中,为其种所归信。柔乃因鲜卑众,杀乌丸校尉邢举代之,绍因宠慰以安北边。后袁尚败奔蹋顿,凭其势,复图冀州。会太祖平河北,柔帅鲜卑、乌丸归附,遂因以柔为校尉,犹持汉使节,治广宁如旧。建安十一年,太祖自征蹋顿于柳城,潜军诡道,未至百馀里,虏乃觉。尚与蹋顿将众逆战于凡城,兵马甚盛。太祖登高望虏陈,抑军未进,[4]观其小动,乃击破其众,临陈斩蹋顿首,死者被野。速附丸、楼班、乌延等走辽东,辽东悉斩,传送其首。其馀遗进皆降。及幽州、并州柔所统乌丸万馀落,悉

696

徙其族居中国，帅从其侯王大人种众与征伐。由是三郡乌丸为天下名骑。[1]

[1]魏略曰：景初元年秋，遣幽州刺史毌丘俭率众军讨辽东。右北平乌丸单于寇娄敦、辽西乌丸都督率众王护留叶，昔随袁尚奔辽西，闻俭军至，率众五千馀人降。寇娄敦遣弟阿罗槃等诣阙朝贡，[5]封其渠帅三十馀为王，赐舆马缯采各有差。

鲜卑[1]步度根既立，众稍衰弱，中兄扶罗韩亦别拥众数万为大人。建安中，太祖定幽州，步度根与轲比能等因乌丸校尉阎柔上贡献。后代郡乌丸能臣氐等叛，求属扶罗韩，扶罗韩将万馀骑迎之。到桑干，氐等议，以为扶罗韩部威禁宽缓，恐不见济，更遣人呼轲比能。比能即将万馀骑到，当共盟誓。比能便于会上杀扶罗韩，扶罗韩子泄归泥及部众悉属比能。比能自以杀归泥父，特又善遇之。步度根由是怨比能。文帝践阼，田豫为乌丸校尉，持节并护鲜卑，屯昌平。步度根遣使献马，帝拜为王。后数与轲比能更相攻击，步度根部众稍寡弱，将其众万馀落保太原、雁门郡。步度根乃使人招呼泄归泥曰："汝父为比能所杀，不念报仇，反属怨家。今虽厚待汝，是欲杀汝计也。不如还我，我与汝是骨肉至亲，岂与仇等？"由是归泥将其部落逃归步度根，比能追之弗及。至黄初五年，步度根诣阙贡献，厚加赏赐，是后一心守边，不为寇害，而轲比能众遂强盛。明帝即位，务欲绥和戎狄，以息征伐，羁縻两部而已。至青龙元年，比能诱步度根深结和亲，于是步度根将泄归泥及部众悉保比能，寇钞并州，杀略吏民。帝遣骁骑将军秦朗征之，归泥叛比能，将其部众降，拜归义王，赐幢麾、曲盖、鼓吹，居并州如故。步度根为比能所杀。

[1]魏书曰：鲜卑亦东胡之馀也，别保鲜卑山，因号焉。其言语习俗与乌丸

同。其地东接辽水，西当西城。常以季春大会，作乐水上，嫁女娶妇，髡头饮宴。其兽异于中国者，野马、羱羊、端牛。端牛角为弓，世谓之角端者也。又有貂、豽、鼲子，皮毛柔蠕，故天下以为名裘。鲜卑自为冒顿所破，远窜辽东塞外，不与余国争衡，未有名通于汉，而自与乌丸相接。[6]至光武时，南北单于更相攻伐，匈奴损耗，而鲜卑遂盛，建武三十年，鲜卑大人於仇贲率种人诣阙朝贡，封於仇贲为王。永平中，祭肜为辽东太守，诱赂鲜卑，使斩叛乌丸钦志贲等首，于是鲜卑自燉煌、酒泉以东邑落大人，皆诣辽东受赏赐，青、徐二州给钱，岁二亿七千万以为常。和帝时，鲜卑大都护校尉庞帅部众从乌丸校尉任尚击叛者，封校尉庞为率众王。殇帝延平中，鲜卑乃东入塞，杀渔阳太守张显。安帝时，鲜卑大人燕荔阳入朝，汉赐鲜卑王印绶，赤车参驾，止乌丸校尉所治宁下。通胡市，筑南北两部质宫，受邑落质者百二十部。[7]是后或反或降，或与匈奴、乌丸相攻击。安帝末，发缘边步骑二万馀人，屯列冲要。后鲜卑八九千骑穿代郡及马城塞入害长吏，汉遣度辽将军邓遵、中郎将马续出塞追破之。鲜卑大人乌伦、其至鞬等七千馀人诣遵降，封乌伦为王，其至鞬为侯，赐采帛。遵去后，其至鞬复反，围乌丸校尉于马城，度辽将军耿夔及幽州刺史救解之。其至鞬遂盛，控弦数万骑，数道入塞，趣五原曼柏，[8]攻匈奴南单于，杀左奥鞬日逐王。顺帝时，复入塞，杀代郡太守。汉遣黎阳营兵屯中山，缘边郡兵屯塞下，调五营弩帅令教战射，南单于将步骑万馀人助汉击却之。后乌丸校尉耿晔将率众王出塞击鲜卑，多斩首虏，于是鲜卑三万馀落，诣辽东降。匈奴及北单于遁逃后，馀种十馀万落，诣辽东杂处，皆自号鲜卑兵。投鹿侯从匈奴军三年，其妻在家，有子。投鹿侯归，怪欲杀之。妻言：“尝昼行闻雷震，仰天视而电入其口，因吞之，遂妊身，十月而产，此子必有奇异，且长之。”投鹿侯固不信。妻乃语家，令收养焉，号檀石槐，长大勇健，智略绝众。年十四五，异部大人卜贲邑钞取其外家牛羊，檀石槐策骑追击，所向无前，悉还得所亡。由是部落畏服，施法禁，平曲直，[9]莫敢犯者，遂推以为大人。檀石槐既立，乃为庭于高柳北三百馀里弹汗山啜仇水上，东西部大人皆归焉。兵马甚盛，南钞汉边，北拒丁令，东却夫馀，西击乌孙，尽据匈奴故地，东西万二千馀里，南北七千馀里，网罗山川、水泽、盐池甚广。汉患之，桓帝时使匈奴中郎将张奂征之，不克。乃更遣使者赍印绶，即封檀石槐为王，欲与和亲。檀石槐拒不肯受，寇钞滋甚。乃分其地为中东西三部。从右北平以东至辽，东接夫馀、〔10〕涉貊为东部，〔11〕二十馀邑，其大人曰弥加、阙机、素利、槐头。从右北平以西至上谷为中部，十馀邑，其大人曰柯最、阙居、慕容等，为大帅。从上谷以西至燉煌，西接乌孙为西部，二十馀邑，其大人曰置鞬落罗、日律推演、宴荔游等，皆为大帅，而制属檀石槐。至灵帝时，大钞略幽、并二州。缘边诸郡，无岁不被其毒。熹平六年，〔12〕遣护乌丸校尉夏育，破鲜卑中郎将田宴，匈奴中郎将臧旻与南单于出雁门塞，三道并进，径二千馀里征之。檀石槐帅部众逆击，旻等败走，兵马还者什一而已。鲜卑众日多，田畜射猎，不足给食。后檀石槐乃案行乌侯秦水，广袤数百里，渟不流，中有鱼而不能得。闻汗人善捕鱼，于是檀石槐东击汗国，得千馀家，徙置乌侯秦水上，使捕鱼以助粮。至于今，乌侯秦水上有汗人数百户。檀石槐年四十五死，子和连代立。和连材力不及父，而贪淫，断法不平，众叛者半。灵帝末年数为寇钞，攻北地，北地庶人善弩射者射中和连，和连即死。其子骞曼小，兄子魁头代立。魁头既立后，骞曼长大，与魁头争国，众遂离散。魁头死，弟步度根代立。自檀石槐死后，诸大人遂世相袭也。

　　轲比能本小种鲜卑，以勇健，断法平端，不贪财物，众推以为大人。部落近塞，自袁绍据河北，中国人多亡叛归之，教作兵器铠楯，颇学文字。故其勒御部众，拟则中国，出入弋猎，建立旌麾，以鼓节为进退。建安中，因阎柔上贡献。太祖西征关中，田银反河间，比能将三千馀骑随柔击破银。后代郡乌丸反，比能复助为寇害，太祖以鄢陵侯彰为骁骑将军，北征，大破之。比能走出塞，后复通贡献。延康初，比能遣使献马，文帝亦立比能为附义王。黄初二年，比能出诸魏人在鲜卑者五百馀家，还居代郡。明年，比能帅部落大人小子代郡乌丸修武卢等三千馀骑，驱牛马七万馀口交市，遣魏人千馀家居上谷。后与东部鲜卑大人素利及步度根三部争斗，更相攻击。田豫和合，使不得相侵。五年，比能复击素利，豫帅轻骑径进掎其后。比能使别小帅琐奴拒豫，豫进讨，破走之，由是怀贰。乃与辅国将军鲜于辅书曰：“夷狄不识文字，故校尉阎柔保我于天子。我与素利为雠，往年攻击之，而田校尉助素利。我临陈使琐奴往，闻使君来，即便引军退。步度根数数钞盗，又杀我弟，而诬我以钞盗。我夷狄虽不知礼义，兄弟子孙受天子印绶，牛马尚知美水草，况我有人心邪！将军当保明我于天子。”辅得书以闻，帝复使豫招纳安慰。比能众遂强盛，控弦十馀万骑。每钞略得财物，均平分付，一决目前，终无所私，故得众死力，馀部大人皆敬惮之，然犹未能及檀石槐也。

太和二年，豫遣译夏舍诣比能女婿郁筑鞬部，舍为鞬所杀。其秋，豫将西部鲜卑蒲头、泄归泥出塞讨郁筑鞬，大破之。还至马城，比能自将三万骑围豫七日。上谷太守阎志，柔之弟也，素为鲜卑所信。志往解喻，即解围去。后幽州刺史王雄并领校尉，抚以恩信。比能数款塞，诣州奉贡献。至青龙元年，比能诱纳步度根，使叛并州，与结和亲，自勒万骑迎其累重于陉北。并州刺史毕轨遣将军苏尚、董弼等击之，比能遣子将骑与尚等会战于楼烦，临陈害尚、弼。至三年中，雄遣勇士韩龙刺杀比能，更立其弟。

素利、弥加、厥机皆为大人，在辽西、右北平、渔阳塞外，道远初不为边患，然其种众多于比能。建安中，因阎柔上贡献，通市，太祖皆表宠以为王。厥机死，又立其子沙末汗为亲汉王。延康初，又各遣使献马。文帝立素利、弥加为归义王。素利与比能更相攻击。

太和二年,素利死。子小,以弟成律归为王,代摄其众。

　　书称"东渐于海,西被于流沙"。其九服之制,可得而言也。然荒域之外,重译而至,非足迹车轨所及,未有知其国俗殊方者也。自虞暨周,西戎有白环之献,东夷有肃慎之贡,皆旷世而至,其邈远也如此。及汉氏遣张骞使西域,穷河源,经历诸国,遂置都护以总领之,然后西域之事具存,故史官得详载焉。魏兴,西域虽不能尽至,其大国龟兹、于阗、康居、乌孙、疏勒、月氏、鄯善、车师之属,无岁不奉朝贡,略如汉氏故事。而公孙渊仍父祖三世有辽东,天子为其绝域,委以海外之事,遂隔断东夷,不得通于诸夏。景初中,大兴师旅,诛渊,又潜军浮海,收乐浪、带方之郡,而后海表谧然,东夷屈服。其后高句丽背叛,又遣偏师致讨,穷追极远,逾乌丸、骨都,过沃沮,践肃慎之庭,东临大海。长老说有异面之人,近日之所出,遂周观诸国,采其法俗,小大区别,各有名号,可得详纪。虽夷狄之邦,而俎豆之象存。中国失礼,求之四夷,犹信。故撰次其国,列其同异,以接前史之所未备焉。

　　夫馀在长城之北,去玄菟千里,南与高句丽,东与挹娄,西与鲜卑接,北有弱水,方可二千里。户八万,其民土著,有宫室、仓库、牢狱。多山陵、广泽,于东夷之域最平敞。土地宜五谷,不生五果。其人粗大,性强勇谨厚,不寇钞。国有君王,皆以六畜名官,有马加、牛加、猪加、狗加、大使、大使者、使者。邑落有豪民,名下户皆为奴仆。诸加别主四出,道大者主数千家,小者数百家。食饮皆用俎豆,会同、拜爵、洗爵,揖让升降。以殷正月祭天,国中大会,连日饮食歌舞,名曰迎鼓,于是时断刑狱,解囚徒。在国衣尚白,白布大袂,袍、裤,履革鞜。出国则尚缯绣锦罽,大人加狐狸、狖白、黑貂之裘，以金银饰帽。译人传辞，皆跪，手据地窃语。用刑严急，杀人者死，没其家人为奴婢。窃盗一责十二。男女淫，妇人妒，皆杀之。尤憎妒，已杀，尸之国南山上，至腐烂。女家欲得，输牛马乃与之。兄死妻嫂，与匈奴同俗。其国善养牲，出名马、赤玉、貂狖、美珠。珠大者如酸枣。以弓矢刀矛为兵，家家自有铠仗。国之耆老自说古之亡人。作城栅皆员，有似牢狱。行道昼夜无老幼皆歌，通日声不绝。有军事亦祭天，杀牛观蹄以占吉凶，蹄解者为凶，合者为吉。有敌，诸加自战，下户俱担粮饮食之。其死，夏月皆用冰。杀人殉葬，多者百数。厚葬，有椁无棺。①

① 魏略曰：其俗停丧五月，以久为荣。其祭亡者，有生有熟。丧主不欲速而他人强之，常诤引以此为节。其居丧，男女皆纯白，妇人着布面衣，去环珮，大体与中国相仿佛也。

夫馀本属玄菟。汉末，公孙度雄张海东，威服外夷，夫馀王尉仇台更属辽东。时句丽、鲜卑强，度以夫馀在二虏之间，妻以宗女。尉仇台死，简位居立。无适子，有孽子麻余。位居死，诸加共立麻余。牛加兄子名位居，为大使，轻财善施，国人附之，岁岁遣使诣京都贡献。正始中，幽州刺史毌丘俭讨句丽，遣玄菟太守王颀诣夫馀，位居遣大加郊迎，供军粮。季父牛加有二心，位居杀季父父子，籍没财物，遣使簿敛送官。旧夫馀俗，水旱不调，五谷不熟，辄归咎于王，或言当易，或言当杀。麻余死，其子依虑年六岁，立以为王。汉时，夫馀王葬用玉匣，常豫以付玄菟郡，王死则迎取以葬。公孙渊伏诛，玄菟库犹有玉匣一具。今夫馀库有玉璧、珪、瓒数代之物，传世以为宝，耆老言先代之所赐也。① 其印文言"濊王之印"，国有故城名濊城，盖本濊貊之地，而夫馀王其中，自谓"亡人"，抑有以也。②〔13〕

① 魏略曰：其国殷富，自先世以来，未尝破坏。

②魏略曰：旧志又言，昔北方有高离之国者，其王者侍婢有身，王欲杀之，婢云："有气如鸡子来下，我故有身。"后生子，王捐之于溷中，猪以喙嘘之，徙至马闲，马以气嘘之，不死。王疑以为天子也，乃令其母收畜之，名曰东明，常令牧马。东明善射，王恐夺其国也，欲杀之。东明走，南至施掩水，以弓击水，鱼鳖浮为桥，东明得度，鱼鳖乃解散，追兵不得渡。东明因都王夫馀之地。

高句丽在辽东之东千里，南与朝鲜、涉貊，东与沃沮，北与夫馀接。都于丸都之下，方可二千里，户三万。多大山深谷，无原泽。随山谷以为居，食涧水。无良田，虽力佃作，不足以实口腹。其俗节食，好治宫室，于所居之左右立大屋，祭鬼神，又祀灵星、社稷。其人性凶急，喜寇钞。其国有王，其官有相加、对卢、沛者、古雏加、主簿、优台丞、使者、皂衣先人，尊卑各有等级。东夷旧语以为夫馀别种，言语诸事，多与夫馀同，其性气衣服有异。本有五族，有涓奴部、绝奴部、顺奴部、灌奴部、桂娄部。本涓奴部为王，稍微弱，今桂娄部代之。汉时赐鼓吹技人，常从玄菟郡受朝服衣帻，高句丽令主其名籍。后稍骄恣，不复诣郡，于东界筑小城，置朝服衣帻其中，岁时来取之，今胡犹名此城为帻沟溇。沟溇者，句丽名城也。其置官，有对卢则不置沛者，有沛者则不置对卢。王之宗族，其大加皆称古雏加。涓奴部本国主，今虽不为王，适统大人，得称古雏加，亦得立宗庙，祠灵星、社稷。绝奴部世与王婚，加古雏之号。诸大加亦自置使者、皂衣先人，名皆达于王，如卿大夫之家臣，会同坐起，不得与王家使者、皂衣先人同列。其国中大家不佃作，坐食者万馀口，下户远担米粮鱼盐供给之。其民喜歌舞，国中邑落，暮夜男女群聚，相就歌戏。无大仓库，家家自有小仓，名之为桴京。其人絜清自喜，善藏酿。跪拜申一脚，与夫馀异，行步皆走。以十月祭天，国中大会，名曰东盟。其公会，衣服皆锦绣金银以自饰。大加主簿头著帻，如帻而无馀，其小加著折风，形如弁。其国东有大穴，名隧穴，十月国中大会，迎隧神还于国东上祭之，置木隧于神坐。无牢狱，有罪诸加评议，便杀之，没入妻子为奴婢。其俗作婚姻，言语已定，女家作小屋于大屋后，名婿屋，婿暮至女家户外，自名跪拜，乞得就女宿，如是者再三，女父母乃听使就小屋中宿，傍顿钱帛，至生子已长大，乃将妇归家。其俗淫。男女已嫁娶，便稍作送终之衣。厚葬，金银财币，尽于送死，积石为封，列种松柏。其马皆小，便登山。国人有气力，习战斗，沃沮、东濊皆属焉。又有小水貊。句丽作国，依大水而居，西安平县北有小水，南流入海，句丽别种依小水作国，因名之为小水貊，出好弓，所谓貊弓是也。

王莽初发高句丽兵以伐胡，不欲行，强迫遣之，皆亡出塞为寇盗。辽西大尹田谭追击之，为所杀。州郡县归咎于句丽侯骗，严尤奏言："貊人犯法，罪不起于骗，且宜安慰，今猥被之大罪，恐其遂反。"莽不听，诏尤击之。尤诱期句丽侯骗至而斩之，传送其首诣长安。莽大悦，布告天下，更名高句丽为下句丽。当此时为侯国，汉光武帝八年，高句丽王遣使朝贡，始见称王。

至殇、安之间，句丽王宫数寇辽东，更属玄菟。辽东太守蔡风、玄菟太守姚光以宫为二郡害，兴师伐之。宫诈降请和，二郡不进。宫密遣军攻玄菟，焚烧候城，入辽隧，杀吏民。后宫复犯辽东，蔡风轻将吏士追讨之，军败没。

宫死，子伯固立。顺、桓之间，复犯辽东，寇新安、居乡，又攻西安平，于道上杀带方令，略得乐浪太守妻子。灵帝建宁二年，玄菟太守耿临讨之，斩首虏数百级，伯固降，属辽东。熹平中，[14]伯固乞属玄菟。公孙度之雄海东也，伯固遣大加优居、主簿然人等助度击富山贼，破之。

伯固死，有二子，长子拔奇，小子伊夷模。拔奇不肖，国人便共立伊夷模为王。自伯固时，数寇辽东，又受亡胡五百馀家。建安中，公孙康出军击之，破其国，焚烧邑落。拔奇怨为兄而不得立，与涓奴加各将下户三万馀口诣康降，还住沸流水。降胡亦叛伊夷模，伊夷模更作新国，今日所在是也。拔奇遂往辽东，有子留句丽国，今古雏加驳位居是也。其后复击玄菟，玄菟与辽东合击，大破之。

伊夷模无子，淫灌奴部，生子名位宫。伊夷模死，立以为王，今句丽王宫是也。其曾祖名宫，生能开目视，其国人恶之，及长大，果凶虐，数寇钞，国见残破。今王生堕地，亦能开目视人，句丽呼相似为位，似其祖，故名之为位宫。位宫有力勇，便鞍马，善猎射。景初二年，太尉司马宣王率众讨公孙渊，宫遣主簿大加将数千人助军。正始三年，宫寇西安平，其五年，为幽州刺史毌丘俭所破。语在俭传。

东沃沮在高句丽盖马大山之东，滨大海而居。其地形东北狭，西南长，可千里，北与挹娄、夫馀，南与濊貊接。户五千，无大君王，世世邑落，各有长帅。其言语与句丽大同，时时小异。汉初，燕亡人卫满王朝鲜，时沃沮皆属焉。汉武帝元封二年，伐朝鲜，杀满孙右渠，分其地为四郡，以沃沮城为玄菟郡。后为夷貊所侵，徙郡句丽西北，今所谓玄菟故府是也。沃沮还属乐浪。汉以土地广远，在单单大领之东，分置东部都尉，治不耐城，别主领东七县，时沃沮亦皆为县。汉建武六年，<sup>[15]</sup>省边郡，都尉由此罢。其后皆以其县中渠帅为县侯，不耐、华丽、沃沮诸县皆为侯国。夷狄更相攻伐，唯不耐濊侯至今犹置功曹、主簿诸曹，皆濊民作之。沃沮诸邑落渠帅，皆自称三老，则故县国之制也。国小，迫于大国之间，遂臣属句丽。句丽复置其中大人为使者，使相主领，又使大加统责其租税，貊布、鱼、盐、海中食物，千里担负致之，又送其美女以为婢妾，遇之如奴仆。

其土地肥美,背山向海,宜五谷,善田种。人性质直强勇,少牛马,便持矛步战。食饮居处,衣服礼节,有似句丽。①其葬作大木椁,长十馀丈,开一头作户。新死者皆假埋之,才使覆形,皮肉尽,乃取骨置椁中。举家皆共一椁,刻木如生形,随死者为数。又有瓦鬲,置米其中,编县之于椁户边。

①魏略曰:其嫁娶之法,女年十岁,已相设许。婿家迎之,长养以为妇。至成人,更还女家。女家责钱,钱毕,乃复还婿。

毌丘俭讨句丽,句丽王宫奔沃沮,遂进师击之。沃沮邑落皆破之,斩获首虏三千馀级,宫奔北沃沮。北沃沮一名置沟娄,去南沃沮八百馀里。其俗南北皆同,与挹娄接。挹娄喜乘船寇钞,北沃沮畏之,夏月恒在山岩深穴中为守备,冬月冰冻,船道不通,乃下居村落。王颀别遣追讨宫,尽其东界。问其耆老"海东复有人不"?耆老言国人尝乘船捕鱼,遭风见吹数十日,东得一岛,上有人,言语不相晓,其俗常以七月取童女沈海。又言有一国亦在海中,纯女无男。又说得一布衣,从海中浮出,其身如中人衣,〔16〕其两袖长三丈。又得一破船,随波出在海岸边,有一人项中复有面,生得之,与语不相通,不食而死。其域皆在沃沮东大海中。

挹娄在夫馀东北千馀里,滨大海,南与北沃沮接,未知其北所极。其土地多山险。其人形似夫馀,言语不与夫馀、句丽同。有五谷、牛、马、麻布。人多勇力,无大君长,邑落各有大人。处山林之间,常穴居,大家深九梯,以多为好。土气寒,剧于夫馀。其俗好养猪,食其肉,衣其皮。冬以猪膏涂身,厚数分,以御风寒。夏则裸袒,以尺布隐其前后,以蔽形体。其人不絜,作溷在中央,人围其表居。其弓长四尺,力如弩,矢用楛,长尺八寸,青石为镞,古之肃慎氏之国也。善射，射人皆入目。[17]矢施毒，人中皆死。出赤玉、好貂，今所谓挹娄貂是也。自汉已来，臣属夫馀，夫馀责其租赋重，以黄初中叛之。夫馀数伐之，其人众虽少，所在山险，邻国人畏其弓矢，卒不能服也。其国便乘船寇盗，邻国患之。东夷饮食类皆用俎豆，唯挹娄不，法俗最无纲纪也。

　　濊南与辰韩，北与高句丽、沃沮接，东穷大海，今朝鲜之东皆其地也。户二万。昔箕子既适朝鲜，作八条之教以教之，无门户之闭而民不为盗。其后四十馀世，朝鲜侯准僭号称王。[18]陈胜等起，天下叛秦，燕、齐、赵民避地朝鲜数万口。燕人卫满，魋结夷服，复来王之。汉武帝伐灭朝鲜，分其地为四郡。自是之后，胡、汉稍别。无大君长，自汉已来，其官有侯邑君、三老，统主下户。其耆老旧自谓与句丽同种。其人性愿悫，少嗜欲，有廉耻，不请匄。[19]言语法俗大抵与句丽同，衣服有异。男女衣皆著曲领，男子系银花广数寸以为饰。自单单大山领以西属乐浪，自领以东七县，都尉主之，皆以濊为民。后省都尉，封其渠帅为侯，今不耐濊皆其种也。汉末更属句丽。其俗重山川，山川各有部分，不得妄相涉入。同姓不婚。多忌讳，疾病死亡辄捐弃旧宅，更作新居。有麻布，蚕桑作绵。晓候星宿，豫知年岁丰约。不以珠玉为宝。常用十月节祭天，昼夜饮酒歌舞，名之为舞天，又祭虎以为神。其邑落相侵犯，辄相罚责生口牛马，名之为责祸。杀人者偿死。少寇盗。作矛长三丈，或数人共持之，能步战。乐浪檀弓出其地。其海出班鱼皮，土地饶文豹，又出果下马，汉桓时献之。①

　　①臣松之按：果下马高三尺，乘之可于果树下行，故谓之果下。见博物志、魏都赋。

　　正始六年，乐浪太守刘茂、带方太守弓遵以领东濊属句丽，兴师伐之,不耐侯等举邑降。其八年,诣阙朝贡,诏更拜不耐浍王。居处杂在民间,四时诣郡朝谒。二郡有军征赋调,供给役使,遇之如民。

韩在带方之南,东西以海为限,南与倭接,方可四千里。有三种,一曰马韩,二曰辰韩,三曰弁韩。辰韩者,古之辰国也。马韩在西。其民土著,种植,知蚕桑,作绵布。各有长帅,大者自名为臣智,其次为邑借,散在山海间,无城郭。有爰襄国、牟水国、桑外国、小石索国、大石索国、优休牟涿国、臣濆沽国、伯济国、速卢不斯国、日华国、古诞者国、古离国、怒蓝国、月支国、咨离牟卢国、素谓乾国、古爰国、莫卢国、卑离国、占离卑国、臣衅国、支侵国、狗卢国、卑弥国、监奚卑离国、古蒲国、致利鞠国、冉路国、兒林国、驷卢国、内卑离国、感奚国、万卢国、辟卑离国、臼斯乌旦国、一离国、不弥国、支半国、狗素国、捷卢国、牟卢卑离国、臣苏涂国、莫卢国、古腊国、临素半国、臣云新国、如来卑离国、楚山涂卑离国、一难国、狗奚国、不云国、不斯濆邪国、爰池国、乾马国、楚离国,凡五十馀国。大国万馀家,小国数千家,总十馀万户。辰王治月支国。臣智或加优呼臣云遣支报安邪支濆臣离兒不例拘邪秦支廉之号。其官有魏率善、邑君、归义侯、中郎将、都尉、伯长。

侯准既僭号称王,为燕亡人卫满所攻夺,[1]将其左右宫人走入海,居韩地,自号韩王。[2]其后绝灭,今韩人犹有奉其祭祀者。汉时属乐浪郡,四时朝谒。[3]

①魏略曰:昔箕子之后朝鲜侯,见周衰,燕自尊为王,欲东略地,朝鲜侯亦自称为王,欲兴兵逆击燕以尊周室。其大夫礼谏之,乃止。使礼西说燕,燕止之,不攻。后子孙稍骄虐,燕乃遣将秦开攻其西方,取地二千馀里,至满番汗为界,朝鲜遂弱。及秦并天下,使蒙恬筑长城,到辽东。时朝鲜

王否立，畏秦袭之，略服属秦，不肯朝会。否死，其子准立。二十馀年而陈、项起，天下乱，燕、齐、赵民愁苦，稍稍亡往准，准乃置之于西方。及汉以卢绾为燕王，朝鲜与燕界于浿水。及绾反，入匈奴，燕人卫满亡命，为胡服，东度浿水，诣准降，说准求居西界，收中国亡命为朝鲜藩屏。[20]准信宠之，拜为博士，赐以圭，封之百里，令守西边。满诱亡党，众稍多，乃诈遣人告准，言汉兵十道至，求入宿卫，遂还攻准。准与满战，不敌也。

②魏略曰：其子及亲留在国者，因冒姓韩氏。准王海中，不与朝鲜相往来。

③魏略曰：初，右渠未破时，朝鲜相历谿卿以谏右渠不用，东之辰国，时民随出居者二千馀户，亦与朝鲜贡蕃不相往来。至王莽地皇时，廉斯鑡为辰韩右渠帅，闻乐浪土地美，人民饶乐，亡欲来降。出其邑落，见田中驱雀男子一人，其语非韩人。问之，男子曰："我等汉人，名户来，我等辈千五百人伐材木，为韩所击得，皆断发为奴，积三年矣。"鑡曰："我当降汉乐浪，汝欲去不？"户来曰："可。"鑡因将户来出诣含资县，[21]县言郡，郡即以鑡为译，从芩中乘大船入辰韩，逆取户来。降伴辈尚得千人，其五百人已死。鑡时晓谓辰韩："汝还五百人。若不者，乐浪当遣万兵乘船来击汝。"辰韩曰："五百人已死，我当出赎直耳。"乃出辰韩万五千人，弁韩布万五千匹，鑡收取直还，郡表鑡功义，赐冠帻、田宅，子孙数世，至安帝延光四年时，故受复除。

桓、灵之末，韩濊强盛，郡县不能制，民多流入韩国。建安中，公孙康分屯有县以南荒地为带方郡，遣公孙模、张敞等收集遗民，兴兵伐韩濊，旧民稍出，是后倭韩遂属带方。景初中，明帝密遣带方太守刘昕、乐浪太守鲜于嗣越海定二郡，诸韩国臣智加赐邑君印绶，其次与邑长。其俗好衣帻，下户诣郡朝谒，皆假衣帻，自服印绶衣帻千有馀人。部从事吴林以乐浪本统韩国，分割辰韩八国以与乐浪，吏译转有异同，臣智激韩忿，攻带方郡崎离营。时太守弓遵、乐浪太守刘茂兴兵伐之，遵战死，二郡遂灭韩。

其俗少纲纪，国邑虽有主帅，邑落杂居，不能善相制御。无跪拜之礼。居处作草屋土室，形如冢，其户在上，举家共在中，无长幼男女之别。其葬有椁无棺，不知乘牛马，牛马尽于送死。以璎珠为财宝，或以缀衣为饰，或以悬颈垂耳，不以金银锦绣为珍。其人性强勇，魁头露纷，如炅兵，衣布袍，足履革蹻蹋。其国中有所为及官家使筑城郭，诸年少勇健者，皆凿脊皮，以大绳贯之，又以丈许木锸之，通日嚾呼作力，不以为痛，既以劝作，且以为健。常以五月下种讫，祭鬼神，群聚歌舞，饮酒昼夜无休。其舞，数十人俱起相随，踏地低昂，手足相应，节奏有似铎舞。十月农功毕，亦复如之。信鬼神，国邑各立一人主祭天神，名之天君。又诸国各有别邑，名之为苏涂。立大木，县铃鼓，事鬼神。诸亡逃至其中，皆不还之，好作贼。其立苏涂之义，有似浮屠，而所行善恶有异。其北方近郡诸国差晓礼俗，其远处直如囚徒奴婢相聚。无他珍宝。禽兽草木略与中国同。出大栗，大如梨。又出细尾鸡，其尾皆长五尺馀。其男子时时有文身。又有州胡在马韩之西海中大岛上，其人差短小，言语不与韩同，皆髡头如鲜卑，但衣韦，好养牛及猪。其衣有上无下，略如裸势。乘船往来，市买韩中。

辰韩在马韩之东，其耆老传世，自言古之亡人避秦役来适韩国，马韩割其东界地与之。有城栅。其言语不与马韩同，名国为邦，弓为弧，贼为寇，行酒为行觞。相呼皆为徒，有似秦人，非但燕、齐之名物也。名乐浪人为阿残；东方人名我为阿，谓乐浪人本其残馀人。今有名之为秦韩者。始有六国，稍分为十二国。

弁辰亦十二国，又有诸小别邑，各有渠帅，大者名臣智，其次有险侧，次有樊涉，次有杀奚，次有邑借。有已柢国、不斯国、弁辰弥离弥冻国、弁辰接涂国、勤耆国、难弥离弥冻国、弁辰古资弥冻国、弁辰古淳是国、冉奚国、弁辰半路国、弁辰乐奴国、[22]军弥国、[23]弁辰弥乌邪马国、如湛国、弁辰甘路国、户路国、州鲜国、弁辰狗邪国、弁辰走漕马国、弁辰安邪国、[24]弁辰渎卢国、斯卢国、优由国。弁、辰韩合二十四国,大国四五千家,小国六七百家,总四五万户。其十二国属辰王。辰王常用马韩人作之,世世相继。辰王不得自立为王。①土地肥美,宜种五谷及稻,晓蚕桑,作缣布,乘驾牛马。嫁娶礼俗,男女有别。以大鸟羽送死,其意欲使死者飞扬。②国出铁,韩、濊、倭皆从取之。诸市买皆用铁,如中国用钱,又以供给二郡。俗喜歌舞饮酒。有瑟,其形似筑,弹之亦有音曲。儿生,便以石厌其头,欲其褊。今辰韩人皆褊头。男女近倭,亦文身。便步战,兵仗与马韩同。其俗,行者相逢,皆住让路。

①魏略曰:明其为流移之人,故为马韩所制。

②魏略曰:其国作屋,横累木为之,有似牢狱也。

弁辰与辰韩杂居,亦有城郭。衣服居处与辰韩同。言语法俗相似,祠祭鬼神有异,施灶皆在户西。其渎卢国与倭接界。十二国亦有王,其人形皆大。衣服絜清,长发。亦作广幅细布。法俗特严峻。

倭人在带方东南大海之中,依山岛为国邑。旧百馀国,汉时有朝见者,今使译所通三十国。从郡至倭,循海岸水行,历韩国,乍南乍东,到其北岸狗邪韩国,七千馀里,始度一海,千馀里至对马国。其大官曰卑狗,副曰卑奴母离。所居绝岛,方可四百馀里,土地山险,多深林,道路如禽鹿径。有千馀户,无良田,食海物自活,乘船南北市籴。又南渡一海千馀里,名曰瀚海,至一大国,官亦曰卑狗,副曰卑奴母离。方可三百里,多竹木丛林,有三千许家,差有田地,耕田犹不足食,亦南北市籴。又渡一海,千馀里至末卢国,有四千馀户,滨山海居,草木茂盛,行不见前人。好捕鱼鳆,水无深浅,皆沈没取之。东南陆行五百里,到伊都国,官曰尔支,副曰泄谟觚、柄

711

渠觚。有千餘户，世有王，皆统属女王国，郡使往来常所驻。东南至奴国百里，官曰兕马觚，副曰卑奴母离，有二万餘户。东行至不弥国百里，官曰多模，副曰卑奴母离，有千餘家。南至投马国，水行二十日，官曰弥弥，副曰弥弥那利，可五万餘户。南至邪马壹国，女王之所都，水行十日，陆行一月。官有伊支马，次曰弥马升，次曰弥马获支，次曰奴佳鞮，可七万餘户。自女王国以北，其户数道里可得略载，其餘旁国远绝，不可得详。次有斯马国，次有已百支国，次有伊邪国，次有都支国，次有弥奴国，次有好古都国，次有不呼国，次有姐奴国，次有对苏国，次有苏奴国，次有呼邑国，次有华奴苏奴国，次有鬼国，次有为吾国，次有鬼奴国，次有邪马国，次有躬臣国，次有巴利国，次有支惟国，次有乌奴国，次有奴国，此女王境界所尽。其南有狗奴国，男子为王，其官有狗古智卑狗，不属女王。自郡至女王国万二千餘里。

　　男子无大小皆黥面文身。自古以来，其使诣中国，皆自称大夫。夏后少康之子封于会稽，断发文身以避蛟龙之害。今倭水人好沈没捕鱼蛤，文身亦以厌大鱼水禽，后稍以为饰。诸国文身各异，或左或右，或大或小，尊卑有差。计其道里，当在会稽、东冶之东。其风俗不淫，男子皆露紒，以木绵招头。其衣横幅，但结束相连，略无缝。妇人被发屈紒，作衣如单被，穿其中央，贯头衣之。种禾稻、紵麻、蚕桑、缉绩，出细紵、缣绵。其地无牛马虎豹羊鹊。兵用矛、楯、木弓。木弓短下长上，竹箭或铁镞或骨镞，所有无与儋耳、朱崖同。倭地温暖，冬夏食生菜，皆徒跣。有屋室，父母兄弟卧息异处，以朱丹涂其身体，如中国用粉也。食饮用笾豆，手食。其死，有棺无椁，封土作冢。始死停丧十餘日，当时不食肉，丧主哭泣，他人就歌舞饮酒。已葬，举家诣水中澡浴，以如练沐。其行来渡海诣中国，恒使一人，不梳头，不去虮虱，衣服垢污，不食肉，不近妇人，如丧人，

712

名之为持衰。若行者吉善，共顾其生口财物；若有疾病，遭暴害，便欲杀之，谓其持衰不谨。出真珠、青玉。其山有丹，其木有柟、杼、豫樟、楺枥、投橿、乌号、枫香，其竹筱簳、桃支。有姜、橘、椒、蘘荷，不知以为滋味。有猕猴、黑雉。其俗举事行来，有所云为，辄灼骨而卜，以占吉凶，先告所卜，其辞如令龟法，视火坼占兆。其会同坐起，父子男女无别，人性嗜酒。<sup>①</sup>见大人所敬，但搏手以当跪拜。其人寿考，或百年，或八九十年。其俗，国大人皆四五妇。下户或二三妇。妇人不淫，不妒忌。不盗窃，少净讼。其犯法，轻者没其妻子，重者灭其门户。及宗族尊卑，各有差序，足相臣服。收租赋。有邸阁。国国有市，交易有无，使大倭监之。自女王国以北，特置一大率，检察诸国，诸国畏惮之。常治伊都国，于国中有如刺史。王遣使诣京都、带方郡、诸韩国，及郡使倭国，皆临津搜露，传送文书赐遗之物诣女王，不得差错。下户与大人相逢道路，逡巡入草；传辞说事，或蹲或跪，两手据地，为之恭敬。对应声曰噫，比如然诺。

①魏略曰：其俗不知正岁四节，但计春耕秋收为年纪。

其国本亦以男子为王，住七八十年，倭国乱，相攻伐历年，乃共立一女子为王，名曰卑弥呼，事鬼道，能惑众，年已长大，无夫婿，有男弟佐治国。自为王以来，少有见者。以婢千人自侍，唯有男子一人给饮食，传辞出入。居处宫室楼观，城栅严设，常有人持兵守卫。

女王国东渡海千馀里，复有国，皆倭种。又有侏儒国在其南，人长三四尺，去女王四千馀里。又有裸国、黑齿国复在其东南，船行一年可至。参问倭地，绝在海中洲岛之上，或绝或连，周旋可五千馀里。

景初二年六月，倭女王遣大夫难升米等诣郡，求诣天子朝献，太守刘夏遣吏将送诣京都。其年十二月，诏书报倭女王曰："制诏亲魏倭王卑弥呼：带方太守刘夏遣使送汝大夫难升米、次使都市牛利奉汝所献男生口四人，女生口六人，班布二匹二丈，以到。汝所在逾远，乃遣使贡献，是汝之忠孝，我甚哀汝。今以汝为亲魏倭王，假金印紫绶，装封付带方太守假授汝。其绥抚种人，勉为孝顺。汝来使难升米、牛利涉远，道路勤劳，今以难升米为率善中郎将，牛利为率善校尉，假银印青绶，引见劳赐遣还。今以绛地交龙锦五匹、①绛地绉粟罽十张、茜绛五十匹、绀青五十匹，答汝所献贡直。又特赐汝绀地句文锦三匹、细班华罽五张、白绢五十匹、金八两、五尺刀二口、铜镜百枚、真珠、铅丹各五十斤，皆装封付难升米、牛利还到录受。悉可以示汝国中人，使知国家哀汝，故郑重赐汝好物也。"

①臣松之以为地应为绨，汉文帝著皂衣谓之弋绨是也。此字不体，非魏朝之失，则传写者误也。

正始元年，太守弓遵遣建忠校尉梯儁等奉诏书印绶诣倭国，拜假倭王，并赍昭赐金、帛、锦罽、刀、镜、采物，倭王因使上表答谢恩诏。其四年，倭王复遣使大夫伊声耆、掖邪狗等八人，上献生口、倭锦、绛青缣、绵衣、帛布、丹木、狔、短弓矢。掖邪狗等壹拜率善中郎将印绶。其六年，诏赐倭难升米黄幢，付郡假授。其八年，太守王颀到官。倭女王卑弥呼与狗奴国男王卑弥弓呼素不和，遣倭载斯、乌越等诣郡说相攻击状。遣塞曹掾史张政等因赍诏书、黄幢，拜假难升米为檄告喻之。卑弥呼以死，大作冢，径百馀步，徇葬者奴婢百馀人。更立男王，国中不服，更相诛杀，当时杀千馀人。复立卑弥呼宗女壹与，年十三为王，国中遂定。政等以檄告喻壹与，壹与遣倭大夫率善中郎将掖邪狗等二十人送政等还，因诣台，献上男女生口三十人，贡白珠五千，孔青大句珠二枚，异文杂锦二十四。

评曰：<u>史</u>、<u>汉</u>著<u>朝鲜</u>、<u>两越</u>，东京撰录<u>西羌</u>。<u>魏</u>世匈奴遂衰，更有<u>乌丸</u>、<u>鲜卑</u>，爰及<u>东夷</u>，使译时通，记述随事，岂常也哉！①

①<u>魏略西戎传</u>曰：<u>氐</u>人有王，所从来久矣。自<u>汉</u>开<u>益州</u>，置<u>武都郡</u>，排其种人，分窜山谷间，或在<u>福禄</u>，或在<u>汧</u>、<u>陇</u>左右。其种非一，称<u>盘瓠</u>之后，或号<u>青氐</u>，或号<u>白氐</u>，或号<u>蚺氐</u>，此盖虫之类而处中国，人即其服色而名之也。其自相号曰<u>盍稚</u>，各有王侯，多受中国封拜。近去<u>建安</u>中，<u>兴国氐王阿贵</u>、<u>白项氐王千万</u>各有部落万馀，至十六年，从<u>马超</u>为乱。<u>超</u>破之后，<u>阿贵</u>为<u>夏侯渊</u>所攻灭，<u>千万</u>西南入<u>蜀</u>，其部落不能去，皆降。国家分徙其前后两端者，置<u>扶风</u>、<u>美阳</u>，今之<u>安夷</u>、<u>抚夷</u>二部护军所典是也。其本守善，<sup>[25]</sup>分留<u>天水</u>、<u>南安</u>界，今之<u>广魏郡</u>所守是也。<sup>[26]</sup>其俗，语不与中国同，及<u>羌</u>杂<u>胡</u>同，各自有姓，姓如中国之姓矣。其衣服尚青绛。俗能织布，善田种，畜养豕牛马驴骡。其妇人嫁时着衽露，其缘饰之制有似<u>羌</u>，衽露有似中国袍。皆编发。多知中国语，由与中国错居故也。其自还种落间，则自<u>氐</u>语。其嫁娶有似于<u>羌</u>，此盖乃昔所谓西戎在于<u>街</u>、<u>冀</u>、<u>豲</u>道者也。今虽都统于郡国，然故自有王侯在其虚落间。又故<u>武都</u>地<u>阴平街</u>左右，亦有万馀落。<u>賨</u>、<u>虏</u>，本匈奴也，匈奴名奴婢为賨。始<u>建武</u>时，匈奴衰，分去，其奴婢亡匿在<u>金城</u>、<u>武威</u>、<u>酒泉</u>北黑水、<u>西河</u>东西，畜牧逐水草，钞盗<u>凉州</u>，部落稍多，有数万，不与东部鲜卑同也。其种非一，有<u>大胡</u>，有<u>丁令</u>，或颇有<u>羌</u>杂处，由本亡奴婢故也。当<u>汉</u>、<u>魏</u>之际，其大人有<u>檀柘</u>，死后，其枝大人<u>南近</u>在<u>广魏</u>、<u>令居</u>界，有<u>秃瑰</u>来数反，为<u>凉州</u>所杀。今有<u>劼提</u>，或降来，或遁去，常为<u>西州</u>道路患也。

<u>燉煌</u>西域之南山中，从<u>婼羌</u>西至<u>葱领</u>数千里，有<u>月氏</u>馀种<u>葱茈羌</u>、<u>白马</u>、<u>黄牛羌</u>，各有酋豪，北与诸国接，不知其道里广狭。传闻黄牛羌各有种类，孕身六月生，南与<u>白马羌</u>邻。西域诸国，汉初开其道，时有三十六，后分为五十馀。从<u>建武</u>以来，更相吞灭，于今有二十道。从<u>燉煌玉门关</u>入<u>西域</u>，前有二道，今有三道。从<u>玉门关</u>西出，经<u>婼羌</u>转西，越<u>葱领</u>，

经縣度,入大月氏,为南道。从玉门关西出,发都护井,回三陇沙北头,经居卢仓,从沙西井转西北,过龙堆,到故楼兰,转西诣龟兹,至葱领,为中道。从玉门关西北出,经横坑,辟三陇沙及龙堆,出五船北,到车师界戊己校尉所治高昌,转西与中道合龟兹,为新道。凡西域所出,有前史已具详,今故略说。南道西行,且志国、小宛国、精绝国、楼兰国皆并属鄯善也。戎卢国、捍弥国、渠勒国、皮山国皆并属于寘。[27]罽宾国、大夏国、高附国、天竺国皆并属大月氏。

临兒国,浮屠经云其国王生浮屠。浮屠,太子也。父曰屑头邪,母云莫邪。浮屠身服色黄,发青如青丝,乳青毛,蛉赤如铜。始莫邪梦白象而孕,及生,从母左胁出,生而有结,堕地能行七步。此国在天竺城中。天竺又有神人,名沙律。昔汉哀帝元寿元年,博士弟子景卢受大月氏王使伊存口受浮屠经曰复立者其人也。浮屠所载临蒲塞、桑门、伯闻、疏问、白疏间、比丘、晨门,皆弟子号也。浮屠所载与中国老子经相出入,盖以为老子西出关,过西域之天竺,教胡。浮屠属弟子别号,合有二十九,不能详载,故略之如此。

车离国一名礼惟特,一名沛隶王,在天竺东南三千餘里,其地卑湿暑热。其王治沙奇城,有别城数十,人民怯弱,月氏、天竺击服之。其地东西南北数千里,人民男女皆长一丈八尺,乘象、橐驼以战,今月氏役税之。

盘越国一名汉越王,在天竺东南数千里,与益部相近,其人小与中国人等,蜀人贾似至焉。南道而西极转东南尽矣。

中道西行尉梨国、危须国、山王国皆并属焉耆,姑墨国、温宿国、尉头国皆并属龟兹也。桢中国、莎车国、竭石国、渠沙国、西夜国、依耐国、满犁国、亿若国、榆令国、捐毒国、休修国、琴国皆并属疏勒。自是以西,大宛、安息、条支、乌弋。乌弋一名排特,此四国次在西,本国也,无增损。前世谬以为条支在大秦西,今其实在东。前世又谬以为强于安息,今更役属之,号为安息西界。前世又谬以为弱水在条支西,今弱水在大秦西。前世又谬以为从条支西行二百餘日,近日所入,今从大秦西近日所入。

大秦国一号犁靬,在安息、条支西大海之西,从安息界安谷城乘船,直截
海西,遇风利二月到,风迟或一岁,无风或三岁。其国在海西,故俗谓之
海西。有河出其国,西又有大海。海西有迟散城,从国下直北至乌丹城,
西南又渡一河,乘船一日乃过。西南又渡一河,一日乃过。凡有大都三,
却从安谷城陆道直北行之海北,复直西行之海西,复直南行经之乌迟
散城,渡一河,乘船一日乃过。周回绕海,凡当渡大海六日乃到其国。国
有小城邑合四百余,东西南北数千里。其王治滨侧河海,以石为城郭。
其土地有松、柏、槐、梓、竹、苇、杨柳、梧桐、百草。民俗,田种五谷,畜乘
有马、骡、驴、骆驼。桑蚕。俗多奇幻,口中出火,自缚自解,跳十二丸巧
妙。其国无常主,国中有灾异,辄更立贤人以为王,而生放其故王,王亦
不敢怨。其俗人长大平正,似中国人而胡服。自云本中国一别也,常欲
通使于中国,而安息图其利,不能得过。其俗能胡书。其制度,公私宫室
为重屋,旌旗击鼓,白盖小车,邮驿亭置如中国。从安息绕海北到其国,
人民相属,十里一亭,三十里一置,终无盗贼。但有猛虎、狮子为害,行
道不群则不得过。其国置小王数十,其王所治城周回百余里,有官曹文
书。王有五宫,一宫间相去十里,其王平旦之一宫听事,至日暮一宿,明
日复至一宫,五日一周。置三十六将,每议事,一将不至则不议也。王出
行,常使从人持一韦囊自随,有白言者,受其辞投囊中,还宫乃省为决
理。以水晶作宫柱及器物。作弓矢。其别枝封小国,曰泽散王,曰驴分
王,曰且兰王,曰贤督王,曰汜复王,曰于罗王,其余小王国甚多,不能
一一详之也。国出细绤。作金银钱,金钱一当银钱十。有织成细布,言
用水羊毳,名曰海西布。此国六畜皆出水,或云非独用羊毛也,亦用木
皮或野茧丝作,织成氍毹、毾𣰆、罽帐之属皆好,其色又鲜于海东诸国
所作也。又常利得中国丝,解以为胡绫,故数与安息诸国交市于海中。
海水苦不可食,故往来者希到其国中。山出九色次玉石,一曰青,二曰
赤,三曰黄,四曰白,五曰黑,六曰绿,七曰紫,八曰红,九曰绀。今伊吾
山中有九色石,即其类。阳嘉三年时,疏勒王臣槃献海西青石、金带各
一。又今西域旧图云罽宾、条支诸国出琦石,即次玉石也。大秦多金、
银、铜、铁、铅、锡、神龟、白马、朱髦、骇鸡犀、玳瑁、玄熊、赤螭、辟毒鼠、

大贝、车渠、玛瑙、南金、翠爵、羽翮、象牙、符采玉、明月珠、夜光珠、真白珠、虎珀、珊瑚、赤白黑绿黄青绀缥红紫十种流离、璆琳、琅玕、水精、玫瑰、雄黄、雌黄、碧、五色玉、黄白黑绿紫红绛绀金黄缥留黄十种氍毹、五色氍毹、五色九色首下氍毹、金缕绣、杂色绫、金涂布、绯持布、发陆布、绯持渠布、火浣布、阿罗得布、巴则布、度代布、温宿布、五色桃布、绛地金织帐、五色斗帐、一微木、二苏合、狄提、迷迷、兜纳、白附子、薰陆、郁金、芸胶、薰草木十二种香。大秦道既从海北陆通，又循海而南，与交阯七郡外夷比，又有水道通益州、永昌，故永昌出异物。前世但论有水道，不知有陆道，今其略如此，其民人户数不能备详也。自葱领西，此国最大，置诸小王甚多，故录其属大者矣。

泽散王属大秦，其治在海中央，北至驴分，水行半岁，风疾时一月到，最与安息安谷城相近，西南诣大秦都不知里数。驴分王属大秦，其治去大秦都二千里。从驴分城西之大秦渡海，飞桥长二百三十里，渡海道西南行，绕海直西行。且兰王属大秦。从思陶国直南渡河，乃直西行之且兰三千里。道出河南，乃西行，从且兰复直西行之汜复国六百里。南道会汜复，乃西南之贤督国。且兰、汜复直南，乃有积石，积石南乃有大海，出珊瑚，真珠。且兰、汜复、斯宾阿蛮北有一山，东西行。大秦、海西东各有一山，皆南北行。贤督王属大秦，其治东北去汜复六百里。汜复王属大秦，其治东北去于罗三百四十里渡海也。于罗属大秦，其治在汜复东北，渡河，从于罗东北又渡河，斯罗东北又渡河。斯罗国属安息，与大秦接也。大秦西有海水，海水西有河水，河水西南北行有大山，西有赤水，赤水西有白玉山，白玉山有西王母，西王母西有修流沙，流沙西有大夏国、坚沙国、属繇国、月氏国，四国西有黑水，所传闻西之极矣。

北新道西行，至东且弥国、西且弥国、单桓国、毕陆国、蒲陆国、乌贪国，皆并属车师后部王。王治于赖城，魏赐其王壹多杂守魏侍中，号大都尉，受魏王印。转西北则乌孙、康居，本国无增损也。北乌伊别国在康居北，又有柳国，又有岩国，又有奄蔡国一名阿兰，皆与康居同俗。西与大秦东南与康居接。其国多名貂，畜牧逐水草，临大泽，故时羁属康居，今不属也。

呼得国在葱岭北，乌孙西北，康居东北，胜兵万馀人，随畜牧，出好马，有貂。坚昆国在康居西北，胜兵三万人，随畜牧，亦多貂，有好马。丁令国在康居北，胜兵六万人，随畜牧，出名鼠皮，白昆子、青昆子皮。此上三国，坚昆中央，俱去匈奴单于庭安习水七千里，南去车师六国五千里，西南去康居界三千里，西去康居王治八千里。或以为此丁令即匈奴北丁令也，而北丁令在乌孙西，似其种别也。又匈奴北有浑窳国，有屈射国，有丁令国，有隔昆国，有新梨国，明北海之南自复有丁令，非此乌孙之西丁令也。乌孙长老言北丁令有马胫国，其人音声似雁鹜，从膝以上身头，人也，膝以下生毛，马胫马蹄，不骑马而走疾马，其为人勇健敢战也。短人国在康居西北，男女皆长三尺，人众甚多，去奄蔡诸国甚远。康居长老传闻常有商度此国，去康居可万馀里。

鱼豢议曰：俗以为营廷之鱼不知江海之大，浮游之物不知四时之气，是何也？以其所在者小与其生之短也。余今泛览外夷大秦诸国，犹尚旷若发蒙矣，况夫邹衍之所推出，大易、太玄之所测度乎！徒限处牛蹄之涔，又无彭祖之年，无缘托景风以迅游，载以遐观，但劳眺乎三辰，而飞思乎八荒耳。

## 【校勘记】

〔1〕故得擅漠南之地　漠，原作"汉"，据殿本考证改。下同。

〔2〕峭王　峭上原衍"难"字，据沈家本校本删。

〔3〕并领冀州牧邟乡侯绍　邟，原作"阮"，据本书卷六袁绍传改。

〔4〕抑军未进　抑，原作"柳"，据殿本考证改。

〔5〕寇娄敦遣弟阿罗槃等诣阙朝贡　槃，原作"奖"，据本书卷二八毌丘俭传改。

〔6〕而自与乌丸相接　而下原衍"由"字，据殿本考证删。

〔7〕受邑落质者百二十部　原脱"百"字，据后汉书卷九〇鲜卑传补。

〔8〕趣五原曼柏　曼柏，原作"宁貊"，据后汉书卷九〇鲜卑传改。

〔9〕平曲直　原脱"平"字，据后汉书卷九〇鲜卑传补。

〔10〕东接夫馀　东，原作"辽"，据后汉书卷九〇鲜卑传补。

〔11〕涉貊为东部  原脱"涉"字,据后汉书卷九〇鲜卑传补。

〔12〕熹平六年  熹,原作"嘉",据后汉书卷九〇鲜卑传改。

〔13〕抑有以也  以,原作"似",据何焯校本改。

〔14〕熹平中  熹,原作"嘉",据三国志集解卢弼说改。

〔15〕汉建武六年  建,原作"光",据后汉书卷八五东夷传改。

〔16〕其身如中人衣  中下原衍"国"字,据后汉书卷八五东夷传删。

〔17〕射人皆入目  目,原作"因",据后汉书卷八五东夷传改。

〔18〕朝鲜侯准僭号称王  准,原作"淮",据后汉书卷八五东夷传改。

〔19〕不请句  句,原作"句丽",据后汉书卷八五东夷传改。

〔20〕收中国亡命为朝鲜藩屏  收,原作"故",据何焯校本改。

〔21〕镵因将户来出诣含资县  镵上原衍"辰"字,来下原衍"来"字,据殿本考证删。

〔22〕弁辰乐奴国  原脱"辰"字,据沈家本校本补。

〔23〕军弥国  国下原衍"弁军弥国"四字,据沈家本校本删。

〔24〕弁辰安邪国  国下原衍"马延国"三字,据沈家本校本删。

〔25〕其本守善  本,原作"太",据三国志集解卢弼说改。

〔26〕今之广魏郡所守是也  广下原衍"平"字,据三国志旁证卷一八删。

〔27〕皮山国皆并属于寘  皮,原作"穴",据后汉书卷九六上西域传第六六上改。

# 三国志卷三十一　蜀书一

## 刘二牧传第一

刘焉字君郎,江夏竟陵人也,汉鲁恭王之后裔,章帝元和中徙封竟陵,支庶家焉。焉少仕州郡,以宗室拜中郎,后以师祝公丧去官。①居阳城山,积学教授,举贤良方正,辟司徒府,历雒阳令、冀州刺史、南阳太守、宗正、太常。焉睹灵帝政治衰缺,王室多故,乃建议言:"刺史、太守,货赂为官,割剥百姓,以致离叛。可选清名重臣以为牧伯,镇安方夏。"焉内求交阯牧,欲避世难。议未即行,侍中广汉董扶私谓焉曰:"京师将乱,益州分野有天子气。"焉闻扶言,意更在益州。会益州刺史郤俭赋敛烦扰,谣言远闻,②而并州杀刺史张壹,凉州杀刺史耿鄙,焉谋得施。出为监军使者,领益州牧,封阳城侯,当收俭治罪;③扶亦求为蜀郡西部属国都尉,及太仓令巴西赵韪去官,〔1〕俱随焉。④

①臣松之案:祝公,司徒祝恬也。

②俭,郤正祖也。

③续汉书曰:是时用刘虞为幽州,刘焉为益州,刘表为荆州,贾琮为冀州。虞等皆海内清名之士,或从列卿尚书以选为牧伯,各以本秩居任。旧

典：传车参驾，施赤为帷裳。

臣松之按：灵帝崩后，义军起，孙坚杀荆州刺史王叡，然后刘表为荆州，不与焉同时也。

汉灵帝纪曰：帝引见焉，宣示方略，加以赏赐，敕焉为益州刺史。前刺史刘隽、郤俭皆贪残放滥，取受狼籍，元元无聊，呼嗟充野，焉到便收摄行法，以示万姓，勿令漏露，使痈疽决溃，为国生梗。焉受命而行，以道路不通，住荆州东界。

④陈寿益部耆旧传曰：董扶字茂安。少从师学，兼通数经，善欧阳尚书，又事聘士杨厚，究极图谶。遂至京师，游览太学，还家讲授，弟子自远而至。永康元年，日有蚀之，诏举贤良方正之士，策问得失。左冯翊赵谦等举扶，扶以病不诣，遂于长安上封事，遂称疾笃归家。前后宰府十辟，公车三征，再举贤良方正、博士、有道皆不就，名称尤重。大将军何进表荐扶曰："资游、夏之德，述孔氏之风，内怀焦、董消复之术。方今并、凉骚扰，西戎蠢叛，宜敕公车特召，待以异礼，诸谋奇策。"于是灵帝征扶，即拜侍中。在朝称为儒宗，甚见器重。求为蜀郡属国都尉。扶出一岁而灵帝崩，天下大乱。后去官，年八十二卒于家。始扶发辞抗论，益部少双，故号曰至止，[2]言人莫能当，所至而谈止也。后丞相诸葛亮问秦宓以扶所长，宓曰："董扶褒秋毫之善，贬纤芥之恶。"

是时益州逆贼马相、[3]赵祗等于绵竹县自号黄巾，合聚疲役之民，一二日中得数千人，先杀绵竹令李升，吏民翕集，合万馀人，便前破雒县，攻益州杀俭，又到蜀郡、犍为，旬月之间，破坏三郡。相自称天子，众以万数。州从事贾龙领家兵数百人在犍为东界，[4]摄敛吏民，得千馀人，攻相等，数日破走，州界清静。龙乃选吏卒迎焉。焉徙治绵竹，抚纳离叛，务行宽惠，阴图异计。张鲁母始以鬼道，又有少容，常往来焉家，故焉遣鲁为督义司马，住汉中，断绝谷阁，杀害汉使。焉上书言米贼断道，不得复通，又托他事杀州中豪强王咸、李权等十馀人，以立威刑。①犍为太守任岐及贾龙由此反攻焉，焉击杀岐、龙。②

①益部耆旧杂记曰:李权字伯豫,为临邛长。子福。见犍为杨戏辅臣赞。

②英雄记曰:刘焉起兵,不与天下讨董卓,保州自守。犍为太守任岐自称
　将军,与从事陈超举兵击焉,焉击破之。董卓使司徒赵谦将兵向州,说校
　尉贾龙,使引兵还击焉,焉出青羌与战,故能破杀。岐、龙等皆蜀郡人。

焉意渐盛,造作乘舆车具千馀乘。荆州牧刘表表上焉有似子夏
在西河疑圣人之论。时焉子范为左中郎将,诞治书御史,璋为奉车
都尉,皆从献帝在长安,①惟叔子别部司马瑁素随焉。[5]献帝使璋
晓谕焉,焉留璋不遣。②时征西将军马腾屯郿而反,焉及范与腾通
谋,引兵袭长安。范谋泄,奔槐里,腾败,退还凉州,范应时见杀,于
是收诞行刑。③议郎河南庞羲与焉通家,乃募将焉诸孙入蜀。时焉
被天火烧城,车具荡尽,延及民家。焉徙治成都,既痛其子,又感祆
灾,兴平元年,痈疽发背而卒。州大吏赵韪等贪璋温仁,共上璋为益
州刺史,诏书因以为监军使者,领益州牧,以韪为征东中郎将,率众
击刘表。④

①英雄记曰:范父焉为益州牧,[6]董卓所征发,皆不至。收范兄弟三人,锁
　械于郿坞,为阴狱以系之。

②典略曰:时璋为奉车都尉,在京师。焉托疾召璋,璋自表省焉,焉遂留璋
　不还。

③英雄记曰:范从长安亡之马腾营,从焉求兵。焉使校尉孙肇将兵往助
　之,败于长安。

④英雄记曰:焉死,子璋代为刺史。会长安拜颍川扈瑁为刺史,入汉中。荆
　州别驾刘阖,璋将沈弥、娄发、甘宁反,击璋不胜,走入荆州。璋使赵韪
　进攻荆州,屯朐䏰。上蠚,下如振反。

璋,字季玉,既袭焉位,而张鲁稍骄恣,不承顺璋,璋杀鲁母及
弟,遂为仇敌。璋累遣庞羲等攻鲁,数为所破。[7]鲁部曲多在巴西,
故以羲为巴西太守,领兵御鲁。①后羲与璋情好携隙,赵韪称兵内

向,众散见杀,皆由璋明断少而外言入故也。②璋闻曹公征荆州,已定汉中,遣河内阴溥致敬于曹公。加璋振威将军,兄瑁平寇将军。瑁狂疾物故。③璋复遣别驾从事蜀郡张肃送叟兵三百人并杂御物于曹公,曹公拜肃为广汉太守。璋复遣别驾张松诣曹公,曹公时已定荆州,走先主,不复存录松,松以此怨。会曹公军不利于赤壁,兼以疫死。松还,疵毁曹公,劝璋自绝,④因说璋曰:"刘豫州,使君之肺腑,可与交通。"璋皆然之,遣法正连好先主,寻又令正及孟达送兵数千助先主守御,正遂还。后松复说璋曰:"今州中诸将庞羲、李异等皆恃功骄豪,欲有外意,不得豫州,则敌攻其外,民攻其内,必败之道也。"璋又从之,遣法正请先主。璋主簿黄权陈其利害,从事广汉王累自倒县于州门以谏,璋一无所纳,敕在所供奉先主,先主入境如归。先主至江州北,北由垫江水<sub>垫音徒协反</sub>。诣涪,<sub>音浮</sub>。去成都三百六十里,是岁建安十六年也。璋率步骑三万馀人,车乘帐幔,精光曜日,往就与会;先主所将将士,更相之适,欢饮百馀日。璋资给先主,使讨张鲁,然后分别。⑤

①英雄记曰:庞羲与璋有旧,又免璋诸子于难,故璋厚德羲,以羲为巴西太守,遂专权势。

②英雄记曰:先是,南阳、三辅人流入益州数万家,收以为兵,名曰东州兵。璋性宽柔,无威略,东州人侵暴旧民,璋不能禁,政令多阙,益州颇怨。赵韪素得人心,璋委任之。韪因民怨谋叛,乃厚赂荆州请和,阴结州中大姓,与俱起兵,还击璋。蜀郡、广汉、犍为皆应韪。璋驰入成都城守,东州人畏韪,[8]咸同心并力助璋,皆殊死战,遂破反者,进攻韪于江州。韪将庞乐、李异反杀韪军,斩韪。

汉献帝春秋曰:汉朝闻益州乱,遣五官中郎将牛亶为益州刺史;征璋为卿,不至。

③臣松之案:魏台访"物故"之义,高堂隆答曰:"闻之先师:物,无也;故,事也;言无复所能于事也。"

④汉晋春秋曰：张松见曹公，曹公方自矜伐，不存录松。松归，乃劝璋自绝。

习凿齿曰：昔齐桓一矜其功而叛者九国，曹操暂自骄伐而天下三分，皆勤之于数十年之内而弃之于俯仰之顷，岂不惜乎！是以君子劳谦日昃，虑以下人，功高而居之以让，势尊而守之以卑。情近于物，故虽贵而人不厌其重；德洽群生，故业广而天下愈欣其庆。夫然，故能有其富贵，保其功业，隆显当时，传福百世，何骄矜之有哉！君子是以知曹操之不能遂兼天下者也。

⑤吴书曰：璋以米二十万斛，骑千匹，车千乘，缯絮锦帛，以资送刘备。

明年，先主至葭萌，还兵南向，所在皆克。十九年，进围成都数十日，城中尚有精兵三万人，谷帛支一年，吏民咸欲死战。璋言："父子在州二十馀年，无恩德以加百姓。百姓攻战三年，肌膏草野者，以璋故也，何心能安！"遂开城出降，群下莫不流涕。先主迁璋于南郡公安，尽归其财物及故佩振威将军印绶。孙权杀关羽，取荆州，以璋为益州牧，驻秭归。璋卒，南中豪率雍闿据益郡反，附于吴。权复以璋子阐为益州刺史，处交、益界首。丞相诸葛亮平南土，阐还吴，为御史中丞。①初，璋长子循妻，庞羲女也。先主定蜀，羲为左将军司马，璋时从羲启留循，先主以为奉车中郎将。是以璋二子之后，分在吴、蜀。

①吴书曰：阐一名纬，为人恭恪，轻财爱义，有仁让之风，后疾终于家。

评曰：昔魏豹闻许负之言则纳薄姬于室，①刘歆见图谶之文则名字改易，终于不免其身，而庆锺二主。此则神明不可虚要，天命不可妄冀，必然之验也。而刘焉闻董扶之辞则心存益土，听相者之言则求婚吴氏，遽造舆服，图窃神器，其惑甚矣。璋才非人雄，而据土乱世，负乘致寇，自然之理，其见夺取，非不幸也。②

①孔衍汉魏春秋曰：许负，河内温县之妇人，汉高祖封为明雌亭侯。

臣松之以为今东人呼母为负，衍以许负为妇人，如为有似，然汉高祖时封皆列侯，未有乡亭之爵，疑此封为不然。

②张璠曰：刘璋愚弱而守善言，斯亦宋襄公、徐偃王之徒，未为无道之主也。张松、法正，虽君臣之义不正，然固以委名附质，进不显陈事势，若韩嵩、刘先之说刘表，[9]退不告绝奔亡，若陈平、韩信之去项羽，而两端携贰，为谋不忠，罪之次也。

## 【校勘记】

〔1〕及太仓令巴西赵韪去官　令下原衍"会"字，据华阳国志卷五公孙述刘二牧志四删。

〔2〕故号曰至止　至，原作"致"，据三国志考证卷六改。

〔3〕是时益州逆贼马相　益，原作"凉"，据三国志考证卷六改。

〔4〕州从事贾龙领家兵数百人在犍为东界　龙下原衍"素"字，据何焯校本删。领下原脱"家"字，据华阳国志卷五公孙述刘二牧志四补。

〔5〕惟叔子别部司马瑁素随焉　叔，原作"小"，据华阳国志卷五公孙述刘二牧志四改。

〔6〕范父焉为益州牧　范下原衍"闻"字，据三国志集解卢弼说删。

〔7〕数为所破　原脱"数为"二字，据殿本考证补。

〔8〕东州人畏韪　韪，原作"威"，据何焯校本改。

〔9〕刘先之说刘表　先，原作"光"，据本书卷六刘表传改。

# 三国志卷三十二　蜀书二

## 先主传第二

先主姓刘，讳备，字玄德，涿郡涿县人，汉景帝子中山靖王胜之后也。胜子贞，元狩六年封涿县陆城亭侯，坐酎金失侯，因家焉。①先主祖雄，父弘，世仕州郡。雄举孝廉，官至东郡范令。

①典略曰：备本临邑侯枝属也。

先主少孤，与母贩履织席为业。舍东南角篱上有桑树生高五丈馀，遥望见童童如小车盖，往来者皆怪此树非凡，或谓当出贵人。①先主少时，与宗中诸小儿于树下戏，言：“吾必当乘此羽葆盖车。”叔父子敬谓曰：“汝勿妄语，灭吾门也！”年十五，母使行学，与同宗刘德然、辽西公孙瓒俱事故九江太守同郡卢植。德然父元起常资给先主，与德然等。元起妻曰：“各自一家，何能常尔邪！”起曰：“吾宗中有此儿，非常人也。”而瓒深与先主相友。瓒年长，先主以兄事之。先主不甚乐读书，喜狗马、音乐、美衣服。身长七尺五寸，垂手下膝，顾自见其耳。少语言，善下人，喜怒不形于色。好交结豪侠，年少争附之。中山大商张世平、苏双等赀累千金，贩马周旋于涿郡，见而异之，乃多与之金财。先主由是得用合徒众。

①汉晋春秋曰：涿人李定云："此家必出贵人。"

　　灵帝末，黄巾起，州郡各举义兵，先主率其属从校尉邹靖讨黄巾贼有功，除安喜尉。① 督邮以公事到县，先主求谒，不通，直入缚督邮，杖二百，解绶系其颈着马枊，五葬反。弃官亡命。②顷之，大将军何进遣都尉毌丘毅诣丹杨募兵，先主与俱行，至下邳遇贼，力战有功，除下密丞。复去官。后为高唐尉，迁为令。③为贼所破，往奔中郎将公孙瓒，瓒表为别部司马，使与青州刺史田楷以拒冀州牧袁绍。数有战功，试守平原令，后领平原相。郡民刘平素轻先主，耻为之下，使客刺之。客不忍刺，语之而去。其得人心如此。④

①典略曰：平原刘子平知备有武勇，时张纯反叛，青州被诏，遣从事将兵讨纯，过平原，子平荐备于从事，遂与相随，遇贼于野，备中创阳死，贼去后，故人以车载之，得免。后以军功，为中山安喜尉。

②典略曰：其后州郡被诏书，其有军功为长吏者，当沙汰之，备疑在遣中。督邮至县，当遣备，备素知之。闻督邮在传舍，备欲求见督邮，督邮称疾不肯见备，备恨之，因还治，将吏卒更诣传舍，突入门，言"我被府君密教收督邮"。遂就床缚之，将出到界，自解其绶以系督邮颈，缚之著树，鞭杖百馀下，欲杀之。督邮求哀，乃释去之。

③英雄记云：灵帝末年，备尝在京师，后与曹公俱还沛国，募召合众。会灵帝崩，天下大乱，备亦起军从讨董卓。

④魏书曰：刘平结客刺备，备不知而待客甚厚，客以状语之而去。是时人民饥馑，屯聚钞暴。备外御寇难，内丰财施，士之下者，必与同席而坐，同簋而食，无所简择。众多归焉。

　　袁绍攻公孙瓒，先主与田楷东屯齐。曹公征徐州，徐州牧陶谦遣使告急于田楷，楷与先主俱救之。时先主自有兵千馀人及幽州乌丸杂胡骑,又略得饥民数千人。既到,谦以丹杨兵四千益先主,先主遂去楷归谦。谦表先主为豫州刺史,屯小沛。谦病笃,谓别驾麋竺曰:"非刘备不能安此州也。"谦死,竺率州人迎先主,先主未敢当。下邳陈登谓先主曰:"今汉室陵迟,海内倾覆,立功立事,在于今日。彼州殷富,户口百万,欲屈使君抚临州事。"先主曰:"袁公路近在寿春,此君四世五公,海内所归,君可以州与之。"登曰:"公路骄豪,非治乱之主。今欲为使君合步骑十万,上可以匡主济民,成五霸之业,下可以割地守境,书功于竹帛。若使君不见听许,登亦未敢听使君也。"北海相孔融谓先主曰:"袁公路岂忧国忘家者邪?冢中枯骨,何足介意。今日之事,百姓与能,天与不取,悔不可追。"先主遂领徐州。①袁术来攻先主,先主拒之于盱眙、淮阴。曹公表先主为镇东将军,封宜城亭侯,是岁建安元年也。先主与术相持经月,吕布乘虚袭下邳。下邳守将曹豹反,间迎布。布虏先主妻子,先主转军海西。②杨奉、韩暹寇徐、扬间,先主邀击,尽斩之。先主求和于吕布,布还其妻子。先主遣关羽守下邳。

①献帝春秋曰:陈登等遣使诣袁绍曰:"天降灾沴,祸臻鄙州,州将殂殒,生民无主,恐惧奸雄一旦承隙,以贻盟主日昃之忧,辄共奉故平原相刘备府君以为宗主,永使百姓知有依归。方今寇难纵横,不遑释甲,谨遣下吏奔告于执事。"绍答曰:"刘玄德弘雅有信义,今徐州乐戴之,诚副所望也。"

②英雄记曰:备留张飞守下邳,引兵与袁术战于淮阴石亭,更有胜负。陶谦故将曹豹在下邳,张飞欲杀之。豹众坚营自守,使人招吕布。布取下邳,张飞败走。备闻之,引兵还,比至下邳,兵溃。收散卒东取广陵,与袁术战,又败。

先主还小沛,①复合兵得万馀人。吕布恶之,自出兵攻先主,先主败走归曹公。曹公厚遇之,以为豫州牧。将至沛收散卒,给其军粮,益与兵使东击布。布遣高顺攻之,曹公遣夏侯惇往,不能救,为顺所败,复虏先主妻子送布。曹公自出东征,②助先主围布于下邳,生禽布。先主复得妻子,从曹公还许。表先主为左将军,礼之愈重,出则同舆,坐则同席。袁术欲经徐州北就袁绍,曹公遣先主督朱灵、路招要击术。未至,术病死。

①英雄记曰:备军在广陵,饥饿困踬,吏士大小自相啖食,穷饿侵逼,欲还小沛,遂使吏请降布。布令备还州,并势击术。具刺史车马童仆,发遣备妻子部曲家属于泗水上,祖道相乐。

魏书曰:诸将谓布曰:"备数反覆难养,宜早图之。"布不听,以状语备。备心不安而求自托,使人说布,求屯小沛,布乃遣之。

②英雄记曰:建安三年春,布使人赍金欲诣河内买马,为备兵所钞。布由是遣中郎将高顺、北地太守张辽等攻备。九月,遂破沛城,备单身走,获其妻息。十月,曹公自征布,备于梁国界中与曹公相遇,遂随公俱东征。

先主未出时,献帝舅车骑将军董承①辞受帝衣带中密诏,当诛曹公。先主未发。是时曹公从容谓先主曰:"今天下英雄,唯使君与操耳。本初之徒,不足数也。"先主方食,失匕箸。②遂与承及长水校尉种辑、将军吴子兰、王子服等同谋。会见使,未发。事觉,承等皆伏诛。③

①臣松之案:董承,汉灵帝母董太后之侄,于献帝为丈人。盖古无丈人之名,故谓之舅也。

②华阳国志云:于时正当雷震,备因谓操曰:"圣人云'迅雷风烈必变',良有以也。一震之威,乃可至于此也!"

③献帝起居注曰:承等与备谋未发,而备出。承谓服曰:"郭多有数百兵,坏李傕数万人,但足下与我同耳!昔吕不韦之门,须子楚而后高,今吾与子由是也。"服曰:"惶惧不敢当,且兵又少。"承曰:"举事讫,得曹公成兵,顾不足邪?"服曰:"今京师岂有所任乎?"承曰:"长水校尉种辑、议郎吴硕是我腹心办事者。"遂定计。

先主据下邳。灵等还，先主乃杀徐州刺史车胄，留关羽守下邳，而身还小沛。①东海昌霸反，郡县多叛曹公为先主，众数万人，遣孙乾与袁绍连和，曹公遣刘岱、王忠击之，不克。五年，曹公东征先主，先主败绩。②曹公尽收其众，虏先主妻子，并禽关羽以归。

①胡冲吴历曰：曹公数遣亲近密觇诸将有宾客酒食者，辄因事害之。备时闭门，将人种芜菁，曹公使人窥门。既去，备谓张飞、关羽曰："吾岂种菜者乎？曹公必有疑意，不可复留。"其夜开后栅，与飞等轻骑俱去，所得赐遗衣服，悉封留之，乃往小沛收合兵众。

臣松之案：魏武帝遣先主统诸将要击袁术，郭嘉等并谏，魏武不从，其事显然，非因种菜遁逃而去。如胡冲所云，何乖僻之甚乎！

②魏书曰：是时，公方有急于官渡，乃分留诸将屯官渡，自勒精兵征备。备初谓公与大敌连，不得东，而候骑卒至，言曹公自来。备大惊，然犹未信。自将数十骑出望公军，见麾旌，便弃众而走。

先主走青州。青州刺史袁谭，先主故茂才也，将步骑迎先主。先主随谭到平原，谭驰使白绍。绍遣将道路奉迎，身去邺二百里，与先主相见。①驻月馀日，所失亡士卒稍稍来集。曹公与袁绍相拒于官渡，汝南黄巾刘辟等叛曹公应绍。绍遣先主将兵与辟等略许下。关羽亡归先主。曹公遣曹仁将兵击先主，先主还绍军，阴欲离绍，乃说绍南连荆州牧刘表。绍遣先主将本兵复至汝南，与贼龚都等合，众数千人。曹公遣蔡阳击之，为先主所杀。

①魏书曰：备归绍，绍父子倾心敬重。

曹公既破绍，自南击先主。先主遣麋竺、孙乾与刘表相闻，表自郊迎，以上宾礼待之，益其兵，使屯新野。荆州豪杰归先主者日益多，表疑其心，阴御之。① 使拒夏侯惇、于禁等于博望。久之，先主设伏兵，一旦自烧屯伪遁，惇等追之，为伏兵所破。

①九州春秋曰：备住荆州数年，尝于表坐起至厕，见髀里肉生，慨然流涕。

还坐，表怪问备，备曰："吾常身不离鞍，髀肉皆消。今不复骑，髀里肉生。日月若驰，老将至矣，而功业不建，是以悲耳。"

世语曰：备屯樊城，刘表礼焉，惮其为人，不甚信用。曾请备宴会，蒯越、蔡瑁欲因会取备，备觉之，伪如厕，潜遁出。所乘马名的卢，骑的卢走，堕襄阳城西檀溪水中，溺不得出。备急曰："的卢：今日厄矣，可努力！"的卢乃一踊三丈，遂得过，乘桴渡河，中流而追者至，以表意谢之，曰："何去之速乎！"

孙盛曰：此不然之言。备时羁旅，客主势殊，若有此变，岂敢晏然终表之世而无衅故乎？此皆世俗妄说，非事实也。

十二年，曹公北征乌丸，先主说表袭许，表不能用。[1]曹公南征表，会表卒，[2]子琮代立，遣使请降。先主屯樊，不知曹公卒至，至宛乃闻之，遂将其众去。过襄阳，诸葛亮说先主攻琮，荆州可有。先主曰："吾不忍也。"[3]乃驻马呼琮，琮惧不能起。琮左右及荆州人多归先主。[4]比到当阳，众十馀万，辎重数千两，日行十馀里，别遣关羽乘船数百艘，使会江陵。或谓先主曰："宜速行保江陵，今虽拥大众，被甲者少，若曹公兵至，何以拒之？"先主曰："夫济大事必以人为本，今人归吾，吾何忍弃去！"[5]

[1]汉晋春秋曰：曹公自柳城还，表谓备曰："不用君言，故为失此大会。"备曰："今天下分裂，日寻干戈，事会之来，岂有终极乎？若能应之于后者，则此未足为恨也。"

[2]英雄记曰：表病，上备领荆州刺史。

魏书曰：表病笃，托国于备，顾谓曰："我儿不才，而诸将并零落，我死之后，卿便摄荆州。"备曰："诸子自贤，君其忧病。"或劝备宜从表言，备曰："此人待我厚，今从其言，人必以我为薄，所不忍也。"

臣松之以为表夫妻素爱琮，舍适立庶，情计久定，无缘临终举荆州以授备，此亦不然之言。

[3]孔衍汉魏春秋曰：刘琮乞降，不敢告备。备亦不知，久之乃觉，遣所亲问

三国志卷三十二

琮。琮令宋忠诣备宣旨。是时曹公在宛，备乃大惊骇，谓忠曰："卿诸人作事如此，不早相语，今祸至方告我，不亦太剧乎！"引刀向忠曰："今断卿头，不足以解忿，亦耻大丈夫临别复杀卿辈！"遣忠去，乃呼部曲议。或劝备劫将琮及荆州吏士径南到江陵，备答曰："刘荆州临亡托我以孤遗，背信自济，吾所不为，死何面目以见刘荆州乎！"

④典略曰：备过辞表墓，遂涕泣而去。

⑤习凿齿曰：先主虽颠沛险难而信义愈明，势逼事危而言不失道。追景升之顾，则情感三军；恋赴义之士，则甘与同败。观其所以结物情者，岂徒投醪抚寒含蓼问疾而已哉！其终济大业，不亦宜乎！

曹公以江陵有军实，恐先主据之，乃释辎重，轻军到襄阳。闻先主已过，曹公将精骑五千急追之，一日一夜行三百馀里，及于当阳之长坂。先主弃妻子，与诸葛亮、张飞、赵云等数十骑走，曹公大获其人众辎重。先主斜趋汉津，适与羽船会，得济沔，遇表长子江夏太守琦众万馀人，与俱到夏口。先主遣诸葛亮自结于孙权，①权遣周瑜、程普等水军数万，与先主并力，②与曹公战于赤壁，大破之，焚其舟船。先主与吴军水陆并进，追到南郡，时又疾疫，北军多死，曹公引归。③

①江表传曰：孙权遣鲁肃吊刘表二子，并令与备相结。肃未至而曹公已济汉津。肃故进前，与备相遇于当阳。因宣权旨，论天下事势，致殷勤之意。且问备曰："豫州今欲何至？"备曰："与苍梧太守吴巨有旧，[1]欲往投之。"肃曰："孙讨虏聪明仁惠，敬贤礼士，江表英豪，咸归附之，已据有六郡，兵精粮多，足以立事。今为君计，莫若遣腹心使自结于东，崇连和之好，共济世业，而云欲投吴巨，巨是凡人，偏在远郡，行将为人所并，岂足托乎？"备大喜，进住鄂县，即遣诸葛亮随肃诣孙权，结同盟誓。

②江表传曰：备从鲁肃计，进住鄂县之樊口。诸葛亮诣吴未还，备闻曹公军下，恐惧，日遣逻吏于水次候望权军。吏望见瑜船，驰往白备，备曰："何以知非青徐军邪？"[2]吏对曰："以船知之。"备遣人慰劳之。瑜曰："有军任，不可得委署，傥能屈威，诚副其所望。"备谓关羽、张飞曰："彼

欲致我，我今自结托于东而不往，非同盟之意也。"乃乘单舸往见瑜，问
曰："今拒曹公，深为得计。战卒有几?"瑜曰："三万人。"备曰："恨少。"
瑜曰："此自足用，豫州但观瑜破之。"备欲呼鲁肃等共会语，瑜曰："受
命不得妄委署，若欲见子敬，可别过之。又孔明已俱来，不过三两日到
也。"备虽深愧异瑜，而心未许之能必破北军也，故差池在后，将二千人
与羽、飞俱，未肯系瑜，盖为进退之计也。

孙盛曰：刘备雄才，处必亡之地，告急于吴，而获奔助，无缘复顾望江渚
而怀后计。江表传之言，当是吴人欲专美之辞。

③江表传曰：周瑜为南郡太守，分南岸地以给备。备别立营于油江口，改
名为公安。刘表吏士见从北军，多叛来投备。备以瑜所给地少，不足以
安民，复从权借荆州数郡。[3]

先主表琦为荆州刺史，又南征四郡。武陵太守金旋、长沙太守
韩玄、桂阳太守赵范、零陵太守刘度皆降。①庐江雷绪率部曲数万
口稽颡。琦病死，群下推先主为荆州牧，治公安。权稍畏之，进妹固
好。先主至京见权，绸缪恩纪。②权遣使云欲共取蜀，或以为宜报听
许，吴终不能越荆有蜀，蜀地可为己有。荆州主簿殷观进曰："若为
吴先驱，进未能克蜀，退为吴所乘，即事去矣。今但可然赞其伐蜀，
而自说新据诸郡，未可兴动，吴必不敢越我而独取蜀。如此进退之
计，可以收吴、蜀之利。"先主从之，权果辍计。迁观为别驾从事。③

①三辅决录注曰：金旋字元机，京兆人，历位黄门郎，汉阳太守，征拜议
郎，迁中郎将，领武陵太守，为备所攻劫死。子祎，事见魏武本纪。

②山阳公载记曰：备还，谓左右曰："孙车骑长上短下，其难为下，吾不可
以再见之。"乃昼夜兼行。

臣松之案：魏书载刘备与孙权语，与蜀志述诸葛亮与权语正同。刘备未
破魏军之前，尚未与孙权相见，不得有此说。故知蜀志为是。

③献帝春秋曰：孙权欲与备共取蜀，遣使报备曰："米贼张鲁居王巴、汉，
为曹操耳目，规图益州。刘璋不武，不能自守。若操得蜀，则荆州危矣。

今欲先攻取璋，进讨张鲁，首尾相连，一统吴、楚，虽有十操，无所忧也。"备欲自图蜀，拒答不听，曰："益州民富强，土地险阻，刘璋虽弱，足以自守。张鲁虚伪，未必尽忠于操。今暴师于蜀、汉，转运于万里，欲使战克攻取，举不失利，此吴起不能定其规，孙武不能善其事也。曹操虽有无君之心，而有奉主之名，议者见操失利于赤壁，谓其力屈，无复远志也。今操三分天下已有其二，将欲饮马于沧海，观兵于吴会，何肯守此坐须老乎？今同盟无故自相攻伐，借枢于操，使敌承其隙，非长计也。"权不听，遣孙瑜率水军住夏口。备不听军过，谓瑜曰："汝欲取蜀，吾当被发入山，不失信于天下也。"使关羽屯江陵，张飞屯秭归，诸葛亮据南郡，备自住孱陵。权知备意，因召瑜还。

十六年，益州牧刘璋遥闻曹公将遣锺繇等向汉中讨张鲁，内怀恐惧。别驾从事蜀郡张松说璋曰："曹公兵强无敌于天下，若因张鲁之资以取蜀土，谁能御之者乎？"璋曰："吾固忧之而未有计。"松曰："刘豫州，使君之宗室而曹公之深雠也，善用兵，若使之讨鲁，鲁必破。鲁破，则益州强，曹公虽来，无能为也。"璋然之，遣法正将四千人迎先主，前后赂遗以巨亿计。正因陈益州可取之策。[1]先主留诸葛亮、关羽等据荆州，将步卒数万人入益州。至涪，璋自出迎，相见甚欢。张松令法正白先主，及谋臣庞统进说，便可于会所袭璋。先主曰："此大事也，不可仓卒。"璋推先主行大司马，领司隶校尉；先主亦推璋行镇西大将军，领益州牧。璋增先主兵，使击张鲁，又令督白水军。先主并军三万馀人，车甲器械资货甚盛。是岁，璋还成都。先主北到葭萌，未即讨鲁，厚树恩德，以收众心。

[1]吴书曰：备前见张松，后得法正，皆厚以恩意接纳，尽其殷勤之欢。因问蜀中阔狭，兵器府库人马众寡，及诸要害道里远近，松等具言之，又画地图山川处所，由是尽知益州虚实也。

明年，曹公征孙权，权呼先主自救。先主遣使告璋曰："曹公征吴，吴忧危急。孙氏与孤本为唇齿，又乐进在青泥与关羽相拒，今不往救羽，进必大克，转侵州界，其忧有甚于鲁。鲁自守之贼，不足虑也。"乃从璋求万兵及资实，[4]欲以东行，璋但许兵四千，其馀皆给半。①张松书与先主及法正曰："今大事垂可立，如何释此去乎！"松兄广汉太守肃，惧祸逮己，白璋发其谋。于是璋收斩松，嫌隙始构矣。②璋敕关戍诸将文书勿复关通先主。先主大怒，召璋白水军督杨怀，责以无礼，斩之。乃使黄忠、卓膺勒兵向璋。先主径至关中，质诸将并士卒妻子，引兵与忠、膺等进到涪，据其城。璋遣刘璝、冷苞、张任、邓贤等拒先主于涪，③皆破败，退保绵竹。璋复遣李严督绵竹诸军，严率众降先主。先主军益强，分遣诸将平下属县，诸葛亮、张飞、赵云等将兵泝流定白帝、江州、江阳，惟关羽留镇荆州。先主进军围雒；时璋子循守城，被攻且一年。

> ①魏书曰：备因激怒其众曰："吾为益州征强敌，师徒勤瘁，不遑宁居；今积帑藏之财而吝于赏功，望士大夫为出死力战，其可得乎！"

> ②益部耆旧杂记曰：张肃有威仪，容貌甚伟。松为人短小，放荡不治节操，然识达精果，有才干。刘璋遣诣曹公，曹公不甚礼；公主簿杨脩深器之，白公辟松，公不纳。脩以公所撰兵书示松，松宴饮之间一看便暗诵。脩以此益异之。

> ③益部耆旧杂记曰：张任，蜀郡人，家世寒门。少有胆勇，有志节，仕州为从事。

十九年夏，雒城破，①进围成都数十日，璋出降。②蜀中殷盛丰乐，先主置酒大飨士卒，取蜀城中金银分赐将士，还其谷帛。先主复领益州牧，诸葛亮为股肱，法正为谋主，关羽、张飞、马超为爪牙，许靖、糜竺、简雍为宾友。及董和、黄权、李严等本璋之所授用也，吴壹、费观等又璋之婚亲也，彭羕又璋之所排摈也，刘巴者宿昔之所忌恨也，皆处之显任，尽其器能。有志之士，无不竞劝。

> ①益部耆旧杂记曰：刘璋遣张任、刘璝率精兵拒捍先主于涪，为先主所

破，退与璋子循守雒城。任勒兵出于雁桥，战复败。禽任。先主闻任之忠勇，令军降之，任厉声曰："老臣终不复事二主矣。"乃杀之。先主叹惜焉。

②傅子曰：初，刘备袭蜀，丞相掾赵戬曰："刘备其不济乎？拙于用兵，每战则败，奔亡不暇，何以图人？蜀虽小区，险固四塞，独守之国，难卒并也。"征士傅幹曰："刘备宽仁有度，能得人死力。诸葛亮达治知变，正而有谋，而为之相；张飞、关羽勇而有义，皆万人之敌，而为之将：此三人者，皆人杰也。以备之略，三杰佐之，何为不济也？"

典略曰：赵戬，字叔茂，京兆长陵人也。质而好学，言称诗书，爱恤于人，不论疏密。辟公府，入为尚书选部郎。董卓欲以所私并充台阁，戬拒不听。卓怒，召戬欲杀之，观者皆为戬惧，而戬自若。及见卓，引辞正色，陈说是非，卓虽凶戾，屈而谢之。迁平陵令。故将王允被害，莫敢近者，戬弃官收敛之。三辅乱，戬客荆州，刘表以为宾客。曹公平荆州，执戬手曰："何相见之晚也！"遂辟为掾。后为五官将司马，相国锺繇长史，年六十馀卒。

二十年，孙权以先主已得益州，使使报欲得荆州。先主言："须得凉州，当以荆州相与。"权忿之，乃遣吕蒙袭夺长沙、零陵、桂阳三郡。先主引兵五万下公安，令关羽入益阳。是岁，曹公定汉中，张鲁遁走巴西。先主闻之，与权连和，分荆州江夏、长沙、桂阳东属；南郡、零陵、武陵西属，引军还江州。遣黄权将兵迎张鲁，张鲁已降曹公。曹公使夏侯渊、张郃屯汉中，数数犯暴巴界。先主令张飞进兵宕渠，与郃等战于瓦口，破郃等，郃收兵还南郑。[5]先主亦还成都。

二十三年，先主率诸将进兵汉中。分遣将军吴兰、雷铜等入武都，皆为曹公军所没。先主次于阳平关，与渊、郃等相拒。

二十四年春，自阳平南渡沔水，缘山稍前，于定军兴势作营。渊将兵来争其地。先主命黄忠乘高鼓噪攻之，大破渊军，斩渊及曹公所署益州刺史赵颙等。曹公自长安举众南征。先主遥策之曰："曹公虽来，无能为也，我必有汉川矣。"及曹公至，先主敛众拒险，终不交锋，积月不拔，亡者日多。夏，曹公果引军还，先主遂有汉中。遣刘封、孟达、李平等攻申耽于上庸。

秋，群下上先主为汉中王，表于汉帝曰："平西将军都亭侯臣马超、左将军长史领镇军将军臣许靖、[6]营司马臣庞羲、议曹从事中郎军议中郎将臣射援、①军师将军臣诸葛亮、荡寇将军汉寿亭侯臣关羽、征房将军新亭侯臣张飞、征西将军臣黄忠、镇远将军臣赖恭、扬武将军臣法正、兴业将军臣李严等一百二十人上言曰：昔唐尧至圣而四凶在朝，周成仁贤而四国作难，高后称制而诸吕窃命，孝昭幼冲而上官逆谋，皆冯世宠，藉履国权，穷凶极乱，社稷几危。非大舜、周公、朱虚、博陆，则不能流放禽讨，安危定倾。伏惟陛下诞姿圣德，统理万邦，而遭厄运不造之艰。董卓首难，荡覆京畿，曹操阶祸，窃执天衡；皇后太子，鸩杀见害，剥乱天下，残毁民物。久令陛下蒙尘忧厄，幽处虚邑。人神无主，遏绝王命，厌昧皇极，欲盗神器。左将军领司隶校尉豫、荆、益三州牧宜城亭侯备，受朝爵秩，念在输力，以殉国难。睹其机兆，赫然愤发，与车骑将军董承同谋诛操，将安国家，克宁旧都。会承机事不密，令操游魂得遂长恶，残泯海内。臣等每惧王室大有阎乐之祸，小有定安之变，②夙夜惴惴，战栗累息。昔在虞书，敦序九族，周监二代，封建同姓，诗著其义，历载长久。汉兴之初，割裂疆土，尊王子弟，是以卒折诸吕之难，而成太宗之基。臣等以备肺腑枝叶，宗子藩翰，心存国家，念在弭乱。自操破于汉中，海内英雄望风蚁附，而爵号不显，九锡未加，非所以镇卫社稷，光昭万世也。奉辞在外，礼命断绝。昔河西太守梁统等值汉中兴，限于山河，位同权均，不能相率，咸推窦融以为元帅，卒立效绩，摧破隗嚣。今社稷之难，急于陇、蜀。操外吞天下，内残群寮,朝廷有萧墙之危,而御侮未建,可为寒心。臣等辄依旧典,封<u>备汉中王</u>,拜大司马,董齐六军,纠合同盟,扫灭凶逆。以<u>汉中</u>、巴、蜀、<u>广汉</u>、<u>犍为</u>为国,所署置依汉初诸侯王故典。夫权宜之制,苟利社稷,专之可也。然后功成事立,臣等退伏矫罪,虽死无恨。"遂于<u>沔阳</u>设坛场,陈兵列众,群臣陪位,读奏讫,御王冠于<u>先主</u>。

<small>①三辅决录注曰:<u>援</u>字<u>文雄,扶风</u>人也。其先本姓<u>谢</u>,与<u>北地</u>诸<u>谢</u>同族。始祖<u>谢服</u>为将军出征,天子以<u>谢服</u>非令名,改为<u>射</u>,子孙氏焉。兄<u>坚</u>,字<u>文固</u>,少有美名,辟公府为黄门侍郎。<u>献帝</u>之初,三辅饥乱,<u>坚</u>去官,与弟<u>援</u>南入<u>蜀</u>依<u>刘璋,璋</u>以<u>坚</u>为长史。<u>刘备</u>代<u>璋</u>,以<u>坚</u>为<u>广汉</u>、<u>蜀郡</u>太守。<u>援</u>亦少有名行,太尉<u>皇甫嵩</u>贤其才而以女妻之,丞相<u>诸葛亮</u>以<u>援</u>为祭酒,迁从事中郎,卒官。</small>

<small>②<u>赵高</u>使<u>阎乐</u>杀<u>二世</u>。<u>王莽</u>废<u>孺子</u>以为<u>定安公</u>。</small>

<u>先主</u>上言<u>汉帝</u>曰:"臣以具臣之才,荷上将之任,董督三军,奉辞于外,不能扫除寇难,靖匡王室,久使陛下圣教陵迟,六合之内,否而未泰,惟忧反侧,疢如疾首。曩者<u>董卓</u>造为乱阶,自是之后,群凶纵横,残剥海内。赖陛下圣德威灵,人神同应,或忠义奋讨,或上天降罚,暴逆并殪,以渐冰消。惟独<u>曹操</u>,久未枭除,侵擅国权,恣心极乱,臣昔与车骑将军<u>董承</u>图谋讨<u>操</u>,机事不密,<u>承</u>见陷害,臣播越失据,忠义不果。遂得使<u>操</u>穷凶极逆,主后戮杀,皇子鸩害。虽纠合同盟,念在奋力,懦弱不武,历年未效。常恐殒没,孤负国恩,寤寐永叹,夕惕若厉。今臣群寮以为在昔<u>虞书</u>敦叙九族,庶明励翼,①五帝损益,此道不废。<u>周监</u>二代,并建诸姬,实赖<u>晋</u>、<u>郑</u>夹辅之福。<u>高祖</u>龙兴,尊王子弟,大启九国,卒斩诸<u>吕</u>,以安大宗。今<u>操</u>恶直丑正,寔繁有徒,包藏祸心,篡盗已显。既宗室微弱,帝族无位,斟酌古式,依假权宜,上臣大司马<u>汉中王</u>。臣伏自三省,受国厚恩,荷任一方,陈力未效,所获已过,不宜复忝高位以重罪谤。群寮见

逼，迫臣以义。臣退惟寇贼不枭，国难未已，宗庙倾危，社稷将坠，成臣忧责碎首之负。若应权通变，以宁靖圣朝，虽赴水火，所不得辞，敢虑常宜，以防后悔。辄顺众议，拜受印玺，以崇国威。仰惟爵号，位高宠厚，俯思报效，忧深责重，惊怖累息，如临于谷。尽力输诚，奖厉六师，率齐群义，应天顺时，扑讨凶逆，以宁社稷，以报万分。谨拜章因驿上还所假左将军、宜城亭侯印绶。"于是还治成都。拔魏延为都督，镇汉中。②时关羽攻曹公将曹仁，禽于禁于樊。俄而孙权袭杀羽，取荆州。

①郑玄注曰：庶，众也；励，作也；叙，次序也。序九族而亲之，以众明作羽翼之臣也。

②典略曰：备于是起馆舍，筑亭障，从成都至白水关，四百馀区。

二十五年，魏文帝称尊号，改年曰黄初。或传闻汉帝见害，先主乃发丧制服，追谥曰孝愍皇帝。是后在所并言众瑞，日月相属，故议郎阳泉侯刘豹、青衣侯向举、偏将军张裔、黄权、大司马属殷纯、益州别驾从事赵莋、治中从事杨洪、从事祭酒何宗、议曹从事杜琼、劝学从事张爽、尹默、谯周等上言："臣闻河图、洛书，五经谶、纬，孔子所甄，验应自远。谨案洛书甄曜度曰：'赤三日德昌，九世会备，合为帝际。'洛书宝号命曰：'天度帝道备称皇，以统握契，百成不败。'洛书录运期曰：'九侯七杰争命民炊骸，道路籍籍履人头，谁使主者玄且来。'孝经钩命决录曰：'帝三建九会备。'臣父群未亡时，言西南数有黄气，直立数丈，见来积年，时时有景云祥风，从璿玑下来应之，此为异瑞。又二十二年中，数有气如旗，从西竟东，中天而行，图、书曰'必有天子出其方'。加是年太白、荧惑、填星，常从岁星相追。近汉初兴，五星从岁星谋；岁星主义，汉位在西，义之上方，故汉法常以岁星候人主。当有圣主起于此州，以致中兴。时许帝尚存，故群下不敢漏言。顷者荧惑复追岁星，见在胃昂毕;昂毕为天纲,经曰'帝星处之,众邪消亡'。圣讳豫睹,推揆期验,符合数至,若此非一。臣闻圣王先天而天不违,后天而奉天时,故应际而生,与神合契。愿大王应天顺民,速即洪业,以宁海内。"

太傅许靖、安汉将军糜竺、军师将军诸葛亮、太常赖恭、光禄勋黄柱、[7]少府王谋等上言:"曹丕篡弑,湮灭汉室,窃据神器,劫迫忠良,酷烈无道。人鬼忿毒,咸思刘氏。今上无天子,海内惶惶,靡所式仰。群下前后上书者八百馀人,咸称述符瑞,图、谶明征。间黄龙见武阳赤水,九日乃去。孝经援神契曰'德至渊泉则黄龙见',龙者,君之象。易乾九五'飞龙在天',大王当龙升,登帝位也。又前关羽围樊、襄阳,襄阳男子张嘉、王休献玉玺,玺潜汉水,伏于渊泉,晖景烛耀,灵光彻天。夫汉者,高祖本所起定天下之国号也,大王袭先帝轨迹,亦兴于汉中也。今天子玉玺神光先见,玺出襄阳、汉水之末,明大王承其下流,授与大王以天子之位,瑞命符应,非人力所致。昔周有乌鱼之瑞,咸曰休哉。二祖受命,图、书先著,以为征验。今上天告祥,群儒英俊,并起河、洛、孔子谶、记,咸悉具至。伏惟大王出自孝景皇帝中山靖王之胄,本支百世,乾祇降祚,圣姿硕茂,神武在躬,仁覆积德,爱人好士,是以四方归心焉。考省灵图,启发谶、纬,神明之表,名讳昭著。宜即帝位,以纂二祖,绍嗣昭穆,天下幸甚。臣等谨与博士许慈、议郎孟光,建立礼仪,择令辰,上尊号。"即皇帝位于成都武担之南。①为文曰:"惟建安二十六年四月丙午,皇帝备敢用玄牡,昭告皇天上帝后土神祇:汉有天下,历数无疆。曩者王莽篡盗,光武皇帝震怒致诛,社稷复存。今曹操阻兵安忍,戮杀主后,滔天泯夏,罔顾天显。操子丕,载其凶逆,窃居神器。群臣将士以为社稷堕废,备宜修之,嗣武二祖,龚行天罚。备惟否德,惧忝帝位。询于庶民,外及蛮夷君长,佥曰'天命不可以不答,祖业不可以久替,四海不可以无主'。率土式望,在备一人。<u>备</u>畏天明命,又惧<u>汉</u>阼将湮于地,谨择元日,与百寮登坛,受皇帝玺绶。修燔瘗,告类于天神,惟神飨祚于<u>汉</u>家,永绥四海!"②

①<u>蜀本纪</u>曰:<u>武都</u>有丈夫化为女子,颜色美好,盖山精也。<u>蜀王</u>娶以为妻,不习水土,疾病欲归国,<u>蜀王</u>留之,无几物故。<u>蜀王</u>发卒之<u>武都</u>担土,于<u>成都</u>郭中葬,盖地数亩,高十丈,号曰<u>武担</u>也。

臣松之案:<u>武担</u>,山名,在<u>成都</u>西北,盖以乾位在西北,故就之以即阼。

②<u>魏书</u>曰:<u>备</u>闻<u>曹公</u>薨,遣掾<u>韩冉</u>奉书吊,并致赙赠之礼。<u>文帝</u>恶其因丧求好,敕<u>荆州</u>刺史斩<u>冉</u>,绝使命。

<u>典略</u>曰:<u>备</u>遣军谋掾<u>韩冉</u>赍书吊,并贡锦布。<u>冉</u>称疾,住<u>上庸</u>。<u>上庸</u>致其书,适会受终,有诏报答以引致之。<u>备</u>得报书,遂称制。

<u>章武</u>元年夏四月,大赦,改年。以<u>诸葛亮</u>为丞相,<u>许靖</u>为司徒。置百官,立宗庙,祫祭<u>高皇帝</u>以下。①五月,立皇后<u>吴氏</u>,子<u>禅</u>为皇太子。六月,以子<u>永</u>为<u>鲁王</u>,<u>理</u>为<u>梁王</u>。车骑将军<u>张飞</u>为其左右所害。初,<u>先主</u>忿<u>孙权</u>之袭<u>关羽</u>,将东征,秋七月,遂帅诸军伐<u>吴</u>。<u>孙权</u>遣书请和,<u>先主</u>盛怒不许,<u>吴</u>将<u>陆议</u>、<u>李异</u>、<u>刘阿</u>等屯<u>巫</u>、<u>秭归</u>;将军<u>吴班</u>、<u>冯习</u>自<u>巫</u>攻破<u>异</u>等,军次<u>秭归</u>,<u>武陵</u>五谿蛮夷遣使请兵。

①臣松之以为<u>先主</u>虽云出自<u>孝景</u>,而世数悠远,昭穆难明,既绍<u>汉</u>祚,不知以何帝为元祖以立亲庙。于时英贤作辅,儒生在官,宗庙制度,必有宪章,而载记阙略,良可恨哉!

二年春正月,<u>先主</u>军还<u>秭归</u>,将军<u>吴班</u>、<u>陈式</u>水军屯<u>夷陵</u>,夹<u>江</u>东西岸。二月,<u>先主</u>自<u>秭归</u>率诸将进军,缘山截岭,于<u>夷道猇亭</u><small>猇,许交反。</small>驻营,自<u>佷山</u><small>佷,音恒。</small>通<u>武陵</u>,遣侍中<u>马良</u>安慰五谿蛮夷,咸相率响应。镇北将军<u>黄权</u>督<u>江</u>北诸军,与<u>吴</u>军相拒于<u>夷陵道</u>。夏六月,黄气见自<u>秭归</u>十馀里中,广数十丈。后十馀日,<u>陆议</u>大破<u>先主</u>军于<u>猇亭</u>,将军<u>冯习</u>、<u>张南</u>等皆没。<u>先主</u>自<u>猇亭</u>还<u>秭归</u>,收合离散兵，遂弃船舫，由步道还<u>鱼复</u>，改<u>鱼复</u>县曰<u>永安</u>。吴遣将军<u>李异</u>、<u>刘阿</u>等踵蹑<u>先主</u>军，屯驻<u>南山</u>。秋八月，收兵还<u>巫</u>。司徒<u>许靖</u>卒。冬十月，诏丞相<u>亮</u>营南北郊于<u>成都</u>。<u>孙权</u>闻<u>先主</u>住<u>白帝</u>，甚惧，遣使请和。<u>先主</u>许之，遣太中大夫<u>宗玮</u>报命。冬十二月，<u>汉嘉</u>太守<u>黄元</u>闻<u>先主</u>疾不豫，举兵拒守。

三年春二月，丞相<u>亮</u>自<u>成都</u>到<u>永安</u>。三月，<u>黄元</u>进兵攻<u>临邛</u>县。遣将军<u>陈留</u>音笏讨<u>元</u>，<u>元</u>军败，顺流下江，为其亲兵所缚，生致<u>成都</u>，斩之。<u>先主</u>病笃，托孤于丞相<u>亮</u>，尚书令<u>李严</u>为副。夏四月癸巳，<u>先主</u>殂于<u>永安宫</u>，时年六十三。①

① <u>诸葛亮</u>集载<u>先主</u>遗诏敕<u>后主</u>曰："朕初疾但下痢耳，后转杂他病，殆不自济。人五十不称夭，年已六十有馀，何所复恨，不复自伤，但以卿兄弟为念。射君到，说丞相叹卿智量，甚大增修，过于所望，审能如此，吾复何忧！勉之，勉之！勿以恶小而为之，勿以善小而不为。惟贤惟德，能服于人。汝父德薄，勿效之。可读<u>汉书</u>、<u>礼记</u>，闲暇历观诸子及<u>六韬</u>、<u>商君书</u>，益人意智。闻丞相为写<u>申</u>、<u>韩</u>、<u>管子</u>、<u>六韬</u>一通已毕，未送，道亡，可自更求闻达。"临终时，呼<u>鲁王</u>与语："吾亡之后，汝兄弟父事丞相，令卿与丞相共事而已。"

<u>亮</u>上言于<u>后主</u>曰："伏惟大行皇帝迈仁树德，覆焘无疆，昊天不吊，寝疾弥留，今月二十四日奄忽升遐，臣妾号啕，若丧考妣。乃顾遗诏，事惟大宗，动容损益；百寮发哀，满三日除服，到葬期复如礼；其郡国太守、相、都尉、县令长，三日便除服。臣<u>亮</u>亲受敕戒，震畏神灵，不敢有违。臣请宣下奉行。"五月，梓宫自<u>永安</u>还<u>成都</u>，谥曰<u>昭烈皇帝</u>。秋，八月，葬<u>惠陵</u>。①

① <u>葛洪神仙传</u>曰：仙人<u>李意其</u>，<u>蜀</u>人也。传世见之，云是<u>汉文帝</u>时人。<u>先主</u>欲伐<u>吴</u>，遣人迎<u>意其</u>。<u>意其</u>到，<u>先主</u>礼敬之，问以吉凶。<u>意其</u>不答而求纸笔，画作兵马器仗数十纸已，便一一以手裂坏之，又画作一大人，掘地埋之，便径去。<u>先主</u>大不喜。而自出军征<u>吴</u>，大败还，忿耻发病死，众人

乃知其意。其画作大人而埋之者，即是言先主死意。

评曰：先主之弘毅宽厚，知人待士，盖有高祖之风，英雄之器焉。及其举国托孤于诸葛亮，而心神无贰，诚君臣之至公，古今之盛轨也。机权干略，不逮魏武，是以基宇亦狭。然折而不挠，终不为下者，抑揆彼之量必不容己，非唯竞利，且以避害云尔。

【校勘记】

〔1〕与苍梧太守吴巨有旧　巨，原作"臣"，据本书卷四九士燮传、卷五三薛综传改。下同。

〔2〕何以知非青徐军邪　知下原衍"之"字，据何焯校本删。

〔3〕复从权借荆州数郡　复，原作"後"，据何焯校本改。

〔4〕乃从璋求万兵及资实　实，原作"宝"，据华阳国志卷五公孙述刘二牧志五改。

〔5〕郃收兵还南郑　原脱"郃"字，据本书卷一七张郃传补。

〔6〕左将军长史领镇军将军臣许靖　领，原在"军"下，据三国志旁证卷一九改。

〔7〕光禄勋黄柱　柱，原作"权"，据三国志考证卷六改。

# 三国志卷三十三　蜀书三

## 后主传第三

后主讳禅,字公嗣,先主子也。建安二十四年,先主为汉中王,立为王太子。及即尊号,册曰:"惟章武元年五月辛巳,皇帝若曰:太子禅,朕遭汉运艰难,贼臣篡盗,社稷无主,格人群正,以天明命,朕继大统。今以禅为皇太子,以承宗庙,祇肃社稷。使使持节丞相亮授印绶,敬听师傅,行一物而三善皆得焉,可不勉与!"①三年夏四月,先主殂于永安宫。五月,后主袭位于成都,时年十七。尊皇后曰皇太后。大赦,改元。是岁魏黄初四年也。②

①礼记曰:行一物而三善者,惟世子而已,其齿于学之谓也。郑玄曰:物犹事也。

②魏略曰:初备在小沛,不意曹公卒至,遑遽弃家属,后奔荆州。禅时年数岁,窜匿,随人西入汉中,为人所卖。及建安十六年,关中破乱,扶风人刘括避乱入汉中,买得禅,问知其良家子,遂养为子,与娶妇,生一子。初禅与备相失时,识其父字玄德。比舍人有姓简者,及备得益州而简为将军,备遣简到汉中,舍都邸。禅乃诣简,简相检讯,事皆符验。简喜,以语张鲁,鲁为洗沐送诣益州,[1]备乃立以为太子。初备以诸葛亮为太子

太傅,及禅立,以亮为丞相,委以诸事,谓亮曰:"政由葛氏,祭则寡人。"亮亦以禅未闲于政,遂总内外。

臣松之案:二主妃子传曰"后主生于荆州",后主传云"初即帝位,年十七",则建安十二年生也。十三年败于长阪,备弃妻子走,赵云传曰"云身抱弱子以免",即后主也。如此,备与禅未尝相失也。又诸葛亮以禅立之明年领益州牧,其年与主簿杜微书曰"朝廷今年十八",与禅传相应,理当非虚。而鱼豢云备败于小沛,禅时年始生,及奔荆州,能识其父字玄德,计当五六岁。备败于小沛时,建安五年也,至禅初立,首尾二十四年,禅应过三十矣。以事相验,理不得然。此则魏略之妄说,乃至二百馀言,异也! 又案诸书记及诸葛亮集,亮亦不为太子太傅。

建兴元年夏,牂牁太守朱褒拥郡反。①先是,益州郡有大姓雍闿反,流太守张裔于吴,据郡不宾,越嶲夷王高定亦背叛。是岁,立皇后张氏。遣尚书郎邓芝固好于吴,吴王孙权与蜀和亲使聘,是岁通好。

①魏氏春秋曰:初,益州从事常房行部,闻褒将有异志,收其主簿案问,杀之。褒怒,攻杀房,诬以谋反。诸葛亮诛房诸子,徙其四弟于越嶲,欲以安之。褒犹不悛改,遂以郡叛应雍闿。

臣松之案:以为房为褒所诬,执政所宜澄察,安有妄杀不辜以悦奸慝? 斯殆妄矣!

二年春,务农殖谷,闭关息民。

三年春三月,丞相亮南征四郡,四郡皆平。改益州郡为建宁郡,分建宁、永昌郡为云南郡,又分建宁、牂牁为兴古郡。十二月,亮还成都。

四年春,都护李严自永安还住江州,筑大城。①

①今巴郡故城是。

五年春,丞相亮出屯汉中,营沔北阳平石马。①

①诸葛亮集载禅三月下诏曰:"朕闻天地之道,福仁而祸淫;善积者昌,恶积者丧,古今常数也。是以汤、武修德而王,桀、纣极暴而亡。曩者汉祚中微,网漏凶慝,董卓造难,震荡京畿。曹操阶祸,窃执天衡,残剥海内,怀无君之心。子丕孤竖,敢寻乱阶,盗据神器,更姓改物,世济其凶。当此之时,皇极幽昧,天下无主,则我帝命陨越于下。昭烈皇帝体明睿之德,光演文武,应乾坤之运,出身平难,经营四方,人鬼同谋,百姓与能。兆民欣戴。奉顺符谶,建位易号,丕承天序,补弊兴衰,存复祖业,诞膺皇纲,不坠于地。万国未定,早世遐殂。朕以幼冲,继统鸿基,未习保傅之训,而婴祖宗之重。六合壅否,社稷不建,永惟所以,念在匡救,光载前绪,未有攸济,朕甚惧焉。是以夙兴夜寐,不敢自逸,每从菲薄以益国用,劝分务穑以阜民财,授方任能以参其听,断私降意以养将士。欲奋剑长驱,指讨凶逆,朱旗未举,而丕复陨丧,斯所谓不燃我薪而自焚也。残类余丑,又支天祸,恣睢河、洛,阻兵未弭。诸葛丞相弘毅忠壮,忘身忧国,先帝托以天下,以勖朕躬。今授之以旄钺之重,付之以专命之权,统领步骑二十万众,董督元戎,龚行天罚,除患宁乱,克复旧都,在此行也。昔项籍总一强众,跨州兼土,所务者大,然卒败垓下,死于东城,宗族焚如,[2]为笑千载,皆不以义,陵上虐下故也。今贼效尤,天人所怨,奉时宜速,庶凭炎精祖宗威灵相助之福,所向必克。吴王孙权同恤灾患,潜军合谋,掎角其后。凉州诸国王各遣月支、康居胡侯支富、康植等二十余人诣受节度,大军北出,便欲率将兵马,奋戈先驱。天命既集,人事又至,师贞势并,必无敌矣。夫王者之兵,有征无战,尊而且义,莫敢抗也,故鸣条之役,军不血刃,牧野之师,商人倒戈。今旍麾首路,其所经至,亦不欲穷兵极武。有能弃邪从正,箪食壶浆以迎王师者,国有常典,封宠大小,各有品限。及魏之宗族、支叶、中外,有能规利害、审逆顺之数,来诣降者,皆原除之。昔辅果绝亲于智氏,而蒙全宗之福;微子去殷,项伯归汉,皆受茅土之庆。此前世之明验也。若其迷沈不反,将助乱人,不式王命,戮及妻孥,罔有攸赦。广宣恩威,贷其元帅,吊其残民。他如诏书律令,丞相其露布天下,使称朕意焉。"

六年春,亮出攻祁山,不克。冬,复出散关,围陈仓,粮尽退。魏将王双率军追亮，亮与战，破之，斩双，还汉中。

七年春，亮遣陈式攻武都、阴平，遂克定二郡。冬，亮徙府营于南山下原上，筑汉、乐二城。是岁，孙权称帝，与蜀约盟，共交分天下。

八年秋，魏使司马懿由西城，张郃由子午，曹真由斜谷，<sub>斜，余著反。</sub>欲攻汉中。丞相亮待之于城固、赤阪，大雨道绝，真等皆还。是岁，魏延破魏雍州刺史郭淮于阳谿。徙鲁王永为甘陵王，梁王理为安平王，皆以鲁、梁在吴分界故也。

九年春二月，亮复出军围祁山，始以木牛运。魏司马懿、张郃救祁山。夏六月，亮粮尽退军，郃追至青封，与亮交战，被箭死。秋八月，都护李平废徙梓潼郡。①

①汉晋春秋曰：冬十月，江阳至江州有鸟从江南飞渡江北，不能达，堕水死者以千数。

十年，亮休士劝农于黄沙，作流马木牛毕，教兵讲武。

十一年冬，亮使诸军运米，集于斜谷口，治斜谷邸阁。是岁，南夷刘胄反，将军马忠破平之。

十二年春二月，亮由斜谷出，始以流马运。秋八月，亮卒于渭滨。征西大将军魏延与丞相长史杨仪争权不和，举兵相攻，延败走；斩延首，仪率诸军还成都。大赦。以左将军吴壹为车骑将军，假节督汉中。以丞相留府长史蒋琬为尚书令，总统国事。

十三年春正月，中军师杨仪废徙汉嘉郡。夏四月，进蒋琬位为大将军。

十四年夏四月，后主至湔，①登观阪，看汶水之流，旬日还成都。徙武都氐王苻健及氐民四百馀户于广都。

①臣松之案：湔，县名也，属蜀郡，音翦。

十五年夏六月，皇后张氏薨。

延熙元年春正月，立皇后张氏。大赦，改元。立子璿为太子，子瑶为安定王。冬十一月，大将军蒋琬出屯汉中。

二年春三月，进蒋琬位为大司马。

三年春，使越巂太守张嶷平定越巂郡。

四年冬十月，尚书令费祎至汉中，与蒋琬谘论事计，岁尽还。

五年春正月，监军姜维督偏军，自汉中还屯涪县。

六年冬十月，大司马蒋琬自汉中还，住涪。十一月，大赦。以尚书令费祎为大将军。

七年闰月，魏大将军曹爽、夏侯玄等向汉中，镇北大将军王平拒兴势围，大将军费祎督诸军往赴救，魏军退。夏四月，安平王理卒。秋九月，祎还成都。

八年秋八月，皇太后薨。十二月，大将军费祎至汉中，行围守。

九年夏六月，费祎还成都。秋，大赦。冬十一月，大司马蒋琬卒。①

①魏略曰：琬卒，禅乃自摄国事。

十年，凉州胡王白虎文、治无戴等率众降，卫将军姜维迎逆安抚，居之于繁县。是岁，汶山平康夷反，维往讨，破平之。

十一年夏五月，大将军费祎出屯汉中。秋，涪陵属国民夷反，车骑将军邓芝往讨，皆破平之。

十二年春正月，魏诛大将军曹爽等，右将军夏侯霸来降。夏四月，大赦。秋，卫将军姜维出攻雍州，不克而还。将军句安、李韶降魏。

十三年，姜维复出西平，不克而还。

十四年夏，大将军费祎 还成都。冬，复北驻汉寿。大赦。

十五年，吴王孙权薨。立子琮为西河王。

十六年春正月，大将军费祎 为魏降人郭循所杀于汉寿。夏四月，卫将军姜维复率众围南安，不克而还。

十七年春正月，姜维还成都。大赦。夏六月，维复率众出陇西。冬，拔狄道、河关、[3]临洮三县民，居于绵竹、繁县。

十八年春，姜维还成都。夏，复率诸军出狄道，与魏雍州刺史王经战于洮西，大破之。经退保狄道城，维却住锺题。

十九年春，进姜维位为大将军，督戎马，与镇西将军胡济期会上邽，济失誓不至。秋八月，维为魏大将军邓艾所破于上邽。维退军还成都。是岁，立子瓒为新平王。大赦。

二十年，闻魏大将军诸葛诞据寿春以叛，姜维复率众出骆谷，至芒水。是岁大赦。

景耀元年，姜维还成都。史官言景星见，于是大赦，改年。宦人黄皓始专政。吴大将军孙綝废其主亮，立琅邪王休。

二年夏六月，立子谌为北地王，恂为新兴王，虔为上党王。

三年秋九月，追谥故将军关羽、张飞、马超、庞统、黄忠。

四年春三月，追谥故将军赵云。冬十月，大赦。

五年春正月，西河王琮卒。是岁，姜维复率众出侯和，为邓艾所破，还住沓中。

六年夏，魏大兴徒众，命征西将军邓艾、镇西将军锺会、雍州刺史诸葛绪数道并攻。于是遣左右车骑将军张翼、廖化、辅国大将军董厥等拒之。大赦。改元为炎兴。冬，邓艾破卫将军诸葛瞻于绵竹。用光禄大夫谯周策，降于艾，奉书曰："限分江、汉，遇值深远，阶缘蜀土，斗绝一隅，干运犯冒，渐苒历载，遂与京畿攸隔万里。每惟黄初中，文皇帝命虎牙将军鲜于辅，宣温密之诏，申三好之恩，开示门户，大义炳然，而否德暗弱，窃贪遗绪，俯仰累纪，未率大教。天威既震，人鬼归能之数，怖骇王师，神武所次，敢不革面，顺以从命！辄敕群帅投戈释甲，官府帑藏一无所毁。百姓布野，馀粮栖亩，以俟后来之惠，全元元之命。伏惟大魏布德施化，宰辅伊、周，含覆藏疾。谨遣私署侍中<u>张绍</u>、光禄大夫<u>谯周</u>、驸马都尉<u>邓良</u>奉赍印绶，请命告诚，敬输忠款，存亡敕赐，惟所裁之。舆榇在近，不复缕陈。"是日，<u>北地王谌</u>伤国之亡，先杀妻子，次以自杀。①<u>绍</u>、<u>良</u>与<u>艾</u>相遇于<u>雒县</u>。<u>艾</u>得书，大喜，即报书，②遣<u>绍</u>、<u>良</u>先还。<u>艾</u>至城北，<u>后主</u>舆榇自缚，诣军垒门。<u>艾</u>解缚焚榇，延请相见。③因承制拜<u>后主</u>为骠骑将军。诸围守悉被<u>后主</u>敕，然后降下。<u>艾</u>使<u>后主</u>止其故宫，身往造焉。资严未发，明年春正月，<u>艾</u>见收。<u>锺会</u>自<u>涪</u>至<u>成都</u>作乱。<u>会</u>既死，<u>蜀</u>中军众钞略，死丧狼籍，数日乃安集。

①<u>汉晋春秋</u>曰：<u>后主</u>将从<u>谯周</u>之策，<u>北地王谌</u>怒曰："若理穷力屈，祸败必及，便当父子君臣背城一战，同死社稷，以见先帝可也。"<u>后主</u>不纳，遂送玺绶。是日，<u>谌</u>哭于<u>昭烈</u>之庙，先杀妻子，而后自杀，左右无不为涕泣者。

②<u>王隐蜀记</u>曰：<u>艾</u>报书云："王纲失道，群英并起，龙战虎争，终归真主，此盖天命去就之道也。自古圣帝，爰逮<u>汉</u>、<u>魏</u>，受命而王者，莫不在乎中土。<u>河</u>出<u>图</u>，<u>洛</u>出<u>书</u>，圣人则之，以兴洪业，其不由此，未有不颠覆者也。<u>隗嚣</u>凭<u>陇</u>而亡，<u>公孙述</u>据<u>蜀</u>而灭，此皆前世覆车之鉴也。圣上明哲，宰相忠贤，将比隆<u>黄轩</u>，侔功往代。衔命来征，思闻嘉响，果烦来使，告以德音，此非人事，岂天启哉！昔<u>微子</u>归<u>周</u>，实为上宾，君子豹变，义存<u>大易</u>，来辞谦冲，以礼舆榇，皆前哲归命之典也。全国为上，破国次之，自非通明智达，何以见王者之义乎！"<u>禅</u>又遣太常<u>张峻</u>、<u>益州</u>别驾<u>汝超</u>受节度，遣太仆<u>蒋显</u>有命敕<u>姜维</u>。又遣尚书郎<u>李虎</u>送士民簿，领户二十八万，男女口九十四万，带甲将士十万二千，吏四万人，米四十馀万斛，金银各二千斤，锦绮彩绢各二十万匹，馀物称此。

③<u>晋诸公赞</u>曰：<u>刘禅</u>乘骡车诣<u>艾</u>，不具亡国之礼。

后主举家东迁，既至洛阳，策命之曰："惟景元五年三月丁亥，皇帝临轩，使太常嘉命刘禅为安乐县公。於戏，其进听朕命！盖统天载物，以咸宁为大，光宅天下，以时雍为盛。故孕育群生者，君人之道也，乃顺承天者，坤元之义也。上下交畅，然后万物协和，庶类获乂。乃者汉氏失统，六合震扰。我太祖承运龙兴，弘济八极，是用应天顺民，抚有区夏。于时乃考因群杰虎争，九服不静，乘间阻远，保据庸蜀，遂使西隅殊封，方外壅隔。自是以来，干戈不戢，元元之民，不得保安其性，几将五纪。朕永惟祖考遗志，思在绥缉四海，率土同轨，故爰整六师，耀威梁、益。公恢崇德度，深秉大正，不惮屈身委质，以爱民全国为贵，降心回虑，应机豹变，履信思顺，以享左右无疆之休，岂不远欤！朕嘉与君公长飨显禄，用考咨前训，开国胙土，率遵旧典，锡兹玄牡，苴以白茅，永为魏藩辅，往钦哉！公其祗服朕命，克广德心，以终乃显烈。"食邑万户，赐绢万匹，奴婢百人，他物称是。子孙为三都尉封侯者五十馀人。尚书令樊建、侍中张绍、光禄大夫谯周、秘书令郤正、殿中督张通并封列侯。①公泰始七年薨于洛阳。②

> ①汉晋春秋曰：司马文王与禅宴，为之作故蜀技，旁人皆为之感怆，而禅喜笑自若。王谓贾充曰："人之无情，乃可至于是乎！虽使诸葛亮在，不能辅之久全，而况姜维邪？"充曰："不如是，殿下何由并之。"他日，王问禅曰："颇思蜀否？"禅曰："此间乐，不思蜀。"郤正闻之，求见禅曰："若王后问，宜泣而答曰'先人坟墓远在陇、蜀，乃心西悲，无日不思'，因闭其目。"会王复问，对如前，王曰："何乃似郤正语邪！"禅惊视曰："诚如尊命。"左右皆笑。

> ②蜀记云：谥曰思公，子恂嗣。

评曰：后主任贤相则为循理之君，惑阉竖则为昏暗之后，传曰"素丝无常，唯所染之"，信矣哉！礼，国君继体，逾年改元，而章武之三年,则革称建兴,考之古义,体理为违。又国不置史,注记无官,是以行事多遗,灾异靡书。诸葛亮虽达于为政,凡此之类,犹有未周焉。然经载十二而年名不易,军旅屡兴而赦不妄下,不亦卓乎! 自亮没后,兹制渐亏,优劣著矣。①

> ①华阳国志曰:丞相亮时,有言公惜赦者,亮答曰:"治世以大德,不以小惠,故匡衡、吴汉不愿为赦。先帝亦言吾周旋陈元方、郑康成间,每见启告,治乱之道悉矣,曾不语赦也。若刘景升、季玉父子,岁岁赦宥,何益于治!"
>
> 臣松之以为"赦不妄下",诚为可称,至于"年名不易",犹所未达。案建武、建安之号,皆久而不改,未闻前史以为美谈。"经载十二",盖何足云?岂别有他意,求之未至乎! 亮殁后,延熙之号,数盈二十,"兹制渐亏",事又不然也。

【校勘记】

〔1〕鲁为洗沐送诣益州　为,原作"乃",据三国志集解赵一清说改。

〔2〕宗族焚如　焚如,原作"如焚",据诸葛亮集为後帝伐魏诏改。

〔3〕河关　关,原作"间",据资治通鉴卷七六胡三省注改。

# 三国志卷三十四　蜀书四

## 二主妃子传第四

先主甘皇后，沛人也。先主临豫州，住小沛，纳以为妾。先主数丧嫡室，常摄内事。随先主于荆州，产后主。值曹公军至，追及先主于当阳长阪，于时困逼，弃后及后主，赖赵云保护，得免于难。后卒，葬于南郡。章武二年，追谥皇思夫人，迁葬于蜀，未至而先主殂陨。丞相亮上言："皇思夫人履行修仁，淑慎其身。大行皇帝昔在上将，嫔妃作合，载育圣躬，大命不融。大行皇帝存时，笃义垂恩，念皇思夫人神柩在远飘飘，特遣使者奉迎。会大行皇帝崩，今皇思夫人神柩以到，又梓宫在道，园陵将成，安厝有期。臣辄与太常臣赖恭等议：礼记曰：'立爱自亲始，教民孝也；立敬自长始，教民顺也。'不忘其亲，所由生也。春秋之义，母以子贵。昔高皇帝追尊太上昭灵夫人为昭灵皇后，孝和皇帝改葬其母梁贵人，尊号曰恭怀皇后，孝愍皇帝亦改葬其母王夫人，尊号曰灵怀皇后。今皇思夫人宜有尊号，以慰寒泉之思，辄与恭等案谥法，宜曰昭烈皇后。诗曰：

'谷则异室,死则同穴。'①故昭烈皇后宜与大行皇帝合葬,臣请太尉告宗庙,布露天下,具礼仪别奏。"制曰可。

①礼云:上古无合葬,中古后因时方有。

先主穆皇后,陈留人也。兄吴壹,少孤,壹父素与刘焉有旧,是以举家随焉入蜀。焉有异志,而闻善相者相后当大贵。焉时将子瑁自随,遂为瑁纳后。瑁死,后寡居。先主既定益州,而孙夫人还吴,①群下劝先主聘后。先主疑与瑁同族,法正进曰:"论其亲疏,何与晋文之于子圉乎?"于是纳后为夫人。②建安二十四年,立为汉中王后。章武元年夏五月,策曰:"朕承天命,奉至尊,临万国。今以后为皇后,遣使持节丞相亮授玺绶,承宗庙,母天下,皇后其敬之哉!"建兴元年五月,后主即位,尊后为皇太后,称长乐宫。壹官至车骑将军,封县侯。延熙八年,后薨,合葬惠陵。③

①汉晋春秋云:先主入益州,吴遣迎孙夫人。夫人欲将太子归吴,诸葛亮使赵云勒兵断江留太子,乃得止。

②习凿齿曰:夫婚姻,人伦之始,王化之本,匹夫犹不可以无礼,而况人君乎?晋文废礼行权,以济其业,故子犯曰,有求于人,必先从之,将夺其国,何有于妻,非无故而违礼教者也。今先主无权事之遍,而引前失以为譬,非导其君以尧、舜之道者。先主从之,过矣。

③孙盛蜀世谱曰:壹孙乔,没李雄中三十年,不为雄屈也。

后主敬哀皇后,车骑将军张飞长女也。章武元年,纳为太子妃,建兴元年,立为皇后。十五年薨,葬南陵。

后主张皇后,前后敬哀之妹也。建兴十五年,入为贵人。延熙元年春正月,策曰:"朕统承大业,君临天下,奉郊庙社稷。今以贵人为皇后，使行丞相事左将军向朗持节授玺绶。勉修中馈，恪肃禋祀，皇后其敬之哉！"咸熙元年，随后主迁于洛阳。①

①汉晋春秋曰：魏以蜀宫人赐诸将之无妻者，李昭仪曰："我不能二三屈辱。"乃自杀。

刘永字公寿，先主子，后主庶弟也。章武元年六月，使司徒靖立永为鲁王，策曰："小子永，受兹青土。朕承天序，继统大业，遵修稽古，建尔国家，封于东土，奄有龟蒙，世为藩辅。呜呼，恭朕之诏！惟彼鲁邦，一变适道，风化存焉。人之好德，世兹懿美。王其秉心率礼，绥尔士民，是飨是宜，其戒之哉！"建兴八年，改封为甘陵王。初，永憎宦人黄皓，皓既信任用事，潜构永于后主，后主稍疏外永，至不得朝见者十馀年。咸熙元年，永东迁洛阳，拜奉车都尉，封为乡侯。

刘理字奉孝，亦后主庶弟也，与永异母。章武元年六月，使司徒靖立理为梁王，策曰："小子理，朕统承汉序，祗顺天命，遵修典秩，建尔于东，为汉藩辅。惟彼梁土，畿甸之邦，民狎教化，易导以礼。往悉乃心，怀保黎庶，以永尔国，王其敬之哉！"建兴八年，改封理为安平王。延熙七年卒，谥曰悼王。子哀王胤嗣，十九年卒。子殇王承嗣，二十年卒。景耀四年诏曰："安平王，先帝所命。三世早夭，国嗣颓绝，朕用伤悼。其以武邑侯辑袭王位。"辑，理子也，咸熙元年，东迁洛阳，拜奉车都尉，封乡侯。

后主太子璿，字文衡。母王贵人，本敬哀张皇后侍人也。延熙元年正月策曰："在昔帝王，继体立嗣，副贰国统，古今常道。今以璿为皇太子，昭显祖宗之威，命使行丞相事左将军朗持节授印绶。其勉修茂质，祗恪道义，谘询典礼，敬友师傅，斟酌众善，翼成尔德,可不务修以自勖哉!"时年十五。景耀六年冬,蜀亡。咸熙元年正月,锺会作乱于成都,璿为乱兵所害。①

①孙盛蜀世谱曰:璿弟,瑶、琮、瓒、谌、恂、璩六人。蜀败,谌自杀,馀皆内徙。值永嘉大乱,子孙绝灭。唯永孙玄奔蜀,李雄伪署安乐公以嗣禅后。永和三年讨李势,盛参戎行,见玄于成都也。


评曰:易称有夫妇然后有父子,夫人伦之始,恩纪之隆,莫尚于此矣。是故纪录,以究一国之体焉。

# 三国志卷三十五　蜀书五

## 诸葛亮传第五

诸葛亮字孔明,琅邪阳都人也。汉司隶校尉诸葛丰后也。父珪,字君贡,汉末为太山郡丞。亮早孤,从父玄为袁术所署豫章太守,玄将亮及亮弟均之官。会汉朝更选朱皓代玄。玄素与荆州牧刘表有旧,往依之。①玄卒,亮躬耕陇亩,好为梁父吟。②身长八尺,每自比于管仲、乐毅,时人莫之许也。惟博陵崔州平、颍川徐庶元直与亮友善,谓为信然。③

①献帝春秋曰:初,豫章太守周术病卒,刘表上诸葛玄为豫章太守,治南昌。汉朝闻周术死,遣朱皓代玄。皓从扬州刺史刘繇求兵击玄,玄退屯西城,皓入南昌。建安二年正月,西城民反,杀玄,送首诣繇。此书所云,与本传不同。

②汉晋春秋曰:亮家于南阳之邓县,在襄阳城西二十里,号曰隆中。

③按崔氏谱:州平,太尉烈子,均之弟也。

魏略曰:亮在荆州,以建安初与颍川石广元、徐元直、汝南孟公威等俱游学,三人务于精熟,而亮独观其大略。每晨夜从容,常抱膝长啸,而谓三人曰:“卿三人仕进可至刺史郡守也。”三人问其所至,亮但笑而不

759

言。后公威思乡里，欲北归，亮谓之曰："中国饶士大夫，遨游何必故乡邪！"

臣松之以为魏略此言，谓诸葛亮为公威计者可也，若谓兼为己言，可谓未达其心矣。老氏称知人者智，自知者明，凡在贤达之流，固必兼而有焉。以诸葛亮之鉴识，岂不能自审其分乎？夫其高吟俟时，情见乎言，志气所存，既已定于其始矣。若使游步中华，骋其龙光，岂夫多士所能沈翳哉！委质魏氏，展其器能，诚非陈长文、司马仲达所能颉颃，而况于徐哉！苟不患功业不就，道之不行，虽志恢宇宙而终不北向者，盖以权御已移，汉祚将倾，方将翊赞宗杰，以兴微继绝克复为己任故也。岂其区区利在边鄙而已乎！此相如所谓"鹍鹏已翔于辽廓，而罗者犹视于薮泽"者矣。公威名建，在魏亦贵达。

时先主屯新野。徐庶见先主，先主器之，谓先主曰："诸葛孔明者，卧龙也，将军岂愿见之乎？"[1]先主曰："君与俱来。"庶曰："此人可就见，不可屈致也。将军宜枉驾顾之。"由是先主遂诣亮，凡三往，乃见。因屏人曰："汉室倾颓，奸臣窃命，主上蒙尘。孤不度德量力，欲信大义于天下，而智术浅短，遂用猖蹶，[1]至于今日。然志犹未已，君谓计将安出？"亮答曰："自董卓已来，豪杰并起，跨州连郡者不可胜数。曹操比于袁绍，则名微而众寡，然操遂能克绍，以弱为强者，非惟天时，抑亦人谋也。今操已拥百万之众，挟天子而令诸侯，此诚不可与争锋。孙权据有江东，已历三世，国险而民附，贤能为之用，此可以为援而不可图也。荆州北据汉、沔，利尽南海，东连吴会，西通巴、蜀，此用武之国，而其主不能守，此殆天所以资将军，将军岂有意乎？益州险塞，沃野千里，天府之土，高祖因之以成帝业。刘璋暗弱，张鲁在北，民殷国富而不知存恤，智能之士思得明君。将军既帝室之胄，信义著于四海，总揽英雄，思贤如渴，若跨有荆、益，保其岩阻，西和诸戎，南抚夷越，外结好孙权，内修政理；天下有变，则命一上将将荆州之军以向宛、洛，将军身率益州之众出于秦川，百姓孰敢不箪食壶浆以迎将军者乎？诚如是，则霸业可成，汉室可兴矣。"先主曰："善！"于是与亮情好日密。关羽、张飞等不悦，先主解之曰："孤之有孔明，犹鱼之有水也。愿诸君勿复言。"羽、飞乃止。②

①襄阳记曰：刘备访世事于司马德操。德操曰："儒生俗士，岂识时务？识时务者在乎俊杰。此间自有伏龙、凤雏。"备问为谁，曰："诸葛孔明、庞士元也。"

②魏略曰：刘备屯于樊城。是时曹公方定河北，亮知荆州次当受敌，而刘表性缓，不晓军事。亮乃北行见备，备与亮非旧，又以其年少，以诸生意待之。坐集既毕，众宾皆去，而亮独留，备亦不问其所欲言。备性好结毦，时适有人以髦牛尾与备者，备因手自结之。亮乃进曰："明将军当复有远志，但结毦而已邪！"备知亮非常人也，乃投毦而答曰："是何言与！我聊以忘忧耳。"亮遂言曰："将军度刘镇南孰与曹公邪？"备曰："不及。"亮又曰："将军自度何如也？"备曰："亦不如。"曰："今皆不及，而将军之众不过数千人，以此待敌，得无非计乎！"备曰："我亦愁之，当若之何？"亮曰："今荆州非少人也，而著籍者寡，平居发调，则人心不悦；可语镇南，令国中凡有游户，皆使自实，因录以益众可也。"备从其计，故众遂强。备由此知亮有英略，乃以上客礼之。九州春秋所言亦如之。臣松之以为亮表云"先帝不以臣卑鄙，猥自枉屈，三顾臣于草庐之中，谘臣以当世之事"，则非亮先诣备，明矣。虽闻见异辞，各生彼此，然乖背至是，亦良为可怪。

刘表长子琦，亦深器亮。表受后妻之言，爱少子琮，不悦于琦。琦每欲与亮谋自安之术，亮辄拒塞，未与处画。琦乃将亮游观后园，共上高楼，饮宴之间，令人去梯，因谓亮曰："今日上不至天，下不至地，言出子口，入于吾耳，可以言未？"亮答曰："君不见申生在内而危，重耳在外而安乎？"琦意感悟，阴规出计。会黄祖死，得出，遂为江夏太守。俄而表卒，琮闻曹公来征，遣使请降。先主在樊闻之，率其众南行，亮与徐庶并从，为曹公所追破，获庶母。庶辞先主而指其心曰："本欲与将军共图王霸之业者,以此方寸之地也。今已失老母,方寸乱矣,无益于事,请从此别。"遂诣曹公。①

① 魏略曰:庶先名福,本单家子,少好任侠击剑。中平末,尝为人报雠,白垩突面,被发而走,为吏所得,问其姓字,闭口不言。吏乃于车上立柱维磔之,击鼓以令于市廛,莫敢识者,而其党伍共篡解之,得脱。于是感激,弃其刀戟,更疏巾单衣,折节学问。始诣精舍,诸生闻其前作贼,不肯与共止。福乃卑躬早起,常独扫除,动静先意,听习经业,义理精熟。遂与同郡石韬相亲爱。初平中,中州兵起,乃与韬南客荆州,到,又与诸葛亮特相善。及荆州内附,孔明与刘备相随去,福与韬俱来北。至黄初中,韬仕历郡守、典农校尉,福至右中郎将、御史中丞。逮大和中,诸葛亮出陇右,闻元直、广元仕财如此,叹曰:"魏殊多士邪!何彼二人不见用乎?"庶后数年病卒,有碑在彭城,今犹存焉。

先主至于夏口,亮曰："事急矣,请奉命求救于孙将军。"时权拥军在柴桑,观望成败。亮说权曰："海内大乱,将军起兵据有江东,刘豫州亦收众汉南,与曹操并争天下。今操芟夷大难,略已平矣,遂破荆州,威震四海。英雄无所用武,故豫州遁逃至此。将军量力而处之:若能以吴、越之众与中国抗衡,不如早与之绝;若不能当,何不案兵束甲,北面而事之!今将军外托服从之名,而内怀犹豫之计,事急而不断,祸至无日矣!"权曰:"苟如君言,刘豫州何不遂事之乎?"亮曰:"田横,齐之壮士耳,犹守义不辱,况刘豫州王室之胄,英才盖世,众士慕仰,若水之归海,若事之不济,此乃天也,安能复为之下乎!"权勃然曰:"吾不能举全吴之地,十万之众,受制于人。吾计决矣!非刘豫州莫可以当曹操者,然豫州新败之后,安能抗此难乎?"亮曰:"豫州军虽败于长阪,今战士还者及关羽水军精甲万人,刘琦合江夏战士亦不下万人。曹操之众,远来疲弊,闻追豫州,轻骑一日一夜行三百馀里,此所谓'强弩之末,势不能穿鲁缟'者也。故兵法忌之,曰'必蹶上将军'。且北方之人,不习水战；又荆州之民附操者，逼兵势耳，非心服也。今将军诚能命猛将统兵数万，与豫州协规同力，破操军必矣。操军破，必北还，如此则荆、吴之势强，鼎足之形成矣。成败之机，在于今日。"权大悦，即遣周瑜、程普、鲁肃等水军三万，随亮诣先主，并力拒曹公。①曹公败于赤壁，引军归邺。先主遂收江南，以亮为军师中郎将，使督零陵、桂阳、长沙三郡，调其赋税，以充军实。②

①袁子曰：张子布荐亮于孙权，亮不肯留。人问其故，曰："孙将军可谓人主，然观其度，能贤亮而不能尽亮，吾是以不留。"

臣松之以为袁孝尼著文立论，甚重诸葛之为人，至如此言则失之殊远。观亮君臣相遇，可谓希世一时，终始之分，谁能间之？宁有中违断金，甫怀择主，设使权尽其量，便当翻然去就乎？葛生行己，岂其然哉！关羽为曹公所获，遇之甚厚，可谓能尽其用矣，犹义不背本，曾谓孔明之不若云长乎！

②零陵先贤传云：亮时住临烝。

建安十六年，益州牧刘璋遣法正迎先主，使击张鲁。亮与关羽镇荆州。先主自葭萌还攻璋，亮与张飞、赵云等率众溯江，分定郡县，与先主共围成都。成都平，以亮为军师将军，署左将军府事。先主外出，亮常镇守成都，足食足兵。二十六年，群下劝先主称尊号，先主未许，亮说曰："昔吴汉、耿弇等初劝世祖即帝位，世祖辞让，前后数四，耿纯进言曰：'天下英雄喁喁，冀有所望。如不从议者，士大夫各归求主，无为从公也。'世祖感纯言深至，遂然诺之。今曹氏篡汉，天下无主，大王刘氏苗族，绍世而起，今即帝位，乃其宜也。士大夫随大王久勤苦者，亦欲望尺寸之功如纯言耳。"先主于是即帝位，策亮为丞相曰："朕遭家不造，奉承大统，兢兢业业，不敢康宁，思靖百姓，惧未能绥。於戏！丞相亮其悉朕意，无怠辅朕之阙，助宣重光，以照明天下，君其勖哉！"亮以丞相录尚书事，假节。

张飞卒后，领司隶校尉。①

①蜀记曰：晋初扶风王骏镇关中，司马高平刘宝、长史荥阳桓隰诸官属士大夫共论诸葛亮，于时谭者多讥亮托身非所，劳困蜀民，力小谋大，不能度德量力。金城郭冲以为亮权智英略，有逾管、晏，功业未济，论者惑焉，条亮五事隐没不闻于世者，宝等亦不能复难。扶风王慨然善冲之言。

臣松之以为亮之异美，诚所愿闻，然冲之所说，实皆可疑，谨随事难之如左：

其一事曰：亮刑法峻急，刻剥百姓，自君子小人咸怀怨叹，法正谏曰："昔高祖入关，约法三章，秦民知德，今君假借威力，跨据一州，初有其国，未垂惠抚；且客主之义，宜相降下，愿缓刑弛禁，以慰其望。"亮答曰："君知其一，未知其二。秦以无道，政苛民怨，匹夫大呼，天下土崩，高祖因之，可以弘济。刘璋暗弱，自焉已来有累世之恩，文法羁縻，互相承奉，德政不举，威刑不肃。蜀土人士，专权自恣，君臣之道，渐以陵替；宠之以位，位极则贱，顺之以恩，恩竭则慢。所以致弊，实由于此。吾今威之以法，法行则知恩，限之以爵，爵加则知荣；荣恩并济，上下有节。为治之要，于斯而著。"难曰：案法正在刘主前死，今称法正谏，则刘主在也。诸葛职为股肱，事归元首，刘主之世，亮又未领益州，庆赏刑政，不出于己。寻冲所述亮答，专自有其能，有违人臣自处之宜。以亮谦顺之体，殆必不然。又云亮刑法峻急，刻剥百姓，未闻善政以刻剥为称。

其二事曰：曹公遣刺客见刘备，方得交接，开论伐魏形势，甚合备计。稍欲亲近，刺者尚未得便会，既而亮入，魏客神色失措。亮因而察之，亦知非常人。须臾，客如厕，备谓亮曰："向得奇士，足以助君补益。"亮问所在，备曰："起者其人也。"亮徐叹曰："观客色动而神惧，视低而忤数，奸形外漏，邪心内藏，必曹氏刺客也。"追之，已越墙而走。难曰：凡为刺客，皆暴虎冯河，死而无悔者也。刘主有知人之鉴，而惑于此客，则此客必一时之奇士也。又语诸葛云"足以助君补益"，则亦诸葛之流亚也。凡如诸葛之俦，鲜有为人作刺客者矣，时主亦当惜其器用，必不投之死地也。且此人不死，要应显达为魏，竟是谁乎？何其寂蔑而无闻！

章武三年春，先主于永安病笃，召亮于成都，属以后事，谓亮曰:"君才十倍曹丕,必能安国,终定大事。若嗣子可辅,辅之;如其不才,君可自取。"亮涕泣曰:"臣敢竭股肱之力,效忠贞之节,继之以死!"先主又为诏敕后主曰:"汝与丞相从事,事之如父。"①建兴元年,封亮武乡侯,开府治事。顷之,又领益州牧。政事无巨细,咸决于亮。南中诸郡,并皆叛乱,亮以新遭大丧,故未便加兵,且遣使聘吴,因结和亲,遂为与国。②

①孙盛曰:夫杖道扶义,体存信顺,然后能匡主济功,终定大业。语曰弈者举棋不定犹不胜其偶,况量君之才否而二三其节,可以摧服强邻囊括四海者乎?备之命亮,乱孰甚焉!世或有谓备欲以固委付之诚,且以一蜀人之志。君子曰,不然,苟所寄忠贤,则不须若斯之诲,如非其人,不宜启篡逆之涂。是以古之顾命,必贻话言;诡伪之辞,非托孤之谓。幸值刘禅暗弱,无猜险之性,诸葛威略,足以检卫异端,故使异同之心无由自起耳。不然,殆生疑隙不逞之衅。谓之为权,不亦惑哉!

②亮集曰:是岁,魏司徒华歆、司空王朗、尚书令陈群、太史令许芝、谒者仆射诸葛璋各有书与亮,陈天命人事,欲使举国称藩。亮遂不报书,作正议曰:"昔在项羽,起不由德,虽处华夏,秉帝者之势,卒就汤镬,为后永戒。魏不审鉴,今次之矣;免身为幸,戒在子孙。而二三子各以耆艾之齿,承伪指而进书,有若崇、竦称莽之功,亦将逼于元祸苟免者邪!昔世祖之创迹旧基,奋羸卒数千,摧莽强旅四十馀万于昆阳之郊。夫据道讨淫,不在众寡。及至孟德,以其谲胜之力,举数十万之师,救张郃于阳平,势穷虑悔,仅能自脱,辱其锋锐之众,遂丧汉中之地,深知神器不可妄获,旋还未至,感毒而死。子桓淫逸,继之以篡。纵使二三子多逞苏、张诡靡之说,奉进翟兜滔天之辞,欲以诬毁唐帝,讽解禹、稷,所谓徒丧文藻烦劳翰墨者矣。夫大人君子之所不为也。又军诫曰:'万人必死,横行天下。'昔轩辕氏整卒数万,制四方,定海内,况以数十万之众,据正道而临有罪,可得干拟者哉!"

三年春,亮率众南征,①其秋悉平。军资所出,国以富饶,②乃治戎讲武,以俟大举。五年,率诸军北驻汉中,临发,上疏曰:

先帝创业未半而中道崩殂，今天下三分，<u>益州</u>疲弊，此诚危急存亡之秋也。然侍卫之臣不懈于内，忠志之士忘身于外者，盖追先帝之殊遇，欲报之于陛下也。诚宜开张圣听，以光先帝遗德，恢弘志士之气，不宜妄自菲薄，引喻失义，以塞忠谏之路也。宫中府中俱为一体，陟罚臧否，不宜异同。若有作奸犯科及为忠善者，宜付有司论其刑赏，以昭陛下平明之理，不宜偏私，使内外异法也。侍中、侍郎<u>郭攸之</u>、<u>费祎</u>、<u>董允</u>等，此皆良实，志虑忠纯，是以先帝简拔以遗陛下。愚以为宫中之事，事无大小，悉以咨之，然后施行，必能裨补阙漏，有所广益。将军<u>向宠</u>，性行淑均，晓畅军事，试用于昔日，先帝称之曰能，是以众议举宠为督。愚以为营中之事，悉以咨之，必能使行陈和睦，优劣得所。亲贤臣，远小人，此<u>先汉</u>所以兴隆也；亲小人，远贤臣，此<u>后汉</u>所以倾颓也。先帝在时，每与臣论此事，未尝不叹息痛恨于<u>桓</u>、<u>灵</u>也。侍中、尚书、长史、参军，此悉贞良死节之臣，愿陛下亲之信之，则汉室之隆，可计日而待也。

臣本布衣，躬耕于<u>南阳</u>，苟全性命于乱世，不求闻达于诸侯。先帝不以臣卑鄙，猥自枉屈，三顾臣于草庐之中，谘臣以当世之事，由是感激，遂许先帝以驱驰。后值倾覆，受任于败军之际，奉命于危难之间，尔来二十有一年矣。③先帝知臣谨慎，故临崩寄臣以大事也。受命以来，夙夜忧叹，恐托付不效，以伤先帝之明，故五月渡泸，深入不毛。④今南方已定，兵甲已足，当奖率三军，北定中原，庶竭驽钝，攘除奸凶，兴复<u>汉室</u>，还于旧都。此臣所以报先帝，而忠陛下之职分也。

至于斟酌损益，进尽忠言，则<u>攸之</u>、<u>祎</u>、<u>允</u>之任也。愿陛下托臣以讨贼兴复之效；不效，则治臣之罪，以告先帝之灵。若无兴德之言，则责<u>攸之</u>、<sup>(2)</sup><u>祎</u>、<u>允</u>等之慢，以彰其咎。陛下亦宜自谋,以谘诹善道,察纳雅言,深追先帝遗诏。臣不胜受恩感激。今当远离,临表涕零,不知所言。

遂行,屯于沔阳。⑤

①诏赐亮金铁钺一具,曲盖一,前后羽葆鼓吹各一部,虎贲六十人。事在亮集。

②汉晋春秋曰:亮至南中,所在战捷。闻孟获者,为夷、汉所服,募生致之。既得,使观于营陈之间,问曰:"此军何如?"获对曰:"向者不知虚实,故败。今蒙赐观看营陈,若只如此,即定易胜耳。"亮笑,纵使更战,七纵七禽,而亮犹遣获。获止不去,曰:"公,天威也,南人不复反矣。"遂至滇池。南中平,皆即其渠率而用之。或以谏亮,亮曰:"若留外人,则当留兵,兵留则无所食,一不易也;加夷新伤破,父兄死丧,留外人而无兵者,必成祸患,二不易也;又夷累有废杀之罪,自嫌衅重,若留外人,终不相信,三不易也;今吾欲使不留兵,不运粮,而纲纪粗定,夷、汉粗安故耳。"

③臣松之按:刘备以建安十三年败,遣亮使吴,亮以建兴五年抗表北伐,自倾覆至此整二十年。然则备始与亮相遇,在败军之前一年时也。

④汉书地理志曰:泸惟水出牂柯郡句町县。

⑤郭冲三事曰:亮屯于阳平,遣魏延诸军并兵东下,亮惟留万人守城。晋宣帝率二十万众拒亮,而与延军错道,径至前,当亮六十里所,侦候白宣帝说亮在城中兵少力弱。亮亦知宣帝垂至,已与相逼,欲前赴延军,相去又远,回迹反追,势不相及,将士失色,莫知其计。亮意气自若,敕军中皆卧旗息鼓,不得妄出菴幔,又令大开四城门,埽地却洒。宣帝常谓亮持重,而猥见势弱,疑其有伏兵,于是引军北趣山。明日食时,亮谓参佐拊手大笑曰:"司马懿必谓吾怯,将有强伏,循山走矣。"候逻还白,如亮所言。宣帝后知,深以为恨。难曰:案阳平在汉中。亮初屯阳平,宣帝尚为荆州都督,镇宛城,至曹真死后,始与亮于关中相抗御耳。魏尝遣宣帝自宛由西城伐蜀,值霖雨,不果。此之前后,无复有于阳平交兵事。就如冲言,宣帝既举二十万众,已知亮兵少力弱,若疑其有伏兵,正可设防持重,何至便走乎?案魏延传云:"延每随亮出,辄欲请精兵万

人，与亮异道会于潼关，亮制而不许；延常谓亮为怯，叹己才用之不尽也。"亮尚不以延为万人别统，岂得如冲言，顿使将重兵在前，而以轻弱自守乎？且冲与扶风王言，显彰宣帝之短，对子毁父，理所不容，而云"扶风王慨然善冲之言"，故知此书举引皆虚。

六年春，扬声由斜谷道取郿，使赵云、邓芝为疑军，据箕谷，魏大将军曹真举众拒之。亮身率诸军攻祁山，戎陈整齐，赏罚肃而号令明，南安、天水、安定三郡叛魏应亮，关中响震。[1]魏明帝西镇长安，命张郃拒亮，亮使马谡督诸军在前，与郃战于街亭。谡违亮节度，举动失宜，大为郃所破。亮拔西县千馀家，还于汉中，[2]戮谡以谢众。上疏曰："臣以弱才，叨窃非据，亲秉旄钺以厉三军，不能训章明法，临事而惧，至有街亭违命之阙，箕谷不戒之失，咎皆在臣授任无方。臣明不知人，恤事多暗，春秋责帅，臣职是当。请自贬三等，以督厥咎。"于是以亮为右将军，行丞相事，所总统如前。[3]

[1] 魏略曰：始，国家以蜀中惟有刘备。备既死，数岁寂然无声，是以略无备预；而卒闻亮出，朝野恐惧，陇右、祁山尤甚，故三郡同时应亮。

[2] 郭冲四事曰：亮出祁山，陇西、南安二郡应时降，围天水，拔冀城，虏姜维，驱略士女数千人还蜀。人皆贺亮，亮颜色愀然有戚容，谢曰："普天之下，莫非汉民，国家威力未举，使百姓困于豺狼之吻。一夫有死，皆亮之罪，以此相贺，能不为愧。"于是蜀人咸知亮有吞魏之志，非惟拓境而已。难曰：亮有吞魏之志久矣，不始于此众人方知也，且于时师出无成，伤缺而反者众，三郡归降而不能有。姜维，天水之匹夫耳，获之则于魏何损，拔西县千家，不补街亭所丧，以何为功，而蜀人相贺乎？

[3] 汉晋春秋曰：或劝亮更发兵者，亮曰："大军在祁山、箕谷，皆多于贼，而不能破贼为贼所破者，则此病不在兵少也，在一人耳。今欲减兵省将，明罚思过，校变通之道于将来；若不能然者，虽兵多何益！自今已后，诸有忠虑于国，但勤攻吾之阙，则事可定，贼可死，功可跷足而待矣。"于是考微劳，甄烈壮，引咎责躬，布所失于天下，厉兵讲武，以为后图，戎士简练，民忘其败矣。亮闻孙权破曹休，魏兵东下，关中虚弱。十一月，

上言曰："先帝虑汉、贼不两立，王业不偏安，故托臣以讨贼也。以先帝之明，量臣之才，故知臣伐贼才弱敌强也；然不伐贼，王业亦亡，惟坐待亡，孰与伐之？是故托臣而弗疑也。臣受命之日，寝不安席，食不甘味，思惟北征，宜先入南，故五月渡泸，深入不毛，并日而食。臣非不自惜也，顾王业不得偏全于蜀都，故冒危难以奉先帝之遗意也，而议者谓为非计。今贼适疲于西，又务于东，兵法乘劳，此进趋之时也。谨陈其事如左：高帝明并日月，谋臣渊深，然涉险被创，危然后安。今陛下未及高帝，谋臣不如良、平，而欲以长计取胜，坐定天下，此臣之未解一也。刘繇、王朗各据州郡，论安言计，动引圣人，群疑满腹，众难塞胸，今岁不战，明年不征，使孙策坐大，遂并江东，此臣之未解二也。曹操智计殊绝于人，其用兵也，仿佛孙、吴，然困于南阳，险于乌巢，危于祁连，逼于黎阳，几败北山，殆死潼关，然后伪定一时耳，况臣才弱，而欲以不危而定之，此臣之未解三也。曹操五攻昌霸不下，四越巢湖不成，任用李服而李服图之，委夏侯而夏侯败亡，先帝每称操为能，犹有此失，况臣驽下，何能必胜？此臣之未解四也。自臣到汉中，中间期年耳，然丧赵云、阳群、马玉、阎芝、丁立、白寿、刘郃、邓铜等及曲长屯将七十馀人，突将无前、賨、叟、青羌、散骑、武骑一千馀人，此皆数十年之内所纠合四方之精锐，非一州之所有，若复数年，则损三分之二也，当何以图敌？此臣之未解五也。今民穷兵疲，而事不可息，事不可息，则住与行劳费正等，而不及今图之，欲以一州之地与贼持久，此臣之未解六也。夫难平者，事也。昔先帝败军于楚，当此时，曹操拊手，谓天下以定。然后先帝东连吴、越，西取巴、蜀，举兵北征，夏侯授首，此操之失计而汉事将成也。然后吴更违盟，关羽毁败，秭归蹉跌，曹丕称帝。凡事如是，难可逆见。臣鞠躬尽力，死而后已，至于成败利钝，非臣之明所能逆睹也。"于是有散关之役。此表，亮集所无，出张俨默记。

　　冬，亮复出散关，围陈仓，曹真拒之，亮粮尽而还。魏将王双率骑追亮，亮与战，破之，斩双。七年，亮遣陈式攻武都、阴平。魏雍州刺史郭淮率众欲击式，亮自出至建威，淮退还，遂平二郡。诏策亮曰："街亭之役，咎由马谡，而君引愆，深自贬抑，重违君意，听顺所守。前年耀师，馘斩王双；今岁爰征，郭淮遁走；降集氐、羌，兴复二郡，威镇凶暴，功勋显然。方今天下骚扰，元恶未枭，君受大任，干国之重，而久自抑损，非所以光扬洪烈矣。今复君丞相，君其勿辞。"①

①汉晋春秋曰：是岁，孙权称尊号，其群臣以并尊二帝来告。议者咸以为交之无益，而名体弗顺，宜显明正义，绝其盟好。亮曰："权有僭逆之心久矣，国家所以略其衅情者，求掎角之援也。今若加显绝，雠我必深，便当移兵东伐，[3]与之角力，须并其土，乃议中原。彼贤才尚多，将相缉穆，未可一朝定也。顿兵相持，坐而须老，使北贼得计，非算之上者。昔孝文卑辞匈奴，先帝优与吴盟，皆应权通变，弘思远益，非匹夫之为忿者也。[4]今议者咸以权利在鼎足，不能并力，且志望以满，无上岸之情，推此，皆似是而非也。何者？其智力不侔，故限江自保；权之不能越江，犹魏贼之不能渡汉，非力有馀而利不取也。若大军致讨，彼高当分裂其地以为后规，下当略民广境，示武于内，非端坐者也。若就其不动而睦于我，我之北伐，无东顾之忧，河南之众不得尽西，此之为利，亦已深矣。权僭之罪，未宜明也。"乃遣卫尉陈震庆权正号。

九年，亮复出祁山，以木牛运，①粮尽退军，与魏将张郃交战，射杀郃。②十二年春，亮悉大众由斜谷出，以流马运，据武功五丈原，与司马宣王对于渭南。亮每患粮不继，使己志不申，是以分兵屯田，为久驻之基。耕者杂于渭滨居民之间，而百姓安堵，军无私焉。③相持百馀日。其年八月，亮疾病，卒于军，时年五十四。④及军退，宣王案行其营垒处所，曰："天下奇才也！"⑤

①汉晋春秋曰：亮围祁山，招鲜卑轲比能，比能等至故北地石城以应亮。于是魏大司马曹真有疾，司马宣王自荆州入朝，魏明帝曰："西方事重，非君莫可付者。"乃使西屯长安，督张郃、费曜、戴陵、郭淮等。宣王使曜、陵留精兵四千守上邽，馀众悉出，西救祁山。郃欲分兵驻雍、郿，宣王曰："料前军能独当之者，将军言是也；若不能当而分为前后，此楚之

三军所以为黥布禽也。"遂进。亮分兵留攻，自逆宣王于上邽。郭淮、费曜等徼亮，亮破之，因大芟刈其麦，与宣王遇于上邽之东，敛兵依险，军不得交，亮引而还。宣王寻亮至于卤城。张郃曰："彼远来逆我，请战不得，谓我利在不战，欲以长计制之也。且祁山知大军以在近，人情自固，可止屯于此，分为奇兵，示出其后，不宜进前而不敢逼，坐失民望也。今亮县军食少，亦行去矣。"宣王不从，故寻亮。既至，又登山掘营，不肯战。贾栩、魏平数请战，因曰："公畏蜀如虎，奈天下笑何！"宣王病之。诸将咸请战。五月辛巳，乃使张郃攻无当监何平于南围，自案中道向亮。亮使魏延、高翔、吴班赴拒，大破之，获甲首三千级，玄铠五千领，角弩三千一百张，宣王还保营。

② 郭冲五事曰：魏明帝自征蜀，幸长安，遣宣王督张郃诸军，雍、凉劲卒三十余万，潜军密进，规向剑阁。亮时在祁山，旌旗利器，守在险要，十二更下，在者八万。时魏军始陈，番兵适交，[5]参佐咸以贼众强盛，非力不制，宜权停下兵一月，以并声势。亮曰："吾闻统武行师，[6]以大信为本，得原失信，古人所惜；去者束装以待期，妻子鹤望而计日，虽临征难，义所不废。"皆催遣令去。于是去者感悦，愿留一战，住者愤踊，思致死命。相谓曰："诸葛公之恩，死犹不报也。"临战之日，莫不拔刃争先，以一当十，杀张郃，却宣王，一战大克，此信之由也。难曰：臣松之案：亮前出祁山，魏明帝身至长安耳，此年不复自来。且亮大军在关、陇，魏人何由得越亮径向剑阁？亮既在战场，本无久住之规，而方休兵还要，皆非经通之言。孙盛、习凿齿搜求异同，罔有所遗，而并不载冲言，知其乖刺多矣。

③ 汉晋春秋曰：亮自至，数挑战。宣王亦表固请战。使卫尉辛毗持节以制之。姜维谓亮曰："辛佐治仗节而到，贼不复出矣。"亮曰："彼本无战情，所以固请战者，以示武于其众耳。将在军，君命有所不受，苟能制吾，岂千里而请战邪！"

魏氏春秋曰：亮使至，问其寝食及其事之烦简，不问戎事。使对曰："诸葛公夙兴夜寐，罚二十以上，皆亲擥焉；所啖食不至数升。"宣王曰："亮将死矣。"

④魏书曰:亮粮尽势穷,忧恚欧血,一夕烧营遁走 ,入谷,道发病卒。

汉晋春秋曰:亮卒于郭氏坞。

晋阳秋曰:有星赤而芒角,自东北西南流,投于亮营,三投再还,往大还小。俄而亮卒。

臣松之以为亮在渭滨,魏人蹑迹,胜负之形,未可测量,而云欧血,盖因亮自亡而自夸大也。夫以孔明之略,岂为仲达欧血乎?及至刘琨丧师,与晋元帝笺亦云"亮军败欧血",此则引虚记以为言也。其云入谷而卒,缘蜀人入谷发丧故也。

⑤汉晋春秋曰:杨仪等整军而出,百姓奔告宣王,宣王追焉。姜维令仪反旗鸣鼓,若将向宣王者,宣王乃退,不敢逼。于是仪结陈而去,入谷然后发丧。宣王之退也,百姓为之谚曰:"死诸葛走生仲达。"或以告宣王,宣王曰:"吾能料生,不便料死也。"

亮遗命葬汉中定军山,因山为坟,冢足容棺,敛以时服,不须器物。诏策曰:"惟君体资文武,明睿笃诚,受遗托孤,匡辅朕躬,继绝兴微,志存靖乱;爰整六师,无岁不征,神武赫然,威镇八荒,将建殊功于季汉,参伊、周之巨勋。如何不吊,事临垂克,遭疾陨丧!朕用伤悼,肝心若裂。夫崇德序功,纪行命谥,所以光昭将来,刊载不朽。今使使持节左中郎将杜琼,赠君丞相武乡侯印绶,谥君为忠武侯。魂而有灵,嘉兹宠荣。呜呼哀哉!呜呼哀哉!"

初,亮自表后主曰:"成都有桑八百株,薄田十五顷,子弟衣食,自有馀饶。至于臣在外任,无别调度,随身衣食,悉仰于官,不别治生,以长尺寸。若臣死之日,不使内有馀帛,外有赢财,以负陛下。"及卒,如其所言。

亮性长于巧思,损益连弩,木牛流马,皆出其意;推演兵法,作八陈图,咸得其要云。①亮言教书奏多可观,别为一集。

①魏氏春秋曰:亮作八务、七戒、六恐、五惧,皆有条章,以训厉臣子。又损益连弩,谓之元戎,以铁为矢,矢长八寸,一弩十矢俱发。

亮集载木牛流马法曰："木牛者,方腹曲头,一脚四足,头入领中,舌著于腹。载多而行少,宜可大用,不可小使;特行者数十里,群行者二十里也。曲者为牛头,双者为牛脚,横者为牛领,转者为牛足,覆者为牛背,方者为牛腹,垂者为牛舌,曲者为牛肋,刻者为牛齿,立者为牛角,细者为牛鞅,摄者为牛鞦轴。牛仰双辕,人行六尺,牛行四步。载一岁粮,日行二十里,而人不大劳。流马尺寸之数,肋长三尺五寸,广三寸,厚二寸二分,左右同。前轴孔分墨去头四寸,径中二寸。前脚孔分墨二寸,去前轴孔四寸五分,广一寸。前杠孔去前脚孔分墨二寸七分,孔长二寸,广一寸。后轴孔去前杠分墨一尺五分,大小与前同。后脚孔分墨去后轴孔三寸五分,大小与前同。后杠孔去后脚孔分墨二寸七分,后载克去后杠孔分墨四寸五分。前杠长一尺八寸,广二寸,厚一寸五分。后杠与等版方囊二枚,厚八分,长二尺七寸,高一尺六寸五分,广一尺六寸,每枚受米二斛三斗。从上杠孔去肋下七寸,前后同。上杠孔去下杠孔分墨一尺三寸,孔长一寸五分,广七分,八孔同。前后四脚,广二寸,厚一寸五分。形制如象,靬长四寸,径面四寸三分。孔径中三脚杠,长二尺一寸,广一寸五分,厚一寸四分,同杠耳。"

景耀六年春,诏为亮立庙于沔阳。①秋,魏镇西将军锺会征蜀,至汉川,祭亮之庙,令军士不得于亮墓所左右刍牧樵采。亮弟均,官至长水校尉。亮子瞻,嗣爵。②

①襄阳记曰:亮初亡,所在各求为立庙,朝议以礼秩不听,百姓遂因时节私祭之于道陌上。言事者或以为可听立庙于成都者,后主不从。步兵校尉习隆、中书郎向充等共上表曰:"臣闻周人怀召伯之德,甘棠为之不伐;越王思范蠡之功,铸金以存其像。自汉兴以来,小善小德而图形立庙者多矣。况亮德范遐迩,勋盖季世,王室之不坏,实斯人是赖,而蒸尝止于私门,庙像阙而莫立,使百姓巷祭,戎夷野祀,非所以存德念功,述追在昔者也。今若尽顺民心,则渎而无典,建之京师,又逼宗庙,此圣怀所以惟疑也。臣愚以为宜因近其墓,立之于沔阳,使所亲属以时赐祭,凡其臣故吏欲奉祠者,皆限至庙。断其私祀,以崇正礼。"于是始从之。

②襄阳记曰：黄承彦者，高爽开列，为沔南名士，谓诸葛孔明曰："闻君择妇；身有丑女，黄头黑色，而才堪相配。"孔明许，即载送之。时人以为笑乐，乡里为之谚曰："莫作孔明择妇，正得阿承丑女。"

诸葛氏集目录

开府作牧第一　权制第二　南征第三

北出第四　计算第五　训厉第六

综核上第七　综核下第八　杂言上第九

杂言下第十　贵和第十一　兵要第十二

传运第十三　与孙权书第十四　与诸葛瑾书第十五

与孟达书第十六　废李平第十七　法检上第十八

法检下第十九　科令上第二十　科令下第二十一

军令上第二十二　军令中第二十三　军令下第二十四

右二十四篇，凡十万四千一百一十二字。

臣寿等言：臣前在著作郎，侍中领中书监济北侯臣荀勖、中书令关内侯臣和峤奏，使臣定故蜀丞相诸葛亮故事。亮毗佐危国，负阻不宾，然犹存录其言，耻善有遗，诚是大晋光明至德，泽被无疆，自古以来，未之有伦也。辄删除复重，随类相从，凡为二十四篇，篇名如右。

亮少有逸群之才，英霸之器，身长八尺，容貌甚伟，时人异焉。遭汉末扰乱，随叔父玄避难荆州，躬耕于野，不求闻达。时左将军刘备以亮有殊量，乃三顾亮于草庐之中；亮深谓备雄姿杰出，遂解带写诚，厚相结纳。及魏武帝南征荆州，刘琮举州委质，而备失势众寡，无立锥之地。亮时年二十七，乃建奇策，身使孙权，求援吴会。权既宿服仰备，又睹亮奇雅，甚敬重之，即遣兵三万人以助备。备得用与武帝交战，大破其军，乘胜克捷，江南悉平。后备又西取益州。益州既定，以亮为军师将军。备称尊号，拜亮为丞相，录尚书事。及备殂没，嗣子幼弱，事无巨细，亮皆专之。于是外连东吴，内平南越，立法施度，整理戎旅，工械技巧，物究其极，科教严明，赏罚必信，无恶不惩，无善不显，至于吏不容奸，人怀自厉，道不拾遗，强不侵弱，风化肃然也。

当此之时，亮之素志，进欲龙骧虎视，苞括四海，退欲跨陵边疆，震荡宇内。又自以为无身之日，则未有能蹈涉中原、抗衡上国者，是以用兵不戢，屡耀其武。然亮才，于治戎为长，奇谋为短，理民之干，优于将略。而所与对敌，或值人杰，加众寡不侔，攻守异体，故虽连年动众，未能有克。昔萧何荐韩信，管仲举王子城父，皆忖己之长，未能兼有故也。亮之器能政理，抑亦管、萧之亚匹也，而时之名将无城父、韩信，故使功业陵迟，大义不及邪？盖天命有归，不可以智力争也。

青龙二年春，亮帅众出武功，分兵屯田，为久驻之基。其秋病卒，黎庶追思，以为口实。至今梁、益之民，咨述亮者，言犹在耳，虽甘棠之咏召公，郑人之歌子产，无以远譬也。孟轲有云："以逸道使民，虽劳不怨；以生道杀人，虽死不忿。"信矣！论者或怪亮文彩不艳，而过于丁宁周至。臣愚以为咎繇大贤也，周公圣人也，考之尚书，咎繇之谟略而雅，周公之诰烦而悉。何则？咎繇与舜、禹共谈，周公与群下矢誓故也。亮所与言，尽众人凡士，故其文指不得及远也。然其声教遗言，皆经事综物，公诚之心，形于文墨，足以知其人之意理，而有补于当世。

伏惟陛下迈踪古圣，荡然无忌，故虽敌国诽谤之言，咸肆其辞而无所革讳，所以明大通之道也。谨录写上诣著作。臣寿诚惶诚恐，顿首顿首，死罪死罪。泰始十年二月一日癸巳，平阳侯相臣陈寿上。

乔字伯松，亮兄瑾之第二子也，本字仲慎。与兄元逊俱有名于时，论者以为乔才不及兄，而性业过之。初，亮未有子，求乔为嗣，瑾启孙权遣乔来西，亮以乔为己適子，故易其字焉。拜为驸马都尉，随亮至汉中。①年二十五，建兴六年卒。[7]子攀，官至行护军翊武将军，亦早卒。诸葛恪见诛于吴，子孙皆尽，而亮自有胄裔，故攀还复为瑾后。

①亮与兄瑾书曰："乔本当还成都，今诸将子弟皆得传运，思惟宜同荣辱。今使乔督五六百兵，与诸子弟传于谷中。"书在亮集。

瞻字思远。建兴十二年，亮出武功，与兄瑾书曰："瞻今已八岁，聪慧可爱，嫌其早成，恐不为重器耳。"年十七，尚公主，拜骑都尉。其明年为羽林中郎将，屡迁射声校尉、侍中、尚书仆射，加军师将军。瞻工书画，强识念，蜀人追思亮，咸爱其才敏。每朝廷有一善政佳事，虽非瞻所建倡，百姓皆传相告曰："葛侯之所为也。"是以美声溢誉，有过其实。景耀四年，为行都护卫将军，与辅国大将军南乡侯董厥并平尚书事。六年冬，魏征西将军邓艾伐蜀，自阴平由景谷道旁入。瞻督诸军至涪停住，前锋破，退还，住绵竹。艾遣书诱瞻曰："若降者必表为琅邪王。"瞻怒，斩艾使。遂战，大败，临陈死，时年三十七。众皆离散，艾长驱至成都。瞻长子尚，与瞻俱没。①次子京及攀子显等，咸熙元年内移河东。②

①干宝曰：瞻虽智不足以扶危，勇不足以拒敌，而能外不负国，内不改父之志，忠孝存焉。

华阳国志曰：尚叹曰："父子荷国重恩，不早斩黄皓，以致倾败，用生何为！"乃驰赴魏军而死。

②案诸葛氏谱云：京字行宗。

晋泰始起居注载诏曰:"诸葛亮在蜀,尽其心力,其子瞻临难而死义,天下之善一也。其孙京,随才署吏。"后为郿令。

尚书仆射山涛启事曰:"郿令诸葛京,祖父亮,遇汉乱分隔,父子在蜀,虽不达天命,要为尽心所事。京治郿自复有称,臣以为宜以补东宫舍人,以明事人之理,副梁、益之论。"京位至江州刺史。

董厥者,丞相亮时为府令史,亮称之曰:"董令史,良士也。吾每与之言,思慎宜适。"徙为主簿。亮卒后,稍迁至尚书仆射,代陈祗为尚书令,迁大将军,平台事,而义阳樊建代焉。①延熙十四年,[8]以校尉使吴,值孙权病笃,不自见建。权问诸葛恪曰:"樊建何如宗预也?"恪对曰:"才识不及预,而雅性过之。"后为侍中,守尚书令。自瞻、厥、建统事,姜维常征伐在外,宦人黄皓窃弄机柄,咸共将护,无能匡矫,②然建特不与皓和好往来。蜀破之明年春,厥、建俱诣京都,同为相国参军,其秋并兼散骑常侍,使蜀慰劳。③

①案晋百官表:董厥字龚袭,亦义阳人。建字长元。

②孙盛异同记曰:瞻、厥等以维好战无功,国内疲弊,宜表后主,召还为益州刺史,夺其兵权;蜀长老犹有瞻表以阎宇代维故事。晋永和三年,蜀史常璩说蜀长老云:"陈寿尝为瞻吏,为瞻所辱,故因此归恶黄皓,而云瞻不能匡矫也。"

③汉晋春秋曰:樊建为给事中,晋武帝问诸葛亮之治国,建对曰:"闻恶必改,而不矜过,赏罚之信,足感神明。"帝曰:"善哉!使我得此人以自辅,岂有今日之劳乎!"建稽首曰:"臣窃闻天下之论,皆谓邓艾见枉,陛下知而不理,此岂冯唐之所谓'虽得颇、牧而不能用'者乎!"帝笑曰:"吾方欲明之,卿言起我意。"于是发诏治艾焉。

评曰:诸葛亮之为相国也,抚百姓,示仪轨,约官职,从权制,开诚心,布公道;尽忠益时者虽雠必赏,犯法怠慢者虽亲必罚,服罪输情者虽重必释,游辞巧饰者虽轻必戮;善无微而不赏,恶无纤而不贬;庶事精练,物理其本,循名责实,虚伪不齿;终于邦域之内,咸畏而爱之,刑政虽峻而无怨者,以其用心平而劝戒明也。可谓识治之良才,管、萧之亚匹矣。然连年动众,未能成功,盖应变将略,非其所长欤!①

①袁子曰:或问诸葛亮何如人也,袁子曰:张飞、关羽与刘备俱起,爪牙腹心之臣,而武人也。晚得诸葛亮,因以为佐相,而群臣悦服,刘备足信、亮足重故也。及其受六尺之孤,摄一国之政,事凡庸之君,专权而不失礼,行君事而国人不疑,如此即以为君臣百姓之心欣戴之矣。行法严而国人悦服,用民尽其力而下不怨。及其兵出入如宾,行不寇,刍荛者不猎,如在国中。其用兵也,止如山,进退如风,兵出之日,天下震动,而人心不忧。亮死至今数十年,国人歌思,如周人之思召公也,孔子曰"雍也可使南面",诸葛亮有焉。又问诸葛亮始出陇右,南安、天水、安定三郡人反应之,若亮速进,则三郡非中国之有也,而亮徐行不进;既而官兵上陇,三郡复,亮无尺寸之功,失此机,何也?袁子曰:蜀兵轻锐,良将少,亮始出,未知中国强弱,是以疑而尝之;且大会者不求近功,所以不进也。曰:何以知其疑也?袁子曰:初出迟重,屯营重复,后转降未进兵欲战,亮勇而能斗,三郡反而不速应,此其疑征也。曰:何以知其勇而能斗也?袁子曰:亮之在街亭也,前军大破,亮屯去数里,不救;官兵相接,又徐行,此其勇也。亮之行军,安静而坚重;安静则易动,坚重则可以进退。亮法令明,赏罚信,士卒用命,赴险而不顾,此所以能斗也。曰:亮率数万之众,其所兴造,若数十万之功,是其奇者也。所至营垒、井灶、圂溷、藩篱、障塞皆应绳墨,一月之行,去之如始至,劳费而徒为饰好,何也?袁子曰:蜀人轻脱,亮故坚用之。曰:何以知其然也?袁子曰:亮治实而不治名,志大而所欲远,非求近速者也。曰:亮好治官府、次舍、桥梁、道路,此非急务,何也?袁子曰:小国贤才少,故欲其尊严也。亮之治蜀,田畴辟,仓廪实,器械利,蓄积饶,朝会不华,路无醉人。夫本立故末治,有馀力而后及小事,此所以劝其功也。曰:子之论诸葛亮,则有证也。以

亮之才而少其功，何也？袁子曰；亮，持本者也，其于应变，则非所长也，故不敢用其短。曰：然则吾子美之，何也？袁子曰：此固贤者之远矣，安可以备体责也。夫能知所短而不用，此贤者之大也；知所短则知所长矣。夫前识与言而不中，亮之所不用也，此吾之所谓可也。

吴大鸿胪张俨作默记，其述佐篇论亮与司马宣王书曰：汉朝倾覆，天下崩坏，豪杰之士，竞希神器。魏氏跨中土，刘氏据益州，并称兵海内，为世霸主。诸葛、司马二相，遭值际会，托身明主，或收功于蜀汉，或册名于伊、洛。丕、备既没，后嗣继统，各受保阿之任，辅翼幼主，不负然诺之诚，亦一国之宗臣，霸王之贤佐也。历前世以观近事，二相优劣，可得而详也。孔明起巴、蜀之地，蹈一州之士，方之大国，其战士人民，盖有九分之一也，而以贡赞大吴，抗对北敌，至使耕战有伍，刑法整齐，提步卒数万，长驱祁山，慨然有饮马河、洛之志。仲达据天下十倍之地，仗兼并之众，据牢城，拥精锐，无禽敌之意，务自保全而已，使彼孔明自来自去。若此人不亡，终其志意，连年运思，刻日兴谋，则凉、雍不解甲，中国不释鞍，胜负之势，亦已决矣。昔子产治郑，诸侯不敢加兵，蜀相其近之矣。方之司马，不亦优乎！或曰，兵者凶器，战者危事也，有国者不务保安境内，绥静百姓，而好开辟土地，征伐天下，未为得计也。诸葛丞相诚有匡佐之才，然处孤绝之地，战士不满五万，自可闭关守险，君臣无事。空劳师旅，无岁不征，未能进尺寸之地，开帝王之基，而使国内受其荒残，西土苦其役调。魏司马懿才用兵众，未易可轻，量敌而进，兵家所慎；若丞相必有以策之，则未见坦然之勋，若无策以裁之，则非明哲之谓，海内归向之意也。余窃疑焉，请闻其说。答曰：盖闻汤以七十里、文王以百里之地而有天下，皆用征伐而定之。揖让而登王位者，惟舜、禹而已。今蜀、魏为敌战之国，势不俱王，自操、备时，强弱县殊，而备犹出兵阳平，禽夏侯渊。羽围襄阳，将降曹仁，生获于禁，当时北边大小忧惧，孟德身出南阳，乐进、徐晃等为救，围不即解，故蒋子通言彼时有徙许渡河之计，会国家豪取南郡，羽乃解军。玄德与操，智力多少，士众众寡，用兵行军之道，不可同年而语，犹能暂以取胜，是时又无大吴掎角之势也。今仲达之才，减于孔明，当时之势，异于曩日，玄德尚与抗衡，孔明何以不可出军而图敌邪?昔乐毅以弱燕之众,兼从五国之兵,长驱强齐,下七十馀城。今蜀汉之卒,不少燕军,君臣之接,信于乐毅,加以国家为唇齿之援,东西相应,首尾如蛇,形势重大,不比于五国之兵也,何惮于彼而不可哉?夫兵以奇胜,制敌以智,土地广狭,人马多少,未可偏恃也。余观彼治国之体,当时既肃整,遗教在后,及其辞意恳切,陈进取之图,忠谋謇謇,义形于主,虽古之管、晏,何以加之乎?

蜀记曰:晋永兴中,镇南将军刘弘至隆中,观亮故宅,立碣表闾,命太傅掾犍为李兴为文曰:"天子命我,于沔之阳,听鼓鼙而永思,庶先哲之遗光,登隆山以远望,轼诸葛之故乡。盖神物应机,大器无方,通人靡滞,大德不常。故谷风发而驺虞啸,云雷升而潜鳞骧;挚解褐于三聘,尼得招而袤裳,管豹变于受命,贡感激以回庄,异徐生之摘宝,释卧龙于深藏,伟刘氏之倾盖,嘉吾子之周行。夫有知己之主,则有竭命之良,固所以三分我汉鼎,跨带我边荒,抗衡我北面,驰骋我魏疆者也。英哉吾子,独含天灵。岂神之祇,岂人之精?何思之深,何德之清!异世通梦,恨不同生。推子八陈,不在孙、吴,木牛之奇,则非般模,神弩之功,一何微妙!千井齐甃,又何秘要!昔在颛、夭,有名无迹,孰若吾俦,良筹妙画?臧文既没,以言见称,又未若子,言行并征。夷吾反坫,乐毅不终,美比于尔,明哲守冲。临终受寄,让过许由,负宸莅事,民言不流。刑中于郑,教美于鲁,蜀民知耻,河、渭安堵。匪皋则伊,宁彼管、晏,岂徒圣宣,慷慨屡叹!昔尔之隐,卜惟此宅,仁智所处,能无规廓。日居月诸,时殒其夕,谁能不殁,贵有遗格。惟子之勋,移风来世,咏歌馀典,懦夫将厉。遐哉邈矣,厥规卓矣,凡若吾子,难可究已。畴昔之乖,万里殊涂;今我来思,觌尔故墟。汉高归魂于丰、沛,太公五世而反周,想罔两以仿佛,冀影响之有馀。魂而有灵,岂其识诸!"

王隐晋书云:李兴,密之子;一名安。

【校勘记】

〔1〕遂用猖蹶 蹶,原作"獗",据资治通鉴卷六五改。

〔2〕若无兴德之言则责攸之 原脱"责"上七字,据本书卷三九董允传补。

〔3〕便当移兵东伐　伐,原作"戍",据殿本考证改。

〔4〕非匹夫之为忿者也　忿,原作"分",据资治通鉴卷七一改。

〔5〕番兵适交　番,原作"幡",据通典卷一五一、太平御览卷四三〇改。

〔6〕吾闻统武行师　原脱"闻"字,据通典卷一五一、太平御览卷四三〇补。

〔7〕建兴六年卒　六,原作"元",据何焯校本改。

〔8〕延熙十四年　熙下原衍"二"字,据何焯校本删。

# 三国志卷三十六　蜀书六

## 关张马黄赵传第六

关羽字云长，本字长生，河东解人也。亡命奔涿郡。先主于乡里合徒众，而羽与张飞为之御侮。先主为平原相，以羽、飞为别部司马，分统部曲。先主与二人寝则同床，恩若兄弟。而稠人广坐，侍立终日，随先主周旋，不避艰险。[1]先主之袭杀徐州刺史车胄，使羽守下邳城，行太守事，[2]而身还小沛。

> [1]蜀记曰：曹公与刘备围吕布于下邳，关羽启公，布使秦宜禄行求救，乞娶其妻，公许之。临破，又屡启于公。公疑其有异色，先遣迎看，因自留之，羽心不自安。此与魏氏春秋所说无异也。

> [2]魏书云：以羽领徐州。

建安五年，曹公东征，先主奔袁绍。曹公禽羽以归，拜为偏将军，礼之甚厚。绍遣大将颜良攻东郡太守刘延于白马，[1]曹公使张辽及羽为先锋击之。羽望见良麾盖，策马刺良于万众之中，斩其首还，绍诸将莫能当者，遂解白马围。曹公即表封羽为汉寿亭侯。初，曹公壮羽为人，而察其心神无久留之意，谓张辽曰："卿试以情问之。"既而辽以问羽，羽叹曰："吾极知曹公待我厚，然吾受刘将军厚恩，誓以共死，不可背之。吾终不留，吾要当立效以报曹公乃去。"辽以羽言报曹公，曹公义之。① 及羽杀颜良，曹公知其必去，重加赏赐。羽尽封其所赐，拜书告辞，而奔先主于袁军。左右欲追之，曹公曰："彼各为其主，勿追也。"②

> ①傅子曰：辽欲白太祖，恐太祖杀羽，不白，非事君之道，乃叹曰："公，君父也；羽，兄弟耳。"遂白之。太祖曰："事君不忘其本，天下义士也。度何时能去？"辽曰："羽受公恩，必立效报公而后去也。"
>
> ②臣松之以为曹公知羽不留而心嘉其志，去不遣追以成其义，自非有王霸之度，孰能至于此乎？斯实曹公之休美。

从先主就刘表。表卒，曹公定荆州，先主自樊将南渡江，别遣羽乘船数百艘会江陵。曹公追至当阳长阪，先主斜趣汉津，适与羽船相值，共至夏口。①孙权遣兵佐先主拒曹公，曹公引军退归。先主收江南诸郡，乃封拜元勋，以羽为襄阳太守、荡寇将军，驻江北。先主西定益州，拜羽董督荆州事。羽闻马超来降，旧非故人，羽书与诸葛亮，问超人才可谁比类。亮知羽护前，乃答之曰："孟起兼资文武，雄烈过人，一世之杰，黥、彭之徒，当与益德并驱争先，犹未及髯之绝伦逸群也。"羽美须髯，故亮谓之髯。羽省书大悦，以示宾客。

> ①蜀记曰：初，刘备在许，与曹公共猎。猎中，众散，羽劝备杀公，备不从。及在夏口，飘飖江渚，羽怒曰："往日猎中，若从羽言，可无今日之困。"备曰："是时亦为国家惜之耳；若天道辅正，安知此不为福邪！"
>
> 臣松之以为备后与董承等结谋，但事泄不克谐耳，若为国家惜曹公，其如此言何。羽若果有此劝而备不肯从者，将以曹公腹心亲戚，实繁有徒，事不宿构，非造次所行；曹虽可杀，身必不免，故以计而止，何惜之有乎！既往之事，故托为雅言耳。

羽尝为流矢所中，贯其左臂，后创虽愈，每至阴雨，骨常疼痛，医曰："矢镞有毒，毒入于骨，当破臂作创，刮骨去毒，然后此患乃除耳。"羽便伸臂令医劈之。时羽适请诸将饮食相对，臂血流离，盈于盘器，而羽割炙引酒，言笑自若。

二十四年，先主为汉中王，拜羽为前将军，假节钺。是岁，羽率众攻曹仁于樊。曹公遣于禁助仁。秋，大霖雨，汉水泛溢，禁所督七军皆没。禁降羽，羽又斩将军庞悳。梁郏、陆浑群盗或遥受羽印号，为之支党，羽威震华夏。曹公议徙许都以避其锐，司马宣王、蒋济以为关羽得志，孙权必不愿也。可遣人劝权蹑其后，许割江南以封权，则樊围自解。曹公从之。先是，权遣使为子索羽女，羽骂辱其使，不许婚，权大怒。①又南郡太守麋芳在江陵，将军士仁屯公安，[2]素皆嫌羽轻己。自羽之出军，[3]芳、仁供给军资，不悉相救。羽言"还当治之"，芳、仁咸怀惧不安。于是权阴诱芳、仁，芳、仁使人迎权。而曹公遣徐晃救曹仁，②羽不能克，引军退还。权已据江陵，尽虏羽士众妻子，羽军遂散。权遣将逆击羽，斩羽及子平于临沮。③

①典略曰：羽围樊，权遣使求助之，敕使莫速进，又遣主簿先致命于羽。羽忿其淹迟，又自已得于禁等，乃骂曰："狢子敢尔，如使樊城拔，吾不能灭汝邪！"权闻之，知其轻己，伪手书以谢羽，许以自往。

臣松之以为荆、吴虽外睦，而内相猜防，故权之袭羽，潜师密发。按吕蒙传云："伏精兵于𦪇𦨴之中，使白衣摇橹，作商贾服。"以此言之，羽不求助于权，权必不语羽当往也。若许相援助，何故匿其形迹乎？

②蜀记曰：羽与晃宿相爱，遥共语，但说平生，不及军事。须臾，晃下马宣令："得关云长头，赏金千斤。"羽惊怖，谓晃曰："大兄，是何言邪！"晃曰："此国之事耳。"

③蜀记曰：权遣将军击羽，获羽及子平。权欲活羽以敌刘、曹，左右曰："狼子不可养，后必为害。曹公不即除之，自取大患，乃议徙都。今岂可生！"

乃斩之。

臣松之按吴书:孙权遣将潘璋逆断羽走路,羽至即斩,且临沮去江陵二三百里,岂容不时杀羽,方议其生死乎?又云"权欲活羽以敌刘、曹",此之不然,可以绝智者之口。

吴历曰:权送羽首于曹公,以诸侯礼葬其尸骸。

追谥羽曰壮缪侯。[1] 子兴嗣。兴字安国,少有令问,丞相诸葛亮深器异之。弱冠为侍中、中监军,数岁卒。子统嗣,尚公主,官至虎贲中郎将。卒,无子,以兴庶子彝续封。[2]

[1]蜀记曰:羽初出军围樊,梦猪啮其足,语子平曰:"吾今年衰矣,然不得还!"

江表传曰:羽好左氏传,讽诵略皆上口。

[2]蜀记曰:庞德子会,随钟、邓伐蜀,蜀破,尽灭关氏家。

张飞字益德,涿郡人也,少与关羽俱事先主。羽年长数岁,飞兄事之。先主从曹公破吕布,随还许,曹公拜飞为中郎将。先主背曹公依袁绍、刘表。表卒,曹公入荆州,先主奔江南。曹公追之,一日一夜,及于当阳之长阪。先主闻曹公卒至,弃妻子走,使飞将二十骑拒后。飞据水断桥,瞋目横矛曰:"身是张益德也,可来共决死!"敌皆无敢近者,故遂得免。先主既定江南,以飞为宜都太守、征虏将军,封新亭侯,后转在南郡。先主入益州,还攻刘璋,飞与诸葛亮等泝流而上,分定郡县。至江州,破璋将巴郡太守严颜,生获颜。飞呵颜曰:"大军至,何以不降而敢拒战?"颜答曰:"卿等无状,侵夺我州,我州但有断头将军,无有降将军也。"飞怒,令左右牵去斫头,颜色不变,曰:"斫头便斫头,何为怒邪!"飞壮而释之,引为宾客。[1]飞所过战克,与先主会于成都。益州既平,赐诸葛亮、法正、飞及关羽金各五百斤,银千斤,钱五千万,锦千匹,其馀颁赐各有差，以飞领巴西太守。

①华阳国志曰：初，先主入蜀，至巴郡，颜辑心叹曰："此所谓独坐穷山，放虎自卫也！"

曹公破张鲁，留夏侯渊、张郃守汉川。郃别督诸军下巴西，欲徙其民于汉中，进军宕渠、蒙头、荡石，与飞相拒五十馀日。飞率精卒万馀人，从他道邀郃军交战，山道迮狭，前后不得相救，飞遂破郃。郃弃马缘山，独与麾下十馀人从间道退，引军还南郑，巴土获安。先主为汉中王，拜飞为右将军、假节。章武元年，迁车骑将军，领司隶校尉，进封西乡侯，策曰："朕承天序，嗣奉洪业，除残靖乱，未烛厥理。今寇虏作害，民被荼毒，思汉之士，延颈鹤望。朕用恒然，坐不安席，食不甘味，整军诰誓，将行天罚。以君忠毅，侔踪召、虎，名宣遐迩，故特显命，高墉进爵，兼司于京。其诞将天威，柔服以德，伐叛以刑，称朕意焉。诗不云乎，'匪疚匪棘，王国来极。肇敏戎功，用锡尔祉'。可不勉欤！"

初，飞雄壮威猛，亚于关羽，魏谋臣程昱等咸称羽、飞万人之敌也。羽善待卒伍而骄于士大夫，飞爱敬君子而不恤小人。先主常戒之曰："卿刑杀既过差，又日鞭挝健儿，而令在左右，此取祸之道也。"飞犹不悛。先主伐吴，飞当率兵万人，自阆中会江州。临发，其帐下将张达、范强杀飞，持其首，顺流而奔孙权。飞营都督表报先主，先主闻飞都督之有表也，曰："噫！飞死矣。"追谥飞曰桓侯。长子苞，早夭。次子绍嗣，官至侍中尚书仆射。苞子遵为尚书，随诸葛瞻于绵竹，与邓艾战，死。

马超字孟起，扶风茂陵人也。[4]父腾，灵帝末与边章、韩遂等俱起事于西州。初平三年，遂、腾率众诣长安。汉朝以遂为镇西将军，遣还金城，腾为征西将军，遣屯郿。后腾袭长安，败走，退还凉州。司隶校尉锺繇镇关中,移书遂、腾,为陈祸福。腾遣超随繇讨郭援、高幹于平阳,超将庞德亲斩援首。后腾与韩遂不和,求还京畿。于是征为卫尉,以超为偏将军,封都亭侯,领腾部曲。①

①典略曰:腾字寿成,马援后也。桓帝时,其父字子硕,尝为天水兰干尉。后失官,因留陇西,与羌错居。家贫无妻,遂娶羌女,生腾。腾少贫无产业,常从彰山中斫材木,负贩诣城市,以自供给。腾为人长八尺馀,身体洪大,面鼻雄异,而性贤厚,人多敬之。灵帝末,凉州刺史耿鄙任信奸吏,民王国等及氐、羌反叛。州郡募发民中有勇力者,欲讨之,腾在募中。州郡异之,署为军从事,典领部众。讨贼有功,拜军司马,后以功迁偏将军,又迁征西将军,常屯汧、陇之间。初平中,拜征东将军。是时,西州少谷,腾自表军人多乏,求就谷于池阳,遂移屯长平岸头。而将王承等恐腾为己害,乃攻腾营。时腾近出无备,遂破走,西上。会三辅乱,不复来东,而与镇西将军韩遂结为异姓兄弟,始甚相亲,后转以部曲相侵入,更为雠敌。腾攻遂,遂走,合众还攻腾,杀腾妻子,连兵不解。建安之初,国家纲纪殆弛,乃使司隶校尉锺繇、凉州牧韦端和解之。征腾还屯槐里,转拜为前将军,假节,封槐里侯。北备胡寇,东备白骑,待士进贤,矜救民命,三辅甚安爱之。十三年,[5]征为卫尉,腾自见年老,遂入宿卫。初,曹公为丞相,辟腾长子超,不就。超后为司隶校尉督军从事,讨郭援,为飞矢所中,乃以囊囊其足而战,破斩援首。诏拜徐州刺史,后拜谏议大夫。及腾之入,因诏拜为偏将军,使领腾营。又拜超弟休奉车都尉,休弟铁骑都尉,徙其家属皆诣邺,惟超独留。

超既统众,遂与韩遂合从,及杨秋、李堪、成宜等相结,进军至潼关。曹公与遂、超单马会语,超负其多力,阴欲突前捉曹公,曹公左右将许褚瞋目盼之,超乃不敢动。曹公用贾诩谋,离间超、遂,更相猜疑,军以大败。①超走保诸戎,曹公追至安定,会北方有事,引军东还。杨阜说曹公曰:"超有信、布之勇,甚得羌、胡心。若大军还,不严为其备,陇上诸郡非国家之有也。"超果率诸戎以击陇上郡县,陇上郡县皆应之,杀凉州刺史韦康,据冀城,有其众。超自称征西将军,领并州牧,督凉州军事。康故吏民杨阜、姜叙、梁宽、赵衢等,合谋击超。阜、叙起于卤城,超出攻之,不能下;宽、衢闭冀城门,超不得入。进退狼狈,乃奔汉中依张鲁。鲁不足与计事,内怀于邑,闻先主围刘璋于成都,密书请降。②

①山阳公载记曰:初,曹公军在蒲阪,欲西渡,超谓韩遂曰:"宜于渭北拒之,不过二十日,河东谷尽,彼必走矣。"遂曰:"可听令渡,蹙于河中,顾不快耶!"超计不得施。曹公闻之曰:"马儿不死,吾无葬地也。"

②典略曰:建安十六年,超与关中诸将侯选、程银、李堪、张横、梁兴、成宜、马玩、杨秋、韩遂等,凡十部,俱反,其众十万,同据河、潼,建列营陈。是岁,曹公西征,与超等战于河、渭之交,超等败走。超至安定,遂奔凉州。诏收灭超家属。超复败于陇上。后奔汉中,张鲁以为都讲祭酒,欲妻之以女,或谏鲁曰:"有人若此不爱其亲,焉能爱人?"鲁乃止。初,超未反时,其小妇弟种留三辅,及超败,种先入汉中。正旦,种上寿于超,超捶胸吐血曰:"阖门百口,一旦同命,今二人相贺邪?"后数从鲁求兵,欲北取凉州,鲁遣往,无利。又鲁将杨白等欲害其能,超遂从武都逃入氐中,转奔往蜀。是岁建安十九年也。

先主遣人迎超,超将兵径到城下。城中震怖,璋即稽首,①以超为平西将军,督临沮,因为前都亭侯。②先主为汉中王,拜超为左将军,假节。章武元年,迁骠骑将军,领凉州牧,进封斄乡侯,策曰:"朕以不德,获继至尊,奉承宗庙。曹操父子,世载其罪,朕用惨怛,疢如疾首。海内怨愤,归正反本,暨于氐、羌率服,獯鬻慕义。以君信著北土,威武并昭,是以委任授君,抗飐虓虎,兼董万里,求民之瘼。其明宣朝化,怀保远迩,肃慎赏罚,以笃汉祜,以对于天下。"二年卒,时年四十七。临没上疏曰:"臣门宗二百馀口,为孟德所诛略尽,惟有从弟岱,当为微宗血食之继,深托陛下,馀无复言。"追谥超曰威侯,子承嗣。岱位至平北将军,进爵陈仓侯。超女配安平王理。③

①典略曰：备闻超至，喜曰："我得益州矣。"乃使人止超，而潜以兵资之。超到，令引军屯城北，超至未一旬而成都溃。

②山阳公载记曰：超因见备待之厚，与备言，常呼备字，关羽怒，请杀之。备曰："人穷来归我，卿等怒，以呼我字故而杀之，何以示于天下也！"张飞曰："如是，当示之以礼。"明日大会，请超入，羽、飞并杖刀立直，超顾坐席，不见羽、飞，见其直也，乃大惊，遂一不复呼备字。明日叹曰："我今乃知其所以败。为呼人主字，几为关羽、张飞所杀。"自后乃尊事备。臣松之按以为超以穷归备，受其爵位，何容傲慢而呼备字？且备之入蜀，留关羽镇荆州，羽未尝在益土也。故羽闻马超归降，以书问诸葛亮"超人才可谁比类"，不得如书所云。羽焉得与张飞立直乎？凡人行事，皆谓其可也，知其不可，则不行之矣。超若果呼备字，亦谓于理宜尔也。就令羽请杀超，超不应闻，但见二子立直，何由便知以呼字之故，云几为关、张所杀乎？言不经理，深可忿疾也。袁晔、乐资等诸所记载，秽杂虚谬，若此之类，殆不可胜言也。

③典略曰：初超之入蜀，其庶妻董及子秋，留依张鲁。鲁败，曹公得之，以董赐阎圃，以秋付鲁，鲁自手杀之。


黄忠字汉升，南阳人也。荆州牧刘表以为中郎将，与表从子磐共守长沙攸县。及曹公克荆州，假行裨将军，仍就故任，统属长沙太守韩玄。先主南定诸郡，忠遂委质，随从入蜀。自葭萌受任，还攻刘璋，忠常先登陷陈，勇毅冠三军。益州既定，拜为讨虏将军。建安二十四年，于汉中定军山击夏侯渊。渊众甚精，忠推锋必进，劝率士卒，金鼓振天，欢声动谷，一战斩渊，渊军大败。迁征西将军。是岁，先主为汉中王，欲用忠为后将军，诸葛亮说先主曰："忠之名望，素非关、马之伦也，而今便令同列。马、张在近，亲见其功，尚可喻指；关遥闻之，恐必不悦，得无不可乎！"先主曰："吾自当解之。"遂与羽等齐位，赐爵关内侯。明年卒，追谥刚侯。子叙，早没，无后。

赵云字子龙,常山真定人也。本属公孙瓒,瓒遣先主为田楷拒袁绍,云遂随从,为先主主骑。①及先主为曹公所追于当阳长阪,弃妻子南走,云身抱弱子,即后主也,保护甘夫人,即后主母也,皆得免难。迁为牙门将军。先主入蜀,云留荆州。②

①云别传曰:云身长八尺,姿颜雄伟,为本郡所举,将义从吏兵诣公孙瓒。时袁绍称冀州牧,瓒深忧州人之从绍也,善云来附,嘲云曰:"闻贵州人皆愿袁氏,君何独回心,迷而能反乎?"云答曰:"天下讻讻,未知孰是,民有倒县之厄,鄙州论议,从仁政所在,不为忽袁公私明将军也。"遂与瓒征讨。时先主亦依托瓒,每接纳云,云得深自结托。云以兄丧,辞瓒暂归,先主知其不反,捉手而别,云辞曰:"终不背德也。"先主就袁绍,云见于邺。先主与云同床眠卧,密遣云合募得数百人,皆称刘左将军部曲,绍不能知。遂随先主至荆州。

②云别传曰:初,先主之败,有人言云已北去者,先主以手戟擿之曰:"子龙不弃我走也。"顷之,云至。从平江南,以为偏将军,领桂阳太守,代赵范。范寡嫂曰樊氏,有国色,范欲以配云。云辞曰:"相与同姓,卿兄犹我兄。"固辞不许。时有人劝云纳之,云曰:"范迫降耳,心未可测;天下女不少。"遂不取。范果逃走,云无纤介。先是,与夏侯惇战于博望,生获夏侯兰。兰是云乡里人,少小相知,云白先主活之,荐兰明于法律,以为军正。云不用自近,其慎虑类如此。先主入益州,云领留营司马。此时先主孙夫人以权妹骄豪,多将吴吏兵,纵横不法。先主以云严重,必能整齐,特任掌内事。权闻备西征,大遣舟船迎妹,而夫人内欲将后主还吴,云与张飞勒兵截江,乃得后主还。

先主自葭萌还攻刘璋,召诸葛亮。亮率云与张飞等俱泝江西上,平定郡县。至江州,分遣云从外水上江阳,与亮会于成都。成都既定,以云为翊军将军。①建兴元年,为中护军、征南将军,封永昌亭侯,迁镇东将军。五年,随诸葛亮驻汉中。明年,亮出军,扬声由斜谷道,曹真遣大众当之。亮令云与邓芝往拒,而身攻祁山。云、芝兵弱敌强，失利于箕谷，然敛众固守，不至大败。军退，贬为镇军将军。②

①云别传曰：益州既定，时议欲以成都中屋舍及城外园地桑田分赐诸将。云驳之曰："霍去病以匈奴未灭，无用家为，今国贼非但匈奴，未可求安也。须天下都定，各反桑梓，归耕本土，乃其宜耳。益州人民，初罹兵革，田宅皆可归还，今安居复业，然后可役调，得其欢心。"先主即从之。夏侯渊败，曹公争汉中地，运米北山下，数千万囊。黄忠以为可取，云兵随忠取米。忠过期不还，云将数十骑轻行出围，迎视忠等。值曹公扬兵大出，云为公前锋所击，方战，其大众至，势逼，遂前突出陈，且斗且却。公军败，已复合，云陷敌，还趣围。将张著被创，云复驰马还营迎著。公军追至围，此时沔阳长张翼在云围内，翼欲闭门拒守，而云入营，更大开门，偃旗息鼓。公军疑云有伏兵，引去。云雷鼓震天，惟以戎弩于后射公军，公军惊骇，自相蹂践，堕汉水中死者甚多。先主明旦自来至云营围视昨战处，曰："子龙一身都是胆也。"作乐饮宴至暝，军中号云为虎威将军。孙权袭荆州，先主大怒，欲讨权。云谏曰："国贼是曹操，非孙权也，且先灭魏，则吴自服。操身虽毙，子丕篡盗，当因众心，早图关中，居河、渭上流以讨凶逆，关东义士必裹粮策马以迎王师。不应置魏，先与吴战；兵势一交，不得卒解也。"先主不听，遂东征，留云督江州。先主失利于秭归，云进兵至永安，吴军已退。

②云别传曰：亮曰："街亭军退，兵将不复相录，箕谷军退，兵将初不相失，何故？"芝答曰："云身自断后，军资什物，略无所弃，兵将无缘相失。"云有军资馀绢，亮使分赐将士，云曰："军事无利，何为有赐？其物请悉入赤岸府库，须十月为冬赐。"亮大善之。

七年卒，追谥顺平侯。

初，先主时，惟法正见谥；后主时，诸葛亮功德盖世，蒋琬、费祎荷国之重，亦见谥；陈祗宠待，特加殊奖，夏侯霸远来归国，故复得谥；于是关羽、张飞、马超、庞统、黄忠及云乃追谥，时论以为荣。①云子统嗣，官至虎贲中郎，督行领军。次子广，牙门将，随姜维沓中,临陈战死。

①云别传载后主诏曰:"云昔从先帝,功绩既著。朕以幼冲,涉涂艰难,赖
恃忠顺,济于危险。夫谥所以叙元勋也,外议云宜谥。"大将军姜维等
议,以为云昔从先帝,劳绩既著,经营天下,遵奉法度,功效可书。当阳
之役,义贯金石。忠以卫上,君念其赏;礼以厚下,臣忘其死。死者有
知,足以不朽;生者感恩,足以殒身。谨按谥法,柔贤慈惠曰顺,执事有
班曰平,克定祸乱曰平,应谥云曰顺平侯。

评曰:关羽、张飞皆称万人之敌,为世虎臣。羽报效曹公,飞义
释严颜,并有国士之风。然羽刚而自矜,飞暴而无恩,以短取败,理
数之常也。马超阻戎负勇,以覆其族,惜哉!能因穷致泰,不犹愈乎!
黄忠、赵云强挚壮猛,并作爪牙,其灌、滕之徒欤?

【校勘记】

〔1〕绍遣大将颜良攻东郡太守刘延于白马　将下原衍"军"字,据殿本
考证删。

〔2〕将军士仁屯公安　军下原衍"傅"字,据本书卷四五杨戏传、卷四七孙
权传删。

〔3〕素皆嫌羽轻己自羽之出军　自,原在"轻"上,据通志卷一一八上改。

〔4〕扶风茂陵人也　扶上原衍"右"字,据三国志考证卷六删。

〔5〕十三年　三,原作"五",据资治通鉴卷六五考异改。

# 三国志卷三十七　蜀书七

## 庞统法正传第七

庞统字士元，襄阳人也。少时朴钝，未有识者。颍川司马徽清雅有知人鉴，统弱冠往见徽，徽采桑于树上，坐统在树下，共语自昼至夜。徽甚异之，称统当为南州士之冠冕，由是渐显。[1]后郡命为功曹。性好人伦，勤于长养。每所称述，多过其才，时人怪而问之，统答曰："当今天下大乱，雅道陵迟，善人少而恶人多。方欲兴风俗，长道业，不美其谭即声名不足慕企，不足慕企而为善者少矣。今拔十失五，犹得其半，而可以崇迈世教，使有志者自励，不亦可乎？"吴将周瑜助先主取荆州，因领南郡太守。瑜卒，统送丧至吴，吴人多闻其名。及当西还，并会昌门，陆绩、顾劭、全琮皆往。统曰："陆子可谓驽马有逸足之力，顾子可谓驽牛能负重致远也。"[2]谓全琮曰："卿好施慕名，有似汝南樊子昭。[3]虽智力不多，亦一时之佳也。"绩、劭谓统曰："使天下太平，当与卿共料四海之士。"深与统相结而还。

①襄阳记曰：诸葛孔明为卧龙，庞士元为凤雏，司马德操为水镜，皆庞德

公语也。德公，襄阳人。孔明每至其家，独拜床下，德公初不令止。德操尝造德公，值其渡沔，上祀先人墓，德操径入其室，呼德公妻子，使速作黍，"徐元直向云有客当来就我与庞公谭。"其妻子皆罗列拜于堂下，奔走供设。须臾，德公还，直入相就，不知何者是客也。德操年小德公十岁，兄事之，呼作庞公，故世人遂谓庞公是德公名，非也。德公子山民，亦有令名，娶诸葛孔明小姊，为魏黄门吏部郎，早卒。子涣，字世文，晋太康中为牂牁太守。统，德公从子也，少未有识者，惟德公重之，年十八，使往见德操。德操与语，既而叹曰："德公诚知人，此实盛德也。"

② 张勃吴录曰：或问统曰："如所目，陆子为胜乎？"统曰："驽马虽精，所致一人耳。驽牛一日行三十里，所致岂一人之重哉！"劭就统宿，语，因问："卿名知人，吾与卿孰愈？"统曰："陶冶世俗，甄综人物，吾不及卿；论帝王之秘策，揽倚伏之要最，吾似有一日之长。"劭安其言而亲之。

③ 蒋济万机论云许子将褒贬不平，以拔樊子昭而抑许文休。刘晔曰："子昭拔自贾竖，年至耳顺，退能守静，进能不苟。"济答曰："子昭诚自长幼完洁，然观其舌齿牙，树颊胲，吐唇吻，自非文休敌也。"胲音改。

先主领荆州，统以从事守耒阳令，在县不治，免官。吴将鲁肃遗先主书曰："庞士元非百里才也，使处治中、别驾之任，始当展其骥足耳。"诸葛亮亦言之于先主，先主见与善谭，大器之，以为治中从事。① 亲待亚于诸葛亮，遂与亮并为军师中郎将。②亮留镇荆州。统随从入蜀。

① 江表传曰：先主与统从容宴语，问曰："卿为周公瑾功曹，孤到吴，闻此人密有白事，劝仲谋相留，有之乎？在君为君，卿其无隐。"统对曰："有之。"备叹息曰："孤时危急，当有所求，故不得不往，殆不免周瑜之手！天下智谋之士，所见略同耳。时孔明谏孤莫行，其意独笃，亦虑此也。孤以仲谋所防在北，当赖孤为援，故决意不疑。此诚出于险涂，非万全之计也。"

② 九州春秋曰：统说备曰："荆州荒残，人物殚尽，东有吴孙，北有曹氏，鼎足之计，难以得志。今益州国富民强，户口百万，四部兵马，所出必具，

宝货无求于外，今可权借以定大事。"备曰："今指与吾为水火者，曹操也，操以急，吾以宽；操以暴，吾以仁；操以谲，吾以忠；每与操反，事乃可成耳。今以小故而失信义于天下者，吾所不取也。"统曰："权变之时，固非一道所能定也。兼弱攻昧，五伯之事。逆取顺守，报之以义，事定之后，封以大国，何负于信？今日不取，终为人利耳。"备遂行。

益州牧刘璋与先主会涪，统进策曰："今因此会，便可执之，则将军无用兵之劳而坐定一州也。"先主曰："初入他国，恩信未著，此不可也。"璋既还成都，先主当为璋北征汉中，统复说曰："阴选精兵，昼夜兼道，径袭成都；璋既不武，又素无预备，大军卒至，一举便定，此上计也。杨怀、高沛，璋之名将，各仗强兵，据守关头，闻数有笺谏璋，使发遣将军还荆州。将军未至，遣与相闻，说荆州有急，欲还救之，并使装束，外作归形；此二子既服将军英名，又喜将军之去，计必乘轻骑来见，将军因此执之，进取其兵，乃向成都，此中计也。退还白帝，连引荆州，徐还图之，此下计也。若沈吟不去，将致大困，不可久矣。"先主然其中计，即斩怀、沛，还向成都，所过辄克。于涪大会，置酒作乐，谓统曰："今日之会，可谓乐矣。"统曰："伐人之国而以为欢，非仁者之兵也。"先主醉，怒曰："武王伐纣，前歌后舞，非仁者邪？卿言不当，宜速起出！"于是统逡巡引退。先主寻悔，请还。统复故位，初不顾谢，饮食自若。先主谓曰："向者之论，阿谁为失？"统对曰："君臣俱失。"先主大笑，宴乐如初。①

①习凿齿曰：夫霸王者，必体仁义以为本，仗信顺以为宗，一物不具，则其道乖矣。今刘备袭夺璋土，权以济业，负信违情，德义俱愆，虽功由是隆，宜大伤其败，譬断手全躯，何乐之有？庞统惧斯言之泄宣，知其君之必悟，故众中匡其失，而不修常谦之道，矫然太当，尽其蹇谔之风。夫上失而能正，是有臣也，纳胜则无执，是从理也；有臣则陛隆堂高，从理则群策毕举；一言而三善兼明，暂谏而义彰百代，可谓达乎大体矣。若惜其小失而废其大益，矜此过言，自绝远说，能成业济务者，未之有也。

797

蜀书 庞统法正传第七

臣松之以为谋袭刘璋,计虽出于统,然违义成功,本由诡道,心既内疚,则欢情自戢,故闻备称乐之言,不觉率尔而对也。备酣宴失时,事同乐祸,自比武王,曾无愧色,此备有非而统无失,其云"君臣俱失",盖分谤之言耳。习氏所论,虽大旨无乖,然推演之辞,近为流宕也。

进围雒县,统率众攻城,为流矢所中,卒,时年三十六。先主痛惜,言则流涕。拜统父议郎,迁谏议大夫,诸葛亮亲为之拜。追赐统爵关内侯,谥曰靖侯。统子宏,字巨师,刚简有臧否,轻傲尚书令陈祗,为祗所抑,卒于涪陵太守。统弟林,以荆州治中从事参镇北将军黄权征吴,值军败,随权入魏,魏封列侯,至钜鹿太守。①

①襄阳记曰:林妇,同郡习祯妹。祯事在杨戏辅臣赞。曹公之破荆州,林妇与林分隔,守养弱女十有余年,后林随黄权降魏,始复集聚。魏文帝闻而贤之,赐床帐衣服,以显其义节。

法正字孝直,扶风郿人也。[1]祖父真,有清节高名。①建安初,天下饥荒,正与同郡孟达俱入蜀依刘璋,久之为新都令,后召署军议校尉。既不任用,又为其州邑俱侨客者所谤无行,志意不得。益州别驾张松与正相善,忖璋不足与有为,常窃叹息。松于荆州见曹公还,劝璋绝曹公而自结先主。璋曰:"谁可使者?"松乃举正,正辞让,不得已而往。正既还,为松称说先主有雄略,密谋协规,愿共戴奉,而未有缘。后因璋闻曹公欲遣将征张鲁之有惧心也,松遂说璋宜迎先主,使之讨鲁,复令正衔命。正既宣旨,阴献策于先主曰:"以明将军之英才,乘刘牧之懦弱;张松,州之股肱,以响应于内;然后资益州之殷富,冯天府之险阻,以此成业,犹反掌也。"先主然之,沂江而西,与璋会涪。北至葭萌,南还取璋。

①三辅决录注曰:真字高卿,少明五经,兼通谶纬,学无常师,名有高才。常幅巾见扶风守,守曰:"哀公虽不肖,犹臣仲尼,柳下惠不去父母之邦,欲相屈为功曹何如?"真曰:"以明府见待有礼,故四时朝觐,若欲吏

使之，真将在北山之北南山之南矣。”扶风守遂不敢以为吏。初，真年未弱冠，父在南郡，步往候父，已欲去，父留之待正旦，使观朝贺会。会者数百人，真于窗中窥其与父语。毕，问真“孰贤”？真曰：“曹掾胡广有公卿之量。”其后广果历九卿三公之位，世以服真之知人。前后征辟，皆不就，友人郭正等美之，号曰玄德先生。年八十九，中平五年卒。正父衍，字季谋，司徒掾、廷尉左监。

郑度说璋曰：[1]“左将军县军袭我，兵不满万，士众未附，野谷是资，军无辎重。其计莫若尽驱巴西、梓潼民内涪水以西，其仓廪野谷，一皆烧除，高垒深沟，静以待之。彼至，请战，勿许，久无所资，不过百日，必将自走。走而击之，则必禽耳。”先主闻而恶之，以问正。正曰：“终不能用，无可忧也。”璋果如正言，谓其群下曰：“吾闻拒敌以安民，未闻动民以避敌也。”于是黜度，不用其计。及军围雒城，正笺与璋曰：“正受性无术，盟好违损，惧左右不明本末，必并归咎，蒙耻没身，辱及执事，是以捐身于外，不敢反命。恐圣听秽恶其声，故中间不有笺敬，顾念宿遇，瞻望恨恨。然惟前后披露腹心，自从始初以至于终，实不藏情，有所不尽，但愚暗策薄，精诚不感，以致于此耳。今国事已危，祸害在速，虽捐放于外，言足憎尤，犹贪极所怀，以尽馀忠。明将军本心，正之所知也，实为区区不欲失左将军之意，而卒至于是者，左右不达英雄从事之道，谓可违信黩誓，而以意气相致，日月相迁，趋求顺耳悦目，随阿遂指，不图远虑为国深计故也。事变既成，又不量强弱之势，以为左将军县远之众，粮谷无储，欲得以多击少，旷日相持。而从关至此，所历辄破，离宫别屯，日自零落。雒下虽有万兵，皆坏陈之卒，破军之将，若欲争一旦之战，则兵将势力，实不相当。各欲远期计粮者，今此营守已固，谷米已积，而明将军土地日削，百姓日困，敌对遂多，所供远旷。愚意计之，谓必先竭，将不复以持久也。空尔相守，犹不相堪，今张益德数万之众,已定巴东,入犍为界,分平资中、德阳,三道并侵,将何以御之?本为明将军计者,必谓此军县远无粮,馈运不及,兵少无继。今荆州道通,众数十倍,加孙车骑遣弟及李异、甘宁等为其后继。若争客主之势,以土地相胜者,今此全有巴东、广汉、犍为,过半已定,巴西一郡,复非明将军之有也。计益州所仰惟蜀,蜀亦破坏;三分亡二,吏民疲困,思为乱者十户而八;若敌远则百姓不能堪役,敌近则一旦易主矣。广汉诸县,是明比也。又鱼复与关头实为益州福祸之门,今二门悉开,坚城皆下,诸军并破,兵将俱尽,而敌家数道并进,已入心腹,坐守都、雒,存亡之势,昭然可见。斯乃大略,其外较耳,其馀屈曲,难以辞极也。以正下愚,犹知此事不可复成,况明将军左右明智用谋之士,岂当不见此数哉?且夕偷幸,求容取媚,不虑远图,莫肯尽心献良计耳。若事穷势迫,将各索生,求济门户,展转反覆,与今计异,不为明将军尽死难也,而尊门犹当受其忧。正虽获不忠之谤,然心自谓不负圣德,顾惟分义,实窃痛心。左将军从本举来,旧心依依,实无薄意。愚以为可图变化,以保尊门。”

①华阳国志曰:度,广汉人,为州从事。

十九年,进围成都,璋蜀郡太守许靖将逾城降,事觉,不果。璋以危亡在近,故不诛靖。璋既稽服,先主以此薄靖不用也。正说曰:“天下有获虚誉而无其实者,许靖是也。然今主公始创大业,天下之人不可户说,靖之浮称,播流四海,若其不礼,天下之人以是谓主公为贱贤也。宜加敬重,以眩远近,追昔燕王之待郭隗。”先主于是乃厚待靖。① 以正为蜀郡太守、扬武将军,外统都畿,内为谋主。一餐之德,睚眦之怨,无不报复,擅杀毁伤己者数人。或谓诸葛亮曰:“法正于蜀郡太纵横,将军宜启主公,抑其威福。”亮答曰:“主公之在公安也,北畏曹公之强,东惮孙权之逼,近则惧孙夫人生变于肘腋之下;当斯之时,进退狼跋,<u>法孝直</u>为之辅翼,令翻然翱翔,不可复制,如何禁<u>止法正</u>使不得行其意邪!"初,<u>孙权</u>以妹妻<u>先主</u>,妹才捷刚猛,有诸兄之风,侍婢百馀人,皆亲执刀侍立,<u>先主</u>每入,衷心常凛凛;<u>亮</u>又知<u>先主</u>雅爱信<u>正</u>,故言如此。②

①<u>孙盛</u>曰:夫礼贤崇德,为邦之要道,封墓式闾,先王之令轨,故必以体行英逸,高义盖世,然后可以延视四海,振服群黎。苟非其人,道不虚行。靖处室则友于不穆,出身则受位非所,语信则夷险易心,论识则殆为衅首,安在其可宠先而有以感致者乎?若乃浮虚是崇,偷薄斯荣,则秉直仗义之士,将何以礼之?正务眩惑之术,违贵尚之风,譬之<u>郭隗</u>,非其伦矣。臣<u>松之</u>以为<u>郭隗</u>非贤,犹以权计蒙宠,况<u>文休</u>名声夙著,天下谓之英伟,虽末年有瑕,而事不彰彻,若不加礼,何以释远近之惑乎?<u>法正</u>以靖方<u>隗</u>,未为不当,而<u>盛</u>以封墓式闾为难,何其迂哉!然则<u>燕昭</u>亦非,岂唯<u>刘翁</u>?至于友于不穆,失由<u>子将</u>,寻<u>蒋济</u>之论,知非<u>文休</u>之尤。<u>盛</u>又讥其受位非所,[2]将谓仕于<u>董卓</u>。<u>卓</u>初秉政,显擢贤俊,受其策爵者森然皆是。<u>文休</u>为选官,在<u>卓</u>未至之前,后迁中丞,不为超越。以此为贬,则<u>荀爽</u>、<u>陈纪</u>之俦皆应摈弃于世矣。

②<u>孙盛</u>曰:夫威福自下,亡家害国之道,刑纵于宠,毁政乱理之源,安可以功臣而极其陵肆,嬖幸而藉其国柄者哉?故<u>颠颉</u>虽勤,不免违命之刑,<u>杨干</u>虽亲,犹加乱行之戮,夫岂不爱,王宪故也。<u>诸葛氏</u>之言,于是乎失政刑矣。

二十二年,<u>正</u>说<u>先主</u>曰:"<u>曹操</u>一举而降<u>张鲁</u>,定<u>汉中</u>,不因此势以图<u>巴</u>、<u>蜀</u>,而留<u>夏侯渊</u>、<u>张郃</u>屯守,身遽北还,此非其智不逮而力不足也,必将内有忧逼故耳。今策<u>渊</u>、<u>郃</u>才略,不胜国之将帅,举众往讨,则必可克。克之日,[3]广农积谷,观衅伺隙,上可以倾覆寇敌,尊奖王室,中可以蚕食<u>雍</u>、<u>凉</u>,广拓境土,下可以固守要害,为持久之计。此盖天以与我,时不可失也。"<u>先主</u>善其策,乃率诸将进兵<u>汉中</u>,<u>正</u>亦从行。二十四年,<u>先主</u>自<u>阳平</u>南渡<u>沔水</u>,缘山稍前,于定军、兴势作营。渊将兵来争其地。正曰："可击矣。"先主命黄忠乘高鼓噪攻之,大破渊军,渊等授首。曹公西征,闻正之策,曰："吾故知玄德不办有此,必为人所教也。"①

　①臣松之以为蜀与汉中,其由唇齿也。刘主之智,岂不及此?将计略未展,正先发之耳。夫听用嘉谋以成功业,霸王之主,谁不皆然?魏武以为人所教,亦岂劣哉!此盖耻恨之馀辞,非测实之当言也。

　　先主立为汉中王,以正为尚书令、护军将军。明年卒,时年四十五。先主为之流涕者累日。谥曰翼侯。赐子邈爵关内侯,官至奉车都尉、汉阳太守。诸葛亮与正,虽好尚不同,以公义相取。亮每奇正智术。先主既即尊号,将东征孙权以复关羽之耻,群臣多谏,一不从。章武二年,大军败绩,还住白帝。亮叹曰："法孝直若在,则能制主上,令不东行;就复东行,必不倾危矣。"①

　①先主与曹公争,势有不便,宜退,而先主大怒不肯退,无敢谏者。矢下如雨,正乃往当先主前,先主云:"孝直避箭。"正曰:"明公亲当矢石,况小人乎?"先主乃曰:"孝直,吾与汝俱去。"遂退。


　　评曰:庞统雅好人流,经学思谋,于时荆、楚谓之高俊。法正著见成败,有奇画策算,然不以德素称也。拟之魏臣,统其荀彧之仲叔,正其程、郭之俦俪邪?

【校勘记】

802

　〔1〕扶风郿人也　扶上原衍"右"字,据三国志考证卷六删。
　〔2〕盛又讥其受位非所　位,原作"任",据何焯校本改。
　〔3〕克之之日　克之,原作"之克",据何焯校本改。

# 三国志卷三十八　蜀书八

## 许麋孙简伊秦传第八

许靖字文休,汝南平舆人。少与从弟劭俱知名,并有人伦臧否之称,而私情不协。劭为郡功曹,排摈靖不得齿叙,以马磨自给。颍川刘翊为汝南太守,乃举靖计吏,察孝廉,除尚书郎,典选举。灵帝崩,董卓秉政,以汉阳周毖为吏部尚书,与靖共谋议,进退天下之士,沙汰秽浊,显拔幽滞。进用颍川荀爽、韩融、陈纪等为公、卿、郡守,拜尚书韩馥为冀州牧,侍中刘岱为兖州刺史,颍川张咨为南阳太守,陈留孔伷为豫州刺史,东郡张邈为陈留太守,而迁靖巴郡太守,不就,补御史中丞。馥等到官,各举兵还向京都,欲以诛卓。卓怒毖曰:“诸君言当拔用善士,卓从君计,不欲违天下人心。而诸君所用人,至官之日,还来相图。卓何用相负!”叱毖令出,于外斩之。靖从兄陈相炜,又与伷合规,靖惧诛,奔伷。①伷卒,依扬州刺史陈祎。祎死,吴郡都尉许贡、会稽太守王朗素与靖有旧,故往保焉。靖收恤亲里,经纪振赡,出于仁厚。

①蜀记云:靖后自表曰:“党贼求生,情所不忍;守官自危,死不成义。窃念

古人当难诡常，权以济其道。”

孙策东渡江，皆走交州以避其难，靖身坐岸边，先载附从，疏亲悉发，乃从后去，当时见者莫不叹息。既至交阯，交阯太守士燮厚加敬待。陈国袁徽以寄寓交州，徽与尚书令荀彧书曰："许文休英才伟士，智略足以计事。自流宕已来，与群士相随，每有患急，常先人后己，与九族中外同其饥寒。其纪纲同类，仁恕恻隐，皆有效事，不能复一二陈之耳。"钜鹿张翔①衔王命使交部，乘势募靖，欲与誓要，靖拒而不许。靖与曹公书曰：

世路戎夷，祸乱遂合，驽怯偷生，自窜蛮貊，成阔十年，吉凶礼废。昔在会稽，得所贻书，辞旨款密，久要不忘。迫于袁术方命圮族，扇动群逆，津涂四塞，虽县心北风，欲行靡由。正礼师退，术兵前进，会稽倾覆，景兴失据，三江五湖，皆为虏庭。临时困厄，无所控告。便与袁沛、邓子孝等浮涉沧海，南至交州。经历东瓯、闽、越之国，行经万里，不见汉地，漂薄风波，绝粮茹草，饥殍荐臻，死者大半。既济南海，与领守兄孝德相见，知足下忠义奋发，整饬元戎，西迎大驾，巡省中岳。承此休问，且悲且熹，即与袁沛及徐元贤复共严装，欲北上荆州。会苍梧诸县夷、越蜂起，州府倾覆，道路阻绝，元贤被害，老弱并杀。靖寻循渚岸五千馀里，复遇疾疠，伯母陨命，并及群从，自诸妻子，一时略尽。复相扶侍，前到此郡，计为兵害及病亡者，十遗一二。生民之艰，辛苦之甚，岂可具陈哉！②惧卒颠仆，永为亡虏，忧瘁惨惨，忘寝与食。欲附奉朝贡使，自获济通，归死阙庭，而荆州水陆无津，交部驿使断绝。欲上益州，复有峻防，故官长吏，一不得入。前令交阯太守士威彦，深相分托于益州兄弟，又靖亦自与书，辛苦恳恻，而复寂寞，未有报应。虽仰瞻光灵，延颈企踵，何由假翼自致哉？

知圣主允明,显授足下专征之任,凡诸逆节,多所诛讨,想力竞者一心,顺从者同规矣。又张子云昔在京师,志匡王室,今虽临荒域,不得参与本朝,亦国家之藩镇,足下之外援也。③若荆、楚平和,王泽南至,足下忽有声命于子云,勤见保属,令得假途由荆州出,不然,当复相绍介于益州兄弟,使相纳受。倘天假其年,人缓其祸,得归死国家,解逋逃之负,泯躯九泉,将复何恨! 若时有险易,事有利钝,人命无常,陨没不达者,则永衔罪责,入于裔土矣。

昔营邱翼周,杖钺专征,博陆佐汉,虎贲警跸。④今日足下扶危持倾,为国柱石,秉师望之任,兼霍光之重,五侯九伯,制御在手,自古及今,人臣之尊未有及足下者也。夫爵高者忧深,禄厚者责重。足下据爵高之任,当责重之地,言出于口,即为赏罚,意之所存,便为祸福。行之得道,即社稷用宁;行之失道,即四方散乱。国家安危,在于足下;百姓之命,县于执事。自华及夷,颙颙注望。足下任此,岂可不远览载籍废兴之由,荣辱之机,弃忘旧恶,宽和群司,审量五材,为官择人?苟得其人,虽雠必举;苟非其人,虽亲不授。以宁社稷,以济下民,事立功成,则系音于管弦,勒勋于金石,愿君勉之! 为国自重,为民自爱。"

翔恨靖之不自纳,搜索靖所寄书疏,尽投之于水。

①万机论云:翔字元凤。

②臣松之以为孔子称"贤者避世,其次避地",盖贵其识见安危,去就得所也。许靖羁客会稽,间阎之士,孙策之来,于靖何为?而乃泛万里之海,入疫疠之乡,致使尊弱涂炭,百罹备经,可谓自贻矣。谋臣若斯,难以言智。孰若安时处顺,端拱吴、越,与张昭、张纮之俦同保元吉者哉?

③子云名津,南阳人,为交州刺史。见吴志。

④汉书霍光传曰："光出都肆郎羽林,道上称警跸。"未详虎贲所出也。

后刘璋遂使使招靖,靖来入蜀。璋以靖为巴郡、广汉太守。南阳宋仲子于荆州与蜀郡太守王商书曰:"文休倜傥瑰玮,有当世之具,足下当以为指南。"①建安十六年,转在蜀郡。② 十九年,先主克蜀,以靖为左将军长史。先主为汉中王,靖为太傅。及即尊号,策靖曰:"朕获奉洪业,君临万国,夙宵惶惶,惧不能绥。百姓不亲,五品不逊,汝作司徒,其敬敷五教,在宽。君其勖哉! 秉德无怠,称朕意焉。"

① 益部耆旧传曰:[1]商字文表,广汉人,以才学称,声问著于州里。刘璋辟为治中从事。是时王涂隔绝,州之牧伯犹七国之诸侯也,而璋懦弱多疑,不能党信大臣。商奏记谏璋,璋颇感悟。初,韩遂与马腾作乱关中,数与璋父焉交通信,至腾子超复与璋相闻,有连蜀之意。商谓璋曰:"超勇而不仁,见得不思义,不可以为唇齿。老子曰:'国之利器,不可以示人。'今之益部,士美民丰,宝物所出,斯乃狡夫所欲倾覆,超等所以西望也。若引而近之,则由养虎,将自遗患矣。"璋从其言,乃拒绝之。荆州牧刘表及儒者宋忠咸闻其名,遗书与商叙致殷勤。许靖号为臧否,至蜀,见商而称之曰:"设使商生于华夏,虽王景兴无以加也。"璋以商为蜀郡太守。成都禽坚有至孝之行,商表其墓,追赠孝廉。又与严君平、李弘立祠作铭,以旌先贤。修学广农,百姓便之。在郡十载,卒于官,许靖代之。

② 山阳公载记曰:建安十七年,汉立皇子熙为济阴王,懿为山阳王,敦为东海王。靖闻之曰:"'将欲歙之,必固张之;将欲取之,必固与之'。其孟德之谓乎! "

靖虽年逾七十,爱乐人物,诱纳后进,清谈不倦。丞相诸葛亮皆为之拜。章武二年卒。子钦,先靖夭没。钦子游,景耀中为尚书。始靖兄事颍川陈纪,与陈郡袁涣、平原华歆、东海王朗等亲善,歆、朗及纪子群,魏初为公辅大臣,咸与靖书,申陈旧好,情义款至,文多故不载。①

①魏略：王朗与文休书曰："文休足下：消息平安，甚善甚善。岂意脱别三十餘年而无相见之缘乎！诗人比一日之别于岁月，岂况悠悠历累纪之年者哉！自与子别，若没而复浮，若绝而复连者数矣。而今而后，居升平之京师，攀附于飞龙之圣主；侪辈略尽，幸得老与足下并为遗种之叟，而相去数千里，加有遭寒之隔，时闻消息于风声，托旧情于思想，眇眇异处，与异世无以异也。往者随军到荆州，见邓子孝、桓元将，粗闻足下动静，云夫子既在益州，执职领郡，德素规矩，老而不堕。是时侍宿武皇帝于江陵刘景升听事之上，共道足下于通夜，拳拳饥渴，诚无已也。自天子在东宫，及即位之后，每会群贤，论天下髦隽之见在者，岂独人尽易为英，士鲜易取最，故乃猥以原壤之朽质，感夫子之情听；每叙足下，以为谋首，岂其注意，乃复过于前世，书曰'人惟求旧'，易称'同声相应，同气相求'，刘将军之与大魏，兼而两之，总此二义。前世邂逅，以同为睽，非武皇帝之旨；顷者蹉跌，其泰而否，亦非足下之意也。深思书、易之义，利结分于宿好，故道降者送吴所献致名马、貂、扇，得因无嫌。道初开通，展叙旧情，以达声问。久阔情愫，非夫笔墨所能写陈，亦想足下同其志念。今者，亲生男女凡有几人？年并几何？仆连失一男一女，今有二男：大儿名肃，年二十九，生于会稽；小儿裁岁餘。临书怆恨，有怀缅然。"

又曰："过闻'受终于文祖'之言于尚书。又闻'历数在躬，允执其中'之文于论语。岂自意得于老耄之齿，正值天命受于圣主之会，亲见三让之弘辞，观众瑞之总集，睹升堂穆穆之盛礼，瞻燔燎煜曜之青烟；于时忽自以为处唐、虞之运，际于紫微之天庭也。徒慨不得携子之手，共列于廿有二子之数，[2]以听有唐'钦哉'之命也。子虽在裔土，想亦极目而回望，侧耳而遐听，延颈而鹤立也。昔汝南陈公初拜，不依故常，让上卿于李元礼。以此推之，吾宜退身以避子位也。苟得避子以窃让名，然后缓带委质，[3]游谈于平、勃之间，与子共陈往时避地之艰辛，乐酒酣宴，高谈大噱，亦足遗忧而忘老。捉笔陈情，随以喜笑。"

又曰："前夏有书而未达，今重有书，而并致前问。皇帝既深悼刘将军之早世，又愍其孤之不易，又惜使足下<u>孔明</u>等士人气类之徒，遂沈溺于<u>羌夷</u>异种之间，永与华夏乖绝，而无朝聘中国之期缘，瞻睎故土桑梓之望也，故复运悉念而劳仁心，重下明诏以发德音，申敕<u>朗</u>等，使重为书与足下等。以足下聪明，揆殷勤之圣意，亦足悟海<u>岱</u>之所常在，知百川之所宜注矣。昔<u>伊尹</u>去夏而就<u>殷</u>，<u>陈平</u>违<u>楚</u>而归<u>汉</u>，犹曜德于阿衡，著功于宰相。若足下能弼人之遗孤，定人之犹豫，去非常之伪号，事受命于<u>大魏</u>，客主兼不世之荣名，上下蒙不朽之常耀，功与事并，声与勋著，考其绩效，[4]足以超越<u>伊</u>、<u>吕</u>矣。既承诏旨，[5]且服旧之情，情不能已。若不言足下之所能，陈足下之所见，则无以宣明诏命，弘光大之恩，叙宿昔梦想之思。若天启众心，子导<u>蜀</u>意，诚此意有携手之期。若险路未夷，子谋不从，则惧声问或否，复面何由！前后二书，言每及斯，希不切然有动于怀。足下周游江湖，以暨南海，历观夷俗，可谓遍矣；想子之心，结思华夏，可谓深矣。为身择居，犹愿中土；为主择安，[6]岂可以不系意于京师，而持疑于荒裔乎？详思愚言，速示还报也。”

<u>麋竺</u>字<u>子仲</u>，<u>东海朐</u>人也。祖世货殖，僮客万人，赀产钜亿。①后<u>徐州</u>牧<u>陶谦</u>辟为别驾从事。<u>谦</u>卒，<u>竺</u>奉<u>谦</u>遗命，迎<u>先主</u>于<u>小沛</u>。<u>建安</u>元年，<u>吕布</u>乘<u>先主</u>之出拒<u>袁术</u>，袭<u>下邳</u>，虏<u>先主</u>妻子。<u>先主</u>转军<u>广陵海西</u>，<u>竺</u>于是进妹于<u>先主</u>为夫人，奴客二千，金银货币以助军资；于时困匮，赖此复振。后<u>曹公</u>表<u>竺</u>领<u>嬴郡</u>太守，②<u>竺</u>弟<u>芳</u>为<u>彭城</u>相，皆去官，随<u>先主</u>周旋。<u>先主</u>将适<u>荆州</u>，遣<u>竺</u>先与<u>刘表</u>相闻，以<u>竺</u>为左将军从事中郎。<u>益州</u>既平，拜为安汉将军，班在军师将军之右。<u>竺</u>雍容敦雅，而干翮非所长。是以待之以上宾之礼，未尝有所统御。然赏赐优宠，无与为比。

①<u>搜神记</u>曰：<u>竺</u>尝从<u>洛</u>归，未达家数十里，路傍见一妇人，从<u>竺</u>求寄载。行可数里，妇谢去，谓<u>竺</u>曰：“我天使也，当往烧<u>东海麋竺</u>家，感君见载，故以相语。”<u>竺</u>因私请之，妇曰：“不可得不烧。如此，君可驰去，我当缓行，日中火当发。”<u>竺</u>乃还家，遽出财物，日中而火大发。

②曹公集载公表曰："泰山郡界广远，旧多轻悍，权时之宜，可分五县为嬴郡，拣选清廉以为守将。偏将军麋竺，素履忠贞，文武昭烈，请以竺领嬴郡太守，抚慰吏民。"

芳为南郡太守，与关羽共事，而私好携贰，叛迎孙权，羽因覆败。竺面缚请罪，先主慰谕以兄弟罪不相及，崇待如初。竺惭恚发病，岁馀卒。子威，官至虎贲中郎将。威子照，虎骑监。自竺至照，皆便弓马，善射御云。

孙乾字公祐，北海人也。先主领徐州，辟为从事，①后随从周旋。先主之背曹公，遣乾自结袁绍，将适荆州，乾又与麋竺俱使刘表，皆如意指。后表与袁尚书，说其兄弟分争之变，曰："每与刘左将军、孙公祐共论此事，未尝不痛心入骨，相为悲伤也。"其见重如此。先主定益州，乾自从事中郎为秉忠将军，见礼次麋竺，与简雍同等。顷之，卒。

①郑玄传云：玄荐乾于州，乾被辟命，玄所举也。

简雍字宪和，涿郡人也。少与先主有旧，随从周旋。先主至荆州，雍与麋竺、孙乾同为从事中郎，常为谈客，往来使命。先主入益州，刘璋见雍，甚爱之。后先主围成都，遣雍往说璋，璋遂与雍同舆而载，出城归命。先主拜雍为昭德将军。优游风议，性简傲跌宕，在先主坐席，犹箕踞倾倚，威仪不肃，自纵适；诸葛亮已下则独擅一榻，项枕卧语，无所为屈。时天旱禁酒，酿者有刑。吏于人家索得酿具，论者欲令与作酒者同罚。雍与先主游观，见一男女行道，谓先主曰："彼人欲行淫，何以不缚？"先主曰："卿何以知之？"雍对曰："彼有其具，与欲酿者同。"先主大笑，而原欲酿者。雍之滑稽，皆此类也。①

①或曰：雍本姓耿，幽州人语谓耿为简，遂随音变之。

伊籍字机伯，山阳人。少依邑人镇南将军刘表。先主之在荆州，籍常往来自托。表卒，遂随先主南渡江，从入益州。益州既定，以籍为左将军从事中郎，见待亚于简雍、孙乾等。遣东使于吴，孙权闻其才辩，欲逆折以辞。籍适入拜，权曰："劳事无道之君乎？"籍即对曰："一拜一起，未足为劳。"籍之机捷，类皆如此，权甚异之。后迁昭文将军，与诸葛亮、法正、刘巴、李严共造蜀科；蜀科之制，由此五人焉。

秦宓字子勑，广汉绵竹人也。少有才学，州郡辟命，辄称疾不往。奏记州牧刘焉，荐儒士任定祖曰："昔百里、蹇叔以耆艾而定策，甘罗、子奇以童冠而立功，故书美黄发，而易称颜渊，固知选士用能，不拘长幼，明矣。乃者以来，海内察举，率多英隽而遗旧齿，众论不齐，异同相半，此乃承平之翔步，非乱世之急务也。夫欲救危抚乱，修己以安人，则宜卓荦超伦，与时殊趣，震惊邻国，骇动四方，上当天心，下合人意；天人既和，内省不疚，虽遭凶乱，何忧何惧！昔楚叶公好龙，神龙下之，好伪彻天，何况于真？今处士任安，仁义直道，流名四远，如令见察，则一州斯服。昔汤举伊尹，不仁者远，何武贡二龚，双名竹帛，故贪寻常之高而忽万仞之嵩，乐面前之饰而忘天下之誉，斯诚往古之所重慎也。甫欲凿石索玉，剖蚌求珠，今乃随、和炳然，有如皎日，复何疑哉！诚知昼不操烛，日有馀光，但愚情区区，贪陈所见。"①

① 益部耆旧传曰：安，广汉人。少事聘士杨厚，究极图籍，游览京师，还家讲授，与董扶俱以学行齐声。郡请功曹，州辟治中别驾，终不久居。举孝廉茂才，太尉载辟，除博士，公车征，皆称疾不就。州牧刘焉表荐安味精道度，厉节高邈，揆其器量，国之元宝，宜处弼疑之辅，以消非常之咎。

玄纁之礼，所宜招命。王涂隔塞，遂无聘命。年七十九，建安七年卒，门
人慕仰，为立碑铭。后丞相亮问秦宓以安所长，宓曰："记人之善，忘人
之过。"

　　刘璋时，宓同郡王商为治中从事，与宓书曰："贫贱困苦，亦何
时可以终身！卞和炫玉以耀世，宜一来，与州尊相见。"宓答书曰：
"昔尧优许由，非不弘也，洗其两耳；楚聘庄周，非不广也，执竿不
顾。易曰'确乎其不可拔'，夫何炫之有？且以国君之贤，子为良辅，
不以是时建萧、张之策，未足为智也。仆得曝背乎陇亩之中，诵颜
氏之箪瓢，咏原宪之蓬户，时翱翔于林泽，与沮、溺之等俦，听玄猿
之悲吟，察鹤鸣于九皋，安身为乐，无忧为福，处空虚之名，居不灵
之龟，知我者希，则我贵矣。斯乃仆得志之秋也，何困苦之戚焉！"
后商为严君平、李弘立祠，宓与书曰："疾病伏匿，甫知足下为严、
李立祠，可谓厚党勤类者也。观严文章，冠冒天下，由、夷逸操，山
岳不移，使扬子不叹，固自昭明。如李仲元不遭法言，令名必沦，其
无虎豹之文故也，可谓攀龙附凤者矣。如扬子云潜心著述，有补于
世，泥蟠不滓，行参圣师，于今海内，谈咏厥辞。邦有斯人，以耀四
远，怪子替兹，不立祠堂。蜀本无学士，文翁遣相如东受七经，还教
吏民，于是蜀学比于齐、鲁。故地里志曰：'文翁倡其教，相如为之
师。'汉家得士，盛于其世；仲舒之徒，不达封禅，相如制其礼。夫能
制礼造乐，移风易俗，非礼所秩有益于世者乎！虽有王孙之累，犹
孔子大齐桓之霸，公羊贤叔术之让。仆亦善长卿之化，宜立祠堂，
速定其铭。"

　　先是，李权从宓借战国策，宓曰："战国纵横，用之何为？"权
曰："仲尼、严平，会聚众书，以成春秋、指归之文，故海以合流为
大，君子以博识为弘。"宓报曰："书非史记周图，仲尼不采；道非虚
无自然，严平不演。海以受淤，岁一荡清；君子博识，非礼不视。今

战国反覆仪、秦之术,杀人自生,亡人自存,经之所疾。故孔子发愤作春秋,大乎居正,复制孝经,广陈德行。杜渐防萌,预有所抑,是以老氏绝祸于未萌,岂不信邪! 成汤大圣,睹野鱼而有猎逐之失,定公贤者,见女乐而弃朝事,<sup>①</sup>若此辈类,焉可胜陈。道家法曰:'不见所欲,使心不乱。'是故天地贞观,日月贞明;其直如矢,君子所履。洪范记灾,发于言貌,何战国之谲权乎哉! ”

①臣松之案:书传鲁定公无善可称。宓谓之贤者,浅学所未达也。

或谓宓曰:“足下欲自比于巢、许、四皓,何故扬文藻见瓖颖乎?”宓答曰:“仆文不能尽言,言不能尽意,何文藻之有扬乎! 昔孔子三见哀公,言成七卷,事盖有不可嘿嘿也。<sup>①</sup>接舆行且歌,论家以光篇;渔父咏沧浪,贤者以耀章。此二人者,非有欲于时者也。夫虎生而文炳,凤生而五色,岂以五采自饰画哉?天性自然也。盖河、洛由文兴,六经由文起,君子懿文德,采藻其何伤! 以仆之愚,犹耻革子成之误,况贤于己者乎! ”<sup>②</sup>

①刘向七略曰:孔子三见哀公,作三朝记七篇,今在大戴礼。臣松之案:中经部有孔子三朝八卷,一卷目录,馀者所谓七篇。

②臣松之案:今论语作棘子成。子成曰:“君子质而已矣,何以文为!”屈于子贡之言,故谓之误也。

先主既定益州,广汉太守夏侯纂请宓为师友祭酒,领五官掾,称曰仲父。宓称疾,卧在第舍,纂将功曹古朴、主簿王普,厨膳即宓第宴谈,宓卧如故。纂问朴曰:“至于贵州养生之具,实绝徐州矣,不知士人何如徐州也?”朴对曰:“乃自先汉以来,其爵位者或不如徐州耳,至于著作为世师式,不负于徐州也。严君平见黄、老作指归,扬雄见易作太玄,见论语作法言,司马相如为武帝制封禅之文,于今天下所共闻也。”纂曰:“仲父何如?”宓以簿击颊,<sup>①</sup>曰:“愿明府勿以仲父之言假于小草,民请为明府陈其本纪。蜀有汶阜

之山,<u>江</u>出其腹,帝以会昌,神以建福,故能沃野千里。<sup>②</sup>淮、<u>济</u>四
渎,<u>江</u>为其首,此其一也。<u>禹</u>生<u>石纽</u>,今之<u>汶山郡</u>是也。<sup>③</sup>昔<u>尧</u>遭洪
水,<u>鲧</u>所不治,<u>禹</u>疏<u>江</u>决<u>河</u>,东注于海,为民除害,生民已来功莫先
者,此其二也。天帝布治房心,决政参伐,参伐则<u>益州</u>分野,<u>三皇</u>乘
<u>祇车</u>出<u>谷口</u>,今之<u>斜谷</u>是也。<sup>④</sup>此便<u>鄙州</u>之阡陌,明府以雅意论
之,何若于天下乎?"于是<u>篡</u>逡巡无以复答。

① 薄,手版也。

② <u>河图括地象</u>曰:<u>岷山</u>之地,上为东井络,帝以会昌,神以建福,上为天井。

　　<u>左思蜀都赋</u>曰:远则<u>岷山</u>之精,上为井络,天地运期而会昌,景福肸
　　蚃而兴作。<sup>[7]</sup>

③ <u>帝王世纪</u>曰:<u>鲧</u>纳有<u>莘氏女</u>曰<u>志</u>,是为<u>脩己</u>。上山行,见流星贯<u>昴</u>,梦接
　　意感,又吞神珠,臆圮胸折,而生<u>禹</u>于<u>石纽</u>。

　　<u>谯周蜀本纪</u>曰:<u>禹</u>本<u>汶山广柔县</u>人也,生于<u>石纽</u>,其地名<u>刳儿坪</u>,见<u>世
　　帝纪</u>。

④ <u>蜀记</u>曰:<u>三皇</u>乘<u>祇车</u>出<u>谷口</u>。未详<u>宓</u>所由知为<u>斜谷</u>也。


　　<u>益州</u>辟<u>宓</u>为从事祭酒。<u>先主</u>即称尊号,将东征<u>吴</u>,<u>宓</u>陈天时必
无其利,坐下狱幽闭,然后贷出。<u>建兴</u>二年,丞相<u>亮</u>领<u>益州</u>牧,选<u>宓</u>
迎为别驾,寻拜<u>左中郎将</u>、<u>长水校尉</u>。<u>吴</u>遣使<u>张温</u>来聘,百官皆往
饯焉。众人皆集而<u>宓</u>未往,<u>亮</u>累遣使促之,<u>温</u>曰:"彼何人也?"<u>亮</u>
曰:"<u>益州</u>学士也。"及至,<u>温</u>问曰:"君学乎?"<u>宓</u>曰:"五尺童子皆
学,何必小人!"<u>温</u>复问曰:"天有头乎?"<u>宓</u>曰:"有之。"<u>温</u>曰:"在何
方也?"<u>宓</u>曰:"在西方。诗曰:'乃眷西顾。'以此推之,头在西方。"
<u>温</u>曰:"天有耳乎?"<u>宓</u>曰:"天处高而听卑,诗云:'鹤鸣于九皋,声
闻于天。'若其无耳,何以听之?"<u>温</u>曰:"天有足乎?"<u>宓</u>曰:"有。诗
云:'天步艰难,之子不犹。'若其无足,何以步之?"<u>温</u>曰:"天有姓
乎?"<u>宓</u>曰:"有。"<u>温</u>曰:"何姓?"<u>宓</u>曰:"姓<u>刘</u>。"<u>温</u>曰:"何以知之?"

答曰:"天子姓刘,故以此知之。"温曰:"日生于东乎?"宓曰:"虽生于东而没于西。"答问如响,应声而出,于是温大敬服。宓之文辩,皆此类也。迁大司农,四年卒。初宓见帝系之文,五帝皆同一族,宓辨其不然之本。又论皇帝王霸豢龙之说,[8]甚有通理。谯允南少时数往谘访,纪录其言于春秋然否论,文多故不载。

　　评曰:许靖夙有名誉,既以笃厚为称,又以人物为意,虽行事举动,未悉允当,蒋济以为"大较廊庙器"也。① 麋竺、孙乾、简雍、伊籍,皆雍容风议,见礼于世。秦宓始慕肥遁之高,而无若愚之实。然专对有馀,文藻壮美,可谓一时之才士矣。

　　①万机论论许子将曰:许文休者,大较廊庙器也,而子将贬之。若实不贵之,是不明也;诚令知之,盖善人也。

【校勘记】

〔1〕益部耆旧传　部,原作"州",据本书卷三十一注改。

〔2〕共列於廿有二子之数　廿,原作"世",据李慈铭校本改。

〔3〕然后缓带委质　缓,原作"绶",据册府元龟补。

〔4〕考其绩效　原脱"其"字,据李慈铭校本补。

〔5〕既承诏旨　旨,原作"直",据何焯校本改。

〔6〕为主择安　择下原衍"居"字,据三国志考证卷六删。

〔7〕景福肸蚃而兴作　肸原作"肦",据文选卷四蜀都赋改。

〔8〕又论皇帝王霸豢龙之说　豢,原作"养",据何焯校本改。

# 三国志卷三十九　蜀书九

## 董刘马陈董吕传第九

　　董和字幼宰，南郡枝江人也，其先本巴郡江州人。汉末，和率宗族西迁，益州牧刘璋以为牛鞞、<sub>音髀</sub>。江原长、成都令。蜀土富实，时俗奢侈，货殖之家，侯服玉食，婚姻葬送，倾家竭产。和躬率以俭，恶衣蔬食，防遏逾僭，为之轨制，所在皆移风变善，畏而不犯。然县界豪强惮和严法，说璋转和为巴东属国都尉。吏民老弱相携乞留和者数千人。璋听留二年，还迁益州太守，其清约如前。与蛮夷从事，务推诚心，南土爱而信之。

　　先主定蜀，征和为掌军中郎将，与军师将军诸葛亮并署左将军大司马府事，献可替否，共为欢交。自和居官食禄，外牧殊域，内干机衡，二十馀年，死之日家无儋石之财。亮后为丞相，教与群下曰："夫参署者，集众思广忠益也。若远小嫌，难相违覆，旷阙损矣。违覆而得中，犹弃弊跻而获珠玉。然人心苦不能尽，惟徐元直处兹不惑，又董幼宰参署七年，事有不至，至于十反，来相启告。苟能慕元直之十一，幼宰之殷勤，有忠于国，则亮可少过矣。"又曰："昔初交州平,屡闻得失,后交元直,勤见启诲,前参事于幼宰,每言则尽,后从事于伟度,数有谏止;虽姿性鄙暗,不能悉纳,然与此四子终始好合,亦足以明其不疑于直言也。"其追思和如此。①

①伟度者,姓胡,名济,义阳人。为亮主簿,有忠荩之效,故见褒述。亮卒,为中典军,统诸军,封成阳亭侯,迁中监军前将军,督汉中,假节领兖州刺史,至右骠骑将军。济弟博,历长水校尉尚书。

刘巴字子初,零陵烝阳人也。少知名,①荆州牧刘表连辟,及举茂才,皆不就。表卒,曹公征荆州。先主奔江南,荆、楚群士从之如云,而巴北诣曹公。曹公辟为掾,使招纳长沙、零陵、桂阳。②会先主略有三郡,巴不得反使,遂远适交阯,③先主深以为恨。

①零陵先贤传曰:巴祖父曜,苍梧太守。父祥,江夏太守、荡寇将军。时孙坚举兵讨董卓,以南阳太守张咨不给军粮,杀之。祥与同心,南阳士民由此怨祥,举兵攻之,与战,败亡。刘表亦素不善祥,拘巴,欲杀之,数遣祥故所亲信人密诈谓巴曰:"刘牧欲相危害,可相随逃之。"如此再三,巴辄不应。具以报表,表乃不杀巴。年十八,郡署户曹史主记主簿。刘先欲遣周不疑就巴学,[1]巴答曰:"昔游荆北,时涉师门,记问之学,不足纪名,内无杨朱守静之术,外无墨翟务时之风,犹天之南箕,虚而不用。赐书乃欲令贤甥摧鹥凤之艳,游燕雀之宇,将何以启明之哉?愧于'有若无,实若虚',何以堪之!"

②零陵先贤传曰:曹公败于乌林,还北时,欲遣桓阶,阶辞不如巴。巴谓曹公曰:"刘备据荆州,不可也。"公曰:"备如相图,孤以六军继之也。"

③零陵先贤传云:巴往零陵,事不成,欲游交州,道还京师。时诸葛亮在临烝,巴与亮书曰:"乘危历险,到值思义之民,自与之众,承天之心,顺物之性,非余身谋所能功动。若道穷数尽,将托命于沧海,不复顾荆州矣。"亮追谓曰:"刘公雄才盖世,据有荆土,莫不归德,天人去就,已可知矣。足下欲何之?"巴曰:"受命而来,不成当还,此其宜也。足下何言邪!"

巴复从交阯至蜀。① 俄而先主定益州，巴辞谢罪负，先主不责。②而诸葛孔明数称荐之，先主辟为左将军西曹掾。③建安二十四年，先主为汉中王，巴为尚书，后代法正为尚书令。躬履清俭，不治产业，又自以归附非素，惧见猜嫌，恭默守静，退无私交，非公事不言。④先主称尊号，昭告于皇天上帝后土神祇，凡诸文诰策命，皆巴所作也。章武二年卒。卒后，魏尚书仆射陈群与丞相诸葛亮书，问巴消息，称曰刘君子初，甚敬重焉。⑤

①零陵先贤传曰：巴入交阯，更姓为张。与交阯太守士燮计义不合，乃由牂柯道。去为益州郡所拘留。太守欲杀之。主簿曰："此非常人，不可杀也。"主簿请自送至州，见益州牧刘璋，璋父焉昔为巴父祥所举孝廉，见巴惊喜，每大事辄以咨访。

臣松之案：刘焉在汉灵帝时已经宗正太常，出为益州牧，祥始以孙坚作长沙时为江夏太守，不得举焉为孝廉，明也。

②零陵先贤传曰：璋遣法正迎刘备，巴谏曰："备，雄人也，入必为害，不可内也。"既入，巴复谏曰："若使备讨张鲁，是放虎于山林也。"璋不听。巴闭门称疾。备攻成都，令军中曰："其有害巴者，诛及三族。"及得巴，甚喜。

③零陵先贤传曰：张飞尝就巴宿，巴不与语，飞遂忿恚。诸葛亮谓巴曰："张飞虽实武人，敬慕足下。主公今方收合文武，以定大事；足下虽天素高亮，宜少降意也。"巴曰："大丈夫处世，当交四海英雄，如何与兵子共语乎?"备闻之，怒曰："孤欲定天下，而子初专乱之。其欲还北，假道于此，岂欲成孤事邪?"备又曰："子初才智绝人，如孤，可任用之，非孤者难独任也。"亮亦曰："运筹策于帷幄之中，吾不如子初远矣! 若提枹鼓，会军门，使百姓喜勇，当与人议之耳。"初攻刘璋，备与士众约："若事定，府库百物，孤无预焉。"及拔成都，士众皆舍干戈，赴诸藏竞取宝物。军用不足，备甚忧之。巴曰："易耳，但当铸直百钱，平诸物贾，令吏为官市。"备从之，数月之间，府库充实。

④零陵先贤传曰：是时中夏人情未一，闻备在蜀，四方延颈。而备锐意欲

即真,巴以为如此示天下不广,且欲缓之。与主簿雍茂谏备,备以他事
杀茂,由是远人不复至矣。

⑤零陵先贤传曰:辅吴将军张昭尝对孙权论巴褊阨,不当拒张飞太甚。权
曰:"若令子初随世沈浮,容悦玄德,交非其人,何足称为高士乎?"


马良字季常,襄阳宜城人也。兄弟五人,并有才名,乡里为之
谚曰:"马氏五常,白眉最良。"良眉中有白毛,故以称之。先主领荆
州,辟为从事。及先主入蜀,诸葛亮亦从后往,良留荆州,与亮书
曰:"闻雒城已拔,此天祚也。尊兄应期赞世,配业光国,魄兆见
矣。①夫变用雅虑,审贵垂明,于以简才,宜适其时。若乃和光悦
远,迈德天壤,使时闲于听,世服于道,齐高妙之音,正郑、卫之声,
并利于事,无相夺伦,此乃管弦之至,牙、旷之调也。虽非锺期,敢
不击节!"先主辟良为左将军掾。

①臣松之以为良盖与亮结为兄弟,或相与有亲;亮年长,良故呼亮为尊兄耳。

后遣使吴,良谓亮曰:"今衔国命,协穆二家,幸为良介于孙将
军。"亮曰:"君试自为文。"良即为草曰:"寡君遣掾马良通聘继好,
以绍昆吾、豕韦之勋。其人吉士,荆楚之令,鲜于造次之华,而有克
终之美,愿降心存纳,以慰将命。"权敬待之。

先主称尊号,以良为侍中。及东征吴,遣良入武陵招纳五溪蛮
夷,蛮夷渠帅皆受印号,咸如意指。会先主败绩于夷陵,良亦遇害。
先主拜良子秉为骑都尉。

良弟谡,字幼常,以荆州从事随先主入蜀,除绵竹成都令、越
嶲太守。才器过人,好论军计,丞相诸葛亮深加器异。先主临薨谓
亮曰:"马谡言过其实,不可大用,君其察之!"亮犹谓不然,以谡为
参军,每引见谈论,自昼达夜。①

①襄阳记曰:建兴三年,亮征南中,谡送之数十里。亮曰:"虽共谋之历年,

今可更惠良规。"谡对曰："南中恃其险远，不服久矣，虽今日破之，明日复反耳。今公方倾国北伐以事强贼。彼知官势内虚，其叛亦速。若殄尽遗类以除后患，既非仁者之情，且又不可仓卒也。夫用兵之道，攻心为上，攻城为下，心战为上，兵战为下，愿公服其心而已。"亮纳其策，赦孟获以服南方。故终亮之世，南方不敢复反。

建兴六年，亮出军向祁山，时有宿将魏延、吴壹等，论者皆言以为宜令为先锋，而亮违众拔谡，统大众在前，与魏将张郃战于街亭，为郃所破，士卒离散。亮进无所据，退军还汉中。谡下狱物故，亮为之流涕。良死时年三十六，谡年三十九。①

① 襄阳记曰：谡临终与亮书曰："明公视谡犹子，谡视明公犹父，愿深惟殛鲧兴禹之义，使平生之交不亏于此，谡虽死无恨于黄壤也。"于时十万之众为之垂涕。亮自临祭，待其遗孤若平生。蒋琬后诣汉中，谓亮曰："昔楚杀得臣，然后文公喜可知也。天下未定而戮智计之士，岂不惜乎！"亮流涕曰："孙武所以能制胜于天下者，用法明也。是以杨干乱法，魏绛戮其仆。四海分裂，兵交方始，若复废法，何用讨贼邪！"
习凿齿曰：诸葛亮之不能兼上国也，岂不宜哉！夫晋人规林父之后济，故废法而收功；楚成暗得臣之益己，故杀之以重败。今蜀僻陋一方，才少上国，而杀其俊杰，退收驽下之用，明法胜才，不师三败之道，将以成业，不亦难乎！且先主诚谡之不可大用，岂不谓其非才也？亮受诫而不获奉承，明谡之难废也。为天下宰匠，欲大收物之力，而不量才节任，随器付业；知之大过，则违明主之诫，裁之失中，即杀有益之人，难乎其可与言智者也。

819

陈震字孝起，南阳人也。先主领荆州牧，辟为从事，部诸郡，随先主入蜀。蜀既定，为蜀郡北部都尉，因易郡名，为汶山太守，转在犍为。建兴三年，入拜尚书，迁尚书令，奉命使吴。七年，孙权称尊号，以震为卫尉，贺权践阼，诸葛亮与兄瑾书曰："孝起忠纯之性，老而益笃，及其赞述东西，欢乐和合，有可贵者。"震入吴界，移关候曰："东之与西，驿使往来，冠盖相望，申盟初好，日新其事。东尊应保圣祚，告燎受符，剖判土宇，天下响应，各有所归。于此时也，以同心讨贼，则何寇不灭哉！西朝君臣，引领欣赖。震以不才，得充下使，奉聘叙好，践界踊跃，入则如归。献子适鲁，犯其山讳，春秋讥之。望必启告，使行人睦焉。即日张旍诰众，各自约誓。顺流漂疾，国典异制，惧或有违，幸必斟诲，示其所宜。"震到武昌，孙权与震升坛歃盟，交分天下：以徐、豫、幽、青属吴，并、凉、冀、兖属蜀，其司州之土，以函谷关为界。震还，封城阳亭侯。九年，都护李平坐诬罔废；诸葛亮与长史蒋琬、侍中董允书曰："孝起前临至吴，为吾说正方腹中有鳞甲，乡党以为不可近。吾以为鳞甲者但不当犯之耳，不图复有苏、张之事出于不意。可使孝起知之。"十三年，震卒。子济嗣。

董允字休昭，掌军中郎将和之子也。先主立太子，允以选为舍人，徙洗马。后主袭位，迁黄门侍郎。丞相亮将北征，住汉中，虑后主富于春秋，朱紫难别，以允秉心公亮，欲任以宫省之事。上疏曰："侍中郭攸之、费祎、侍郎董允等，先帝简拔以遗陛下，至于斟酌规益，进尽忠言，则其任也。愚以为宫中之事，事无大小，悉以咨之，必能裨补阙漏，有所广益。若无兴德之言，则戮允等以彰其慢。"亮寻请祎为参军，允迁为侍中，领虎贲中郎将，统宿卫亲兵。攸之性素和顺，备员而已。[①]献纳之任，允皆专之矣。允处事为防制，甚尽匡救之理。后主常欲采择以充后宫，允以为古者天子后妃之数不过十二，今嫔嫱已具，不宜增益，终执不听。后主益严惮之。尚书令蒋琬领益州刺史，上疏以让费祎及允，又表"允内侍历年，翼赞王室，宜赐爵土以褒勋劳。"允固辞不受。后主渐长大，爱宦人黄皓。皓便辟佞慧，欲自容入。允常上则正色匡主，下则数责于皓。皓畏允,不敢为非。终允之世,皓位不过黄门丞。

①楚国先贤传曰:攸之,南阳人,以器业知名于时。

允尝与尚书令费祎、中典军胡济等共期游宴,严驾已办,而郎中襄阳董恢诣允修敬。恢年少官微,见允停出,逡巡求去,允不许,曰:"本所以出者,欲与同好游谈也,今君已自屈,方展阔积,舍此之谈,就彼之宴,非所谓也。"乃命解骖,祎等罢驾不行。其守正下士,凡此类也。①延熙六年,加辅国将军。七年,以侍中守尚书令,为大将军费祎副贰。九年,卒。②

①襄阳记曰:董恢字休绪,襄阳人。入蜀,以宣信中郎副费祎使吴。孙权尝大醉问祎曰:"杨仪、魏延,牧竖小人也。虽尝有鸣吠之益于时务,然既已任之,势不得轻,若一朝无诸葛亮,必为祸乱矣。诸君愦愦,曾不知防虑于此,岂所谓贻厥孙谋乎?"祎愕然四顾视,不能即答。恢目祎曰:"可速言仪、延之不协起于私忿耳,而无黥、韩难御之心也。今方扫除强贼,混一区夏,功以才成,业由才广,若舍此不任,防其后患,是犹备有风波而逆废舟楫,非长计也。"权大笑乐。诸葛亮闻之,以为知言。还未满三日,辟为丞相府属,迁巴郡太守。

臣松之案:汉晋春秋亦载此语,不云董恢所教,辞亦小异,此二书俱出习氏而不同若此。本传云"恢年少官微",若已为丞相府属,出作巴郡,则官不微矣。以此疑习氏之言为不审的也。

②华阳国志曰:时蜀人以诸葛亮、蒋琬、费祎及允为四相,一号四英也。

陈祗代允为侍中,与黄皓互相表里,皓始预政事。祗死后,皓从黄门令为中常侍、奉车都尉,操弄威柄,终至覆国。蜀人无不追思允。及邓艾至蜀,闻皓奸险,收闭,将杀之,而皓厚赂艾左右,得免。

祗字奉宗,汝南人,许靖兄之外孙也。少孤,长于靖家。弱冠知名,稍迁至选曹郎,矜厉有威容。多技艺,挟数术,费祎甚异之,故超继允内侍。吕乂卒,祗又以侍中守尚书令,加镇军将军,大将军姜维虽班在祗上,常率众在外,希亲朝政。祗上承主指,下接阉竖,深见信爱,权重于维。景耀元年卒,后主痛惜,发言流涕,乃下诏曰:"祗统职一纪,柔嘉惟则,干肃有章,和义利物,庶绩允明。命不融远,朕用悼焉。夫存有令问,则亡加美谥,谥曰忠侯。"赐子粲爵关内侯,拔次子裕为黄门侍郎。自祗之有宠,后主追怨允日深,谓为自轻,由祗媚兹一人,皓构间浸润故耳。允孙宏,晋巴西太守。①

①臣松之以为陈群子泰,陆逊子抗,传皆以子系父,不别载姓,及王肃、杜恕、张承、顾劭之流,莫不皆然,惟董允独否,未详其意。当以允名位优重,事迹逾父故邪?夏侯玄、陈表并有骈角之美,而亦如泰者,魏书总名此卷云诸夏侯曹传,故不复稍加品藻。陈武与表俱至偏将军,以位不相过故也。

吕乂字季阳,南阳人也。父常,送故将刘焉入蜀,[2]值王路隔塞,遂不得还。乂少孤,好读书鼓琴。初,先主定益州,置盐府校尉,较盐铁之利,后校尉王连请乂及南阳杜祺、南乡刘幹等并为典曹都尉。乂迁新都、绵竹令,乃心隐恤,百姓称之,为一州诸城之首。迁巴西太守。丞相诸葛亮连年出军,调发诸郡,多不相救,乂募取兵五千人诣亮,慰喻检制,无逃窜者。徙为汉中太守,兼领督农,供继军粮。亮卒,累迁广汉、蜀郡太守。蜀郡一都之会,户口众多,又亮卒之后,士伍亡命,更相重冒,奸巧非一。乂到官,为之防禁,开

喻劝导,数年之中,漏脱自出者万馀口。后入为尚书,代董允为尚书令,众事无留,门无停宾。乂历职内外,治身俭约,谦靖少言,为政简而不烦,号为清能;然持法刻深,好用文俗吏,故居大官,名声损于郡县。延熙十四年卒。子辰,景耀中为成都令。辰弟雅,谒者。雅清厉有文才,著格论十五篇。

杜祺历郡守监军大将军司马,刘幹官至巴西太守,皆与乂亲

善,亦有当时之称,而俭素守法,不及于义。

评曰:董和蹈羔羊之素,刘巴履清尚之节,马良贞实,称为令士,陈震忠恪,老而益笃,董允匡主,义形于色,皆蜀臣之良矣。吕义临郡则垂称,处朝则被损,亦黄、薛之流亚矣。

【校勘记】

〔1〕刘先欲遣周不疑就巴学　先下原衍“主”字,据本书卷六刘表传注删。

〔2〕送故将刘焉入蜀　将下原衍“军”字,据朱邦衡校本删。

# 三国志卷四十　蜀书十

## 刘彭廖李刘魏杨传第十

刘封者，本罗侯寇氏之子，长沙刘氏之甥也。先主至荆州，以未有继嗣，养封为子。及先主入蜀，自葭萌还攻刘璋，时封年二十馀，有武艺，气力过人，将兵俱与诸葛亮、张飞等溯流西上，所在战克。益州既定，以封为副军中郎将。

初，刘璋遣扶风孟达副法正，各将兵二千人，使迎先主，先主因令达并领其众，留屯江陵。蜀平后，以达为宜都太守。建安二十四年，命达从秭归北攻房陵，房陵太守蒯祺为达兵所害。达将进攻上庸，先主阴恐达难独任，乃遣封自汉中乘沔水下统达军，与达会上庸。上庸太守申耽举众降，遣妻子及宗族诣成都。先主加耽征北将军，领上庸太守员乡侯如故，以耽弟仪为建信将军、西城太守，迁封为副军将军。自关羽围樊城、襄阳，连呼封、达，令发兵自助。封、达辞以山郡初附，未可动摇，不承羽命。会羽覆败，先主恨之。又封与达忿争不和，封寻夺达鼓吹。达既惧罪，又忿恚封，遂表辞先主，率所领降魏。①魏文帝善达之姿才容观，以为散骑常侍、建

825

武将军，封平阳亭侯。合房陵、上庸、西城三郡为新城郡，以达领新城太守。[1]遣征南将军夏侯尚、右将军徐晃与达共袭封。达与封书曰：

古人有言："疏不间亲，新不加旧。"此谓上明下直，谗慝不行也。若乃权君谲主，贤父慈亲，犹有忠臣蹈功以罹祸，孝子抱仁以陷难，种、商、白起、孝己、伯奇，皆其类也。其所以然，非骨肉好离，亲亲乐患也。或有恩移爱易，亦有谗间其间，虽忠臣不能移之于君，孝子不能变之于父者也。势利所加，改亲为雠，况非亲亲乎！故申生、卫伋、御寇、楚建禀受形之气，当嗣立之正，而犹如此。今足下与汉中王，道路之人耳，亲非骨血而据势权，义非君臣而处上位，征则有偏任之威，居则有副军之号，远近所闻也。自立阿斗为太子已来，有识之人相为寒心。如使申生从子舆之言，必为太伯，卫伋听其弟之谋，无彰父之讥也。且小白出奔，入而为霸，重耳逾垣，卒以克复。自古有之，非独今也。

夫智贵免祸，明尚夙达，仆揆汉中王虑定于内，疑生于外矣；虑定则心固，疑生则心惧，乱祸之兴作，未曾不由废立之间也。私怨人情，不能不见，恐左右必有以间于汉中王矣。然则疑成怨闻，其发若践机耳。今足下在远，尚可假息一时；若大军遂进，足下失据而还，窃相为危之。昔微子去殷，智果别族，违难背祸，犹皆如斯。[2]今足下弃父母而为人后，非礼也；知祸将至而留之，非智也；见正不从而疑之，非义也。自号为丈夫，为此三者，何所贵乎？以足下之才，弃身来东，继嗣罗侯，不为背亲也；北面事君，以正纲纪，不为弃旧也；怒不致乱，以免危亡，不为徒行也。加陛下新受禅命，虚心侧席，以德怀远，若足下翻然内向，非但与仆为伦受三百户封，继统罗国而已,当更剖符大邦,为始封之君。陛下大军,金鼓以震,当转都宛、邓;若二敌不平,军无还期。足下宜因此时早定良计。易有'利见大人',诗有'自求多福',行矣。今足下勉之,无使狐突闭门不出。

封不从达言。

① 魏略载达辞先主表曰:“伏惟殿下将建伊、吕之业,追桓、文之功,大事草创,假势吴、楚,是以有为之士深睹归趣。臣委质已来,愆戾山积,臣犹自知,况于君乎!今王朝以兴,英俊鳞集,臣内无辅佐之器,外无将领之才,列次功臣,诚自愧也。臣闻范蠡识微,浮于五湖;咎犯谢罪,逡巡于河上。夫际会之间,请命乞身。何则?欲絜去就之分也。况臣卑鄙,无元功巨勋,自系于时,窃慕前贤,早思远耻。昔申生至孝见疑于亲,子胥至忠见诛于君,蒙恬拓境而被大刑,乐毅破齐而遭谗佞,臣每读其书,未尝不慷慨流涕,而亲当其事,益以伤绝。何者?荆州覆败,大臣失节,百无一还。惟臣寻事,自致房陵、上庸,而复乞身,自放于外。伏想殿下圣恩感悟,愍臣之心,悼臣之举。臣诚小人,不能始终,知而为之,敢谓非罪!臣每闻交绝无恶声,去臣无怨辞,臣过奉教于君子,愿君王勉之也。”

② 国语曰:智宣子将以瑶为后,智果曰:“不如宵也。”宣子曰:“宵也很。”对曰:“宵也很在面,瑶之贤于人者五,其不逮者一也。美须长大则贤,射御足力则贤,技艺毕给则贤,巧文辩惠则贤,强毅果敢则贤,如是而甚不仁;以五者贤陵人,而不仁行之,其谁能待之!若果立瑶也,智宗必灭。”不听。智果别族于太史氏为辅氏。及智氏亡,惟辅果在焉。

申仪叛封,封破走还成都。申耽降魏,魏假耽怀集将军,徙居南阳,仪魏兴太守,封员乡侯,[2]屯洵口。① 封既至,先主责封之侵陵达,又不救羽。诸葛亮虑封刚猛,易世之后终难制御,劝先主因此除之。于是赐封死,使自裁。封叹曰:“恨不用孟子度之言!”先主为之流涕。达本字子敬,避先主叔父敬,改之。②

① 魏略曰：申仪兄名耽，字义举。初在西平、上庸间聚众数千家，后与张鲁
通，又遣使诣曹公，曹公加其号为将军，因使领上庸都尉。至建安末，为
蜀所攻，以其郡西属。黄初中，仪复来还，诏即以兄故号加仪，因拜魏兴
太守，封列侯。太和中，仪与孟达不和，数上言达有贰心于蜀，及达反，
仪绝蜀道，使救不到。达死后，仪诣宛见司马宣王，宣王劝使来朝。仪至
京师，诏转拜仪楼船将军，在礼请中。

② 封子林为牙门将，咸熙元年内移河东。达子兴为议督军，是岁徙还
扶风。

彭羕字永年，广汉人。身长八尺，容貌甚伟。姿性骄傲，多所轻
忽，惟敬同郡秦子勑，荐之于太守许靖曰："昔高宗梦傅说，周文求
吕尚，爰及汉祖，纳食其于布衣，此乃帝王之所以倡业垂统，缉熙
厥功也。今明府稽古皇极，允执神灵，体公刘之德，行勿翦之惠，清
庙之作于是乎始，褒贬之义于是乎兴，然而六翮未之备也。伏见处
士绵竹秦宓，膺山甫之德，履隽生之直，枕石漱流，吟咏缊袍，偃息
于仁义之途，恬惔于浩然之域，高概节行，守真不亏，虽古人潜遁，
蔑以加旃。若明府能招致此人，必有忠谠落落之誉，丰功厚利，建
迹立勋，然后纪功于王府，飞声于来世，不亦美哉！"

羕仕州，不过书佐，后又为众人所谤毁于州牧刘璋，璋髡钳羕
为徒隶。会先主入蜀，泝流北行。羕欲纳说先主，乃往见庞统。统
与羕非故人，又适有宾客，羕径上统床卧，谓统曰："须客罢当与卿
善谈。"统客既罢，往就羕坐，羕又先责统食，然后共语，因留信宿，
至于经日。统大善之，而法正宿自知羕，遂并致之先主。先主亦以
为奇，数令羕宣传军事，指授诸将，奉使称意，识遇日加。成都既
定，先主领益州牧，拔羕为治中从事。羕起徒步，一朝处州人之上，
形色嚣然，自矜得遇滋甚。诸葛亮虽外接待羕，而内不能善，屡密
言先主，羕心大志广，难可保安。先主既敬信亮，加察羕行事，意以

稍疏,左迁羡为江阳太守。

　　羡闻当远出,私情不悦,往诣马超。超问羡曰:"卿才具秀拔,主公相待至重,谓卿当与孔明、孝直诸人齐足并驱,宁当外授小郡,失人本望乎?"羡曰:"老革荒悖,可复道邪! "①又谓超曰:"卿为其外,我为其内,天下不足定也。"超羁旅归国,常怀危惧,闻羡言大惊,默然不答。羡退,具表羡辞,于是收羡付有司。

　　①扬雄方言曰:恓、鳏、乾、都、苟、革,老也。郭璞注曰:皆老者皮毛枯瘁之形也。

　　臣松之以为皮去毛曰革。古者以革为兵,故语称兵革,革犹兵也。羡骂备为老革,犹言老兵也。

　　羡于狱中与诸葛亮书曰:"仆昔有事于诸侯,以为曹操暴虐,孙权无道,振威暗弱,其惟主公有霸王之器,可与兴业致治,故乃翻然有轻举之志。会公来西,仆因法孝直自炫鬻,庞统斟酌其间,遂得诣公于葭萌,指掌而谭,论治世之务,讲霸王之义,建取益州之策,公亦宿虑明定,即相然赞,遂举事焉。仆于故州不免凡庸,忧于罪罔,得遭风云激矢之中,求君得君,志行名显,从布衣之中擢为国士,盗窃茂才。分子之厚,谁复过此。①羡一朝狂悖,自求菹醢,为不忠不义之鬼乎! 先民有言,左手据天下之图,右手刿咽喉,愚夫不为也。况仆颇别菽麦者哉! 所以有怨望意者,不自度量,苟以为首兴事业,而有投江阳之论,不解主公之意,意卒感激,颇以被酒,侻失'老'语。此仆之下愚薄虑所致,主公实未老也。且夫立业,岂在老少,西伯九十,宁有衰志,负我慈父,罪有百死。至于内外之言,欲使孟起立功北州,戮力主公,共讨曹操耳,宁敢有他志邪?孟起说之是也,但不分别其间,痛人心耳。昔每与庞统共相誓约,庶托足下末踪,尽心于主公之业,追名古人,载勋竹帛。统不幸而死，仆败以取祸。自我堕之，将复谁怨！足下，当世伊、吕也，宜善与主公计事，济其大猷。天明地察，神祇有灵，复何言哉！贵使足下明仆本心耳。行矣努力，自爱，自爱！”羕竟诛死，时年三十七。

①臣松之以为“分子之厚”者，羕言刘主分儿子厚恩，施之于己，故其书后语云“负我慈父，罪有百死”也。

廖立廖音理敢反。字公渊，武陵临沅人。先主领荆州牧，辟为从事，年未三十，擢为长沙太守。先主入蜀，诸葛亮镇荆土，孙权遣使通好于亮，因问士人皆谁相经纬者，亮答曰：“庞统、廖立，楚之良才，当赞兴世业者也。”建安二十年，权遣吕蒙奄袭南三郡，立脱身走，自归先主。先主素识待之，不深责也，以为巴郡太守。二十四年，先主为汉中王，征立为侍中。后主袭位，徙长水校尉。

立本意，自谓才名宜为诸葛亮之贰，而更游散在李严等下，常怀怏怏。后丞相掾李邵、[3]蒋琬至，立计曰：“军当远出，卿诸人好谛其事。昔先帝不取汉中，[4]走与吴人争南三郡，卒以三郡与吴人，徒劳役吏士，无益而还。既亡汉中，使夏侯渊、张郃深入于巴，几丧一州。后至汉中，使关侯身死无孑遗，上庸覆败，徒失一方。是羽怙恃勇名，作军无法，直以意突耳，故前后数丧师众也。如向朗、文恭，凡俗之人耳。恭作治中无纲纪；朗昔奉马良兄弟，谓为圣人，今作长史，素能合道。中郎郭演长，从人者耳，不足与经大事，而作侍中。今弱世也，欲任此三人，为不然也。王连流俗，苟作掊克，使百姓疲弊，以致今日。”邵、琬具白其言于诸葛亮。亮表立曰：“长水校尉廖立，坐自贵大，臧否群士，公言国家不任贤达而任俗吏，又言万人率者皆小子也；诽谤先帝，疵毁众臣。人有言国家兵众简练，部伍分明者，立举头视屋，愤咤作色曰：‘何足言！’凡如是者不可胜数。羊之乱群，犹能为害，况立托在大位，中人以下识真伪邪?"①于是废立为民,徙汶山郡。立躬率妻子耕殖自守,闻诸葛亮卒,垂泣叹曰:"吾终为左衽矣!"后监军姜维率偏军经汶山,诣立,称立意气不衰,言论自若。立遂终徙所。妻子还蜀。

① 亮集有亮表曰:"立奉先帝无忠孝之心,守长沙则开门就敌,领巴郡则有暗昧阘茸其事,随大将军则诽谤讥诃,侍梓宫则挟刃断人头于梓宫之侧。陛下即位之后,普增职号,立随比为将军,面语臣曰:'我何宜在诸将军中!不表我为卿,上当在五校!'臣答:'将军者,随大比耳。至于卿者,正方亦未为卿也。且宜处五校。'自是之后,怏怏怀恨。"诏曰:"三苗乱政,有虞流宥,廖立狂惑,朕不忍刑,亟徙不毛之地。"

李严字正方,南阳人也。少为郡职吏,以才干称。荆州牧刘表使历诸郡县。曹公入荆州时,严宰秭归,遂西诣蜀,刘璋以为成都令,复有能名。建安十八年,署严为护军,拒先主于绵竹。严率众降先主,先主拜严裨将军。成都既定,为犍为太守、兴业将军。二十三年,盗贼马秦、高胜等起事于郪,音凄。合聚部伍数万人,到资中县。时先主在汉中,严不更发兵,但率将郡士五千人讨之,斩秦、胜等首。枝党星散,悉复民籍。又越嶲夷率高定遣军围新道县,严驰往赴救,贼皆破走。加辅汉将军,领郡如故。章武二年,先主征诣永安宫,拜尚书令。三年,先主疾病,严与诸葛亮并受遗诏辅少主;以严为中都护,统内外军事,留镇永安。建兴元年,封都乡侯,假节,加光禄勋。四年,转为前将军。以诸葛亮欲出军汉中,严当知后事,移屯江州,留护军陈到驻永安,皆统属严。严与孟达书曰:"吾与孔明俱受寄托,忧深责重,思得良伴。"亮亦与达书曰:"部分如流,趋舍罔滞,正方性也。"其见贵重如此。①八年,迁骠骑将军。以曹真欲三道向汉川,亮命严将二万人赴汉中。亮表严子丰为江州都督督军,典严后事。亮以明年当出军,命严以中都护署府事。严改名为<u>平</u>。

①<u>诸葛亮</u>集有<u>严</u>与<u>亮</u>书,劝<u>亮</u>宜受九锡,进爵称王。<u>亮</u>答书曰:"吾与足下
相知久矣,可不复相解!足下方诲以光国,戒之以勿拘之道,是以未得
默已。吾本东方下士,误用于先帝,位极人臣,禄赐百亿,今讨贼未效,
知己未答,而方宠<u>齐</u>、<u>晋</u>,坐自贵大,非其义也。若灭<u>魏</u>斩<u>叡</u>,帝还故居,
与诸子并升,虽十命可受,况于九邪!"

九年春,<u>亮</u>军<u>祁山</u>,<u>平</u>催督运事。秋夏之际,值天霖雨,运粮不
继,<u>平</u>遣参军<u>狐忠</u>、督军<u>成藩</u>喻指,呼<u>亮</u>来还;<u>亮</u>承以退军。<u>平</u>闻军
退,乃更阳惊,说"军粮饶足,何以便归",欲以解己不办之责,显<u>亮</u>
不进之愆也。又表<u>后主</u>,说"军伪退,欲以诱贼与战"。<u>亮</u>具出其前
后手笔书疏本末,<u>平</u>违错章灼。<u>平</u>辞穷情竭,首谢罪负。于是<u>亮</u>表
<u>平</u>曰:"自先帝崩后,<u>平</u>所在治家,尚为小惠,安身求名,无忧国之
事。臣当北出,欲得<u>平</u>兵以镇<u>汉中</u>,<u>平</u>穷难纵横,无有来意,而求以
五郡为<u>巴州</u>刺史。去年臣欲西征,欲令<u>平</u>主督<u>汉中</u>,<u>平</u>说<u>司马懿</u>等
开府辟召。臣知<u>平</u>鄙情,欲因行之际逼臣取利也,是以表<u>平</u>子<u>丰</u>督
主<u>江州</u>,隆崇其遇,以取一时之务。<u>平</u>至之日,都委诸事,群臣上下
皆怪臣待<u>平</u>之厚也。正以大事未定,汉室倾危,伐<u>平</u>之短,莫若褒
之。然谓<u>平</u>情在于荣利而已,不意<u>平</u>心颠倒乃尔。若事稽留,将致
祸败,是臣不敏,言多增咎。"①乃废<u>平</u>为民,徙<u>梓潼郡</u>。②十二年,<u>平</u>
闻<u>亮</u>卒,发病死。<u>平</u>常冀<u>亮</u>当自补复,策后人不能,故以激愤也。③
<u>丰</u>官至<u>朱提</u>太守。④

①<u>亮</u>公文上尚书曰:"<u>平</u>为大臣,受恩过量,不思忠报,横造无端,危耻不
办,迷罔上下,论狱弃科,导人为奸,情狭志狂,[5]若无天地。自度奸露,
嫌心遂生,闻军临至,西向托疾还<u>沮</u>、<u>漳</u>,军临至<u>沮</u>,复还<u>江阳</u>,<u>平</u>参军
<u>狐忠</u>勤谏乃止。今篡贼未灭,社稷多难,国事惟和,可以克捷,不可苟
含,以危大业。辄与行中军师车骑将军都乡侯臣<u>刘琰</u>,使持节前军师征
西大将军领<u>凉州</u>刺史<u>南郑</u>侯臣<u>魏延</u>、前将军都亭侯臣<u>袁綝</u>、左将军领

荆州刺史高阳乡侯臣吴壹、督前部右将军玄乡侯臣高翔、督后部后将
军安乐亭侯臣吴班、领长史绥军将军臣杨仪、督左部行中监军扬武将
军臣邓芝、行前监军征南将军臣刘巴、行中护军偏将军臣费祎、行前护
军偏将军汉成亭侯臣许允、行左护军笃信中郎将臣丁咸、行右护军偏
将军臣刘敏、行护军征南将军当阳亭侯臣姜维、行中典军讨虏将军臣
上官雝、行中参军昭武中郎将臣胡济、行参军建义将军臣阎晏、行参军
偏将军臣爨习、行参军裨将军臣杜义、行参军武略中郎将臣杜祺、行参
军绥戎都尉臣盛勃、领从事中郎武略中郎将臣樊岐等议，辄解平任，免
官禄、节传、印绶、符策，削其爵土。”

②诸葛亮又与平子丰教曰：“吾与君父子戮力以奖汉室，此神明所闻，非
但人知之也。表都护典汉中，委君于东关者，不与人议也。谓至心感动，
终始可保，何图中乖乎！昔楚卿屡绌，亦乃克复，思道则福，应自然之数
也。愿宽慰都护，勤追前阙。今虽解任，形业失故，奴婢宾客百数十人，
君以中郎参军居府，方之气类，犹为上家。若都护思负一意，君与公琰
推心从事者，否可复通，逝可复还也。详思斯戒，明吾用心，临书长叹，
涕泣而已。”

③习凿齿曰：昔管仲夺伯氏骈邑三百，没齿而无怨言，圣人以为难。诸葛
亮之使廖立垂泣，李平致死，岂徒无怨言而已哉！夫水至平而邪者取
法，镜至明而丑者无怒，水镜之所以能穷物而无怨者，以其无私也。水
镜无私，犹以免谤，况大人君子怀乐生之心，流矜恕之德，法行于不可
不用，刑加乎自犯之罪，爵之而非私，诛之而不怒，天下有不服者乎！诸
葛亮于是可谓能用刑矣，自秦、汉以来未之有也。

④苏林汉书音义曰：朱音铢；提音如北方人名匕曰提也。

　　刘琰字威硕，鲁国人也。先主在豫州，辟为从事，以其宗姓，有
风流，善谈论，厚亲待之，遂随从周旋，常为宾客。先主定益州，以
琰为固陵太守。后主立，封都乡侯，班位每亚李严，为卫尉中军师
后将军，迁车骑将军。然不豫国政，但领兵千馀，随丞相亮讽议而

已。车服饮食,号为侈靡,侍婢数十,皆能为声乐,又悉教诵读鲁灵光殿赋。建兴十年,与前军师魏延不和,言语虚诞,亮责让之。琰与亮笺谢曰:"琰禀性空虚,本薄操行,加有酒荒之病,自先帝以来,纷纭之论,殆将倾覆。颇蒙明公本其一心在国,原其身中秽垢,扶持全济,致其禄位,以至今日。间者迷醉,言有违错,慈恩含忍,不致之于理,使得全完,保育性命。虽必克己责躬,改过投死,以誓神灵;无所用命,则靡寄颜。"于是亮遣琰还成都,官位如故。

琰失志慌惚。十二年正月,琰妻胡氏入贺太后,太后令特留胡氏,经月乃出。胡氏有美色,琰疑其与后主有私,呼五百挝胡,[6]至于以履搏面,而后弃遣。胡具以告言琰,琰坐下狱。有司议曰:"卒非挝妻之人,面非受履之地。"琰竟弃市。自是大臣妻母朝庆遂绝。


魏延字文长,义阳人也。以部曲随先主入蜀,数有战功,迁牙门将军。先主为汉中王,迁治成都,当得重将以镇汉川,众论以为必在张飞,飞亦以心自许。先主乃拔延为督汉中镇远将军,领汉中太守,一军尽惊。先主大会群臣,问延曰:"今委卿以重任,卿居之欲云何?"延对曰:"若曹操举天下而来,请为大王拒之;偏将十万之众至,请为大王吞之。"先主称善,众咸壮其言。先主践尊号,进拜镇北将军。建兴元年,封都亭侯。五年,诸葛亮驻汉中,更以延为督前部,领丞相司马、凉州刺史,八年,使延西入羌中,魏后将军费瑶、雍州刺史郭淮与延战于阳谿,延大破淮等,迁为前军师征西大将军,假节,进封南郑侯。

延每随亮出,辄欲请兵万人,与亮异道会于潼关,如韩信故事,亮制而不许。延常谓亮为怯,叹恨己才用之不尽。①延既善养士卒,勇猛过人,又性矜高,当时皆避下之,唯杨仪不假借延,延以为至忿,有如水火。十二年,亮出北谷口,延为前锋。出亮营十里,延梦头上生角,以问占梦赵直,直诈延曰:"夫麒麟有角而不用,此不战而贼欲自破之象也。"退而告人曰:"角之为字,刀下用也;头上用刀,其凶甚矣。"

①魏略曰:"夏侯楙为安西将军,镇长安。亮于南郑与群下计议,延曰:"闻夏侯楙少,主婿也,怯而无谋。今假延精兵五千,负粮五千,直从褒中出,循秦岭而东,当子午而北,不过十日可到长安。楙闻延奄至,必乘船逃走。长安中惟有御史、京兆太守耳,横门邸阁与散民之谷足周食也。比东方相合聚,尚二十许日,而公从斜谷来,必足以达。如此,则一举而咸阳以西可定矣。"亮以为此县危,不如安从坦道,可以平取陇右,十全必克而无虞,故不用延计。

秋,亮病困,密与长史杨仪、司马费祎、护军姜维等作身殁之后退军节度,令延断后,姜维次之;若延或不从命,军便自发。亮适卒,秘不发丧,仪令祎往揣延意指。延曰:"丞相虽亡,吾自见在。府亲官属便可将丧还葬,吾自当率诸军击贼,云何以一人死废天下之事邪?且魏延何人,当为杨仪所部勒,作断后将乎!"因与祎共作行留部分,令祎手书与己连名,告下诸将。祎绐延曰:"当为君还解杨长史,长史文吏,稀更军事,必不违命也。"祎出门驰马而去,延寻悔,追之已不及矣。延遣人觇仪等,遂使欲案亮成规,诸营相次引军还。延大怒,攙仪未发,(7)率所领径先南归,所过烧绝阁道。延、仪各相表叛逆,一日之中,羽檄交至。后主以问侍中董允、留府长史蒋琬,琬、允咸保仪疑延。仪等槎山通道,昼夜兼行,亦断延后。延先至,据南谷口,遣兵逆击仪等,仪等令何平在前御延。平叱延先登曰:"公亡,身尚未寒,汝辈何敢乃尔!"延士众知曲在延,莫为用命,军皆散。延独与其子数人逃亡,奔汉中。仪遣马岱追斩之,致首于仪,仪起自踏之,曰:"庸奴!复能作恶不?"遂夷延三族。初,蒋琬率宿卫诸营赴难北行，行数十里，延死问至，乃旋。原延意不北降魏而南还者，但欲除杀仪等。平日诸将素不同，冀时论必当以代亮。本指如此。不便背叛。①

①魏略曰：诸葛亮病，谓延等云："我之死后，但谨自守，慎勿复来也。"令延摄行己事，密持丧去。延遂匿之，行至褒口，乃发丧。亮长史杨仪宿与延不和，见延摄行军事，惧为所害。乃张言延欲举众北附，遂率其众攻延。延本无此心，不战军走，追而杀之。臣松之以为此盖敌国传闻之言，不得与本传争审。

杨仪字威公，襄阳人也。建安中，为荆州刺史傅群主簿，背群而诣襄阳太守关羽。羽命为功曹，遣奉使西诣先主。先主与语论军国计策，政治得失，大悦之，因辟为左将军兵曹掾。及先主为汉中王，拔仪为尚书。先主称尊号，东征吴，仪与尚书令刘巴不睦，左迁遥署弘农太守。建兴三年，丞相亮以为参军，署府事，将南行。五年，随亮汉中。八年，迁长史，加绥军将军。亮数出军，仪常规画分部，筹度粮谷，不稽思虑，斯须便了。军戎节度，取办于仪。亮深惜仪之才干，凭魏延之骁勇，常恨二人之不平，不忍有所偏废也。十二年，随亮出屯谷口。亮卒于敌场。仪既领军还，又诛讨延，自以为功勋至大，宜当代亮秉政，呼都尉赵正以周易筮之，卦得家人，默然不悦。而亮平生密指，以仪性狷狭，意在蒋琬，琬遂为尚书令、益州刺史。仪至，拜为中军师，无所统领，从容而已。

初，仪为先主尚书，琬为尚书郎，后虽俱为丞相参军长史，仪每从行，当其劳剧，自惟年宦先琬，才能逾之，于是怨愤形于声色，叹咤之音发于五内。时人畏其言语不节，莫敢从也，惟后军师费祎往慰省之。仪对祎恨望，前后云云，又语祎曰："往者丞相亡没之际，吾若举军以就魏氏，处世宁当落度如此邪！令人追悔不可复及。"祎密表其言。十三年,废仪为民,徙汉嘉郡。仪至徙所,复上书诽谤,辞指激切,遂下郡收仪。仪自杀,其妻子还蜀。①

① 楚国先贤传云:"仪兄虑,字威方。少有德行,为江南冠冕。州郡礼召,诸公辟请,皆不能屈。年十七,夭,乡人号曰德行杨君。

评曰:刘封处嫌疑之地,而思防不足以自卫。彭羕、廖立以才拔进,李严以干局达,魏延以勇略任,杨仪以当官显,刘琰旧仕,并咸贵重。览其举措,迹其规矩,招祸取咎,无不自己也。

【校勘记】

〔1〕西城三郡为新城郡以达领新城太守　原脱"为新城郡以"五字,据资治通鉴卷六九补。

〔2〕封员乡侯　员,原作"真",据三国志旁证卷二四改。

〔3〕后丞相掾李邵　邵,原作"邰",据李慈铭校本改。下同。

〔4〕昔先帝不取汉中　帝,原作"主",据三国志集解刘咸炘说改。

〔5〕情狭志狂　情狭,原作"狭情",据何焯校本改。

〔6〕呼五百挝胡　呼下原衍"卒"字,据三国志考证卷六删。

〔7〕搅仪未发　搅,原作"纔",据资治通鉴卷七二改。

# 三国志卷四十一　蜀书十一

## 霍王向张杨费传第十一

　　霍峻字仲邈,南郡枝江人也。兄笃,于乡里合部曲数百人。笃卒,荆州牧刘表令峻摄其众。表卒,峻率众归先主,先主以峻为中郎将。先主自葭萌南还袭刘璋,留峻守葭萌城。张鲁遣将杨帛诱峻,求共守城,峻曰:"小人头可得,城不可得。"帛乃退去。后璋将扶禁、向存等帅万馀人由阆水上,攻围峻,且一年,不能下。峻城中兵才数百人,伺其怠隙,选精锐出击,大破之,即斩存首。先主定蜀,嘉峻之功,乃分广汉为梓潼郡,以峻为梓潼太守、裨将军。在官三年,年四十卒,还葬成都。先主甚悼惜,乃诏诸葛亮曰:"峻既佳士,加有功于国,欲行酹。"遂亲率群僚临会吊祭,因留宿墓上,当时荣之。

　　子弋,字绍先,先主末年为太子舍人。后主践阼,除谒者。丞相诸葛亮北驻汉中,请为记室,使与子乔共周旋游处。亮卒,为黄门侍郎。后主立太子璿,以弋为中庶子。璿好骑射,出入无度,弋援引古义,尽言规谏,甚得切磋之体。后为参军庲降屯副贰都督,又转护军,统事如前。时永昌郡夷獠恃险不宾,数为寇害,乃以弋领永昌太守,率偏军讨之,遂斩其豪帅,破坏邑落,郡界宁静。迁监军翊军将军,领建宁太守,还统南郡事。景耀六年,进号安南将军。是岁,蜀并于魏。弋与巴东领军襄阳罗宪各保全一方,举以内附,咸因仍前任,宠待有加。①

① 汉晋春秋曰:霍弋闻魏军来,弋欲赴成都,后主以备敌既定,不听。及成都不守,弋素服号哭,大临三日。诸将咸劝宜速降,弋曰:“今道路隔塞,未详主之安危,大故去就,不可苟也。若主上与魏和,见遇以礼,则保境而降,不晚也。若万一危辱,吾将以死拒之,何论迟速邪!”得后主东迁之问,始率六郡将守上表曰:“臣闻人生于三,事之如一,惟难所在,则致其命。今臣国败主附,守死无所,是以委质,不敢有贰。”晋文王善之,又拜南中都督,委以本任。后遣将兵救援吕兴,平交阯、日南、九真三郡,功封列侯,进号崇赏焉。弋孙彪,晋越嶲太守。

襄阳记曰:罗宪字令则。父蒙,避乱于蜀,官至广汉太守。宪少以才学知名,年十三能属文。后主立太子,为太子舍人,迁庶子、尚书吏部郎,以宣信校尉再使于吴,吴人称美焉。时黄皓预政,众多附之,宪独不与同,皓恚,左迁巴东太守。时右大将军阎宇都督巴东,为领军,后主拜宪为宇副贰。魏之伐蜀,召宇西还,留宇二千人,令宪守永安城。寻闻成都败,城中扰动,江边长吏皆弃城走,宪斩称成都乱者一人,百姓乃定。得后主委质问至,乃帅所统临于都亭三日。吴闻蜀败,起兵西上,外托救援,内欲袭宪。宪曰:“本朝倾覆,吴为唇齿,不恤我难而徼其利,背盟违约。且汉已亡,吴何得久,宁能为吴降虏乎!”保城缮甲,告誓将士,厉以节义,莫不用命。吴闻钟、邓败,百城无主,有兼蜀之志,而巴东固守,兵不得过,使步协率众而西。宪临江拒射,不能御,遣参军杨宗突围北出,告急安东将军陈骞,又送文武印绶、任子诣晋王。协攻城,宪出与战,大破其军。孙休怒,复遣陆抗等帅众三万人增宪之围。被攻凡六月日而救援不到,城中疾病大半。或说宪奔走之计,宪曰:“夫为人主,百姓所仰,危不能安,急而弃之,君子不为也,毕命于此矣。”陈骞言于晋王,遣荆州刺史胡烈救宪,抗等引退。晋王即委前任,拜宪凌江将军,封万年亭侯。会武陵四县举众叛吴，以宪为武陵太守巴东监军。泰始元年改封西鄂县侯。宪遣妻子居洛阳，武帝以子袭为给事中。三年冬，入朝，进位冠军将军、假节。四年三月，从帝宴于华林园，诏问蜀大臣子弟，后问先辈宜时叙用者，宪荐蜀郡常忌、杜轸、寿良、巴西陈寿、南郡高轨、南阳吕雅、许国、江夏费恭、琅邪诸葛京、汝南陈裕，即皆叙用，咸显于世。宪还，袭取吴之巫城，因上伐吴之策。宪方亲严正，待士不倦，轻财好施，不治产业。六年薨，赠安南将军，谥曰烈侯。子袭，以凌江将军领部曲，早卒，追赠广汉太守。袭子徽，顺阳内史，永嘉五年为王如所杀。此作"献"，名与本传不同，未详孰是也。

王连字文仪，南阳人也。刘璋时入蜀，为梓潼令。先主起事葭萌，进军来南，连闭城不降，先主义之，不强逼也。及成都既平，以连为什邡令，转在广都，所居有绩。迁司盐校尉，较盐铁之利，利入甚多，有裨国用，于是简取良才以为官属，若吕乂、杜祺、刘幹等，终皆至大官，自连所拔也。迁蜀郡太守、兴业将军，领盐府如故。建兴元年，拜屯骑校尉，领丞相长史，封平阳亭侯。时南方诸郡不宾，诸葛亮将自征之，连谏以为"此不毛之地，疫疠之乡，不宜以一国之望，冒险而行"。亮虑诸将才不及己，意欲必往，而连言辄恳至，故停留者久之。会连卒。子山嗣，官至江阳太守。

向朗字巨达，襄阳宜城人也。①荆州牧刘表以为临沮长。表卒，归先主。先主定江南，使朗督秭归、夷道、巫、[1]夷陵四县军民事。蜀既平，以朗为巴西太守，顷之转任牂牁，又徙房陵。后主践阼，为步兵校尉，代王连领丞相长史。丞相亮南征，朗留统后事。五年，随亮汉中。朗素与马谡善，谡逃亡，朗知情不举，亮恨之，免官还成都。数年，为光禄勋，亮卒后徙左将军，追论旧功，封显明亭侯，位特进。初，朗少时虽涉猎文学，然不治素检，以吏能见称。自去长史，优游无事垂三十年，②乃更潜心典籍，孜孜不倦。年逾八十，犹手自校书，刊定谬误，积聚篇卷，于时最多。开门接宾，诱纳后进，但讲论古义，不干时事，以是见称。上自执政，下及童冠，皆敬重焉。延熙十年卒。③子条嗣，景耀中为御史中丞。④

①襄阳记曰：朗少师事司马德操，与徐元直、韩德高、庞士元皆亲善。

②臣松之案：朗坐马谡免长史，则建兴六年中也。朗至延熙十年卒，整二十年耳，此云"三十"，字之误也。

③襄阳记曰：朗遗言戒子曰："传称师克在和不在众，此言天地和则万物生，君臣和则国家平，九族和则动得所求，静得所安，是以圣人守和，以存以亡也。吾，楚国之小子耳，而早丧所天，为二兄所诱养，使其性行不随禄利以堕，今但贫耳；贫非人患，惟和为贵，汝其勉之！"

④襄阳记曰：条字文豹，亦博学多识，入晋为江阳太守、南中军司马。

朗兄子宠，先主时为牙门将。秭归之败，宠营特完。建兴元年封都亭侯，后为中部督，典宿卫兵。诸葛亮当北行，表与后主曰："将军向宠，性行淑均，晓畅军事，试用于昔，先帝称之曰能，是以众论举宠为督。愚以为营中之事，悉以咨之，必能使行陈和睦，优劣得所也。"迁中领军。延熙三年，征汉嘉蛮夷，遇害。宠弟充，历射声校尉尚书。①

①襄阳记曰：魏咸熙元年六月，镇西将军卫瓘至于成都，得璧玉印各一枚，文似"成信"字，魏人宣示百官，藏于相国府。充闻之曰："吾闻谯周之言，先帝讳备，其训具也，后主讳禅，其训授也，如言刘已具矣，当授与人也。今中抚军名炎，而汉年极于炎兴，瑞出成都，而藏之于相国府，此殆天意也。"是岁，拜充为梓潼太守，明年十二月而晋武帝即尊位，炎兴于是乎征焉。

孙盛曰：昔公孙述自以起成都，号曰成氏，二玉之文，殆述所作乎！

张裔字君嗣，蜀郡成都人也。治公羊春秋，博涉史、汉。汝南许文休入蜀，谓裔干理敏捷，是中夏锺元常之伦也。刘璋时，举孝廉，为鱼复长，还州署从事，领帐下司马。张飞自荆州由垫江入，璋授裔兵，拒张飞于德阳陌下，军败，还成都。为璋奉使诣先主，先主许以礼其君而安其人也，裔还，城门乃开。先主以裔为巴郡太守，还为司金中郎将，典作农战之器。先是，益州郡杀太守正昂，耆率雍闿恩信著于南土，使命周旋，远通孙权。乃以裔为益州太守，径往至郡。闿遂趑趄不宾，假鬼教曰："张府君如瓠壶，外虽泽而内实粗，不足杀，令缚与吴。"于是遂送裔于权。

会先主薨，诸葛亮遣邓芝使吴，亮令芝言次可从权请裔。裔自至吴数年，流徙伏匿，权未之知也，故许芝遣裔。裔临发，权乃引见，问裔曰："蜀卓氏寡女，亡奔司马相如，贵土风俗何以乃尔乎？"裔对曰："愚以为卓氏之寡女，犹贤于买臣之妻。"权又谓裔曰："君还，必用事西朝，终不作田父于闾里也，将何以报我？"裔对曰："裔负罪而归，将委命有司。若蒙徼幸得全首领，五十八已前父母之年也，自此已后大王之赐也。"权言笑欢悦，有器裔之色。裔出阁，深悔不能阳愚，即便就船，倍道兼行。权果追之，裔已入永安界数十里，追者不能及。

既至蜀，丞相亮以为参军，署府事，又领益州治中从事。亮出驻汉中，裔以射声校尉领留府长史，常称曰："公赏不遗远，罚不阿近，爵不可以无功取，刑不可以贵势免，此贤愚之所以佥忘其身者也。"其明年，北诣亮谘事，送者数百，车乘盈路，裔还书与所亲曰："近者涉道，昼夜接宾，不得宁息，人自敬丞相长史，男子张君嗣附之，疲倦欲死。"其谈啁流速，皆此类也。[①]少与犍为杨恭友善，恭早死，遗孤未数岁，裔迎留，与分屋而居，事恭母如母。恭之子息长大，为之娶妇，买田宅产业，使立门户。抚恤故旧，振赡衰宗，行义甚至。加辅汉将军，领长史如故。建兴八年卒。子毣嗣，<small>毣音忙角反，</small>

见字林，曰"罢，思貌也"。历三郡守监军。罢弟郁，太子中庶子。

①臣松之以为谈啁贵于机捷，书疏可容留意。今因书疏之巧，以著谈啁之
速，非其理也。

杨洪字季休，犍为武阳人也。刘璋时历部诸郡。先主定蜀，太
守李严命为功曹。严欲徙郡治舍，洪固谏不听，遂辞功曹，请退。严
欲荐洪于州，为蜀部从事。先主争汉中，急书发兵，军师将军诸葛
亮以问洪，洪曰："汉中则益州咽喉，存亡之机会，若无汉中则无蜀
矣，此家门之祸也。方今之事，男子当战，女子当运，发兵何疑？"时
蜀郡太守法正从先主北行，亮于是表洪领蜀郡太守，众事皆办，遂
使即真。顷之，转为益州治中从事。

先主既称尊号，征吴不克，还住永安。汉嘉太守黄元素为诸葛
亮所不善，闻先主疾病，惧有后患，举郡反，烧临邛城。时亮东行省
疾，成都单虚，是以元益无所惮。洪即启太子，遣其亲兵，使将军陈
曶、郑绰讨元。众议以为元若不能围成都，当由越嶲据南中。洪曰：
"元素性凶暴，无他恩信，何能办此？不过乘水东下，冀主上平安，
面缚归死；如其有异，奔吴求活耳。敕曶、绰但于南安峡口遮即便
得矣。"曶、绰承洪言，果生获元。洪建兴元年赐爵关内侯，复为蜀
郡太守、忠节将军，后为越骑校尉，领郡如故。

五年，丞相亮北住汉中，欲用张裔为留府长史，问洪何如？洪
对曰："裔天姿明察，长于治剧，才诚堪之，然性不公平，恐不可专
任，不如留向朗。朗情伪差少，裔随从目下，效其器能，于是两善。"
初，裔少与洪亲善。裔流放在吴，洪临裔郡，裔子郁给郡吏，微过受
罚，不特原假。裔后还闻之，深以为恨，与洪情好有损。及洪见亮
出，至裔许，具说所言。裔答洪曰："公留我了矣，明府不能止。"时
人或疑洪意自欲作长史，或疑洪知裔自嫌，不愿裔处要职，典后事

也。后裔与司盐校尉岑述不和，至于忿恨。亮与裔书曰："君昔在陌下，[2]营坏，吾之用心，食不知味；后流迸南海，相为悲叹，寝不安席；及其来还，委付大任，同奖王室，自以为与君古之石交也。石交之道，举雠以相益，割骨肉以相明，犹不相谢也，况吾但委意于元俭，而君不能忍邪？"论者由是明洪无私。

洪少不好学问，而忠清款亮，忧公如家，事继母至孝。六年卒官。始洪为李严功曹，严未去犍为而洪已为蜀郡。[3]洪迎门下书佐何祗，有才策功干，举郡吏，数年为广汉太守，时洪亦尚在蜀郡。是以西土咸服诸葛亮能尽时人之器用也。①

① 益部耆旧传杂记曰：每朝会，祗次洪坐。嘲祗曰："君马何驶？"祗曰："故吏马不敢驶，但明府未著鞭耳。"众传之以为笑。

祗字君肃，少寒贫，为人宽厚通济，体甚壮大，又能饮食，好声色，不持节俭，故时人少贵之者。尝梦井中生桑，以问占梦赵直，直曰："桑非井中之物，会当移植；然桑字四十下八，君寿恐不过此。"祗笑言"得此足矣"。初仕郡，后为督军从事。时诸葛亮用法峻密，阴闻祗游戏放纵，不勤所职，尝奄往录狱。众人咸为祗惧。祗密闻之，夜张灯火见囚，读诸解状。诸葛晨往，祗悉已暗诵，答对解释，无所凝滞，亮甚异之。出补成都令，时郫县令缺，以祗兼二县。二县户口很多，切近都治，饶诸奸秽，每比人，常眠睡，值其觉寤，辄得奸诈，众咸畏祗之发摘，或以为有术，无敢欺者。使人投算，祗听其读而心计之，不差升合，其精如此。汶山夷不安，以祗为汶山太守，民夷服信。迁广汉。后夷反叛，辞曰：[4]"令得前何府君，乃能安我耳！"时难复屈祗，[5]拔祗族人为之，[6]汶山复得安。转祗为犍为。年四十八卒，如直所言。后有广汉王离，字伯元，亦以才干显。为督军从事，推法平当，稍迁，代祗为犍为太守，治有美绩，虽聪明不及祗，而文采过之也。

费诗字公举，犍为南安人也。刘璋时为绵竹令，先主攻绵竹时，诗先举城降。成都既定，先主领益州牧，以诗为督军从事，出为牂牁太守，还为州前部司马。先主为汉中王，遣诗拜关羽为前将军，羽闻黄忠为后将军，羽怒曰："大丈夫终不与老兵同列！"不肯受拜。诗谓羽曰："夫立王业者，所用非一。昔萧、曹与高祖少小亲旧，而陈、韩亡命后至，论其班列，韩最居上，未闻萧、曹以此为怨。今汉王以一时之功，隆崇于汉升，然意之轻重，宁当与君侯齐乎！且王与君侯，譬犹一体，同休等戚，祸福共之，愚为君侯，不宜计官号之高下，爵禄之多少为意也。仆一介之使，衔命之人，君侯不受拜，如是便还，但相为惜此举动，恐有后悔耳！"羽大感悟，遽即受拜。

后群臣议欲推汉中王称尊号，诗上疏曰："殿下以曹操父子逼主篡位，故乃羁旅万里，纠合士众，将以讨贼。今大敌未克，而先自立，恐人心疑惑。昔高祖与楚约，先破秦者王。及屠咸阳，获子婴，犹怀推让，况今殿下未出门庭，便欲自立邪！愚臣诚不为殿下取也。"由是忤指，左迁部永昌从事。①建兴三年，随诸葛亮南行，归至汉阳县，降人李鸿来诣亮，亮见鸿，时蒋琬与诗在坐。鸿曰："间过孟达许，适见王冲从南来，言往者达之去就，明公切齿，欲诛达妻子，赖先主不听耳。达曰：'诸葛亮见顾有本末，终不尔也。'尽不信冲言，委仰明公，无复已已。"亮谓琬、诗曰："还都当有书与子度相闻。"诗进曰："孟达小子，昔事振威不忠，后又背叛先主，反覆之人，何足与书邪！"亮默然不答。亮欲诱达以为外援，竟与达书曰："往年南征，岁末乃还，[7]适与李鸿会于汉阳，承知消息，慨然永叹，以存足下平素之志，岂徒空托名荣，贵为乖离乎！呜呼孟子，斯实刘封侵陵足下，以伤先主待士之义。又鸿道王冲造作虚语，云足下量度吾心，不受冲说。寻表明之言，追平生之好，依依东望，故遣有书。"达得亮书，数相交通，辞欲叛魏。魏遣司马宣王征之，即斩灭达。亮亦以达无款诚之心，故不救助也。蒋琬秉政，以诗为谏议大夫,卒于家。

①习凿齿曰:夫创本之君,须大定而后正己,纂统之主,俟速建以系众心,是故惠公朝虏而子圉夕立,更始尚存而光武举号,夫岂忘主徼利,社稷之故也。今先主纠合义兵,将以讨贼。贼强祸大,主没国丧,二祖之庙,绝而不祀,苟非亲贤,孰能绍此?嗣祖配天,非咸阳之譬,杖正讨逆,何推让之有?于此时也,不知速尊有德以奉大统,使民欣反正,世睹旧物,杖顺者齐心,附逆者同惧,可谓暗惑矣。其黜降也宜哉!

臣松之以为凿齿论议,惟此论最善。

王冲者,广汉人也。为牙门将,统属江州督李严。为严所疾,惧罪降魏。魏以冲为乐陵太守。①

①孙盛蜀世谱曰:诗子立,晋散骑常侍。自后益州诸费有名位者,多是诗之后也。

评曰:霍峻孤城不倾,王连固节不移,向朗好学不倦,张裔肤敏应机,杨洪乃心忠公,费诗率意而言,皆有可纪焉。以先主之广济,诸葛之准绳,诗吐直言,犹用陵迟,况庸后乎哉!

【校勘记】

〔1〕巫　巫下原衍“山”字,据三国志集解沈钦韩说删。

〔2〕君昔在陌下　陌,原作“栢”,据三国志旁证卷二四改。

〔3〕严未去犍为而洪已为蜀郡　去,原作“至”,据资治通鉴卷六八改。

〔4〕辞曰　原脱“曰”字,据太平御览卷二六一补。

〔5〕时难复屈祗　原脱“复”字,据太平御览卷二六一补。

〔6〕拔祗族人为之　原脱“之”字,据太平御览卷二六一补。

〔7〕岁末乃还　末乃,原作“未及”,据三国志辨误卷中改。

# 三国志卷四十二　蜀书十二

## 杜周杜许孟来尹李谯郤传第十二

杜微字国辅，梓潼涪人也。少受学于广汉任安。刘璋辟为从事，以疾去官。及先主定蜀，微常称聋，闭门不出。建兴二年，丞相亮领益州牧，选迎皆妙简旧德，以秦宓为别驾，五梁为功曹，微为主簿。微固辞，舆而致之。既致，亮引见微，微自陈谢。亮以微不闻人语，于坐上与书曰："服闻德行，饥渴历时，清浊异流，无缘咨觐。王元泰、李伯仁、王文仪、杨季休、丁君幹、李永南兄弟、文仲宝等，每叹高志，未见如旧。猥以空虚，统领贵州，德薄任重，惨惨忧虑。朝廷今年始十八，[1]天姿仁敏，爱德下士。天下之人思慕汉室，欲与君因天顺民，辅此明主，以隆季兴之功，著勋于竹帛也。以谓贤愚不相为谋，故自割绝，守劳而已，不图自屈也。"微自乞老病求归，亮又与书答曰："曹丕篡弑，自立为帝，是犹土龙刍狗之有名也。欲与群贤因其邪伪，以正道灭之。怪君未有相诲，便欲求还于山野。丕又大兴劳役，以向吴、楚。今因丕多务，且以闭境勤农，育养民物，并治甲兵，以待其挫，然后伐之，可使兵不战民不劳而天下定也。君但当以德辅时耳,不责君军事,何为汲汲欲求去乎!"其敬微如此。拜为谏议大夫,以从其志。

五梁者,字德山,犍为南安人也,以儒学节操称。从议郎迁谏议大夫、五官中郎将。

周群字仲直,巴西阆中人也。父舒,字叔布,少学术于广汉杨厚,名亚董扶、任安。数被征,终不诣,时人有问:"春秋谶曰代汉者当涂高,此何谓也?"舒曰:"当涂高者,魏也。"乡党学者私传其语。群少受学于舒,专心候业。于庭中作小楼,家富多奴,常令奴更直于楼上视天灾,才见一气,即白群,群自上楼观之,不避晨夜,故凡有气候,无不见之者,是以所言多中。州牧刘璋,辟以为师友从事。<sup>①</sup>先主定蜀,署儒林校尉。先主欲与曹公争汉中,问群,群对曰:"当得其地,不得其民也。若出偏军,必不利,当戒慎之!"时州后部司马蜀郡张裕亦晓占候,而天才过群,<sup>②</sup>谏先主曰:"不可争汉中,军必不利。"先主竟不用裕言,果得地而不得民也。遣将军吴兰、雷铜等入武都,皆没不还,悉如群言。于是举群茂才。

①续汉书曰:建安七年,越巂有男子化为女人,时群言哀帝时亦有此,将易代之祥也。至二十五年,献帝果封于山阳。十二年十月,有星孛于鹑尾,荆州分野,群以为荆州牧将死而失土。明年秋,刘表卒,曹公平荆州。十七年十二月,星孛于五诸侯,群以为西方专据土地者皆将失土。是时,刘璋据益州,张鲁据汉中,韩遂据凉州,宋建据枹罕。明年冬,曹公遣偏将去凉州。十九年,获宋建,韩遂逃于羌中,被杀。其年秋,璋失益州。二十年秋,曹公攻汉中,张鲁降。

②裕字南和。

裕又私语人曰:"岁在庚子,天下当易代,刘氏祚尽矣。主公得益州,九年之后,寅卯之间当失之。"人密白其言。初,先主与刘璋会涪时，裕为璋从事，侍坐。其人饶须，先主嘲之曰："昔吾居涿县，特多毛姓，东西南北皆诸毛也，涿令称曰'诸毛绕涿居乎'！"裕即答曰："昔有作上党潞长，迁为涿令者，[2]去官还家，时人与书，欲署潞则失涿，欲署涿则失潞，乃署曰'潞涿君'。"先主无须，故裕以此及之。先主常衔其不逊，加忿其漏言，乃显裕谏争汉中不验，下狱，将诛之。诸葛亮表请其罪，先主答曰："芳兰生门，不得不鉏。"裕遂弃市。后魏氏之立，先主之薨，皆如裕所刻。又晓相术，每举镜视面，自知刑死，未尝不扑之于地也。

群卒，子巨颇传其术。

杜琼字伯瑜，蜀郡成都人也。少受学于任安，精究安术。刘璋时辟为从事。先主定益州，领牧，以琼为议曹从事。后主践阼，拜谏议大夫，迁左中郎将、大鸿胪、太常。为人静默少言，阖门自守，不与世事。蒋琬、费祎等皆器重之。虽学业入深，初不视天文有所论说。后进通儒谯周常问其意，琼答曰："欲明此术甚难，须当身视，识其形色，不可信人也。晨夜苦剧，然后知之，复忧漏泄，不如不知，是以不复视也。"周因问曰："昔周徵君以为当涂高者魏也，其义何也？"琼答曰："魏，阙名也，当涂而高，圣人取类而言耳。"又问周曰："宁复有所怪邪？"周曰："未达也。"琼又曰："古者名官职不言曹；始自汉已来，名官尽言曹，吏言属曹，卒言侍曹，此殆天意也。"琼年八十馀，延熙十三年卒。著韩诗章句十馀万言，不教诸子，内学无传业者。周缘琼言，乃触类而长之曰："春秋传著晋穆侯名太子曰仇，弟曰成师。师服曰：'异哉君之名子也！嘉耦曰妃，怨耦曰仇，今君名太子曰仇，弟曰成师，始兆乱矣，兄其替乎？'其后果如服言。及汉灵帝名二子曰史侯、董侯，既立为帝，后皆免为诸侯，与师服言相似。先主讳备，其训具也，后主讳禅，其训授也，如言刘已具矣，当授与人也；意者甚于穆侯、灵帝之名子。"后宦人黄皓弄权于内，景耀五年，宫中大树无故自折，周深忧之，无所与言，乃书柱曰："众而大，期之会，具而授，若何复？"言曹者众也，魏者大也，众而大，天下其当会也，具而授，如何复有立者乎？蜀既亡，咸以周言为验。周曰："此虽己所推寻，然有所因，由杜君之辞而广之耳，殊无神思独至之异也。"

许慈字仁笃，南阳人也。师事刘熙，善郑氏学，治易、尚书、三礼、毛诗、论语。建安中，与许靖等俱自交州入蜀。时又有魏郡胡潜，字公兴，不知其所以在益土。潜虽学不沾洽，然卓荦强识，祖宗制度之仪，丧纪五服之数，皆指掌画地，举手可采。先主定蜀，承丧乱历纪，学业衰废，乃鸠合典籍，沙汰众学，慈、潜并为学士，与孟光、来敏等典掌旧文。值庶事草创，动多疑议，慈、潜更相克伐，谤讟忿争，形于声色；书籍有无，不相通借，时寻楚挞，以相震撼。撼，虚晚反。其矜己妒彼，乃至于此。先主愍其若斯，群僚大会，使倡家假为二子之容，效其讼阋之状，酒酣乐作，以为嬉戏，初以辞义相难，终以刀杖相屈，用感切之。潜先没，慈后主世稍迁至大长秋，卒。[1]子勋传其业，复为博士。

　[1]孙盛曰：蜀少人士，故慈、潜等并见载述。

　　孟光字孝裕，河南洛阳人，汉太尉孟郁之族。[1]灵帝末为讲部吏。献帝迁都长安，遂逃入蜀，刘焉父子待以客礼。博物识古，无书不览，尤锐意三史，长于汉家旧典。好公羊春秋而讥呵左氏，每与来敏争此二义，光常谆谆谨咋。谆音奴交反。谨音休袁反。咋音俎格反。先主定益州，拜为议郎，与许慈等并掌制度。后主践阼，为符节令、屯骑校尉、长乐少府，迁大司农。延熙九年秋，大赦，光于众中责大将军费祎曰:"夫赦者,偏枯之物,非明世所宜有也。衰弊穷极,必不得已,然后乃可权而行之耳。今主上仁贤,百僚称职,有何旦夕之危,倒悬之急,而数施非常之恩,以惠奸宄之恶乎?又鹰隼始击,而更原宥有罪,上犯天时,下违人理。老夫耄朽,不达治体,窃谓斯法难以经久,岂具瞻之高美,所望于明德哉?"祎但顾谢踧踖而已。光之指摘痛痒,多如是类,故执政重臣,心不能悦,爵位不登;每直言无所回避,为世所嫌。[3]太常广汉镡承、②光禄勋河东裴儁等,年资皆在光后,而登据上列,处光之右,盖以此也。③

　　①续汉书曰:郁,中常侍孟贲之弟。
　　②华阳国志曰:承字公文,历郡守少府。
　　③傅畅裴氏家记曰:儁字奉先,魏尚书令潜弟也。儁姊夫为蜀中长史,儁送之,时年十馀岁,遂遭汉末大乱,不复得还。既长知名,为蜀所推重也。子越,字令绪,为蜀督军。蜀破,迁还洛阳,拜议郎。

　　后进文士秘书郎郤正数从光谘访,光问正太子所习读并其情性好尚,正答曰:"奉亲虔恭,夙夜匪懈,有古世子之风;接待群僚,举动出于仁恕。"光曰:"如君所道,皆家户所有耳;吾今所问,欲知其权略智调何如也。"正曰:"世子之道,在于承志竭欢,既不得妄有所施为,且智调藏于胸怀,权略应时而发,此之有无,焉可豫设也?"光解正慎宜,不为放谈,乃曰:"吾好直言,无所回避,每弹射利病,为世人所讥嫌;省君意亦不甚好吾言,[4]然语有次。今天下未定,智意为先,智意虽有自然,然亦可力强致也。[5]此储君读书,宁当效吾等竭力博识以待访问,如博士探策讲试以求爵位邪!当务其急者。"正深谓光言为然。后光坐事免官,年九十馀卒。

　　来敏字敬达,义阳新野人,来歙之后也。父艳,为汉司空。①汉末大乱,敏随姊奔荆州,[6]姊夫黄琬是刘璋祖母之侄,故璋遣迎琬妻,敏遂俱与姊入蜀,常为璋宾客。涉猎书籍,善左氏春秋,尤精于仓、雅训诂,好是正文字。先主定益州,署敏典学校尉,及立太子,以为家令。后主践阼,为虎贲中郎将。丞相亮住汉中,请为军祭酒、辅军将军,坐事去职。②亮卒后,还成都为大长秋,又免,后累迁为光禄大夫,复坐过黜。前后数贬削,皆以语言不节,举动违常也。时孟光亦以枢机不慎,议论干时,然犹愈于敏,俱以其耆宿学士见礼于世。而敏荆楚名族,东宫旧臣,特加优待,是故废而复起。后以敏为执慎将军,欲令以官重自警戒也。年九十七,景耀中卒。子忠,亦博览经学,有敏风,与尚书向充等并能协赞大将军姜维。维善之,以为参军。

①华峤后汉书曰:艳好学下士,开馆养徒众。少历显位,灵帝时位至司空。

②亮集有教曰:"将军来敏对上官显言‘新人有何功德而夺我荣资与之邪?诸人共憎我,何故如是’?敏年老狂悖,生此怨言。昔成都初定,议者以为来敏乱群,先帝以新定之际,故遂含容,无所礼用。后刘子初选以为太子家令,先帝不悦而不忍拒也。后主上即位,[7]吾暗于知人,遂复擢为将军祭酒,违议者之审见,背先帝所疏外,自谓能以敦厉薄俗,帅之以义。今既不能,表退职,使闭门思衍。"


尹默字思潜,梓潼涪人也。益部多贵今文而不崇章句,默知其不博,乃远游荆州,从司马德操、宋仲子等受古学。皆通诸经史,又专精于左氏春秋,自刘歆条例,郑众、贾逵父子、陈元、服虔注说,[8]咸略诵述,不复按本。先主定益州,领牧,以为劝学从事。及立太子,以默为仆,以左氏传授后主。[9]后主践阼,拜谏议大夫。丞相亮住汉中,请为军祭酒。亮卒,还成都,拜太中大夫,卒。子宗传其业,为博士。①

①宋仲子后在魏。

魏略曰:其子与魏讽谋反,伏诛。魏太子答王朗书曰:"昔石厚与州吁游，父碏知其与乱；韩子昵田苏，穆子知其好仁：故君子游必有方，居必就士，诚有以也。嗟乎！宋忠无石子先识之明，老罹此祸。今虽欲愿行灭亲之诛，立纯臣之节，尚可得邪！"

李譔字钦仲，梓潼涪人也。父仁，字德贤，与同县尹默俱游荆州，从司马徽、宋忠等学。譔具传其业，又从默讲论义理，五经、诸子，无不该览，加博好技艺，算术、卜数，医药、弓弩、机械之巧，皆致思焉。始为州书佐、尚书令史。延熙元年，后主立太子，以譔为庶子，迁为仆。转中散大夫、[10]右中郎将，犹侍太子。太子爱其多知，甚悦之。然体轻脱，好戏啁，故世不能重也。著古文易、尚书、毛诗、三礼、左氏传、太玄指归，皆依准贾、马，异于郑玄。与王氏殊隔，初不见其所述，而意归多同。景耀中卒。时又有汉中陈术，字申伯，亦博学多闻，著释问七篇、益部耆旧传及志，位历三郡太守。

谯周字允南，巴西西充国人也。父[山兒]，字荣始，治尚书，兼通诸经及图、纬。州郡辟请，皆不应，州就假师友从事。周幼孤，与母兄同居。既长，耽古笃学，家贫未尝问产业，诵读典籍，欣然独笑，以忘寝食。研精六经，尤善书札。颇晓天文，而不以留意；诸子文章非心所存，不悉遍视也。身长八尺，体貌素朴，性推诚不饰，无造次辩论之才，然潜识内敏。

建兴中，丞相亮领益州牧，命周为劝学从事。①亮卒于敌庭，周在家闻问，即便奔赴，寻有诏书禁断，惟周以速得达。大将军蒋琬领刺史，徙为典学从事，总州之学者。

①蜀记曰：周初见亮，左右皆笑。既出，有司请推笑者，亮曰："孤尚不能忍，况左右乎！"

后主立太子，以周为仆，转家令。时后主颇出游观，增广声乐。

周上疏谏曰:"昔王莽之败,豪杰并起,跨州据郡,欲弄神器,于是贤才智士思望所归,未必以其势之广狭,惟其德之薄厚也。是故于时更始、公孙述及诸有大众者多已广大,然莫不快情恣欲,急于为善,游猎饮食,不恤民物。世祖初入河北,冯异等劝之曰:'当行人所不能为。'遂务理冤狱,节俭饮食,动遵法度,故北州歌叹,声布四远。于是邓禹自南阳追之,吴汉、寇恂未识世祖,遥闻德行,遂以权计举渔阳、上谷突骑迎于广阿。其馀望风慕德者邳肜、耿纯、刘植之徒,至于舆病赍棺,缒负而至者,不可胜数,故能以弱为强,屠王郎,吞铜马,折赤眉而成帝业也。及在洛阳,尝欲小出,车驾已御,铫期谏曰:'天下未宁,臣诚不愿陛下细行数出。'即时还车。及征隗嚣,颍川盗起,世祖还洛阳,但遣寇恂往,恂曰:'颍川以陛下远征,故奸猾起叛,未知陛下还,恐不时降;陛下自临,颍川贼必即降。'遂至颍川,竟如恂言。故非急务,欲小出不敢,至于急务,欲自安不为,故帝者之欲善也如此! 故传曰'百姓不徒附',诚以德先之也。今汉遭厄运,天下三分,雄哲之士思望之时也。陛下天姿至孝,丧逾三年,言及陨涕,虽曾闵不过也。敬贤任才,使之尽力,有逾成康。故国内和一,大小戮力,臣所不能陈。然臣不胜大愿,愿复广人所不能者。夫挽大重者,其用力苦不众,拔大艰者,其善术苦不广,且承事宗庙者,非徒求福祐,所以率民尊上也。至于四时之祀,或有不临,池苑之观,或有仍出,臣之愚滞,私不自安。夫忧责在身者,不暇尽乐,先帝之志,堂构未成,诚非尽乐之时。愿省减乐官、后宫所增造,但奉修先帝所施,下为子孙节俭之教。"徙为中散大夫,犹侍太子。

于时军旅数出,百姓凋瘁,周与尚书令陈祗论其利害,退而书之,谓之仇国论。其辞曰:"因馀之国小,而肇建之国大,并争于世而为仇敌。因馀之国有高贤卿者,问于伏愚子曰:'今国事未定,上下劳心，往古之事，能以弱胜强者，其术何如？'伏愚子曰：'吾闻之，处大无患者恒多慢，处小有忧者恒思善；多慢则生乱，思善则生治，理之常也。故周文养民，以少取多，勾践恤众，以弱毙强，此其术也。'贤卿曰：'曩者项强汉弱，相与战争，无日宁息，然项羽与汉约分鸿沟为界，各欲归息民；张良以为民志既定，则难动也，寻帅追羽，终毙项氏，岂必由文王之事乎？肇建之国方有疾疢，我因其隙，陷其边陲，觊增其疾而毙之也。'伏愚子曰：'当殷、周之际，王侯世尊，君臣久固，民习所专；深根者难拔，据固者难迁。当此之时，虽汉祖安能杖剑鞭马而取天下乎？当秦罢侯置守之后，民疲秦役，天下土崩，或岁改主，或月易公，鸟惊兽骇，莫知所从，于是豪强并争，虎裂狼分，疾搏者获多，迟后者见吞。今我与肇建皆传国易世矣，既非秦末鼎沸之时，实有六国并据之势，故可为文王，难为汉祖。夫民疲劳则骚扰之兆生，上慢下暴则瓦解之形起，谚曰："射幸数跌，不如审发。"是故智者不为小利移目，不为意似改步，时可而后动，数合而后举，故汤、武之师不再战而克，诚重民劳而度时审也。如遂极武黩征，土崩势生，不幸遇难，虽有智者将不能谋之矣。若乃奇变纵横，出入无间，冲波截辙，超谷越山，不由舟楫而济盟津者，我愚子也，实所不及。'"

后迁光禄大夫，位亚九列。周虽不与政事，以儒行见礼，时访大议，辄据经以对，而后生好事者亦咨问所疑焉。

景耀六年冬，魏大将军邓艾克江由，长驱而前。而蜀本谓敌不便至，不作城守调度，及闻艾已入平，[11]百姓扰扰，皆迸山野，不可禁制。后主使群臣会议，计无所出。或以为蜀之与吴，本为和国，宜可奔吴；或以为南中七郡，阻险斗绝，易以自守，宜可奔南。惟周以为："自古已来，无寄他国为天子者也，今若入吴，固当臣服。且政理不殊，则大能吞小，此数之自然也。由此言之，则魏能并吴，吴不能并魏明矣。等为小称臣,孰与为大?再辱之耻,何与一辱?且若欲奔南,则当早为之计,然后可果;今大敌以近,祸败将及,群小之心,无一可保,恐发足之日,其变不测,何至南之有乎!"群臣或难周曰:"今艾以不远,恐不受降,如之何?"周曰:"方今东吴未宾,事势不得不受,受之之后,〔12〕不得不礼。若陛下降魏,魏不裂土以封陛下者,周请身诣京都,以古义争之。"众人无以易周之理。

后主犹疑于入南,周上疏曰:"或说陛下以北兵深入,有欲适南之计,臣愚以为不安。何者?南方远夷之地,平常无所供为,犹数反叛,自丞相亮南征,兵势逼之,穷乃幸从。是后供出官赋,取以给兵,以为愁怨,此患国之人也。今以穷迫,欲往依恃,恐必复反叛,一也。北兵之来,非但取蜀而已,若奔南方,必因人势衰,及时赴追,二也。若至南方,外当拒敌,内供服御,费用张广,他无所取,耗损诸夷必甚,甚必速叛,三也。昔王郎以邯郸僭号,时世祖在信都,畏逼于郎,欲弃还关中。邳肜谏曰:'明公西还,则邯郸城民不肯捐父母,背城主,而千里送公,其亡叛可必也。'世祖从之,遂破邯郸。今北兵至,陛下南行,诚恐邳肜之言复信于今,四也。愿陛下早为之图,可获爵土;若遂适南,势穷乃服,其祸必深。易曰:'亢之为言,知得而不知丧,知存而不知亡;知得失存亡而不失其正者,其惟圣人乎!'言圣人知命而不苟必也。故尧、舜以子不善,知天有授,而求授人;子虽不肖,祸尚未萌,而迎授与人,况祸以至乎!故微子以殷王之昆,面缚衔璧而归武王,岂所乐哉,不得已也。"于是遂从周策。刘氏无虞,一邦蒙赖,周之谋也。①

①孙绰评曰:谯周说后主降魏,可乎?曰:自为天子而乞降请命,何耻之深乎!夫为社稷死则死之,为社稷亡则亡之。先君正魏之篡,不与同天矣。推过于其父,俯首而事雠,可谓苟存,岂大居正之道哉!

孙盛曰:春秋之义,国君死社稷,卿大夫死位,况称天子而可辱于人乎!

周谓万乘之君偷生苟免,亡礼希利,要冀微荣,惑矣。且以事势言之,理有未尽。何者?禅虽庸主,实无桀、纣之酷,战虽屡北,未有土崩之乱,纵不能君臣固守,背城借一,自可退次东鄙以思后图。是时罗宪以重兵据白帝,霍弋以强卒镇夜郎。蜀土险狭,山水峻隔,绝巇激湍,非步卒所涉。若悉取舟楫,保据江州,征兵南中,乞师东国,如此则姜、廖五将自然云从,吴之三师承命电赴,何投寄之无所而虑于必亡邪?魏师之来,褰国大举,欲追则舟楫靡资,欲留则师老多虞。且屈伸有会,情势代起,徐因思奋之民,以攻骄惰之卒,此越王所以败阖闾,田单所以摧骑劫也,何为匆匆遽自囚虏,下坚壁于敌人,致硎石之至恨哉?蒍生有云:"事之不济则已耳,安能复为之下!"壮哉斯言,可以立懦夫之志矣。观古燕、齐、荆、越之败,或国覆主灭,或鱼县鸟窜,终能建功立事,康复社稷,岂曰天助,抑亦人谋也。向使怀苟存之计,纳谯周之言,何邦基之能构,令名之可获哉?禅既暗主,周实骛臣,方之申包、田单、范蠡、大夫种,不亦远乎!

时晋文王为魏相国,以周有全国之功,封阳城亭侯。又下书辟周,周发至汉中,困疾不进。咸熙二年夏,巴郡文立从洛阳还蜀,过见周。周语次,因书版示立曰:"典午忽兮,月酉没兮。"典午者谓司马也,月酉者谓八月也,至八月而文王果崩。① 晋室践阼,累下诏所在发遣周。周遂舆疾诣洛,泰始三年至。以疾不起,就拜骑都尉,周乃自陈无功而封,求还爵土,皆不听许。

① 华阳国志曰:文立字广休,少治毛诗、三礼,兼通群书。刺史费祎命为从事,入为尚书郎,复辟祎大将军东曹掾,稍迁尚书。蜀并于魏,梁州建,首为别驾从事,举秀才。晋泰始二年,拜济阴太守。迁太子中庶子。立上言:"故蜀大官及尽忠死事者子孙,虽仕郡国,或有不才,同之齐民为剧;又诸葛亮、蒋琬、费祎等子孙流徙中畿,各宜量才叙用,以慰巴、蜀之心,倾吴人之望。"事皆施行。转散骑常侍,献可替否,多所补纳。稍迁卫尉,中朝服其贤雅,为时名卿。咸宁末卒。立章奏诗赋论颂凡数十篇。

五年,予尝为本郡中正,清定事讫,求休还家,往与周别。周语予曰："昔孔子七十二、刘向、扬雄七十一而没，今吾年过七十，庶慕孔子遗风，可与刘、扬同轨，恐不出后岁，必便长逝，不复相见矣。"疑周以术知之，假此而言也。六年秋，为散骑常侍，疾笃不拜，至冬卒。①凡所著述，撰定法训、五经论、古史考之属百馀篇。②〔13〕周三子，熙、贤、同。少子同颇好周业，亦以忠笃质素为行，举孝廉，除锡令、东宫洗马，召不就。③

①晋阳秋载诏曰："朕甚悼之，赐朝服一具，衣一袭，钱十五万。"周息熙上言，周临终属熙曰："久抱疾，未曾朝见，若国恩赐朝服衣物者，勿以加身。当还旧墓，道险行难，豫作轻棺。殡敛已毕，上还所赐。"诏还衣服，给棺直。

②益部耆旧传曰：益州刺史董荣图画周像于州学，命从事李通颂之曰："抑抑谯侯，好古述儒，宝道怀真，鉴世盈虚，雅名美迹，终始是书。我后钦贤，无言不誉，攀诸前哲，丹青是图。嗟尔来叶，鉴兹显模。"

③周长子熙。熙子秀，字元彦。晋阳秋曰：秀性清静，不交于世，知将大乱，豫绝人事，从兄弟及诸亲里不与相见。州郡辟命，及李雄盗蜀，安车征秀，又雄叔父骧、骧子寿辟命，皆不应。常冠鹿皮，躬耕山薮。永和三年，安西将军桓温平蜀，表荐秀曰："臣闻大朴既亏，则高尚之标显；道丧时昏，则忠贞之义彰。故有洗耳投渊以振玄邈之风，亦有秉心矫迹以三之节。是以上代之君，莫不崇重斯轨，所以笃俗训民，静一流竞。伏惟大晋应符御世，运无常通，时有屯寒，神州丘墟，三方圮裂，兔罝绝响于中林，白驹无闻于空谷，斯有识之所悼心，大雅之所叹息者也。陛下圣德嗣兴，方恢天绪。臣昔奉役，有事西土，鲸鲵既县，思宣大化；访诸故老，搜扬潜逸，庶武罗于羿、浞之墟，想王蠋于亡齐之境。窃闻巴西谯秀，植操贞固，抱德肥遁，扬清渭波。于时皇极遘道消之会，群黎蹈颠沛之艰，中华有顾瞻之哀，幽谷无迁乔之望；凶命屡招，奸威仍逼，身寄虎吻，危同朝露，而能抗节玉立，誓不降辱，杜门绝迹，不面伪庭，进免龚胜亡身之祸，退无薛方诡对之讥；虽园、绮之栖商、洛，管宁之默辽海，方之于秀，殆无以过。于今西土，以为美谈。夫雄德礼贤，化道之所先，崇表殊

节，圣哲之上务。方今六合未康，豺狼当路，遗黎偷薄，义声弗闻，益宜振起道义之徒，以敦流遁之弊。若秀蒙薄帛之征，足以镇静颓风，轨训嚚俗；幽遐仰流，九服知化矣。"及萧敬叛乱，避难宕渠川中，乡人宗族冯依者以百数。秀年八十，众人以其笃老，欲代之负担，秀拒曰："各有老弱，当先营救。吾气力自足堪此，不以垂朽之年累诸君也。"后十余年，卒于家。

郤正字令先，河南偃师人也。祖父俭，灵帝末为益州刺史，为盗贼所杀。会天下大乱，故正父揖因留蜀。揖为将军孟达营都督，随达降魏，为中书令史。正本名纂。少以父死母嫁，单茕只立，而安贫好学，博览坟籍。弱冠能属文，入为秘书吏，转为令史，迁郎，至令。性澹于荣利，而尤耽意文章，自司马、王、扬、班、傅、张、蔡之俦遗文篇赋，及当世美书善论，益部有者，则钻凿推求，略皆寓目。自在内职，与宦人黄皓比屋周旋，经三十年。皓从微至贵，操弄威权，正既不为皓所爱，亦不为皓所憎，是以官不过六百石，而免于忧患。

依则先儒，假文见意，号曰释讥，其文继于崔骃达旨。其辞曰：

或有讥余者曰："闻之前记，夫事与时并，名与功偕，然则名之与事，前哲之急务也。是故创制作范，匪时不立，流称垂名，匪功不记，名必须功而乃显，事亦俟时以行止，身没名灭，君子所耻。是以达人研道，探赜索微，观天运之符表，考人事之盛衰，辩者驰说，智者应机，谋夫演略，武士奋威，云合雾集，风激电飞，量时揆宜，用取世资，小屈大申，存公忽私，虽尺枉而寻直，终扬光以发辉也。今三方鼎跱，九有未乂，悠悠四海，婴丁祸败，嗟道义之沈塞，愍生民之颠沛，此诚圣贤拯救之秋，烈士树功之会也。吾子以高朗之才，珪璋之质，兼览博窥，留心道术，无远不致，无幽不悉；挺身取命，干兹奥秘，踌躇紫闼，喉舌是执，九考不移，有入无出，①究古今之真伪，计时务之得失。虽时献一策，偶进一言，释彼官责，慰此素飧，固未能输竭忠款，尽沥胸肝，排方入直，惠彼黎元，俾吾徒草鄙并有闻焉也。盍亦绥衡缓辔，回轨易涂，舆安驾肆，思马斯徂，审厉揭以投济，要夷庚之赫怃，播秋兰以芳世，副吾徒之披图，[14]不亦盛与！"

余闻而叹曰："呜呼，有若云乎邪！夫人心不同，实若其面，子虽光丽，既美且艳，管窥筐举，守厥所见，未可以言八纮之形埒，信万事之精练也。"

或人率尔，仰而扬衡曰："是何言与！是何言与！"

余应之曰："虞帝以面从为戒，孔圣以悦己为尤，若子之言，良我所思，将为吾子论而释之。昔在鸿荒，曚昧肇初，三皇应箓，五帝承符，爰暨夏、商，前典攸书。姬衰道缺，霸者翼扶，嬴氏惨虐，吞嚼八区，于是从横云起，狙诈如星，奇邪蜂动，智故萌生；或饰真以雠伪，或挟邪以干荣，或诡道以要上，或鬻技以自矜；背正崇邪，弃直就佞，忠无定分，义无常经。故鞅法穷而愿作，斯义败而奸成，吕门大而宗灭，韩辩立而身刑。夫何故哉？利回其心，宠耀其目，赫赫龙章，铄铄车服，媮幸苟得，如反如仄，淫邪荒迷，恣睢自极，和鸾未调而身在辕侧，庭宁未践而栋折榱覆。天收其精，地缩其泽，人吊其躬，鬼芟其额。初升高冈，终陨幽壑，朝含荣润，夕为枯魄。是以贤人君子，深图远虑，畏彼咎戾，超然高举，宁曳尾于涂中，秽浊世之休誉。彼岂轻主慢民，而忽于时务哉？盖易著行止之戒，诗有靖恭之叹，乃神之听之而道使之然也。

自我大汉，应天顺民，政治之隆，皓若阳春，俯宪坤典，仰式乾文，播皇泽以熙世，扬茂化之酕醇，君臣履度，各守厥真；

上垂询纳之弘，下有匡救之责，士无虚华之宠，民有一行之迹，黎乎蠠蠠，尚此忠益。然而道有隆窊，物有兴废，有声有寂，有光有翳。朱阳否于素秋，玄阴抑于孟春，羲和逝而望舒系，运气匮而耀灵陈。冲、质不永，桓、灵坠败，英雄云布，豪杰盖世，家挟殊议，人怀异计，故从横者欻披其胸，狙诈者暂吐其舌也。

今天纲已缀，德树西邻，丕显祖之宏规，縻好爵于士人，兴五教以训俗，丰九德以济民，肃明祀以祈祭，几皇道以辅真。虽跱者未一，伪者未分，圣人垂戒，盖均无贫；故君臣协美于朝，黎庶欣戴于野，动若重规，静若叠矩。济济伟彦，元凯之伦也，有过必知，颜子之仁也。侃侃庶政，冉、季之治也，鹰扬鸷腾，伊、望之事也；总群俊之上略，含薛氏之三计，敷张、陈之秘策，故力征以勤世，援华英而不遑，岂暇修枯筹于榛秽哉！

然吾不才，在朝累纪，托身所天，心焉是恃。乐沧海之广深，叹嵩岳之高跱，闻仲尼之赞商，感乡校之益己，彼平仲之和羹，亦进可而替否；故矇冒瞽说，时有攸献，譬遒人之有采于市间，游童之吟咏乎疆畔，庶以增广福祥，输力规谏。若其合也，则以暗协明，进应灵符；如其违也，自我常分，退守己愚。进退任数，不矫不诬，循性乐天，夫何恨诸？此其所以既入不出，有而若无者也。狭屈氏之常醒，浊渔父之必醉，涸柳季之卑辱，褊夷叔之高怼。合不以得，违不以失，得不充诎，失不惨悸；不乐前以顾轩，不就后以虑轻，不鬻誉以干泽，不辞怨以忌绌。何责之释？何殃之恤？何方之排？何直之入？九考不移，固其所执也。

方今朝士山积，髦俊成群，犹鳞介之潜乎巨海，毛羽之集乎邓林，游禽逝不为之鲜，浮鲂臻不为之殷。且阳灵幽于唐叶，阴精应于商时，阳盱请而洪灾息，桑林祷而甘泽滋。[2] 行止有道,启塞有期。我师遗训,不怨不尤,委命恭己,我又何辞?辞穷路单,将反初节,综坟典之流芳,寻孔氏之遗艺,缀微辞以存道,宪先轨而投制,趭叔肸之优游,美疏氏之遐逝,收止足以言归,泛皓然以容裔,欣环堵以恬娱,免咎悔于斯世,顾兹心之未泰,惧末涂之泥滞,仍求激而增愤,肆中怀以告誓。昔九方考精于至贵,秦牙沈思于殊形;③薛烛察宝以飞誉,④瓠梁托弦以流声;⑤齐隶拊髀以济文,⑥楚客潜寇以保荆;⑦雍门援琴而挟说,⑧韩哀秉辔而驰名;⑨卢敖翱翔乎玄阙,若士竦身于云清。⑩余实不能齐技于数子,故乃静然守己而自宁。"

①尚书曰:三载考绩,三考黜陟幽明。九考则二十七年。

②淮南子曰:禹为水,以身请于阳盱之河,汤苦旱,以身祷于桑林之际,圣人之忧民,如此其明也。

吕氏春秋曰:昔殷汤克夏桀而天下大旱,五年不收,[15]汤乃以身祷于桑林曰:"余一人有罪,无及万方,万方有罪,在余一人,无以一人之不敏,使上帝鬼神伤民之命。"[16]汤于是剪其发,䶦其爪,自以为牺牲,用祈福于上帝。民乃甚悦。雨乃大至。

③淮南子曰:秦穆公谓伯乐曰:"子之年长矣,子姓有可使求马者乎?"对曰:"良马者,可以形容筋骨相也。相天下之马者,若灭若没,若失若亡,其一若此马者,绝尘却辙。臣之子皆下才也,可告以良马而不可告以天下之马。天下之马,臣有所与共儋缠采薪九方堙,此其相马,非臣之下也,请见之。"穆公见之,使之求马,三月而反,报曰:"已得马矣,在于沙丘。"穆公曰:"何马也?"对曰:"牝而黄。"使人往取之,牡而骊。穆公不悦,召伯乐而问之曰:"败矣,子之所使求马者也!毛物牝牡尚弗能知,又何马之能知?"伯乐喟然太息曰:"一至此乎!是乃所以千万臣而无数者也。[17]若堙之所观者天机也,得其精而忘其粗,在其内而忘其外,见其所见而不见其所不见,视其所视而遗其所不视,若彼之所相者,乃有贵乎马者。"马至,而果天下之马也。

《淮南子》又曰：伯乐、寒风、秦牙、葛青，所相各异，其知马一也；盖九方观其精，秦牙察其形。

④《越绝书》曰："昔越王句践有宝剑五枚，闻于天下。客有能相剑者名薛烛，王召而问之："吾有宝剑五，请以示子。"乃取豪曹、巨阙，薛烛曰："皆非也。"又取纯钩、湛卢，烛曰："观其剑钞，烂烂如列宿之行，观其光，浑浑如水之将溢于塘，观其文，涣涣如冰将释，此所谓纯钩邪？"王曰："是也。"王曰："客有直之者，有市之乡三，骏马千匹，千户之都二，可乎？"薛烛曰："不可。当造此剑之时，赤堇之山破而出锡，若邪之溪涸而出铜，雨师扫洒，雷公击鼓，太一下观，天精下之，欧冶乃因天之精，悉其伎巧，一曰纯钩，二曰湛卢。今赤堇之山已合，若邪之溪深而不测，欧冶子已死，虽倾城量金，珠玉竭河，独不得此一物。有市之乡三，骏马千匹，千户之都二，亦何足言与！"

⑤《淮南子》曰：瓠巴鼓瑟而鳣鱼听之。又曰：瓠梁之歌可随也，而以歌者不可为也。

⑥臣松之曰：按此谓孟尝君田文下坐客，能作鸡鸣以济其厄者也。凡作鸡鸣，必先拊髀，以效鸡之拊翼也。

⑦《淮南子》曰：楚将子发好求技道之士。楚有善为偷者，往见曰："闻君求技道之士，臣偷也，愿以技备一卒。"子发闻之，衣不及带，冠不暇正，出见而礼之。左右谏曰："偷者，天下之盗也，何为礼之？"君曰："此非左右之所得与。"后无几何，齐兴兵伐楚，子发将师以当之，兵三却。楚贤大夫皆尽其计而悉其诚，齐师愈强。于是卒偷进请曰："臣有薄技，愿为君行之。"君曰"诺"。偷即夜出，解齐将军之帐，而献之子发。子发使人归之，曰："卒有出采薪者，得将军之帐，使使归于执事。"明日又复往取枕，子发又使归之。明日又复往取簪，子发又使归之。齐师闻之大骇，将军与军吏谋曰："今日不去，楚军恐取吾头矣！"即旋师而去。

⑧《桓谭新论》曰：雍门周以琴见，孟尝君曰："先生鼓琴，亦能令文悲乎？"对曰："臣之所能令悲者，先贵而后贱，昔富而今贫，摈压穷巷，不交四邻；不若身材高妙，怀质抱真，逢谗罹谤，怨结而不得信；不若交欢而结爱，无怨而生离，远赴绝国，无相见期；不若幼无父母，壮无妻儿，出以野泽

为邻,入用堀穴为家,困于朝夕,无所假贷;若此人者,但闻飞鸟之号,秋风鸣条,则伤心矣,臣一为之援琴而长太息,未有不凄恻而涕泣者也。今若足下,居则广厦高堂,连闼洞房,下罗帷,来清风;倡优在前,诣谀侍侧,扬激楚,舞郑妾,流声以娱耳,绿色以淫目;水戏则舫龙舟,建羽旗,鼓钧乎不测之渊;野游则登平原,驰广囿,强弩下高鸟,勇士格猛兽,置酒娱乐,沈醉忘归:方此之时,视天地曾不若一指,虽有善鼓琴,未能动足下也。"孟尝君曰:"固然!"雍门周曰:"然臣窃为足下有所常悲。夫角帝而困秦者君也,连五国而伐楚者又君也。天下未尝无事,不从即衡;从成则楚王,衡成则秦帝。夫以秦、楚之强而报弱薛,犹磨萧斧而伐朝菌也,有识之士,莫不为足下寒心。天道不常盛,寒暑更进退,千秋万岁之后,宗庙必不血食;高台既已倾,曲池又已平,坟墓生荆棘,狐狸穴其中,游儿牧竖踯躅其足而歌其上曰:'孟尝君之尊贵,亦犹若是乎!'"于是孟尝君喟然太息,涕泪承睫而未下。雍门周引琴而鼓之,徐动宫徵,叩角羽,终而成曲,孟尝君遂欷歔而就之曰:"先生鼓琴,令文立若亡国之人也。"

⑨吕氏春秋曰:韩哀作御。

王褒圣主得贤臣颂曰:及至驾啮膝,参乘旦,王良执靶,韩哀附舆,纵驰骋骛,忽如景靡,过都越国,蹑如历块,追奔电,逐遗风,周流八极,万里一息,何其辽哉! 人马相得也。

⑩淮南子曰:卢敖游乎北海,经乎太阴,入乎玄阙,至于蒙毂之上,见一士焉,深目而玄准,鸢颈而鸢肩,丰上而杀下,轩轩然方迎风而舞,顾见卢敖慢然下其臂,遁逃乎碑下。卢敖俯而视之,方卷龟壳而食合梨。卢敖乃与之语曰:"惟敖为背群离党,穷观于六合之外者,非敖而已乎! 敖幼而好游,长不喻解,周行四极,惟北阴之不窥,今卒睹夫子于是,子殆可与敖为交乎!"若士者謷然而笑曰:"嘻乎! 子中州民,宁肯而远至此?此犹光乎日月而戴列星,阴阳之所行,四时之所生,此其比夫不名之地,犹突奥也。若我南游乎冈㟎之野,北息于沈墨之乡,西穷冥冥之党,东贯鸿濛之光,此其下无地而上无天,听焉无闻,视焉则眴,此其外犹有沈沈之汜,其馀一举而千万里,吾犹未能之在。今子游始至于此,乃语

穷观,岂不亦远哉! 然子处矣,吾与汗漫期于九垓之上,吾不可以久。"若士举臂而竦身,遂入云中。卢敖仰而视之,弗见乃止,曰:"吾比夫子也,犹黄鹄之与壤虫,终日行不离咫尺,自以为远,不亦悲哉! "

景耀六年,后主从谯周之计,遣使请降于邓艾,其书,正所造也。明年正月,锺会作乱成都,后主东迁洛阳,时扰攘仓卒,蜀之大臣无翼从者,惟正及殿中督汝南张通,舍妻子单身随侍。后主赖正相导宜适,举动无阙,乃慨然叹息,恨知正之晚。时论嘉之。赐爵关内侯。泰始中,除安阳令,迁巴西太守。泰始八年诏曰:"正昔在成都,颠沛守义,不违忠节,及见受用,尽心干事,有治理之绩,其以正为巴西太守。"咸宁四年卒。凡所著述诗论赋之属,垂百篇。

评曰:杜微修身隐静,不役当世,庶几夷、皓之概。周群占天有征,杜琼沈默慎密,诸生之纯也。许、孟、来、李,博涉多闻,尹默精于左氏,虽不以德业为称,信皆一时之学士。谯周词理渊通,为世硕儒,有董、扬之规,郤正文辞灿烂,有张、蔡之风,加其行止,君子有取焉。二子处晋事少,在蜀事多,故著于篇。①

①张璠以为谯周所陈降魏之策,盖素料刘禅懦弱,心无害戾,故得行也。如遇忿肆之人,虽无他算,然矜殉鄙耻,或发怒妄诛,以立一时之威,快其斯须之意者,此亦夷灭之祸云。

**【校勘记】**

〔1〕朝廷今年始十八　廷下原衍"主公"二字,据朱邦衡校本删。

〔2〕迁为涿令者　令下原衍"涿令"二字,陈乃乾先生据文意删。

〔3〕为世所嫌　世,原作"代",据册府元龟卷九一五改。

〔4〕省君意亦不甚好吾言　省上原衍"疑"字,据李慈铭校本删。

〔5〕然亦可力强致也　亦,原作"不",据李慈铭校本改。

〔6〕敏随姊奔荆州　姊下原衍"夫"字,据李慈铭校本删。

〔7〕后主上即位　原脱"上"字,据沈家本校本补。

〔8〕服虔注说　服上原衍"方"字,据何焯校本删。

〔9〕以左氏传授后主　以上原衍"射"字,据三国志旁证卷二四删。

〔10〕转中散大夫　转上原衍"射"字,据三国志旁证卷二四删。

〔11〕及闻艾已入平　入下原衍"阴"字,据何焯校本删。

〔12〕受之之后　受之,原作"之受",据资治通鉴卷七八改。

〔13〕古史考之属百馀　篇考下原衍"书"字,据三国志考证卷六删。

〔14〕副吾徒之披图　披,原作"彼",据册府元龟补。

〔15〕五年不收　五,原作"三",据吕氏春秋卷九季秋改。

〔16〕使上帝鬼神伤民之命　鬼神,原作"毁";之下原衍"大"字。据吕氏春秋卷九季秋改删。

〔17〕是乃所以千万臣而无数者也　万下原衍"里"字,据淮南子卷一二道应训删。

# 三国志卷四十三　蜀书十三

## 黄李吕马王张传第十三

黄权字公衡，巴西阆中人也。少为郡吏，州牧刘璋召为主簿。时别驾张松建议，宜迎先主，使伐张鲁。权谏曰："左将军有骁名，今请到，欲以部曲遇之，则不满其心，欲以宾客礼待，则一国不容二君。若客有泰山之安，则主有累卵之危。可但闭境，以待河清。"璋不听，竟遣使迎先主，出权为广汉长。及先主袭取益州，将帅分下郡县，郡县望风景附，权闭城坚守，须刘璋稽服，乃诣降先主。先主假权偏将军。[1]及曹公破张鲁，鲁走入巴中，权进曰："若失汉中，则三巴不振，此为割蜀之股臂也。"于是先主以权为护军，率诸将迎鲁。鲁已还南郑，北降曹公，然卒破杜濩、朴胡，杀夏侯渊，据汉中，皆权本谋也。

> [1]徐众评曰：权既忠谏于主，又闭城拒守，得事君之礼。武王下车，封比干之墓，表商容之闾，所以大显忠贤之士，而明示所贵之旨。先主假权将军，善矣，然犹薄少，未足彰忠义之高节，而大劝为善者之心。

先主为汉中王，犹领益州牧，以权为治中从事。及称尊号，将东伐吴，权谏曰："吴人悍战，又水军顺流，进易退难，臣请为先驱以尝寇，陛下宜为后镇。"先主不从，以权为镇北将军，督江北军以防魏师；先主自在江南。及吴将军陆议乘流断围，南军败绩，先主引退。而道隔绝，权不得还，故率将所领降于魏。有司执法，白收权妻子。先主曰："孤负黄权，权不负孤也。"待之如初。①

> ①臣松之以为汉武用虚罔之言，灭李陵之家，刘主拒宪司所执，宥黄权之室，二主得失县邈远矣。诗云"乐只君子，保艾尔后"，其刘主之谓也。

魏文帝谓权曰："君舍逆效顺，欲追踪陈、韩邪？"权对曰："臣过受刘主殊遇，降吴不可，还蜀无路，是以归命。且败军之将，免死为幸，何古人之可慕也！"文帝善之，拜为镇南将军，封育阳侯，加侍中，使之陪乘。蜀降人或云诛权妻子，权知其虚言，未便发丧，①后得审问，果如所言。及先主薨问至，魏群臣咸贺而权独否。文帝察权有局量，欲试惊之，遣左右诏权，未至之间，累催相属，马使奔驰，交错于道，官属侍从莫不碎魄，而权举止颜色自若。后领益州刺史，徙占河南。大将军司马宣王深器之，问权曰："蜀中有卿辈几人？"权笑而答曰："不图明公见顾之重也！"宣王与诸葛亮书曰："黄公衡，快士也，每坐起叹述足下，不去口实。"景初三年，蜀延熙二年，权迁车骑将军、仪同三司。②明年卒，谥曰景侯。子邕嗣。邕无子，绝。

> ①汉魏春秋曰：文帝诏令发丧，权答曰："臣与刘、葛推诚相信，明臣本志。疑惑未实，请须后问。"

> ②蜀记曰：魏明帝问权："天下鼎立，当以何地为正？"权对曰："当以天文为正。往者荧惑守心而文皇帝崩，吴、蜀二主平安，此其征也。"

权留蜀子崇，为尚书郎，随卫将军诸葛瞻拒邓艾。到涪县，瞻盘桓未进，崇屡劝瞻宜速行据险，无令敌得入平地。瞻犹与未纳，崇至于流涕。会艾长驱而前，瞻却战至绵竹，崇帅厉军士，期于必死,临陈见杀。

李恢字德昂,建宁俞元人也。仕郡督邮,姑夫爨习为建伶令,有违犯之事,恢坐习免官。太守董和以习方土大姓,寝而不许。①后贡恢于州,涉道未至,闻先主自葭萌还攻刘璋。恢知璋之必败,先主必成,乃托名郡使,北诣先主,遇于绵竹。先主嘉之,从至雒城,遣恢至汉中交好马超,超遂从命。成都既定,先主领益州牧,以恢为功曹书佐主簿。后为亡虏所诬,引恢谋反,有司执送,先主明其不然,更迁恢为别驾从事。章武元年,庲降都督邓方卒,先主问恢:"谁可代者?"恢对曰:"人之才能,各有长短,故孔子曰'其使人也器之'。且夫明主在上,则臣下尽情,是以先零之役,赵充国曰'莫若老臣'。臣窃不自揆,惟陛下察之。"先主笑曰:"孤之本意,亦已在卿矣。"遂以恢为庲降都督,使持节领交州刺史,住平夷县。②

①华阳国志曰:习后官至领军。

②臣松之讯之蜀人,云庲降地名,去蜀二千馀里,时未有宁州,号为南中,立此职以总摄之。晋泰始中,始分为宁州。

先主薨,高定恣雎于越嶲,雍闿跋扈于建宁,朱褒反叛于牂牁。丞相亮南征,先由越嶲,而恢案道向建宁。诸县大相纠合,围恢军于昆明。时恢众少敌倍,又未得亮声息,绐谓南人曰:"官军粮尽,欲规退还,吾中间久斥乡里,乃今得旋,不能复北,欲还与汝等同计谋,故以诚相告。"南人信之,故围守怠缓。于是恢出击,大破之,追奔逐北,南至槃江,东接牂牁,与亮声势相连。南土平定,恢军功居多,封汉兴亭侯,加安汉将军。后军还,南夷复叛,杀害守将。恢身往扑讨,钼尽恶类,徙其豪帅于成都,赋出叟、濮耕牛战马金银犀革,充继军资,于时费用不乏。

建兴七年,以交州属吴,解恢刺史。更领建宁太守,以还居本郡。徙居汉中,九年卒。子遗嗣。恢弟子球,羽林右部督,随诸葛瞻拒邓艾,临陈授命,死于绵竹。

吕凯字季平,永昌不韦人也。[1]仕郡五官掾功曹。时雍闿等闻先主薨于永安,骄黠滋甚。都护李严与闿书六纸,解喻利害,闿但答一纸曰:"盖闻天无二日,土无二王,今天下鼎立,正朔有三,是以远人惶惑,不知所归也。"其桀慢如此。闿又降于吴,吴遥署闿为永昌太守。永昌既在益州郡之西,道路壅塞,与蜀隔绝,而郡太守改易,凯与府丞蜀郡王伉帅厉吏民,闭境拒闿。闿数移檄永昌,称说云云。凯答檄曰:"天降丧乱,奸雄乘衅,天下切齿,万国悲悼,臣妾大小,莫不思竭筋力,肝脑涂地,以除国难。伏惟将军世受汉恩,以为当躬聚党众,率先启行,上以报国家,下不负先人,书功竹帛,遗名千载。何期臣仆吴越,背本就末乎?昔舜勤民事,陨于苍梧,书籍嘉之,流声无穷。崩于江浦,何足可悲!文、武受命,成王乃平。先帝龙兴,海内望风,宰臣聪睿,自天降康。而将军不睹盛衰之纪,成败之符,譬如野火在原,蹈履河冰,火灭冰泮,将何所依附?曩者将军先君雍侯,造怨而封,窦融知兴,归志世祖,皆流名后叶,世歌其美。今诸葛丞相英才挺出,深睹未萌,受遗托孤,翊赞季兴,与众无忌,录功忘瑕。将军若能翻然改图,易迹更步,古人不难追,鄙土何足宰哉!盖闻楚国不恭,齐桓是责,夫差僭号,晋人不长,况臣于非主,谁肯归之邪?窃惟古义,臣无越境之交,是以前后有来无往。重承告示,发愤忘食,故略陈所怀,惟将军察焉。"凯威恩内著,为郡中所信,故能全其节。

①孙盛蜀世谱曰:初,秦徙吕不韦子弟宗族于蜀汉。汉武帝时,开西南夷,置郡县,徙吕氏以充之,因曰不韦县。

及丞相亮南征讨闿，既发在道，而闿已为高定部曲所杀。亮至南，上表曰："永昌郡吏吕凯、府丞王伉等，执忠绝域，十有馀年，雍闿、高定逼其东北，而凯等守义不与交通。臣不意永昌风俗敦直乃尔！"以凯为云南太守，封阳迁亭侯。会为叛夷所害，子祥嗣。而王伉亦封亭侯，为永昌太守。①

①蜀世谱曰：吕祥后为晋南夷校尉，祥子及孙世为永昌太守。李雄破宁州，诸吕不肯附，举郡固守。王伉等亦守正节。

马忠字德信，巴西阆中人也。少养外家，姓狐，名笃，后乃复姓，改名忠。为郡吏，建安末举孝廉，除汉昌长。先主东征，败绩猇亭，巴西太守阎芝发诸县兵五千人以补遗阙，遣忠送往。先主已还永安，见忠与语，谓尚书令刘巴曰："虽亡黄权，复得狐笃，此为世不乏贤也。"建兴元年，丞相亮开府，以忠为门下督。三年，亮入南，拜忠牂牁太守。郡丞朱褒反。叛乱之后，忠抚育恤理，甚有威惠。八年，召为丞相参军，副长史蒋琬署留府事。又领州治中从事。明年，亮出祁山，忠诣亮所，经营戎事。军还，督将军张嶷等讨汶山郡叛羌。十一年，南夷豪帅刘胄反，扰乱诸郡。征庲降都督张翼还，以忠代翼。忠遂斩胄，平南土，加忠监军奋威将军，封博阳亭侯。初，建宁郡杀太守正昂，缚太守张裔于吴，故都督常驻平夷县。至忠，乃移治味县，处民夷之间。又越嶲郡亦久失土地，忠率将太守张嶷开复旧郡，由此就加安南将军，进封彭乡侯。[1]延熙五年还朝，因至汉中，见大司马蒋琬，宣传诏旨，加拜镇南大将军。七年春，大将军费祎北御魏敌，留忠成都，平尚书事。祎还，忠乃归南。十二年卒，子修嗣。①

①　修弟恢。恢子义，晋建宁太守。

忠为人宽济有度量，但诙啁大笑，忿怒不形于色。然处事能断，威恩并立，是以蛮夷畏而爱之。及卒，莫不自致丧庭，流涕尽哀，为之立庙祀，迄今犹在。

张表，时名士，清望逾忠。阎宇，宿有功干，于事精勤。继踵在忠后，其威风称绩，皆不及忠。①

①益部耆旧传曰：张表，肃子也。

华阳国志云：表，张松子，未详。阎宇字文平，南郡人也。

王平字子均，巴西宕渠人也。本养外家何氏，后复姓王。随杜濩、朴胡诣洛阳，假校尉，从曹公征汉中，因降先主，拜牙门将、裨将军。建兴六年，属参军马谡先锋。谡舍水上山，举措烦扰，平连规谏谡，谡不能用，大败于街亭。众尽星散，惟平所领千人，鸣鼓自持，魏将张郃疑其伏兵，不往逼也。于是平徐徐收合诸营遗迸，率将士而还。丞相亮既诛马谡及将军张休、李盛，夺将军黄袭等兵，平特见崇显，加拜参军，统五部兼当营事，进位讨寇将军，封亭侯。九年，亮围祁山，平别守南围。魏大将军司马宣王攻亮，张郃攻平，平坚守不动，郃不能克。十二年，亮卒于武功，军退还，魏延作乱，一战而败，平之功也。迁后典军、安汉将军，副车骑将军吴壹住汉中，又领汉中太守。十五年，进封安汉侯，代壹督汉中。延熙元年，大将军蒋琬住沔阳，平更为前护军，署琬府事。六年，琬还住涪，拜平前监军、镇北大将军，统汉中。

七年春，魏大将军曹爽率步骑十馀万向汉川，前锋已在骆谷。时汉中守兵不满三万，诸将大惊。或曰："今力不足以拒敌，听当固守汉、乐二城，遇贼令入，比尔间，涪军足得救关。"平曰："不然。汉中去涪垂千里。贼若得关，便为祸也。今宜先遣刘护军、杜参军据兴势，平为后拒；若贼分向黄金，平率千人下自临之，比尔间，涪军行至，此计之上也。"惟护军刘敏与平意同，即便施行。涪诸军及大将军费祎自成都相继而至，魏军退还，如平本策。是时，邓芝在东，马忠在南，平在北境，咸著名迹。

平生长戎旅，手不能书，其所识不过十字，而口授作书，皆有意理。使人读史、汉诸纪传，听之，备知其大义，往往论说不失其指。遵履法度，言不戏谑，从朝至夕，端坐彻日，慬无武将之体，然性狭侵疑，为人自轻，以此为损焉。十一年卒，子训嗣。

初，平同郡汉昌句扶句古侯反忠勇宽厚，数有战功，功名爵位亚平，官至左将军，封宕渠侯。①

①华阳国志曰：后张翼、廖化并为大将军，时人语曰："前有王、句，后有张、廖。"

张嶷字伯岐，巴郡南充国人也。①弱冠为县功曹。先主定蜀之际，山寇攻县，县长捐家逃亡，嶷冒白刃，携负夫人，夫人得免。由是显名，州召为从事。时郡内士人龚禄、姚伷位二千石，当世有声名，皆与嶷友善。建兴五年，丞相亮北住汉中，广汉、绵竹山贼张慕等钞盗军资，劫掠吏民，嶷以都尉将兵讨之。嶷度其鸟散，难以战禽，乃诈与和亲，克期置酒。酒酣，嶷身率左右，因斩慕等五十馀级，渠帅悉珍。寻其馀类，旬日清泰。后得疾病困笃，家素贫匮，广汉太守蜀郡何袛，名为通厚，嶷宿与疏阔，乃自舆诣袛，托以治疾。袛倾财医疗，数年除愈。其党道信义皆此类也。拜为牙门将，属马忠，北讨汶山叛羌，南平四郡蛮夷，辄有筹画战克之功。②十四年，武都氐王苻健请降，遣将军张尉往迎，过期不到，大将军蒋琬深以为念。嶷平之曰："苻健求附款至，必无他变，素闻健弟狡黠，又夷狄不能同功，将有乖离，是以稽留耳。"数日，问至，健弟果将四百户就魏，独健来从。

①益部耆旧传曰：嶷出自孤微，而少有通壮之节。

②<u>益部耆旧传</u>曰:<u>嶷</u>受兵马三百人,随<u>马忠</u>讨叛羌。<u>嶷</u>别督数营在先,至<u>他里</u>。邑所在高峻,<u>嶷</u>随山立上四五里。羌于要厄作石门,于门上施床,积石于其上,过者下石槌击之,无不糜烂。<u>嶷</u>度不可得攻,乃使译告晓之曰:"汝<u>汶山</u>诸种反叛,伤害良善,天子命将讨灭恶类。汝等若稽颡过军,资给粮费,福禄永隆,其报百倍。若终不从,大兵致诛,雷击电下,虽追悔之,亦无益也。"耆帅得命,即出诣<u>嶷</u>,给粮过军。军前讨馀种,馀种闻<u>他里</u>已下,悉恐怖失所,或迎军出降,或奔窜山谷,放兵攻击,军以克捷。后南夷<u>刘胄</u>又反,以<u>马忠</u>为督庲降讨<u>胄</u>,<u>嶷</u>复属焉,战斗常冠军首,遂斩<u>胄</u>。平南事讫,<u>牂柯兴古</u>獠种复反,<u>忠</u>令<u>嶷</u>领诸营往讨,<u>嶷</u>内招降得二千人,悉传诣<u>汉中</u>。

初,<u>越嶲郡</u>自丞相<u>亮</u>讨<u>高定</u>之后,叟夷数反,杀太守<u>龚禄</u>、<u>焦璜</u>,是后太守不敢之郡,只住<u>安上县</u>,[2]去郡八百馀里,其郡徒有名而已。时论欲复旧郡,除<u>嶷</u>为<u>越嶲</u>太守,<u>嶷</u>将所领往之郡,诱以恩信,蛮夷皆服,颇来降附。北徼<u>捉马</u>最骁劲,不承节度,<u>嶷</u>乃往讨,生缚其帅<u>魏狼</u>,又解纵告喻,使招怀馀类。表拜<u>狼</u>为邑侯,种落三千馀户皆安土供职。诸种闻之,多渐降服,<u>嶷</u>以功赐爵关内侯。

<u>苏祁</u>邑君<u>冬逢</u>、<u>逢</u>弟<u>隗渠</u>等,已降复反。<u>嶷</u>诛<u>逢</u>。<u>逢</u>妻,<u>旄牛王</u>女,<u>嶷</u>以计原之。而<u>渠</u>逃入西徼。<u>渠</u>刚猛捷悍,为诸种深所畏惮,遣所亲二人诈降<u>嶷</u>,实取消息。<u>嶷</u>觉之,许以重赏,使为反间,二人遂合谋杀<u>渠</u>。<u>渠</u>死,诸种皆安。又<u>斯都</u>耆帅<u>李求承</u>,昔手杀<u>龚禄</u>,<u>嶷</u>求募捕得,数其宿恶而诛之。

始<u>嶷</u>以郡郭宇颓坏,更筑小坞。在官三年,徙还故郡,缮治城郭,夷种男女莫不致力。

<u>定莋</u>、<u>台登</u>、<u>卑水</u>三县去郡三百馀里,旧出盐铁及漆,而夷徼久自固食。<u>嶷</u>率所领夺取,署长吏焉。<u>嶷</u>之到<u>定莋</u>,<u>定莋</u>率豪<u>狼岑</u>,<u>槃木王</u>舅,甚为蛮夷所信任,忿<u>嶷</u>自侵,不自来诣。<u>嶷</u>使壮士数十

直往收致,挝而杀之,持尸还种,厚加赏赐,喻以狼岑之恶,且曰:
"无得妄动,动即殄矣!"种类咸面缚谢过。嶷杀牛飨宴,重申恩信,
遂获盐铁,器用周赡。

汉嘉郡界旄牛夷种类四千馀户,其率狼路,欲为姑婿冬逢报
怨,遣叔父离将逢众相度形势。嶷逆遣亲近赍牛酒劳赐,又令离逆
逢妻宣畅意旨。[3]离既受赐,并见其姊,姊弟欢悦,悉率所领将诣
嶷,嶷厚加赏待,遣还。旄牛由是辄不为患。

郡有旧道,经旄牛中至成都,既平且近;自旄牛绝道,已百馀
年,更由安上,既险且远。嶷遣左右赍货币赐路,重令路姑喻意,路
乃率兄弟妻子悉诣嶷,嶷与盟誓,开通旧道,千里肃清,复古亭驿。
奏封路为旄牛呴毗王,遣使将路朝贡。后主于是加嶷抚戎将军,领
郡如故。

嶷初见费祎为大将军,恣性泛爱,待信新附太过,嶷书戒之
曰:"昔岑彭率师,来歙杖节,咸见害于刺客,今明将军位尊权重,
宜鉴前事,少以为警。"后祎果为魏降人郭脩所害。

吴太傅诸葛恪以初破魏军,大兴兵众以图攻取。侍中诸葛瞻,
丞相亮之子,恪从弟也,嶷与书曰:"东主初崩,帝实幼弱,太傅受
寄托之重,亦何容易!亲以周公之才,犹有管、蔡流言之变,霍光受
任,亦有燕、盖、上官逆乱之谋,赖成、昭之明,以免斯难耳。昔每闻
东主杀生赏罚,不任下人,又今以垂没之命,卒召太傅,属以后事,
诚实可虑。加吴、楚剽急,乃昔所记,而太傅离少主,履敌庭,恐非
良计长算之术也。虽云东家纲纪肃然,上下辑睦,百有一失,非明
者之虑邪?取古则今,今则古也,自非郎君进忠言于太傅,谁复有
尽言者也!旋军广农,务行德惠,数年之中,东西并举,实为不晚,
愿深采察。"恪竟以此夷族。嶷识见多如是类。

在郡十五年,邦域安穆。屡乞求还,乃征诣成都。民夷恋慕,[4]

扶毂泣涕,过旄牛邑,邑君襁负来迎,及追寻至蜀郡界,其督相率随嶷朝贡者百馀人。嶷至,拜荡寇将军,慷慨壮烈,士人咸多贵之,然放荡少礼,人亦以此讥焉,①是岁延熙十七年也。魏狄道长李简密书请降,卫将军姜维率嶷等因简之资以出陇西。②既到狄道,简悉率城中吏民出迎军。军前与魏将徐质交锋,嶷临陈陨身,然其所杀伤亦过倍。既亡,封长子瑛西乡侯,次子护雄袭爵。南土越嶲民夷闻嶷死,无不悲泣,为嶷立庙,四时水旱辄祀之。③

① 益部耆旧传曰:时车骑将军夏侯霸谓嶷曰:"虽与足下疏阔,然托心如旧,宜明此意。"嶷答曰:"仆未知子,子未知我,大道在彼,何云托心乎!愿三年之后徐陈斯言。"有识之士以为美谈。

② 益部耆旧传曰:嶷风湿固疾,至都寖笃,扶杖然后能起。李简请降,众议狐疑,而嶷曰必然。姜维之出,时论以嶷初还,股疾不能在行中,由是嶷自乞肆力中原,致身敌庭。临发,辞后主曰:"臣当值圣明,受恩过量,加以疾病在身,常恐一朝陨没,辜负荣遇。天不违愿,得豫戎事。若凉州克定,臣为藩表守将;若有未捷,杀身以报。"后主慨然为之流涕。

③ 益部耆旧传曰:余观张嶷仪貌辞令,不能骇人,而其策略足以入算,果烈足以立威,为臣有忠诚之节,处类有亮直之风,而动必顾典,后主深崇之。虽古之英士,何以远逾哉!

蜀世谱曰:嶷孙奕,晋梁州刺史。


评曰:黄权弘雅思量,李恢公亮志业,吕凯守节不回,马忠扰而能毅,①王平忠勇而严整,张嶷识断明果,咸以所长,显名发迹,遇其时也。

① 尚书曰:扰而毅。郑玄注曰:扰,驯也。致果曰毅。


【校勘记】

〔1〕进封彭乡侯　乡下原衍"亭"字,据华阳国志卷七删。

〔2〕只住安上县　上,原作"定",据三国志考证卷六改。

〔3〕又令离逆逢妻宣畅意旨　离下原有"姊"字,据三国志考证卷六删。

〔4〕民夷恋慕　民夷,原作"夷民",据太平御览卷二四〇改。

# 三国志卷四十四　蜀书十四

## 蒋琬费祎姜维传第十四

　　蒋琬字公琰，零陵湘乡人也。弱冠与外弟泉陵刘敏俱知名。琬以州书佐随先主入蜀，除广都长。先主尝因游观奄至广都，见琬众事不理，时又沈醉，先主大怒，将加罪戮。军师将军诸葛亮请曰："蒋琬，社稷之器，非百里之才也。其为政以安民为本，不以修饰为先，愿主公重加察之。"先主雅敬亮，乃不加罪，仓卒但免官而已。琬见推之后，夜梦有一牛头在门前，流血滂沱，意甚恶之，呼问占梦赵直。直曰："夫见血者，事分明也。牛角及鼻，'公'字之象，君位必当至公，大吉之征也。"顷之，为什邡令。先主为汉中王，琬入为尚书郎。建兴元年，丞相亮开府，辟琬为东曹掾。举茂才，琬固让刘邕、阴化、庞延、廖淳，亮教答曰："思惟背亲舍德，以殄百姓，众人既不隐于心，实又使远近不解其义，是以君宜显其功举，以明此选之清重也。"迁为参军。五年，亮住汉中。琬与长史张裔统留府事。八年，代裔为长史，加抚军将军。亮数外出，琬常足食足兵以相供给。亮每言："公琰托志忠雅，当与吾共赞王业者也。"密表后主曰：

"臣若不幸，后事宜以付琬。"

亮卒，以琬为尚书令，俄而加行都护，假节，领益州刺史，迁大将军，录尚书事，封安阳亭侯。时新丧元帅，远近危悚。琬出类拔萃，处群僚之右，既无戚容，又无喜色，神守举止，有如平日，由是众望渐服。延熙元年，诏琬曰："寇难未弭，曹叡骄凶，辽东三郡苦其暴虐，遂相纠结，与之离隔。叡大兴众役，还相攻伐。暴秦之亡，胜、广首难，今有此变，斯乃天时。君其治严，总帅诸军屯住汉中，须吴举动，东西掎角，以乘其衅。"又命琬开府，明年就加为大司马。

东曹掾杨戏素性简略，琬与言论，时不应答。或欲构戏于琬曰："公与戏语而不见应，戏之慢上，不亦甚乎！"琬曰："人心不同，各如其面；面从后言，古人之所诫也。戏欲赞吾是耶，则非其本心，欲反吾言，则显吾之非，是以默然，是戏之快也。"又督农杨敏曾毁琬曰："作事愦愦，诚非及前人。"或以白琬，主者请推治敏，琬曰："吾实不如前人，无可推也。"主者重据听不推，则乞问其愦愦之状。琬曰："苟其不如，则事不当理，事不当理，则愦愦矣。复何问邪？"后敏坐事系狱，众人犹惧其必死，琬心无适莫，得免重罪。其好恶存道，皆此类也。

琬以为昔诸葛亮数窥秦川，道险运艰，竟不能克，不若乘水东下。乃多作舟船，欲由汉、沔袭魏兴、上庸。会旧疾连动，未时得行。而众论咸谓如不克捷，还路甚难，非长策也。于是遣尚书令费祎、中监军姜维等喻指。琬承命上疏曰："芟秽弭难，臣职是掌。自臣奉辞汉中，已经六年，臣既暗弱，加婴疾疢，规方无成，夙夜忧惨。今魏跨带九州，根蒂滋蔓，平除未易。若东西并力，首尾掎角，虽未能速得如志，且当分裂蚕食，先摧其支党。然吴期二三，连不克果，俯仰惟艰，实忘寝食。辄与费祎等议，以凉州胡塞之要，进退有资，贼之所惜;且羌、胡乃心思汉如渴,又昔偏军入羌,郭淮破走,算其长短,以为事首,宜以姜维为凉州刺史。若维征行,衔持河右,臣当帅军为维镇继。今涪水陆四通,惟急是应,若东北有虞,赴之不难。"由是琬遂还住涪。疾转增剧,至九年卒,谥曰恭。

子斌嗣,为绥武将军、汉城护军。魏大将军锺会至汉城,与斌书曰:"巴蜀贤智文武之士多矣,至于足下、诸葛思远,譬诸草木,吾气类也。桑梓之敬,古今所敦。西到,欲奉瞻尊大君公侯墓,当洒扫坟茔,奉祠致敬。愿告其所在!"斌答书曰:"知惟臭味意眷之隆,雅托通流,未拒来谓也。亡考昔遭疾疢,亡于涪县,卜云其吉,遂安厝之。知君西迈,乃欲屈驾修敬坟墓。视予犹父,颜子之仁也,闻命感怆,以增情思。"会得斌书报,嘉叹意义,及至涪,如其书云。

后主既降邓艾,斌诣会于涪,待以交友之礼。随会至成都,为乱兵所杀。斌弟显,为太子仆,会亦爱其才学,与斌同时死。

刘敏,左护军、扬威将军,与镇北大将军王平俱镇汉中。魏遣大将军曹爽袭蜀时,议者或谓但可守城,不出拒敌,必自引退。敏以为男女布野,农谷栖亩,若听敌入,则大事去矣。遂帅所领与平据兴势,多张旗帜,弥亘百馀里。会大将军费祎从成都至,魏军即退,敏以功封云亭侯。

费祎字文伟,江夏鄳人也。鄳音盲。少孤,依族父伯仁。伯仁姑,益州牧刘璋之母也。璋遣使迎仁,仁将祎游学入蜀。会先主定蜀,祎遂留益土,与汝南许叔龙、南郡董允齐名。时许靖丧子,允与祎欲共会其葬所。允白父和请车,和遣开后鹿车给之。允有难载之色,祎便从前先上。及至丧所,诸葛亮及诸贵人悉集,车乘甚鲜,允犹神色未泰,而祎晏然自若。持车人还,和问之,知其如此,乃谓允曰:"吾常疑汝于文伟优劣未别也,而今而后,吾意了矣。"

先主立太子,祎与允俱为舍人,迁庶子。后主践位,为黄门侍郎。丞相亮南征还,群寮于数十里逢迎,年位多在祎右,而亮特命祎同载,由是众人莫不易观。亮以初从南归,以祎为昭信校尉使吴。孙权性既滑稽,嘲啁无方,诸葛恪、羊衜等才博果辩,论难锋至,祎辞顺义笃,据理以答,终不能屈。①权甚器之,谓祎曰:"君天下淑德,必当股肱蜀朝,恐不能数来也。"②还,迁为侍中。亮北住汉中,请祎为参军。以奉使称旨,频烦至吴。建兴八年,转为中护军,后又为司马。值军师魏延与长史杨仪相憎恶,每至并坐争论,延或举刃拟仪,仪泣涕横集。祎常入其坐间,谏喻分别,终亮之世,各尽延、仪之用者,祎匡救之力也。亮卒,祎为后军师。顷之,代蒋琬为尚书令。③琬自汉中还涪,祎迁大将军,录尚书事。

> ①祎别传曰:孙权每别酌好酒以饮祎,视其已醉,然后问以国事,并论当世之务,辞难累至。祎辄辞以醉,退而撰次所问,事事条答,无所遗失。
>
> ②祎别传曰:权乃以手中常所执宝刀赠之,祎答曰:"臣以不才,何以堪明命?然刀所以讨不庭、禁暴乱者也,但愿大王勉建功业,同奖汉室,臣虽暗弱,终不负东顾。"
>
> ③祎别传曰:于时军国多事,公务烦猥,祎识悟过人,每省读书记,举目暂视,已究其意旨,其速数倍于人,终亦不忘。常以朝晡听事,其间接纳宾客,饮食嬉戏,加之博弈,每尽人之欢,事亦不废。董允代祎为尚书令,欲斅祎之所行,旬日之中,事多愆滞。允乃叹曰:"人才力相县若此甚远,此非吾之所及也。听事终日,犹有不暇尔。"

884　延熙七年,魏军次于兴势,假祎节,率众往御之。光禄大夫来敏至祎许别,求共围棋。于时羽檄交驰,人马擐甲,严驾已讫,祎与敏留意对戏,色无厌倦。敏曰:"向聊观试君耳!君信可人,必能办贼者也。"至,敌遂退,封成乡侯。①琬固让州职,祎复领益州刺史。祎当国功名,略与琬比。②十一年,出住汉中。自琬及祎,虽自身在外,庆赏刑威,皆遥先谘断,然后乃行,其推任如此。后十四年夏,还成都，成都望气者云都邑无宰相位，故冬复北屯汉寿。延熙十五年，命祎开府。十六年岁首大会，魏降人郭循在坐。祎欢饮沈醉，为循手刃所害，谥曰敬侯。子承嗣，为黄门侍郎。承弟恭，尚公主。祎长女配太子璿为妃。

①殷基通语曰：司马懿诛曹爽，祎设甲乙论平其是非。甲以为曹爽兄弟凡品庸人，苟以宗子枝属，得蒙顾命之任，而骄奢僭逸，交非其人，私树朋党，谋以乱国。懿奋诛讨，一朝殄尽，此所以称其任，副士民之望也。乙以为懿感曹仲付己不一，岂爽与相干？事势不专，以此阴成疵瑕。初无忠告侃尔之训，一朝屠戮，挫其不意，岂大人经国笃本之事乎！若爽信有谋主之心，大逆已构，而发兵之日，更以芳委爽兄弟。懿父子从后闭门举兵，蹑而向芳，必无悉宁，忠臣为君深虑之谓乎？以此推之，爽无大恶明矣。若懿以爽奢僭，废之刑之可也，灭其尺口，被以不义，绝子丹血食，及何晏子魏之亲甥，亦与同戮，为僭滥不当矣。

②祎别传曰：祎雅性谦素，家不积财。儿子皆令布衣素食，出入不从车骑，无异凡人。

③祎别传曰：恭为尚书郎，显名当世，早卒。


姜维字伯约，天水冀人也。少孤，与母居。好郑氏学。①仕郡上计掾，州辟为从事。以父囧昔为郡功曹，值羌、戎叛乱，身卫郡将，没于战场，赐维官中郎，参本郡军事。建兴六年，丞相诸葛亮军向祁山，时天水太守适出案行。维及功曹梁绪、主簿尹赏、主记梁虔等从行。太守闻蜀军垂至，而诸县响应，疑维等皆有异心，于是夜亡保上邽。维等觉太守去，追迟，至城门，城门已闭，不纳。维等相率还冀，冀亦不入维。维等乃俱诣诸葛亮。会马谡败于街亭，亮拔将西县千馀家及维等还，故维遂与母相失。②亮辟维为仓曹掾，加奉义将军，封当阳亭侯，时年二十七。亮与留府长史张裔、参军蒋琬书曰："姜伯约忠勤时事，思虑精密，考其所有，永南、季常诸人不如也。其人，<u>凉州</u>上士也。"又曰："须先教中虎步兵五六千人。<u>姜</u><u>伯约</u>甚敏于军事，既有胆义，深解兵意。此人心存<u>汉室</u>，而才兼于人，毕教军事，当遣诣宫，觐见主上。"③后迁中监军征西将军。

①<u>傅子</u>曰：维为人好立功名，阴养死士，不修布衣之业。

②<u>魏略</u>曰：天水太守<u>马遵</u>将维及诸官属随雍州刺史<u>郭淮</u>偶自西至<u>洛门</u>案行，会闻<u>亮</u>已到<u>祁山</u>，<u>淮</u>顾<u>遵</u>曰："是欲不善！"遂驱东还<u>上邽</u>。<u>遵</u>念所治<u>冀县</u>界在西偏，又恐吏民乐乱，遂亦随<u>淮</u>去。时<u>维</u>谓<u>遵</u>曰："明府当还<u>冀</u>。"<u>遵</u>谓<u>维</u>等曰："卿诸人叵复信，[1]皆贼也。"各自行。<u>维</u>亦无如<u>遵</u>何，而家在<u>冀</u>，遂与郡吏<u>上官子脩</u>等还<u>冀</u>。<u>冀</u>中吏民见<u>维</u>等大喜，便推令见<u>亮</u>。二人不获已，乃共诣<u>亮</u>。<u>亮</u>见，大悦。未及遣迎<u>冀</u>中人，会<u>亮</u>前锋为<u>张郃</u>、<u>费繇</u>等所破，遂将<u>维</u>等却缩。<u>维</u>不得还，遂入<u>蜀</u>。诸军攻<u>冀</u>，皆得<u>维</u>母妻子，亦以<u>维</u>本无去意，故不没其家，但系保官以延之。此语与本传不同。

③<u>孙盛杂记</u>曰：初，<u>姜维</u>诣<u>亮</u>，与母相失，复得母书，令求当归。<u>维</u>曰："良田百顷，不在一亩，但有远志，不在当归也。"

十二年，<u>亮</u>卒，<u>维</u>还<u>成都</u>，为右监军辅<u>汉</u>将军，统诸军，进封<u>平襄侯</u>。<u>延熙</u>元年，随大将军<u>蒋琬</u>住<u>汉中</u>。<u>琬</u>既迁大司马，以<u>维</u>为司马，数率偏军西入。六年，迁镇西大将军，领<u>凉州</u>刺史。十年，迁卫将军，与大将军<u>费祎</u>共录尚书事。是岁，<u>汶山平康夷</u>反，<u>维</u>率众讨定之。又出<u>陇西</u>、<u>南安</u>、<u>金城</u>界，与<u>魏</u>大将军<u>郭淮</u>、<u>夏侯霸</u>等战于<u>洮西</u>。<u>胡王治无戴</u>等举部落降，<u>维</u>将还安处之。十二年，假<u>维</u>节，复出<u>西平</u>，不克而还。<u>维</u>自以练西方风俗，兼负其才武，欲诱诸<u>羌</u>、<u>胡</u>以为羽翼，谓自<u>陇</u>以西可断而有也。每欲兴军大举，<u>费祎</u>常裁制不从，与其兵不过万人。①

①<u>汉晋春秋</u>曰：<u>费祎</u>谓<u>维</u>曰："吾等不如丞相亦已远矣；丞相犹不能定中夏，况吾等乎！且不如保国治民，敬守社稷，如其功业，以俟能者，无以为希冀徼幸而决成败于一举。若不如志，悔之无及。"

十六年春，祎卒。夏，维率数万人出石营，经董亭，围南安，魏雍州刺史陈泰解围至洛门，维粮尽退还。明年，加督中外军事。复出陇西，守狄道长李简举城降。进围襄武，与魏将徐质交锋，斩首破敌，魏军败退。维乘胜多所降下，拔河关、[2]狄道、临洮三县民还。后十八年，复与车骑将军夏侯霸等俱出狄道，大破魏雍州刺史王经于洮西，经众死者数万人。经退保狄道城，维围之。魏征西将军陈泰进兵解围，维却住锺题。

十九年春，就迁维为大将军。更整勒戎马，与镇西大将军胡济期会上邽，济失誓不至，故维为魏大将邓艾所破于段谷，星散流离，死者甚众。众庶由是怨讟，而陇已西亦骚动不宁，维谢过引负，求自贬削。为后将军，行大将军事。

二十年，魏征东大将军诸葛诞反于淮南，分关中兵东下。维欲乘虚向秦川，复率数万人出骆谷，径至沈岭。时长城积谷甚多而守兵乃少，闻维方到，众皆惶惧。魏大将军司马望拒之，邓艾亦自陇右，皆军于长城。维前住芒水，皆倚山为营。望、艾傍渭坚围，维数下挑战，望、艾不应。景耀元年，维闻诞破败，乃还成都。复拜大将军。

初，先主留魏延镇汉中，皆实兵诸围以御外敌，敌若来攻，使不得入。及兴势之役，王平捍拒曹爽，皆承此制。维建议，以为错守诸围，虽合周易"重门"之义，然适可御敌，不获大利。不若使闻敌至，诸围皆敛兵聚谷，退就汉、乐二城，使敌不得入平，且重关镇守以捍之。有事之日，令游军并进以伺其虚。敌攻关不克，野无散谷，千里县粮，自然疲乏。引退之日，然后诸城并出，与游军并力搏之，此殄敌之术也。于是令督汉中胡济却住汉寿，监军王含守乐城，护军蒋斌守汉城，又于西安、建威、武卫、石门、武城、建昌、临远皆立围守。

五年，维率众出汉、侯和，为邓艾所破，还住沓中。维本羁旅托国，累年攻战，功绩不立，而宦官黄皓等弄权于内，右大将军阎宇与皓协比，而皓阴欲废维树宇。维亦疑之，故自危惧，不复还成都。①六年，维表后主："闻锺会治兵关中，欲规进取，宜并遣张翼、廖化督诸军分护阳安关口、阴平桥头以防未然。"皓征信鬼巫，谓敌终不自致，启后主寝其事，而群臣不知。及锺会将向骆谷，邓艾将入沓中，然后乃遣右车骑廖化诣沓中为维援，左车骑张翼、辅国大将军董厥等诣阳安关口以为诸围外助。比至阴平，闻魏将诸葛绪向建威，故住待之。月馀，维为邓艾所摧，还住阴平。锺会攻围汉、乐二城，遣别将进攻关口，蒋舒开城出降，傅佥格斗而死。②会攻乐城，不能克，闻关口已下，长驱而前。翼、厥甫至汉寿，维、化亦舍阴平而退，适与翼、厥合，皆退保剑阁以拒会。会与维书曰："公侯以文武之德，怀迈世之略，功济巴、汉，声畅华夏，远近莫不归名。每惟畴昔，尝同大化，吴札、郑乔，能喻斯好。"维不答书，列营守险。会不能克，粮运县远，将议还归。

①华阳国志曰：维恶黄皓恣擅，启后主欲杀之。后主曰："皓趋走小臣耳，往董允切齿，吾常恨之，君何足介意！"维见皓枝附叶连，惧于失言，逊辞而出。后主敕皓诣维陈谢。维说皓求沓中种麦，以避内逼耳。

②汉晋春秋曰：蒋舒将出降，乃诡谓傅佥曰："今贼至不击而闭城自守，非良图也。"佥曰："受命保城，惟全为功，今违命出战，若丧师负国，死无益矣。"舒曰："子以保城获全为功，我以出战克敌为功，请各行其志。"遂率众出。佥谓其战也，至阴平，以降胡烈。烈乘虚袭城，佥格斗而死，魏人义之。

蜀记曰：蒋舒为武兴督，在事无称。蜀命人代之，因留舒助汉中守。舒恨，故开城出降。

而邓艾自阴平由景谷道傍入，遂破诸葛瞻于绵竹。后主请降于艾，艾前据成都。维等初闻瞻破，或闻后主欲固守成都，或闻欲东入吴，或闻欲南入建宁，于是引军由广汉、郪道以审虚实。寻被后主敕令，乃投戈放甲，诣会于涪军前，将士咸怒，拔刀斫石。①

①干宝晋纪云：会谓维曰："来何迟也？"维正色流涕曰："今日见此为速矣！"会甚奇之。

会厚待维等，皆权还其印号节盖。会与维出则同舆，坐则同席，谓长史杜预曰："以伯约比中土名士，公休、太初不能胜也。"①会既构邓艾，艾槛车征，因将维等诣成都，自称益州牧以叛。②欲授维兵五万人，使为前驱。魏将士愤怒，杀会及维，维妻子皆伏诛。③

①世语曰：时蜀官属皆天下英俊，无出维右。
②汉晋春秋曰：会阴怀异图，维见而知其心，谓可构成扰乱以图克复也，乃诡说会曰："闻君自淮南已来，算无遗策，晋道克昌，皆君之力。今复定蜀，威德振世，民高其功，主畏其谋，欲以此安归乎！夫韩信不背汉于扰攘，以见疑于既平，大夫种不从范蠡于五湖，卒伏剑而妄死，彼岂暗主愚臣哉？利害使之然也。今君大功既立，大德已著，何不法陶朱公泛舟绝迹，全功保身，登峨嵋之岭，而从赤松游乎？"会曰："君言远矣，我不能行，且为今之道，或未尽于此也。"维曰："其他则君智力之所能，无烦于老夫矣。"由是情好欢甚。
华阳国志曰：维教会诛北来诸将，既死，徐欲杀会，尽坑魏兵，还复蜀祚，密书与后主曰："愿陛下忍数日之辱，臣欲使社稷危而复安，日月幽而复明。"
孙盛晋阳秋曰：盛以永和初从安西将军平蜀，见诸故老，及姜维既降之后密与刘禅表疏，说欲伪服事钟会，因杀之以复蜀土，会事不捷，遂至泯灭，蜀人于今伤之。盛以为古人云，非所困而困焉名必辱，非所据而据焉身必危，既辱且危，死其将至，其姜维之谓乎！邓艾之入江由，士众鲜少，维进不能奋节绵竹之下，退不能总帅五将，拥卫蜀主，思后图之计，而乃反覆于逆顺之间，希违情于难冀之会，以衰弱之国，而屡观兵于三秦，已灭之邦，冀理外之奇举，不亦暗哉！

臣松之以为盛之讥维，又为不当。于时锺会大众既造剑阁，维与诸将列营守险，会不得进，已议还计，全蜀之功，几乎立矣。但邓艾诡道傍入，出于其后，诸葛瞻既败，成都自溃。维若回军救内，则会乘其背。当时之势，焉得两济？而责维不能奋节绵竹，拥卫蜀主，非其理也。会欲尽坑魏将以举大事，授维重兵，使为前驱。若令魏将皆死，兵事在维手，杀会复蜀，不为难矣。夫功成理外，然后为奇，不可以事有差牙，而抑谓不然。设使田单之计，邂逅不会，复可谓之愚暗哉！

③世语曰：维死时见剖，胆如升大。[3]

邹正著论论维曰："姜伯约据上将之重，处群臣之右，宅舍弊薄，资财无馀，侧室无妾媵之亵，后庭无声乐之娱，衣服取供，舆马取备，饮食节制，不奢不约，官给费用，随手消尽；察其所以然者，非以激贪厉浊，抑情自割也，直谓如是为足，不在多求。凡人之谈，常誉成毁败，扶高抑下，咸以姜维投厝无所，身死宗灭，以是贬削，不复料摘，异乎春秋褒贬之义矣。如姜维之乐学不倦，清素节约，自一时之仪表也。"①

①孙盛曰：异哉邹氏之论也！夫士虽百行，操业万殊，至于忠孝义节，百行之冠冕也。姜维策名魏室，而外奔蜀朝，违君徇利，不可谓忠；捐亲苟免，不可谓孝；害加旧邦，不可谓义；败不死难，不可谓节；且德政未敷而疲民以逞，居御侮之任而致敌丧守，于夫智勇，莫可云也：凡斯六者，维无一焉。实有魏之逋臣，亡国之乱相，而云人之仪表，斯亦惑矣。纵维好书而微自藻洁，岂异夫盗者分财之义，而程、郑降阶之善也？

臣松之以为邹正此论，取其可称，不谓维始终行事皆可准则也。所云"一时仪表"，止在好学与俭素耳。本传及魏略皆云维本无叛心，以急逼归蜀。盛相讥贬，惟可责其背母。馀既过苦，又非所以难邹正也。

维昔所俱至蜀，梁绪官至大鸿胪，尹赏执金吾，梁虔大长秋，皆先蜀亡没。

评曰:蒋琬方整有威重,费祎宽济而博爱,咸承诸葛之成规,因循而不革,是以边境无虞,邦家和一,然犹未尽治小之宜,居静之理也。①姜维粗有文武,志立功名,而玩众黩旅,明断不周,终致陨毙。老子有云:"治大国者犹烹小鲜。"况于区区蕞尔,而可屡扰乎哉?②

①臣松之以为蒋、费为相,克遵画一,未尝徇功妄动,有所亏丧,外却骆谷之师,内保宁缉之实,治小之宜,居静之理,何以过于此哉!今讥其未尽而不著其事,故使览者不知所谓也。

②干宝曰:姜维为蜀相,国亡主辱弗之死,而死于锺会之乱,惜哉!非死之难,处死之难也。是以古之烈士,见危授命,投节如归,非不爱死也,固知命之不长而惧不得其所也。

【校勘记】

〔1〕卿诸人叵复信　叵,原作"回",据何焯校本改。

〔2〕拔河关　关,原作"间",据何焯校本改。

〔3〕胆如升大　升,原作"斗",据资治通鉴卷七八胡三省考异改。

# 三国志卷四十五　蜀书十五

## 邓张宗杨传第十五

邓芝字伯苗,义阳新野人,汉司徒禹之后也。汉末入蜀,未见知待。时益州从事张裕善相,芝往从之,裕谓芝曰:"君年过七十,位至大将军,封侯。"芝闻巴西太守庞羲好士,往依焉。先主定益州,芝为郫邸阁督。先主出至郫,与语,大奇之,擢为郫令,迁广汉太守。所在清严有治绩,入为尚书。

先主薨于永安。先是,吴王孙权请和,先主累遣宋玮、费祎等与相报答。丞相诸葛亮深虑权闻先主殂陨,恐有异计,未知所如。芝见亮曰:"今主上幼弱,初在位,宜遣大使重申吴好。"亮答之曰:"吾思之久矣,未得其人耳,今日始得之。"芝问其人为谁?亮曰:"即使君也。"乃遣芝修好于权。权果狐疑,不时见芝,芝乃自表请见权曰:"臣今来亦欲为吴,非但为蜀也。"权乃见之,语芝曰:"孤诚愿与蜀和亲,然恐蜀主幼弱,国小势逼,为魏所乘,不自保全,以此犹豫耳。"芝对曰:"吴、蜀二国四州之地,大王命世之英,诸葛亮亦一时之杰也。蜀有重险之固,吴有三江之阻,合此二长,共为唇齿,进可并兼天下,退可鼎足而立,此理之自然也。大王今若委质于魏,魏必上望大王之入朝,下求太子之内侍,若不从命,则奉辞伐叛,蜀必顺流见可而进,如此,江南之地非复大王之有也。"权默然良久曰:"君言是也。"遂自绝魏,与蜀连和,遣张温报聘于蜀。蜀复令芝重往,权谓芝曰:"若天下太平,二主分治,不亦乐乎!"芝对曰:"夫天无二日,土无二王,如并魏之后,大王未深识天命者也,君各茂其德,臣各尽其忠,将提枹鼓,则战争方始耳。"权大笑曰:"君之诚款,乃当尔邪!"权与亮书曰:"丁厷掞张,①阴化不尽;和合二国,唯有邓芝。"及亮北住汉中,以芝为中监军、扬武将军。亮卒,迁前军师前将军,领兖州刺史,封阳武亭侯,顷之为督江州。权数与芝相闻,馈遗优渥。延熙六年,就迁为车骑将军,后假节。十一年,涪陵国人杀都尉反叛,芝率军征讨,即枭其渠帅,百姓安堵。②十四年卒。

> ①掞音夷念反,或作艳。臣松之案汉书礼乐志曰"长离前掞光耀明"。左思蜀都赋"摛藻天庭"。孙权盖谓丁厷之言多浮艳也。

> ②华阳国志曰:芝征涪陵,见玄猿缘山。芝性好弩,手自射猿,中之。猿拔其箭,卷木叶塞其创。芝曰:"嘻,吾违物之性,其将死矣!"一曰:芝见猿抱子在树上,引弩射之,中猿母,其子为拔箭,以木叶塞创。芝乃叹息,投弩水中,自知当死。

芝为将军二十馀年,[1]赏罚明断,善恤卒伍。身之衣食资仰于官,不苟素俭,然终不治私产,妻子不免饥寒,死之日家无馀财。性刚简,不饰意气,不得士类之和。于时人少所敬贵,唯器异姜维云。子良,袭爵,景耀中为尚书左选郎,晋朝广汉太守。

张翼字伯恭,犍为武阳人也。高祖父司空浩,曾祖父广陵太守纲,皆有名迹。①先主定益州,领牧,翼为书佐。建安末,举孝廉,为江阳长,徙涪陵令,迁梓潼太守,累迁至广汉、蜀郡太守。建兴九年,为庲降都督、绥南中郎将。翼性持法严,不得殊俗之欢心。耆率刘胄背叛作乱,翼举兵讨胄。胄未破,会被征当还,群下咸以为宜便驰骑即罪,翼曰:"不然。吾以蛮夷蠢动,不称职故还耳,然代人未至,吾方临战场,当运粮积谷,为灭贼之资,岂可以黜退之故而废公家之务乎?"于是统摄不懈,代到乃发。马忠因其成基以破殄胄,丞相亮闻而善之。亮出武功,以翼为前军都督,领扶风太守。亮卒,拜前领军,追论讨刘胄功,赐爵关内侯。延熙元年,入为尚书,稍迁督建威,假节,进封都亭侯,征西大将军。

①益部耆旧传曰:浩字叔明,治律、春秋,游学京师,与广汉镡粲、汉中李邰、蜀郡张霸共结为友善。大将军邓骘辟浩,稍迁尚书仆射,出为彭城相,荐隐士闾丘邈等,征拜廷尉。延光三年,安帝议废太子,唯浩与太常桓焉、太仆来历议以为不可。顺帝初立,拜浩司空,年八十三卒。

续汉书曰:纲字文纪,少以三公子经明行修举孝廉,不就司徒辟,以高第为侍御史。汉安元年,拜光禄大夫,与侍中杜乔等八人同日受诏,持节分出,案行天下贪廉,墨绶有罪便收,刺史二千石以驿表闻,威惠清忠,名振郡国,号曰八隽。是时,大将军梁冀侵扰百姓,乔等七人皆奉命四出,唯纲独埋车轮于洛阳都亭不去,曰:"豺狼当路,安问狐狸?"遂上书曰:"大将军梁冀、河南尹不疑,蒙外戚之援,荷国厚恩,以乌茷之姿,安居阿保,不能敷扬五教,翼赞日月,而专为封豕长蛇,肆其贪饕,甘心好货,纵恣无厌,多树谄谀以害忠良,诚天威所不赦,大辟所宜加也。谨条其无君之心十五事于左,皆忠臣之所切齿也。"书奏御,京师震悚。时冀妹为皇后,内宠方盛,冀兄弟权重于人主,顺帝虽知纲言不诬,然无心治冀。冀深恨纲。会广陵贼张婴等众数万人杀刺史二千石,冀欲陷纲,乃讽尚书以纲为广陵太守;若不为婴所杀,则欲以法中之。前太守往,辄多请兵,及纲受拜,诏问当得兵马几何,纲对曰无用兵马,遂单车之官,径诣婴垒门,示以祸福。婴大惊惧,走欲闭门。纲又于门外罢遣吏兵，留所亲者十馀人，以书语其长老素为婴所信者，请与相见，问以本变，因示以诏恩，使还请婴。婴见纲意诚，即出见纲。纲延置上坐，问其疾苦，礼毕，乃谓之曰："前后二千石，多非其人，杜塞国恩，肆其私求。乡郡远，天子不能朝夕闻也，故民人相聚以避害。二千石信有罪矣；为之者乃非义也。忠臣不欺君以自荣，孝子不损父以求福，天子圣仁，[2]欲文德以来之，故使太守来，思以爵禄相荣，不愿以刑也。今诚转祸为福之时也；若闻义不服，天子赫然发怒，大兵云合，岂不危乎！宜深计其利害。"婴闻，泣曰："荒裔愚人，数为二千石所侵枉，不堪其困，故遂相聚偷生。明府仁及草木，乃婴等更生之泽，但恐投兵之日，不免孥戮耳。"纲曰："岂其然乎！要之以天地，誓之以日月，方当相显以爵位，何祸之有乎？"婴曰："苟赦其罪，得全首领以就农亩，则抱戴没齿，爵禄非所望也。"婴虽为大贼，起于狂暴，自以为必死，及得纲言，旷然开明，乃辞还营。明日，遂将所部万馀人，与妻子面缚诣纲降。纲悉释缚慰纳，谓婴曰："卿诸人一旦解散，方垂荡然，当条名上之，必受封赏。"婴曰："乞归故业，不愿以秽名污明时也。"纲以其至诚，乃各从其意，亲为安处居宅。子弟欲为吏者，随才任职，欲为民者，劝以农桑，田业并丰，南州晏然。论功，纲当封，为冀所遏绝，故不得侯。天子美其功，征欲用之，婴等上书，乞留在郡二岁。建康元年，病卒官，时年三十六。婴等三百馀人，皆衰杖送纲丧至洛阳，葬讫，为起冢立祠，四时奉祭，思慕如丧考妣。天子追念不已，下诏褒扬，除一子为郎。

十八年，与卫将军姜维俱还成都。维议复出军，唯翼廷争，以为国小民劳，不宜黩武。维不听，将翼等行，进翼位镇南大将军。维至狄道，大破魏雍州刺史王经，经众死于洮水者以万计。翼曰："可止矣，不宜复进，进或毁此大功。"维大怒，曰："为蛇画足。"维竟围经于狄道，城不能克。自翼建异论，维心与翼不善，然常牵率同行，翼亦不得已而往。景耀二年，迁左车骑将军，领冀州刺史。六年，与维咸在剑阁，共诣降锺会于涪，明年正月，随会至成都，为乱兵所杀。①

①华阳国志曰：翼子微，笃志好学，官至广汉太守。

宗预字德艳，南阳安众人也。建安中，随张飞入蜀。建兴初，丞相亮以为主簿，迁参军右中郎将。及亮卒，吴虑魏或承衰取蜀，增巴丘守兵万人，一欲以为救援，二欲以事分割也。蜀闻之，亦益永安之守，以防非常。预将命使吴，孙权问预曰："东之与西，譬犹一家，而闻西更增白帝之守，何也？"预对曰："臣以为东益巴丘之戍，西增白帝之守，皆事势宜然，俱不足以相问也。"权大笑，嘉其抗直，甚爱待之，见敬亚于邓芝、费祎。迁为侍中，徙尚书。延熙十年，为屯骑校尉。时车骑将军邓芝自江州还，来朝，谓预曰："礼，六十不服戎，而卿甫受兵，何也？"预答曰："卿七十不还兵，我六十何为不受邪？"①芝性骄傲，自大将军费祎等皆避下之，而预独不为屈。预复东聘吴，孙权捉预手，涕泣而别曰："君每衔命结二国之好。今君年长，孤亦衰老，恐不复相见！"遗预大珠一斛，②乃还。迁后将军，督永安，就拜征西大将军，赐爵关内侯。景耀元年，以疾征还成都。后为镇军大将军，领兖州刺史。时都护诸葛瞻初统朝事，廖化过预，欲与预共诣瞻许。预曰："吾等年逾七十，所窃已过，但少一死耳，何求于年少辈而屑屑造门邪？"遂不往。

①臣松之以为芝以年啁预，是不自顾。然预之此答，触人所忌。载之记牒，近为烦文。

②吴历曰：预临别，谓孙权曰："蜀土僻小，虽云邻国，东西相赖，吴不可无蜀，蜀不可无吴，君臣凭恃，唯陛下重垂神虑。"又自说"年老多病，恐不复得奉圣颜"。

孙盛曰：夫帝王之保，唯道与义，道义既建，虽小可大，殷、周是也。苟任诈力，虽强必败，秦、项是也。况乎居偏鄙之城，恃山水之固，而欲连横万里，永相资赖哉？昔九国建合从之计，而秦人卒并六合；嚣、述营辅车之谋，而光武终兼陇、蜀。夫以九国之强，陇、汉之大，莫能相救，坐观屠覆。何者?道德之基不固,而强弱之心难一故也。而云"吴不可无蜀,蜀不可无吴",岂不诬哉!

廖化字元俭,本名淳,襄阳人也。为前将军关羽主簿,羽败,属吴。思归先主,乃诈死,时人谓为信然,因携持老母昼夜西行。会先主东征,遇于秭归。先主大悦,以化为宜都太守。先主薨,为丞相参军,后为督广武,稍迁至右车骑将军,假节,领并州刺史,封中乡侯,以果烈称。官位与张翼齐,而在宗预之右。[1]

[1]汉晋春秋曰:景耀五年,姜维率众出狄道,廖化曰:"'兵不戢,必自焚',伯约之谓也。智不出敌,而力少于寇,用之无厌,何以能立?诗云'不自我先,不自我后',今日之事也。"

咸熙元年春,化、预俱内徙洛阳,道病卒。

杨戏字文然,犍为武阳人也。少与巴西程祁公弘、巴郡杨汰季儒、蜀郡张表伯达并知名。戏每推祁以为冠首,丞相亮深识之。戏年二十馀,从州书佐为督军从事,职典刑狱,论法决疑,号为平当,府辟为属主簿。亮卒,为尚书右选部郎,刺史蒋琬请为治中从事史。琬以大将军开府,又辟为东曹掾,迁南中郎参军,副贰庲降都督,领建宁太守。以疾征还成都,拜护军监军,出领梓潼太守,入为射声校尉,所在清约不烦。延熙二十年,随大将军姜维出军至芒水。戏素心不服维,酒后言笑,每有傲弄之辞。维外宽内忌,意不能堪,军还,有司承旨奏戏,免为庶人。后景耀四年卒。

戏性虽简惰省略,未尝以甘言加人,过情接物。书符指事,希有盈纸。然笃于旧故,居诚存厚。与巴西韩俨、黎韬童幼相亲厚,后俨痼疾废顿,韬无行见捐,戏经纪振恤,恩好如初。又时人谓谯周无当世才,少归敬者,唯戏重之,尝称曰:"吾等后世,终自不如此长儿也。"有识以此贵戏。

张表有威仪风观,始名位与戏齐,后至尚书,督庲降后将军,先戏没。祁、汰各早死。①

①戏同县后进有李密者,字令伯。华阳国志曰:密祖父光,朱提太守。父早亡。母何氏,更适人。密见养于祖母。治春秋左氏传,博览多所通涉,机警辩捷。事祖母以孝闻,其侍疾则泣涕侧息,日夜不解带,膳饮汤药,必自口尝。本郡礼命不应,州辟从事尚书郎,大将军主簿,太子洗马,奉使聘吴。吴主问蜀马多少,对曰:“官用有馀,人间自足。”吴主与群臣泛论道义,谓宁为人弟,密曰:“愿为人兄矣。”吴主曰:“何以为兄?”密曰:“为兄供养之日长。”吴主及群臣皆称善。蜀平后,征西将军邓艾闻其名,请为主簿,及书招,欲与相见,皆不往。以祖母年老,心在色养。晋武帝立太子,征为太子洗马,诏书屡下,郡县逼遣,于是密上书曰:“臣以险衅,夙遭闵凶,生孩六月,慈父见背,行年四岁,舅夺母志。祖母刘,愍臣孤弱,躬见抚养。臣少多疾病,九岁不行,零丁孤苦,至于成立。既无伯叔,终鲜兄弟,门衰祚薄,晚有儿息。外无期功强近之亲,内无应门五尺之童,茕茕孑立,形影相吊。而刘早婴疾病,常在床蓐,臣侍汤药,未曾废离。逮奉圣朝,沐浴清化,前太守臣逵察臣孝廉,后刺史臣荣举臣秀才,臣以供养无主,辞不赴命。诏书特下,拜臣郎中,寻蒙国恩,除臣洗马,猥以微贱,当侍东宫,非臣陨首所能上报。臣具表闻,辞不就职。诏书切峻,责臣逋慢,郡县逼迫,催臣上道,州司临门,急于星火。臣欲奉诏奔驰,则刘病日笃,苟顺私情,则告诉不许,臣之进退,实为狼狈。伏惟圣朝以孝治天下,凡在故老,犹蒙矜愍,况臣孤苦,特为尤甚。且臣少仕伪朝,历职郎署,本图宦达,不矜名节。今臣亡国贱俘,至微至陋,猥蒙拔擢,宠命优渥,岂敢盘桓,有所希冀?但以刘日薄西山,气息奄奄,人命危浅,朝不虑夕。臣无祖母,无以至今日,祖母无臣,亦无以终馀年,母孙二人,更相为命,是以区区不敢废远。臣今年四十有四,祖母刘今年九十有六,是臣尽节于陛下之日长,报养刘之日短也。乌鸟私情,愿乞终养。臣之辛苦,非徒蜀之人士及二州牧伯所见明知,皇天后土,实所共鉴。愿陛下矜愍愚诚,听臣微志,庶刘侥幸,保卒馀年。臣生当陨首,死当结草,臣不胜犬马怖惧之情!”武帝览表曰:“密不空有名

也。"嘉其诚款,赐奴婢二人,下郡县供养其祖母奉膳。及祖母卒,服终,从尚书郎为河内温县令,政化严明。中山诸王每过温县,必责求供给,温吏民患之。及密至,中山王过县,欲求乌茇薪蒸,密笺引高祖过沛,宾礼老幼,桑梓之供,一无烦扰,"伏惟明王孝思惟则,动识先戒,本国望风,式歌且舞,诛求之碎,所未闻命。"自后诸王过,不敢有烦。陇西王司马子舒深敬友密,而贵势之家惮其公直。密去官,为州大中正,性方直,不曲意势位。后失荀勖、张华指,左迁汉中太守,诸王多以为冤。一年去官,年六十四卒。著述理论十篇,安东将军胡熊与皇甫士安并善之。

戏以延熙四年著季汉辅臣赞,其所颂述,今多载于蜀书,是以记之于左。自此之后卒者,则不追谥,故或有应见称纪而不在乎篇者也。其戏之所赞而今不作传者,余皆注疏本末于其辞下,可以粗知其仿佛云尔。

昔文王歌德,武王歌兴,夫命世之主,树身行道,非唯一时,亦由开基植绪,光于来世者也。自我中汉之末,王纲弃柄,雄豪并起,役殷难结,生人涂地。于是世主感而虑之,初自燕、代则仁声洽著,行自齐、鲁则英风播流,寄业荆、郢则臣主归心,顾援吴、越则贤愚赖风,奋威巴、蜀则万里肃震,厉师庸、汉则元寇敛迹,故能承高祖之始兆,复皇汉之宗祀也。然而奸凶怼险,天征未加,犹孟津之翔师,复须战于鸣条也。天禄有终,奄忽不豫。虽摄归一统,万国合从者,当时俊乂扶携翼戴,明德之所怀致也,盖济济有可观焉。遂乃并述休风,动于后听。其辞曰:

皇帝遗植,爰滋八方,别自中山,灵精是锺,顺期挺生,杰起龙骧。始于燕、代,伯豫君荆,吴、越凭赖,望风请盟,挟巴跨蜀,庸汉以并。乾坤复秩,宗祀惟宁,蹑基履迹,播德芳声。华夏思美,西伯其音,开庆来世,历载攸兴。　　赞昭烈皇帝

忠武英高,献策江滨,攀吴连蜀,权我世真。受遗阿衡,整武齐

文，敷陈德教，理物移风，贤愚竞心，佥忘其身。诞静邦内，四裔以绥，屡临敌庭，实耀其威，研精大国，恨于未夷。　　赞诸葛丞相

司徒清风，是咨是臧，识爱人伦，孔音锵锵。　　赞许司徒

关、张赳赳，出身匡世，扶翼携上，雄壮虎烈。藩屏左右，翻飞电发，济于艰难，赞主洪业，侔迹韩、耿，齐声双德。交待无礼，并致奸慝，悼惟轻虑，陨身匡国。　　赞关云长、张益德

骠骑奋起，连横合从，首事三秦，保据河、潼。宗计于朝，或异或同，敌以乘衅，家破军亡。乖道反德，托凤攀龙。　　赞马孟起

翼侯良谋，料世兴衰，委质于主，是训是咨，暂思经算，睹事知机。

赞法孝直

军师美至，雅气晔晔，致命明主，忠情发臆，惟此义宗，亡身报德。

赞庞士元

将军敦壮，摧锋登难，立功立事，于时之干。　　赞黄汉升

掌军清节，亢然恒常，谠言惟司，民思其纲。　　赞董幼宰

安远强志，允休允烈，轻财果壮，当难不惑，以少御多，殊方保业。

赞邓孔山

　　孔山名方，南郡人也。以荆州从事随先主入蜀。蜀既定，为犍为属国都尉，因易郡名，为朱提太守，选为安远将军、庲降都督，住南昌县。章武二年卒。失其行事，故不为传。

扬威才干，歆虚欠文武，当官理任，衎衎辩举，图殖财施，有义有叙。　　赞费宾伯

　　宾伯名观，江夏鄳人也。刘璋母，观之族姑，璋又以女妻观。观建安十八年参李严军，拒先主于绵竹，与严俱降。先主既定益州，拜为裨将军，后为巴郡太守、江州都督，建兴元年封都亭侯，加振威将军。观为人善于交接。都护李严性自矜高，护军辅匡等年位与严相次，而严不与亲亵；

观年少严二十馀岁,而与严通狎如时辈云。年三十七卒。失其行事,故不为传。

屯骑主旧,固节不移,既就初命,尽心世规,军资所恃,是辨是神。

## 赞王文仪

尚书清尚,敕行整身,抗志存义,味览典文,倚其高风,好侔古人。

## 赞刘子初

安汉雍容,或婚或宾,见礼当时,是谓循臣。　　赞麋子仲

少府修慎,鸿胪明真,谏议隐行,儒林天文,宣班大化,或首或林。

## 赞王元泰、何彦英、杜辅国、周仲直

王元泰名谋,汉嘉人也。有容止操行。刘璋时,为巴郡太守,还为州治中从事。先主定益州,领牧,以为别驾。先主为汉中王,用荆楚宿士零陵赖恭为太常,南阳黄柱为光禄勋,谋为少府;建兴初,赐爵关内侯,后代赖恭为太常。恭、柱、谋皆失其行事,故不为传。恭子玄,为丞相西曹令史,随诸葛亮于汉中,早夭,亮甚惜之,与留府长史参军张裔、蒋琬书曰:"令史失赖玄,掾属丧杨颙,为朝中损益多矣。"颙亦荆州人也。后大将军蒋琬问张休曰:"汉嘉前辈有王元泰,今谁继者?"休对曰:"至于元泰,州里无继,况鄙郡乎!"其见重如此。①

① 襄阳记曰:杨颙字子昭,杨仪宗人也。入蜀,为巴郡太守,丞相诸葛亮主簿。亮尝自校簿书,颙直入谏曰:"为治有体,上下不可相侵,请为明公以作家譬之。今有人使奴执耕稼,婢典炊爨,鸡主司晨,犬主吠盗,牛负重载,马涉远路,私业无旷,所求皆足,雍容高枕,饮食而已,忽一旦尽欲以身亲其役,不复付任,劳其体力,为此碎务,形疲神困,终无一成。岂其智之不如奴婢鸡狗哉?失为家主之法也。是故古人称坐而论道谓之三公,作而行之谓之士大夫。故邴吉不问横道死人而忧牛喘,陈平不肯知钱谷之数,云自有主者,彼诚达于位分之体也。今明公为治,乃躬

自校簿书，流汗竟日，不亦劳乎!"亮谢之。后为东曹属典选举。颙死，亮垂泣三日。

何彦英名宗，蜀郡郫人也。事广汉任安学，精究安术，与杜琼同师而名问过之。刘璋时，为犍为太守。先主定益州，领牧，辟为从事祭酒。后援引图、谶，劝先主即尊号，践阼之后，迁为大鸿胪。建兴中卒。失其行事，故不为传。子双，字汉偶。滑稽谈笑，有淳于髡、东方朔之风。为双柏长。早卒。

车骑高劲，惟其泛爱，以弱制强，不陷危坠。　　　　赞吴子远

子远名壹，陈留人也。随刘焉入蜀。刘璋时，为中郎将，将兵拒先主于涪，诣降。先主定益州，以壹为护军讨逆将军，纳壹妹为夫人。章武元年，为关中都督。建兴八年，与魏延入南安界，破魏将费瑶，徙亭侯，进封高阳乡侯，迁左将军。十二年，丞相亮卒，以壹督汉中，车骑将军，假节，领雍州刺史，进封济阳侯。十五年卒。失其行事，故不为传。壹族弟班，字元雄，大将军何进官属吴匡之子也。以豪侠称，官位常与壹相亚。先主时，为领军。后主世，稍迁至骠骑将军，假节，封绵竹侯。

安汉宰南，奋击旧乡，翦除芜秽，惟刑以张，广迁蛮、濮，国用用强。　　赞李德昂

辅汉惟聪，既机且惠，因言远思，切问近对，赞时休美，和我业世。　　赞张君嗣

镇北敏思，筹画有方，导师襄秽，遂事成章。偏任东隅，末命不祥，哀悲本志，放流殊疆。　　赞黄公衡

越骑惟忠，厉志自祗，职于内外，念公忘私。　　　赞杨季休

征南厚重，征西忠克，统时选士，猛将之烈。　　　赞赵子龙、

陈叔至

> 叔至名到，汝南人也。自豫州随先主，名位常亚赵云，俱以忠勇称。建兴初，官至永安都督、征西将军，封亭侯。

镇南粗强，监军尚笃，并豫戎任，任自封裔。　赞辅元弼、刘南和

> 辅元弼名匡，襄阳人也。随先主入蜀。益州既定，为巴郡太守。建兴中，徙镇南，为右将军，封中乡侯。

> 刘南和名邕，义阳人也。随先主入蜀。益州既定，为江阳太守。建兴中，稍迁至监军后将军，赐爵关内侯，卒。子式嗣。少子武，有文，与樊建齐名，官亦至尚书。

司农性才，敷述允章，藻丽辞理，斐斐有光。　赞秦子敕

正方受遗，豫闻后纲，不陈不金，造此异端，斥逐当时，任业以丧。　赞李正方

文长刚粗，临难受命，折冲外御，镇保国境。不协不和，忘节言乱，疾终惜始，实惟厥性。　赞魏文长

威公狷狭，取异众人；闲则及理，逼则伤侵，舍顺入凶，大易之云。　赞杨威公

季常良实，文经勤类，士元言规，处仁闻计，孔休、文祥，或才或臧，播播述志，楚之兰芳。　赞马季常、卫文经、韩士元、张处仁、殷孔休、习文祥

> 文经、士元，皆失其名实、行事、郡县。处仁本名存，南阳人也。以荆州从事随先主入蜀，南次至雒，以为广汉太守。存素不服庞统，统中矢卒，先主发言嘉叹，存曰："统虽尽忠可惜，然违大雅之义。"先主怒曰："统杀身成仁，更为非也？"免存官。顷之，病卒。失其行事，故不为传。

> 孔休名观，为荆州主簿别驾从事，见先主传。失其郡

县。<u>文祥</u>名<u>祯</u>,<u>襄阳</u>人也。随<u>先主</u>入<u>蜀</u>,历<u>雒</u>、<u>郫</u>令,<u>广汉</u>太守。[3]失其行事。子<u>忠</u>,官至尚书郎。①

①<u>襄阳记</u>曰:<u>习祯</u>有风流,善谈论,名亚<u>庞统</u>,而在<u>马良</u>之右。子<u>忠</u>,亦有名。<u>忠</u>子<u>隆</u>,为步兵校尉,掌校秘书。

<u>国山</u>休风,<u>永南</u>耽思;<u>盛衡</u>、<u>承伯</u>,言藏言时;<u>孙德</u>果锐,<u>伟南</u>笃常;<u>德绪</u>、<u>义强</u>,志壮气刚。济济修志,<u>蜀</u>之芬香。　　赞<u>王国山</u>、<u>李永南</u>、<u>马盛衡</u>、<u>马承伯</u>、<u>李孙德</u>、<u>李伟南</u>、<u>龚德绪</u>、<u>王义强</u>

　　<u>国山</u>名<u>甫</u>,<u>广汉</u><u>郪</u>人也。好人流言议。<u>刘璋</u>时,为州书佐。<u>先主</u>定<u>蜀</u>后,为绵竹令,还为<u>荆州</u>议曹从事。随<u>先主</u>征<u>吴</u>,军败于<u>秭归</u>,遇害。子<u>祐</u>,有父风,官至尚书右选郎。

　　<u>永南</u>名<u>邵</u>,<u>广汉</u><u>郪</u>人也。<u>先主</u>定<u>蜀</u>后,为州书佐部从事。<u>建兴</u>元年,丞相<u>亮</u>辟为西曹掾。<u>亮</u>南征,留<u>邵</u>为治中从事,是岁卒。①

①<u>华阳国志</u>曰:<u>邵</u>兄<u>邈</u>,字<u>汉南</u>,<u>刘璋</u>时为牛鞞长。<u>先主</u>领牧,为从事,正旦命行酒,得进见,让<u>先主</u>曰:"<u>振威</u>以将军宗室肺腑,委以讨贼,元功未效,先寇而灭;<u>邈</u>以将军之取<u>鄙州</u>,甚为不宜也。"<u>先主</u>曰:"知其不宜,何以不助?"<u>邈</u>曰:"匪不敢也,力不足耳。"有司将杀之,<u>诸葛亮</u>为请,得免。久之,为<u>犍为</u>太守、丞相参军、安汉将军。<u>建兴</u>六年,<u>亮</u>西征,<u>马谡</u>在前败绩,<u>亮</u>将杀之,<u>邈</u>谏以"<u>秦</u>赦<u>孟明</u>,用伯<u>西戎</u>,<u>楚</u>诛<u>子玉</u>,二世不竞",失<u>亮</u>意,还<u>蜀</u>。十二年,<u>亮</u>卒,<u>后主</u>素服发哀三日,<u>邈</u>上疏曰:"<u>吕禄</u>、<u>霍禹</u>未必怀反叛之心,<u>孝宣</u>不好为杀臣之君,直以臣惧其逼,主畏其威,故奸萌生。<u>亮</u>身杖强兵,狼顾虎视,五大不在边,臣常危之。今<u>亮</u>殒没,盖宗族得全,<u>西戎</u>静息,大小为庆。"<u>后主</u>怒,下狱诛之。

　　<u>盛衡</u>名<u>勋</u>,<u>承伯</u>名<u>齐</u>,皆<u>巴西</u><u>阆中</u>人也。<u>勋</u>,<u>刘璋</u>时为州书佐,<u>先主</u>定<u>蜀</u>,辟为左将军属,后转州别驾从事,卒。<u>齐</u>为太守<u>张飞</u>功曹。<u>飞</u>贡之<u>先主</u>,为尚书郎。<u>建兴</u>中,从事丞

相掾,迁广汉太守,复为参军。[4]亮卒,为尚书。勋、齐皆以才干自显见,归信于州党,不如姚伷。伷字子绪,亦阆中人。先主定益州后,为功曹书佐。建兴元年,为广汉太守。丞相亮北驻汉中,辟为掾。并进文武之士,亮称曰:"忠益者莫大于进人,进人者各务其所尚;今姚掾并存刚柔,以广文武之用,可谓博雅矣,愿诸掾各希此事,以属其望。"迁为参军。亮卒,稍迁为尚书仆射。时人服其真诚笃粹。延熙五年卒,在作赞之后。

孙德名福,梓潼涪人也。先主定益州后,为书佐、西充国长、成都令。建兴元年,徙巴西太守,为江州督、扬威将军,入为尚书仆射,封平阳亭侯。延熙初,大将军蒋琬出征汉中,福以前监军领司马,卒。①

① 益部耆旧杂记曰:诸葛亮于武功病笃,后主遣福省侍,遂因谘以国家大计。福往具宣圣旨,听亮所言,至别去数日,忽驰思未尽其意,遂却骑驰还见亮。亮语福曰:"孤知君还意。近日言语,虽弥日有所不尽,更来一决耳。君所问者,公琰其宜也。"福谢:"前实失不谘请公,如公百年后,谁可任大事者?故辄还耳。乞复请,蒋琬之后,谁可任者?"亮曰:"文伟可以继之。"又复问其次,亮不答。福还,奉使称旨。福为人精识果锐,敏于从政。子骧,字叔龙,亦有名,官至尚书郎、广汉太守。

伟南名朝,永南兄。郡功曹,举孝廉,临邛令,入为别驾从事。随先主东征吴,章武二年卒于永安。①

① 益部耆旧杂记曰:朝又有一弟,早亡,各有才望,时人号之李氏三龙。
华阳国志曰:群下上先主为汉中王;其文,朝所造也。
臣松之案耆旧所记,以朝、邵及早亡者为三龙。邈之狂直,不得在此数。

德绪名禄,巴西安汉人也。先主定益州,为郡从事牙门

将。建兴三年，为越嶲太守，随丞相亮南征，为蛮夷所害，时
年三十一。弟衡，景耀中为领军。义强名士，广汉郪人，国山
从兄也。从先主入蜀后，举孝廉，为符节长，迁牙门将，出为
宕渠太守，徙在犍为。会丞相亮南征，转为益州太守，将南
行，为蛮夷所害。

休元轻寇，损时致害，文进奋身，同此颠沛，患生一人，至于弘大。

## 赞冯休元、张文进

休元名习，南郡人。随先主入蜀。先主东征吴，习为领
军，统诸军，大败于猇亭。

文进名南，亦自荆州随先主入蜀，领兵从先主征吴，与
习俱死。时又有义阳傅肜，先主退军，断后拒战，兵人死尽，
吴将语肜令降，肜骂曰："吴狗！何有汉将军降者！"遂战死。
拜子金为左中郎，后为关中都督，景耀六年，又临危授命。
论者嘉其父子奕世忠义。[①]

①蜀记载晋武帝诏曰："蜀将军傅金，前在关城，身拒官军，致死不顾。金
父肜，复为刘备战亡。天下之善一也，岂由彼此以为异？"金息著、募，后
没入奚官，免为庶人。

江阳刚烈，立节明君，兵合遇寇，不屈其身，单夫只役，陨命于军。

## 赞程季然

季然名畿，巴西阆中人也。刘璋时为汉昌长。县有賨
人，种类刚猛，昔高祖以定关中。巴西太守庞羲以天下扰
乱，郡宜有武卫，颇招合部曲。有谗于璋，说羲欲叛者，璋阴
疑之。羲闻，甚惧，将谋自守，遣畿子郁宣旨，索兵自助。畿
报曰："郡合部曲，本不为叛，虽有交构，要在尽诚；若必以
惧，遂怀异志，非畿之所闻。"并敕郁曰："我受州恩，当为州

牧尽节。汝为郡吏，当为太守效力，不得以吾故有异志也。"
羲使人告畿曰："尔子在郡，不从太守，家将及祸！"畿曰：
"昔乐羊为将，饮子之羹，非父子无恩，大义然也。今虽复羹
子，吾必饮之。"羲知畿必不为己，厚陈谢于璋以致无咎。璋
闻之，迁畿江阳太守。先主领益州牧，辟为从事祭酒。后随
先主征吴，遇大军败绩，泝江而还，或告之曰："后追已至，
解船轻去，乃可以免。"畿曰："吾在军，未曾为敌走，况从天
子而见危哉！"追人遂及畿船，畿身执戟战，敌船有覆者。众
大至，共击之，乃死。

公弘后生，卓尔奇精，夭命二十，悼恨未呈。　　　赞程公弘
　　公弘，名祁，季然之子也。

古之奔臣，礼有来逼，怨兴司官，不顾大德，靡有匡救，倍成奔
北，自绝于人，作笑二国。　　　赞糜芳、士仁、郝普、潘濬
　　糜芳字子方，东海人也，为南郡太守，士仁字君义，广
阳人也，为将军，住公安，统属关羽；与羽有隙，叛迎孙权。
郝普字子太，义阳人。先主自荆州入蜀，以普为零陵太守。
为吴将吕蒙所谲，开城诣蒙。潘濬字承明，武陵人也。先主
入蜀，以为荆州治中，典留州事，亦与关羽不穆。孙权袭
羽，遂入吴。普至廷尉，濬至太常，封侯。①

①益部耆旧杂记载王嗣、常播、卫继三人，皆刘氏王蜀时人，故录于篇。
王嗣字承宗，犍为资中人也。其先，延熙世以功德显著。举孝廉，稍迁西
安围督、汶山太守，加安远将军。绥集羌、胡，咸悉归服，诸种素桀恶者
皆来首降，嗣待以恩信，时北境得以宁静。大将军姜维每出北征，羌、胡
出马牛羊毡毦及义谷裨军粮，国赖其资。迁镇军，故领郡。后从维北征，
为流矢所伤，数月卒。戎夷会葬，赠送数千人，号呼涕泣。嗣为人美厚笃
至，众所爱信。嗣子及孙，羌、胡见之如骨肉，或结兄弟，恩至于此。
常播字文平，蜀郡江原人也。播仕县主簿功曹。县长广都朱游，建兴

十五年中被上官诬劾以逋没官谷，当论重罪。播诣狱讼争，身受数千杖，肌肤刻烂，毒痛惨至，更历三狱，幽闭二年有馀。每将考掠，吏先验问，播不答，言"但急行罚，无所多问"！辞终不挠，事遂分明。长免刑戮。时唯主簿杨玩亦证明其事，与播辞同。众咸嘉播忘身为君，节义抗烈。举孝廉，除郪长，年五十馀卒。书于旧德传，后县令颍川赵敦图其像，赞颂之。

卫继字子业，汉嘉严道人也。兄弟五人。继父为县功曹。继为儿时，与兄弟随父游戏庭寺中，县长蜀郡成都张君无子，数命功曹呼其子省弄，甚怜爱之。张因言宴之间，语功曹欲乞继，功曹即许之，遂养为子。继敏达凤成，学识通博，进仕州郡，历职清显。而其馀兄弟四人，各无堪当世者，父恒言己之将衰，张明府将盛也。时法禁以异姓为后，故复姓卫氏。屡迁拜奉车都尉、大尚书，忠笃信厚，为众所敬。锺会之乱，遇害成都。

评曰：邓芝坚贞简亮，临官忘家，张冀亢姜维之锐，宗预御孙权之严，咸有可称。杨戏商略，意在不群，然智度有短，殆罹世难云。

【校勘记】

〔1〕芝为将军二十馀年　为下原衍"大"字，据三国志旁证卷二五删。

〔2〕天子圣仁　仁，原作"人"，据何焯校本改。

〔3〕广汉太守　广上原衍"南"字，据三国志考证卷六删。

〔4〕复为参军　为下原衍"飞"字，据三国志辨误卷中删。

# 三国志卷四十六　吴书一

## 孙破虏讨逆传第一

孙坚字文台,吴郡富春人,盖孙武之后也。[1]少为县吏。年十七,与父共载船至钱唐,会海贼胡玉等从匏里上掠取贾人财物,方于岸上分之,行旅皆住,船不敢进。坚谓父曰:"此贼可击,请讨之。"父曰:"非尔所图也。"坚行操刀上岸,以手东西指麾,若分部人兵以罗遮贼状。贼望见,以为官兵捕之,即委财物散走。坚追,斩得一级以还;父大惊。由是显闻,府召署假尉。会稽妖贼许昌起于句章,自称阳明皇帝,[2]与其子韶扇动诸县,众以万数。坚以郡司马募召精勇,得千馀人,与州郡合讨破之。是岁,熹平元年也。刺史臧旻列上功状,诏书除坚盐渎丞,数岁徙盱眙丞,又徙下邳丞。[3]

①吴书曰:坚世仕吴,家于富春,葬于城东。冢上数有光怪,云气五色,上属于天,曼延数里。众皆往观视。父老相谓曰:"是非凡气,孙氏其兴矣!"及母怀妊坚,梦肠出绕吴昌门,寤而惧之,以告邻母。邻母曰:"安知非吉征也。"坚生,容貌不凡,性阔达,好奇节。

②灵帝纪曰:昌以其父为越王也。

③江表传曰:坚历佐三县,所在有称,吏民亲附。乡里知旧,好事少年,往来者常数百人,坚接抚待养,有若子弟焉。

中平元年,黄巾贼帅张角起于魏郡,托有神灵,遣八使以善道教化天下,而潜相连结,自称黄天泰平。三月甲子,三十六万方一旦俱发,[1]天下响应,燔烧郡县,杀害长吏。①汉遣车骑将军皇甫嵩、中郎将朱儁将兵讨击之。儁表请坚为佐军司马,乡里少年随在下邳者皆愿从。坚又募诸商旅及淮、泗精兵,合千许人,与儁并力奋击,所向无前。②汝、颍贼困迫,走保宛城。坚身当一面,登城先入,众乃蚁附,遂大破之。儁具以状闻上,拜坚别部司马。③

①献帝春秋曰:角称天公将军,角弟宝称地公将军,宝弟梁称人公将军。

②吴书曰:坚乘胜深入,于西华失利。坚被创堕马,卧草中。军众分散,不知坚所在。坚所骑骢马驰还营,踣地呼鸣,将士随马于草中得坚。坚还营十数日,创少愈,乃复出战。

③续汉书曰:儁字公伟,会稽人,少好学,为郡功曹,察孝廉,举进士。汉朝以讨黄巾功拜车骑将军,累迁河南尹。董卓见儁,外甚亲纳,而心忌之,儁亦阴备焉。关东兵起,卓议移都,儁辄止卓。卓虽惮儁,然贪其名重,乃表拜太仆以自副。儁被召不肯受拜,因进曰:"国不宜迁,必孤天下望,成山东之结,臣不见其可也。"有司诘曰:"召君受拜而君拒之,不问徙事而君陈之,何也?"儁曰:"副相国,非臣所堪也。迁都非计,臣之所急也。辞所不堪,进臣所急,臣之所宜也。"有司曰:"迁都之事,初无此计也,就有,未露,何所受闻?"儁曰:"相国董卓为臣说之,臣闻之于相国。"有司不能屈,朝廷称服焉。后为太尉。李傕、郭汜相攻,劫质天子公卿,儁性刚,即发病而卒。

边章、韩遂作乱凉州,中郎将董卓拒讨无功。中平三年,遣司空张温行车骑将军,西讨章等。温表请坚与参军事,屯长安。温以诏书召卓,卓良久乃诣温。温责让卓,卓应对不顺。坚时在坐,前耳语谓温曰:"卓不怖罪而鸱张大语,宜以召不时至,陈军法斩之。"温曰:"卓素著威名于陇蜀之间,今日杀之,西行无依。"坚曰:"明公亲率王兵,威震天下,何赖于卓?观卓所言,不假明公,轻上无礼,一罪也。章、遂跋扈经年,当以时进讨,而卓云未可,沮军疑众,二罪也。卓受任无功,应召稽留,而轩昂自高,三罪也。古之名将,仗钺临众,未有不断斩以示威者也,是以穰苴斩庄贾,魏绛戮杨干。今明公垂意于卓,不即加诛,亏损威刑,于是在矣。"温不忍发举,乃曰:"君且还,卓将疑人。"坚因起出。章、遂闻大兵向至,党众离散,皆乞降。军还,议者以军未临敌,不断功赏,然闻坚数卓三罪,劝温斩之,无不叹息。拜坚议郎。时长沙贼区星自称将军,众万馀人,攻围城邑,乃以坚为长沙太守。到郡亲率将士,施设方略,旬月之间,克破星等。① 周朝、郭石亦帅徒众起于零、桂,与星相应。遂越境寻讨,三郡肃然。汉朝录前后功,封坚乌程侯。②

> ①魏书曰:坚到郡,郡中震服,任用良吏。敕吏曰:"谨遇良善,治官曹文书,必循治,以盗贼付太守。"
>
> ②吴录曰:是时庐江太守陆康从子作宜春长,为贼所攻,遣使求救于坚。坚整严救之。主簿进谏,坚答曰:"太守无文德,以征伐为功,越界攻讨,以全异国。以此获罪,何愧海内乎?"乃进兵往救,贼闻而走。

灵帝崩,卓擅朝政,横恣京城。诸州郡并兴义兵,欲以讨卓。①坚亦举兵。荆州刺史王叡素遇坚无礼,坚过杀之。② 比至南阳,众数万人。南阳太守张咨闻军至,晏然自若。③ 坚以牛酒礼咨,咨明日亦答诣坚。酒酣,长沙主簿入白坚:"前移南阳,而道路不治,军资不具,请收主簿推问意故。"咨大惧欲去,兵陈四周不得出。有顷,主簿复入白坚:"南阳太守稽停义兵,使贼不时讨,请收出案军法从事。"便牵咨于军门斩之。郡中震栗,无求不获。④ 前到鲁阳,与袁术相见。术表坚行破虏将军,领豫州刺史。遂治兵于鲁阳城。

当进军讨卓,遣长史公仇称将兵从事还州督促军粮。施帐幔于城东门外,祖道送称,官属并会。卓遣步骑数万人逆坚,轻骑数十先到。坚方行酒谈笑,敕部曲整顿行陈,无得妄动。后骑渐益,坚徐罢坐,导引入城,乃谓左右曰:“向坚所以不即起者,恐兵相蹈藉,诸君不得入耳。”卓兵见坚士众甚整,不敢攻城,乃引还。⑤坚移屯梁东,大为卓军所攻,坚与数十骑溃围而出。坚常著赤罽帻,乃脱帻令亲近将祖茂著之。卓骑争逐茂,故坚从间道得免。茂困迫,下马,以帻冠冢间烧柱,因伏草中。卓骑望见,围绕数重,定近觉是柱,乃去。坚复相收兵,合战于阳人,大破卓军,枭其都督华雄等。是时,或间坚于术,术怀疑,不运军粮。⑥阳人去鲁阳百馀里,坚夜驰见术,画地计校,曰:“所以出身不顾,上为国家讨贼,下慰将军家门之私雠。坚与卓非有骨肉之怨也,而将军受谮润之言,还相嫌疑!”⑦术踧踖,即调发军粮。坚还屯。卓惮坚猛壮,乃遣将军李傕等来求和亲,令坚列疏子弟任刺史、郡守者,许表用之。坚曰:“卓逆天无道,荡覆王室,今不夷汝三族,县示四海,则吾死不瞑目,岂将与乃和亲邪?”复进军大谷,拒雒九十里。⑧卓寻徙都西入关,焚烧雒邑。坚乃前入至雒,修诸陵,平塞卓所发掘。⑨讫,引军还,住鲁阳⑩。

①江表传曰:坚闻之,拊膺叹曰:“张公昔从吾言,朝廷今无此难也。”
②案王氏谱,叡字通耀,晋太保祥伯父也。

吴录曰:叡先与坚共击零、桂贼,以坚武官,言颇轻之。及叡举兵欲讨卓,素与武陵太守曹寅不相能,扬言当先杀寅。寅惧,诈作案行使者光禄大夫温毅檄,移坚,说叡罪过,令收行刑讫,以状上。坚即承檄勒兵袭叡。叡闻兵至,登楼望之,遣问欲何为,坚前部答曰:“兵久战劳苦,所得赏,不足为衣服,诣使君更乞资直耳。”叡曰:“刺史岂有所吝?”便开库藏,使自入视之,知有所遗不。兵进及楼下,叡见坚,惊曰:“兵自求赏,孙府君何以在其中?”坚曰:“被使者檄诛君。”叡曰:“我何罪?”坚曰：“坐无所知。”叡穷迫，刮金饮之而死。

③英雄记曰：咨字子议，颍川人，亦知名。

　　献帝春秋曰：袁术表坚假中郎将。坚到南阳，移檄太守请军粮。咨以问纲纪，纲纪曰：“坚邻郡二千石，不应调发。”咨遂不与。

④吴历曰：初坚至南阳，咨既不给军粮，又不肯见坚。坚欲进兵，恐有后患，乃诈得急疾，举军震惶，迎呼巫医，祷祀山川。遣所亲人说咨，言病困，欲以兵付咨。咨闻之，心利其兵，即将步骑五六百人诣营省坚。坚卧与相见。无何，卒然而起，按剑骂咨，遂执斩之。此语与本传不同。

⑤英雄记曰：初坚讨董卓，到梁县之阳人。卓亦遣兵步骑五千迎之，陈郡太守胡轸为大督护，吕布为骑督，其馀步骑将校都督者甚众。轸字文才，性急，预宣言曰：“今此行也，要当斩一青绶，乃整齐耳。”诸将闻而恶之。军到广成，去阳人城数十里。日暮，士马疲极，当止宿，又本受卓节度宿广成，秣马饮食，以夜进兵，投晓攻城。诸将恶惮轸，欲贼败其事，布等宣言“阳人城中贼已走，当追寻之；不然失之矣”，便夜进军。城中守备甚设，不可掩袭。于是吏士饥渴，人马甚疲，且夜至，又无堑垒。释甲休息，而布又宣言相惊，云“城中贼出来”。军众扰乱奔走，皆弃甲，失鞍马。行十馀里，定无贼，会天明，便还，拾取兵器，欲进攻城。城守已固，穿堑已深，轸等不能攻而还。

⑥江表传曰：或谓术曰“坚若得洛，不可复制，此为除狼而得虎也”，故术疑之。

⑦江表传载坚语曰：“大勋垂捷而军粮不继，此吴起所以叹泣于西河，乐毅所以遗恨于垂成也。愿将军深思之。”

⑧山阳公载记曰：卓谓长史刘艾曰：“关东军败数矣，皆畏孤，无能为也。惟孙坚小戆，颇能用人，当语诸将，使知忌之。孤昔与周慎西征，慎围边、韩于金城。孤语张温，求引所将兵为慎作后驻。温不听。孤时上言其形势，知慎必不克。台今有本末。事未报，温又使孤讨先零叛羌，以为西方可一时荡定。孤皆知其不然而不得止，遂行，留别部司马刘靖将步骑四千屯安定，以为声势。叛羌便还，欲截归道，孤小击辄开，畏安定有兵故也。虏谓安定当数万人，不知但靖也。时又上章言状，而孙坚随周

慎行，谓慎求将万兵造金城，使慎以二万作后驻，边、韩城中无宿谷，当于外运，畏慎大兵，不敢轻与坚战，而坚兵足以断其运道，儿曹用必还羌谷中，凉州或能定也。温既不能用孤，慎又不用坚，自攻金城，坏其外垣，驰使语温，自以克在旦夕，温时亦自以计中也。而渡辽儿果断葵园，[2]慎弃辎重走，果如孤策。台以此封孤都乡侯。坚以佐军司马，所见与人同，自为可耳。"艾曰："坚虽时见计，故自不如李傕、郭汜。闻在美阳亭北，将千骑步与房合，殆死，亡失印绶，此不为能也。"卓曰："坚时乌合义从，兵不如房精，且战有利钝。但当论山东大势，终无所至耳。"艾曰："山东儿驱略百姓，以作寇逆，其锋不如人，坚甲利兵强弩之用又不如人，亦安得久?"卓曰："然，但杀二袁、刘表、孙坚，天下自服从孤耳。"

⑨江表传曰：旧京空虚，数百里中无烟火。坚前入城，惆怅流涕。

吴书曰：坚入洛，扫除汉宗庙，祠以太牢。坚军城南甄官井上，旦有五色气，举军惊怪，莫有敢汲。坚令人入井，探得汉传国玺，文曰"受命于天，既寿永昌"，方圜四寸，上组交五龙，上一角缺。初，黄门张让等作乱，劫天子出奔，左右分散，掌玺者以投井中。

山阳公载记曰：袁术将僣号，闻坚得传国玺，乃拘坚夫人而夺之。

江表传曰：案汉献帝起居注云"天子从河上还，得六玺于阁上"，又太康之初孙皓送金玺六枚，无有玉，明其伪也。

虞喜志林曰：天子六玺者，文曰"皇帝之玺"、"皇帝行玺"、"皇帝信玺"、"天子之玺"、"天子行玺"、"天子信玺"。此六玺所封事异，故文字不同。献帝起居注云"从河上还，得六玉玺于阁上"，此之谓也。传国玺者，乃汉高祖所佩秦皇帝玺，世世传受，号曰传国玺。案传国玺不在六玺之数，安得总其说乎?应氏汉官、皇甫世纪，其论六玺，文义皆符。汉宫传国玺，文曰"受命于天，既寿且康"。"且康""永昌"，二字为错，未知两家何者为得。金玉之精，率有光气，加以神器秘宝，辉耀益彰，盖一代之奇观，将来之异闻，而以不解之故，强谓之伪，不亦诬乎! 陈寿为破虏传亦除此说，俱惑起居注，不知六玺殊名，与传国为七者也。吴时无能刻玉，故天子以金为玺。玺虽以金，于文不异。吴降而送玺者送天子六玺，囊所得玉玺，乃古人遗印，不可施用。天子之玺，今以无有为难，不通其义者耳。

臣松之以为孙坚于兴义之中最有忠烈之称，若得汉神器而潜匿不言，此为阴怀异志，岂所谓忠臣者乎?吴史欲以为国华，而不知损坚之令德。如其果然，以传子孙，纵非六玺之数，要非常人所畜，孙皓之降，亦不得但送六玺，而宝藏传国也。受命于天，奚取于归命之堂，若如喜言，则此玺今尚在孙门。匹夫怀璧，犹曰有罪，而况斯物哉!

⑩吴录曰：是时关东州郡，务相兼并以自强大。袁绍遣会稽周喁为豫州刺史，来袭取州。坚慨然叹曰："同举义兵，将救社稷。逆贼垂破而各若此，吾当谁与戮力乎!"言发涕下。喁字仁明，周昕之弟也。

会稽典录曰：初曹公兴义兵，遣人要喁，喁即收合兵众，得二千人，从公征伐，以为军师。后与坚争豫州，屡战失利。会次兄九江太守昂为袁术所攻，喁往助之。军败，还乡里，为许贡所害。

初平三年，术使坚征荆州，击刘表。表遣黄祖逆于樊、邓之间。坚击破之，追渡汉水，遂围襄阳，单马行岘山，为祖军士所射杀。①兄子贲，帅将士众就术，术复表贲为豫州刺史。

①典略曰：坚悉其众攻表，表闭门，夜遣将黄祖潜出发兵。祖将兵欲还，坚逆与战。祖败走，窜岘山中。坚乘胜夜追祖，祖部兵从竹木间暗射坚，杀之。

吴录曰：坚时年三十七。

英雄记曰：坚以初平四年正月七日死。

又云：刘表将吕公将兵缘山向坚，坚轻骑寻山讨公。公兵下石，中坚头，应时脑出物故。其不同如此也。

坚四子：策、权、翊、匡。权既称尊号，谥坚曰武烈皇帝。①

①吴录曰：尊坚庙曰始祖，墓曰高陵。

志林曰：坚有五子：策、权、翊、匡，吴氏所生；少子朗，庶生也，一名仁。

策字伯符。坚初兴义兵，策将母徙居舒，与周瑜相友，收合士大夫，江、淮间人咸向之。①坚薨，还葬曲阿。已乃渡江居江都。②

①江表传曰：坚为朱儁所表，为佐军，留家著寿春。策年十馀岁，已交结知名，声誉发闻。有周瑜者，与策同年，亦英达夙成，闻策声闻，自舒来造焉。便推结分好，义同断金，劝策徙居舒，策从之。

②魏书曰：策当嗣侯，让与弟匡。

徐州牧陶谦深忌策。策舅吴景，时为丹杨太守，策乃载母徙曲阿，与吕范、孙河俱就景，因缘召募得数百人。兴平元年，从袁术。术甚奇之，以坚部曲还策。①太傅马日䃅杖节安集关东，在寿春以礼辟策，表拜怀义校尉，术大将乔蕤、张勋皆倾心敬焉。术常叹曰："使术有子如孙郎，死复何恨！"策骑士有罪，逃入术营，隐于内厩。策指使人就斩之，讫，诣术谢。术曰："兵人好叛，当共疾之，何为谢也？"由是军中益畏惮之。术初许策为九江太守，已而更用丹杨陈纪。后术欲攻徐州，从庐江太守陆康求米三万斛。康不与，术大怒。策昔曾诣康，康不见，使主簿接之。策尝衔恨。术遣策攻康，谓曰："前错用陈纪，每恨本意不遂。今若得康，庐江真卿有也。"策攻康，拔之，术复用其故吏刘勋为太守，策益失望。先是，刘繇为扬州刺史，州旧治寿春。寿春，术已据之，繇乃渡江治曲阿。时吴景尚在丹杨，策从兄贲又为丹杨都尉，繇至，皆迫逐之。景、贲退舍历阳。繇遣樊能、于糜东屯横江津，[3]张英屯当利口，以距术。术自用故吏琅邪惠衢为扬州刺史，更以景为督军中郎将，与贲共将兵击英等，连年不克。策乃说术，乞助景等平定江东。②术表策为折冲校尉，行殄寇将军，兵财千馀，骑数十匹，宾客愿从者数百人。比至历阳，众五六千。策母先自曲阿徙于历阳，策又徙母阜陵，渡江转斗，所向皆破，莫敢当其锋，而军令整肃，百姓怀之。③

①吴历曰：初策在江都时，张纮有母丧。策数诣纮，咨以世务，曰："方今汉祚中微，天下扰攘，英雄俊杰各拥众营私，未有能扶危济乱者也。先君与袁氏共破董卓，功业未遂，卒为黄祖所害。策虽暗稚，窃有微志，欲从

袁扬州求先君馀兵，就舅氏于丹杨，收合流散，东据吴会，报雠雪耻，为朝廷外藩。君以为何如？"纮答曰："既素空劣，方居衰绖之中，无以奉赞盛略。"策曰："君高名播越，远近怀归。今日事计，决之于君，何得不纾虑启告，副其高山之望？若微志得展，血雠得报，此乃君之勋力，策心所望也。"因涕泣横流，颜色不变。纮见策忠壮内发，辞令慷慨，感其志言，乃答曰："昔周道陵迟，齐、晋并兴；王室已宁，诸侯贡职。今君绍先侯之轨，有骁武之名，若投丹杨，收兵吴会，则荆、扬可一，雠敌可报。据长江，奋威德，诛除群秽，匡辅汉室，功业侔于桓、文，岂徒外藩而已哉？方今世乱多难，若功成事立，当与同好俱南济也。"策曰："一与君同符合契，有永固之分，[4]今便行矣，以老母弱弟委付于君，策无复回顾之忧。"

江表传曰：策径到寿春见袁术，涕泣而言曰："亡父昔从长沙入讨董卓，与明使君会于南阳，同盟结好；不幸遇难，勋业不终。策感惟先人旧恩，欲自凭结，愿明使君垂察其诚。"术甚贵异之，然未肯还其父兵。术谓策曰："孤始用贵舅为丹杨太守，贤从伯阳为都尉，彼精兵之地，可还依召募。"策遂诣丹杨依舅，得数百人，而为泾县大帅祖郎所袭，几至危殆。于是复往见术，术以坚馀兵千馀人还策。

②江表传曰：策说术云："家有旧恩在东，愿助舅讨横江；横江拔，因投本土召募，可得三万兵，以佐明使君匡济汉室。"术知其恨，而以刘繇据曲阿，王朗在会稽，谓策未必能定，故许之。

③江表传曰：策渡江攻繇牛渚营，尽得邸阁粮谷、战具，是岁兴平二年也。时彭城相薛礼、下邳相笮融依繇为盟主，礼据秣陵城，融屯县南。策先攻融，融出兵交战，斩首五百馀级，融即闭门不敢动。因渡江攻礼，礼突走，而樊能、于麋等复合众袭夺牛渚屯。策闻之，还攻破能等，获男女万馀人。复下攻融，为流矢所中，伤股，不能乘马，因自舆还牛渚营。或叛告融曰："孙郎被箭已死。"融大喜，即遣将于兹乡策。策遣步骑数百挑战，设伏于后，贼出击之，锋刃未接而伪走，贼追入伏中，乃大破之，斩首千馀级。策因往到融营下，令左右大呼曰："孙郎竟云何！"贼于是惊怖夜遁。融闻策尚在，更深沟高垒，缮治守备。策以融所屯地势险固，乃

舍去，攻破縣别将于海陵，转攻湖孰、江乘，皆下之。

策为人，美姿颜，好笑语，性阔达听受，善于用人，是以士民见者，莫不尽心，乐为致死。刘繇弃军遁逃，诸郡守皆捐城郭奔走。①吴人严白虎等众各万馀人，处处屯聚。吴景等欲先击破虎等，乃至会稽。策曰："虎等群盗，非有大志，此成禽耳。"遂引兵渡浙江，据会稽，屠东冶，乃攻破虎等。②尽更置长吏，策自领会稽太守，复以吴景为丹杨太守，以孙贲为豫章太守；分豫章为庐陵郡，以贲弟辅为庐陵太守，丹杨朱治为吴郡太守。彭城张昭、广陵张纮、秦松、陈端等为谋主。③时袁术僭号，策以书责而绝之。④曹公表策为讨逆将军，封为吴侯。⑤后术死，长史杨弘、大将张勋等将其众欲就策，庐江太守刘勋要击，悉虏之，收其珍宝以归。策闻之，伪与勋好盟。勋新得术众，时豫章上缭宗民万馀家在江东，策劝勋攻取之。勋既行，策轻军晨夜袭拔庐江，勋众尽降，勋独与麾下数百人自归曹公。⑥是时袁绍方强，而策并江东，曹公力未能逞，且欲抚之。⑦乃以弟女配策小弟匡，又为子章取贲女，皆礼辟策弟权、翊，又命扬州刺史严象举权茂才。

① 江表传曰：策时年少，虽有位号，而士民皆呼为孙郎。百姓闻孙郎至，皆失魂魄；长吏委城郭，窜伏山草。及至，军士奉令，不敢虏略，鸡犬菜茹，一无所犯，民乃大悦，竞以牛酒诣军。刘繇既走，策入曲阿劳赐将士，遣将陈宝诣阜陵迎母及弟。发恩布令，告诸县："其刘繇、笮融等故乡部曲来降首者，一无所问；乐从军者，一身行，复除门户；不乐者，勿强也。"旬日之间，四面云集，得见兵二万馀人，马千馀匹，威震江东，形势转盛。

② 吴录曰：时有乌程邹他、钱铜及前合浦太守嘉兴王晟等，各聚众万馀或数千。引兵扑讨，皆攻破之。策母吴氏曰："晟与汝父有升堂见妻之分，今其诸子兄弟皆枭夷，独馀一老翁，何足复惮乎？"乃舍之，馀咸族诛。策自讨虎，虎高垒坚守，使其弟舆请和。许之。舆请独与策会面

约。既会，策引白刃斫席，舆体动，策笑曰："闻卿能坐跃，剽捷不常，聊戏卿耳!"舆曰："我见刃乃然。"策知其无能也，乃以手戟投之，立死。舆有勇力，虎众以其死也，甚惧。进攻破之。虎奔徐杭，投许昭于庯中。程普请击昭，策曰："许昭有义于旧君，有诚于故友，此丈夫之志也。"乃舍之。

臣松之案：许昭有义于旧君，谓济盛宪也，事见后注。有诚于故友，则受严白虎也。

③江表传曰：策遣奉正都尉刘由、五官掾高承奉章诣许，拜献方物。

④吴录载策使张纮为书曰："盖上天垂司过之星，圣王建敢谏之鼓，设非谬之备，急箴阙之言，何哉?凡有所长，必有所短也。去冬传有大计，无不悚惧；旋知供备贡献，万夫解惑。项闻建议，复欲追遵前图，即事之期，便有定月。益使恍然，想是流妄；设其必尔，民何望乎?襄日之举义兵也，天下之士所以响应者，董卓擅废置，害太后、弘农王，略烝宫人，发掘园陵，暴逆至此，故诸州郡雄豪闻声慕义。神武外振，卓遂内奸。元恶既毙，幼主东顾，俾保傅宣命，欲令诸军振旅，然河北通谋黑山，[5]曹操放毒东徐，刘表称乱南荆，公孙瓒枭休北幽，刘繇决力江浒，刘备争盟淮隅，是以未获承命櫜弓戢戈也。今备、繇既破，操等饥馁，谓当与天下合谋，以诛丑类。舍而不图，有自取之志，非海内所望，一也。昔成汤伐桀，称有夏多罪；武王伐纣，曰殷有罪罚重哉。此二王者，虽有圣德，宜当君世；如使不遭其时，亦无繇兴矣。幼主非有恶于天下，徒以春秋尚少，胁于强臣，若无过而夺之，惧未合于汤、武之事，二也。卓虽狂狡，至废主自与，亦犹未也，而天下闻其桀虐，攘臂同心而疾之，以中土希战之兵，当边地劲悍之庯，所以斯须游魂也。今四方之人，皆玩敌而便战斗矣，可得而胜者，以彼乱而我治，彼逆而我顺也。见当世之纷若，欲大举以临之，适足趣祸，三也。天下神器，不可虚干，必须天赞与人力也。殷汤有白鸠之祥，周武有赤乌之瑞，汉高有星聚之符，世祖有神光之征，皆因民困悴于桀、纣之政，毒苦于秦、莽之役，故能茇去无道，致成其志。今天下非患于幼主，未见受命之应验，而欲一旦卒然登即尊号，未之或有，四也。天子之贵，四海之富，谁不欲焉?义不可，势不得

耳。陈胜、项籍、王莽、公孙述之徒，皆南面称孤，莫之能济。帝王之位，不可横冀，五也。幼主岐嶷，若除其偏，去其鲠，必成中兴之业。夫致主于周成之盛，自受旦、奭之美，此诚所望于尊明也。纵使幼主有他改异，犹望推宗室之谱属，论近亲之贤良，以绍刘统，以固汉宗。皆所以书功金石，图形丹青，流庆无穷，垂声管弦。舍而不为，为其难者，想明明之素，必所不忍，六也。五世为相，权之重，势之盛，天下莫得而比焉。忠贞者必曰宜凤夜思惟，所以扶国家之颠顿，念社稷之危殆，以奉祖考之志，以报汉室之恩。其忽履道之节而强进取之欲者，将曰天下之人非家吏则门生也，孰不从我？四方之敌非吾匹则吾役也，谁能违我？盍乘累世之势，起而取之哉？二者殊数，不可不详察，七也。所贵于圣哲者，以其审于机宜，慎于举措。若难图之事，难保之势，以激群敌之气，以生众人之心，公义故不可，私计又不利，明哲不处，八也。世人多惑于图纬而牵非类，比合文字以悦所事，苟以阿上惑众，终有后悔者，自往迄今，未尝无之，不可不深择而熟思，九也。九者，尊明所见之馀耳，庶备起予，补所遗忘。忠言逆耳，幸留神听！"典略云张昭之辞。臣松之以为张昭虽名重，然不如纮之文也，此书必纮所作。

⑤江表传曰：建安二年夏，汉朝遣议郎王誧奉戊辰诏书曰："董卓逆乱，凶国害民。先将军坚念在平讨，雅意未遂，厥美著闻。策遵善道，求福不回。今以策为骑都尉，袭爵乌程侯，领会稽太守。"又诏敕曰："故左将军袁术不顾朝恩，坐创凶逆，造合虚伪，欲因兵乱，诡诈百姓，始闻其言以为不然。[6]定得使持节平东将军领徐州牧温侯布上术所造惑众妖妄，知术鸱枭之性，遂其无道，修治王宫，署置公卿，郊天祀地，残民害物，为祸深酷。布前后上策乃心本朝，欲还讨术，为国效节，乞加显异。夫悬赏俟功，惟勤是与，故便宠授，承袭前邑，重以大郡，荣耀兼至，是策输力竭命之秋也。其亟与布及行吴郡太守安东将军陈瑀戮力一心，同时赴讨。"策自以统领兵马，但以骑都尉领郡为轻，欲得将军号，乃使人讽誧，[7]誧便承制假策明汉将军。是时，陈瑀屯海西，策奉诏治严，当与布、瑀参同形势。行到钱唐，瑀阴图袭策，遣都尉万演等密渡江，使持印传三十馀纽与贼丹杨、宣城、泾、陵阳、始安、黟、歙诸险县大帅祖郎、

焦已及吴郡乌程严白虎等，使为内应，伺策军发，欲攻取诸郡。策觉之，遣吕范、徐逸攻瑀于海西，大破瑀，获其吏士妻子四千人。

山阳公载记曰：瑀单骑走冀州，自归袁绍，绍以为故安都尉。

吴录载策上表谢曰："臣以固陋，孤特边陲。陛下广播高泽，不遗细节，以臣袭爵，兼典名郡。仰荣顾宠，所不克堪。兴平二年十二月二十日，于吴郡曲阿得袁术所呈表，以臣行殄寇将军；至被诏书，乃知诈擅。虽辄捐废，犹用悚悸。臣年十七，丧失所怙，惧有不任堂构之鄙，以忝析薪之戒，诚无去病十八建功，世祖列将弱冠佐命。臣初领兵，年未弱冠，虽驽懦不武，然思竭微命。惟术狂惑，为恶深重。臣凭威灵，奉辞伐罪，庶必献捷，以报所授。"臣松之案：本传云孙坚以初平三年卒，策以建安五年卒，策死时年二十六，计坚之亡，策应十八，而此表云十七，则为不符。张璠汉纪及吴历并以坚初平二年死，此为是而本传误也。

江表传曰：建安三年，策又遣使贡方物，倍于元年所献。其年，制书转拜讨逆将军，改封吴侯。

⑥江表传曰：策被诏敕，与司空曹公、卫将军董承、益州牧刘璋等并力讨袁术、刘表。军严当进，会术死，术从弟胤、女婿黄猗等畏惧曹公，不敢守寿春，乃共异术棺柩，扶其妻子及部曲男女，就刘勋于皖城。勋粮食少，无以相振，乃遣从弟偕告籴于豫章太守华歆。歆郡素少谷，遣吏将偕就海昏上缭，使诸宗帅共出三万斛米以与偕。偕往历月，才得数千斛。偕乃报勋，具说形状，使勋来袭取之。勋得偕书，使潜军到海昏邑下。宗帅知之，空壁逃匿，勋了无所得。时策西讨黄祖，行及石城，闻勋轻身诣海昏，便分遣从兄贲、辅率八千人于彭泽待勋，自与周瑜率二万人步袭皖城，即克之，得术百工及鼓吹部曲三万馀人，并术、勋妻子。表用汝南李术为庐江太守，给兵三千人以守皖，皆徙所得人东诣吴。贲、辅又于彭泽破勋。勋走入楚江，从寻阳步上到置马亭，闻策等已克皖，乃投西塞。至沂，筑垒自守，告急于刘表，求救于黄祖。祖遣太子射船军五千人助勋。策复就攻，大破勋。勋与偕北归曹公，射亦遁走。策收得勋兵二千馀人，船千艘，遂前进夏口攻黄祖。时刘表遣从子虎、南阳韩晞将长矛五千，来为黄祖前锋。策与战，大破之。

吴录载策表曰："臣讨黄祖,以十二月八日到祖所屯沙羡县。刘表遣将助祖,并来趣臣。臣以十一日平旦部所领江夏太守行建威中郎将周瑜、领桂阳太守行征虏中郎将吕范、领零陵太守行荡寇中郎将程普、行奉业校尉孙权、行先登校尉韩当、行武锋校尉黄盖等同时俱进。身跨马栎陈,手击急鼓,以齐战势。吏士奋激,踊跃百倍,心精意果,各竞用命。越渡重堑,迅疾若飞。火放上风,兵激烟下,弓弩并发,流矢雨集,日加辰时,祖乃溃烂。锋刃所截,砾火所焚,前无生寇,惟祖迸走。获其妻息男女七人,斩虎、韩晞已下二万馀级,[8]其赴水溺者一万馀口,船六千馀艘,财物山积。虽表未禽,祖宿狡猾,为表腹心,出作爪牙,表之鸱张,以祖气息,而祖家属部曲,扫地无馀,表孤特之虏,成鬼行尸。诚皆圣朝神武远振,臣讨有罪,得效微勤。"

⑦吴历曰:曹公闻策平定江南,意甚难之,常呼"猘儿难与争锋也"。

**建安五年,曹公与袁绍相拒于官渡,策阴欲袭许,迎汉帝,①密治兵,部署诸将。未发,会为故吴郡太守许贡客所杀。先是,策杀贡,贡小子与客亡匿江边。策单骑出,卒与客遇,客击伤策。②创甚,请张昭等谓曰:"中国方乱,夫以吴、越之众,三江之固,足以观成败。公等善相吾弟!"呼权佩以印绶,谓曰:"举江东之众,决机于两陈之间,与天下争衡,卿不如我;举贤任能,各尽其心,以保江东,我不如卿。"至夜卒,时年二十六。③**

①吴录曰:时有高岱者,隐于馀姚,策命出使会稽丞陆昭逆之,策虚己候焉。闻其善左传,乃自玩读,欲与论讲。或谓之曰:"高岱以将军但英武而已,无文学之才,若与论传而或云不知者,则某言符矣。"又谓岱曰:"孙将军为人,恶胜己者,若每问,当言不知,乃合意耳。如皆辨义,此必危殆。"岱以为然,及与论传,或答不知。策果怒,以为轻己,乃囚之。知交及时人皆露坐为请。策登楼,望见数里中填满。策恶其收众心,遂杀之。岱字孔文,吴郡人也,受性聪达,轻财贵义。其友士拔奇,取于未显,所友八人,皆世之英伟也。太守盛宪以为上计,举孝廉。许贡来领郡,岱将宪避难于许昭家,求救于陶谦。谦未即救,岱憔悴泣血,水浆不入口。

谦感其忠壮，有申包胥之义，许为出军，以书与贡。岱得谦书以还，而贡已囚其母。吴人大小皆为危竦，以贡宿忿，往必见害。岱言在君则为君，且母在牢狱，期于当往，若得入见，事自当解。遂通书自白，贡即与相见。才辞敏捷，好自陈谢。贡登时出其母。岱将见贡，语友人张允、沈暗令豫具船，以贡必悔，当追逐。出便将母乘船易道而逃。贡须臾遣人追之，令追者若及于船，江上便杀之，已过则止。使与岱错道，遂免。被诛时，年三十馀。

江表传曰：时有道士琅邪于吉，先寓居东方，往来吴会，立精舍，烧香读道书，制作符水以治病，吴会人多事之。策尝于郡城门楼上，集会诸将宾客，吉乃盛服杖小函，漆画之，名为仙人铧，趋度门下。诸将宾客三分之二下楼迎拜之，掌宾者禁呵不能止。策即令收之。诸事者，悉使妇女入见策母，请救之。母谓策曰："于先生亦助军作福，医护将士，不可杀之。"策曰："此子妖妄，能幻惑众心，远使诸将不复相顾君臣之礼，尽委策下楼拜之，不可不除也。"诸将复连名通白事陈乞之，策曰："昔南阳张津为交州刺史，舍前圣典训，废汉家法律，尝著绛帕头，鼓琴烧香，读邪俗道书，云以助化，卒为南夷所杀。此甚无益，诸君但未悟耳。今此子已在鬼箓，勿复费纸笔也。"即催斩之，县首于市。诸事者，尚不谓其死而云尸解焉，复祭祀求福。

志林曰：初顺帝时，琅邪宫崇诣阙上师于吉所得神书于曲阳泉水上，白素朱界，号太平青领道，凡百馀卷。顺帝至建安中，五六十岁，于吉是时近已百年，年在耄悼，礼不加刑。又天子巡狩，问百年者，就而见之，敬齿以亲爱，圣王之至教也。吉罪不及死，而暴加酷刑，是乃谬诛，非所以为美也。喜推考桓王之薨，建安五年四月四日。是时曹、袁相攻，未有胜负。案夏侯元让与石威则书，袁绍破后也。书云："授孙贲以长沙，业张津以零、桂。"此为桓王于前亡，张津于后死，不得相让，譬言津之死意矣。

臣松之案：太康八年，广州大中正王范上交广二州春秋。建安六年，张津犹为交州牧。江表传之虚如志林所云。

搜神记曰：策欲渡江袭许，与吉俱行。时大旱，所在焦历。策催诸将士使速引船，或身自早出督切，见将吏多在吉许，策因此激怒，言："我为不如于吉邪，而先趋务之？"便使收吉。至，呵问之曰："天旱不雨，道途艰涩，不时得过，故自早出，而卿不同忧戚，安坐船中作鬼物态，败吾部伍，今当相除。"令人缚置地上暴之，使请雨，若能感天日中雨者，当原赦，不尔行诛。俄而云气上蒸，肤寸而合，比至日中，大雨总至，溪涧盈溢。将士喜悦，以为吉必见原，并往庆慰，策遂杀之。将士哀惜，共藏其尸。天夜，忽更兴云覆之；明旦往视，不知所在。

案江表传、搜神记于吉事不同，未详孰是。

② 江表传曰：广陵太守陈登治射阳，登即瑀之从兄子也。策前西征，登阴复遣间使，以印绶与严白虎馀党，图为后害，以报瑀见破之辱。策归，复讨登。军到丹徒，须待运粮。策性好猎，将步骑数出。策驱驰逐鹿，所乘马精骏，从骑绝不能及。初，吴郡太守许贡上表于汉帝曰："孙策骁雄，与项籍相似，宜加贵宠，召还京邑。若被诏不得不还，若放于外必作世患。"策候吏得贡表，以示策。策请贡相见，以责让贡。贡辞无表，策即令武士绞杀之。贡奴客潜民间，欲为贡报雠。猎日，卒有三人即贡客也。策问："尔等何人？"答云："是韩当兵，在此射鹿耳。"策曰："当兵吾皆识之，未尝见汝等。"因射一人，应弦而倒。馀二人怖急，便举弓射策，中颊。后骑寻至，皆刺杀之。

九州春秋曰：策闻曹公北征柳城，悉起江南之众，自号大司马，将北袭许，恃其勇，行不设备，故及于难。

孙盛异同评曰：凡此数书，各有所失。孙策虽威行江外，略有六郡，然黄祖乘其上流，陈登间其心腹，且深险强宗，未尽归复，曹、袁虎争，势倾山海，策岂暇远师汝、颍，而迁帝于吴、越哉？斯盖庸人之所鉴见，况策达于事势者乎？又案袁绍以建安五年至黎阳，而策以四月遇害，而志云策闻曹公与绍相拒于官渡，谬矣。伐登之言，为有证也。

又江表传说策悉识韩当军士，疑此为诈，便射杀一人。夫三军将士或有新附，策为大将，何能悉识？以所不识，便射杀之，非其论也。又策见杀在五年，柳城之役在十二年，九州春秋乖错尤甚矣。

臣松之案：傅子亦云曹公征柳城，将袭许。记述若斯，何其疏哉！然孙盛所讥,未为悉是。<u>黄祖</u>始被<u>策</u>破,魂气未反,且<u>刘表</u>君臣本无兼并之志,[9]虽在上流,何办规拟<u>吴会</u>?<u>策</u>之此举,理应先图<u>陈登</u>,但举兵所在,不止登而已。于时强宗骁帅,<u>祖郎</u>、<u>严虎</u>之徒,禽灭已尽,所馀山越,盖何足虑?然则<u>策</u>之所规,未可谓之不暇也。若使<u>策</u>志获从,大权在手,<u>淮</u>、<u>泗</u>之间,所在皆可都,何必毕志江外,其当迁帝于<u>扬</u>、<u>越</u>哉?案<u>魏武纪</u>,<u>武帝</u>以<u>建安</u>四年已出屯<u>官渡</u>,乃<u>策</u>未死之前,久与<u>袁绍</u>交兵,则<u>国志</u>所云不为谬也。<u>许贡</u>客,无闻之小人,而能感识恩遇,临义忘生,卒然奋发,有件古烈矣。诗云:"君子有徽猷,小人与属。"<u>贡</u>客其有焉。

③<u>吴历</u>曰:<u>策</u>既被创,医言可治,当好自将护,百日勿动。<u>策</u>引镜自照,谓左右曰:"面如此,尚可复建功立事乎?"椎几大奋,创皆分裂,其夜卒。

<u>搜神记</u>曰:<u>策</u>既杀<u>于吉</u>,每独坐,仿佛见<u>吉</u>在左右,意深恶之,颇有失常。后治创方差,而引镜自照,见<u>吉</u>在镜中,顾而弗见,如是再三,因扑镜大叫,创皆崩裂,须臾而死。

<u>权</u>称尊号,追谥<u>策</u>曰<u>长沙桓王</u>,封子<u>绍</u>为<u>吴侯</u>,后改封<u>上虞</u>侯。<u>绍</u>卒,子<u>奉</u>嗣。<u>孙皓</u>时,讹言谓<u>奉</u>当立,诛死。

评曰:<u>孙坚</u>勇挚刚毅,孤微发迹,导<u>温</u>戮<u>卓</u>,山陵杜塞,有忠壮之烈。<u>策</u>英气杰济,猛锐冠世,览奇取异,志陵中夏。然皆轻佻果躁,陨身致败。且割据<u>江东</u>,<u>策</u>之基兆也,而<u>权</u>尊崇未至,子止侯爵,于义俭矣。①

①<u>孙盛</u>曰:<u>孙氏</u>兄弟皆明略绝群。创基立事,<u>策</u>之由也,且临终之日,顾命委<u>权</u>。夫意气之间,犹有刎颈,况天伦之笃爱,豪达之英鉴,岂吝名号于既往,违本情之至实哉?抑将远思虚盈之数,而慎其名器者乎?夫正本定名,为国之大防;杜绝疑贰,消衅之良谟。是故<u>鲁隐</u>秉义,终致<u>羽父</u>之祸;<u>宋宣</u>怀仁,卒有<u>殇公</u>之哀。皆心存小善,而不达经纶之图;求誉当年,而不思贻厥之谋。可谓轻千乘之国,蹈道则未也。<u>孙氏</u>因扰攘之际,得奋其纵横之志,业非积德之基,邦无磐石之固,势一则禄祚必终,情乖则祸乱尘起,安可不防微于未兆,虑难于将来?壮哉!<u>策</u>为首事之君,

有吴开国之主;将相在列,皆其旧也,而嗣子弱劣,析薪弗荷,奉之则鲁桓、田市之难作,崇之则与夷、子冯之祸兴。是以正名定本,使贵贱殊邈,然后国无陵肆之责,后嗣罔猜忌之嫌,群情绝异端之论,不逞杜觊觎之心;于情虽违,于事虽俭,至于括囊远图,永保维城,可谓为之于其未有,治之于其未乱者也。陈氏之评,其未达乎!

【校勘记】

〔1〕三十六方一旦俱发　方,原作"万",据何焯校本改。

〔2〕而渡辽儿果断葵园　葵,原作"蔡",据后汉书卷七二董卓传改。

〔3〕于穤东屯横江津　东,原作"陈";屯横,原作"横屯"。据三国志集解赵一清说改。

〔4〕有永固之分　有上原衍"同"字,据何焯校本删。

〔5〕然河北通谋黑山　然,原作"於",据后汉书卷七五袁术传改。

〔6〕始闻其言以为不然　原脱"始"字,据何焯校本补。

〔7〕乃使人讽诵　乃,原作"及",据何焯校本改。

〔8〕斩虎韩晞已下二万馀级　虎下原衍"狼"字,据三国志考证卷七删。

〔9〕且刘表君臣本无兼并之志　且,原作"但",三国志集解何焯曰:"但字,安溪改且。"今从之。

# 三国志卷四十七　吴书二

## 吴 主 传 第 二

孙权字仲谋。兄策既定诸郡,时权年十五,以为阳羡长。①郡察孝廉,州举茂才,行奉义校尉。汉以策远修职贡,遣使者刘琬加锡命。琬语人曰:"吾观孙氏兄弟虽各才秀明达,然皆禄祚不终,惟中弟孝廉,形貌奇伟,骨体不恒,有大贵之表,年又最寿,尔试识之。"

①江表传曰:坚为下邳丞时,权生,方颐大口,目有精光,坚异之,以为有贵象。及坚亡,策起事江东,权常随从。性度弘朗,仁而多断,好侠养士,始有知名,侔于父兄矣。每参同计谋,策甚奇之,自以为不及也。每请会宾客,常顾权曰:"此诸君,汝之将也。"

建安四年,从策征庐江太守刘勋。勋破,进讨黄祖于沙羡。

五年,策薨,以事授权,权哭未及息。策长史张昭谓权曰:"孝廉,此宁哭时邪?且周公立法而伯禽不师,非欲违父,时不得行也。①况今奸宄竞逐,豺狼满道,乃欲哀亲戚,顾礼制,是犹开门而揖盗,未可以为仁也。"乃改易权服,扶令上马,使出巡军。

是时惟有会稽、吴郡、丹杨、豫章、庐陵，然深险之地犹未尽从，而天下英豪布在州郡，宾旅寄寓之士以安危去就为意，未有君臣之固。张昭、周瑜等谓权可与共成大业，故委心而服事焉。曹公表权为讨虏将军，领会稽太守，屯吴，使丞之郡行文书事。待张昭以师傅之礼，而周瑜、程普、吕范等为将率。招延俊秀，聘求名士，鲁肃、诸葛瑾等始为宾客。分部诸将，镇抚山越，讨不从命。②

①臣松之按礼记曾子问子夏曰："三年之丧，金革之事无避也者，礼与？初有司与？"孔子曰："吾闻诸老聃曰，昔者鲁公伯禽有为为之也。"郑玄注曰："周人卒哭而致事。时有徐戎作难，伯禽卒哭而征之，急王事也。"昭所云"伯禽不师"，盖谓此也。

②江表传曰：初策表用李术为庐江太守，策亡之后，术不肯事权，而多纳其亡叛。权移书求索，术报曰："有德见归，无德见叛，不应复还。"权大怒，乃以状白曹公曰："严刺史昔为公所用，又是州举将，而李术凶恶，轻犯汉制，残害州司，肆其无道，宜速诛灭，以惩丑类。今欲讨之，进为国朝扫除鲸鲵，退为举将报塞怨雠，此天下达义，夙夜所甘心。术必惧诛，复诡说求救。明公所居，阿衡之任，海内所瞻，愿敕执事，勿复听受。"是岁举兵攻术于皖城。术闭门自守，求救于曹公。曹公不救。粮食乏尽，妇女或丸泥而吞之。遂屠其城，枭术首，徙其部曲三万馀人。

七年，权母吴氏薨。

八年，权西伐黄祖，破其舟军，惟城未克，而山寇复动。还过豫章，使吕范平鄱阳，程普讨乐安，[1]太史慈领海昏，韩当、周泰、吕蒙等为剧县令长。

九年，权弟丹杨太守翊为左右所害，以从兄瑜代翊。①

①吴录曰：是时权大会官寮，沈友有所是非，令人扶出，谓曰："人言卿欲反。"友知不得脱，乃曰："主上在许，有无君之心者，可谓非反

乎?"遂杀之。友字子正,吴郡人。年十一,华歆行风俗,见而异之,因呼曰:"沈郎,可登车语乎?"友逡巡却曰:"君子讲好,会宴以礼,今仁义陵迟,圣道渐坏,先生衔命,将以裨补先王之教,整齐风俗,而轻脱威仪,犹负薪救火,无乃更崇其炽乎!"歆惭曰:"自桓、灵以来,虽多英彦,未有幼童若此者。"弱冠博学,多所贯综,善属文辞。兼好武事,注孙子兵法。又辨于口,每所至,众人皆默然,莫与为对,咸言其笔之妙,舌之妙,刀之妙,三者皆过绝于人。权以礼聘,既至,论王霸之略,当时之务,权敛容敬焉。陈荆州宜并之计,纳之。正色立朝,清议峻厉,为庸臣所谮,诬以谋反。权亦以终不为己用,故害之,时年二十九。

十年,权使贺齐讨上饶,分为建平县。

十二年,西征黄祖,虏其人民而还。

十三年春,权复征黄祖,祖先遣舟兵拒军,都尉吕蒙破其前锋,而凌统、董袭等尽锐攻之,遂屠其城。祖挺身亡走,骑士冯则追枭其首,虏其男女数万口。是岁,使贺齐讨黝、歙,黝音伊。歙音摄。分歙为始新、新定、①犁阳、休阳县,②以六县为新都郡。荆州牧刘表死,鲁肃乞奉命吊表二子,且以观变。肃未到,而曹公已临其境,表子琮举众以降。刘备欲南济江,肃与相见,因传权旨,为陈成败。备进住夏口,使诸葛亮诣权,权遣周瑜、程普等行。是时曹公新得表众,形势甚盛,诸议者皆望风畏惧,多劝权迎之。③惟瑜、肃执拒之议,意与权同。瑜、普为左右督,各领万人,与备俱进,遇于赤壁,大破曹公军。公烧其馀船引退,士卒饥疫,死者大半。备、瑜等复追至南郡,曹公遂北还,留曹仁、徐晃于江陵,使乐进守襄阳。时甘宁在夷陵,为仁党所围,用吕蒙计,留凌统以拒仁,以其半救宁,军以胜反。权自率众围合肥,使张昭攻九江之当涂。昭兵不利,权攻城逾月不能下。曹公自荆州还,遣张喜将骑赴合肥。未至,权退。

①吴录曰：晋改新定为遂安。

②吴录曰：晋改休阳为海宁。

③江表传载曹公与权书曰："近者奉辞伐罪，旄麾南指，刘琮束手。今治水军八十万众，方与将军会猎于吴。"权得书以示群臣，莫不向震失色。

十四年，瑜、仁相守岁馀，所杀伤甚众。仁委城走。权以瑜为南郡太守。刘备表权行车骑将军，领徐州牧。备领荆州牧，屯公安。

十五年，分豫章为鄱阳郡；分长沙为汉昌郡，以鲁肃为太守，屯陆口。

十六年，权徙治秣陵。明年，城石头，改秣陵为建业。闻曹公将来侵，作濡须坞。

十八年正月，曹公攻濡须，权与相拒月馀。曹公望权军，叹其齐肃，乃退。①初，曹公恐江滨郡县为权所略，征令内移。民转相惊，自庐江、九江、蕲春、广陵户十馀万皆东渡江，江西遂虚，合肥以南惟有皖城。

①吴历曰：曹公出濡须，作油船，夜渡洲上。权以水军围取，得三千馀人，其没溺者亦数千人。权数挑战，公坚守不出。权乃自来，乘轻船，从濡须口入公军。诸将皆以为是挑战者，欲击之。公曰："此必孙权欲身见吾军部伍也。"敕军中皆精严，弓弩不得妄发。权行五六里，回还作鼓吹。公见舟船器仗军伍整肃，喟然叹曰："生子当如孙仲谋，刘景升儿子若豚犬耳！"权为笺与曹公，说："春水方生，公宜速去。"别纸言："足下不死，孤不得安。"曹公语诸将曰："孙权不欺孤。"乃军还。

魏略曰：权乘大船来观军，公使弓弩乱发，箭著其船，船偏重将覆，权因回船，复以一面受箭，箭均船平，乃还。

十九年五月，权征皖城。闰月，克之，获庐江太守朱光及参军董和,男女数万口。是岁刘备定蜀。权以备已得益州,令诸葛瑾从求荆州诸郡。备不许,曰:"吾方图凉州,凉州定,乃尽以荆州与吴耳。"权曰:"此假而不反,而欲以虚辞引岁。"遂置南三郡长吏,关羽尽逐之。权大怒,乃遣吕蒙督鲜于丹、徐忠、孙规等兵二万取长沙、零陵、桂阳三郡,使鲁肃以万人屯巴丘①以御关羽。权住陆口,为诸军节度。蒙到,二郡皆服,惟零陵太守郝普未下。会备到公安,使关羽将三万兵至益阳,权乃召蒙等使还助肃。蒙使人诱普,普降,尽得三郡将守,因引军还,与孙皎、潘璋并鲁肃兵并进,拒羽于益阳。未战,会曹公入汉中,备惧失益州,使使求和。权令诸葛瑾报,更寻盟好,遂分荆州长沙、江夏、桂阳以东属权,南郡、零陵、武陵以西属备。备归,而曹公已还。权反自陆口,遂征合肥。合肥未下,军还。兵皆就路,权与凌统、甘宁等在津北为魏将张辽所袭,统等以死扞权,权乘骏马越津桥得去。②

① 巴丘今日巴陵。

② 献帝春秋曰:张辽问吴降人:"向有紫髯将军,长上短下,便马善射,是谁?"降人答曰:"是孙会稽。"辽及乐进相遇,言不早知之,急追自得,举军叹恨。

江表传曰:权乘骏马上津桥,桥南已见彻,丈余无版。谷利在马后,使权持鞍缓控,利于后著鞭,以助马势,遂得超度。权既得免,即拜利都亭侯。谷利者,本左右给使也,以谨直为亲近监,性忠果亮烈,言不苟且,权爱信之。

二十一年冬,曹公次于居巢,遂攻濡须。

二十二年春,权令都尉徐详诣曹公请降,公报使修好,誓重结婚。

二十三年十月,权将如吴,亲乘马射虎于庱亭。庱音摅陵反。马为虎所伤,权投以双戟,虎却废,常从张世击以戈,获之。

二十四年，关羽围曹仁于襄阳，曹公遣左将军于禁救之。会汉水暴起，羽以舟兵尽虏禁等步骑三万送江陵，惟城未拔。权内惮羽，外欲以为己功，笺与曹公，乞以讨羽自效。曹公且欲使羽与权相持以斗之，驿传权书，使曹仁以弩射示羽。羽犹豫不能去。闰月，权征羽，先遣吕蒙袭公安，获将军士仁。蒙到南郡，南郡太守麋芳以城降。蒙据江陵，抚其老弱，释于禁之囚。陆逊别取宜都，获秭归、枝江、夷道，还屯夷陵，守峡口以备蜀。关羽还当阳，西保麦城。权使诱之。羽伪降，立幡旗为象人于城上，因遁走，兵皆解散，尚十馀骑。权先使朱然、潘璋断其径路。十二月，璋司马马忠获羽及其子平、都督赵累等于章乡，遂定荆州。是岁大疫，尽除荆州民租税。曹公表权为骠骑将军，假节领荆州牧，封南昌侯。权遣校尉梁寓奉贡于汉，及令王惇市马，又遣朱光等归。①

①魏略曰：梁寓字孔儒，吴人也。权遣寓观望曹公，曹公因以为掾，寻遣还南。

二十五年春正月，曹公薨，太子丕代为丞相魏王，改年为延康。秋，魏将梅敷使张俭求见抚纳。南阳阴、酂、筑阳筑音逐。山都、中庐五县民五千家来附。冬，魏嗣王称尊号，改元为黄初。二年四月，刘备称帝于蜀。①权自公安都鄂，改名武昌，以武昌、下雉、寻阳、阳新、柴桑、沙羡六县为武昌郡。五月，建业言甘露降。八月，城武昌，下令诸将曰："夫存不忘亡，安必虑危，古之善教。昔隽不疑汉之名臣，于安平之世而刀剑不离于身，盖君子之于武备，不可以已。况今处身疆畔，豺狼交接，而可轻忽不思变难哉？顷闻诸将出入，各尚谦约，不从人兵，甚非备虑爱身之谓。夫保己遗名，以安君亲，孰与危辱？宜深警戒，务崇其大，副孤意焉。"自魏文帝践阼，权使命称藩，及遣于禁等还。十一月，策命权曰："盖圣王之法,以德设爵,以功制禄;劳大者禄厚,德盛者礼丰。故叔旦有夹辅之勋,太公有鹰扬之功,并启土宇,并受备物,所以表章元功,殊异贤哲也。近汉高祖受命之初,分裂膏腴以王八姓,斯则前世之懿事,后王之元龟也。朕以不德,承运革命,君临万国,秉统天机,思齐先代,坐而待旦。惟君天资忠亮,命世作佐,深睹历数,达见废兴,远遣行人,浮于潜汉。②望风影附,抗疏称藩,兼纳纤绨南方之贡,普遣诸将来还本朝,忠肃内发,款诚外昭,信著金石,义盖山河,朕甚嘉焉。今封君为吴王,使使持节太常高平侯贞,授君玺绶策书、金虎符第一至第五、左竹使符第一至第十,以大将军使持节督交州,领荆州牧事,锡君青土,苴以白茅,对扬朕命,以尹东夏。其上故骠骑将军南昌侯印绶符策。今又加君九锡,其敬听后命。以君绥安东南,纲纪江外,民夷安业,无或携贰,是用锡君大辂、戎辂各一,玄牡二驷。君务财劝农,仓库盈积,是用锡君衮冕之服,赤舄副焉。君化民以德,礼教兴行,是用锡君轩县之乐。君宣导休风,怀柔百越,是用锡君朱户以居。君运其才谋,官方任贤,是用锡君纳陛以登。君忠勇并奋,清除奸慝,是用锡君虎贲之士百人。君振威陵迈,宣力荆南,枭灭凶丑,罪人斯得,是用锡君鈇钺各一。君文和于内,武信于外,是用锡君彤弓一、彤矢百、玈弓十、玈矢千。君以忠肃为基,恭俭为德,是用锡君秬鬯一卣,圭瓒副焉。钦哉!敬敷训典,以服朕命,以勖相我国家,永终尔显烈。"③是岁,刘备帅军来伐,至巫山、秭归,使使诱导武陵蛮夷,假与印传,许之封赏。于是诸县及五谿民皆反为蜀。权以陆逊为督,督朱然、潘璋等以拒之。遣都尉赵咨使魏。魏帝问曰:"吴王何等主也?"咨对曰:"聪明仁智,雄略之主也。"帝问其状,咨曰:"纳鲁肃于凡品,是其聪也;拔吕蒙于行陈,是其明也;获于禁而不害,是其仁也;取荆州而兵不血刃，是其智也；据三州虎视于天下，是其雄也；屈身于陛下，是其略也。"④帝欲封权子登，权以登年幼，上书辞封，重遣西曹掾沈珩陈谢，并献方物。⑤立登为王太子。⑥

①魏略曰：权闻魏文帝受禅而刘备称帝，乃呼问知星者，己分野中星气何如，遂有僭意。而以位次尚少，无以威众，又欲先卑而后踞之，为卑则可以假宠，后踞则必致讨，致讨然后可以怒众，众怒然后可以自大，故深绝蜀而专事魏。

②禹贡曰：沱、潜既道，注曰："水自江出为沱，汉为潜。"

③江表传曰：权群臣议，以为宜称上将军九州伯，不应受魏封。权曰："九州伯，于古未闻也。昔沛公亦受项羽拜为汉王，此盖时宜耳，复何损邪？"遂受之。

孙盛曰："昔伯夷、叔齐不屈有周，鲁仲连不为秦民。夫以匹夫之志，犹义不辱，况列国之君三分天下，而可二三其节，或臣或否乎？余观吴、蜀，咸称奉汉，至于汉代，莫能固秉臣节，君子是以知其不能克昌厥后，卒见吞于大国也。向使权从群臣之议，终身称汉将，岂不义悲六合，仁感百世哉！"

④吴书曰：咨字德度，南阳人，博闻多识，应对辩捷，权为吴王，擢中大夫，使魏。魏文帝善之，嘲咨曰："吴王颇知学乎？"咨曰："吴王浮江万艘，带甲百万，任贤使能，志存经略，虽有余闲，博览书传历史，藉采奇异，不效诸生寻章摘句而已。"帝："吴可征不？"咨对曰："大国有征伐之兵，小国有备御之固。"又曰："吴难魏不？"咨曰："带甲百万，江、汉为池，何难之有？"又曰："吴如大夫者几人？"咨曰："聪明特达者八九十人，如臣之比，车载斗量，不可胜数。"咨频载使北，魏人敬异。[2]权闻而嘉之，拜骑都尉。咨言曰："观北方终不能守盟，今日之计，朝廷承汉四百之际，应东南之运，宜改年号，正服色，以应天顺民。"权纳之。

⑤吴书曰：珩字仲山，吴郡人，少综经艺，尤善春秋内、外传。权以珩有智谋，能专对，乃使至魏。魏文帝问曰："吴嫌魏东向乎？"珩曰："不

嫌。"曰："何以?"曰："信恃旧盟,言归于好,是以不嫌。若**魏**渝盟,自有豫备。"又问："闻太子当来,宁然乎?"**珩**曰："臣在东朝,朝不坐,宴不与,若此之议,无所闻也。"**文帝**善之,乃引**珩**自近,谈语终日。**珩**随事响应,无所屈服。**珩**还言曰："臣密参侍中刘晔,数为贼设奸计,终不久悫。臣闻兵家旧论,不恃敌之不我犯,恃我之不可犯,今为朝廷虑之。且当省息他役,惟务农桑以广军资;修缮舟车,增作战具,令皆兼盈;抚养兵民,使各得其所;揽延英俊,奖励将士,则天下可图矣。"以奉使有称,封**永安乡侯**,官至少府。

⑥**江表传**曰:是岁**魏文帝**遣使求雀头香、大贝、明珠、象牙、犀角、瑇瑁、孔雀、翡翠、斗鸭、长鸣鸡。群臣奏曰:"**荆**、**扬**二州,贡有常典,**魏**所求珍玩之物非礼也,宜勿与。"**权**曰:"昔**惠施**尊**齐**为王,客难之曰:'公之学去尊,今王**齐**,何其倒也?'**惠子**曰:'有人于此,欲击其爱子之头,而石可以代之,子头所重而石所轻也,以轻代重,何为不可乎?'方有事于西北,**江表**元元,恃主为命,非我爱子邪?彼所求者,于我瓦石耳,孤何惜焉?彼在谅闇之中,而所求若此,宁可与言礼哉!"皆具以与之。

　　**黄武**元年春正月,**陆逊**部将军**宋谦**等攻**蜀**五屯,皆破之,斩其将。三月,**鄱阳**言黄龙见。**蜀**军分据险地,前后五十馀营,**逊**随轻重以兵应拒,自正月至闰月,大破之,临陈所斩及投兵降首数万人。**刘备**奔走,仅以身免。①

①**吴历**曰:**权**以使聘**魏**,具上破**备**获印绶及首级、所得土地,并表将吏功勤宜加爵赏之意。**文帝**报使,致鼲子裘、明光铠、骓马,又以素书所作**典论**及诗赋与**权**。

　　**魏书**载诏答曰:"老**虏**边窜,越险深入,旷日持久,内迫罢弊,外困智力,故见身于**鸡头**,分兵拟**西陵**,其计不过谓可转足前迹以摇动**江东**。根未著地,摧折其支,虽未剺备五脏,使身首分离,其所降诛,亦足使**虏**部众凶惧。昔**吴汉**先烧**荆门**,后发**夷陵**,而**子阳**无所逃其死;**来歙**始袭**略阳**,**文叔**喜之,而知**隗嚣**无所施其巧。今讨此**虏**,正似其事,将军勉建方略,务全独克。”

初权外托事魏,而诚心不款。魏乃遣侍中辛毗、尚书桓阶往与盟誓,并征任子,权辞让不受。秋九月,魏乃命曹休、张辽、臧霸出洞口,曹仁出濡须,曹真、夏侯尚、张郃、徐晃围南郡。权遣吕范等督五军,以舟军拒休等,诸葛瑾、潘璋、杨粲救南郡,朱桓以濡须督拒仁。时扬、越蛮夷多未平集,内难未弭,故权卑辞上书,求自改厉,“若罪在难除,必不见置,当奉还土地民人,乞寄命交州,以终馀年。”文帝报曰:“君生于扰攘之际,本有从横之志,降身奉国,以享兹祚。自君策名已来,贡献盈路。讨备之功,国朝仰成。埋而掘之,古人之所耻。①朕之与君,大义已定,岂乐劳师远临江汉?廊庙之议,王者所不得专;三公上君过失,皆有本末。朕以不明,虽有曾母投杼之疑,犹冀言者不信,以为国福。故先遣使者犒劳,又遣尚书、侍中践修前言,以定任子。君遂设辞,不欲使进,议者怪之。②又前都尉浩周劝君遣子,乃实朝臣交谋,以此卜君,君果有辞,外引隗嚣遣子不终,内喻窦融守忠而已。世殊时异,人各有心。浩周之还,口陈指麾,益令议者发明众嫌,终始之本,无所据仗,故遂俯仰从群臣议。今省上事,款诚深至,心用慨然,凄怆动容。即日下诏,敕诸军但深沟高垒,不得妄进。若君必效忠节,以解疑议,登身朝到,夕召兵还。此言之诚,有如大江!”③权遂改年,临江拒守。冬十一月,大风,范等兵溺死者数千,馀军还江南。曹休使臧霸以轻船五百、敢死万人袭攻徐陵,烧攻城车,杀略数千人。将军全琮、徐盛追斩魏将尹卢,杀获数百。十二月,权使太中大夫郑泉聘刘备于白帝,始复通也。④然犹与魏文帝相往来,至后年乃绝。是岁改夷陵为西陵。

①国语曰:狸埋之,狸掘之,是以无成功。

②魏略载魏三公奏曰:“臣闻枝大者披心,尾大者不掉,有国有家之所

慎也。昔汉承秦弊，天下新定，大国之王，臣节未尽，以萧、张之谋不备录之，至使六王前后反叛，已而伐之，戎车不辍。又文、景守成，忘战戢役，骄纵吴、楚，养虺成蛇，既为社稷大忧，盖前事之不忘，后事之师也。吴王孙权，幼竖小子，无尺寸之功，遭遇兵乱，因父兄之绪，少蒙翼卵昫伏之恩，长含鸱枭反逆之性，背弃天施，罪恶积大。复与关羽更相觇伺，逐利见便，挟为卑辞。先帝知权奸以求用，时以于禁败于水灾，等当讨羽，因以委权。先帝委裘下席，权不尽心，诚在恻怛，欲因大丧，寡弱王室，希托董桃传先帝令，乘未得报许，擅取襄阳，及见驱逐，乃更折节。邪辟之态，巧言如流，虽重驿累使，发遣禁等，内包隐匿顾望之奸，外欲缓诛，支仰蜀贼。圣朝含弘，既加不忍，优而赦之，与之更始，猥乃割地王之，使南面称孤，兼官累位，礼备九命，名马百驷，以成其势，光宠显赫，古今无二。权为犬羊之姿，横被虎豹之文，不思靖力致死之节，以报无量不世之恩。臣每见所下权前后章表，又以愚意采察权旨，自以阻带江湖，负固不服，狙恶累世，诈伪成功，上有尉佗、英布之计，下诵伍被屈强之辞，终非不侵不叛之臣。以为晁错不发削弱王侯之谋，则七国同衡，祸久而大；蒯通不决袭历下之策，则田横自虑，罪深变重。臣谨考之周礼九伐之法，平权凶恶，逆节萌生，见罪十五。昔九黎乱德，黄帝加诛；项羽罪十，汉祖不舍。权所犯罪衅明白，非仁恩所养，宇宙所容。臣请免权官，鸿胪削爵土，捕治罪。敢有不从，移兵进讨，以明国典好恶之常，以静三州元元之苦。"其十五条，文多不载。

③魏略曰：浩周字孔异，上党人。建安中仕为萧令，至徐州刺史。后领护于禁军，军没，为关羽所得。权袭羽，并得周，甚礼之。及文帝即王位，权乃遣周，为笺魏王曰："昔讨关羽，获于将军，即白先王，当发遣之。此乃奉款之心，不言而发。先王未深留意，而谓权中间复有异图，愚情惓惓，用未果决。遂值先王委离国祚，殿下承统，下情始通。公私契阔，未获备举，是令本誓未即昭显。梁寓传命，委曲周至，深知殿下以为意望。权之赤心，不敢有他，愿垂明恕，保权所执。谨遣浩周、东里衮，至情至实，皆周等所具。"又曰："权本性空薄，文武不

昭,昔承父兄成军之绪,得为先王所见奖饰,遂因国恩,抚绥东土。而中间寡虑,庶事不明,畏威忘德,以取重戾。先王恩仁,不忍遐弃,既释其宿罪,且开明信。虽致命虏廷,枭获关羽,功效浅薄,未报万一。事业未究,先王即世。殿下践阼,威仁流迈,私惧情愿未蒙昭察。梁寓来到,具知殿下不遂疏远,必欲抚录,追本先绪。权之得此,欣然踊跃,心开目明,不胜其庆。权世受宠遇,分义深笃,今日之事,永执一心,惟察偻偻,重垂含覆。"又曰:"先王以权推诚已验,军当引还,故除合肥之守,著南北之信,令权长驱不复后顾。近得守将周泰、全琮等白事,过月六日,有马步七百,径到横江,又督将马和复将四百人进到居巢,琮等闻有兵马渡江,视之,为兵马所击,临时交锋,大相杀伤。卒得此问,情用恐惧。权实在远,不豫闻知,约敕无素,敢谢其罪。又闻张征东、朱横海今复还合肥,先王盟要,由来未久,且权自度未获罪衅,不审今者何以发起,牵军远次?事业未讫,甫当为国讨除贼备,重闻斯问,深使失图。凡远人所恃,在于明信,愿殿下克卒前分,开示坦然,使权誓命,得卒本规。凡所愿言,周等所当传也。"初东里衮为于禁军司马,前与周俱没,又俱还到,有诏皆见。帝问周等,周以为权必臣服,而东里衮谓其不可必服。帝悦周言,以为有以知之。是岁冬,魏王受汉禅,遣使以权为吴王,诏使周与使者俱往。周既致诏命,时与权私宴,谓权曰:"陛下未信王遣子入侍也,周以阖门百口明之。"权因字谓周曰:"浩孔异,卿乃以举家百口保我,我当何言邪?"遂流涕沾襟。及与周别,又指天为誓。周还之后,权不遣子而设辞,帝乃久留其使。到八月,权上书谢,又与周书曰:"自道路开通,不忘修意。既新奉国命加知起居,假以河北,故使情问不获果至。望想之劳,曷云其已。孤以空暗,分信不昭,中间招罪,以取弃绝,幸蒙国恩,复见赦宥,喜乎与君克卒本图。传不云乎,虽不能始,善终可也。"又曰:"昔君之来,欲令道子入侍,于时倾心欲以承命,徒以登年幼,欲假年岁之间耳。而赤情未蒙昭信,遂见讨责,常用惭怖。自顷国恩,复加开导,忘其前愆,取其后效,喜得因此寻竟本誓。前已有表具说遣子之意,想君假还,已知之也。"又曰：“今子当入侍，而未有妃耦，昔君念之，以为可上连缀宗室若<u>夏侯氏</u>，虽中间自弃，常奉戢在心。当垂宿念，为之先后，使获攀龙附骥，永自固定。其为分惠，岂有量哉！如是欲遣<u>孙长绪</u>与小儿俱入，奉行礼聘，成之在君。”又曰：“小儿年弱，加教训不足，念当与别，为之缋然，父子恩情，岂有已邪！又欲遣<u>张子布</u>追辅护之。孤性无馀，凡所欲为，今尽宣露。惟恐赤心不先畅达，是以具为君说之，宜明所以。”于是诏曰：“<u>权</u>前对<u>浩周</u>，自陈不敢自远，乐委质长为外臣，又前后辞旨，头尾击地，此鼠子自知不能保尔许地也。又今与<u>周</u>书，请以十二月遣子，复欲遣<u>孙长绪</u>、<u>张子布</u>随子俱来，彼二人皆<u>权</u>股肱心腹也。又欲为子于京师求妇，此<u>权</u>无异心之明效也。”帝既信<u>权</u>甘言，且谓<u>周</u>为得其真，而<u>权</u>但华伪，竟无遣子意。自是之后，帝既彰<u>权</u>罪，<u>周</u>亦见疏远，终身不用。

④<u>江表传</u>曰：<u>权</u>云：“近得<u>玄德</u>书，已深引咎，求复旧好。前所以名<u>西</u>为<u>蜀</u>者，以<u>汉</u>帝尚存故耳，今<u>汉</u>已废，自可名为<u>汉中王</u>也。”

<u>吴书</u>曰：<u>郑泉</u>字<u>文渊</u>，<u>陈郡</u>人。博学有奇志，而性嗜酒，其闲居每曰：“愿得美酒满五百斛船，以四时甘脆置两头，反覆没饮之，惫即住而啖肴膳。酒有斗升减，随即益之，不亦快乎！”<u>权</u>以为郎中。尝与之言：“卿好于众中面谏，或失礼敬，宁畏龙鳞乎？”对曰：“臣闻君明臣直，今值朝廷上下无讳，实恃洪恩，不畏龙鳞。”后侍谯，<u>权</u>乃怖之，使提出付有司促治罪。<u>泉</u>临出屡顾，<u>权</u>呼还，笑曰：“卿言不畏龙鳞，何以临出而顾乎？”对曰：“实恃恩覆，知无死忧，至当出阁，感惟威灵，不能不顾耳。”使<u>蜀</u>，<u>刘备</u>问曰：“<u>吴王</u>何以不答吾书，得无以吾正名不宜乎？”<u>泉</u>曰：“<u>曹操</u>父子陵轹<u>汉</u>室，终夺其位。殿下既为宗室，有维城之责，不荷戈执殳为海内率先，而于是自名，未合天下之议，是以寡君未复书耳。”<u>备</u>甚惭恧。<u>泉</u>临卒，谓同类曰：“必葬我陶家之侧，庶百岁之后化而成土，幸见取为酒壶，实获我心矣。”

　　二年春正月，<u>曹真</u>分军据<u>江陵</u>中州。是月，城<u>江夏山</u>。改四分，用乾象历。①三月，<u>曹仁</u>遣将军<u>常彫</u>等，以兵五千，乘油船，晨渡<u>濡</u>

须中州。仁子泰因引军急攻朱桓,桓兵拒之,遣将军严圭等击破彤等。是月,魏军皆退。夏四月,权群臣劝即尊号,权不许。②刘备薨于白帝。③五月,曲阿言甘露降。先是戏口守将晋宗杀将王直,以众叛如魏,魏以为蕲春太守,数犯边境。六月,权令将军贺齐督糜芳、刘邵等袭蕲春,邵等生虏宗。冬十一月,蜀使中郎将邓芝来聘。④

①江表传曰:权推五德之运,以为土行用未祖辰腊。

志林曰:土行以辰腊,得其数矣。土盛于戌,而以未祖,其义非也。土生于未,故未为坤初。是以月令:建未之月,祀黄精于郊,祖用其盛。今祖用其始,岂应运乎?

②江表传曰:权辞让曰:"汉家堙替,不能存救,亦何心而竞乎?"群臣称天命符瑞,固重以请。权未之许,而谓将相曰:"往年孤以玄德方向西鄙,故先命陆逊选众以待之。闻北部分,欲以助孤,孤内嫌其有挟,若不受其拜,是相折辱而趣其速发,便当与西俱至,二处受敌,于孤为剧,故自抑按,就其封王。低屈之趣,诸君似未之尽,今故以此相解耳。"

③吴书曰:权遣立信都尉冯熙聘于蜀,吊备丧也。熙字子柔,颍川人,冯异之后也。权之为车骑,熙历东曹掾,使蜀还,为中大夫。后使于魏,文帝问曰:"吴王若欲修宿好,宜当厉兵江关,县旌巴蜀,而闻复遣修好,必有变故。"熙曰:"臣闻西使直报问,且以观衅,非有谋也。"又曰:"闻吴国比年灾旱,人物凋损,以大夫之明,观之何如?"熙对曰:"吴王体量聪明,善于任使,赋政施役,每事必咨,教养宾旅,亲贤爱士,赏不择怨仇,而罚必加有罪,臣下皆感恩怀德,惟忠与义。带甲百万,谷帛如山,稻田沃野,民无饥岁,所谓金城汤池,强富之国也。以臣观之,轻重之分,未可量也。"帝不悦,以陈群与熙同郡,使群诱之,啖以重利。熙不为回。送至摩陂,欲困苦之。后又召还,未至,熙惧见迫不从,必危身辱命,乃引刀自刺。御者觉之,不得死。权闻之,垂涕曰:"此与苏武何异?"竟死于魏。

④吴历曰:蜀致马二百匹,锦千端,及方物。自是之后,聘使往来以为常。吴亦致方土所出,以答其厚意焉。

三年夏,遣辅义中郎将张温聘于蜀。秋八月,赦死罪。九月,魏文帝出广陵,望大江,曰"彼有人焉,未可图也",乃还。①

①干宝晋纪曰:魏文帝之在广陵,吴人大骇,乃临江为疑城,自石头至于江乘,车以木桢,衣以苇席,加采饰焉,一夕而成。魏人自江西望,甚惮之,遂退军。权令赵达算之,曰:"曹丕走矣,虽然,吴衰庚子岁。"权曰:"几何?"达屈指而计之,曰:"五十八年。"权曰:"今日之忧,不暇及远,此子孙事也。"

吴录曰:是岁蜀主又遣邓芝来聘,重结盟好。权谓芝曰:"山民作乱,江边守兵多徹,虑曹丕乘空弄态,而反求和。议者以为内有不暇,幸来求和,于我有利,宜当与通,以自辨定。恐西州不能明孤赤心,用致嫌疑。孤土地边外,间隙万端,而长江巨海,皆当防守。丕观衅而动,惟不见便,宁得忘此,复有他图。"

四年夏五月,丞相孙邵卒。①六月,以太常顾雍为丞相。②皖口言木连理。冬十二月,鄱阳贼彭绮自称将军,攻没诸县,众数万人。是岁地连震。③

①吴录曰:邵字长绪,北海人,长八尺。为孔融功曹,融称曰"廊庙才也"。从刘繇于江东。及权统事,数陈便宜,以为应纳贡聘,权即从之。拜庐江太守,迁车骑长史。黄武初为丞相,威远将军,封阳羡侯。张温、暨艳奏其事,邵辞位请罪,权释令复职,年六十三卒。

志林曰:吴之创基,邵为首相,史无其传,窃常怪之。尝问刘声叔。声叔,博物君子也,云:"推其名位,自应立传。项竣、丁孚时已有注记,[3]此云与张惠恕不能。后韦氏作史,盖惠恕之党,故不见书。"

②吴书曰:以尚书令陈化为太常。化字元耀,汝南人,博览众书,气干刚毅,长七尺九寸,雅有威容。为郎中令使魏,魏文帝因酒酣,嘲问

曰:"吴、魏峙立,谁将平一海内者乎?"化对曰:"易称帝出乎震,加闻先哲知命,旧说紫盖黄旗,运在东南。"帝曰:"昔文王以西伯王天下,岂复在东乎?"化曰:"周之初基,太伯在东,是以文王能兴于西。"帝笑,无以难,心奇其辞。使毕当还,礼送甚厚。权以化奉命光国,拜键为太守,置官属。顷之,迁太常,兼尚书令。正色立朝,敕子弟废田业,绝治产,仰官廪禄,不与百姓争利。妻早亡,化以古事为鉴,乃不复娶。权闻而贵之,以其年壮,敕宗正妻以宗室女,化固辞以疾,权不违其志。年出七十,乃上疏乞骸骨,遂爱居章安,卒于家。长子炽,字公熙,少有志操,能计算。卫将军全琮表称炽任大将军,赴召,道卒。

③吴录曰:是冬魏文帝至广陵,临江观兵,兵有十馀万,旌旗弥数百里,有渡江之志。权严设固守。时大寒冰,舟不得入江。帝见波涛汹涌,叹曰:"嗟呼! 固天所以隔南北也!"遂归。孙韶又遣将高寿等率敢死之士五百人于径路夜要之,帝大惊,寿等获副车羽盖以还。

五年春,令曰:"军兴日久,民离农畔,父子夫妇,不听相恤,孤甚愍之。今北虏缩窜,方外无事,其下州郡,有以宽息。"是时陆逊以所在少谷,表令诸将增广农亩。权报曰:"甚善。今孤父子亲自受田,车中八牛以为四耦,虽未及古人,亦欲与众均等其劳也。"秋七月,权闻魏文帝崩,征江夏,围石阳,不克而还。苍梧言凤皇见。分三郡恶地十县置东安郡,①以全琮为太守,平讨山越。冬十月,陆逊陈便宜,劝以施德缓刑,宽赋息调。又云:"忠谠之言,不能极陈,求容小臣,数以利闻。"权报曰:"夫法令之设,欲以遏恶防邪,儆戒未然也,焉得不有刑罚以威小人乎?此为先令后诛,不欲使有犯者耳。君以为太重者,孤亦何利其然,但不得已而为之耳。今承来意,当重谘谋,务从其可。且近臣有尽规之谏,亲戚有补察之箴,所以匡君正主明忠信也。书载'予违汝弼,汝无面从',孤岂不乐忠言以自裨补邪?而云'不敢极陈',何得为忠说哉?若小臣之中,有可纳用者,宁得以人废言而不采择乎?但谄媚取容,虽暗亦所明识也。至于发调者,徒以天下未定,事以众济。若徒守江东,修崇宽政,兵自足用,复用多为?顾坐自守可陋耳。若不豫调,恐临时未可便用也。又孤与君分义特异,荣戚实同,来表云不敢随众容身苟免,此实甘心所望于君也。"于是令有司尽写科条,使郎中褚逢赍以就逊及诸葛瑾,意所不安,令损益之。是岁,分交州置广州,俄复旧。②

①吴录曰:郡治富春也。

②江表传曰:权于武昌新装大船,名为长安,试泛之钓台圻。时风大盛,谷利令柂工取樊口。权曰:"当张头取罗州。"利拔刀向柂工曰:"不取樊口者斩。"工即转柂入樊口,风遂猛不可行,乃还。权曰:"阿利畏水何怯也?"利跪曰:"大王万乘之主,轻于不测之渊,戏于猛浪之中,船楼装高,邂逅颠危,奈社稷何?是以利辄敢以死争。"权于是贵重之,自此后不复名之,常呼曰谷。

六年春正月,诸将获彭绮。闰月,韩当子综以其众降魏。

七年春三月,封子虑为建昌侯。罢东安郡。夏五月,鄱阳太守周鲂伪叛,诱魏将曹休。秋八月,权至皖口,使将军陆逊督诸将大破休于石亭。大司马吕范卒。是岁,改合浦为珠官郡。①

①江表传曰:是岁将军翟丹叛如魏。权恐诸将畏罪而亡,乃下令曰:"自今诸将有重罪三,然后议。"

黄龙元年春,公卿百司皆劝权正尊号。夏四月,夏口、武昌并言黄龙、凤凰见。丙申,南郊即皇帝位,①是日大赦,改年。追尊父破虏将军坚为武烈皇帝,母吴氏为武烈皇后,兄讨逆将军策为长沙桓王。吴王太子登为皇太子。将吏皆进爵加赏。初,兴平中,吴中童谣曰:"黄金车,班兰耳,闿昌门,出天子。"②五月,使校尉张刚、管笃之辽东。六月,蜀遣卫尉陈震庆权践位。权乃参分天下，豫、青、徐、幽属吴，兖、冀、并、凉属蜀。其司州之土，以函谷关为界，造为盟曰："天降丧乱，皇纲失叙，逆臣乘衅，劫夺国柄，始于董卓，终于曹操，穷凶极恶，以覆四海，至令九州幅裂，普天无统，民神痛怨，靡所戾止。及操子丕，桀逆遗丑，荐作奸回，偷取天位。而叡么麽，寻丕凶迹，阻兵盗土，未伏厥诛。昔共工乱象而高辛行师，三苗干度而虞舜征焉。今日灭叡，禽其徒党，非汉与吴，将复谁任？夫讨恶剪暴，必声其罪，宜先分裂，夺其土地，使士民之心，各知所归。是以春秋晋侯伐卫，先分其田以界宋人，斯其义也。且古建大事，必先盟誓，故周礼有司盟之官，尚书有告誓之文，汉之与吴，虽信由中，然分土裂境，宜有盟约。诸葛丞相德威远著，翼戴本国，典戎在外，信感阴阳，诚动天地，重复结盟，广诚约誓，使东西士民咸共闻知。故立坛杀牲，昭告神明，再歃加书，副之天府。天高听下，灵威棐谌，司慎司盟，群神群祀，莫不临之。自今日汉、吴既盟之后，戮力一心，同讨魏贼，救危恤患，分灾共庆，好恶齐之，无或携贰。若有害汉，则吴伐之；若有害吴，则汉伐之。各守分土，无相侵犯。传之后叶，克终若始。凡百之约，皆如载书。信言不艳，实居于好。有渝此盟，创祸先乱，违贰不协，慆慢天命，明神上帝是讨是督，山川百神是纠是殛，俾坠其师，无克祚国。于尔大神，其明鉴之！"秋九月，权迁都建业，因故府不改馆，征上大将军陆逊辅太子登，掌武昌留事。

946

①吴录载权告天文曰："皇帝臣权敢用玄牡昭告于皇皇后帝：汉享国二十有四世，历年四百三十有四，行气数终，禄祚运尽，普天弛绝，率土分崩。尊臣曹丕遂夺神器，丕子叡继世作愿，淫名乱制。权生于东南，遭值期运，承乾秉戎，志在平世，奉辞行罚，举足为民。群臣将相，州郡百城，执事之人，咸以为天意已去于汉，汉氏已绝祀于天，

皇帝位虚，郊祀无主。休征嘉瑞，前后杂沓，历数在躬，不得不受。权畏天命，不敢不从，谨择元日，登坛燎祭，即皇帝位。惟尔有神飨之，左右有吴，永终天禄。"

②昌门，吴西郭门，夫差所作。

二年春正月，魏作合肥新城。诏立都讲祭酒，以教学诸子。遣将军卫温、诸葛直将甲士万人浮海求夷洲及亶洲。亶洲在海中，长老传言秦始皇帝遣方士徐福将童男童女数千人入海，求蓬莱神山及仙药，止此洲不还。世相承有数万家，其上人民，时有至会稽货布，会稽东县人海行，亦有遭风流移至亶洲者。所在绝远，卒不可得至，但得夷洲数千人还。

三年春二月，遣太常潘濬率众五万讨武陵蛮夷。卫温、诸葛直皆以违诏无功，下狱诛。夏，有野蚕成茧，大如卵。由拳野稻自生，改为禾兴县。中郎将孙布诈降以诱魏将王凌，凌以军迎布。冬十月，权以大兵潜伏于阜陵俟之，凌觉而走。会稽南始平言嘉禾生。十二月丁卯，大赦，改明年元也。

嘉禾元年春正月，建昌侯虑卒。三月，遣将军周贺、校尉裴潜乘海之辽东。秋九月，魏将田豫要击，斩贺于成山。冬十月，魏辽东太守公孙渊遣校尉宿舒、阆中令孙综称藩于权，并献貂马。权大悦，加渊爵位。①

①江表传曰：是冬，群臣以权未郊祀，奏议曰："顷者嘉瑞屡臻，远国慕义，天意人事，前后备集，宜修郊祀，以承天意。"权曰："郊祀当于土中，今非其所，于何施此？"重奏曰："普天之下，莫非王土；王者以天下为家。昔周文、武郊于酆、镐，非必土中。"权曰："武王伐纣，即祚于镐京，而郊其所也。文王未为天子，立郊于酆，见何经典？"复书曰："伏见汉书郊祀志，匡衡奏徙甘泉河东，郊于长安，言文王郊于酆。"权曰："文王性谦让，处诸侯之位，朋未郊也。经传无明文，匡衡

俗儒意说，非典籍正义，不可用也。"

志林曰：吴王纠驳郊祀之奏，追贬匡衡，谓之俗儒。凡在见者，莫不慨然以为统尽物理，达于事宜。至于稽之典籍，乃更不通。毛氏之说云："尧见天因邰而生后稷，故国之于邰，命使事天。"故诗曰："后稷肇祀，庶无罪悔，以迄于今。"言自后稷以来皆得祭天，犹鲁人郊祀也。是以棫朴之作，有积燎之薪。文王郊酆，经有明文，匡衡岂俗，而枉之哉？文王虽未为天子，然三分天下而有其二，伐崇戡黎，祖伊奔告。天既弃殷，乃眷西顾，太伯三让，以有天下。文王为王，于义何疑？然则匡衡之奏，有所未尽。按世宗立甘泉、汾阴之祠，皆出方士之言，非据经典者也。方士以甘泉、汾阴黄帝祭天地之处，故孝武因之，遂立二畤。汉治长安，而甘泉在北，谓就乾位，而衡云"武帝居甘泉，祭于南宫"，此既误矣。祭汾阴在水之脽，呼为泽中，而衡云"东之少阳"，失其本意。此自吴事，于传无非，恨无辨正之辞，故矫之云。脽，音谁，见汉书音义。

二年春正月，诏曰："朕以不德，肇受元命，夙夜兢兢，不遑假寝。思平世难，救济黎庶，上答神祇，下慰民望。是以眷眷，勤求俊杰，将与戮力，共定海内。苟在同心，与之偕老。今使持节督幽州领青州牧辽东太守燕王，久胁贼虏，隔在一方，虽乃心于国，其路靡缘。今因天命，远遣二使，款诚显露，章表殷勤，朕之得此，何喜如之！虽汤遇伊尹，周获吕望，世祖未定而得河右，方之今日，岂复是过？普天一统，于是定矣。书不云乎，'一人有庆，兆民赖之'。其大赦天下，与之更始，其明下州郡，咸使闻知。特下燕国，奉宣诏恩，令普天率土备闻斯庆。"三月，遣舒、综还，使太常张弥、执金吾许晏、将军贺达等将兵万人，金宝珍货，九锡备物，乘海授渊。①举朝大臣，自丞相雍已下皆谏，以为渊未可信，而宠待太厚，但可遣吏兵数百护送舒、综，权终不听。②渊果斩弥等，送其首于魏，没其兵资。权大怒，欲自征渊，③尚书仆射薛综等切谏乃止。是岁，权向合肥新城，遣将军全琮征六安，皆不克还。④

①江表传载权诏曰："故魏使持节车骑将军辽东太守平乐侯：天地失序，皇极不建，元恶大憝，作害于民，海内分崩，群生埋灭，虽周馀黎民，靡有孑遗，方之今日，乱有甚焉。朕受历数，君临万国，夙夜战战，念在弭难，若涉渊水，罔知攸济。是以把旄仗钺，翦除凶虐，自东徂西，靡遑宁处，苟力所及，民无灾害。虽贼虏遗种，未伏辜诛，犹系囚枯木，待时而毙。惟将军天姿特达，兼包文武，观时睹变，审于去就，逾越险阻，显致赤心，肇建大计，为天下先，元勋巨绩，侔于古人。虽昔窦融背弃陇右，卒占河西，以定光武，休名美实，岂复是过？钦嘉雅尚，朕实欣之。自古圣帝明王，建化垂统，以爵褒德，以禄报功；功大者禄厚，德盛者礼崇。故周公有夹辅之劳，太师有鹰扬之功，并启土宇，兼受备物。今将军规万年之计，建不世之略，绝僭逆之虏，顺天人之肃，济成洪业，功无与比，齐鲁之事，奚足言哉！诗不云乎，'无言不雠，无德不报'。今以幽、青二州十七郡百七十县，[4]封君为燕王，使持节守太常张弥授君玺绶策书、金虎符第一至第五、竹使符第一至第十。锡君玄土，苴以白茅，爰契尔龟，用锡冢社。方有戎事，典统兵马，以大将军曲盖麾幢，督幽州、青州牧辽东太守如故。今加君九锡，其敬听后命。以君三世相承，保绥一方，宁集四郡，训及异俗，民夷安业，无或携贰，是用锡君大辂、戎辂、玄牡二驷。君务在劝农，啬人成功，仓库盈积，官民俱丰，是用锡君衮冕之服，赤舄副焉。君正化以听，敬下以礼，敦义崇谦，内外咸和，是用锡君轩县之乐。君宣导休风，怀保边远，远人回面，莫不影附，是用锡君朱户以居。君运其才略，官方任贤，显直错枉，群善必举，是用锡君虎贲之士百人。君戎马整齐，威震遐方，纠虔天刑，彰厥有罪，是用锡君铁钺各一。君文和于内，武信于外，禽讨逆节，折冲掩难，是用锡君彤弓一、彤矢百、旅弓十、旅矢千。君忠勤有效，温恭为德，明允笃诚，感于朕心，是用锡君秬鬯一卣，珪瓒副焉。钦哉！敬兹训典，寅亮天工，相我国家，永终尔休。"

②臣松之以为权愎谏违众，信渊意了，非有攻伐之规，重复之虑。宣达锡命，乃用万人，是何不爱其民，昏虐之甚乎？此役也，非惟暗塞，实为无道。

③江表传载权怒曰："朕年六十，世事难易，靡所不尝，近为鼠子所前却，令人气涌如山。不自截鼠子头以掷于海，无颜复临万国。就令颠沛，不以为恨。"

④吴书曰：初，张弥、许晏等俱到襄平，官属从者四百许人。渊欲图弥、晏，先分其人众，置辽东诸县，以中使秦旦、张群、杜德、黄疆等及吏兵六十人，置玄菟郡。玄菟郡在辽东北，相去二百里，太守王赞领户二百，兼重可三四百人。旦等皆舍于民家，仰其饮食。积四十许日，旦与疆等议曰："吾人远辱国命，自弃于此，与死亡何异？今观此郡，形势甚弱。若一旦同心，焚烧城郭，杀其长吏，为国报耻，然后伏死，足以无恨。孰与偷生苟活长为囚虏乎？"疆等然之。于是阴相约结，当用八月十九日夜发。其日中时，为部中张松所告，赞便会士众闭城门。旦、群、德、疆等皆逾城得走。时群病疽创著膝，不及辈旅，德常扶接与俱，崎岖山谷。行六七百里，创益困，不复能前，卧草中，相守悲泣。群曰："吾不幸创甚，死亡无日，卿诸人宜速进道，冀有所达。空相守，俱死于穷谷之中，何益也？"德曰："万里流离，死生共之，不忍相委。"于是推旦、疆使前，德独留守群，采菜果食之。旦、疆别数日，得达句骊，[5]因宣诏于句骊王宫及其主簿，诏言有赐为辽东所攻夺。宫等大喜，即受诏，命使人随旦还迎群、德。其年，宫遣皂衣二十五人送旦等还，奉表称臣，贡貂皮千枚，鹖鸡皮十具。旦等见权，悲喜不能自胜。权义之，皆拜校尉。间一年，遣使者谢宏、中书陈恂拜宫为单于，加赐衣物珍宝。恂等到安平口，先遣校尉陈奉前见宫，而宫受魏幽州刺史讽旨，令以吴使自效。奉闻之，倒还。宫遣主簿笮咨、带固等出安平，与宏相见。宏即缚得三十馀人质之，宫于是谢罪，上马数百匹。宏乃遣咨、固奉诏书赐物与宫。是时宏船小，载马八十四而还。

三年春正月，诏曰："兵久不辍，民困于役，岁或不登。其宽诸逋，勿复督课。"夏五月，权遣陆逊、诸葛瑾等屯江夏、沔口，孙韶、张承等向广陵、淮阳，权率大众围合肥新城。是时蜀相诸葛亮出武功，权谓魏明帝不能远出，而帝遣兵助司马宣王拒亮，自率水军东征。未至寿春，权退还，孙韶亦罢。秋八月，以诸葛恪为丹杨太守，讨山越。九月朔，陨霜伤谷。冬十一月，太常潘濬平武陵蛮夷，事毕，还武昌。诏复曲阿为云阳，丹徒为武进。庐陵贼李桓、罗厉等为乱。

四年夏，遣吕岱讨桓等。秋七月，有雹。魏使以马求易珠玑、翡翠、瑇瑁，权曰："此皆孤所不用，而可得马，何苦而不听其交易？"

五年春，铸大钱，一当五百。诏使吏民输铜，计铜畀直。设盗铸之科。二月，武昌言甘露降于礼宾殿。辅吴将军张昭卒。中郎将吾粲获李桓，将军唐咨获罗厉等。自十月不雨，至于夏。冬十月，彗星见于东方。鄱阳贼彭旦等为乱。

六年春正月，诏曰："夫三年之丧，天下之达制，人情之极痛也；贤者割哀以从礼，不肖者勉而致之。世治道泰，上下无事，君子不夺人情，故三年不逮孝子之门。至于有事，则杀礼以从宜，要经而处事。故圣人制法，有礼无时则不行。遭丧不奔非古也，盖随时之宜，以义断恩也。前故设科，长吏在官，当须交代，而故犯之，虽随纠坐，犹已废旷。方事之殷，国家多难，凡在官司，宜各尽节，先公后私，而不恭承，甚非谓也。中外群僚，其更平议，务令得中，详为节度。"顾谭议，以为"奔丧立科，轻则不足以禁孝子之情，重则本非应死之罪，虽严刑益设，违夺必少。若偶有犯者，加其刑则恩所不忍，有减则法废不行。愚以为长吏在远，苟不告语，势不得知。比选代之间，若有传者，必加大辟，则长吏无废职之负,孝子无犯重之刑。"将军胡综议,以为"丧纪之礼,虽有典制,苟无其时,所不得行。方今戎事军国异容,而长吏遭丧,知有科禁,公敢干突,苟念闻忧不奔之耻,不计为臣犯禁之罪,此由科防本经所致。忠节在国,孝道立家,出身为臣,焉得兼之?故为忠臣不得为孝子。宜定科文,示以大辟,若故违犯,有罪无赦。以杀止杀,行之一人,其后必绝。"丞相雍奏从大辟。其后吴令孟宗丧母奔赴,已而自拘于武昌以听刑。陆逊陈其素行,因为之请,权乃减宗一等,后不得以为比,因此遂绝。二月,陆逊讨彭旦等,其年,皆破之。冬十月,遣卫将军全琮袭六安,不克。诸葛恪平山越事毕,北屯庐江。

赤乌元年春,铸当千大钱。夏,吕岱讨庐陵贼,毕,还陆口。秋八月,武昌言麒麟见。有司奏言麒麟者太平之应,宜改年号。诏曰:"间者赤乌集于殿前,朕所亲见,若神灵以为嘉祥者,改年宜以赤乌为元。"群臣奏曰:"昔武王伐纣,有赤乌之祥,君臣观之,遂有天下,圣人书策载述最详者,以为近事既嘉,亲见又明也。"于是改年。步夫人卒,追赠皇后。初,权信任校事吕壹,壹性苛惨,用法深刻。太子登数谏,权不纳,大臣由是莫敢言。后壹奸罪发露伏诛,权引咎责躬,乃使中书郎袁礼告谢诸大将,因问时事所当损益。礼还,复有诏责数诸葛瑾、步骘、朱然、吕岱等曰:"袁礼还,云与子瑜、子山、义封、定公相见,并以时事当有所先后,各自以不掌民事,不肯便有所陈,悉推之伯言、承明。伯言、承明见礼,泣涕恳恻,辞旨辛苦,至乃怀执危怖,有不自安之心。闻此怅然,深自刻怪。何者?夫惟圣人能无过行,明者能自见耳。人之举措,何能悉中,独当己有以伤拒众意,忽不自觉,故诸君有嫌难耳;不尔,何缘乃至于此乎?自孤兴军五十年,所役赋凡百皆出于民。天下未定,孽类犹存,士民勤苦,诚所贯知。然劳百姓,事不得已耳。与诸君从事,自少至长,发有二色,以谓表里足以明露,公私分计,足用相保。尽言直谏,所望诸君;拾遗补阙,孤亦望之。昔卫武公年过志壮,勤求辅弼,每独叹责。①且布衣韦带,相与交结,分成好合,尚污垢不异。今日诸君与孤从事,虽君臣义存,犹谓骨肉不复是过。荣福喜戚,相与共之。忠不匿情,智无遗计,事统是非,诸君岂得从容而已哉!同船济水,将谁与易?齐桓诸侯之霸者耳,有善管子未尝不叹,有过未尝不谏,谏而不得,终谏不止。今孤自省无桓公之德,而诸君谏诤未出于口,仍执嫌难。以此言之,孤于齐桓良优,未知诸君于管子何如耳?久不相见,因事当笑。共定大业,整齐天下,当复有谁?凡百事要所当损益,乐闻异计,匡所不逮。"

①江表传曰:权又云:"天下无粹白之狐,而有粹白之裘,众之所积也。夫能以驳致纯,不惟积乎?故能用众力,则无敌于天下矣;能用众智,则无畏于圣人矣。"

二年春①三月,遣使者羊衜、郑胄、将军孙怡之辽东,击魏守将张持、高虑等,虏得男女。②零陵言甘露降。夏五月,城沙羡。冬十月,将军蒋秘南讨夷贼。秘所领都督廖式杀临贺太守严纲等,自称平南将军,与弟潜共攻零陵、桂阳,及摇动交州、苍梧、郁林诸郡,众数万人。遣将军吕岱、唐咨讨之,岁馀皆破。

①江表传载权正月诏曰:"郎吏者,宿卫之臣,古之命士也。间者所用颇非其人。自今选三署皆依四科,不得以虚辞相饰。"

②文士传曰:胄字敬先,沛国人。父礼,才学博达,权为骠骑将军,以礼为从事中郎,与张昭、孙邵共定朝仪。胄其少子,有文武姿局,少知名,举贤良,稍迁建安太守。吕壹宾客于郡犯法,胄收付狱,考竟。壹怀恨,后密谮胄。权大怒,召胄还,潘濬、陈表并为请,得释。后拜宣

校尉，往救公孙渊，已为魏所破，还迁执金吾。子丰，字曼季，有文学操行，与陆云善，与云诗相往反。司空张华辟，未就，卒。

臣松之闻孙怡者，东州人，非权之宗也。

三年春正月，诏曰："盖君非民不立，民非谷不生。顷者以来，民多征役，岁又水旱，年谷有损，而吏或不良，侵夺民时，以致饥困。自今以来，督军郡守，其谨察非法，当农桑时，以役事扰民者，举正以闻。"夏四月，大赦，诏诸郡县治城郭，起谯楼，穿堑发渠，以备盗贼。冬十一月，民饥，诏开仓廪以赈贫穷。

四年春正月，大雪，平地深三尺，鸟兽死者大半。夏四月，遣卫将军全琮略淮南，决芍陂，烧安城邸阁，收其人民。威北将军诸葛恪攻六安。琮与魏将王凌战于芍陂，中郎将秦晃等十馀人战死。车骑将军朱然围樊，大将军诸葛瑾取柤中。① 五月，太子登卒。是月，魏太傅司马宣王救樊。六月，军还。闰月，大将军瑾卒。秋八月，陆逊城邾。

① 汉晋春秋曰：零陵太守殷礼言于权曰："今天弃曹氏，丧诛累见，虎争之际而幼童莅事。陛下身自御戎，取乱侮亡，宜涤荆、扬之地，举强羸之数，使强者执战，羸者转运，西命益州军于陇右，授诸葛瑾、朱然大众，指事襄阳，陆逊、朱桓别征寿春，大驾入淮阳，历青、徐。襄阳、寿春困于受敌，长安以西务对蜀军，许、洛之众势必分离；掎角瓦解，民必内应，将帅对向，或失便宜；一军败绩，则三军离心，便当秣马脂车，陵蹈城邑，乘胜逐北，以定华夏。若不悉军动众，循前轻举，则不足大用，易于屡退。民疲威消，时往力竭，非出兵之策也。"权弗能用之。

五年春正月，立子和为太子，大赦，改禾兴为嘉兴。百官奏立皇后及四王，诏曰："今天下未定，民物劳瘁，且有功者或未录，饥寒者尚未恤，猥割土壤以丰子弟，崇爵位以宠妃妾，孤甚不取。其释此议。"三月,海盐县言黄龙见。夏四月,禁进献御,减太官膳。秋七月,遣将军聂友、校尉陆凯以兵三万讨珠崖、儋耳。是岁大疫,有司又奏立后及诸王。八月,立子霸为鲁王。

六年春正月,新都言白虎见。诸葛恪征六安,破魏将谢顺营,收其民人。冬十一月,丞相顾雍卒。十二月,扶南王范旃遣使献乐人及方物。是岁,司马宣王率军入舒,诸葛恪自皖迁于柴桑。

七年春正月,以上大将军陆逊为丞相。秋,宛陵言嘉禾生。是岁,步骘、朱然等各上疏云:"自蜀还者,咸言欲背盟与魏交通,多作舟船,缮治城郭。又蒋琬守汉中,闻司马懿南向,不出兵乘虚以掎角之,反委汉中,还近成都。事已彰灼,无所复疑,宜为之备。"权揆其不然,曰:"吾待蜀不薄,聘享盟誓,无所负之,何以致此?又司马懿前来入舒,旬日便退,蜀在万里,何知缓急而便出兵乎?昔魏欲入汉川,此间始严,亦未举动,会闻魏还而止,蜀宁可复以此有疑邪?又人家治国,舟船城郭,何得不护?今此间治军,宁复欲以御蜀邪?人言苦不可信,朕为诸君破家保之。"蜀竟自无谋,如权所筹。①

①江表传载权诏曰:"督将亡叛而杀其妻子,是使妻去夫,子弃父,甚伤义教,自今勿杀也。"

八年春二月,丞相陆逊卒。夏,雷霆犯宫门柱,又击南津大桥楯。茶陵县鸿水溢出,流漂居民二百馀家。秋七月,将军马茂等图逆,夷三族。①八月,大赦。遣校尉陈勋将屯田及作士三万人凿句容中道,自小其至云阳西城,通会市,作邸阁。

①吴历曰:茂本淮南锺离长,而为王凌所失,叛归吴,吴以为征西将军、九江太守、外部督,封侯,领千兵。权数出苑中,与公卿诸将射。茂与兼符节令朱贞、无难督虞钦、牙门将朱志等合计,伺权在苑中,公卿

诸将在门未入,令贞持节称诏,悉收缚之;茂引兵入苑击权,分据宫中及石头坞,遣人报魏。事觉,皆族之。

九年春二月,车骑将军朱然征魏柤中,斩获千馀。夏四月,武昌言甘露降。秋九月,以骠骑将军步骘为丞相,[6]车骑将军朱然为左大司马,卫将军全琮为右大司马,镇南将军吕岱为上大将军,威北将军诸葛恪为大将军。①

①江表传曰:是岁,权诏曰:"谢宏往日陈铸大钱,云以广货,故听之。今闻民意不以为便,其省息之,铸为器物,官勿复出也。私家有者,敕以输藏,计畀其直,勿有所枉也。"

十年春正月,右大司马全琮卒。①二月,权适南宫。三月,改作太初宫,诸将及州郡皆义作。②夏五月,丞相步骘卒。冬十月,赦死罪。

①江表传曰:是岁权遣诸葛壹伪叛以诱诸葛诞,诞以步骑一万迎壹于高山。权出涂中,遂至高山,潜军以待之。诞觉而退。

②江表传载权诏曰:"建业宫乃朕从京来所作将军府寺耳,材柱率细,皆以腐朽,常恐损坏。今未复西,可徙武昌宫材瓦,更缮治之。"有司奏言曰:"武昌宫已二十八岁,恐不堪用,宜下所在通更伐致。"权曰:"大禹以卑宫为美,今军事未已,所在多赋,若更通伐,妨损农桑。徙武昌材瓦,自可用也。"

十一年春正月,朱然城江陵。二月,地仍震。①三月,宫成。夏四月,雨雹,云阳言黄龙见。五月,鄱阳言白虎仁。②诏曰:"古者圣王积行累善,修身行道,以有天下,故符瑞应之,所以表德也。朕以不明,何以臻兹?书云'虽休勿休',公卿百司,其勉修所职,以匡不逮。"

①江表传载权诏曰:"朕以寡德,过奉先祀,莅事不聪,获谴灵祇,夙夜祗戒,若不终日。群僚其各厉精,思朕过失,勿有所讳。"

②瑞应图曰:白虎仁者,王者不暴虐,则仁虎不害也。

十二年春三月,左大司马朱然卒。四月,有两乌衔鹊堕东馆。丙寅,骠骑将军朱据领丞相,燎鹊以祭。①

①吴录曰:六月戊戌,宝鼎出临平湖。八月癸丑,白鸠见于章安。

十三年夏五月,日至,荧惑入南斗,秋七月,犯魁第二星而东。八月,丹杨、句容及故鄣、宁国诸山崩,鸿水溢。诏原逋责,给贷种食。废太子和,处故鄣。鲁王霸赐死。冬十月,魏将文钦伪叛以诱朱异,权遣吕据就异以迎钦。异等持重,钦不敢进。十一月,立子亮为太子。遣军十万,作堂邑涂塘以淹北道。十二月,魏大将军王昶围南郡,荆州刺史王基攻西陵,遣将军戴烈、陆凯往拒之,皆引还。①是岁,神人授书,告以改年、立后。

①庾阐扬都赋注曰:烽火以炬置孤山头,皆缘江相望,或百里,或五十、三十里,寇至则举以相告,一夕可行万里。孙权时合暮举火于西陵,鼓三竟,达吴郡南沙。

太元元年夏五月,立皇后潘氏,大赦,改年。初临海罗阳县有神,自称王表。①周旋民间,语言饮食,与人无异,然不见其形。又有一婢,名纺绩。是月,遣中书郎李崇赍辅国将军罗阳王印绶迎表。表随崇俱出,与崇及所在郡守令长谈论,崇等无以易。所历山川,辄遣婢与其神相闻。秋七月,崇与表至,权于苍龙门外为立第舍,数使近臣赍酒食往。表说水旱小事,往往有验。②秋八月朔,大风,江海涌溢,平地深八尺,吴高陵松柏斯拔,郡城南门飞落。冬十一月,大赦。权祭南郊还,寝疾。③十二月,驿征大将军恪,拜为太子太傅。诏省徭役,减征赋,除民所患苦。

①吴录曰:罗阳今安固县。

②孙盛曰:盛闻国将兴,听于民;国将亡,听于神。权年老志衰,谗臣在

侧，废適立庶，以妾为妻，可谓多凉德矣。而伪设符命，求福妖邪，将亡之兆，不亦显乎！

③吴录曰：权得风疾。

二年春正月，立故太子和为南阳王，居长沙；子奋为齐王，居武昌；子休为琅邪王，居虎林。二月，大赦，改元为神凤。皇后潘氏薨。诸将吏数诣王表请福，表亡去。夏四月，权薨，时年七十一，谥曰大皇帝。秋七月，葬蒋陵。①

①傅子曰：孙策为人明果独断，勇盖天下，以父坚战死，少而合其兵将以报雠，转斗千里，尽有江南之地，诛其名豪，威行邻国。及权继其业，有张子布以为腹心，有陆议、诸葛瑾、步骘以为股肱，有吕范、朱然以为爪牙，分任授职，乘间伺隙，兵不妄动，故战少败而江南安。

评曰：孙权屈身忍辱，任才尚计，有句践之奇英，人之杰矣。故能自擅江表，成鼎峙之业。然性多嫌忌，果于杀戮，暨臻末年，弥以滋甚。至于谗说殄行，胤嗣废毙，①岂所谓贻厥孙谋以燕翼子者哉？其后叶陵迟，遂致覆国，未必不由此也。②

①马融注尚书曰：殄，绝也，绝君子之行。

②臣松之以为孙权横废无罪之子，虽为兆乱，然国之倾覆，自由暴晧。若权不废和，晧为世適，终至灭亡，有何异哉？此则丧国由于昏虐，不在于废黜也。设使亮保国祚，休不早死，则晧不得立。晧不得立，则吴不亡矣。

【校勘记】

〔1〕程普讨乐安　程上原衍"会稽"二字，据资治通鉴卷六四注删。

〔2〕魏人敬异　原脱"魏"字，据朱邦衡校本补。

〔3〕丁孚时已有注记　丁，原作"吴"，据三国志集解赵一清说改。

〔4〕今以幽青二州十七郡百七十县　原脱"百"字，据三国志考证卷七补。

〔5〕得达句骊　骊下原衍"王宫"二字,据资治通鉴卷七二删。

〔6〕以骠骑将军步骘为丞相　原脱"将军"二字,据三国志辨疑卷三
　　补。下 962 页、970 页、1203 页同。

# 三国志卷四十八　吴书三

### 三嗣主传第三

孙亮字子明，权少子也。权春秋高，而亮最少，故尤留意。姊全公主尝谮太子和子母，心不自安，因倚权意，欲豫自结，数称述全尚女，劝为亮纳。赤乌十三年，和废，权遂立亮为太子，以全氏为妃。

太元元年夏，亮母潘氏立为皇后。冬，权寝疾，征大将军诸葛恪为太子太傅，会稽太守滕胤为太常，并受诏辅太子。明年四月，权薨，太子即尊号，大赦，改元。是岁，于魏嘉平四年也。

建兴元年闰月，[1]以恪为帝太傅，胤为卫将军领尚书事，上大将军吕岱为大司马，诸文武在位皆进爵班赏，冗官加等。冬十月，太傅恪率军遏巢湖，巢音祖了反。城东兴，使将军全端守西城，都尉留略守东城。十二月朔丙申，大风雷电，魏使将军诸葛诞、胡遵等步骑七万围东兴，将军王昶攻南郡，毌丘俭向武昌。甲寅，恪以大兵赴敌。戊午，兵及东兴，交战，大破魏军，杀将军韩综、桓嘉等。是月，雷雨，天灾武昌端门；改作端门，又灾内殿。①

①臣松之案：孙权赤乌十年，诏徙武昌宫材瓦，以缮治建康宫，而此犹有端门内殿。

吴录云：诸葛恪有迁都意，更起武昌宫。今所灾者恪所新作。

二年春正月丙寅，立皇后全氏，大赦。庚午，王昶等皆退。二月，军还自东兴，大行封赏。三月，恪率军伐魏。夏四月，围新城，大疫，兵卒死者大半。秋八月，恪引军还。冬十月，大飨。武卫将军孙峻伏兵杀恪于殿堂。大赦。以峻为丞相，封富春侯。十一月，有大鸟五见于春申，改明年元。[2]

五凤元年夏，大水。秋，吴侯英谋杀峻，觉，英自杀。冬十一月，星茀于斗、牛。①

①江表传曰：是岁交阯稗草化为稻。

二年春正月，魏镇东大将军毌丘俭、前将军文钦以淮南之众西入，战于乐嘉。闰月壬辰，峻及骠骑将军吕据、左将军留赞率兵袭寿春，军及东兴，闻钦等败。壬寅，兵进于橐皋，钦诣峻降，淮南馀众数万口来奔。魏诸葛诞入寿春，峻引军还。二月，及魏将军曹珍遇于高亭，交战，珍败绩。留赞为诞别将蒋班所败于菰陂，赞及将军孙楞、蒋修等皆遇害。三月，使镇南将军朱异袭安丰，不克。秋七月，将军孙仪、张怡、林恂等谋杀峻，发觉，仪自杀，恂等伏辜。阳羡离里山大石自立。使卫尉冯朝城广陵，拜将军吴穰为广陵太守，留略为东海太守。是岁大旱。十二月，作太庙。以冯朝为监军使者，督徐州诸军事，民饥，军士怨畔。

太平元年春①二月朔，建业火。峻用征北大将军文钦计，将征魏。八月，先遣钦及骠骑将军吕据、车骑将军刘纂、镇南将军朱异、前将军唐咨军自江都入淮、泗。九月丁亥，峻卒，以从弟偏将军綝为侍中、武卫将军，领中外诸军事，召还据等。据闻綝代峻，[3]大怒。己丑,大司马吕岱卒。壬辰,太白犯南斗。据、钦、咨等表荐卫将军滕胤为丞相,綝不听。癸卯,更以胤为大司马,代吕岱驻武昌。据引兵还,欲讨綝。綝遣使以诏书告喻钦、咨等,使取据。冬十月丁未,遣孙宪及丁奉、施宽等以舟兵逆据于江都,遣将军刘丞督步骑攻胤。胤兵败夷灭。己酉,大赦,改年。辛亥,获吕据于新州。十一月,以綝为大将军、假节,封永宁侯。[4]孙宪与将军王惇谋杀綝,事觉,綝杀惇,迫宪令自杀。十二月,使五官中郎将刁玄告乱于蜀。

①吴历曰:正月,为权立庙,称太祖庙。

二年春二月甲寅,大雨,震电。乙卯,雪,大寒。以长沙东部为湘东郡,西部为衡阳郡,会稽东部为临海郡,豫章东部为临川郡。夏四月,亮临正殿,大赦,始亲政事。綝所表奏,多见难问,又科兵子弟年十八已下十五已上,得三千馀人,选大将子弟年少有勇力者为之将帅。亮曰:"吾立此军,欲与之俱长。"日于苑中习焉。①

①吴历曰:亮数出中书视孙权旧事,问左右侍臣:"先帝数有特制,今大将军问事,但令我书可邪!"亮后出西苑,方食生梅,使黄门至中藏取蜜渍梅,蜜中有鼠矢,召问藏吏,藏吏叩头。亮问吏曰:"黄门从汝求蜜邪?"吏曰:"向求,实不敢与。"黄门不服,侍中刁玄、张邠启:"黄门、藏吏辞语不同,请付狱推尽。"亮曰:"此易知耳。"令破鼠矢,矢里燥。亮大笑谓玄、邠曰:"若矢先在蜜中,中外当俱湿,今外湿里燥,必是黄门所为。"黄门首服,左右莫不惊悚。

江表传曰:亮使黄门以银碗并盖就中藏吏取交州所献甘蔗饧。黄门先恨藏吏,以鼠矢投饧中,启言藏吏不谨。亮呼吏持饧器入,问曰:"此器既盖之,且有掩覆,无缘有此,黄门将有恨于汝邪?"吏叩头曰:"尝从某求宫中莞席,宫席有数,不敢与。"亮曰:"必是此也。"覆问黄门,具首伏。即于目前加髡鞭,斥付外署。

臣松之以为鼠矢新者，亦表里皆湿。黄门取新矢则无以得其奸也，缘遇燥矢，故成亮之慧。然犹谓吴历此言，不如江表传为实也。

五月，魏征东大将军诸葛诞以淮南之众保寿春城，遣将军朱成称臣上疏，又遣子靓、长史吴纲诸牙门子弟为质。六月，使文钦、唐咨、全端等步骑三万救诞。朱异自虎林率众袭夏口，夏口督孙壹奔魏。秋七月，綝率众救寿春，次于镬里，朱异至自夏口，綝使异为前部督，与丁奉等将介士五万解围。八月，会稽南部反，杀都尉。鄱阳、新都民为乱，廷尉丁密、步兵校尉郑胄、将军钟离牧率军讨之。朱异以军士乏食引还，綝大怒，九月朔己巳，杀异于镬里。辛未，綝自镬里还建业。甲申，大赦。十一月，全绪子祎、仪以其母奔魏。十二月，全端、怿等自寿春城诣司马文王。

三年春正月，诸葛诞杀文钦。三月，司马文王克寿春，诞及左右战死，将吏已下皆降。秋七月，封故齐王奋为章安侯。诏州郡伐宫材。自八月沈阴不雨四十馀日。亮以綝专恣，与太常全尚，将军刘丞谋诛綝。九月戊午，綝以兵取尚，遣弟恩攻杀丞于苍龙门外，召大臣会宫门，黜亮为会稽王，时年十六。

孙休字子烈，权第六子。年十三，从中书郎射慈、郎中盛冲受学。太元二年正月，封琅邪王，居虎林。四月，权薨，休弟亮承统，诸葛恪秉政，不欲诸王在滨江兵马之地，徙休于丹杨郡。太守李衡数以事侵休，休上书乞徙他郡，诏徙会稽。居数岁，梦乘龙上天，顾不见尾，觉而异之。孙亮废，己未，孙綝使宗正孙楷与中书郎董朝迎休。休初闻问，意疑，楷、朝具述綝等所以奉迎本意，留一日二夜，遂发。十月戊寅，行至曲阿，有老公干休叩头曰："事久变生，天下喁喁，愿陛下速行。"休善之，是日进及布塞亭。武卫将军恩行丞相事，率百僚以乘舆法驾迎于永昌亭，筑宫，以武帐为便殿，设御座。

己卯，休至，望便殿止住，使孙楷先见恩。楷还，休乘辇进，群臣再拜称臣。休升便殿，谦不即御坐，止东厢。户曹尚书前即阶下赞奏，丞相奉玺符。休三让，群臣三请。休曰："将相诸侯咸推寡人，寡人敢不承受玺符。"群臣以次奉引，休就乘舆，百官陪位，綝以兵千人迎于半野，拜于道侧，休下车答拜。即日，御正殿，大赦，改元。是岁，于魏甘露三年也。

永安元年冬十月壬午，诏曰："夫褒德赏功，古今通义。其以大将军綝为丞相、荆州牧，增食五县。武卫将军恩为御史大夫、卫将军、中军督，封县侯。威远将军据为右将军、[5]县侯。偏将军幹杂号将军、亭侯。长水校尉张布辅导勤劳，以布为辅义将军，封永康侯。董朝亲迎，封为乡侯。"又诏曰："丹杨太守李衡，以往事之嫌，自拘有司。夫射钩斩祛，在君为君，遣衡还郡，勿令自疑。"①己丑，封孙晧为乌程侯，晧弟德钱唐侯，谦永安侯。②

①襄阳记曰：衡字叔平，本襄阳卒家子也，汉末入吴为武昌庶民。闻羊衜有人物之鉴，往干之，衜曰："多事之世，尚书剧曹郎才也。"是时校事吕壹操弄权柄，大臣畏逼，莫有敢言，衜曰："非李衡无能困之者。"遂共荐为郎。权引见，衡口陈壹奸短数千言，权有愧色。数月，壹被诛，而衡大见显擢。后常为诸葛恪司马，干恪府事。恪被诛，求为丹杨太守。时孙休在郡治，衡数以法绳之。妻习氏每谏衡，衡不从。会休立，衡忧惧，谓妻曰："不用卿言，以至于此。"遂欲奔魏。妻曰："不可。君本庶民耳，先帝相拔过重，既数作无礼，而复逆自猜嫌，逃叛求活，以此北归，何面见中国人乎？"衡曰："计何所出？"妻曰："琅邪王素好善慕名，方欲自显于天下，终不以私嫌杀君明矣。可自囚诣狱，表列前失，显求受罪。如此，乃当逆见优饶，非但直活而已。"衡从之，果得无患，又加威远将军，授以棨戟。衡每欲治家，妻辄不听，后密遣客十人于武陵龙阳汜洲上作宅，种甘橘千株。临死，敕儿曰："汝母恶我治家，故穷如是。然吾州里有千头木奴，不责汝衣食，岁上一匹绢，亦可足用耳。"衡亡后二十馀日，儿以白母，母曰："此当是种甘橘也，汝家失十户客来七八年，必汝父遣

为宅。汝父恒称<u>太史公</u>言,'<u>江陵</u>千树橘,当封君家'。吾答曰:'且人患无德义,不患不富,若贵而能贫,方好耳,用此何为!'"吴末,<u>衡</u>甘橘成,岁得绢数千匹,家道殷足。<u>晋</u>咸康中,其宅址枯树犹在。

②<u>江表传</u>曰:群臣奏立皇后、太子,诏曰:"朕以寡德,奉承洪业,莅事日浅,恩泽未敷,加后妃之号,嗣子之位,非所急也。"有司又固请,<u>休</u>谦虚不许。

十一月甲午,风四转五复,蒙雾连日。<u>綝</u>一门五侯皆典禁兵,权倾人主,有所陈述,敬而不违,于是益恣。<u>休</u>恐其有变,数加赏赐。丙申,诏曰:"大将军忠款内发,首建大计以安社稷,卿士内外,咸赞其议,并有勋劳。昔<u>霍光</u>定计,百僚同心,无复是过。亟案前日与议定策告庙人名,依故事应加爵位者,促施行之。"戊戌,诏曰:"大将军掌中外诸军事,事统烦多,其加卫将军御史大夫恩侍中,与大将军分省诸事。"壬子,诏曰:"诸吏家有五人三人兼重为役,父兄在都,子弟给郡县吏,既出限米,军出又从,至于家事无经护者,朕甚愍之。其有五人三人为役,听其父兄所欲留,为留一人,除其米限,军出不从。"又曰:"诸将吏奉迎陪位在<u>永昌亭</u>者,皆加位一级。"顷之,<u>休</u>闻<u>綝</u>逆谋,阴与<u>张布</u>图计。十二月戊辰腊,百僚朝贺,公卿升殿,诏武士缚<u>綝</u>,即日伏诛。己巳,诏以左将军<u>张布</u>讨奸臣,加布为中军督,封<u>布</u>弟<u>惇</u>为都亭侯,给兵三百人,<u>惇</u>弟<u>恂</u>为校尉。

诏曰:"古者建国,教学为先,所以道世治性,为时养器也。自<u>建兴</u>以来,时事多故,吏民颇以目前趋务,去本就末,不循古道。夫所尚不惇,则伤化败俗。其案古置学官,立五经博士,核取应选,加其宠禄;科见吏之中及将吏子弟有志好者,各令就业。一岁课试,差其品第,加以位赏。使见之者乐其荣,闻之者羡其誉。以敦王化,以隆风俗。"

二年春正月，震电。三月，备九卿官，诏曰："朕以不德，托于王公之上，夙夜战战，忘寝与食。今欲偃武修文，以崇大化。推此之道，当由士民之赡，必须农桑。管子有言：'仓廪实，知礼节；衣食足，知荣辱。'夫一夫不耕，有受其饥，一妇不织，有受其寒；饥寒并至而民不为非者，未之有也。自顷年已来，州郡吏民及诸营兵，多违此业，皆浮船长江，贾作上下，良田渐废，见谷日少，欲求大定，岂可得哉？亦由租入过重，农人利薄，使之然乎！今欲广开田业，轻其赋税，差科强赢，课其田亩，务令优均，官私得所，使家给户赡，足相供养，则爱身重命，不犯科法，然后刑罚不用，风俗可整。以群僚之忠贤，若尽心于时，虽太古盛化，未可卒致，汉文升平，庶几可及。及之则臣主俱荣，不及则损削侵辱，何可从容俯仰而已？诸卿尚书，可共咨度，务取便佳。田桑已至，不可后时。事定施行，称朕意焉。"

三年春三月，西陵言赤乌见。秋，用都尉严密议，作浦里塘。会稽郡谣言王亮当还为天子，而亮宫人告亮使巫祷祠，有恶言。有司以闻，黜为候官侯，遣之国。道自杀，卫送者伏罪。[1]以会稽南部为建安郡，分宜都置建平郡。[2]

①吴录曰：或云休鸩杀之。至晋太康中，吴故少府丹杨戴颙迎亮丧，葬之赖乡。

②吴历曰：是岁得大鼎于建德县。

四年夏五月，大雨，水泉涌溢。秋八月，遣光禄大夫周奕、石伟巡行风俗，察将吏清浊，民所疾苦，为黜陟之诏。[1]九月，布山言白龙见。是岁，安吴民陈焦死，埋之，六日更生，穿土中出。

①楚国先贤传曰：石伟字公操，南郡人。少好学，修节不怠，介然独立，有不可夺之志。举茂才、贤良方正，皆不就。孙休即位，特征伟，累迁至光禄勋。及晧即位，朝政昏乱，伟乃辞老耄痼疾乞身，就拜光禄大夫。吴

平，建威将军王戎亲诣伟。太康二年，诏曰："吴故光禄大夫石伟，秉志清白，皓首不渝，虽处危乱，廉节可纪。年已过迈，不堪远涉，其以伟为议郎，加二千石秩，以终厥世。"伟遂阳狂及盲，不受晋爵。年八十三，太熙元年卒。

五年春二月，白虎门北楼灾。秋七月，始新言黄龙见。八月壬午，大雨震电，水泉涌溢。乙酉，立皇后朱氏。戊子，立子𩦠为太子，大赦。①冬十月，以卫将军濮阳兴为丞相，廷尉丁密、光禄勋孟宗为左右御史大夫。休以丞相兴及左将军张布有旧恩，委之以事，布典宫省，兴关军国。休锐意于典籍，欲毕览百家之言，尤好射雉，春夏之间常晨出夜还，唯此时舍书，休欲与博士祭酒韦曜、博士盛冲讲论道艺，曜、冲素皆切直，布恐入侍，发其阴失，令己不得专，因妄饰说以拒遏之。休答曰："孤之涉学，群书略遍，所见不少也；其明君暗主，奸臣贼子，古今贤愚成败之事，无不览也。今曜等人，但欲与论讲书耳，不为从曜等始更受学也。纵复如此，亦何所损？君特当以曜等恐道臣下奸变之事，以此不欲令入耳。如此之事，孤已自备之，不须曜等然后乃解也。此都无所损，君意特有所忌故耳。"布得诏陈谢，重自序述，又言惧妨政事。休答曰："书籍之事，患人不好，好之无伤也。此无所为非，而君以为不宜，是以孤有所及耳。政务学业，其流各异，不相妨也。不图君今日在事，更行此于孤也，良所不取。"布拜表叩头，休答曰："聊相开悟耳，何至叩头乎！如君之忠诚，远近所知。往者所以相感，今日之巍巍也。诗云：'靡不有初，鲜克有终。'终之实难，君其终之。"初休为王时，布为左右将督，素见信爱，及至践阼，厚加宠待，专擅国势，多行无礼，自嫌瑕短，惧曜、冲言之，故尤患忌。休虽解此旨，心不能悦，更恐其疑惧，竟如布意，废其讲业，不复使冲等入。是岁使察战到交阯调孔爵、大猪。②

①吴录载休诏曰："人之有名，以相纪别，长为作字，惮其名耳。礼，名子欲令难犯易避，五十称伯仲，古或一字。今人竞作好名好字，又令相配，所行不副，此替字伯明者也，孤尝哂之。或师友父兄所作，或自己为；师友尚可，父兄犹非，自为最不谦。孤今为四男作名字：太子名𩅦，𩅦音如湖水湾澳之湾，字莔，莔音如迄今之迄；次子名𪓐，𪓐音如兕觥之觥，字𢑥，𢑥音如玄礩首之礩；次子名壾，壾音如草莽之莽，字昷，昷音如举物之举；次子名𡩋，𡩋音如褒衣下宽大之褒，字𤕫，𤕫音如有所拥持之拥。此都不与世所用者同，故钞旧文会合作之。夫书八体损益，因事而生，今造此名字，既不相配，又字但一，庶易弃避，其普告天下，使咸闻知。"

臣松之以为传称"名以制义，义以出礼，礼以体政，政以正民。是以政成而民听，易则生乱"。斯言之作，岂虚也哉！休欲令难犯，何患无名，而乃造无况之字，制不典之音，违明诰于前修，垂嗤骇于后代，不亦异乎！是以坟土未干而妻子夷灭。师服之言，于是乎征矣。

②臣松之按：察战吴官名号，今扬都有察战巷。

六年夏四月，泉陵言黄龙见。五月，交阯郡吏吕兴等反，杀太守孙谞。谞先是科郡上手工千馀人送建业，而察战至，恐复见取，故兴等因此扇动兵民，招诱诸夷也。冬十月，蜀以魏见伐来告。癸未，建业石头小城火，烧西南百八十丈。甲申，使大将军丁奉督诸军向魏寿春，将军留平别诣施绩于南郡，议兵所向，将军丁封、孙异如沔中，皆救蜀。蜀主刘禅降魏问至，然后罢。吕兴既杀孙谞，使使如魏，请太守及兵。丞相兴建取屯田万人以为兵。分武陵为天门郡。①

①吴历曰：是岁青龙见于长沙，白燕见于慈胡，赤雀见于豫章。

七年春正月，大赦。二月，镇军将军陆抗、抚军将军步协、征西将军留平、建平太守盛曼，率众围蜀巴东守将罗宪。夏四月，魏将新附督王稚浮海入句章，略长吏赀财及男女二百馀口。[6]将军孙越徼得一船,获三十人。秋七月,海贼破海盐,杀司盐校尉骆秀。使中书郎刘川发兵庐陵。豫章民张节等为乱,众万馀人。魏使将军胡烈步骑二万侵西陵,以救罗宪,陆抗等引军退。复分交州置广州。壬午,大赦。癸未,休薨,①时年三十,谥曰景皇帝。②

①江表传曰:休寝疾,口不能言,乃手书呼丞相濮阳兴入,令子霱出拜之。休把兴臂,而指霱以托之。

②葛洪抱朴子曰:吴景帝时,戍将于广陵掘诸冢,取版以治城,所坏甚多。复发一大冢,内有重阁,户扇皆枢转可开闭,四周为徼道通车,其高□可以乘马。又铸铜为人数十枚,长五尺,皆大冠朱衣,执剑列侍灵座,皆刻铜人背后石壁,言殿中将军,或言侍郎、常侍。似公主之冢。破其棺,棺中有人,发已班白,衣冠鲜明,面体如生人。棺中云母厚尺许,以白玉璧三十枚藉尸。兵人辈共举出死人,以倚冢壁。有一玉长一尺许,形似冬瓜,从死人怀中透出堕地。两耳及鼻孔中,皆有黄金如枣许大,此则骸骨有假物而不朽之效也。

孙晧字元宗,权孙,和子也,一名彭祖,字晧宗。孙休立,封晧为乌程侯,遣就国。西湖民景养相晧当大贵,晧阴喜而不敢泄。休薨,是时蜀初亡,而交阯携叛,国内震惧,贪得长君。左典军万彧昔为乌程令,与晧相善,称晧才识明断,是长沙桓王之畴也,又加之好学,奉遵法度,屡言之于丞相濮阳兴、左将军张布。兴、布说休妃太后朱,欲以晧为嗣。朱曰:"我寡妇人,安知社稷之虑,苟吴国无陨,宗庙有赖可矣。"于是遂迎立晧,时年二十三。改元,大赦。是岁,于魏咸熙元年也。

元兴元年八月,以上大将军施绩、大将军丁奉为左右大司马,张布为骠骑将军,加侍中,诸增位班赏,一皆如旧。九月,贬太后为景皇后,追谥父和曰文皇帝,尊母何为太后。十月,封休太子霱为豫章王,次子汝南王,次子梁王,次子陈王,立皇后滕氏。①晧既得志,粗暴骄盈,多忌讳,好酒色,大小失望。兴、布窃悔之。或以谮晧,十一月,诛兴、布。十二月,孙休葬定陵。封后父滕牧为高密侯,②舅何洪等三人皆列侯。是岁,魏置交阯太守之郡。晋文帝为魏相国,遣昔吴寿春城降将徐绍、孙彧衔命赍书,陈事势利害,以申喻晧。③

①江表传曰:晧初立,发优诏,恤士民,开仓廪,振贫乏,科出宫女以配无妻,禽兽扰于苑者皆放之。当时翕然称为明主。

②吴历曰:牧本名密,避丁密,改名牧,丁密避牧,改名为固。

③汉晋春秋载晋文王与晧书曰:"圣人称有君臣然后有上下礼义,是故大必字小,小必事大,然后上下安服,群生获所。逮至末涂,纯德既毁,剿民之命,以争强于天下,违礼顺之至理,则仁者弗由也。方今主上圣明,覆帱无外,仆备位宰辅,属当国重。唯华夏乖殊,方隔圮裂,六十馀载,金革亟动,无年不战,暴骸丧元,困悴阋定,每用悼心,坐以待旦。将欲止戈兴仁,为百姓请命,故分命偏师,平定蜀汉,役未经年,全军独克。于时猛将谋夫,朝臣庶士,咸以奉天时之宜,就既征之军,藉吞敌之势,宜遂回旗东指,以临吴境。舟师泛江,顺流而下,陆军南辕,取径四郡,兼成都之械,漕巴汉之粟,然后以中军整旅,三方云会,未及决辰,可使江表底平,南夏顺轨。然国朝深惟伐蜀之举,虽有静难之功,亦悼蜀民独罹其害,战于绵竹者,自元帅以下并受斩戮,伏尸蔽地,血流丹野。一之于前,犹追恨不忍,况重之于后乎?是故旋师按甲,思与南邦共全百姓之命。夫料力忖势,度资量险,远考古昔废兴之理,近鉴西蜀安危之效,隆德保祚,去危即顺,屈己以宁四海者,仁哲之高致也;履危偷安,陨德覆祚,而不称于后世者,非智者之所居也。今朝廷遣徐绍、孙彧献书喻怀,若书御于前,必少留意,回虑革算,结欢弭兵,共为一家,惠矜吴会,施及中土,岂不泰哉!此昭心之大愿也,敢不承受。若不获命,则普天率土,期于大同,虽重干戈,固不获已也。"

甘露元年三月,晧遣使随绍、彧报书曰:"知以高世之才,处宰辅之任,渐导之功,勤亦至矣。孤以不德,阶承统绪,思与贤良共济世道，而以壅隔未有所缘，嘉意允著，深用依依。今遣光禄大夫纪陟、五官中郎将弘璆宣明至怀。"①绍行到濡须，召还杀之，徙其家属建安，始有白绍称美中国者故也。夏四月，蒋陵言甘露降，于是改年大赦。秋七月，晧逼杀景后朱氏，亡不在正殿，于苑中小屋治丧，众知其非疾病，莫不痛切。又送休四子于吴小城，寻复追杀大者二人。九月，从西陵督步阐表，徙都武昌，御史大夫丁固、右将军诸葛靓镇建业。陟、璆至洛，遇晋文帝崩，十一月，乃遣还。晧至武昌，又大赦。以零陵南部为始安郡，桂阳南部为始兴郡。十二月，晋受禅。

① 江表传曰：晧书两头言白，称名言而不著姓。

吴录曰：陟字子上，丹杨人。初为中书郎，孙峻使诘南阳王和，令其引分。陟密使令正辞自理，峻怒。陟惧，闭门不出。孙休时，父亮为尚书令，而陟为中书令，每朝会，诏以屏风隔其座。出为豫章太守。

干宝晋纪曰：陟、璆奉使如魏，入境而问讳，入国而问俗。寿春将王布示之马射，既而问之曰："吴之君子亦能斯乎？"陟曰："此军人骑士肄业所及，士大夫君子未有为之者矣。"布大惭。既至，魏帝见之，使傧问曰："来时吴王何如？"陟对曰："来时皇帝临轩，百寮陪位，御膳无愆。"晋文王飨之，百寮毕会，使傧者告曰："某者安乐公也，某者匈奴单于也。"陟曰："西主失土，为君王所礼，位同三代，莫不感义，匈奴边塞难羁之国，君王怀之，亲在坐席，此诚感恩远著。"又问："吴之戎备几何？"对曰："自西陵以至江都，五千七百里。"又问曰："道里甚远，难为坚固？"对曰："疆界虽远，而其险要必争之地，不过数四，犹人虽有八尺之躯靡不受患，其护风寒亦数处耳。"文王善之，厚为之礼。

臣松之以为人有八尺之体靡不受患，防护风寒岂唯数处？取譬若此，未足称能。若曰譬如金城万雉，所急防者四门而已。方陟此对，不犹愈乎！

吴录曰：晧以诸父与和相连及者，家属皆徙东冶，唯陟以有密旨，特封子孚都亭侯。孚弟瞻，字思远，入仕晋骠骑将军。弘璆，曲阿人，弘咨之孙，权外甥也。璆后至中书令、太子少傅。

宝鼎元年正月，遣大鸿胪张俨、五官中郎将丁忠吊祭晋文帝。及还，俨道病死。①忠说晧曰："北方守战之具不设，弋阳可袭而取。"晧访群臣，镇西大将军陆凯曰："夫兵不得已而用之耳，且三国鼎立已来，更相侵伐，无岁宁居。今强敌新并巴蜀，有兼土之实，而遣使求亲，欲息兵役，不可谓其求援于我。今敌形势方强，而欲徼幸求胜，未见其利也。"车骑将军刘纂曰："天生五才，谁能去兵？谲诈相雄，有自来矣。若其有阙，庸可弃乎？宜遣间谍，以观其势。"晧阴纳纂言，且以蜀新平，故不行，然遂自绝。八月，所在言得大鼎，于是改年，大赦。以陆凯为左丞相，常侍万彧为右丞相。冬十月，永安山贼施但等聚众数千人，②劫晧庶弟永安侯谦出乌程，取孙和陵上鼓吹曲盖。比至建业，众万馀人。丁固、诸葛靓逆之于牛屯，大战，但等败走。获谦，谦自杀。③分会稽为东阳郡，分吴、丹杨为吴兴郡。④以零陵北部为邵陵郡。十二月，晧还都建业，卫将军滕牧留镇武昌。

①吴录曰：俨字子节，吴人也。弱冠知名，历显位，以博闻多识，拜大鸿胪。使于晋，晧谓俨曰："今南北通好，以君为有出境之才，故相屈行。"对曰："皇皇者华，蒙其荣耀，无古人延誉之美，磨厉锋锷，思不辱命。"既至，车骑将军贾充、尚书令裴秀、侍中荀勖等欲傲以所不知而不能屈。尚书仆射羊祜、尚书何桢并结缔带之好。

②吴录曰：永安今武康县也。

③汉晋春秋曰：初望气者云荆州有王气破扬州而建业宫不利，故晧徙武昌，遣使者发民掘荆州界大臣名家冢与山冈连者以厌之。既闻但反，自以为徙土得计也。使数百人鼓噪入建业，杀但妻子，云天子使荆州兵来破扬州贼，以厌前气。

④晧诏曰："古者分土建国，所以褒赏贤能，广树藩屏。秦毁五等为三十六郡，汉室初兴，闾立乃至百王，因事制宜，盖无常数也。今吴郡阳羡、永安、馀杭、临水及丹杨故鄣、安吉、原乡、於潜诸县，地势水流之便，

悉注乌程,既宜立郡以镇山越,且以藩卫明陵,奉承大祭,不亦可乎! 其
亟分此九县为吴兴郡,治乌程。”

二年春,大赦。右丞相万彧上镇巴丘。夏六月,起显明宫,[①]冬
十二月,晧移居之。是岁,分豫章、庐陵、长沙为安成郡。

> ①太康三年地记曰:吴有太初宫,方三百丈,权所起也。昭明宫方五百
> 丈,晧所作也。避晋讳,故曰显明。
>
> 吴历云:显明在太初之东。
>
> 江表传曰:晧营新宫,二千石以下皆自入山督摄伐木。又破坏诸营,大
> 开园圃,起土山楼观,穷极伎巧,功役之费以亿万计。陆凯固谏,不从。

三年春二月,以左右御史大夫丁固、孟仁为司徒、司空。[①]秋九
月,晧出东关,丁奉至合肥。是岁,遣交州刺史刘俊、前部督脩则等
入击交阯,为晋将毛炅等所破,皆死,兵散还合浦。

> ①吴书曰:初,固为尚书,梦松树生其腹上,谓人曰:“松字十八公也,后十
> 八岁,吾其为公乎! ”卒如梦焉。

建衡元年春正月,立子瑾为太子,及淮阳、东平王。冬十月,改
年,大赦。十一月,左丞相陆凯卒。遣监军虞汜、威南将军薛珝、苍
梧太守陶璜由荆州,监军李勖、督军徐存从建安海道,皆就合浦击
交阯。

二年春,万彧还建业。李勖以建安道不通利,杀导将冯斐,引
军还。三月,天火烧万馀家,死者七百人。夏四月,左大司马施绩
卒。殿中列将何定曰:“少府李勖枉杀冯斐,擅徹军退还。”勖及徐
存家属皆伏诛。秋九月,何定将兵五千人上夏口猎。都督孙秀奔
晋。是岁大赦。

三年春正月晦,晧举大众出华里,晧母及妃妾皆行,东观令华
覈等固争,乃还。[①]是岁,汜、璜破交阯,禽杀晋所置守将,九真、日

南皆还属。②大赦,分交阯为新昌郡。诸将破扶严,置武平郡。以武昌督范慎为太尉。右大司马丁奉、司空孟仁卒。③西苑言凤凰集,改明年元。

①江表传曰:初丹杨刁玄使蜀,得司马徽与刘廙论运命历数事。玄诈增其文以诳国人曰:"黄旗紫盖见于东南,终有天下者,荆、扬之君乎!"又得中国降人,言寿春下有童谣曰"吴天子当上"。晧闻之,喜曰:"此天命也。"即载其母妻子及后宫数千人,从牛渚陆道西上,云青盖入洛阳,以顺天命。行遇大雪,道涂陷坏,兵士被甲持仗,百人共引一车,寒冻殆死。兵人不堪,皆曰:"若遇敌便当倒戈耳。"晧闻之,乃还。

②汉晋春秋曰:初霍弋遣杨稷、毛炅等戍,与之誓曰:"若贼围城,未百日而降者,家属诛;若过百日而城没者,刺史受其罪。"稷等日未满而粮尽,乞降于璜。璜不许,而给粮使守。吴人并谏,璜曰:"霍弋已死,无能来者,可须其粮尽,然后乃受,使彼来无罪,而我取有义,内训吾民,外怀邻国,不亦可乎!"稷、炅粮尽,救不至,乃纳之。

华阳国志曰:稷,犍为人。炅,建宁人。稷等城中食尽,死亡者半,将军王约反城,吴人得入城,获稷、炅,皆囚之。孙晧使送稷下都,稷至合浦,欧血死。晋追赠交州刺史。初,毛炅与吴军战,杀前部督脩则。陶璜等以炅壮勇,欲赦之。而则子允固求杀炅,炅亦不为璜等屈,璜等怒,面缚炅诘之,曰:"晋贼!"[7]炅厉声曰:"吴狗,何等为贼?"吴人生剖其腹,允割其心肝,骂曰:"庸复作贼?"炅犹骂不止,曰:"尚欲斩汝孙晧,汝父何死狗也!"乃斩之。晋武帝闻而哀矜,即诏使炅长子袭爵,馀三子皆关内侯。此与汉晋春秋所说不同。

③吴录曰:仁字恭武,江夏人也,本名宗,避晧字,易焉。少从南阳李肃学。其母为作厚褥大被,或问其故,母曰:"小儿无德致客,学者多贫,故为广被,庶可得与气类接也。"其读书夙夜不懈,肃奇之,曰:"卿宰相器也。"初为骠骑将军朱据军吏,将母在营。既不得志,又夜雨屋漏,因起涕泣,以谢其母,母曰:"但当勉之,何足泣也?"据亦稍知之,除为监池司马。自能结网,手以捕鱼,作鲊寄母,母因以还之,曰:"汝为鱼官,而

以鲊寄我，非避嫌也。"迁吴令。时皆不得将家之官，每得时物，来以寄母，常不先食。及闻母亡，犯禁委官，语在权传。特为减死一等，复使为官，盖优之也。

楚国先贤传曰：宗母嗜笋，冬节将至。时笋尚未生，宗入竹林哀叹，而笋为之出，得以供母，皆以为至孝之所致感。累迁光禄勋，遂至公矣。

凤皇元年秋八月，征西陵督步阐。阐不应，据城降晋。遣乐乡都督陆抗围取阐，阐众悉降。阐及同计数十人皆夷三族。大赦。是岁右丞相万彧被谴忧死，徙其子弟于庐陵。①何定奸秽发闻，伏诛。晧以其恶似张布，追改定名为布。②

①江表传曰：初晧游华里，彧与丁奉、留平密谋曰："此行不急，若至华里不归，社稷事重，不得不自还。"此语颇泄。晧闻知，以彧等旧臣，且以计忍而阴衔之。后因会，以毒酒饮彧，传酒人私减之。又饮留平，平觉之，服他药以解，得不死。彧自杀。平忧懑，月馀亦死。

②江表传曰：定，汝南人，本孙权给使也，后出补吏。定佞邪僭媚，自表先帝旧人，求还内侍，晧以为楼下都尉，典知酤籴事，专为威福。而晧信任，委以众事。定为子求少府李勖女，不许。定挟忿谮勖于晧，晧尺口诛之，焚其尸。定又使诸将各上好犬，皆千里远求，一犬至直数千匹。御犬率具缨，直钱一万。一犬一兵，养以捕兔供厨。所获无几。吴人皆归罪于定，而晧以为忠勤，赐爵列侯。

吴历曰：中书郎奚熙谮宛陵令贺惠。惠，劭弟也。遣使者徐粲讯治，熙又谮粲顾护不即决断。晧遣使就宛陵斩粲，收惠付狱。会赦得免。

二年春三月，以陆抗为大司马。司徒丁固卒。秋九月，改封淮阳为鲁，东平为齐，又封陈留、章陵等九王，凡十一王，王给三千兵。大赦。晧爱妾或使人至市劫夺百姓财物，司市中郎将陈声，素晧幸臣也，恃晧宠遇，绳之以法。妾以愬晧，晧大怒，假他事烧锯断声头，投其身于四望之下。是岁，太尉范慎卒。

三年，会稽妖言章安侯奋当为天子。临海太守奚熙与会稽太守郭诞书，非论国政。诞但白熙书，不白妖言，送付建安作船。①遣三郡督何植收熙，熙发兵自卫，断绝海道。熙部曲杀熙，送首建业，夷三族。秋七月，遣使者二十五人分至州郡，科出亡叛。大司马陆抗卒。自改年及是岁，连大疫。分郁林为桂林郡。

①会稽邵氏家传曰：邵畴字温伯，时为诞功曹。诞被收，惶遽无以自明。畴进曰："畴今自在，畴之事，明府何忧？"遂诣吏自列，云不白妖言，事由于己，非府君罪。吏上畴辞，晧怒犹盛。畴虑诞卒不免，遂自杀以证之。临亡，置辞曰："畴生长边陲，不闲教道，得以门资，厕身本郡，逾越侪类，位极朝右，不能赞扬盛化，养之以福。今妖讹横兴，干国乱纪，畴以噂嗒之语，本非事实，虽家诵人咏，不足有虑。天下重器，而匹夫横议，疾其丑声，不忍闻见，欲舍垢藏疾，不彰之翰笔，镇躁归静，使之自息。愚心勤勤，每执斯旨，故诞屈其所是，默以见从。此之为愆，实由于畴。谨不敢逃死，归罪有司，唯乞天鉴，特垂清察。"吏收畴丧，得辞以闻，晧免诞大刑，送付建安作船。畴亡时，年四十。晧嘉畴节义，诏郡县图形庙堂。

天册元年，吴郡言掘地得银，长一尺，广三分，刻上有年月字，于是大赦，改年。

天玺元年，吴郡言临平湖自汉末草秽壅塞，今更开通。长老相传，此湖塞，天下乱，此湖开，天下平。又于湖边得石函，中有小石，青白色，长四寸，广二寸馀，刻上作皇帝字，于是改年，大赦。会稽太守车浚、湘东太守张咏不出算缗，就在所斩之，徇首诸郡。①秋八月，京下督孙楷降晋。鄱阳言历阳山石文理成字，凡二十，云"楚九州渚，吴九州都，扬州士，作天子，四世治，太平始"。②又吴兴阳羡山有空石，长十馀丈，名曰石室，在所表为大瑞。乃遣兼司徒董朝、兼太常周处至阳羡县，封禅国山。改明年元，[8]大赦，以协石文。

①江表传曰：浚在公清忠，值郡荒旱，民无资粮，表求振贷。晧谓浚欲树私恩，遣人枭首。又尚书熊睦见晧酷虐，微有所谏，晧使人以刀环撞杀之，

身无完肌。

②江表传曰：历阳县有石山临水，高百丈，其三十丈所，有七穿骈罗，穿中色黄赤，不与本体相似，俗相传谓之石印。又云，石印封发，天下当太平。下有祠屋，巫祝言石印神有三郎。时历阳长表上言石印发，晧遣使以太牢祭历山。巫言，石印三郎说"天下方太平"。使者作高梯，上看印文，诈以朱书石作二十字，还以启晧。晧大喜曰："吴当为九州作都、渚乎！从大皇帝逮孤四世矣，太平之主，非孤复谁？"重遣使，以印绶拜三郎为王，又刻石立铭，襄赞灵德，以答休祥。

天纪元年夏，夏口督孙慎出江夏、汝南，烧略居民。初，驺子张俶多所谮白，累迁为司直中郎将，封侯，甚见宠爱，是岁奸情发闻，伏诛。①

①江表传曰：俶父，会稽山阴县卒也，知俶不良，上表云："若用俶为司直，有罪乞不从坐。"晧许之。俶表立弹曲二十人，专纠司不法，于是爱恶相攻，互相谤告。弹曲承言，收系囹圄，听讼失理，狱以贿成。人民穷困，无所措手足。俶奢淫无厌，取小妻三十馀人，擅杀无辜，众奸并发，父子俱见车裂。

二年秋七月，立成纪、宣威等十一王，王给三千兵，大赦。

三年夏，郭马反。马本合浦太守脩允部曲督。允转桂林太守，疾病，住广州，先遣马将五百兵至郡安抚诸夷。允死，兵当分给，马等累世旧军，不乐离别。晧时又科实广州户口，马与部曲将何典、王族、吴述、殷兴等因此恐动兵民，合聚人众，攻杀广州督虞授。马自号都督交、广二州诸军事、安南将军，兴广州刺史，述南海太守。典攻苍梧，族攻始兴。①八月，以军师张悌为丞相，牛渚都督何植为司徒。执金吾滕循为司空，未拜，转镇南将军，假节领广州牧，率万人从东道讨马，与族遇于始兴，未得前。马杀南海太守刘略，逐广州刺史徐旗。晧又遣徐陵督陶濬将七千人从西道，命交州牧陶璜部伍所领及合浦、胡林诸郡兵，当与东西军共击马。

①汉晋春秋曰：先是，吴有谣谶曰："吴之败，兵起南裔，亡吴者公孙也。"晧闻之，文武职位至于卒伍有姓公孙者，皆徙于广州，不令停江边。及闻马反，大惧曰："此天亡也。"

有鬼目菜生工人黄耉家，依缘枣树，长丈馀，茎广四寸，厚三分。又有买菜生工人吴平家，高四尺，厚三分，如枇杷形，上广尺八寸，下茎广五寸，两边生叶绿色。东观案图，名鬼目作芝草，买菜作平虑草，遂以耉为侍芝郎，平为平虑郎，皆银印青绶。

冬，晋命镇东大将军司马伷向涂中，安东将军王浑、扬州刺史周浚向牛渚，建威将军王戎向武昌，平南将军胡奋向夏口，镇南将军杜预向江陵，龙骧将军王濬、广武将军唐彬浮江东下，太尉贾充为大都督，量宜处要，尽军势之中。陶濬至武昌，闻北军大出，停驻不前。

初，晧每宴会群臣，无不咸令沈醉。置黄门郎十人，特不与酒，侍立终日，为司过之吏。宴罢之后，各奏其阙失，迕视之咎，谬言之愆，罔有不举。大者即加威刑，小者辄以为罪。后宫数千，而采择无已。又激水入宫，宫人有不合意者，辄杀流之。或剥人之面，或凿人之眼。岑昏险谀贵幸，致位九列，好兴功役，众所患苦。是以上下离心，莫为晧尽力，盖积恶已极，不复堪命故也。①

①吴平后，晋侍中庾峻等问晧侍中李仁曰："闻吴主披人面，刖人足，有诸乎？"仁曰："以告者过也。君子恶居下流，天下之恶皆归焉。盖此事也，若信有之，亦不足怪。昔唐、虞五刑，三代七辟，肉刑之制，未为酷虐。晧为一国之主，秉杀生之柄，罪人陷法，加之以惩，何足多罪！夫受尧诛者不能无怨，受桀赏者不能无慕，此人情也。"又问曰："云归命侯乃恶人横睛逆视，皆凿其眼，有诸乎？"仁曰："亦无此事，传之者谬耳。曲礼曰视天子由袷以下，视诸侯由颐以下，视大夫由衡，视士则平面，

得游目五步之内;视上于衡则傲,下于带则忧,旁则邪。以礼视瞻,高下不可不慎,况人君乎哉?视人君相近,是乃礼所谓傲慢;傲慢则无礼,无礼则不臣,不臣则犯罪,犯罪则陷不测矣。正使有之,将有何失?"凡仁所答,峻等皆善之,文多不悉载。

四年春,立中山、代等十一王,大赦。濬、彬所至,则土崩瓦解,靡有御者。预又斩江陵督伍延,浑复斩丞相张悌、丹杨太守沈莹等,所在战克。①

三国志卷四十八

①干宝晋纪曰:吴丞相军师张悌、护军孙震、丹杨太守沈莹帅众三万济江,围成阳都尉张乔于杨荷桥,众才七千,闭栅自守,举白接告降。吴副军师诸葛靓欲屠之,悌曰:"强敌在前,不宜先事其小;且杀降不祥。"靓曰:"此等以救兵未至而力少,故且伪降以缓我,非来伏也。因其无战心而尽坑之,可以成三军之气。若舍之而前,必为后患。"悌不从,抚之而进。与讨吴护军张翰、扬州刺史周浚成陈相对。沈莹领丹杨锐卒刀楯五千,号曰青巾兵,前后屡陷坚陈,于是以驰淮南军,三冲不动。退引乱,薛胜、蒋班因其乱而乘之,吴军以次土崩,将帅不能止,张乔又出其后,大败吴军于版桥,获悌、震、莹等。

襄阳记曰:悌字巨先,襄阳人,少有名理,孙休时为屯骑校尉。魏伐蜀,吴人问悌曰:"司马氏得政以来,大难屡作,智力虽丰,而百姓未服也。今又竭其资力,远征巴蜀,兵劳民疲而不知恤,败于不暇,何以能济?昔夫差伐齐,非不克胜,所以危亡,不忧其本也,况彼之争地乎!"悌曰:"不然。曹操虽功盖中夏,威震四海,崇诈杖术,征伐无已,民畏其威,而不怀其德也。丕、叡承之,系以惨虐,内兴宫室,外惧雄豪,东西驰驱,无岁获安,彼之失民,为日久矣。司马懿父子,自握其柄,累有大功,除其烦苛而布其平惠,为之谋主而救其疾,民心归之,亦已久矣。故淮南三叛而腹心不扰,曹髦之死,四方不动,摧坚敌如折枯,荡异同如反掌,任贤使能,各尽其心,非智勇兼人,孰能如之?其威武张矣,本根固矣,群情服矣,奸计立矣。今蜀阉宦专朝,国无政令,而玩戎黩武,民劳卒弊,竞于外利,不修守备。彼强弱不同,智算亦胜,因危而伐,殆其克乎!

若其不克,不过无功,终无退北之忧,覆军之虑也,何为不可哉?昔楚剑利而秦昭惧,孟明用而晋人忧,彼之得志,故我之大患也。"吴人笑其言,而蜀果降于魏。晋来伐吴,晧使悌督沈莹、诸葛靓,率众三万渡江逆之。至牛渚,沈莹曰:"晋治水军于蜀久矣,今倾国大举,万里齐力,必悉益州之众浮江而下。我上流诸军,无有戒备,名将皆死,幼少当任,恐边江诸城,尽莫能御也。晋之水军,必至于此矣!宜畜众力,待来一战。若胜之日,江西自清,上方虽坏,可还取之。今渡江逆战,胜不可保,若或摧丧,则大事去矣。"悌曰:"吴之将亡,贤愚所知,非今日也。吾恐蜀兵来至此,众心必骇惧,不可复整。今宜渡江,可用决战力争。若其败丧,则同死社稷,无所复恨。若其克胜,则北敌奔走,兵势万倍,便当乘威南上,逆之中道,不忧不破也。若如子计,恐行散尽,相与坐待敌到,君臣俱降,无复一人死难者,不亦辱乎!"遂渡江战,吴军大败。诸葛靓与五六百人退走,使过迎悌,悌不肯去,靓自往牵之,谓曰:"巨先,[9]天下存亡有大数,岂卿一人所知,如何故自取死为?"悌垂涕曰:"仲思,今日是我死日也。且我作儿童时,便为卿家丞相所拔,常恐不得其死,负名贤知顾。今以身徇社稷,复何遁邪?莫牵曳之如是。"靓流涕放之,去百馀步,已见为晋军所杀。

吴录曰:悌少知名,及处大任,希合时趣,将护左右,清论讥之。

搜神记曰:临海松阳人柳荣从悌至杨府,荣病死船中二日,时军已上岸,无有埋之者,忽然大呼,言"人缚军师!人缚军师!"声激扬,遂活。人问之,荣曰:"上天北斗门下卒见人缚张悌,意中大愕,不觉大呼,言'何以缚张军师。'门下人怒荣,叱逐使去。荣便去,怖惧,口馀声发扬耳。"其日,悌战死。荣至晋元帝时犹在。

三月丙寅,殿中亲近数百人叩头请晧杀岑昏,晧惶愦从之。①

①干宝晋纪曰:晧殿中亲近数百人叩头请晧曰:"北军日近,而兵不举刃,陛下将如之何!"昏曰:"何故?"对曰:"坐岑昏。"晧独言:"若尔,当以奴谢百姓。"众因曰:"唯!"遂并起收昏。晧骆驿追止,已屠之也。

戊辰,陶濬从武昌还,即引见,问水军消息,对曰:"蜀船皆小,今得二万兵,乘大船战,自足击之。"于是合众,授濬节钺。明日当发,其夜众悉逃走。而王濬顺流将至,司马伷、王浑皆临近境。晧用光禄勋薛莹、中书令胡冲等计,分遣使奉书于濬、伷、浑曰:"昔汉室失统,九州分裂,先人因时,略有江南,遂分阻山川,与魏乖隔。今大晋龙兴,德覆四海。暗劣偷安,未喻天命。至于今者,猥烦六军,衡盖路次,远临江渚,举国震惶,假息漏刻。敢缘天朝含弘光大,谨遣私署太常张夔等奉所佩印绶,委质请命,惟垂信纳,以济元元。"①

① 江表传载晧将败与舅何植书曰:"昔大皇帝以神武之略,奋三千之卒,割据江南,席卷交、广,开拓洪基,欲祚之万世。至孤末德,嗣守成绪,不能怀集黎元,多为咎阙,以违天度。暗昧之变,反谓之祥,致使南蛮逆乱,征讨未克。闻晋大众,远来临江,庶竭劳瘁,众皆摧退,而张悌不反,丧军过半。孤甚愧怅,于今无聊。得陶濬表云武昌以西,并复不守。不守者,非粮不足,非城不固,兵将背战耳。兵之背战,岂怨兵邪?孤之罪也。天文县变于上,士民愤叹于下,观此事势,危如累卵,吴祚终讫,何其局哉!天匪亡吴,孤所招也。瞑目黄壤,当复何颜见四帝乎!公其勖勉奇谟,飞笔以闻。"晧又遗群臣书曰:"孤以不德,忝继先轨。处位历年,政教凶勃,遂令百姓久困涂炭,至使一朝归命有道,社稷倾覆,宗庙无主,惭愧山积,没有馀罪。自惟空薄,过偷尊号,才琐质秽,任重王公,故周易有折鼎之诫,诗人有彼其之讥。自居宫室,仍抱笃疾,计有不足,思虑失中,多所荒替。边侧小人,因生酷虐,虐毒横流,忠顺被害。暗昧不觉,寻其壅蔽,孤负诸君,事已难图,覆水不可收也。今大晋平治四海,劳心务于擢贤,诚是英俊展节之秋也。管仲极雠,桓公用之,良、平去楚,入为汉臣,舍乱就理,非不忠也。莫以移朝改朔,用损厥志。嘉勖休尚,爱敬动静。夫复何言,投笔而已!"

壬申,王濬最先到,于是受晧之降,解缚焚榇,延请相见。①伷以晧致印绶于己,遣使送晧。晧举家西迁,以太康元年五月丁亥集于京邑。四月甲申，诏曰："孙皓穷迫归降，前诏待之以不死，今皓垂至，意犹愍之，其赐号为归命侯。进给衣服车乘，田三十顷，岁给谷五千斛，钱五十万，绢五百匹，绵五百斤。"皓太子瑾拜中郎，诸子为王者，拜郎中。②五年，皓死于洛阳。③

①晋阳秋曰：濬收其图籍，领州四，郡四十三，县三百一十三，户五十二万三千，吏三万二千，兵二十三万，男女口二百三十万，米谷二百八十万斛，舟船五千馀艘，后宫五千馀人。

②搜神记曰：吴以草创之国，信不坚固，边屯守将，皆质其妻子，名曰保质。童子少年，以类相与嬉游者，日有十数。永安二年三月，有一异儿，长四尺馀，年可六七岁，衣青衣，来从群儿戏，诸儿莫之识也。皆问曰："尔谁家小儿，今日忽来？"答曰："见尔群戏乐，故来耳。"详而视之，眼有光芒，爚爚外射。诸儿畏之，重问其故。儿乃答曰："尔恶我乎？我非人也，乃荧惑星也。将有以告尔：三公鉏，司马如。"诸儿大惊，或走告大人，大人驰往观之。儿曰："舍尔去乎！"竦身而跃，即以化矣。仰面视之，若引一匹练以登天。大人来者，犹及见焉，飘飘渐高，有顷而没。时吴政峻急，莫敢宣也。后五年而蜀亡，六年而晋兴，至是而吴灭，司马如矣。

干宝晋纪曰：王濬治船于蜀，吾彦取其流柹以呈孙皓，曰："晋必有攻吴之计，宜增建平兵。建平不下，终不敢渡江。"皓弗从。陆抗之克步阐，皓意张大，乃使尚广筮并天下，遇同人之颐，对曰："吉。庚子岁，青盖当入洛阳。"故皓不修其政，而恒有窥上国之志。是岁也实在庚子。

③吴录曰：皓以四年十二月死，时年四十二，葬河南县界。





评曰：孙亮童孺而无贤辅，其替位不终，必然之势也。休以旧爱宿恩，任用兴、布，不能拔进良才，改弦易张，虽志善好学，何益救乱乎？又使既废之亮不得其死，友于之义薄矣。皓之淫刑所滥，陨毙流黜者，盖不可胜数。是以群下人人惴恐，皆日日以冀，朝不谋夕。其荧惑、巫祝，交致祥瑞，以为至急。昔舜、禹躬稼，至圣之德,犹或矢誓众臣,予违女弼,或拜昌言,常若不及。况晧凶顽,肆行残暴,忠谏者诛,谗谀者进,虐用其民,穷淫极侈,宜腰首分离,以谢百姓。既蒙不死之诏,复加归命之宠,岂非旷荡之恩,过厚之泽也哉!①

①孙盛曰:夫古之立君,所以司牧群黎,故必仰协乾坤,覆焘万物;若乃淫虐是纵,酷被群生,则天殛之,剿绝其祚,夺其南面之尊,加其独夫之戮。是故汤、武抗钺,不犯不顺之讥;汉高奋剑,而无失节之议。何者?诚四海之酷雠,而人神之所摈故也。况晧罪为逋寇,虐过辛、癸,枭首素旗,犹不足以谢冤魂,洿室荐社,未足以纪暴迹,而乃优以显命,宠锡仍加,岂龚行天罚,伐罪吊民之义乎?是以知僭逆之不惩,而凶酷之莫戒。诗云:"取彼谮人,投畀豺虎。"聊谮犹然,矧僭虐乎?且神旗电扫,兵临伪窟,理穷势迫,然后请命,不赦之罪既彰,三驱之义又塞,极之权道,亦无取焉。

陆机著辨亡论,言吴之所以亡,其上篇曰:"昔汉氏失御,奸臣窃命,祸基京畿,毒遍宇内,皇纲弛紊,王室遂卑。于是群雄蜂骇,义兵四合,吴武烈皇帝慷慨下国,电发荆南,权略纷纭,忠勇伯世。威棱则夷羿震荡,兵交则丑虏授馘,遂扫清宗祊,蒸禋皇祖。于时云兴之将带州,飙起之师跨邑,哮阚之群风驱,熊罴之族雾集,虽兵以义合,同盟戮力,然皆包藏祸心,阻兵怙乱,或师无谋律,丧威稔寇,忠规武节,未有若其著者也。武烈既没,长沙桓王逸才命世,弱冠秀发,招揽遗老,与之述业。神兵东驱,奋寡犯众,攻无坚城之将,战无交锋之虏。诛叛柔服而江外底定,饬法修师而威德翕赫,宾礼名贤而张昭为之雄,交御豪俊而周瑜为之杰。彼二君子,皆弘敏而多奇,雅达而聪哲,故同方者以类附,等契者以气集,而江东盖多士矣。将北伐诸华,诛钮干纪,旋皇舆于夷庚,反帝座于紫闼,挟天子以令诸侯,清天步而归旧物。戎车既次,群凶侧目,大业未就,中世而陨。用集我大皇帝,以奇踪袭于逸轨,睿心发乎令图,从政咨于故实,播宪稽乎遗风,而加之以笃固,申之以节俭,畴咨俊茂,好谋善断,束帛旅于丘园,旌命交于涂巷。故豪彦寻声而响臻,志士希光而影骛,异人辐辏,猛士如林。于是张昭为师傅,周瑜、陆公、鲁肃、吕蒙之畴入为腹心，出作股肱；甘宁、凌统、程普、贺齐、朱桓、朱然之徒奋其威，韩当、潘璋、黄盖、蒋钦、周泰之属宣其力；风雅则诸葛瑾、张承、步骘以声名光国，政事则顾雍、潘濬、吕范、吕岱以器任干职，奇伟则虞翻、陆绩、张温、张惇以讽议举正，奉使则赵咨、沈珩以敏达延誉，术数则吴范、赵达以机祥协德，董袭、陈武杀身以卫主，骆统、刘基强谏以补过，谋无遗算，举不失策。故遂割据山川，跨制荆、吴，而与天下争衡矣。魏氏尝藉战胜之威，率百万之师，浮邓塞之舟，下汉阴之众，羽楫万计，龙跃顺流，锐骑千旅，虎步原隰，谋臣盈室，武将连衡，喟然有吞江浒之志，一宇宙之气。而周瑜驱我偏师，鼢之赤壁，丧旗乱辙，仅而获免，收迹远遁。汉王亦冯帝王之号，率巴、汉之民，乘危骋变，结垒千里，志报关羽之败，图收湘西之地。而我陆公亦挫之西陵，覆师败绩，困而后济，绝命永安。续以濡须之寇，临川摧锐，蓬笼之战，孑轮不反。由是二邦之将，丧气摧锋，势钮财匮，而吴蔼然坐乘其弊，故魏人请好，汉氏乞盟，遂跻天号，鼎峙而立。西屠庸蜀之郊，北裂淮汉之涘，东苞百越之地，南括群蛮之表。于是讲八代之礼，搜三王之乐，告类上帝，拱揖群后。虎臣毅卒，循江而守，长戟劲铩，望飙而奋。庶尹尽规于上，四民展业于下，化协殊裔，风衍遐圻。乃俾一介行人，抚巡外域，巨象逸骏，扰于外闲，明珠玮宝，辉于内府，珍瑰重迹而至，奇玩应响而赴，辎轩骋于南荒，冲輣息于朔野，齐民免干戈之患，戎马无晨服之虞，而帝业固矣。大皇既殁，幼主莅朝，奸回肆虐。景皇聿兴，虔修遗宪，政无大阙，守文之良主也。降及归命之初，典刑未灭，故老犹存。大司马陆公以文武熙朝，左丞相陆凯以謇谔尽规，而施绩、范慎以武毅称，丁奉、钟离斐以武毅称，孟宗、丁固之徒为公卿，楼玄、贺劭之属掌机事，元首虽病，股肱犹良。爰及末叶，群公既丧，然后黔首有瓦解之志，皇家有土崩之衅，历命应化而徵，王师踵运而发，卒散于陈，民奔于邑，城池无藩篱之固，山川无沟阜之势，非有工输云梯之械，智伯灌激之害，楚子筑室之围，燕人济西之队，军未浃辰而社稷夷矣。虽忠臣孤愤，烈士死节，将奚救哉？夫曹、刘之将非一世之选，向时之师无曩日之众，战守之道抑有前符，险阻之利俄然未改，而成败贸理，古今诡趣，何哉？彼此之化殊，授任之才异也。”

其下篇曰：“昔三方之王也，魏人据中夏，汉氏有岷、益，吴制荆、扬而奄交、广。曹氏虽功济诸华，虐亦深矣，其民怨矣。刘公因险饰智，功已薄矣，其俗陋矣。吴桓王基之以武，太祖成之以德，聪明睿达，懿度深远矣。其求贤如不及，恤民如稚子，接士尽盛德之容，亲仁馨丹府之爱。拔吕蒙于戎行，识潘濬于系虏。推诚信士，不恤人之我欺；量能授器，不患权之我逼。执鞭鞠躬，以重陆公之威；悉委武卫，以济周瑜之师。卑宫菲食，以丰功臣之赏；披怀虚己，以纳谋士之算。故鲁肃一面而自托，士燮蒙险而效命。高张公之德而省游田之娱，贤诸葛之言而割情欲之欢，感陆公之规而除刑政之烦，奇刘基之议而作三爵之誓，屏气蹑踟以伺子明之疾，分滋损甘以育凌统之孤，登坛慷慨归鲁肃之功，削投恶言信子瑜之节。是以忠臣竞尽其谋，志士咸得肆力，洪规远略，固不厌夫区区者也。故百官苟合，庶务未遑。初都建业，群臣请备礼秩，天子辞而不许，曰：‘天下其谓朕何！’宫室舆服，盖慊如也。爰及中叶，天人之分既定，百度之缺粗修，虽酳化懿纲，未齿乎上代，抑其体国经民之具，亦足以为政矣。地方几万里，带甲将百万，其野沃，其民练，其财丰，其器利，东负沧海，西阻险塞，长江制其区宇，峻山带其封域，国家之利，未见有弘于兹者矣。借使中才守之以道，善人御之有术，敦率遗宪，勤民谨政，循定策，守常险，则可以长世永年，未有危亡之患。或曰，吴、蜀唇齿之国，蜀灭则吴亡，理则然矣。夫蜀盖藩援之与国，而非吴人之存亡也。何则？其郊境之接，重山积险，陆无长毂之径；川厄流迅，水有惊波之艰。虽有锐师百万，启行不过千夫；舳舻千里，前驱不过百舰。故刘氏之伐，陆公喻之长蛇，其势然也。昔蜀之初亡，朝臣异谋，或欲积石以险其流，或欲机械以御其变。天子总群议而诰之大司马陆公，陆公以四渎天地之所以节宣其气，固无可遏之理，而机械则彼我之所共，彼若弃长技以就所屈，即荆、扬而争舟楫之用，是天赞我也，将谨守峡口以待禽耳。逮步阐之乱，凭保城以延强寇，重资币以诱群蛮。于时大邦之众，云翔电发，县旌江介，筑垒遵渚，襟带要害，以止吴人之西，而巴汉舟师，沿江东下。陆公以偏师三万，北据东坑，深沟高垒，案甲养威。反旆蜷迹待戮，而不敢北窥生路，强寇败绩宵遁，丧师大半，分命锐师五千，西御水军，东西同捷，献俘万计。信哉贤人之谋，岂欺我哉！自是烽燧罕警，封域寡虞。<u>陆公</u>没而潜谋兆，<u>吴</u>衅深而六师骇。夫<u>太康</u>之役，众未盛乎曩日之师，<u>广州</u>之乱，祸有愈乎向时之难，而邦家颠覆，宗庙为墟。呜呼！人之云亡，邦国殄瘁，不其然与！<u>易</u>曰'<u>汤武</u>革命顺乎天'，玄曰'乱不极则治不形'，言帝王之因天时也。古人有言，曰'天时不如地利'，<u>易</u>曰'王侯设险以守其国'，言为国之恃险也。又曰'地利不如人和'，'在德不在险'，言守险之由人也。<u>吴</u>之兴也，参而由焉，<u>孙卿</u>所谓合其参者也。及其亡也，恃险而已，又<u>孙卿</u>所谓舍其参者也。夫四州之氓非无众也，<u>大江</u>之南非乏俊也，山川之险易守也，劲利之器易用也，先政之业易循也，功不兴而祸遘者何哉？所以用之者失也。故先王达经国之长规，审存亡之至数，恭己以安百姓，敦惠以致人和，宽冲以诱俊乂之谋，慈和以给士民之爱。是以其安也，则黎元与之同庆；及其危也，则兆庶与之共患。安与众同庆，则其危不可得也；危与下共患，则其难不足恤也。夫然，故能保其社稷而固其土宇，麦秀无悲<u>殷</u>之思，黍离无愍<u>周</u>之感矣。"

【校勘记】

〔1〕建兴元年闰月　原脱"建兴元年"四字，据太平御览卷一一八补。

〔2〕改明年元　改明年，原作"明年改"，据三国志辨误卷下改。

〔3〕据闻绰代峻　原脱"据"字，据殿本考证补。

〔4〕封永宁侯　宁，原作"康"，据本书卷六四孙綝传改。

〔5〕威远将军据为右将军　据，原作"授"，据本书卷六四孙綝传改。

〔6〕略长吏赀财及男女二百馀口　赀财，原作"赏林"，据<u>郝</u>经续后汉书卷五一改。

〔7〕晋贼　晋下原衍"兵"字，据晋书卷五七陶璜传删。

〔8〕改明年元　改明年，原作"明年改"，据三国志辨误卷下改。

〔9〕巨先　原作"且夫"，据殿本考证改。

# 三国志卷四十九　吴书四

## 刘繇太史慈士燮传第四

刘繇字正礼,东莱牟平人也。齐孝王少子封牟平侯,子孙家焉。繇伯父宠,为汉太尉。①繇兄岱,字公山,历位侍中,兖州刺史。②

①续汉书曰:繇祖父本,师受经传,博学群书,号为通儒。举贤良方正,为般长,卒官。宠字祖荣,受父业,以经明行修,举孝廉,光禄察四行,[1]除东平陵令。视事数年,以母病弃官,百姓士民攀舆拒轮,充塞道路,车不得前,乃止亭,轻服潜遁,归修供养。后辟大将军府,稍迁会稽太守,正身率下,郡中大治。征入为将作大匠。山阴县民去治数十里有若邪中在山谷间,五六老翁年皆七八十,闻宠迁,相率共送宠,人赍百钱。宠见,劳来曰:"父老何乃自苦远来!"皆对曰:"山谷鄙老,生未尝至郡县。他时吏发求不去,民间或夜不绝狗吠,竟夕民不得安。自明府下车以来,狗不夜吠,吏稀至民间,年老遭值圣化,今闻当见弃去,故戮力来送。"宠谢之,为选受一大钱,故会稽号宠为取一钱太守。其清如是。宠前后历二郡,八居九列,四登三事。家不藏贿,无重宝器,恒菲饮食,薄衣服,弊车羸马,号

989

为窦陋。三去相位，辄归本土。往来京师，常下道脱骖过，人莫知焉。宠尝欲止亭，亭吏止之曰："整顿传舍，以待刘公，不可得止。"宠因过去。其廉俭皆此类也。以老病卒于家。

②续汉书曰：繇父舆，一名方，山阳太守。岱、繇皆有隽才。

英雄记称岱孝悌仁恕，以虚己受人。

繇年十九，从父韪为贼所劫质，繇纂取以归，由是显名。举孝廉，为郎中，除下邑长。时郡守以贵戚托之，遂弃官去。州辟部济南，济南相中常侍子，贪秽不循，繇奏免之。平原陶丘洪荐繇，欲令举茂才。刺史曰："前年举公山，奈何复举正礼乎？"洪曰："若明使君用公山于前，擢正礼于后，所谓御二龙于长涂，骋骐骥于千里，不亦可乎！"会辟司空掾，除侍御史，不就。避乱淮浦，诏书以为扬州刺史。时袁术在淮南，繇畏惮，不敢之州。欲南渡江，吴景、孙贲迎置曲阿。术图为僭逆，攻没诸郡县。繇遣樊能、张英屯江边以拒之，以景、贲术所授用，乃迫逐使去。于是术乃自置扬州刺史，与景、贲并力攻英、能等，岁馀不下。汉命加繇为牧，振武将军，众数万人。孙策东渡，破英、能等。繇奔丹徒，①遂泝江南保豫章，驻彭泽。笮融先至，笮音壮力反。杀太守朱皓，②入居郡中。繇进讨融，为融所破，更复招合属县，攻破融。融败走入山，为民所杀。繇寻病卒，时年四十二。

①袁宏汉纪曰：刘繇将奔会稽，许子将曰："会稽富实，策之所贪，且穷在海隅，不可往也。不如豫章，北连豫壤，西接荆州。若收合吏民，遣使贡献，与曹兖州相闻，虽有袁公路隔在其间，其人豺狼，不能久也。足下受王命，孟德、景升必相救济。"繇从之。

②献帝春秋曰：是岁，繇屯彭泽，又使融助皓讨刘表所用太守诸葛玄。许子将谓繇曰："笮融出军，不顾名义者也。[2]朱文明善推诚以信人，宜使密防之。"融到，果诈杀皓，代领郡事。

笮融者，丹杨人，初聚众数百，往依徐州牧陶谦。谦使督广陵、彭城运漕，遂放纵擅杀，坐断三郡委输以自入。乃大起浮图祠，以铜为人，黄金涂身，衣以锦采，垂铜槃九重，下为重楼阁道，可容三千馀人，悉课读佛经，令界内及旁郡人有好佛者听受道，复其他役以招致之，由此远近前后至者五千馀人户。每浴佛，多设酒饭，布席于路，经数十里，民人来观及就食且万人，费以巨亿计。曹公攻陶谦，徐土骚动，融将男女万口，马三千匹，走广陵，广陵太守赵昱待以宾礼。先是，彭城相薛礼为陶谦所逼，屯秣陵。融利广陵之众，因酒酣杀昱，放兵大略，因载而去。过杀礼，然后杀晧。

后策西伐江夏，还过豫章，收载繇丧，善遇其家。王朗遗策书曰："刘正礼昔初临州，未能自达，实赖尊门为之先后，用能济江成治，有所处定。践境之礼，感分结意，情在终始。后以袁氏之嫌，稍更乖剌。更以同盟，还为雠敌，原其本心，实非所乐。康宁之后，常愿渝平更成，复践宿好。一尔分离，款意不昭，奄然殂陨，可为伤恨！知敦以厉薄，德以报怨，收骨育孤，哀亡愍存，捐既往之猜，保六尺之托，诚深恩重分，美名厚实也。昔鲁人虽有齐怨，不废丧纪，春秋善之，谓之得礼，诚良史之所宜藉，乡校之所叹闻。正礼元子，致有志操，想必有以殊异。威盛刑行，施之以恩，不亦优哉！"

繇长子基，字敬舆，年十四，居繇丧尽礼，故吏馈饷，皆无所受。①姿容美好，孙权爱敬之。权为骠骑将军，辟东曹掾，拜辅义校尉、建忠中郎将。权为吴王，迁基大农。权尝宴饮，骑都尉虞翻醉酒犯忤，权欲杀之，威怒甚盛，由基谏争，翻以得免。权大暑时，尝于船中宴饮，于船楼上值雷雨，权以盖自覆，又命覆基，馀人不得也。其见待如此。徙郎中令。权称尊号，改为光禄勋,分平尚书事。年四十九卒。后权为子霸纳基女,赐第一区,四时宠赐,与全、张比。基二弟,铄、尚,皆骑都尉。

①吴书曰:基遭多难,婴丁困苦,潜处味道,不以为戚。与群弟居,常夜卧早起,妻妾希见其面。诸弟敬惮,事之犹父。不妄交游,门无杂宾。


太史慈字子义,东莱黄人也。少好学,仕郡奏曹史。会郡与州有隙,曲直未分,以先闻者为善。时州章已去,郡守恐后之,求可使者。慈年二十一,以选行,晨夜取道,到洛阳,诣公车门,见州吏始欲求通。慈问曰:“君欲通章邪?”吏曰:“然。”问:“章安在?”曰:“车上。”慈曰:“章题署得无误邪?取来视之。”吏殊不知其东莱人也,因为取章。慈已先怀刀,便截败之。吏踊跃大呼,言“人坏我章”!慈将至车间,与语曰:“向使君不以章相与,吾亦无因得败之,是为吉凶祸福等耳,吾不独受此罪。岂若默然俱出去,可以存易亡,无事俱就刑辟。”吏言:“君为郡败吾章,已得如意,欲复亡为?”慈答曰:“初受郡遣,但来视章通与未耳。吾用意太过,乃相败章。今还,亦恐以此见谴怒,故俱欲去尔。”吏然慈言,即日俱去。慈既与出城,因遁还通郡章。州家闻之,更遣吏通章,有司以格章之故不复见理,州受其短。由是知名,而为州家所疾。恐受其祸,乃避之辽东。

北海相孔融闻而奇之,数遣人讯问其母,并致饷遗。时融以黄巾寇暴,出屯都昌,为贼管亥所围。慈从辽东还,母谓慈曰:“汝与孔北海未尝相见,至汝行后,赡恤殷勤,过于故旧,今为贼所围,汝宜赴之。”慈留三日,单步径至都昌。时围尚未密,夜伺间隙,得入见融,因求兵出斫贼。融不听,欲待外救,未有至者,而围日逼。融欲告急平原相刘备,城中人无由得出,慈自请求行。融曰:“今贼围甚密,众人皆言不可,卿意虽壮,无乃实难乎？"慈对曰："昔府君倾意于老母，老母感遇，遣慈赴府君之急，固以慈有可取，而来必有益也。今众人言不可，慈亦言不可，岂府君爱顾之义，老母遣慈之意邪？事已急矣，愿府君无疑。"融乃然之。于是严行蓐食，须明，便带鞬摄弓上马，将两骑自随，各作一的持之，开门直出。外围下左右人并惊骇，兵马互出。慈引马至城下堑内，植所持的各一，出射之，射之毕，径入门。明晨复如此，围下人或起或卧，慈复植的，射之毕，复入门。明晨复出如此，无复起者，于是下鞭马直突围中驰去。比贼觉知，慈行已过，又射杀数人，皆应弦而倒，故无敢追者。遂到平原，说备曰："慈，东莱之鄙人也，与孔北海亲非骨肉，比非乡党，特以名志相好，有分灾共患之义。今管亥暴乱，北海被围，孤穷无援，危在旦夕。以君有仁义之名，能救人之急，故北海区区，延颈恃仰，使慈冒白刃，突重围，从万死之中自托于君，惟君所以存之。"备敛容答曰："孔北海知世间有刘备邪！"即遣精兵三千人随慈。贼闻兵至，解围散走。融既得济，益奇贵慈，曰："卿吾之少友也。"事毕，还启其母，母曰："我喜汝有以报孔北海也。"

　　扬州刺史刘繇与慈同郡，慈自辽东还，未与相见，暂渡江到曲阿见繇，未去，会孙策至。或劝繇可以慈为大将军，繇曰："我若用子义，许子将不当笑我邪？"但使慈侦视轻重。时独与一骑卒遇策。策从骑十三，皆韩当、宋谦、黄盖辈也。慈便前斗，正与策对。策刺慈马，而揽得慈项上手戟，慈亦得策兜鍪。会两家兵骑并各来赴，于是解散。

　　慈当与繇俱奔豫章，而遁于芜湖，亡入山中，称丹杨太守。是时，策已平定宣城以东，惟泾以西六县未服。慈因进住泾县，立屯府，大为山越所附。策躬自攻讨，遂见囚执。策即解缚，捉

其手曰："宁识神亭时邪？若卿尔时得我云何？"慈曰："未可量
也。"策大笑曰："今日之事，当与卿共之。"①即署门下督，还吴
授兵，拜折冲中郎将。后刘繇亡于豫章，士众万馀人未有所附，
策命慈往抚安焉。②左右皆曰："慈必北去不还。"策曰："子义舍
我，当复与谁？"饯送昌门，把腕别曰："何时能还？"答曰："不过
六十日。"果如期而反。③

①吴历云：慈于神亭战败，为策所执。策素闻其名，即解缚请见，咨问
　进取之术。慈答曰："破军之将，不足与论事。"策曰："昔韩信定计
　于广武，今策决疑于仁者，君何辞焉？"慈曰："州军新破，士卒离
　心，若傥分散，难复合聚；欲出宣恩安集，恐不合尊意。"策长跪答
　曰："诚本心所望也。明日中，望君来还。"诸将皆疑，策曰："太史子
　义，青州名士，以信义为先，终不欺策。"明日，大请诸将，豫设酒
　食，立竿视影。日中而慈至，策大悦，常与参论诸军事。

　臣松之案：吴历云慈于神亭战败，为策所得，与本传大异，疑为谬误。

　江表传曰：策问慈曰："闻卿昔为太守劫州章，赴文举，请诣玄德，
　皆有烈义，天下智士也，但所托未得其人。射钩斩祛，古人不嫌。孤
　是卿知己，勿忧不如意也。"出教曰："龙欲腾蓍，先阶尺木者也。"

②江表传曰：策谓慈曰："刘牧往责吾为袁氏攻庐江，其意颇猥，理恕
　不足。何者？先君手下兵数千馀人，尽在公路许。孤志在立事，不得
　不屈意于公路，求索故兵，再往才得千馀人耳。仍令孤攻庐江，尔
　时事势，不得不为行。但其后不遵臣节，自弃作邪僭事，谏之不从。
　丈夫义交，苟有大故，不得不离，孤交求公路及绝之本末如此。今
　刘繇丧亡，恨不及其生时与共论辩。今儿子在豫章，不知华子鱼待
　遇何如，其故部曲复依随之否？卿则州人，昔又从事，宁能往视其
　儿子，并宣孤意于其部曲？部曲乐来者便与俱来，不乐来者且安慰
　之。并观察子鱼所以牧御方规何似，视庐陵、鄱阳人民亲附之否？
　卿手下兵，宜将多少，自由意。"慈对曰："慈有不赦之罪，将军量同
　桓、文，待遇过望。古人报生以死，期于尽节，没而后已。今并息兵，

兵不宜多，将数十人，自足以往还也。"

③江表传曰：策初遣慈，议者纷纭，谓慈未可信，或云与华子鱼州里，恐留彼为筹策，或疑慈西托黄祖，假路还北，多言遣之非计。策曰："诸君语皆非也，孤断之详矣。太史子义虽气勇有胆烈，然非纵横之人。其心有士谟，志经道义，贵重然诺，一以意许知己，死亡不相负，诸君勿复忧也。"慈从豫章还，议者乃始服。慈见策曰："华子鱼良德也，然非筹略才，无他方规，自守而已。又丹杨僮芝自擅庐陵，诈言被诏书为太守。鄱阳民帅别立宗部，阻兵守界，不受子鱼所遣长吏，言'我以别立郡，须汉遣真太守来，当迎之耳'。子鱼不但不能谐庐陵、鄱阳，近自海昏有上缭壁，有五六千家相结聚作宗伍，惟输租布于郡耳，发召一人遂不可得，子鱼亦睹视之而已。"策拊掌大笑，乃有兼并之志矣。[3]顷之，遂定豫章。

刘表从子磐，骁勇，数为寇于艾、西安诸县。策于是分海昏、建昌左右六县，以慈为建昌都尉，治海昏，并督诸将拒磐。磐绝迹不复为寇。

慈长七尺七寸，美须髯，猿臂善射，弦不虚发。尝从策讨麻保贼，贼于屯里缘楼上行詈，以手持楼栿，慈引弓射之，矢贯手著栿，围外万人莫不称善。其妙如此。曹公闻其名，遗慈书，以箧封之，发省无所道，而但贮当归。孙权统事，以慈能制磐，遂委南方之事。年四十一，建安十一年卒。①子享，官至越骑校尉。②

①吴书曰：慈临亡，叹息曰："丈夫生世，当带七尺之剑，以升天子之阶。今所志未从，奈何而死乎！"权甚悼惜之。

②吴书曰：享字元复，历尚书、吴郡太守。

士燮字威彦，苍梧广信人也。其先本鲁国汶阳人，至王莽之乱，避地交州。六世至燮父赐，桓帝时为日南太守。燮少游学京师，事颍川刘子奇，治左氏春秋。察孝廉，补尚书郎，公事免官。父赐丧阕后，举茂才，除巫令，迁交阯太守。

弟壹，初为郡督邮。刺史丁宫征还京都，壹侍送勤恪，宫感之，临别谓曰："刺史若待罪三事，当相辟也。"后宫为司徒，辟壹。比至，宫已免，黄琬代为司徒，甚礼遇壹。董卓作乱，壹亡归乡里。①交州刺史朱符为夷贼所杀，州郡扰乱。燮乃表壹领合浦太守，次弟徐闻令䵋领九真太守，䵋音于鄙反，见字林。䵋弟武，领南海太守。

①吴书曰：琬与卓相害，而壹尽心于琬，甚有声称。卓恶之，乃署教曰："司徒掾士壹，不得除用。"故历年不迁。会卓入关，壹乃亡归。

燮体器宽厚，谦虚下士，中国士人往依避难者以百数。耽玩春秋，为之注解。陈国袁徽与尚书令荀彧书曰："交阯士府君既学问优博，又达于从政，处大乱之中，保全一郡，二十馀年疆场无事，民不失业，羁旅之徒，皆蒙其庆，虽窦融保河西，曷以加之？官事小阕，辄玩习书传，春秋左氏传尤简练精微，吾数以咨问传中诸疑，皆有师说，意思甚密。又尚书兼通古今，大义详备。闻京师古今之学，是非忿争，今欲条左氏、尚书长义上之。"其见称如此。

燮兄弟并为列郡，雄长一州，偏在万里，威尊无上。出入鸣钟磬，备具威仪，笳箫鼓吹，车骑满道，胡人夹毂焚烧香者常有数十。妻妾乘辎軿，子弟从兵骑，当时贵重，震服百蛮，尉他不足逾也。①武先病没。

①葛洪神仙传曰：燮尝病死，已三日，仙人董奉以一丸药与服，以水含之，捧其头摇消之，食顷，即开目动手，颜色渐复，半日能起坐，四日复能语，遂复常。奉字君异，候官人也。

朱符死后，汉遣张津为交州刺史，津后又为其将区景所杀，而荆州牧刘表遣零陵赖恭代津。是时苍梧太守史璜死，表又遣吴巨代之，与恭俱至。汉闻张津死，赐燮玺书曰："交州绝域，南带江海，上恩不宣，下义壅隔，知逆贼刘表又遣赖恭窥看南土，今以燮为绥南中郎将，董督七郡，领交阯太守如故。"后燮遣吏张旻奉贡诣京都，是时天下丧乱，道路断绝，而燮不废贡职，特复下诏拜安远将军，封龙度亭侯。

后巨与恭相失，举兵逐恭，恭走还零陵。建安十五年，孙权遣步骘为交州刺史。骘到，燮率兄弟奉承节度。而吴巨怀异心，骘斩之。权加燮为左将军。建安末年，燮遣子廞入质，权以为武昌太守，燮、壹诸子在南者，皆拜中郎将。燮又诱导益州豪姓雍闿等，率郡人民使遥东附，权益嘉之，迁卫将军，封龙编侯，弟壹偏将军，都乡侯。燮每遣使诣权，致杂香细葛，辄以千数，明珠、大贝、流离、翡翠、瑇瑁、犀、象之珍，奇物异果，蕉、邪、龙眼之属，无岁不至。壹时贡马凡数百匹。权辄为书，厚加宠赐，以答慰之。燮在郡四十馀岁，黄武五年，年九十卒。

权以交阯县远，乃分合浦以北为广州，吕岱为刺史；交阯以南为交州，戴良为刺史。又遣陈时代燮为交阯太守。岱留南海，良与时俱前行到合浦，而燮子徽自署交阯太守，发宗兵拒良。良留合浦。交阯桓邻，燮举吏也，叩头谏徽使迎良，徽怒，笞杀邻。邻兄治子发又合宗兵击徽，徽闭门城守，治等攻之数月不能下，乃约和亲，各罢兵还。而吕岱被诏诛徽，自广州将兵昼夜驰入，过合浦，与良俱前。壹子中郎将匡与岱有旧，岱署匡师友从事，先移书交阯，告喻祸福，又遣匡见徽，说令服罪，虽失郡守，保无他忧。岱寻匡后至，徽兄祗，弟幹、颂等六人肉袒奉迎。岱谢令复服，前至郡下。明旦早施帐幔，请徽兄弟以次入，宾客满坐。岱起，拥节读诏书，数徽罪过，左右因反缚以出，即皆伏诛,传首诣武昌。①壹、黱、匡后出,权原其罪,及燮质子廞,皆免为庶人。数岁,壹、黱坐法诛。廞病卒,无子,妻寡居,诏在所月给俸米,赐钱四十万。

①孙盛曰:夫柔远能迩,莫善于信;保大定功,莫善于义。故齐桓创基,德彰于柯会;晋文始伯,义显于伐原。故能九合一匡,世主夏盟,令问长世,贻范百王。吕岱师友士匡,使通信誓,徼兄弟肉袒,推心委命,岱因灭之,以要功利,君子是以知孙权之不能远略,而吕氏之祚不延者也。

评曰:刘繇藻厉名行,好尚臧否,至于扰攘之时,据万里之土,非其长也。太史慈信义笃烈,有古人之分。士燮作守南越,优游终世,至子不慎,自贻凶咎,盖庸才玩富贵而恃阻险,使之然也。

【校勘记】

〔1〕光禄察四行　禄下原衍"大夫"二字,据沈家本校本删。

〔2〕不顾名义者也　顾下原衍"命"字,据资治通鉴卷六一删。

〔3〕乃有兼并之志矣　乃,原作"仍",据册府元龟改。

# 三国志卷五十　吴书五

（side margin）

## 妃嫔传第五

孙破虏吴夫人,吴主权母也。本吴人,徙钱唐,早失父母,与弟景居。孙坚闻其才貌,欲娶之。吴氏亲戚嫌坚轻狡,将拒焉,坚甚以惭恨。夫人谓亲戚曰:"何爱一女以取祸乎?如有不遇,命也。"于是遂许为婚,生四男一女。①

①搜神记曰:初,夫人孕而梦月入其怀,既而生策。及权在孕,又梦日入其怀,以告坚曰:"昔妊策,梦月入我怀,今也又梦日入我怀,何也?"坚曰:"日月者阴阳之精,极贵之象,吾子孙其兴乎!"

景常随坚征伐有功,拜骑都尉。袁术上景领丹杨太守,讨故太守周昕,遂据其郡。孙策与孙河、吕范依景,合众共讨泾县山贼祖郎,郎败走。会为刘繇所迫,景复北依术,术以为督军中郎将,与孙贲共讨樊能、于麋于横江,又击笮融、薛礼于秣陵。时策被创牛渚,降贼复反,景攻讨,尽禽之。从讨刘繇,繇奔豫章,策遣景、贲到寿春报术。术方与刘备争徐州,以景为广陵太守。术后僭号,策以书喻术,术不纳,便绝江津,不与通,使人告景。景即委郡东归,策复以景为丹杨太守。汉遣议郎王浦音普。衔命南行，表景为扬武将军，领郡如故。

及权少年统业，夫人助治军国，甚有补益。①建安七年，临薨，引见张昭等，属以后事，合葬高陵。②

①会稽典录曰：策功曹魏腾，以迕意见谴，将杀之，士大夫忧恐，计无所出。夫人乃倚大井而谓策曰："汝新造江南，其事未集，方当优贤礼士，舍过录功。魏功曹在公尽规，汝今日杀之，则明日人皆叛汝。吾不忍见祸之及，当先投此井中耳。"策大惊，遽释腾。夫人智略权谲，类皆如此。

②志林曰：按会稽贡举簿，建安十二年到十三年阙，无举者，云府君遭忧，此则吴后以十二年薨也。八年九年皆有贡举，斯甚分明。

八年，景卒官，子奋授兵为将，封新亭侯，卒。①子安嗣，安坐党鲁王霸死。奋弟祺嗣，②封都亭侯，卒。子纂嗣。纂妻即滕胤女也，胤被诛，并遇害。

①吴书曰：权征荆州，拜奋吴郡都督，以镇东方。

②吴书曰：祺与张温、顾谭友善，权令关平辞讼事。

吴主权谢夫人，会稽山阴人也。父煚，汉尚书郎、徐令。①权母吴，为权聘以为妃，爱幸有宠。后权纳姑孙徐氏，欲令谢下之，谢不肯，由是失志，早卒。后十馀年，弟承拜五官郎中，稍迁长沙东部都尉、武陵太守，撰后汉书百馀卷。②

①煚子承撰后汉书，称煚幼以仁孝为行，明达有令才。煚弟贞，履蹈法度，笃学尚义，举孝廉，建昌长，卒官。

②会稽典录曰：承字伟平，博学洽闻，尝所知见，终身不忘。子崇扬威将军，崇弟勖吴郡太守，并知名。

吴主权徐夫人，吴郡富春人也。祖父真，与权父坚相亲，坚以

妹妻真，生琨。琨少仕州郡，汉末扰乱，去吏，随坚征伐有功，拜偏
将军。坚薨，随孙策讨樊能、于麋等于横江，击张英于当利口，而船
少，欲驻军更求。琨母时在军中，谓琨曰："恐州家多发水军来逆
人，则不利矣，如何可驻邪?宜伐芦苇以为泭，佐船渡军。"①琨具启
策，策即行之，众悉俱济，遂破英，击走笮融、刘繇，事业克定。策表
琨领丹杨太守，会吴景委广陵来东，复为丹杨守，②琨以督军中郎
将领兵，从破庐江太守李术，封广德侯，迁平虏将军。后从讨黄祖，
中流矢卒。

 ①泭音数。郭璞注方言曰："泭，水中簿也。"
 ②江表传曰：初，袁术遣从弟胤为丹杨，策令琨讨而代之。会景还，以景前
  在丹杨，[1]宽仁得众，吏民所思，而琨手下兵多，策嫌其太重，且方攻
  伐，宜得琨众，乃复用景，召琨还吴。

 琨生夫人，初适同郡陆尚。尚卒，权为讨虏将军在吴，聘以为
妃，使母养子登。后权迁移，以夫人妒忌，废处吴。积十馀年，权为
吴王及即尊号，登为太子，群臣请立夫人为后，权意在步氏，卒不
许。后以疾卒。兄矫，嗣父琨侯，讨平山越，拜偏将军，先夫人卒，无
子。弟祚袭封，亦以战功至芜湖督、[2]平魏将军。

 吴主权步夫人，临淮淮阴人也，与丞相骘同族。汉末，其母携
将徙庐江，庐江为孙策所破，皆东渡江，以美丽得幸于权，宠冠后
庭。生二女，长曰鲁班，字大虎，前配周瑜子循，后配全琮；少曰鲁
育，字小虎，前配朱据，后配刘纂。①

 ①吴历曰：纂先尚权中女，早卒，故又以小虎为继室。

 夫人性不妒忌，多所推进，故久见爱待。权为王及帝，意欲以
为后，而群臣议在徐氏，权依违者十馀年，然宫内皆称皇后，亲戚

上疏称中宫。及薨，臣下缘权指，请追正名号，乃赠印绶，策命曰：“惟赤乌元年闰月戊子，皇帝曰：呜呼皇后，惟后佐命，共承天地。虔恭夙夜，与朕均劳。内教修整，礼义不愆。宽容慈惠，有淑懿之德。民臣县望，远近归心。朕以世难未夷，大统未一，缘后雅志，每怀谦损。是以于时未授名号，亦必谓后降年有永，永与朕躬对扬天休。不寤奄忽，大命近止。朕恨本意不早昭显，伤后殂逝，不终天禄。愍悼之至，痛于厥心。今使使持节丞相醴陵侯雍，[3]奉策授号，配食先后。魂而有灵，嘉其宠荣。呜呼哀哉！”葬于蒋陵。

吴主权王夫人，琅邪人也。①夫人以选入宫，黄武中得幸，生和，[4]宠次步氏。步氏薨后，和立为太子，权将立夫人为后，而全公主素憎夫人，稍稍谮毁。及权寝疾，言有喜色，由是权深责怒，以忧死。和子晧立，追尊夫人曰大懿皇后，封三弟皆列侯。

①吴书曰：夫人父名卢九。

吴主权王夫人，南阳人也，以选入宫，嘉禾中得幸，生休。及和为太子，和母贵重，诸姬有宠者，皆出居外。夫人出公安，卒，因葬焉。休即位，遣使追尊曰敬怀皇后，改葬敬陵。王氏无后，封同母弟文雍为亭侯。

吴主权潘夫人，会稽句章人也。父为吏，坐法死。夫人与姊俱输织室，权见而异之，召充后宫。得幸有娠，梦有以龙头授己者，己以蔽膝受之，遂生亮。赤乌十三年，亮立为太子，请出嫁夫人之姊，权听许之。明年，立夫人为皇后。性险妒容媚，自始至卒，谮害袁夫人等甚众。①权不豫，夫人使问中书令孙弘吕后专制故事。侍疾疲劳，因以羸疾，诸宫人伺其昏卧，共缢杀之，托言中恶。后事泄，坐死者六七人。权寻薨,合葬蒋陵。孙亮即位,以夫人姊婿谭绍为骑都尉,授兵。亮废,绍与家属送本郡庐陵。

　①吴录曰:袁夫人者,袁术女也,有节行而无子。权数以诸姬子与养之,辄不育。及步夫人薨,权欲立之。夫人自以无子,固辞不受。


　孙亮全夫人,全尚女也。从祖母公主爱之,[5]每进见辄与俱。及潘夫人母子有宠,全主自以与孙和母有隙,乃劝权为潘氏男亮纳夫人,亮遂为嗣。夫人立为皇后,以尚为城门校尉,封都亭侯,代滕胤为太常、卫将军,进封永平侯,录尚书事。时全氏侯有五人,并典兵马,其馀为侍郎、骑都尉,宿卫左右,自吴兴,外戚贵盛莫及。及魏大将诸葛诞以寿春来附,而全怿、全端、全祎、全仪等并因此际降魏,全熙谋泄见杀,由是诸全衰弱。会孙綝废亮为会稽王,后又黜为候官侯,夫人随之国,居候官,尚将家属徙零陵,追见杀。①

　①吴录曰:亮妻惠解有容色,居候官,吴平乃归,永宁中卒。


　孙休朱夫人,朱据女,休姊公主所生也。①赤乌末,权为休纳以为妃。休为琅邪王,随居丹杨。建兴中,孙峻专政,公族皆患之。全尚妻即峻姊,故惟全主祐焉。初,孙和为太子时,全主谮害王夫人,欲废太子,立鲁王,朱主不听,由是有隙。五凤中,孙仪谋杀峻,事觉被诛。全主因言朱主与仪同谋,峻枉杀朱主。休惧,遣夫人还建业,执手泣别。既至,峻遣还休。太平中,孙亮知朱主为全主所害,问朱主死意?全主惧曰:"我实不知,皆据二子熊、损所白。"亮杀熊、损。损妻是峻妹也,孙綝益忌亮,遂废亮,立休。永安五年,立夫人为皇后。休卒,群臣尊夫人为皇太后。孙晧即位月馀,贬为景皇后,称安定宫。甘露元年七月,见逼薨,合葬定陵。②

①臣松之以为休妻其甥，事同汉惠。苟悦讥之已当，故不复广言。

②搜神记曰：孙峻杀朱主，埋于石子冈。归命即位，将欲改葬之。冢墓相亚，不可识别，而宫人颇识主亡时所著衣服，乃使两巫各住一处以伺其灵，使察鉴之，不得相近。久时，二人俱白：见一女人年可三十馀，上著青锦束头，紫白裌裳，丹绨丝履，从石子冈上半冈，而以手抑膝长太息，小住须臾，进一冢上便住，徘徊良久，奄然不见。二人之言，不谋而同，于是开冢，衣服如之。

　　孙和何姬，丹杨句容人也。父遂，本骑士。孙权尝游幸诸营，而姬观于道中，权望见异之，命宦者召入，以赐子和。生男，权喜，名之曰彭祖，即晧也。太子和既废，后为南阳王，居长沙。孙亮即位，孙峻辅政。峻素媚事全主，全主与和母有隙，遂劝峻徙和居新都，遣使赐死，嫡妃张氏亦自杀。何姬曰："若皆从死，谁当养孤？"遂拊育晧，及其三弟。晧即位，尊和为昭献皇帝，①何姬为昭献皇后，称升平宫，月馀，进为皇太后。封弟洪永平侯，蒋溧阳侯，植宣城侯。洪卒，子邈嗣，为武陵监军，为晋所杀。植官至大司徒。吴末昏乱，何氏骄僭，子弟横放，百姓患之。故民讹言"晧久死，立者何氏子"云。②

①吴录曰：晧初尊和为昭献皇帝，俄改曰文皇帝。

②江表传曰：晧以张布女为美人，有宠，晧问曰："汝父所在？"答曰："贼以杀之。"晧大怒，棒杀之。后思其颜色，使巧工刻木作美人形象，恒置座侧。问左右："布复有女否？"答曰："布大女适故卫尉冯朝子纯。"即夺纯妻入宫，大有宠，拜为左夫人，昼夜与夫人房宴，不听朝政，使尚方以金作华燧、步摇、假髻以千数。令宫人著以相扑，朝成夕败，辄出更作，工匠因缘偷盗，府藏为空。会夫人死，晧哀愍思念，葬于苑中，大作冢，使工匠刻柏作木人，内冢中以为兵卫，以金银珍玩之物送葬，不可称计。已葬之后，晧治丧于内，半年不出。国人见葬太奢丽，皆谓晧已死，所葬者是也。晧舅子何都颜状似晧，云都代立。临海太守奚熙信讹言，举

兵欲还诛都，都叔父植时为备海督，击杀熙，夷三族，讹言乃息，而人心犹疑。

孙晧滕夫人，故太常胤之族女也。胤夷灭，夫人父牧，以疏远徙边郡。孙休即位，大赦，得还，以牧为五官中郎。晧既封乌程侯，聘牧女为妃。晧即位，立为皇后，封牧高密侯，拜卫将军，录尚书事。后朝士以牧尊戚，颇推令谏争。而夫人宠渐衰，晧滋不悦，晧母何恒左右之。又太史言，于运历，后不可易，晧信巫觋，故得不废，常供养升平宫。牧见遣居苍梧郡，虽爵位不夺，其实裔也，遂道路忧死。长秋官僚，备员而已，受朝贺表疏如故。而晧内诸宠姬，佩皇后玺绂者多矣。①天纪四年，随晧迁于洛阳。

①江表传曰：晧又使黄门备行州郡，科取将吏家女。其二千石大臣子女，皆当岁岁言名，年十五六一简阅，简阅不中，乃得出嫁。后宫千数，而采择无已。

评曰：易称"正家而天下定"。诗云："刑于寡妻，至于兄弟，以御于家邦。"诚哉，是言也！远观齐桓，近察孙权，皆有识士之明，杰人之志，而嫡庶不分，闱庭错乱，遗笑古今，殃流后嗣。由是论之，惟以道义为心、平一为主者，然后克免斯累邪！

【校勘记】

〔1〕以景前在丹杨　在下原衍"仕"字，据何焯校本删。

〔2〕亦以战功至芜湖督　至下原衍"于"字，据三国志集解钱仪吉说删。

〔3〕今使使持节丞相醴陵侯雍　陵下原衍"亭"字，据三国志辨疑卷三删。

〔4〕生和　生休　遂生亮　生下原都衍"孙"字，据何焯校本删。

〔5〕从祖母公主爱之　从上原衍"尚"字，据三国志集解卢弼说删。

# 三国志卷五十一　吴书六

## 宗室传第六

孙静字幼台，坚季弟也。坚始举事，静纠合乡曲及宗室五六百人以为保障，众咸附焉。策破刘繇，定诸县，进攻会稽，遣人请静，静将家属与策会于钱唐。是时太守王朗拒策于固陵，策数度水战，不能克。静说策曰："朗负阻城守，难可卒拔。查渎南去此数十里，查音祖加反。而道之要径也，宜从彼据其内，所谓攻其无备、出其不意者也。吾当自帅众为军前队，破之必矣。"策曰："善。"乃诈令军中曰："顷连雨水浊，兵饮之多腹痛，令促具罂缶数百口澄水。"至昏暮，罗以然火诳朗，便分军夜投查渎道，袭高迁屯。[1]朗大惊，遣故丹杨太守周昕等帅兵前战。策破昕等，斩之，遂定会稽。[2]表拜静为奋武校尉，欲授之重任，静恋坟墓宗族，不乐出仕，求留镇守。策从之。权统事，就迁昭义中郎将，终于家。有五子，暠、瑜、皎、奂、谦。暠三子：绰、超、恭。超为偏将军。恭生峻。绰生绲。

① 臣松之案：今永兴县有高迁桥。

② 会稽典录曰：昕字大明。少游京师，师事太傅陈蕃，博览群书，明于风

角，善推灾异。辟太尉府，举高第，稍迁丹杨太守。曹公起义兵，昕前后遣兵万馀人助公征伐。袁术之在淮南也，昕恶其淫虐，绝不与通。

*献帝春秋曰：袁术遣吴景攻昕，未拔，景乃募百姓敢从周昕者死不赦。昕曰："我则不德，百姓何罪？"遂散兵，还本郡。*

瑜字仲异，以恭义校尉始领兵众。是时宾客诸将多江西人，瑜虚心绥抚，得其欢心。建安九年，领丹杨太守，为众所附，至万馀人。加绥远将军。十一年，与周瑜共讨麻、保二屯，破之。后从权拒曹公于濡须，权欲交战，瑜说权持重，权不从，军果无功。迁奋威将军，领郡如故，自溧阳徙屯牛渚。瑜以永安人饶助为襄安长，无锡人颜连为居巢长，使招纳庐江二郡，各得降附。济阴人马普笃学好古，瑜厚礼之，使二府将吏子弟数百人就受业，遂立学官，临飨讲肄。是时诸将皆以军务为事，而瑜好乐坟典，虽在戎旅，诵声不绝。年三十九，建安二十年卒。瑜五子：弥、熙、耀、曼、纮。曼至将军，封侯。

孙皎字叔朗，始拜护军校尉，领众二千馀人。是时曹公数出濡须，皎每赴拒，号为精锐。迁都护征虏将军，代程普督夏口。黄盖及兄瑜卒，又并其军。赐沙羡、云杜、南新市、竟陵为奉邑，自置长吏。轻财能施，善于交结，与诸葛瑾至厚，委庐江刘靖以得失，江夏李允以众事，广陵吴硕、河南张梁以军旅，而倾心亲待，莫不自尽。皎尝遣兵候获魏边将吏美女以进皎，皎更其衣服送还之，下令曰："今所诛者曹氏，其百姓何罪？自今以往，不得击其老弱。"由是江淮间多归附者。尝以小故与甘宁忿争，或以谏宁，宁曰："臣子一例，征虏虽公子，何可专行侮人邪！吾值明主，但当输效力命，以报所天，诚不能随俗屈曲矣。"权闻之，以书让皎曰："自吾与北方为敌，中间十年，初时相持年小，今者且三十矣。孔子言'三十而立'，非但谓五经也。授卿以精兵，委卿以大任，都护诸将于千里之外，欲使如楚任昭奚恤，扬威于北境，非徒相使逞私志而已。近闻卿与甘兴霸饮，因酒发作，侵陵其人，其人求属吕蒙督中。此人虽粗豪，有不如人意时，然其较略大丈夫也。吾亲之者，非私之也。我亲爱之，卿疏憎之；卿所为每与吾违，其可久乎？夫居敬而行简，可以临民；爱人多容，可以得众。二者尚不能知，安可董督在远，御寇济难乎？卿行长大，特受重任，上有远方瞻望之视，下有部曲朝夕从事，何可恣意有盛怒邪？人谁无过，贵其能改，宜追前愆，深自咎责。今故烦诸葛瑾重宣吾意。临书摧怆，心悲泪下。"皎得书，上疏陈谢，遂与宁结厚。后吕蒙当袭南郡，权欲令皎与蒙为左右部大督，蒙说权曰："若至尊以征虏能，宜用之；以蒙能，宜用蒙。昔周瑜、程普为左右部督，共攻江陵，虽事决于瑜，普自恃久将，且俱是督，遂共不睦，几败国事，此目前之戒也。"权寤，谢蒙曰："以卿为大督，命皎为后继。"禽关羽，定荆州，皎有力焉。建安二十四年卒。权追录其功，封子胤为丹杨侯。胤卒，无子。弟晞嗣，领兵，有罪自杀，国除。弟咨、弥、仪皆将军，封侯。咨羽林督，仪无难督。咨为滕胤所杀，仪为孙峻所害。

孙奂字季明。兄皎既卒，代统其众，以扬武中郎将领江夏太守。在事一年，遵皎旧迹，礼刘靖、李允、吴硕、张梁及江夏闿举等，并纳其善。奂讷于造次而敏于当官，军民称之。黄武五年，权攻石阳，奂以地主，使所部将军鲜于丹帅五千人先断淮道，自帅吴硕、张梁五千人为军前锋，降高城，得三将。大军引还，权诏使在前住，驾过其军，见奂军陈整齐，权叹曰："初吾忧其迟钝，今治军，诸将少能及者，吾无忧矣。"拜扬威将军，封沙羡侯。吴硕、张梁皆裨将军,赐爵关内侯。①奂亦爱乐儒生,复命部曲子弟就业,后仕进朝廷者数十人。年四十,嘉禾三年卒。子承嗣,以昭武中郎将代统兵,领郡。赤乌六年卒,无子,封承庶弟壹奉奂后,袭业为将。孙峻之诛诸葛恪也,壹与全熙、施绩攻恪弟公安督融,融自杀。壹从镇南迁镇军,假节督夏口。及孙綝诛滕胤、吕据,据、胤皆壹之妹夫也,壹弟封又知胤、据谋,自杀。綝遣朱异潜袭壹。异至武昌,壹知其攻己,率部曲千馀口过将胤妻奔魏。魏以壹为车骑将军、仪同三司,封吴侯,以故主芳贵人邢氏妻之。邢美色妒忌,下不堪命,遂共杀壹及邢氏。壹入魏三年死。〔1〕

①江表传曰:初权在武昌,欲还都建业,而虑水道溯流二千里,一旦有警,不相赴及,以此怀疑。及至夏口,于坞中大会百官议之,诏曰:"诸将吏勿拘位任,其有计者,为国言之。"诸将或陈宜立栅夏口,或言宜重设铁锁者,权皆以为非计。时梁为小将,未有知名,乃越席而进曰:"臣闻香饵引泉鱼,重币购勇士,今宜明树赏罚之信,遣将入沔,与敌争利,形势既成,彼不敢干也。使武昌有精兵万人,付智略者任将,常使严整。一旦有警,应声相赴。作甘水城,轻舰数千,诸所宜用,皆使备具。如此开门延敌,敌自不来矣。"权以梁计为最得,即超增梁位。后稍以功进至沔中督。


孙贲字伯阳。父羌字圣台,〔2〕坚同产兄也。贲早失二亲,弟辅婴孩,贲自赡育,友爱甚笃。为郡督邮守长。坚于长沙举义兵,贲去吏从征伐。坚薨,贲摄帅馀众,扶送灵柩。后袁术徙寿春,贲又依之。术从兄绍用会稽周昂为九江太守,绍与术不协,术遣贲攻破昂于阴陵。术表贲领豫州刺史,转丹杨都尉,行征虏将军,讨平山越。为扬州刺史刘繇所迫逐,因将士众还住历阳。顷之,术复使贲与吴景共击樊能、张英等,未能拔。及策东渡,助贲、景破英、能等,遂进击刘繇。繇走豫章。策遣贲、景还寿春报术,值术僭号,署置百官,除贲九江太守。贲不就，弃妻孥还江南。①时策已平吴、会二郡，贲与策征庐江太守刘勋、江夏太守黄祖，军旋，闻繇病死，过定豫章，上贲领太守，②后封都亭侯。建安十三年，使者刘隐奉诏拜贲为征虏将军，领郡如故。在官十一年卒。子邻嗣。

①江表传曰：袁术以吴景守广陵，策族兄香亦为术所用，作汝南太守，而令贲为将军，领兵在寿春。策与景等书曰："今征江东，未知二三君意云何耳？"景即弃守归，贲因而后免，香以道远独不得还。

吴书曰：香字文阳。父孺，字仲孺，坚再从弟也，仕郡主簿功曹。香从坚征伐有功，拜郎中。后为袁术驱驰，加征南将军，死于寿春。

②江表传曰：时丹杨僮芝自署庐陵太守，策留贲弟辅领兵住南昌，策谓贲曰："兄今据豫章，是扼僮芝咽喉而守其门户矣。但当伺其形便，因令国仪杖兵而进，使公瑾为作势援，一举可定也。"后贲闻芝病，即如策计。周瑜到巴丘，辅遂得进据庐陵。

邻年九岁，代领豫章，进封都乡侯。①在郡垂二十年，讨平叛贼，功绩修理。召还武昌，为绕帐督。时太常潘濬掌荆州事，重安长陈留舒燮有罪下狱，濬尝失燮，欲置之于法。论者多为有言，濬犹不释。邻谓濬曰："舒伯膺兄弟争死，海内义之，以为美谭，仲膺又有奉国旧意。今君杀其子弟，若天下一统，青盖北巡，中州士人必问仲膺继嗣，答者云潘承明杀燮，于事何如？"濬意即解，燮用得济。②邻迁夏口沔中督、威远将军，所居任职。赤乌十二年卒。子苗嗣。苗弟旅及叔父安、熙、绩，皆历列位。③

①吴书曰：邻字公达，雅性精敏，幼有令誉。

②博物志曰：仲膺名邵。初，伯膺亲友为人所杀，仲膺为报怨。事觉，兄弟争死，皆得免。袁术时，邵为阜陵长。亦见江表传。

③吴历曰：邻又有子曰述，为武昌督，平荆州事。震，无难督。谐，城门校尉。歆，乐乡督。震后御晋军，与张悌俱死。贲曾孙惠，字德施。

惠别传曰：惠好学有才智，晋永宁元年，赴齐王同义，以功封晋兴侯，辟大司马贼曹属。冏骄矜僭侈,天下失望。惠献言于冏,讽以五难、四不可,劝令委让万机,归藩青岱,辞甚深切。冏不能纳,顷之果败。成都王颖召为大将军参军。是时颖将有事于长沙,以陆机为前锋都督。惠与机乡里亲厚,忧其致祸,谓之曰:"子盍让都督于王粹乎?"机曰:"将谓吾避贼首鼠,更速其害。"机寻被戮,二弟云、耽亦见杀,惠甚伤恨之。永兴元年,乘舆幸邺,司空东海王越治兵下邳,惠以书干越,诡其姓名,自称南岳逸民秦秘之,勉以勤王匡世之略,辞义甚美。越省其书,榜题道衢,招求其人。惠乃出见,越即以为记室参军,专掌文疏,豫参谋议。每造书檄,越或驿马催之,应命立成,皆有辞旨。累迁显职,后为广武将军、安丰内史。年四十七卒。惠文翰凡数十首。

孙辅字国仪,贲弟也,以扬武校尉佐孙策平三郡。策讨丹杨七县,使辅西屯历阳以拒袁术,并招诱馀民,鸠合遗散。又从策讨陵阳,生得祖郎等。[1]策西袭庐江太守刘勋,辅随从,身先士卒,有功。策立辅为庐陵太守,抚定属城,分置长吏。迁平南将军,假节领交州刺史。遣使与曹公相闻,事觉,权幽系之。[2]数岁卒。子兴、昭、伟、昕,皆历列位。

[1]江表传曰:策既平定江东,逐袁胤。袁术深怨策,乃阴遣间使赍印绶与丹杨宗帅陵阳祖郎等,使激动山越,大合众,图共攻策。策自率将士讨郎,生获之。策谓郎曰:"尔昔袭击孤,斫孤马鞍,今创军立事,除弃宿恨,惟取能用,与天下通耳。非但汝,汝莫恐怖。"郎叩头谢罪。即破械,赐衣服,署门下贼曹。及军还,郎与太史慈俱在前导军,人以为荣。

[2]典略曰:辅恐权不能保守江东,因权出行东冶,乃遣人赍书呼曹公。行人以告,权乃还,伪若不知,与张昭共见辅,权谓辅曰:"兄厌乐邪,何为呼他人?"辅云无是。权因投书与昭,昭示辅,辅惭无辞。乃悉斩辅亲近,分其部曲,徙辅置东。

孙翊字叔弼,权弟也,骁悍果烈,有兄策风。太守朱治举孝廉,

司空辟。①建安八年,以偏将军领丹杨太守,时年二十。后卒为左右
边鸿所杀,鸿亦即诛。②

> ①典略曰:翊名俨,性似策。策临卒,张昭等谓策当以兵属俨,而策呼权,
> 佩以印绶。
>
> ②吴历载翊妻徐节行,宜与妫览等事相次,故列于后孙韶传中。

子松为射声校尉、都乡侯。①黄龙三年卒。蜀丞相诸葛亮与
兄瑾书曰:"既受东朝厚遇,依依于子弟。又子乔良器,为之恻
怆。见其所与亮器物,感用流涕。"其悼松如此,由亮养子乔咨述
故云。

> ①吴录曰:松善与人交,轻财好施。镇巴丘,数咨陆逊以得失。尝有小过,
> 逊面责松,松意色不平,逊观其少释,谓曰:"君过听不以某鄙,数见访
> 及,是以承来意进尽言,便变色,何也?"松笑曰:"属亦自恣行事有此,
> 岂有望邪!"

孙匡字季佐,翊弟也。举孝廉茂才,未试用,卒,时年二十馀。①
子泰,曹氏之甥也,为长水校尉。嘉禾三年,从权围新城,中流矢
死。泰子秀为前将军、夏口督。秀公室至亲,握兵在外,晧意不能
平。建衡二年,晧遣何定将五千人至夏口猎。先是,民间金言秀当
见图,而定远猎,秀遂惊,夜将妻子亲兵数百人奔晋。晋以秀为骠
骑将军、仪同三司,封会稽公。②

> ①江表传曰:曹休出洞口,吕范率军御之。时匡为定武中郎将,违范令放
> 火,[3]烧损茅芒,以乏军用,范即启送匡还吴。权别其族为丁氏,禁固
> 终身。
>
> 臣松之案本传曰:"匡未试用卒,时年二十馀。"而江表传云吕范在洞
> 口,匡为定武中郎将。既为定武,非为未试用。且孙坚以初平二年卒,洞
> 口之役在黄初三年,坚卒至此合三十一年,匡时若尚在,本传不得云卒

时年二十餘也。此盖权别生弟朗，江表传误以为匡也。朗之名位见三朝录及虞喜志林也。

②江表传曰：晧大怒，追改秀姓曰厉。

干宝晋纪曰：秀在晋朝，初闻晧降，群臣毕贺，秀称疾不与，南向流涕曰："昔讨逆弱冠以一校尉创业，今后主举江南而弃之，宗庙山陵，于此为墟。悠悠苍天，此何人哉！"朝廷美之。

晋诸公赞曰：吴平，降为伏波将军，开府如故。永宁中卒，追赠骠骑、开府。子俭，字仲节，给事中。

孙韶字公礼。伯父河，字伯海，本姓俞氏，亦吴人也。孙策爱之，赐姓为孙，列之属籍。①后为将军，屯京城。

①吴书曰：河，坚族子也，出后姑俞氏，后复姓为孙。河质性忠直，讷言敏行，有气干，能服勤。少从坚征讨，常为前驱，后领左右兵，典知内事，待以腹心之任。又从策平定吴、会，从权讨李术，术破，拜威寇中郎将，领庐江太守。

初，孙权杀吴郡太守盛宪，①宪故孝廉妫览、戴员亡匿山中，孙翊为丹杨，皆礼致之。览为大都督督兵，员为郡丞。及翊遇害，河驰赴宛陵，责怒览、员，以不能全翊，[4]令使奸变得施。二人议曰："伯海与将军疏远，而责我乃耳。讨虏若来，吾属无遗矣。"遂杀河，使人北迎扬州刺史刘馥，令住历阳，以丹杨应之。会翊帐下徐元、孙高、傅婴等杀览、员。②

①会稽典录曰：宪字孝章，器量雅伟，举孝廉，补尚书郎，稍迁吴郡太守，以疾去官。孙策平定吴、会，诛其英豪，宪素有高名，策深忌之。初，宪与少府孔融善，融忧其不免祸，乃与曹公书曰："岁月不居，时节如流，五十之年，忽焉已至。公为始满，融又过二，海内知识，零落殆尽，惟会稽盛孝章尚存。其人困于孙氏，妻孥湮没，单子独立，孤危愁苦，若使忧能伤人，此子不得复永年矣。春秋传曰：'诸侯有相灭亡者，桓公不能救，

则桓公耻之。’今孝章实丈夫之雄也，天下谭士依以扬声，而身不免于幽执，命不期于旦夕，是吾祖不当复论损益之友，而朱穆所以绝交也。公诚能驰一介之使，加咫尺之书，则孝章可致，友道可弘也。今之少年，喜谤前辈，或能讥平皮柄反。孝章；孝章要为有天下大名，九牧之民所共称叹。燕君市骏马之骨，非欲以骋道里，乃当以招绝足也。惟公匡复汉室，宗社将绝，又能正之，正之之术，实须得贤。珠玉无胫而自至者，以人好之也，况贤者之有足乎？昭王筑台以尊郭隗，隗虽小才，而逢大遇，竟能发明主之至心，故乐毅自魏往，剧辛自赵往，邹衍自齐往。向使郭隗倒县而王不解，临溺而王不拯，则士亦将高翔远引，莫有北首燕路者矣。凡所称引，自公所知，而有云者，欲公崇笃斯义也，因表不悉。”由是征为骑都尉。制命未至，果为权所害。子匡奔魏，位至征东司马。

② 吴历曰：妫览、戴员亲近边洪等，数为翊所困，常欲叛逆，因吴主出征，遂其奸计。时诸县令长并会见翊，翊以妻徐氏颇晓卜，翊入语徐：“吾明日欲为长吏作主人，卿试卜之。”徐言：“卦不能佳，可须异日。”翊以长吏来久，宜速遣，乃大请宾客。翊出入常持刀，尔时有酒色，空手送客，洪从后斫翊，郡中扰乱，无救翊者，遂为洪所杀，迸走入山。徐氏购募追捕，中宿乃得，览、员归罪杀洪。诸将皆知览、员所为，而力不能讨。览入居军府中，悉取翊媵妾及左右侍御，欲复取徐。恐逆之见害，乃绐之曰：“乞须晦日设祭除服。”时月垂竟，览听须祭毕。徐潜使所亲信语翊亲近旧将孙高、傅婴等，说：“览已虏略婢妾，今又欲见逼，所以外许之者，欲安其意以免祸耳。欲立微计，愿二君哀救。”高、婴涕泣答言：“受府君恩遇，所以不即死难者，以死无益，欲思惟事计，事计未立，未敢启夫人耳。今日之事，实夙夜所怀也。”乃密呼翊时侍养者二十馀人，以徐意语之，共盟誓，合谋。到晦日，设祭，徐氏哭泣尽哀毕，乃除服，薰香沐浴，更于他室，安施帏帐，言笑欢悦，示无戚容。大小凄怆，怪其如此。览密觇视，无复疑意。徐呼高、婴与诸婢罗住户内，使人报览，说已除凶即吉，惟府君敕命。览盛意入，徐出户拜，览适得一拜，徐便大呼：“二君可起！”高、婴俱出，共得杀览，馀人即就外杀员。夫人乃还缞绖，奉览、员首以祭翊墓。举军震骇，以为神异。吴主续至，悉族诛览、员馀党，擢高、

婴为牙门,其馀皆加赐金帛,殊其门户。

韶年十七,收河馀众,缮治京城,起楼橹,修器备以御敌。权闻乱,从椒丘还,过定丹杨,引军归吴。夜至京城下营,试攻惊之,兵皆乘城传檄备警,谨声动地,颇射外人,权使晓喻乃止。明日见韶,甚器之,即拜承烈校尉,统河部曲,食曲河、丹徒二县,自置长吏,一如河旧。后为广陵太守、偏将军。权为吴王,迁扬威将军,封建德侯。权称尊号,为镇北将军。韶为边将数十年,善养士卒,得其死力。常以警疆埸远斥候为务,先知动静而为之备,故鲜有负败。青、徐、汝、沛颇来归附,淮南滨江屯候皆彻兵远徙,徐、泗、江、淮之地,不居者各数百里。自权西征,还都武昌,韶不进见者十馀年。权还建业,乃得朝觐。权问青、徐诸屯要害,远近人马众寡,魏将帅姓名,尽具识之,有问咸对。身长八尺,仪貌都雅。权欢悦曰:"吾久不见公礼,不图进益乃尔。"加领幽州牧、假节。赤乌四年卒。子越嗣,至右将军。越兄楷武卫大将军、临成侯,代越为京下督。楷弟异至领军将军,奕宗正卿,恢武陵太守。天玺元年,征楷为宫下镇骠骑将军。初永安贼施但等劫晧弟谦,袭建业,或白楷二端不即赴讨者,晧数遣诘楷。楷常惶怖,而卒被召,遂将妻子亲兵数百人归晋,晋以为车骑将军,封丹杨侯。①

①晋诸公赞曰:吴平,降为渡辽将军,永安元年卒。

吴录曰:楷处事严整不如孙秀,而人间知名,过也。

孙桓字叔武,河之子也。①年二十五,拜安东中郎将,与陆逊共拒刘备。备军众甚盛,弥山盈谷,桓投刀奋命,与逊戮力,备遂败走。桓斩上夔道,[5]截其径要。备逾山越险,仅乃得免,忿恚叹曰:"吾昔初至京城,桓尚小儿,而今迫孤乃至此也!"桓以功拜建武将军,封丹徒侯,下督牛渚,作横江坞,会卒。②

①吴书曰：河有四子。长助，曲阿长。次谊，海盐长。并早卒。次桓，仪容端正，器怀聪朗，博学强记，能论议应对，权常称为宗室颜渊，擢为武卫都尉。从讨关羽于华容，诱羽馀党，得五千人，牛马器械甚众。

②吴书曰：桓弟俊，字叔英，性度恢弘，才经文武，为定武中郎将，屯戍薄落，赤乌十三年卒。长子建袭爵，平虏将军。少子慎，镇南将军。慎子丞，字显世。

文士传曰：丞好学，有文章，作萤火赋行于世。为黄门侍郎，与顾荣俱为侍臣。归命世内侍多得罪尤，惟荣、丞独获全。常使二人记事，丞答顾问，乃下诏曰："自今已后，用侍郎皆当如今宗室丞、顾荣畴也。"吴平赴洛，为范阳涿令，甚有称绩。永安中，陆机为成都王大都督，请丞为司马，与机俱被害。

　　评曰：夫亲亲恩义，古今之常。宗子维城，诗人所称。况此诸孙，或赞兴初基，或镇据边陲，克堪厥任，不忝其荣者乎！故详著云。


【校勘记】

〔1〕壹入魏三年死　魏下原衍"黄初"二字，据三国志集解钱大昕说删。

〔2〕父羌字圣台　台，原作"壹"，据郝经续后汉书卷五三改。

〔3〕违范令放火　违，原作"遣"，据何焯校本改。

〔4〕以不能全翊　翊，原作"权"，据通志卷七九改。

〔5〕桓斩上夒道　夒，原作"兜"，据三国志集解赵一清说改。

# 三国志卷五十二　吴书七

## 张顾诸葛步传第七

张昭字子布,彭城人也。少好学,善隶书,从白侯子安受左氏春秋,博览众书,与琅邪赵昱、东海王朗俱发名友善。弱冠察孝廉,不就,与朗共论旧君讳事,州里才士陈琳等皆称善之。①刺史陶谦举茂才,不应,谦以为轻己,遂见拘执。昱倾身营救,方以得免。汉末大乱,徐方士民多避难扬土,昭皆南渡江。孙策创业,命昭为长史、抚军中郎将,升堂拜母,如比肩之旧,文武之事,一以委昭。②昭每得北方士大夫书疏,专归美于昭,昭欲嘿而不宣则惧有私,宣之则恐非宜,进退不安。策闻之,欢笑曰:"昔管仲相齐,一则仲父,二则仲父,而桓公为霸者之宗。今子布贤,我能用之,其功名独不在我乎!"

①时汝南主簿应劭议宜为旧君讳,论者皆互有异同,事在风俗通。昭著论曰:"客有见大国之议,士君子之论,云起元建武已来,旧君名讳五十六人,以为后生不得协也。取乎经论,譬诸行事,义高辞丽,甚可嘉美。愚意褊浅,窃有疑焉。盖乾坤剖分,万物定形,肇有父子君臣之经。故圣人顺天之性,制礼尚敬,在三之义,君实食之,在丧之哀,君亲临之,厚莫重焉,恩莫大焉,诚臣子所尊仰,万夫所天恃,焉得而同之哉?然亲亲有

衰,尊尊有杀,故礼服上不尽高祖,下不尽玄孙。又传记四世而缌麻,服之穷也;五世袒免,降杀同姓也;六世而亲属竭矣。又曲礼有不逮事之义则不讳,不讳者,盖名之谓,属绝之义,不拘于协,况乃古君五十六哉! 邾子会盟,季友来归,不称其名,咸书字者,是时鲁人嘉之也。何解臣子为君父讳乎?周穆王讳满,至定王时有王孙满者,其为大夫,是臣协君也。又厉王讳胡,及庄王之子名胡,其比众多。夫类事建议,经有明据,传有征案,然后进攻退守,万无奔北,垂示百世,永无咎失。今应劭虽上尊旧君之名,而下无所断齐,犹归之疑云。曲礼之篇,疑事无质,观省上下,阙义自证,文辞可为,倡而不法,将来何观?言声一放,犹拾沈也,过辞在前,悔其何追! ”

②吴书曰:策得昭甚悦,谓曰:“吾方有事四方,以士人贤者上,吾子子不得轻矣。”乃上为校尉,待以师友之礼。

策临亡,以弟权托昭,昭率群僚立而辅之。①上表汉室,下移属城,中外将校,各令奉职。权悲感未视事,昭谓权曰:“夫为人后者,贵能负荷先轨,克昌堂构,以成勋业也。方今天下鼎沸,群盗满山,孝廉何得寝伏哀戚,肆匹夫之情哉?”乃身自扶权上马,陈兵而出,然后众心知有所归。昭复为权长史,授任如前。②后刘备表权行车骑将军,昭为军师。权每田猎,常乘马射虎,虎常突前攀持马鞍。昭变色而前曰:“将军何有当尔?夫为人君者,谓能驾御英雄,驱使群贤,岂谓驰逐于原野,校勇于猛兽者乎?如有一旦之患,奈天下笑何?”权谢昭曰:“年少虑事不远,以此惭君。”然犹不能已,乃作射虎车,为方目,间不置盖,一人为御,自于中射之。时有逸群之兽,辄复犯车,而权每手击以为乐。昭虽谏争,常笑而不答。魏黄初二年,遣使者邢贞拜权为吴王。贞入门,不下车。昭谓贞曰:“夫礼无不敬,故法无不行。而君敢自尊大,岂以江南寡弱,无方寸之刃故乎!”贞即遽下车。拜昭为绥远将军,封由拳侯。③权于武昌,临钓台,饮酒大醉。权使人以水洒群臣曰:“今日酣饮,惟醉堕台中,乃当止耳。"昭正色不言,出外车中坐。权遣人呼昭还,谓曰:"为共作乐耳,公何为怒乎?"昭对曰:"昔纣为糟丘酒池长夜之饮,当时亦以为乐,不以为恶也。"权默然,有惭色,遂罢酒。初,权当置丞相,众议归昭。权曰:"方今多事,职统者责重,非所以优之也。"后孙邵卒,百寮复举昭,权曰:"孤岂为子布有爱乎?领丞相事烦,而此公性刚,所言不从,怨咎将兴,非所以益之也。"乃用顾雍。

①吴历曰:策谓昭曰:"若仲谋不任事者,君便自取之。正复不克捷,缓步西归,亦无所虑。"

②吴书曰:是时天下分裂,擅命者众。孙策莅事日浅,恩泽未洽,一旦倾陨,士民狼狈,颇有同异。及昭辅权,绥抚百姓,诸侯宾旅寄寓之士,得用自安。权每出征,留昭镇守,领幕府事。后黄巾贼起,昭讨平之。权征合肥,命昭别讨匡琦,又督领诸将,攻破豫章贼率周凤等于南城。自此希复将帅,常在左右,为谋谟臣。权以昭旧臣,待遇尤重。

③吴录曰:昭与孙绍、滕胤、郑礼等,采周、汉,撰定朝仪。

权既称尊号,昭以老病,上还官位及所统领。①更拜辅吴将军,班亚三司,改封娄侯,食邑万户。在里宅无事,乃著春秋左氏传解及论语注。权尝问卫尉严畯:"宁念小时所暗书不?"畯因诵孝经"仲尼居"。昭曰:"严畯鄙生,臣请为陛下诵之。"乃诵"君子之事上",咸以昭为知所诵。

①江表传曰:权既即尊位,请会百官,归功周瑜。昭举笏欲褒赞功德,未及言,权曰:"如张公之计,今已乞食矣。"昭大惭,伏地流汗。昭忠謇亮直,有大臣节,权敬重之,然所以不相昭者,盖以昔驳周瑜、鲁肃等议为非也。臣松之以为张昭劝迎曹公,所存岂不远乎?夫其扬休正色,委质孙氏,诚以厄运初遘,涂炭方始,自策及权,才略足辅,是以尽诚匡弼,以成其业,上藩汉室,下保民物;鼎峙之计,本非其志也。曹公仗顺而起,功以义立,冀以清一诸华,拓平荆郢,大定之机,在于此会。若使昭议获从,则六合为一,岂有兵连祸结,遂为战国之弊哉!虽无功于孙氏,有大当

于天下矣。昔窦融归汉,与国升降;张鲁降魏,赏延于世。况权举全吴,望风顺服,宠灵之厚,其可测量哉!然则昭为人谋,岂不忠且正乎!

昭每朝见,辞气壮厉,义形于色,曾以直言逆旨,中不进见。后蜀使来,称蜀德美,而群臣莫拒,权叹曰:"使张公在坐,彼不折则废,安复自夸乎?"明日,遣中使劳问,因请见昭。昭避席谢,权跪止之。昭坐定,仰曰:"昔太后、桓王不以老臣属陛下,而以陛下属老臣,是以思尽臣节,以报厚恩,使泯没之后,有可称述,而意虑浅短,违逆盛旨,自分幽沦,长弃沟壑,不图复蒙引见,得奉帷幄。然臣愚心所以事国,志在忠益,毕命而已。若乃变心易虑,以偷荣取容,此臣所不能也。"权辞谢焉。

权以公孙渊称藩,遣张弥、许晏至辽东拜渊为燕王,昭谏曰:"渊背魏惧讨,远来求援,非本志也。若渊改图,欲自明于魏,两使不反,不亦取笑于天下乎?"权与相反覆,昭意弥切。权不能堪,案刀而怒曰:"吴国士人入宫则拜孤,出宫则拜君,孤之敬君,亦为至矣,而数于众中折孤,孤尝恐失计。"昭熟视权曰:"臣虽知言不用,每竭愚忠者,诚以太后临崩,呼老臣于床下,遗诏顾命之言故在耳。"因涕泣横流。权掷刀致地,与昭对泣。然卒遣弥、晏往。昭忿言之不用,称疾不朝。权恨之,土塞其门,昭又于内以土封之。渊果杀弥、晏。权数慰谢昭,昭固不起,权因出过其门呼昭,昭辞疾笃。权烧其门,欲以恐之,昭更闭户。权使人灭火,住门良久,昭诸子共扶昭起,权载以还宫,深自克责。昭不得已,然后朝会。①

①习凿齿曰:张昭于是乎不臣矣!夫臣人者,三谏不从则奉身而退,身苟不绝,何忿怼之有?且秦穆违谏,卒霸西戎,晋文暂怒,终成大业。遗誓以悔过见录,狐偃无怨绝之辞,君臣道泰,上下俱荣。今权悔往之非而求昭,后益回虑降心,不远而复,是其善也。昭为人臣,不度权得道,匡其后失,夙夜匪懈,以延来誉,乃追忿不用,归罪于君,闭户拒命,坐待

焚灭，岂不悖哉！

昭容貌矜严，有威风，权常曰："孤与张公言，不敢妄也。"举邦惮之。年八十一，嘉禾五年卒。遗令幅巾素棺，敛以时服。权素服临吊，谥曰文侯。①长子承已自封侯，少子休袭爵。

①典略曰：余襄闻刘荆州尝自作书欲与孙伯符，以示祢正平，正平蚩之，言："如是为欲使孙策帐下儿读之邪，将使张子布见乎？"如正平言，以为子布之才高乎？虽然，犹自蕴藉典雅，不可谓之无笔迹也。加闻吴中称谓之仲父，如此，其人信一时之良干，恨其不于蒿岳等资，而乃播殖于会稽。

昭弟子奋年二十，造作攻城大攻车，为步骘所荐。昭不愿曰："汝年尚少，何为自委于军旅乎？"奋对曰："昔童汪死难，子奇治阿，奋实不才耳，于年不为少也。"遂领兵为将军，连有功效，至半州都督，[1]封乐乡亭侯。

承字仲嗣，少以才学知名，与诸葛瑾、步骘、严畯相友善。权为骠骑将军，辟西曹掾，出为长沙西部都尉。讨平山寇，得精兵万五千人。后为濡须都督、奋威将军，封都乡侯，领部曲五千人。承为人壮毅忠谠，能甄识人物，拔彭城蔡款、南阳谢景于孤微童幼，后并为国士，款至卫尉，景豫章太守。①又诸葛恪年少时，众人奇其英才，承言终败诸葛氏者元逊也。勤于长进，笃于物类，凡在庶几之流，无不造门。年六十七，赤乌七年卒，谥曰定侯。子震嗣。初，承丧妻，昭欲为索诸葛瑾女，承以相与有好，难之，权闻而劝焉，遂为婿。②生女，权为子和纳之。权数令和修敬于承，执子婿之礼。震诸葛恪诛时亦死。

①吴录曰：款字文德，历位内外，以清贞显于当世。后以卫尉领中书令，封留侯。二子，条、机。条孙晧时位至尚书令、太子少傅。机为临川太守。谢景事在孙登传。

②臣松之案：承与诸葛瑾同以赤乌中卒，计承年小瑾四岁耳。

休字叔嗣，弱冠与诸葛恪、顾谭等俱为太子登僚友，以汉书授登。①从中庶子转为右弼都尉。权常游猎，追暮乃归，休上疏谏戒，权大善之，以示于昭。及登卒后，为侍中，拜羽林都督，平三典军事，迁扬武将军。为鲁王霸友党所谮，与顾谭、承俱以芍陂论功事，休、承与典军陈恂通情，诈增其伐，并徙交州。中书令孙弘佞伪险诐，休素所忿，②弘因是谮诉，下诏书赐休死，时年四十一。

①吴书曰：休进授，指摘文义，分别事物，并有章条。每升堂宴饮，酒酣乐作，登辄降意与同欢乐。休为人解达，登甚爱之，常在左右。
②吴录云：弘，会稽人也。

顾雍字元叹，吴郡吴人也。①蔡伯喈从朔方还，尝避怨于吴，雍从学琴书。②州郡表荐，弱冠为合肥长，后转在娄、曲阿、上虞，皆有治迹。孙权领会稽太守，不之郡，以雍为丞，行太守事，讨除寇贼，郡界宁静，吏民归服。数年，入为左司马。权为吴王，累迁大理奉常，领尚书令，封阳遂乡侯，拜侯还寺，而家人不知，后闻乃惊。

①吴录曰：雍曾祖父奉，字季鸿，颍川太守。
②江表传曰：雍从伯喈学，专一清静，敏而易教。伯喈贵异之，谓曰："卿必成致，今以吾名与卿。"故雍与伯喈同名，由此也。
吴录曰：雍字元叹，言为蔡雍之所叹，因以为字焉。

黄武四年，迎母于吴。既至，权临贺之，视拜其母于庭，公卿大臣毕会，后太子又往庆焉。雍为人不饮酒，寡言语，举动时当。权尝叹曰："顾君不言，言必有中。"至饮宴欢乐之际，左右恐有酒失而雍必见之，是以不敢肆情。权亦曰："顾公在坐，使人不乐。"其见惮如此。是岁，改为太常，进封醴陵侯，代孙邵为丞相，平尚书事。其所选用文武将吏各随能所任，心无适莫。时访逮民间，及政职所宜,辄密以闻。若见纳用,则归之于上,不用,终不宣泄。权以此重之。然于公朝有所陈及,辞色虽顺而所执者正。权尝咨问得失,张昭因陈听采闻,颇以法令太稠,刑罚微重,宜有所蠲损。权默然,顾问雍曰:"君以为何如?"雍对曰:"臣之所闻,亦如昭所陈。"于是权乃议狱轻刑。①久之,吕壹、秦博为中书,典校诸官府及州郡文书。壹等因此渐作威福,遂造作榷酤障管之利,举罪纠奸,纤介必闻,重以深案丑诬,毁短大臣,排陷无辜,雍等皆见举白,用被谴让。后壹奸罪发露,收系廷尉。雍往断狱,壹以囚见,雍和颜色,问其辞状,临出,又谓壹曰:"君意得无欲有所道?"壹叩头无言。时尚书郎怀叙面詈辱壹,雍责叙曰:"官有正法,何至于此!"②

①江表传曰:权常令中书郎诣雍,有所咨访。若合雍意,事可施行,即与相反覆,究而论之,为设酒食。如不合意,雍即正色改容,默然不言,无所施设,即退告。权曰:"顾公欢悦,是事合宜也;其不言者,是事未平也,孤当重思之。"其见敬信如此。江边诸将,各欲立功自效,多陈便宜,有所掩袭。权以访雍,雍曰:"臣闻兵法戒于小利,此等所陈,欲邀功名而为其身,非为国也,陛下宜禁制。苟不足以曜威损敌,所不宜听也。"权从之。军国得失,行事可不,自非面见,口未尝言之。

②江表传曰:权嫁从女,女顾氏甥,故请雍父子及孙谭,谭时为选曹尚书,见任贵重。是日,权极欢。谭醉酒,三起舞,舞不知止。雍内怒之。明日,召谭,诃责之曰:"君王以含垢为德,臣下以恭谨为节。昔萧何、吴汉并有大功,何每见高帝,似不能言;汉奉光武,亦信恪勤。汝之于国,宁有汗马之劳,可书之事邪?但阶门户之资,遂见宠任耳,何有舞不复知止?虽为酒后,亦由恃恩忘敬,谦虚不足。损吾家者必尔也。"因背向壁卧,谭立过一时,乃见遣。

徐众评曰:雍不以吕壹见毁之故,而和颜悦色,诚长者矣。然开引其意,问所欲道,此非也。壹奸险乱法,毁伤忠贤,吴国寒心,自太子登、陆逊已下,切谏不能得,是以潘濬欲因会手剑之,以除国患,疾恶忠主,义形于色,而今乃发起令言。若壹称枉邪,不申理,则非录狱本旨;若承辞而奏之，吴主傥以敬丞相所言，而复原宥，伯言、承明不当悲慨哉！怀叙本无私恨，无所为嫌，故詈辱之，疾恶意耳，恶不仁者，其为仁也。季武子死，曾点倚其门而歌；子皙创发，子产催令自裁。以此言之，雍不当责怀叙也。

雍为相十九年，年七十六，赤乌六年卒。初疾微时，权令医赵泉视之，拜其少子济为骑都尉。雍闻，悲曰："泉善别死生，吾必不起，故上欲及吾目见济拜也。"权素服临吊，谥曰肃侯。长子邵早卒，次子裕有笃疾，少子济嗣，无后，绝。永安元年，诏曰："故丞相雍，至德忠贤，辅国以礼，而侯统废绝，朕甚愍之。其以雍次子裕袭爵为醴陵侯，以明著旧勋。"①

①吴录曰：裕一名穆，终宜都太守。裕子荣。

晋书曰：荣字彦先，为东南名士，仕吴为黄门郎，在晋历显位。元帝初镇江东，以荣为军司马，礼遇甚重。卒，表赠侍中、骠骑将军、仪同三司。荣兄子禺，字孟著，少有名望，为散骑侍郎，早卒。

吴书曰：雍母弟徽，字子叹，少游学，有唇吻。孙权统事，闻徽有才辩，召署主簿。尝近出行，见营军将一男子至市行刑，问之何罪，云盗百钱，徽语使住。须臾，驰诣阙陈启："方今畜养士众以图北虏，视此兵丁壮健儿，且所盗少，愚乞哀原。"权许而嘉之。转东曹掾。或传曹公欲东，权谓徽曰："卿孤腹心，今传孟德怀异意，莫足使揣之，卿为吾行。"拜辅义都尉，到北与曹公相见。公具问境内消息，徽应对婉顺，因说江东大丰，山薮宿恶，皆慕化为善，义出作兵。公笑曰："孤与孙将军一结婚姻，共辅汉室，义如一家，君何为道此？"徽曰："正以明公与主将义固磐石，休戚共之，必欲知江表消息，是以及耳。"公厚待遣还。权问定云何，徽曰："敌国隐情，卒难探察，然徽潜采听，方与袁谭交争，未有他意。"乃拜徽巴东太守，欲大用之，会卒。子裕，字季则，少知名，位至镇东将军。雍族人悌，字子通，以孝悌廉正闻于乡党。年十五为郡吏，除郎中，稍迁偏将军。权末年，嫡庶不分，悌数与骠骑将军朱据共陈祸福，言辞切直，朝廷惮之。待妻有礼，常夜入晨出，希见其面。尝疾笃，妻出省之，悌命左右扶起，冠帻加袭，起对，趣令妻还，其贞洁不渎如此。悌父向历四县令，年老致仕，悌每得父书，常洒扫，整衣服，更设几筵，舒书其上，拜跪读之，每句应诺，毕，复再拜。若父有疾耗之问至，则临вит垂涕，声语哽咽。父以寿终，悌饮浆不入口五日。权为作布衣一袭，皆摩絮著之，强令悌释服。悌虽以公议自割，犹以不见父丧，常画壁作棺柩象，设神座于下，每对之哭泣，服未阕而卒。悌四子：彦、礼、谦、秘。秘，晋交州刺史。秘子众，尚书仆射。

邵字孝则，博览书传，好乐人伦。少与舅陆绩齐名，而陆逊、张敦、卜静等皆亚焉。①自州郡庶几及四方人士，往来相见，或言议而去，或结厚而别，风声流闻，远近称之。权妻以策女。年二十七，起家为豫章太守。下车祀先贤徐孺子之墓，优待其后；禁其淫祀非礼之祭者。小吏资质佳者，辄令就学，择其先进，擢置右职，举善以教，风化大行。初，钱唐丁谞出于役伍，阳羡张秉生于庶民，乌程吴粲、云阳殷礼起乎微贱，邵皆拔而友之，为立声誉。秉遭大丧，亲为制服结绖。邵当之豫章，发在近路，值秉疾病，时送者百数，邵辞宾客曰："张仲节有疾，苦不能来别，恨不见之，暂还与诀，诸君少时相待。"其留心下士，惟善所在，皆此类也。谞至典军中郎，秉云阳太守，礼零陵太守，②粲太子少傅。世以邵为知人。在郡五年，卒官，子谭、承云。

①吴录曰：敦字叔方，静字玄风，并吴郡人。敦德量渊懿，清虚淡泊，又善文辞。孙权为车骑将军，辟西曹掾，转主簿，出补海昏令，甚有惠化，年三十二卒。卜静终于剡令。

②礼子基作通语曰：礼字德嗣，弱不好弄，潜识过人。少为郡吏，年十九，守吴县丞。孙权为王，召除郎中。后与张温俱使蜀，诸葛亮甚称叹之。稍迁至零陵太守，卒官。

文士传曰：礼子基，无难督，以才学知名，著通语数十篇。有三子。巨字元大，有才器，初为吴偏将军，统家部曲，城夏口，吴平后，为苍梧太守。

少子祐，字庆元，吴郡太守。

谭字子默，弱冠与诸葛恪等为太子四友，从中庶子转辅正都
尉。①赤乌中，代恪为左节度。②每省簿书，未尝下筹，徒屈指心计，
尽发疑谬，下吏以此服之。加奉车都尉。薛综为选曹尚书，固让谭
曰："谭心精体密，贯道达微，才照人物，德允众望，诚非愚臣所可
越先。"后遂代综。祖父雍卒数月，拜太常，代雍平尚书事。是时鲁
王霸有盛宠，与太子和齐衡，谭上疏曰："臣闻有国有家者，必明嫡
庶之端，异尊卑之礼，使高下有差，阶级逾邈，如此则骨肉之恩生，
觊觎之望绝。昔贾谊陈治安之计，论诸侯之势，以为势重，虽亲必
有逆节之累，势轻，虽疏必有保全之祚。故淮南亲弟，不终飨国，失
之于势重也；吴芮疏臣，传祚长沙，得之于势轻也。昔汉文帝使慎
夫人与皇后同席，袁盎退夫人之座，帝有怒色，及盎辨上下之仪，
陈人彘之戒，帝既悦怿，夫人亦悟。今臣所陈，非有所偏，诚欲以安
太子而便鲁王也。"由是霸与谭有隙。时长公主婿卫将军全琮子寄
为霸宾客，寄素倾邪，谭所不纳。先是，谭弟承与张休俱北征寿春，
全琮时为大都督，与魏将王凌战于芍陂，军不利，魏兵乘胜陷没五
营将秦晃军，(2)休、承奋击之，遂驻魏师。时琮群子绪、端亦并为
将，因敌既住，乃进击之，凌军用退。时论功行赏，以为驻敌之功
大，退敌之功小，休、承并为杂号将军，绪、端偏裨而已。寄父子益
恨，共构会谭。③谭坐徙交州，幽而发愤，著新言二十篇。其知难篇
盖以自悼伤也。见流二年，年四十二，卒于交阯。

①陆机为谭传曰：宣太子正位东宫，天子方隆训导之义，妙简俊彦，讲学
左右。时四方之杰毕集，太傅诸葛恪等雄奇盖众，而谭以清识绝伦，独
见推重。自太尉范慎、谢景、羊徽之徒，皆以秀称其名，而悉在谭下。

②吴书曰：谭初践官府，上疏陈事，权辄食称善，以为过于徐详。雅性
高亮，不修意气，或以此望之。然权鉴其能，数蒙赏赐，特

三国志卷五十二

见召请。

③吴录曰：全琮父子屡言芍陂之役为典军陈恂诈增张休、顾承之功，而休、承与恂通情。休坐系狱，权为谭故，沉吟不决，欲令谭谢而释之。及大会，以问谭，谭不谢，而曰："陛下，谗言其兴乎！"

江表传曰：有司奏谭诬罔大不敬，罪应大辟。权以雍故，不致法，皆徙之。

承字子直，嘉禾中与舅陆瑁俱以礼征。权赐丞相雍书曰："贵孙子直，令问休休，至与相见，过于所闻，为君嘉之。"拜骑都尉，领羽林兵。后为吴郡西部都尉，与诸葛恪等共平山越，别得精兵八千人，还屯军章坑，拜昭义中郎将，入为侍中。芍陂之役，拜奋威将军，出领京下督。数年，与兄谭、张休等俱徙交州，年三十七卒。

诸葛瑾字子瑜，琅邪阳都人也。①汉末避乱江东。值孙策卒，孙权姊婿曲阿弘咨见而异之，荐之于权，与鲁肃等并见宾待，后为权长史，转中司马。建安二十年，权遣瑾使蜀通好刘备，与其弟亮俱公会相见，退无私面。

①吴书曰：其先葛氏，本琅邪诸县人，后徙阳都。阳都先有姓葛者，时人谓之诸葛，因以为氏。瑾少游京师，治毛诗、尚书、左氏春秋。遭母忧，居丧至孝，事继母恭谨，甚得人子之道。

风俗通曰：葛婴为陈涉将军，有功而诛，孝文帝追录，封其孙诸县侯，因并氏焉。此与吴书所说不同。

与权谈说谏喻，未尝切愕，微见风彩，粗陈指归，如有未合，则舍而及他，徐复托事造端，以物类相求，于是权意往往而释。吴郡太守朱治，权举将也，权曾有以望之，而素加敬，难自诘让，忿忿不解。瑾揣知其故，而不敢显陈，乃乞以意私自问，遂于权前为书，泛论物理，因以己心遥往忖度之。毕，以呈权，权喜，笑曰："孤意解矣。颜氏之德，使人加亲，岂谓此邪？"权又怪校尉殷模，罪至不测。

群下多为之言，权怒益甚，与相反覆，惟瑾默然，权曰："子瑜何独不言？"瑾避席曰："瑾与殷模等遭本州倾覆，生类殄尽。弃坟墓，携老弱，披草莱，归圣化，在流隶之中，蒙生成之福，不能躬相督厉，陈答万一，至令模孤负恩惠，自陷罪戾。臣谢过不暇，诚不敢有言。"权闻之怆然，乃曰："特为君赦之。"

后从讨关羽，封宣城侯，以绥南将军代吕蒙领南郡太守，住公安。刘备东伐吴，吴王求和，瑾与备笺曰："奄闻旗鼓来至白帝，或恐议臣以吴王侵取此州，危害关羽，怨深祸大，不宜答和，此用心于小，未留意于大者也。试为陛下论其轻重，及其大小。陛下若抑威损忿，暂省瑾言者，计可立决，不复咨之于群后也。陛下以关羽之亲何如先帝？荆州大小孰与海内？俱应仇疾，谁当先后？若审此数，易于反掌。"①时或言瑾别遣亲人与备相闻，权曰："孤与子瑜有死生不易之誓，子瑜之不负孤，犹孤之不负子瑜也。"②黄武元年，迁左将军，督公安，假节，封宛陵侯。③

①臣松之云：以为刘后以庸蜀为关河，荆楚为维翰，关羽扬兵沔、汉，志陵上国，虽匡主定霸，功未可必，要为威声远震，有其经略。孙权潜包祸心，助魏除害，是为霸宗子勤王之师，行曹公移都之计，拯汉之规，于兹而止。义旗所指，宜其在孙氏矣。瑾以大义责备，答之何患无辞；且备、羽相与，有若四体，股肱横亏，愤痛已深，岂此奢阔之书所能回驻哉？载之于篇，实为辞章之费。

②江表传曰：瑾之在南郡，人有密谗瑾者。此语颇流闻于外，陆逊表保明瑾无此，宜以散其意。权报曰："子瑜与孤从事积年，恩如骨肉，深相明究，其为人非道不行，非义不言。玄德昔遣孔明至吴，孤尝语子瑜曰：'卿与孔明同产，且弟随兄，于义为顺，何以不留孔明？孔明若留从卿者，孤当以书解玄德，意自随人耳。'子瑜答孤言：'弟亮以失身于人，委质定分，义无二心。弟之不留，犹瑾之不往也。'其言足贯神明。今岂当有若此乎？孤前得妄语文疏，即封示子瑜，并手笔与子瑜，即得其报，论天

　　下君臣大节，一定之分。孤与子瑜，可谓神交，非外言所间也。知卿意
　　至，辄封来表，以示子瑜，使知卿意。"

③吴录曰：曹真、夏侯尚等围朱然于江陵，又分据中州，瑾以大兵为之救
　　援。瑾性弘缓，推道理，任计画，无应卒倚伏之术，兵久不解，权以此望
　　之。及春水生，潘璋等作水城于上流，瑾进攻浮桥，真等退走。虽无大
　　勋，亦以全师保境为功。

　　虞翻以狂直流徙，惟瑾屡为之说。翻与所亲书曰："诸葛敦仁，
则天活物，比蒙清论，有以保分。恶积罪深，见忌殷重，虽有祁老之
救，德无羊舌，解释难冀也。"

　　瑾为人有容貌思度，于时服其弘雅。权亦重之，大事咨访。又
别咨瑾曰："近得伯言表，以为曹丕已死，毒乱之民，当望旌瓦解，
而更静然。闻皆选用忠良，宽刑罚，布恩惠，薄赋省役，以悦民心，
其患更深于操时。孤以为不然。操之所行，其惟杀伐小为过差，及
离间人骨肉，以为酷耳。至于御将，自古少有。丕之于操，万不
也。今叡之不如丕，犹丕不如操也。其所以务崇小惠，必以其父新
死，自度衰微，恐困苦之民一朝崩沮，故强屈曲以求民心，欲以自
安住耳，宁是兴隆之渐邪！闻任陈长文、曹子丹辈，或文人诸生，或
宗室戚臣，宁能御雄才虎将以制天下乎？夫威柄不专，则其事乖
错，如昔张耳、陈馀，非不敦睦，至于秉势，自还相贼，乃事理使然
也。又长文之徒，昔所以能守善者，以操笮其头，畏操威严，故竭心
尽意，不敢为非耳。逮丕继业，年已长大，承操之后，以恩情加之，
用能感义。今叡幼弱，随人东西，此曹等辈，必当因此弄巧行态，阿
党比周，各助所附。如此之日，奸谗并起，更相陷怼，转成嫌贰。一
尔已往，群下争利，主幼不御，其为败也焉得久乎？所以知其然者，
自古至今，安有四五人把持刑柄，而不离刺转相蹂啮者也！强当陵
弱，弱当求援，此乱亡之道也。子瑜，卿但侧耳听之，伯言常长于计

校,恐此一事小短也。"①

①臣松之以为魏明帝一时明主,政自己出,孙权此论,竟为无征,而史载之者,将以主幼国疑,威柄不一,乱亡之形,有如权言,宜其存录以为鉴戒。或当以虽失之于明帝,而事著于齐王,齐王之世,可不谓验乎!不敢显斥,抑足表之微辞。

权称尊号,拜大将军、左都护,领豫州牧。及吕壹诛,权又有诏切磋瑾等,语在权传。瑾辄因事以答,辞顺理正。瑾子恪,名盛当世,权深器异之;然瑾常嫌之,谓非保家之子,每以忧戚。①赤乌四年,年六十八卒,遗命令素棺敛以时服,事从省约。恪已自封侯,故弟融袭爵,摄兵业驻公安,②部曲吏士亲附之。疆外无事,秋冬则射猎讲武,春夏则延宾高会,休吏假卒,或不远千里而造焉。每会辄历问宾客,各言其能,乃合榻促席,量敌选对,或有博弈,或有摴蒱,投壶弓弹,部别类分,于是甘果继进,清酒徐行,融周流观览,终日不倦。融父兄质素,虽在军旅,身无采饰;而融锦罽文绣,独为奢绮。孙权薨,徙奋威将军。后恪征淮南,假融节,令引军入沔,以击西兵。恪既诛,遣无难督施宽就将军施绩、孙壹、全熙等取融。融卒闻兵士至,惶惧犹豫,不能决计,兵到围城,饮药而死,三子皆伏诛。③

①吴书曰:初,瑾为大将军,而弟亮为蜀丞相,二子恪、融皆典戎马,督领将帅,族弟诞又显名于魏,一门三方为冠盖,天下荣之。瑾才略虽不及弟,而德行尤纯。妻死不改娶,有所爱妾,生子不举,其笃慎皆如此。

②吴书曰:融字叔长,生于宠贵,少而骄乐,学为章句,博而不精,性宽容,多技艺,数以巾褠奉朝请,后拜骑都尉。赤乌中,诸郡出部伍,新都尉陈表、吴郡都尉顾承各率所领人会佃毗陵,男女各数万口。表病死,权以融代表,后代父瑾领摄。

③江表传曰:先是,公安有灵龟鸣,童谣曰:"白鼍鸣,龟背平,南郡城中可

长生，守死不去义无成。"及恪被诛，融果刮金印龟，服之而死。

步骘字子山，临淮淮阴人也。① 世乱，避难江东，单身穷困，与广陵卫旌同年相善，俱以种瓜自给，昼勤四体，夜诵经传。②

①吴书曰：晋有大夫杨食采于步，后有步叔，与七十子师事仲尼。秦汉之际有为将军者，以功封淮阴侯，骘其后也。

②吴书曰：骘博研道艺，靡不贯览，性宽雅沈深，能降志辱身。

会稽焦征羌，郡之豪族，①人客放纵。骘与旌求食其地，惧为所侵，乃共修刺奉瓜，以献征羌。征羌方在内卧，驻之移时，旌欲委去，骘止之曰："本所以来，畏其强也；而今舍去，欲以为高，只结怨耳。"良久，征羌开牖见之，身隐几坐帐中，设席致地，坐骘、旌于牖外，旌愈耻之，骘辞色自若。征羌作食，身享大案，殽膳重沓，以小盘饭与骘、旌，惟菜茹而已。旌不能食，骘极饭致饱乃辞出。旌怒骘曰："何能忍此？"骘曰："吾等贫贱，是以主人以贫贱遇之，固其宜也，当何所耻？"②

①吴录曰：征羌名矫，尝为征羌令。

②吴录曰：卫旌字子旗，官至尚书。

孙权为讨虏将军，召骘为主记，①除海盐长，还辟车骑将军东曹掾。②建安十五年，出领鄱阳太守。岁中，徙交州刺史、立武中郎将，领武射吏千人，便道南行。明年，追拜使持节、征南中郎将。刘表所置苍梧太守吴巨阴怀异心，外附内违。骘降意怀诱，请与相见，因斩徇之，威声大震。士燮兄弟，相率供命，南土之宾，自此始也。益州大姓雍闿等杀蜀所署太守正昂，与燮相闻，求欲内附。骘因承制遣使宣恩抚纳，由是加拜平戎将军，封广信侯。

①吴书曰：岁馀，骘以疾免，与琅邪诸葛瑾、彭城严畯俱游吴中，并著声

名，为当时英俊。

②吴书曰：权为徐州牧，以骘为治中从事，举茂才。

延康元年，权遣吕岱代骘，骘将交州义士万人出长沙。会刘备东下，武陵蛮夷蠢动，权遂命骘上益阳。备既败绩，而零、桂诸郡犹相惊扰，处处阻兵，骘周旋征讨，皆平之。黄武二年，迁右将军左护军，改封临湘侯。五年，假节，徙屯沤口。

权称尊号，拜骠骑将军，领冀州牧。是岁，都督西陵，代陆逊抚二境，顷以冀州在蜀分，解牧职。时权太子登驻武昌，爱人好善，与骘书曰："夫贤人君子，所以兴隆大化，佐理时务者也。受性暗蔽，不达道数，虽实区区欲尽心于明德，归分于君子，至于远近士人，先后之宜，犹或缅焉，未之能详。传曰：'爱之能勿劳乎？忠焉能勿诲乎？'斯其义也，岂非所望于君子哉！"骘于是条于时事业在荆州界者，诸葛瑾、陆逊、朱然、程普、潘濬、裴玄、夏侯承、卫旌、李肃①、周条、石幹十一人，甄别行状，因上疏奖劝曰："臣闻人君不亲小事，百官有司各任其职。故舜命九贤，则无所用心，弹五弦之琴，咏南风之诗，不下堂庙而天下治也。齐桓用管仲，被发载车，齐国既治，又致匡合。近汉高祖揽三杰以兴帝业，西楚失雄俊以丧成功。汲黯在朝，淮南寝谋；郅都守边，匈奴窜迹。故贤人所在，折冲万里，信国家之利器，崇替之所由也。方今王化未被于汉北，河、洛之滨尚有僭逆之丑，诚揽英雄拔俊任贤之时也。愿明太子重以经意，则天下幸甚。"

①吴书曰：肃字伟恭，南阳人。少以才闻，善论议，臧否得中，甄奇录异，荐述后进，题目品藻，曲有条贯，众人以此服之。权擢以为选曹尚书，[3]选举号为得才。求出补吏，为桂阳太守，吏民悦服。征为卿，会卒，知与不知，并痛惜焉。

后中书吕壹典校文书,多所纠举,骘上疏曰:"伏闻诸典校擿抉细微,吹毛求瑕,重案深诬,辄欲陷人以成威福;无罪无辜,横受大刑,是以使民踏天蹐地,谁不战栗?昔之狱官,惟贤是任,故皋陶作士,吕侯赎刑,张、于廷尉,民无冤枉,休泰之祚,实由此兴。今之小臣,动与古异,狱以贿成,轻忽人命,归咎于上,为国速怨。夫一人吁嗟,王道为亏,甚可仇疾。明德慎罚,哲人惟刑,书传所美。自今蔽狱,都下则宜谘顾雍,武昌则陆逊、潘濬,平心专意,务在得情,骘党神明,受罪何恨?"又曰:"天子父天母地,故宫室百官,动法列宿。若施政令,钦顺时节,官得其人,则阴阳和平,七曜循度。至于今日,官寮多阙,虽有大臣,复不信任,如此天地焉得无变?故频年枯旱,亢阳之应也。又嘉禾六年五月十四日,赤乌二年正月一日及二十七日,地皆震动。地阴类,臣之象,阴气盛故动,臣下专政之故也。夫天地见异,所以警悟人主,可不深思其意哉!"又曰:"丞相顾雍、上大将军陆逊、太常潘濬,忧深责重,志在竭诚,夙夜兢兢,寝食不宁,念欲安国利民,建久长之计,可谓心膂股肱,社稷之臣矣。宜各委任,不使他官监其所司,责其成效,课其负殿。此三臣者,思虑不到则已,岂敢专擅威福欺负所天乎?"又曰:"县赏以显善,设刑以威奸,任贤而使能,审明于法术,则何功而不成,何事而不辨,何听而不闻,何视而不睹哉?若今郡守百里,皆各得其人,共相经纬,如是,庶政岂不康哉!窃闻诸县并有备吏,吏多民烦,俗以之弊。但小人因缘衔命,不务奉公而作威福,无益视听,更为民害,愚以为可一切罢省。"权亦觉悟,遂诛吕壹。骘前后荐达屈滞,救解患难,书数十上。权虽不能悉纳,然时采其言,多蒙济赖。①

①吴录云:骘表言曰:"北降人王潜等说,北相部伍,图以东向,多作布囊,欲以盛沙塞江,以大向荆州。夫备不豫设,难以应卒,宜为之防。"权曰:"此曹衰弱,何能有图?必不敢来。若不如孤言,当以牛千头,为君作主

人。"后见吕岱、[4]诸葛恪为说骘所言,云:"每读步骘表,辄失笑。此江与开辟俱生,宁有可以沙囊塞理也!"

赤乌九年,代陆逊为丞相,犹诲育门生,手不释书,被服居处有如儒生。然门内妻妾服饰奢绮,颇以此见讥。在西陵二十年,邻敌敬其威信。性宽弘得众,喜怒不形于声色,而外内肃然。

十年卒,[5]子协嗣,统骘所领,加抚军将军。协卒,子玑嗣侯。协弟阐,继业为西陵督,加昭武将军,封西亭侯。凤皇元年,召为绕帐督。阐累世在西陵,卒被征命,自以失职,又惧有谗祸,于是据城降晋。遣玑与弟璿诣洛阳为任,晋以阐为都督西陵诸军事、卫将军、仪同三司,加侍中,假节领交州牧,封宜都公;玑监江陵诸军事、左将军,加散骑常侍,领庐陵太守,改封江陵侯;璿给事中、宣威将军,封都乡侯。命车骑将军羊祜、荆州刺史杨肇往赴救阐。孙皓使陆抗西行,祜等遁退。抗陷城,斩阐等,步氏泯灭,惟璿绍祀。

颍川周昭著书称步骘及严畯等曰:"古今贤士大夫所以失名丧身倾家害国者,其由非一也,然要其大归,总其常患,四者而已。急论议一也,争名势二也,重朋党三也,务欲速四也。急论议则伤人,争名势则败友,重朋党则蔽主,务欲速则失德,此四者不除,未有能全也。当世君子能不然者,亦比有之,岂独古人乎!然论其绝异,未若顾豫章、诸葛使君、步丞相、严卫尉、张奋威之为美也。论语言'夫子恂恂然善诱人',又曰'成人之美,不成人之恶',豫章有之矣。'望之俨然,即之也温,听其言也厉',使君体之矣。'恭而安,威而不猛',丞相履之矣。学不求禄,心无苟得,卫尉、奋威蹈之矣。此五君者,虽德实有差,轻重不同,至于趣舍大检,不犯四者,俱一揆也。昔丁谞出于孤家,吾粲由于牧竖,豫章扬其善,以并陆、全之列,是以人无幽滞而风俗厚焉。使君、丞相、卫尉三君,昔以布衣俱相友善,诸论者因各叙其优劣。初,先卫尉,次丞相,而后有使君也；其后并事明主，经营世务，出处之才有不同，先后之名须反其初，此世常人所决勤薄也。至于三君分好，卒无亏损，岂非古人交哉！又鲁横江昔杖万兵，屯据陆口，当世之美业也，能与不能，孰不愿焉？而横江既亡，卫尉应其选，自以才非将帅，深辞固让，终于不就。后徙九列，迁典八座，荣不足以自曜，禄不足以自奉。至于二君，皆位为上将，穷富极贵。卫尉既无求欲，二君又不称荐，各守所志，保其名好。孔子曰：‘君子矜而不争，群而不党。’斯有风矣。又奋威之名，亦三君之次也，当一方之戍，受上将之任，与使君、丞相不异也。然历国事，论功劳，实有先后，故爵位之荣殊焉。而奋威将处此，决能明其部分，心无失道之欲，事无充诎之求，每升朝堂，循礼而动，辞气謇謇，罔不惟忠。叔嗣虽亲贵，言忧其败，蔡文至虽疏贱，谈称其贤。女配太子，受礼若吊，慷忾之趋，惟笃人物，成败得失，皆如所虑，可谓守道见机，好古之士也。若乃经国家，当军旅，于驰骛之际，立霸王之功，此五者未为过人。至其纯粹履道，求不苟得，升降当世，保全名行，邈然绝俗，实有所师。故粗论其事，以示后之君子。”周昭者字恭远，与韦曜、薛莹、华覈并述吴书，后为中书郎，坐事下狱，聂表救之，孙休不听，遂伏法云。

评曰：张昭受遗辅佐，功勋克举，忠謇方直，动不为己；而以严见惮，以高见外，既不处宰相，又不登师保，从容闾巷，养老而已，以此明权之不及策也。顾雍依杖素业，而将之智局，故能究极荣位。诸葛瑾、步骘并以德度规检见器当世，张承、顾邵虚心长者，好尚人物，周昭之论，称之甚美，故详录焉。谭献纳在公，有忠贞之节。休、承修志，咸庶为善。爱恶相攻，流播南裔，哀哉！

【校勘记】

〔1〕至半州都督　半,原作"平",据三国志辨误卷下改。

〔2〕魏兵乘胜陷没五营将秦晃军　晃,原作"儿",据三国志考证卷八改。

〔3〕权擢以为选曹尚书　原脱"选曹尚书"四字,据太平御览补。

〔4〕后见吕岱　见,原作"有";岱,原作"范":据太平御览卷六〇、事类赋注卷六改。

〔5〕十年卒　十下原衍"一"字,据本书卷四七吴主传删。

# 三国志卷五十三　吴书八

## 张严程阚薛传第八

张纮字子纲，广陵人。游学京都，① 还本郡，举茂才，公府辟，皆不就，② 避难江东。孙策创业，遂委质焉。表为正议校尉，③ 从讨丹杨。策身临行陈，纮谏曰："夫主将乃筹谟之所自出，三军之所系命也，不宜轻脱，自敌小寇。愿麾下重天授之姿，副四海之望，无令国内上下危惧。"

①吴书曰：纮入太学，事博士韩宗，治京氏易、欧阳尚书，又于外黄从濮阳闿受韩诗及礼记、左氏春秋。

②吴书曰：大将军何进、太尉朱儁、司空荀爽三府辟为掾，皆称疾不就。

③吴书曰：纮与张昭并与参谋，常令一人居守，一人从征讨。后吕布袭取徐州，因为之牧，不欲令纮与策从事。追举茂才，移书发遣纮。纮心恶布，耻为之屈。策亦重惜纮，欲以自辅，答记不遣，曰："海产明珠，所在为宝，楚虽有才，晋实用之。英伟君子，所游见珍，何必本州哉？"

建安四年，策遣纮奉章至许宫，留为侍御史。少府孔融等皆与亲善。① 曹公闻策薨，欲因丧伐吴。纮谏，以为乘人之丧，既非古义，若其不克，成雠弃好，不如因而厚之。曹公从其言，即表权为讨虏将军，领会稽太守。曹公欲令纮辅权内附，出纮为会稽东部都尉。②

①吴书曰：纮至，与在朝公卿及知旧述策材略绝异，平定三郡，风行草偃，加以忠敬款诚，乃心王室。时曹公为司空，欲加恩厚，以悦远人，至乃优文褒崇，改号加封，辟纮为掾，举高第，补侍御史，后以纮为九江太守。心恋旧恩，思还反命，以疾固辞。

②吴书曰：权初承统，春秋方富，太夫人以方外多难，深怀忧劳，数有优令辞谢，付属以辅助之义。纮辄拜笺答谢，思惟补察。每有异事密计及章表书记，与四方交结，常令纮与张昭草创撰作。纮以破虏有破走董卓，扶持汉室之勋；讨逆平定江外，建立大业，宜有纪颂以昭公义。既成，呈权，权省读悲感，曰："君真识孤家门阀阅也。"乃遗纮之部。或以纮本受北任，嫌其志趣不止于此，权不以介意。初，琅邪赵昱为广陵太守，察纮孝廉，昱后为笮融所杀，纮甚伤愤，而力不能讨。昱门户绝灭，及纮在东部，遣主簿至琅邪设祭，并求亲戚为之后，以书属琅邪相臧宣，宣以赵宗中五岁男奉昱祀，权闻而嘉之。及讨江夏，以东部少事，命纮居守，遥领所职。孔融遗纮书曰："闻大军西征，足下留镇。不有居者，谁守社稷？深固折冲，亦大勋也。无乃李广之气，仓发益怒，乐一当单于，以尽馀愤乎？南北并定，世将无事，孙叔投戈，绛、灌俎豆，亦在今日，但用离析，无缘会面，为愁叹耳。道直途清，相见岂复难哉？"权以纮有镇守之劳，欲论功加赏。纮厚自挹损，不敢蒙宠，权不夺其志。每从容侍燕，微言密指，常有以规讽。

江表传曰：初，权于群臣多呼其字，惟呼张昭曰张公，纮曰东部，所以重二人也。

1040

后权以纮为长史，从征合肥。①权率轻骑将往突敌，纮谏曰："夫兵者凶器，战者危事也。今麾下恃盛壮之气，忽强暴之虏，三军之众，莫不寒心，虽斩将搴旗，威震敌场，此乃偏将之任，非主将之宜也。愿抑贲、育之勇，怀霸王之计。"权纳纮言而止。既还，明年将复出军，纮又谏曰："自古帝王受命之君，虽有皇灵佐于上，文德播于下,亦赖武功以昭其勋。然而贵于时动,乃后为威耳。今麾下值四百之厄,有扶危之功,宜且隐息师徒,广开播殖,任贤使能,务崇宽惠,顺天命以行诛,可不劳而定也。"于是遂止不行。纮建计宜出都秣陵,权从之。② 令还吴迎家,道病卒。临困,授子靖留笺曰:"自古有国有家者,咸欲修德政以比隆盛世,至于其治,多不馨香。非无忠臣贤佐,暗于治体也,由主不胜其情,弗能用耳。夫人情惮难而趋易,好同而恶异,与治道相反。传曰'从善如登,从恶如崩',言善之难也。人君承奕世之基,据自然之势,操八柄之威,甘易同之欢,③无假取于人;而忠臣挟难进之术,吐逆耳之言,其不合也,不亦宜乎! 离则有衅,[1]巧辩缘间,眩于小忠,恋于恩爱,贤愚杂错,长幼失叙,其所由来,情乱之也。故明君悟之,求贤如饥渴,受谏而不厌,抑情损欲,以义割恩,上无偏谬之授,下无希冀之望。宜加三思,含垢藏疾,以成仁覆之大。"时年六十卒。权省书流涕。

① 吴书曰:合肥城久不拔,纮进计曰:"古之围城,开其一面,以疑众心。今围之甚密,攻之又急,诚惧并命戮力。死战之寇,固难卒拔,及救未至,可小宽之,以观其变。"议者不同。会救骑至,数至围下,驰骋挑战。

② 江表传曰:纮谓权曰:"秣陵,楚威王所置,[2]名为金陵。地势冈阜连石头,访问故老,云昔秦始皇东巡会稽经此县,望气者云金陵地形有王者都邑之气,故掘断连冈,改名秣陵。今处所具存,地有其气,天之所命,宜为都邑。"权善其议,未能从也。后刘备之东,宿于秣陵,周观地形,亦劝权都之。权曰:"智者意同。"遂都焉。

献帝春秋云:刘备至京,谓孙权曰:"吴去此数百里,即有警急,赴救为难,将军无意屯京乎?"权曰:"秣陵有小江百馀里,可以安大船,吾方理水军,当移据之。"备曰:"芜湖近濡须,亦佳也。"权曰:"吾欲图徐州,宜近下也。"

臣松之以为秣陵之与芜湖,道里所校无几,于北侵利便,亦有何异?而云欲窥徐州,贪秣陵近下,非其理也。诸书皆云刘备劝都秣陵,而此独云权自欲都之，又为虚错。

③周礼太宰职曰：以八柄诏王驭群臣。一曰爵，以驭其贵。二曰禄，以驭其富。三曰予，以驭其幸。四曰置，以驭其行。五曰生，以驭其福。六曰夺，以驭其贫。七曰废，以驭其罪。八曰诛，以驭其过。

纮著诗赋铭诔十馀篇。①子玄，官至南郡太守、尚书。②玄子尚，③孙晧时为侍郎，以言语辩捷见知，擢为侍中、中书令。晧使尚鼓琴，尚对曰："素不能。"敕使学之。后宴言次说琴之精妙，尚因道"晋平公使师旷作清角，旷言吾君德薄，不足以听之。"晧意谓尚以斯喻己，不悦。后积他事下狱，皆追以此为诘，④送建安作船。久之，又就加诛。

① 吴书曰：纮见柟榴枕，爱其文，为作赋。陈琳在北见之，以示人曰："此吾乡里张子纲所作也。"后纮见陈琳作武库赋、应机论，与琳书深叹美之。琳答曰："自仆在河北，与天下隔，此间率少于文章，易为雄伯，故使仆受此过差之谭，非其实也。今景兴在此，足下与子布在彼，所谓小巫见大巫，神气尽矣。"纮既好文学，又善楷篆，与孔融书，自书。融遗纮书曰："前劳手笔，多篆书。每举篇见字，欣然独笑，如复睹其人也。"

② 江表传曰：玄清介有高行，而才不及纮。

③ 江表传称尚有俊才。[3]

④ 环氏吴纪曰：晧尝问："诗云'泛彼柏舟'，惟柏中舟乎？"尚对曰："诗言'桧楫松舟'，则松亦中舟也。"又问："鸟之大者惟鹤，小者惟雀乎？"尚对曰："大者有秃鹜，小者有鹪鹩。"晧性忌胜己，而尚谈论每出其表，积以致恨。后问："孤饮酒以方谁？"尚对曰："陛下有百觚之量。"云："尚知孔丘之不王，而以孤方之！"因此发怒收尚。尚书岑昏率公卿已下百馀人，诣宫叩头请，尚罪得减死。

初，纮同郡秦松字文表，陈端字子正，并与纮见待于孙策，参与谋谟。各早卒。

严畯字曼才，彭城人也。少耽学，善诗、书、三礼，又好说文。避乱江东，与诸葛瑾、步骘齐名友善。性质直纯厚，其于人物，忠告善道，志存补益。张昭进之于孙权，权以为骑都尉、从事中郎。及横江将军鲁肃卒，权以畯代肃，督兵万人，镇据陆口。众人咸为畯喜，畯前后固辞："朴素书生，不闲军事，非才而据，咎悔必至。"发言慷慨，至于流涕，①权乃听焉。世嘉其能以实让。权为吴王，及称尊号，畯尝为卫尉，使至蜀，蜀相诸葛亮深善之。不畜禄赐，皆散之亲戚知故，家常不充。广陵刘颖与畯有旧，颖精学家巷，权闻征之，以疾不就。其弟略为零陵太守，卒官，颖往赴丧，权知其诈病，急驿收录。畯亦驰语颖，使还谢权。权怒废畯，而颖得免罪。久之，以畯为尚书令，后卒。②

①志林曰：权又试畯骑，上马堕鞍。

②吴书曰：畯时年七十八，二子凯、爽。凯官至升平少府。

畯著孝经传、潮水论，又与裴玄、张承论管仲、季路，皆传于世。玄字彦黄，下邳人也，亦有学行，官至太中大夫。问子钦、齐桓、晋文、夷、惠四人优劣，钦答所见，与玄相反覆，各有文理。钦与太子登游处，登称其翰采。

程秉字德枢，汝南南顿人也。逮事郑玄，后避乱交州，与刘熙考论大义，遂博通五经。士燮命为长史。权闻其名儒，以礼征秉，既到，拜太子太傅。黄武四年，权为太子登娉周瑜女，秉守太常，迎妃于吴，权亲幸秉船，深见优礼。既还，秉从容进说登曰："婚姻人伦之始，王教之基，是以圣王重之，所以率先众庶，风化天下，故诗美关雎，以为称首。愿太子尊礼教于闺房，存周南之所咏，则道化隆于上，颂声作于下矣。"登笑曰："将顺其美，匡救其恶，诚所赖于傅君也。"

病卒官。著周易摘、尚书驳、论语弼，凡三万馀言。秉为傅时，率更令河南徵崇亦笃学立行云。①

①吴录曰：崇字子和，治易、春秋左氏传，兼善内术。本姓李，遭乱更姓，遂隐于会稽，躬耕以求其志。好尚者从学，所教不过数人辄止，欲令其业必有成也。所交结如丞相步骘等，咸亲焉。严畯荐崇行足以厉俗，学足以为师。初见太子登，以疾赐不拜。东宫官僚皆从谘询。太子数访以异闻。年七十而卒。

阚泽字德润，会稽山阴人也。家世农夫，至泽好学，居贫无资，常为人佣书，以供纸笔，所写既毕，诵读亦遍。追师论讲，究览群籍，兼通历数，由是显名。察孝廉，除钱唐长，迁郴令。孙权为骠骑将军，辟补西曹掾；及称尊号，以泽为尚书。嘉禾中，为中书令，加侍中。赤乌五年，拜太子太傅，领中书如故。

泽以经传文多，难得尽用，乃斟酌诸家，刊约礼文及诸注说以授二宫，为制行出入及见宾仪，又著乾象历注以正时日。每朝廷大议，经典所疑，辄谘访之。以儒学勤劳，封都乡侯。性谦恭笃慎，宫府小吏，呼召对问，皆为抗礼。人有非短，口未尝及，容貌似不足者，然所闻少穷。权尝问："书传篇赋，何者为美？"泽欲讽喻以明治乱，因对贾谊过秦论最善，权览读焉。初，以吕壹奸罪发闻，有司穷治，奏以大辟，或以为宜加焚裂，用彰元恶。权以访泽，泽曰："盛明之世，不宜复有此刑。"权从之。又诸官司有所患疾，欲增重科防，以检御臣下，泽每曰"宜依礼、律"，其和而有正，皆此类也。①六年冬卒，权痛惜感悼，食不进者数日。

①吴录曰：虞翻称泽曰："阚生矫杰，盖蜀之扬雄。"又曰："阚子儒术德行，亦今之仲舒也。"初，魏文帝即位，权尝从容问群臣曰："曹丕以盛年即位，恐孤不能及之，诸卿以为何如？"群臣未对，泽曰："不及十年，丕其没矣，大王勿忧也。"权曰："何以知之？"泽曰："以字言之，不十为丕，此

其数也。"文帝果七年而崩。

臣松之计孙权年大文帝五岁,其为长幼也微矣。

泽州里先辈丹杨唐固亦修身积学,称为儒者,著国语、公羊、穀梁传注,讲授常数十人。权为吴王,拜固议郎,自陆逊、张温、骆统等皆拜之。黄武四年为尚书仆射,卒。①

①吴录曰:固字子正,卒时年七十馀矣。

薛综字敬文,沛郡竹邑人也。① 少依族人避地交州,从刘熙学。士燮既附孙权,召综为五官中郎将,[4] 除合浦、交阯太守。时交土始开,刺史吕岱率师讨伐,综与俱行,越海南征,及到九真。事毕还都,守谒者仆射。西使张奉于权前列尚书阚泽姓名以嘲泽,泽不能答。综下行酒,因劝酒曰:"蜀者何也?有犬为独,无犬为蜀,横目苟身,虫入其腹。"② 奉曰:"不当复列君吴邪?"综应声曰:"无口为天,有口为吴,君临万邦,天子之都。"于是众坐喜笑,而奉无以对。其枢机敏捷,皆此类也。③

①吴录曰:其先齐孟尝君封于薛。秦灭六国,而失其祀,子孙分散。汉祖定天下,过齐,求孟尝后,得其孙陵、国二人,欲复其封。陵、国兄弟相推,莫适受,乃去之竹邑,因家焉,故遂氏薛。自国至综,世典州郡,为著姓。综少明经,善属文,有秀才。

②臣松之见诸书本"苟身"或作"句身",以为既云"横目",则宜曰"句身"。

③江表传曰:费祎聘于吴,陛见,公卿侍臣皆在坐。酒酣,祎与诸葛恪相对嘲难,言及吴、蜀。祎问曰:"蜀字云何?"恪曰:"有水者浊,无水者蜀。横目苟身,虫入其腹。"祎复问:"吴字云何?"恪曰:"无口者天,有口者吴,下临沧海,天子帝都。"与本传不同。

吕岱从交州召出,综惧继岱者非其人,上疏曰:"昔帝舜南巡,卒于苍梧。秦置桂林、南海、象郡,然则四国之内属也,有自来矣。赵佗起番禺,怀服百越之君,珠官之南是也。汉武帝诛吕嘉,开九郡，设交阯刺史以镇监之。山川长远，习俗不齐，言语同异，重译乃通，民如禽兽，长幼无别，椎结徒跣，贯头左衽，长吏之设，虽有若无。自斯以来，颇徙中国罪人杂居其间，稍使学书，粗知言语，使驿往来，观见礼化。及后锡光为交阯，任延为九真太守，乃教其耕犁，使之冠履；为设媒官，始知聘娶；建立学校，导之经义。由此已降，四百馀年，颇有似类。自臣昔客始至之时，珠崖除州县嫁娶，皆须八月引户，人民集会之时，男女自相可适，乃为夫妻，父母不能止。交阯糜泠、九真都庞二县，皆兄死弟妻其嫂，世以此为俗，长吏恣听，不能禁制。日南郡男女倮体，不以为羞。由此言之，可谓虫豸，有靦面目耳。然而土广人众，阻险毒害，易以为乱，难使从治。县官羁縻，示令威服，田户之租赋，裁取供办，贵致远珍名珠、香药、象牙、犀角、瑇瑁、珊瑚、琉璃、鹦鹉、翡翠、孔雀、奇物，充备宝玩，不必仰其赋入，以益中国也。然在九甸之外，长吏之选，类不精核。汉时法宽，多自放恣，故数反违法。珠崖之废，起于长吏睹其好发，髡取为髲。及臣所见，南海黄盖为日南太守，下车以供设不丰，挝杀主簿，仍见驱逐。九真太守儋萌为妻父周京作主人，并请大吏，酒酣作乐，功曹番歆起舞属京，京不肯起，歆犹迫强，萌忿杖歆，亡于郡内。歆弟苗帅众攻府，毒矢射萌，萌至物故。交阯太守士燮遣兵致讨，卒不能克。又故刺史会稽朱符，多以乡人虞褒、刘彦之徒分作长吏，侵虐百姓，强赋于民，黄鱼一枚收稻一斛，百姓怨叛，山贼并出，攻州突郡。符走入海，流离丧亡。次得南阳张津，与荆州牧刘表为隙，兵弱敌强，岁岁兴军，诸将厌患，去留自在。津小检摄，威武不足，为所陵侮，遂至杀没。后得零陵赖恭，先辈仁谨，不晓时事。表又遣长沙吴巨为苍梧太守。巨武夫轻悍，不为恭所服，[5] 辄相怨恨，[6]逐出恭，求步骘。是时津故将夷廖、钱博之徒尚多，骘以次锄治，纲纪适定，会仍召出。吕岱既至，有士氏之变。越军南征，平讨之日，改置长吏，章明王纲，威加万里，大小承风。由此言之，绥边抚裔，实有其人。牧伯之任，既宜清能，荒流之表，祸福尤甚。今日交州虽名粗定，尚有高凉宿贼；其南海、苍梧、郁林、珠官四郡界未绥，依作寇盗，专为亡叛逋逃之薮。若岱不复南，新刺史宜得精密，检摄八郡，方略智计，能稍稍以渐治高凉者，[7]假其威宠，借之形势，责其成效，庶几可补复。如但中人，近守常法，无奇数异术者，则群恶日滋，久远成害。故国之安危，在于所任，不可不察也。窃惧朝廷忽轻其选，故敢竭愚情，以广圣思。"

黄龙三年，建昌侯虑为镇军大将军，屯半州，以综为长史，外掌众事，内授书籍。虑卒，入守贼曹尚书，迁尚书仆射。时公孙渊降而复叛，权盛怒，欲自亲征。综上疏谏曰："夫帝王者，万国之元首，天下之所系命也。是以居则重门击柝以戒不虞，行则清道案节以养威严，盖所以存万安之福，镇四海之心。昔孔子疾时，托乘桴浮海之语，季由斯喜，拒以无所取才。汉元帝欲御楼船，薛广德请刎颈以血染车。何则？水火之险至危，非帝王所宜涉也。谚曰：'千金之子，坐不垂堂。'况万乘之尊乎？今辽东戎貊小国，无城池之固，备御之术，器械铢钝，犬羊无政，往必禽克，诚如明诏。然其方土寒埆，谷稼不殖，民习鞍马，转徙无常。卒闻大军之至，自度不敌，鸟惊兽骇，长驱奔窜，一人匹马，不可得见，虽获空地，守之无益，此不可一也。加又洪流滉瀁，有成山之难，海行无常，风波难免，倏忽之间，人船异势。虽有尧舜之德，智无所施，贲育之勇，力不得设，此不可二也。加以郁雾冥其上，咸水蒸其下，善生流肿，转相洿染，凡行海者，稀无斯患，此不可三也。天生神圣，显以符瑞，当乘平丧乱，康此民物；嘉祥日集，海内垂定，逆虏凶虐，灭亡在近。中国一平，辽东自毙，但当拱手以待耳。今乃违必然之图，寻至危之阻，忽九州之固，肆一朝之忿，既非社稷之重计，又开辟以来所未尝有，斯诚群僚所以倾身侧息,食不甘味,寝不安席者也。惟陛下抑雷霆之威,忍赫斯之怒,遵乘桥之安,远履冰之险,则臣子赖祉,天下幸甚。"时群臣多谏,权遂不行。

正月乙未,权敕综祝祖不得用常文,综承诏,卒造文义,信辞粲烂。权曰:"复为两头,使满三也。"综复再祝,辞令皆新,众咸称善。赤乌三年,徙选曹尚书。五年,为太子少傅,领选职如故。①六年春,卒。凡所著诗赋难论数万言,名曰私载,又定五宗图述、二京解,皆传于世。

①吴书曰:后权赐综紫绶囊,综陈让紫色非所宜服,权曰:"太子年少,涉道日浅,君当博之以文,约之以礼,茅土之封,非君而谁?"是时综以名儒居师傅之位,仍兼选举,甚为优重。

子珝,官至威南将军,征交阯还,道病死。①珝弟莹,字道言,初为秘府中书郎,孙休即位,为散骑中常侍。数年,以病去官。孙晧初,为左执法,迁选曹尚书,及立太子,又领少傅。建衡三年,晧追叹莹父综遗文,且命莹继作。莹献诗曰:"惟臣之先,昔仕于汉,奕世绵绵,颇涉台观。暨臣父综,遭时之难,卯金失御,邦家毁乱。适兹乐土,庶存子遗,天启其心,东南是归。厥初流隶,困于蛮垂。大皇开基,恩德远施。特蒙招命,拯擢泥污,释放巾褐,受职剖符。作守合浦,在海之隅,迁入京辇,遂升机枢。枯瘁更荣,绝统复纪,自微而显,非愿之始。亦惟宠遇,心存足止。重值文皇,建号东宫,乃作少傅,光华益隆。明明圣嗣,至德谦崇,礼遇兼加,惟渥惟丰。哀哀先臣,念竭其忠,洪恩未报,委世以终。嗟臣蔑贱,惟昆及弟,幸生幸育,托综遗体。过庭既训,顽蔽难启。堂构弗克,志存耦耕。岂悟圣朝,仁泽流盈。追录先臣,愍其无成,是济是拔,被以殊荣。珝忝千里,受命南征,旌旗备物,金革扬声。及臣斯陋,实暗实微,既显前轨,人物之机;复傅东宫,继世荷辉,才不逮先,是忝是违。乾德博好，文雅是贵，追悼亡臣，冀存遗类。如何愚胤，曾无仿佛！瞻彼旧宠，顾此顽虚，孰能忍愧，臣实与居。夙夜反侧，克心自论，父子兄弟，累世蒙恩，死惟结草，生誓杀身，虽则灰陨，无报万分。"

①汉晋春秋曰：孙休时，珝为五官中郎将，遣至蜀求马。及还，休问蜀政得失，对曰："主暗而不知其过，臣下容身以求免罪，入其朝不闻正言，经其野民皆菜色。臣闻燕雀处堂，子母相乐，自以为安也，突决栋焚，而燕雀怡然不知祸之将及，其是之谓乎！"

是岁，何定建议凿圣谿以通江淮，晧令莹督万人往，遂以多盘石难施功，罢还，出为武昌左部督。后定被诛，晧追圣谿事，下莹狱，徙广州。右国史华覈上疏曰："臣闻五帝三王皆立史官，叙录功美，垂之无穷。汉时司马迁、班固，咸命世大才，所撰精妙，与六经俱传。大吴受命，建国南土。大皇帝末年，命太史令丁孚、郎中项峻始撰吴书。孚、峻俱非史才，其所撰作，不足纪录。至少帝时，更差韦曜、周昭、薛莹、梁广及臣五人，访求往事，所共撰立，备有本末。昭、广先亡，曜负恩蹈罪，莹出为将，复以过徙，其书遂委滞，迄今未撰奏。臣愚浅才劣，适可为莹等记注而已，若使撰合，必袭孚、峻之迹，惧坠大皇帝之元功，损当世之盛美。莹涉学既博，文章尤妙，同寮之中，莹为冠首。今者见史，虽多经学，记述之才，如莹者少，是以偻偻为国惜之。实欲使卒垂成之功，编于前史之末。奏上之后，退填沟壑，无所复恨。"晧遂召莹还，为左国史。顷之，选曹尚书同郡缪祎以执意不移，为群小所疾，左迁衡阳太守。既拜，又追以职事见诘责，拜表陈谢。因过诣莹，复为人所白，云祎不惧罪，多将宾客会聚莹许。乃收祎下狱，徙桂阳，莹还广州。未至，召莹还，复职。是时法政多谬，举措烦苛，莹每上便宜，陈缓刑简役，以济育百姓，事或施行。迁光禄勋。天纪四年，晋军征祎，祎奉书于司马仙、王浑、王濬请降，其文，莹所造也。莹既至洛阳，特先见叙,为散骑常侍,答问处当,皆有条理。① 太康三年卒。著书八篇,名曰新议。②

①干宝晋纪曰:武帝从容问莹曰:"孙晧之所以亡者何也?"莹对曰:"归命侯臣晧之君吴也,昵近小人,刑罚妄加,大臣大将,无所亲信,人人忧恐,各不自保,危亡之衅,实由于此。"帝遂问吴士存亡者之贤愚,莹各以状对。

②王隐晋书曰:莹子兼,字令长,清素有器宇,资望故如上国,不似吴人。历位二宫丞相长史。元帝践阼,累迁丹杨尹、尚书,又为太子少傅。自综至兼,三世傅东宫。

评曰:张纮文理意正,为世令器,孙策待之亚于张昭,诚有以也。严、程、阚生,一时儒林也。至峻辞荣济旧,不亦长者乎! 薛综学识规纳,为吴良臣。及莹纂蹈,允有先风,然于暴酷之朝,屡登显列,君子殆诸。

【校勘记】

〔1〕离则有衅 离,原作"虽",据资治通鉴卷七一改。

〔2〕楚威王所置 威,原作"武",据太平御览卷一五六、建康实录卷二改。

〔3〕江表传称尚有俊才 传下原衍"曰"字,据何焯校本删。

〔4〕召综为五官中郎将 原脱"将"字,据何焯校本补。

〔5〕不为恭所服 原脱"所"字,据何焯校本补。

〔6〕辄相怨恨 辄,原作"所取",据册府元龟改。

〔7〕能稍稍以渐治高凉者 渐下原衍"能"字,据何焯校本删。

# 三国志卷五十四　吴书九

## 周瑜鲁肃吕蒙传第九

周瑜字公瑾,庐江舒人也。从祖父景,景子忠,皆为汉太尉。①
父异,洛阳令。

> ①谢承后汉书曰:景字仲嚮,少以廉能见称,以明学察孝廉,辟公府。后为
> 豫州刺史,辟汝南陈蕃为别驾,颍川李膺、荀绲、杜密、沛国朱寓为从
> 事,皆天下英俊之士也。稍迁至尚书令,遂登太尉。
>
> 张璠汉纪曰:景父荣,章、和世为尚书令。初景历位牧守,好善爱士,每
> 岁举孝廉,延请入,上后堂,与家人宴会,如此者数四。及赠送既备,又
> 选用其子弟,常称曰:"移臣作子,于政何有?"先是,司徒韩缤为河内太
> 守,在公无私,所举一辞而已,后亦不及其门户,曰:"我举若可矣,不令
> 恩偏称一家也。"当时论者,或两讥焉。

瑜长壮有姿貌。初,孙坚兴义兵讨董卓,徙家于舒。坚子策与
瑜同年,独相友善,瑜推道南大宅以舍策,升堂拜母,有无通共。瑜
从父尚为丹杨太守,瑜往省之。会策将东渡,到历阳,驰书报瑜,瑜
将兵迎策。策大喜曰:"吾得卿,谐也。"遂从攻横江、当利,皆拔之。
乃渡击秣陵,破笮融、薛礼,转下湖孰、江乘,进入曲阿,刘繇奔走,

而策之众已数万矣。因谓瑜曰："吾以此众取吴会平山越已足。卿还镇丹杨。"瑜还。顷之,袁术遣从弟胤代尚为太守,而瑜与尚俱还寿春。术欲以瑜为将,瑜观术终无所成,故求为居巢长,欲假涂东归,术听之。遂自居巢还吴。是岁,建安三年也。策亲自迎瑜,授建威中郎将,即与兵二千人,骑五十匹。①瑜时年二十四,吴中皆呼为周郎。以瑜恩信著于庐江,出备牛渚,后领春榖长。顷之,策欲取荆州,以瑜为中护军,领江夏太守,从攻皖,拔之。时得桥公两女,皆国色也。策自纳大桥,瑜纳小桥。②复进寻阳,破刘勋,讨江夏,还定豫章、庐陵,留镇巴丘。③

> ①江表传曰:策又给瑜鼓吹,为治馆舍,赠赐莫与为比。策令曰:"周公瑾英俊异才,与孤有总角之好,骨肉之分。如前在丹杨,发众及船粮以济大事,论德酬功,此未足以报者也。"

> ②江表传曰:策从容戏瑜曰:"桥公二女虽流离,得吾二人作婿,亦足为欢。"

> ③臣松之案:孙策于时始得豫章、庐陵,尚未能得定江夏。瑜之所镇,应在今巴丘县也,与后所卒巴丘处不同。[1]

五年,策薨,权统事。瑜将兵赴丧,遂留吴,以中护军与长史张昭共掌众事。①十一年,督孙瑜等讨麻、保二屯,枭其渠帅,囚俘万馀口,还备宫亭。[2]江夏太守黄祖遣将邓龙将兵数千人入柴桑,瑜追讨击,生虏龙送吴。十三年春,权讨江夏,瑜为前部大督。

> ①江表传曰:曹公新破袁绍,兵威日盛,建安七年,下书责权质任子。权召群臣会议,张昭、秦松等犹豫不能决,权意不欲遣质,乃独将瑜诣母前定议,瑜曰:"昔楚国初封于荆山之侧,不满百里之地,继嗣贤能,广土开境,立基于郢,遂据荆扬,至于南海,传业延祚,九百馀年。今将军承父兄馀资,兼六郡之众,兵精粮多,将士用命,铸山为铜,煮海为盐,境内富饶,人不思乱,泛舟举帆,朝发夕到,士风劲勇,所向无敌,有何逼迫,而欲送质?质一入,不得不与曹氏相首尾,与相首尾,则命召不得不

往，便见制于人也。极不过一侯印，仆从十馀人，车数乘，马数匹，岂与南面称孤同哉？不如勿遣，徐观其变。若曹氏能率义以正天下，将军事之未晚。若图为暴乱，兵犹火也，不戢将自焚。将军韬勇抗威，以待天命，何送质之有！"权母曰："公瑾议是也。公瑾与伯符同年，小一月耳，我视之如子也，汝其兄事之。"遂不送质。

其年九月，曹公入荆州，刘琮举众降，曹公得其水军，船步兵数十万，将士闻之皆恐。权延见群下，问以计策。议者咸曰："曹公豺虎也，然托名汉相，挟天子以征四方，动以朝廷为辞，今日拒之，事更不顺。且将军大势，可以拒操者，长江也。今操得荆州，奄有其地，刘表治水军，蒙冲斗舰，乃以千数，操悉浮以沿江，兼有步兵，水陆俱下，此为长江之险，已与我共之矣。而势力众寡，又不可论。愚谓大计不如迎之。"瑜曰："不然。操虽托名汉相，其实汉贼也。将军以神武雄才，兼仗父兄之烈，割据江东，地方数千里，兵精足用，英雄乐业，尚当横行天下，为汉家除残去秽。况操自送死，而可迎之邪？请为将军筹之：今使北土已安，操无内忧，能旷日持久，来争疆场，又能与我校胜负于船楫间乎？[3]今北土既未平安，加马超、韩遂尚在关西，为操后患。且舍鞍马，仗舟楫，与吴越争衡，本非中国所长。又今盛寒，马无藁草，驱中国士众远涉江湖之间，不习水土，必生疾病。此数四者，用兵之患也，而操皆冒行之。将军禽操，宜在今日。瑜请得精兵三万人，进住夏口，保为将军破之。"权曰："老贼欲废汉自立久矣，徒忌二袁、吕布、刘表与孤耳。今数雄已灭，惟孤尚存，孤与老贼，势不两立。君言当击，甚与孤合，此天以君授孤也。"①

　　①江表传曰：权拔刀斫前奏案曰："诸将吏敢复有言当迎操者，与此案同！"及会罢之夜，瑜请见曰："诸人徒见操书，言水步八十万，而各恐慑，不复料其虚实，便开此议，甚无谓也。今以实校之，彼所将中国人，不过十五六万，且军已久疲，所得表众，亦极七八万耳，尚怀狐疑。夫以

疲病之卒，御狐疑之众，众数虽多，甚未足畏。得精兵五万，自足制之，愿将军勿虑。"权抚背曰："<u>公瑾</u>，卿言至此，甚合孤心。<u>子布</u>、文表诸人，各顾妻子，挟持私虑，深失所望，独卿与<u>子敬</u>与孤同耳，此天以卿二人赞孤也。五万兵难卒合，已选三万人，船粮战具俱办，卿与<u>子敬</u>、<u>程公</u>便在前发，孤当续发人众，多载资粮，为卿后援。卿能办之者诚决，邂逅不如意，便还就孤，孤当与<u>孟德</u>决之。"

<u>臣松之</u>以为建计拒<u>曹公</u>，实始<u>鲁肃</u>。于时<u>周瑜</u>使<u>鄱阳</u>，<u>肃</u>劝<u>权</u>呼<u>瑜</u>，<u>瑜</u>使<u>鄱阳</u>还，但与<u>肃</u>暗同，故能共成大勋。本传直云，<u>权</u>延见群下，问以计策，<u>瑜</u>摆拨众人之议，独言抗拒之计，了不云<u>肃</u>先有谋，殆为攘<u>肃</u>之善也。

时<u>刘备</u>为<u>曹公</u>所破，欲引南渡<u>江</u>，与<u>鲁肃</u>遇于<u>当阳</u>，遂共图计，因进住<u>夏口</u>，遣<u>诸葛亮</u>诣<u>权</u>。<u>权</u>遂遣<u>瑜</u>及<u>程普</u>等与<u>备</u>并力逆<u>曹公</u>，遇于<u>赤壁</u>。时<u>曹公</u>军众已有疾病，初一交战，公军败退，引次<u>江</u>北。<u>瑜</u>等在南岸。<u>瑜</u>部将<u>黄盖</u>曰："今寇众我寡，难与持久。然观<u>操</u>军船舰首尾相接，可烧而走也。"乃取蒙冲斗舰数十艘，实以薪草，膏油灌其中，裹以帷幕，上建牙旗，先书报<u>曹公</u>，欺以欲降。① 又豫备走舸，各系大船后，因引次俱前。<u>曹公</u>军吏士皆延颈观望，指言<u>盖</u>降。<u>盖</u>放诸船，同时发火。时风盛猛，悉延烧岸上营落。顷之，烟炎张天，人马烧溺死者甚众，军遂败退，还保<u>南郡</u>。② <u>备</u>与<u>瑜</u>等复共追。<u>曹公</u>留<u>曹仁</u>等守<u>江陵城</u>，径自北归。

① <u>江表传</u>载<u>盖</u>书曰："<u>盖</u>受<u>孙氏</u>厚恩，常为将帅，见遇不薄。然顾天下事有大势，用<u>江东</u>六郡<u>山越</u>之人，以当<u>中国</u>百万之众，众寡不敌，海内所共见也。东方将吏，无有愚智，皆知其不可，惟<u>周瑜</u>、<u>鲁肃</u>偏怀浅戆，意未解耳。今日归命，是其实计。<u>瑜</u>所督领，自易摧破。交锋之日，<u>盖</u>为前部，当因事变化，效命在近。"<u>曹公</u>特见行人，密问之，口敕曰："但恐汝诈耳。<u>盖</u>若信实，当授爵赏，超于前后也。"

② <u>江表传</u>曰：至战日，<u>盖</u>先取轻利舰十舫，载燥荻枯柴积其中，灌以鱼膏，赤幔覆之，建旌旗龙幡于舰上。时东南风急，因以十舰最著前，中江举帆，<u>盖</u>举火白诸校，使众兵齐声大叫曰："降焉！"<u>操</u>军人皆出营立观。去

北军二里馀，同时发火，火烈风猛，往船如箭，飞埃绝烂，烧尽北船，延及岸边营柴。瑜等率轻锐寻继其后，雷鼓大进，北军大坏，曹公退走。

瑜与程普又进南郡，与仁相对，各隔大江。兵未交锋，[1] 瑜即遣甘宁前据夷陵。仁分兵骑别攻围宁。宁告急于瑜。瑜用吕蒙计，留凌统以守其后，身与蒙上救宁。宁围既解，乃渡屯北岸，克期大战。瑜亲跨马捄陈，会流矢中右胁，疮甚，便还。后仁闻瑜卧未起，勒兵就陈。瑜乃自兴，案行军营，激扬吏士，仁由是遂退。

① 吴录曰：备谓瑜云："仁守江陵城，城中粮多，足为疾害。使张益德将千人随卿，卿分二千人追我，相为从夏水截仁后，仁闻吾入必走。"瑜以二千人益之。

权拜瑜偏将军，领南郡太守。以下隽、汉昌、刘阳、州陵为奉邑，屯据江陵。刘备以左将军领荆州牧，治公安。备诣京见权，瑜上疏曰："刘备以枭雄之姿，而有关羽、张飞熊虎之将，必非久屈为人用者。愚谓大计宜徙备置吴，盛为筑宫室，多其美女玩好，以娱其耳目，分此二人，各置一方，使如瑜者得挟与攻战，大事可定也。今猥割土地以资业之，聚此三人，俱在疆场，恐蛟龙得云雨，终非池中物也。"权以曹公在北方，当广揽英雄，又恐备难卒制，故不纳。

是时刘璋为益州牧，外有张鲁寇侵，瑜乃诣京见权曰："今曹操新折衄，方忧在腹心，未能与将军连兵相事也。乞与奋威俱进取蜀，得蜀而并张鲁，因留奋威固守其地，好与马超结援。瑜还与将军据襄阳以蹙操，北方可图也。"权许之。瑜还江陵，为行装，而道于巴丘病卒，[1] 时年三十六。权素服举哀，感动左右。丧当还吴，又迎之芜湖，众事费度，一为供给。后著令曰："故将军周瑜、程普，其有人客，皆不得问。"初瑜见友于策，太妃又使权以兄奉之。是时权位为将军，诸将宾客为礼尚简，而瑜独先尽敬，便执臣节。性度恢廓，大率为得人，惟与程普不睦。[2]

①臣松之案，瑜欲取蜀，还江陵治严，所卒之处，应在今之巴陵，与前所镇巴丘，名同处异也。

②江表传曰：普颇以年长，数陵侮瑜。瑜折节容下，终不与校。普后自敬服而亲重之，乃告人曰："与周公瑾交，若饮醇醪，不觉自醉。"时人以其谦让服人如此。初曹公闻瑜年少有美才，谓可游说动也，乃密下扬州，遣九江蒋幹往见瑜。幹有仪容，以才辩见称，独步江、淮之间，莫与为对。乃布衣葛巾，自托私行诣瑜。瑜出迎之，立谓幹曰："子翼良苦，远涉江湖为曹氏作说客邪？"幹曰："吾与足下州里，中间别隔，遥闻芳烈，故来叙阔，并观雅规，而云说客，无乃逆诈乎？"瑜曰："吾虽不及夔、旷，闻弦赏音，足知雅曲也。"因延幹入，为设酒食。毕，遣之曰："适吾有密事，且出就馆，事了，别自相请。"后三日，瑜请幹与周观营中，行视仓库军资器仗讫，还宴饮，示之侍者服饰珍玩之物，因谓幹曰："丈夫处世，遇知己之主，外托君臣之义，内结骨肉之恩，言行计从，祸福共之，假使苏张更生，郦叟复出，犹抚其背而折其辞，岂足下幼生所能移乎？"幹但笑，终无所言。幹还，称瑜雅量高致，非言辞所间。中州之士，亦以此多之。刘备之自京还也，权乘飞云大船，与张昭、秦松、鲁肃等十馀人共追送之，大宴会叙别。昭、肃等先出，权独与备留语，因言次，叹瑜曰："公瑾文武筹略，万人之英，顾其器量广大，恐不久为人臣耳。"瑜之破魏军也，曹公曰："孤不羞走。"后书与权曰："赤壁之役，值有疾病，孤烧船自退，横使周瑜虚获此名。"瑜威声远著，故曹公、刘备咸欲疑谮之。及卒，权流涕曰："公瑾有王佐之资，今忽短命，孤何赖哉！"后权称尊号，谓公卿曰："孤非周公瑾，不帝矣。"

瑜少精意于音乐，虽三爵之后，其有阙误，瑜必知之，知之必顾，故时人谣曰："曲有误，周郎顾。"

瑜两男一女。女配太子登。男循尚公主，拜骑都尉，有瑜风，早卒。循弟胤，初拜兴业都尉，妻以宗女，授兵千人，屯公安。黄龙元年，封都乡侯，后以罪徙庐陵郡。赤乌二年，诸葛瑾、步骘连名上疏曰："故将军周瑜子胤，昔蒙粉饰，受封为将，不能养之以福，思立功效，至纵情欲，招速罪辟。臣窃以瑜昔见宠任，入作心膂，出为爪牙，衔命出征，身当矢石，尽节用命，视死如归，故能摧曹操于乌林，走曹仁于郢都，扬国威德，华夏是震，蠢尔蛮荆，莫不宾服，虽周之方叔，汉之信、布，诚无以尚也。夫折冲扞难之臣，自古帝王莫不贵重，故汉高帝封爵之誓曰'使黄河如带，太山如砺，国以永存，爰及苗裔'；申以丹书，重以盟诅，藏于宗庙，传于无穷，欲使功臣之后，世世相踵，非徒子孙，乃关苗裔，报德明功，勤勤恳恳，如此之至，欲以劝戒后人，用命之臣，死而无悔也。况于瑜身没未久，而其子胤降为匹夫，益可悼伤。窃惟陛下钦明稽古，隆于兴继，为胤归诉，乞匄徐罪，还兵复爵，使失旦之鸡，复得一鸣，抱罪之臣，展其后效。"权答曰："腹心旧勋，与孤协事，公瑾有之，诚所不忘。昔胤年少，初无功劳，横受精兵，爵以侯将，盖念公瑾以及于胤也。而胤恃此，酗淫自恣，前后告喻，曾无悛改。孤于公瑾，义犹二君，乐胤成就，岂有已哉？迫胤罪恶，未宜便还，且欲苦之，使自知耳。今二君勤勤援引汉高河山之誓，孤用恶然。虽德非其畴，犹欲庶几，事亦如尔，故未顺旨。以公瑾之子，而二君在中间，苟使能改，亦何患乎！"瑾、骘表比上，朱然及全琮亦俱陈乞，权乃许之。会胤病死。

瑜兄子峻，亦以瑜元功为偏将军，领吏士千人。峻卒，全琮表峻子护为将。权曰："昔走曹操，拓有荆州，皆是公瑾，常不忘之。初闻峻亡，仍欲用护，闻护性行危险，用之适为作祸，故便止之。孤念公瑾，岂有已乎？"

鲁肃字子敬，临淮东城人也。生而失父，与祖母居。家富于财，性好施与。尔时天下已乱，肃不治家事，大散财货，摽卖田地，以赈穷弊结士为务，甚得乡邑欢心。

周瑜为居巢长,将数百人故过候肃,并求资粮。肃家有两囷米,各三千斛,肃乃指一囷与周瑜,瑜益知其奇也,遂相亲结,定侨、札之分。袁术闻其名,就署东城长。肃见术无纲纪,不足与立事,乃携老弱将轻侠少年百馀人,南到居巢就瑜。瑜之东渡,因与同行,<sup>①</sup>留家曲阿。会祖母亡,还葬东城。

①吴书曰:肃体貌魁奇,少有壮节,好为奇计。天下将乱,乃学击剑骑射,招聚少年,给其衣食,往来南山中射猎,阴相部勒,讲武习兵。父老咸曰:“鲁氏世衰,乃生此狂儿!”后雄杰并起,中州扰乱,肃乃命其属曰:“中国失纲,寇贼横暴,淮、泗间非遗种之地,吾闻江东沃野万里,民富兵强,可以避害,宁肯相随俱至乐土,以观时变乎?”其属皆从命。乃使细弱在前,强壮在后,男女三百馀人行。州追骑至,肃等徐行,勒兵持满,谓之曰:“卿等丈夫,当解大数。今日天下兵乱,有功弗赏,不追无罚,何为相逼乎?”又自植盾,引弓射之,矢皆洞贯。骑既嘉肃言,且度不能制,乃相率还。肃渡江往见策,策亦雅奇之。

刘子扬与肃友善,遗肃书曰:“方今天下豪杰并起,吾子姿才,尤宜今日。急还迎老母,无事滞于东城。近郑宝者,今在巢湖,拥众万馀,处地肥饶,庐江间人多依就之,况吾徒乎?观其形势,又可博集,时不可失,足下速之。”肃答然其计。葬毕还曲阿,欲北行。会瑜已徙肃母到吴,肃具以状语瑜。时孙策已薨,权尚住吴,瑜谓肃曰:“昔马援答光武云‘当今之世,非但君择臣,臣亦择君’。今主人亲贤贵士,纳奇录异,且吾闻先哲秘论,承运代刘氏者,必兴于东南,推步事势,当其历数,终构帝基,以协天符,是烈士攀龙附凤驰骛之秋。吾方达此,足下不须以子扬之言介意也。”肃从其言。瑜因荐肃才宜佐时,当广求其比,以成功业,不可令去也。

权即见肃,与语甚悦之。众宾罢退,肃亦辞出,乃独引肃还,合榻对饮。因密议曰:“今汉室倾危,四方云扰,孤承父兄馀业,思有桓文之功。君既惠顾，何以佐之?"肃对曰:"昔高帝区区欲尊事义帝而不获者,以项羽为害也。今之曹操,犹昔项羽,将军何由得为桓文乎?肃窃料之,汉室不可复兴,曹操不可卒除。为将军计,惟有鼎足江东,以观天下之衅。规模如此,亦自无嫌。何者?北方诚多务也。因其多务,剿除黄祖,进伐刘表,竟长江所极,据而有之,然后建号帝王以图天下,此高帝之业也。"权曰:"今尽力一方,冀以辅汉耳,此言非所及也。"张昭非肃谦下不足,颇訾毁之,云肃年少粗疏,未可用。权不以介意,益贵重之,赐肃母衣服帏帐,居处杂物,富拟其旧。

刘表死,肃进说曰:"夫荆楚与国邻接,水流顺北,外带江汉,内阻山陵,有金城之固,沃野万里,士民殷富,若据而有之,此帝王之资也。今表新亡,二子素不辑睦,军中诸将,各有彼此。加刘备天下枭雄,与操有隙,寄寓于表,表恶其能而不能用也。若备与彼协心,上下齐同,则宜抚安,与结盟好;如有离违,宜别图之,以济大事。肃请得奉命吊表二子,并慰劳其军中用事者,及说备使抚表众,同心一意,共治曹操,备必喜而从命。如其克谐,天下可定也。今不速往,恐为操所先。"权即遣肃行。到夏口,闻曹公已向荆州,晨夜兼道。比至南郡,而表子琮已降曹公,备惶遽奔走,欲南渡江。肃径迎之,到当阳长阪,与备会,宣腾权旨,及陈江东强固,劝备与权并力。备甚欢悦。时诸葛亮与备相随,肃谓亮曰"我子瑜友也",即共定交。备遂到夏口,遣亮使权,肃亦反命。①

①臣松之案:刘备与权并力,共拒中国,皆肃之本谋。又语诸葛亮曰"我子瑜友也",则亮已亟闻肃言矣。而蜀书亮传曰:"亮以连横之略说权,权乃大喜。"如似此计始出于亮。若二国史官,各记所闻,竞欲称扬本国容美,各取其功。今此二书,同出一人,而舛互若此,非载述之体也。

会权得曹公欲东之问,与诸将议,皆劝权迎之,而肃独不言。

权起更衣，肃追于宇下，权知其意，执肃手曰："卿欲何言？"肃对曰："向察众人之议，专欲误将军，不足与图大事。今肃可迎操耳，如将军，不可也。何以言之？今肃迎操，操当以肃还付乡党，品其名位，犹不失下曹从事，乘犊车，从吏卒，交游士林，累官故不失州郡也。将军迎操，欲安所归？愿早定大计，莫用众人之议也。"权叹息曰："此诸人持议，甚失孤望；今卿廓开大计，正与孤同，此天以卿赐我也。"①

> ①魏书及九州春秋曰：曹公征荆州，孙权大惧，鲁肃实欲劝权拒曹公，乃激说权曰："彼曹公者，实严敌也，新并袁绍，兵马甚精，乘战胜之威，伐丧乱之国，克可必也。不如遣兵助之，且送将军家诣邺；不然，将危。"权大怒，欲斩肃，肃因曰："今事已急，即有他图，何不遣兵助刘备，而欲斩我乎？"权然之，乃遣周瑜助备。
>
> 孙盛曰：吴书及江表传，鲁肃一见孙权便说拒曹公而论帝王之略，刘表之死也，又请使观变，无缘方复激说劝迎曹公也。又是时劝迎者众，而云独欲斩肃，非其论也。

时周瑜受使至鄱阳，肃劝追召瑜还。遂任瑜以行事，以肃为赞军校尉，助画方略。曹公破走，肃即先还，权大请诸将迎肃。肃将入阁拜，权起礼之，因谓曰："子敬，孤持鞍下马相迎，足以显卿未？"肃趋进曰："未也。"众人闻之，无不愕然。就坐，徐举鞭言曰："愿至尊威德加乎四海，总括九州，克成帝业，更以安车软轮征肃，始当显耳。"权抚掌欢笑。

后备诣京见权，求都督荆州，惟肃劝权借之，共拒曹公。①曹公闻权以土地业备，方作书，落笔于地。

> ①汉晋春秋曰：吕范劝留备，肃曰："不可。将军虽神武命世，然曹公威力实重，初临荆州，恩信未洽，宜以借备，使抚安之。多操之敌，而自为树党，计之上也。"权即从之。

周瑜病困，上疏曰："当今天下，方有事役，是瑜乃心夙夜所忧，愿至尊先虑未然，然后康乐。今既与曹操为敌，刘备近在公安，边境密迩，百姓未附，宜得良将以镇抚之。鲁肃智略足任，乞以代瑜。瑜陨踣之日，所怀尽矣。"①即拜肃奋武校尉，代瑜领兵。瑜士众四千馀人，奉邑四县，皆属焉。令程普领南郡太守。肃初住江陵，后下屯陆口，威恩大行，众增万馀人，拜汉昌太守、偏将军。十九年，从权破皖城，转横江将军。

①江表传载：初瑜疾困，与权笺曰："瑜以凡才，昔受讨逆殊特之遇，委以腹心，遂荷荣任，统御兵马，志执鞭弭，自效戎行。规定巴蜀，次取襄阳，凭赖威灵，谓若在握。至以不谨，道遇暴疾，昨自医疗，日加无损。人生有死，修短命矣，诚不足惜，但恨微志未展，不复奉教命耳。方今曹公在北，疆场未静，刘备寄寓，有似养虎，天下之事，未知终始，此朝士旰食之秋，至尊垂虑之日也。鲁肃忠烈，临事不苟，可以代瑜。人之将死，其言也善，傥或可采，瑜死不朽矣。"案此笺与本传所载，意旨虽同，其辞乖异耳。

先是，益州牧刘璋纲维颓弛，周瑜、甘宁并劝权取蜀，权以咨备，备内欲自规，乃伪报曰："备与璋托为宗室，冀凭英灵，以匡汉朝。今璋得罪左右，备独竦惧，非所敢闻，愿加宽贷。若不获请，备当放发归于山林。"后备西图璋，留关羽守，权曰："猾虏乃敢挟诈！"及羽与肃邻界，数生狐疑，疆场纷错，肃常以欢好抚之。备既定益州，权求长沙、零、桂，备不承旨，权遣吕蒙率众进取。备闻，自还公安，遣羽争三郡。肃住益阳，与羽相拒。肃邀羽相见，各驻兵马百步上，但请将军单刀俱会。肃因责数羽曰："国家区区本以土地借卿家者，卿家军败远来，无以为资故也。今已得益州，既无奉还之意，但求三郡，又不从命。"语未究竟，坐有一人曰："夫土地者，惟德所在耳，何常之有！"肃厉声呵之，辞色甚切。羽操刀起谓曰："此自国家事，是人何知！"目使之去。① 备遂割湘水为界，于是罢军。

①吴书曰：肃欲与羽会语，诸将疑恐有变，议不可往。肃曰："今日之事，宜相开譬。刘备负国，是非未决，羽亦何敢重欲干命！"乃趋就羽。羽曰："乌林之役，左将军身在行间，寝不脱介，戮力破魏，岂得徒劳，无一块壤，而足下来欲收地邪？"肃曰："不然。始与豫州观于长阪，豫州之众不当一校，计穷虑极，志势摧弱，图欲远窜，望不及此。主上矜愍豫州之身，无有处所，不爱土地士人之力，使有所庇荫以济其患，而豫州私独饰情，愆德隳好。今已藉手于西州矣，又欲翦并荆州之土，斯盖凡夫所不忍行，而况整领人物之主乎！肃闻贪而弃义，必为祸阶。吾子属当重任，曾不能明道处分，以义辅时，而负恃弱众以图力争，师曲为老，将何获济？"羽无以答。

肃年四十六，建安二十二年卒。权为举哀，又临其葬。诸葛亮亦为发哀。① 权称尊号，临坛，顾谓公卿曰："昔鲁子敬尝道此，可谓明于事势矣。"

①吴书曰：肃为人方严，寡于玩饰，内外节俭，不务俗好。治军整顿，禁令必行，虽在军陈，手不释卷。又善谈论，能属文辞，思度弘远，有过人之明。周瑜之后，肃为之冠。

肃遗腹子淑既壮，濡须督张承谓终当到至。永安中，为昭武将军、都亭侯、武昌督。建衡中，假节，迁夏口督。所在严整，有方干。凤皇三年卒。子睦袭爵，领兵马。

吕蒙字子明，汝南富陂人也。少南渡，依姊夫邓当。当为孙策将，数讨山越。蒙年十五六，窃随当击贼，当顾见大惊，呵叱不能禁止。归以告蒙母，母恚欲罚之，蒙曰："贫贱难可居，脱误有功，富贵可致。且不探虎穴，安得虎子？"母哀而舍之。时当职吏以蒙年小轻之，曰："彼竖子何能为？此欲以肉喂虎耳。"他日与蒙会，又蚩辱之。蒙大怒，引刀杀吏，出走，逃邑子郑长家。出因校尉袁雄自首，承间为言，策召见奇之，引置左右。

数岁，邓当死，张昭荐蒙代当，拜别部司马。权统事，料诸小将兵少而用薄者，欲并合之。蒙阴赊贳，为兵作绛衣行縢，及简日，陈列赫然，兵人练习，权见之大悦，增其兵。从讨丹杨，所向有功，拜平北都尉，领广德长。

从征黄祖，祖令都督陈就逆以水军出战。蒙勒前锋，亲枭就首，将士乘胜，进攻其城。祖闻就死，委城走，兵追禽之。权曰："事之克，由陈就先获也。"以蒙为横野中郎将，赐钱千万。

是岁，又与周瑜、程普等西破曹公于乌林，围曹仁于南郡。益州将袭肃举军来附，瑜表以肃兵益蒙，蒙盛称肃有胆用，且慕化远来，于义宜益不宜夺也。权善其言，还肃兵。瑜使甘宁前据夷陵，曹仁分众攻宁，宁困急，使使请救。诸将以兵少不足分，蒙谓瑜、普曰："留凌公绩，蒙与君行，解围释急，势亦不久，蒙保公绩能十日守也。"又说瑜分遣三百人柴断险道，贼走可得其马。瑜从之。军到夷陵，即日交战，所杀过半。敌夜遁去，行遇柴道，骑皆舍马步走。兵追蹑击，获马三百匹，方船载还。于是将士形势自倍，乃渡江立屯，与相攻击，曹仁退走，遂据南郡，抚定荆州。还，拜偏将军，领寻阳令。

鲁肃代周瑜，当之陆口，过蒙屯下。肃意尚轻蒙，或说肃曰："吕将军功名日显，不可以故意待也，君宜顾之。"遂往诣蒙。酒酣，蒙问肃曰："君受重任，与关羽为邻，将何计略，以备不虞？"肃造次应曰："临时施宜。"蒙曰："今东西虽为一家，而关羽实熊虎也，计安可不豫定？"因为肃画五策。肃于是越席就之，拊其背曰："吕子明，吾不知卿才略所及乃至于此也。"遂拜蒙母，结友而别。①

①江表传曰:初,权谓蒙及蒋钦曰:"卿今并当涂掌事,宜学问以自开益。"蒙曰:"在军中常苦多务,恐不容复读书。"权曰:"孤岂欲卿治经为博士邪?但当令涉猎见往事耳。卿言多务孰若孤,孤少时历诗、书、礼记、左传、国语,惟不读易。至统事以来,省三史、诸家兵书,自以为大有所益。如卿二人,意性朗悟,学必得之,宁当不为乎?宜急读孙子、六韬、左传、国语及三史。孔子言'终日不食,终夜不寝以思,无益,不如学也'。光武当兵马之务,手不释卷。孟德亦自谓老而好学。卿何独不自勉勖邪?"蒙始就学,笃志不倦,其所览见,旧儒不胜。后鲁肃上代周瑜,过蒙言议,常欲受屈。肃拊蒙背曰:"吾谓大弟但有武略耳,至于今者,学识英博,非复吴下阿蒙。"蒙曰:"士别三日,即更刮目相待。大兄今论,何一称穰侯乎。兄今代公瑾,既难为继,且与关羽为邻。斯人长而好学,读左传略皆上口,梗亮有雄气,然性颇自负,好陵人。今与为对,当有单复以乡待之。"[4]密为肃陈三策,肃敬受之,秘而不宣。权常叹曰:"人长而进益,如吕蒙、蒋钦,盖不可及也。富贵荣显,更能折节好学,耽悦书传,轻财尚义,所行可迹,并作国士,不亦休乎!"

时蒙与成当、宋定、徐顾屯次比近,三将死,子弟幼弱,权悉以兵并蒙。蒙固辞,陈启顾等皆勤劳国事,子弟虽小,不可废也。书三上,权乃听。蒙于是又为择师,使辅导之,其操心率如此。

魏使庐江谢奇为蕲春典农,屯皖田乡,数为边寇。蒙使人诱之,不从,则伺隙袭击,奇遂缩退,其部伍孙子才、宋豪等,皆携负老弱,诣蒙降。后从权拒曹公于濡须,数进奇计,又劝权夹水口立坞,所以备御甚精,①曹公不能下而退。

①吴录曰:权欲作坞,诸将皆曰:"上岸击贼,洗足入船,何用坞为?"吕蒙曰:"兵有利钝,战无百胜,如有邂逅,敌步骑蹙人,不暇及水,其得入船乎?"权曰:"善。"遂作之。

曹公遣朱光为庐江太守,屯皖,大开稻田,又令间人招诱鄱阳贼帅,使作内应。蒙曰:"皖田肥美,若一收孰,彼众必增,如是数岁,操态见矣,宜早除之。"乃具陈其状。于是权亲征皖,引见诸将,问以计策。①蒙乃荐甘宁为升城督,督攻在前,蒙以精锐继之。侵晨进攻,蒙手执枹鼓,士卒皆腾踊自升,食时破之。既而张辽至夹石,闻城已拔,乃退。权嘉其功,即拜庐江太守,所得人马皆分与之,别赐寻阳屯田六百人,官属三十人。蒙还寻阳,未期而庐陵贼起,诸将讨击不能禽,权曰:"鸷鸟累百,不如一鹗。"复令蒙讨之。蒙至,诛其首恶,馀皆释放,复为平民。

> ①吴书曰:诸将皆劝作土山,添攻具,蒙趋进曰:"治攻具及土山,必历日乃成,城备既修,外救必至,不可图也。且乘雨水以入,若留经日,水必向尽,还道艰难,蒙窃危之。今观此城,不能甚固,以三军锐气,四面并攻,不移时可拔,及水以归,全胜之道也。"权从之。

是时刘备令关羽镇守,专有荆土,权命蒙西取长沙、零、桂三郡。蒙移书二郡,望风归服,惟零陵太守郝普城守不降。而备自蜀亲至公安,遣羽争三郡。权时住陆口,使鲁肃将万人屯益阳拒羽,而飞书召蒙,使舍零陵,急还助肃。初,蒙既定长沙,当之零陵,过鄨,载南阳邓玄之,玄之者郝普之旧也,欲令诱普。及被书当还,蒙秘之,夜召诸将,授以方略,晨当攻城,顾请玄之曰:"郝子太闻世间有忠义事,亦欲为之,而不知时也。左将军在汉中,为夏侯渊所围。关羽在南郡,今至尊身自临之。近者破樊本屯,救鄨,逆为孙规所破。此皆目前之事,君所亲见也。彼方首尾倒悬,救死不给,岂有馀力复营此哉?今吾士卒精锐,人思致命,至尊遣兵,相继于道。今子太以旦夕之命,待不可望之救,犹牛蹄中鱼,冀赖江汉,其不可恃亦明矣。若子太必能一士卒之心,保孤城之守,尚能稽延旦夕,以待所归者,可也。今吾计力度虑,而以攻此,曾不移日,而城必破,城破之后,身死何益于事,而令百岁老母,戴白受诛,岂不痛哉?度此家不得外问,谓援可恃,故至于此耳。君可见之,为陈祸福。”玄之见普，具宣蒙意，普惧而听之。玄之先出报蒙，普寻后当至。蒙豫敕四将，各选百人，普出，便入守城门。须臾普出，蒙迎执其手，与俱下船。语毕，出书示之，因拊手大笑。普见书，知备在公安，而羽在益阳，惭恨入地。蒙留孙皎，[5] 委以后事，即日引军赴益阳。刘备请盟，权乃归普等，割湘水，以零陵还之。以寻阳、阳新为蒙奉邑。

师还，遂征合肥，既彻兵，为张辽等所袭，蒙与凌统以死扞卫。后曹公又大出濡须，权以蒙为督，据前所立坞，置强弩万张于其上，以拒曹公。曹公前锋屯未就，蒙攻破之，曹公引退。拜蒙左护军、虎威将军。

鲁肃卒，蒙西屯陆口，肃军人马万馀尽以属蒙。又拜汉昌太守，食下隽、刘阳、汉昌、州陵。与关羽分土接境，知羽骁雄，有并兼心，且居国上流，其势难久。初，鲁肃等以为曹公尚存，祸难始构，宜相辅协，与之同仇，不可失也，蒙乃密陈计策曰：“令征虏守南郡，[6] 潘璋住白帝，蒋钦将游兵万人，循江上下，应敌所在，蒙为国家前据襄阳，如此，何忧于操，何赖于羽？且羽君臣，矜其诈力，所在反覆，不可以腹心待也。今羽所以未便东向者，以至尊圣明，蒙等尚存也。今不于强壮时图之，一旦僵仆，欲复陈力，其可得邪？”权深纳其策，又聊复与论取徐州意，蒙对曰：“今操远在河北，新破诸袁，抚集幽、冀，未暇东顾。徐土守兵，闻不足言，往自可克。然地势陆通，骁骑所骋，至尊今日得徐州，操后旬必来争，虽以七八万人守之，犹当怀忧。不如取羽，全据长江，形势益张。”权尤以此言为当。及蒙代肃，初至陆口，外倍修恩厚，与羽结好。

后羽讨樊，留兵将备公安、南郡。蒙上疏曰：“羽讨樊而多留备兵，必恐蒙图其后故也。蒙常有病，乞分士众还建业，以治疾为名。羽闻之，必撤备兵，尽赴襄阳。大军浮江，昼夜驰上，袭其空虚，则南郡可下,而羽可禽也。"遂称病笃,权乃露檄召蒙还,阴与图计。羽果信之,稍撤兵以赴樊。魏使于禁救樊,羽尽禽禁等,人马数万,托以粮乏,擅取湘关米。权闻之,遂行,先遣蒙在前。蒙至寻阳,尽伏其精兵艨艟中,使白衣摇橹,作商贾人服,昼夜兼行,至羽所置江边屯候,尽收缚之,是故羽不闻知。遂到南郡,士仁、糜芳皆降。[1] 蒙入据城,尽得羽及将士家属,皆抚慰,约令军中不得干历人家,有所求取。蒙麾下士,是汝南人,取民家一笠,以覆官铠,官铠虽公,蒙犹以为犯军令,不可以乡里故而废法,遂垂涕斩之。于是军中震栗,道不拾遗。蒙旦暮使亲近存恤耆老,问所不足,疾病者给医药,饥寒者赐衣粮。羽府藏财宝,皆封闭以待权至。羽还,在道路,数使人与蒙相闻,蒙辄厚遇其使,周游城中,家家致问,或手书示信。羽人还,私相参讯,咸知家门无恙,见待过于平时,故羽吏士无斗心。会权寻至,羽自知孤穷,乃走麦城,西至漳乡,众皆委羽而降。权使朱然、潘璋断其径路,即父子俱获,荆州遂定。

[1]吴书曰:将军士仁在公安拒守,蒙令虞翻说之。翻至城门,谓守者曰:"吾欲与汝将军语。"仁不肯相见。乃为书曰:"明者防祸于未萌,智者图患于将来,知得知失,可与为人,知存知亡,足别吉凶。大军之行,斥候不及施,烽火不及举,此非天命,必有内应。将军不先见时,时至又不应之,独守萦带之城而不降,死战则毁宗灭祀,为天下讥笑。吕虎威欲径到南郡,断绝陆道,生路一塞,案其地形,将军为在箕舌上耳,奔走不得免,降则失义,窃为将军不安,幸熟思焉。"仁得书,流涕而降。翻谓蒙曰:"此谲兵也,当将仁行,留兵备城。"遂将仁至南郡。南郡太守糜芳城守,蒙以仁示之,遂降。

吴录曰:初,南郡城中失火,颇焚烧军器。羽以责芳,芳内畏惧,权闻而诱之,芳潜相和。及蒙攻之,乃以牛酒出降。

以蒙为南郡太守,封孱陵侯,[1] 赐钱一亿,黄金五百斤。蒙固辞金钱，权不许。封爵未下，会蒙疾发，权时在公安，迎置内殿，所以治护者万方，募封内有能愈蒙疾者，赐千金。时有针加，权为之惨戚，欲数见其颜色，又恐劳动，常穿壁瞻之，见小能下食则喜，顾左右言笑，不然则咄唶，夜不能寐。病中瘳，为下赦令，群臣毕贺。后更增笃，权自临视，命道士于星辰下为之请命。年四十二，遂卒于内殿。时权哀痛甚，为之降损。蒙未死时，所得金宝诸赐尽付府藏，敕主者命绝之日皆上还，丧事务约。权闻之，益以悲感。①

①江表传曰：权于公安大会，吕蒙以疾辞，权笑曰："禽羽之功，子明谋也，今大功已捷，庆赏未行，岂邑邑邪？"乃增给步骑鼓吹，敕选虎威将军官属，并南郡、庐江二郡威仪。拜毕还营，兵马导从，前后鼓吹，光耀于路。

蒙少不修书传，每陈大事，常口占为笺疏。常以部曲事为江夏太守蔡遗所白，蒙无恨意。及豫章太守顾邵卒，权问所用，蒙因荐遗奉职佳吏，权笑曰："君欲为祁奚耶？"于是用之。甘宁粗暴好杀，既常失蒙意，又时违权令，权怒之，蒙辄陈请："天下未定，斗将如宁难得，宜容忍之。"权遂厚宁，卒得其用。

蒙子霸袭爵，与守冢三百家，复田五十顷。霸卒，兄琮袭侯。琮卒，弟睦嗣。

孙权与陆逊论周瑜、鲁肃及蒙曰："公瑾雄烈，胆略兼人，遂破孟德，开拓荆州，邈焉难继，君今继之。公瑾昔要子敬来东，致达于孤，孤与宴语，便及大略帝王之业，此一快也。后孟德因获刘琮之势，张言方率数十万众水步俱下。孤普请诸将，咨问所宜，无适先对，至子布、文表，俱言宜遣使修檄迎之，子敬即驳言不可，劝孤急呼公瑾，付任以众，逆而击之，此二快也。且其决计策，意出张苏远矣；后虽劝吾借玄德地，是其一短，不足以损其二长也。周公不求备于一人，故孤忘其短而贵其长，常以比方邓禹也。又子明少时，孤谓不辞剧易,果敢有胆而已;及身长大,学问开益,筹略奇至,可以次于<u>公瑾</u>,但言议英发不及之耳。图取<u>关羽</u>,胜于<u>子敬</u>。<u>子敬</u>答孤书云:'帝王之起,皆有驱除,<u>羽</u>不足忌。'此<u>子敬</u>内不能办,外为大言耳,孤亦恕之,不苟责也。然其作军,屯营不失,令行禁止,部界无废负,路无拾遗,其法亦美也。"

评曰:<u>曹公</u>乘<u>汉</u>相之资,挟天子而扫群桀,新荡<u>荆城</u>,仗威东夏,于时议者莫不疑贰。<u>周瑜</u>、<u>鲁肃</u>建独断之明,出众人之表,实奇才也。<u>吕蒙</u>勇而有谋断,识军计,谲<u>郝普</u>,禽<u>关羽</u>,最其妙者。初虽轻果妄杀,终于克己,有国士之量,岂徒武将而已乎!<u>孙权</u>之论,优劣允当,故载录焉。

【校勘记】

〔1〕与后所卒巴丘处不同　卒,原作"平",据殿本考证改。

〔2〕还备宫亭　宫,原作"官",据<u>三国志旁证</u>卷二八改。

〔3〕又能与我校胜负於船楫间乎　间,原作"可",据<u>三国志集解李光地</u>说改。

〔4〕当有单复以乡待之　乡,原作"卿",据<u>三国志集解卢弼</u>说改。

〔5〕蒙留孙皎　皎,原作"河",据<u>朱邦衡</u>校本改。

〔6〕令征虏守南郡　令,原作"今",<u>陈乃乾</u>先生据文意改。

# 三国志卷五十五　吴书十

## 程黄韩蒋周陈董甘凌徐潘丁传第十

程普字德谋,右北平土垠人也。初为州郡吏,有容貌计略,善于应对。从孙坚征伐,讨黄巾于宛、邓,破董卓于阳人,攻城野战,身被创夷。

坚薨,复随孙策在淮南,从攻庐江,拔之,还俱东渡。策到横江、当利,破张英、于麋等,转下秣陵、湖孰、句容、曲阿,普皆有功,增兵二千,骑五十匹。进破乌程、石木、波门、陵传、馀杭,普功为多。策入会稽,以普为吴郡都尉,治钱唐。后徙丹杨都尉,居石城。复讨宣城、泾、安吴、陵阳、春穀诸贼,皆破之。策尝攻祖郎,大为所围,普与一骑共蔽扞策,驱马疾呼,以矛突贼,贼披,策因随出。后拜荡寇中郎将,领零陵太守,从讨刘勋于寻阳,进攻黄祖于沙羡,还镇石城。

策薨,与张昭等共辅孙权,遂周旋三郡,平讨不服。又从征江夏,还过豫章,别讨乐安。乐安平定,代太史慈备海昬,与周瑜为左右督,破曹公于乌林,又进攻南郡,走曹仁。拜裨将军,领江夏太守,治沙羡,食四县。

先出诸将,普最年长,时人皆呼程公。性好施与,喜士大夫。周瑜卒,代领南郡太守。权分荆州与刘备,普复还领江夏,迁荡寇将军,卒。① 权称尊号,追论普功,封子咨为亭侯。

①吴书曰:普杀叛者数百人,皆使投火,即日病疠,百馀日卒。

黄盖字公覆,零陵泉陵人也。① 初为郡吏,察孝廉,辟公府。孙坚举义兵,盖从之。坚南破山贼,北走董卓,拜盖别部司马。坚薨,盖随策及权,擐甲周旋,蹈刃屠城。

①吴书曰:故南阳太守黄子廉之后也,枝叶分离,自祖迁于零陵,遂家焉。

盖少孤,婴丁凶难,辛苦备尝,然有壮志,虽处贫贱,不自同于凡庸,常以负薪馀间,学书疏,讲兵事。

诸山越不宾,有寇难之县,辄用盖为守长。石城县吏,特难检御,盖乃署两掾,分主诸曹。教曰:“令长不德,徒以武功为官,不以文吏为称。今贼寇未平,有军旅之务,一以文书委付两掾,当检摄诸曹,纠摘谬误。两掾所署,事入诸出,若有奸欺,终不加以鞭杖,宜各尽心,无为众先。”初皆怖威,夙夜恭职;久之,吏以盖不视文书,渐容人事。盖亦嫌外懈怠,时有所省,各得两掾不奉法数事。乃悉请诸掾吏,赐酒食,因出事诘问。两掾辞屈,皆叩头谢罪。盖曰:“前已相敕,终不以鞭杖相加,非相欺也。”遂杀之。县中震栗。后转春穀长,寻阳令。凡守九县,所在平定。迁丹杨都尉,抑强扶弱,山越怀附。

盖姿貌严毅,善于养众,每所征讨,士卒皆争为先。建安中,随周瑜拒曹公于赤壁,建策火攻,语在瑜传。① 拜武锋中郎将。武陵蛮夷反乱,攻守城邑,乃以盖领太守。时郡兵才五百人,自以不敌,因开城门，贼半入，乃击之，斩首数百，馀皆奔走，尽归邑落。诛讨魁帅，附从者赦之。自春讫夏，寇乱尽平，诸幽邃巴、醴、由、诞邑侯君长，皆改操易节，奉礼请见，郡境遂清。后长沙益阳县为山贼所攻，盖又平讨。加偏将军，病卒于官。

> ①吴书曰：赤壁之役，盖为流矢所中，时寒堕水，为吴军人所得，不知其盖也，置厕床中。盖自强以一声呼韩当，当闻之，曰："此公覆声也。"向之垂涕，解易其衣，遂以得生。

盖当官决断，事无留滞，国人思之。① 及权践阼，追论其功，赐子柄爵关内侯。

> ①吴书曰：又图画盖形，四时祠祭。

韩当字义公，辽西令支人也。<sub>令音郎定反。支音巨儿反。</sub>以便弓马，有膂力，幸于孙坚，从征伐周旋，数犯危难，陷敌擒虏，为别部司马。① 及孙策东渡，从讨三郡，迁先登校尉，授兵二千，骑五十匹。从征刘勋，破黄祖，还讨鄱阳，领乐安长，山越畏服。后以中郎将与周瑜等拒破曹公，又与吕蒙袭取南郡，迁偏将军，领永昌太守。宜都之役，与陆逊、朱然等共攻蜀军于涿乡，大破之，徙威烈将军，封都亭侯。曹真攻南郡，当保东南。在外为帅，厉将士同心固守，又敬望督司，奉遵法令，权善之。黄武二年，封石城侯，迁昭武将军，领冠军太守，后又加都督之号。将敢死及解烦兵万人，讨丹杨贼，破之。会病卒，子综袭侯领兵。

> ①吴书曰：当勤苦有功，以军旅陪隶，分于英豪，故爵位不加。终于坚世，为别部司马。

其年，权征石阳，以综有忧，使守武昌，而综淫乱不轨。权虽以父故不问，综内怀惧，① 载父丧，将母家属部曲男女数千人奔魏。魏以为将军，封广阳侯。数犯边境，杀害人民，权常切齿。东兴之役,综为前锋,军败身死,诸葛恪斩送其首,以白权庙。

①吴书曰:综欲叛,恐左右不从,因讽使劫略,示欲饶之,转相放效,为行旅大患。后因诈言被诏,以部曲为寇盗见诘让,云"将吏以下,当并收治",又言恐罪自及。左右因曰:"惟当去耳。"遂共图计,以当葬父,尽呼亲戚姑姊,悉以嫁将吏,所幸婢妾,皆赐与亲近,杀牛饮酒歃血,与共盟誓。

蒋钦字公奕,九江寿春人也。孙策之袭袁术,钦随从给事。及策东渡,拜别部司马,授兵。与策周旋,平定三郡,又从定豫章。调授葛阳尉,历三县长,讨平盗贼,迁西部都尉。会稽冶贼吕合、秦狼等为乱,钦将兵讨击,遂禽合、狼,五县平定,徙讨越中郎将,以经拘、昭阳为奉邑。贺齐讨黟贼,钦督万兵,与齐并力,黟贼平定。从征合肥,魏将张辽袭权于津北,钦力战有功,迁荡寇将军,领濡须督。后召还都,拜右护军,[1]典领辞讼。

权尝入其堂内,母疏帐缥被,妻妾布裙。权叹其在贵守约,即敕御府为母作锦被,改易帷帐,妻妾衣服悉皆锦绣。

初,钦屯宣城,尝讨豫章贼。芜湖令徐盛收钦吏,表斩之,权以钦在远不许,盛由是自嫌于钦。曹公出濡须,钦与吕蒙持诸军节度。盛常畏钦因事害己,而钦每称其善。盛既服德,论者美焉。①

①江表传曰:权谓钦曰:"盛前白卿,卿今举盛,欲慕祁奚邪?"钦对曰:"臣闻公举不挟私怨,盛忠而勤强,有胆略器用,好万人督也。今大事未定,臣当助国求才,岂敢挟私恨以蔽贤乎!"权嘉之。

权讨关羽,钦督水军入沔,还,道病卒。权素服举哀,以芜湖民二百户、田二百顷,给钦妻子。子壹封宣城侯,领兵拒刘备有功,还赴南郡,与魏交战,临陈卒。壹无子,弟休领兵,后有罪失业。

周泰字幼平,九江下蔡人也。与蒋钦随孙策为左右,服事恭敬,数战有功。策入会稽,署别部司马,授兵。权爱其为人,请以自给。策讨六县山贼,权住宣城,使士自卫,不能千人,意尚忽略,不治围落,而山贼数千人卒至。权始得上马,而贼锋刃已交于左右,或斫中马鞍,众莫能自定。惟泰奋激,投身卫权,胆气倍人,左右由泰并能就战。贼既解散,身被十二创,良久乃苏。是日无泰,权几危殆。策深德之,补春榖长。后从攻皖,及讨江夏,还过豫章,复补宜春长,所在皆食其征赋。

从讨黄祖有功。后与周瑜、程普拒曹公于赤壁,攻曹仁于南郡。荆州平定,将兵屯岑。曹公出濡须,泰复赴击,曹公退,留督濡须,拜平虏将军。时朱然、徐盛等皆在所部,并不伏也。权特为案行至濡须坞,因会诸将,大为酣乐,权自行酒到泰前,命泰解衣,权手自指其创痕,问以所起。泰辄记昔战斗处以对,毕,使复服,欢谯极夜。其明日,遣使者授以御盖。① 于是盛等乃伏。

①江表传曰:权把其臂,因流涕交连,字之曰:"幼平,卿为孤兄弟战如熊虎,不惜躯命,被创数十,肤如刻画,孤亦何心不待卿以骨肉之恩,委卿以兵马之重乎!卿吴之功臣,孤当与卿同荣辱,等休戚。幼平意快为之,勿以寒门自退也。"即敕以己常所用御帻青缣盖赐之。坐罢,住驾,使泰以兵马导从出,鸣鼓角作鼓吹。

后权破关羽,欲进图蜀,拜泰汉中太守、奋威将军,封陵阳侯。黄武中卒。

子邵以骑都尉领兵。曹仁出濡须,战有功,又从攻破曹休,进位裨将军,黄龙二年卒。弟承领兵袭侯。


陈武字子烈,庐江松滋人。孙策在寿春,武往修谒,时年十八,长七尺七寸,因从渡江,征讨有功,拜别部司马。策破刘勋,多得庐江人,料其精锐,乃以武为督,所向无前。及权统事,转督五校。仁厚好施，乡里远方客多依托之。尤为权所亲爱，数至其家。累有功劳，进位偏将军。建安二十年，从击合肥，奋命战死。权哀之，自临其葬。①

① 江表传曰：权命以其爱妾殉葬，复客二百家。

孙盛曰：昔三良从穆，秦师以之不征；魏妾既出，杜回以之僵仆。祸福之报，如此之效也。权仗计任术，以生从死，世祚之促，不亦宜乎！

子脩有武风，年十九，权召见奖厉，拜别部司马，授兵五百人。时诸新兵多有逃叛，而脩抚循得意，不失一人。权奇之，拜为校尉。建安末，追录功臣后，封脩都亭侯，为解烦督。黄龙元年卒。

弟表，字文奥，武庶子也，少知名，与诸葛恪、顾谭、张休等并侍东宫，皆共亲友。尚书暨艳亦与表善，后艳遇罪，时人咸自营护，信厚言薄，表独不然，士以此重之。从太子中庶子，[2]拜翼正都尉。兄脩亡后，表母不肯事脩母，表谓其母曰："兄不幸早亡，表统家事，当奉嫡母。母若能为表屈情，承顺嫡母者，是至愿也；若母不能，直当出别居耳。"表于大义公正如此。由是二母感寤雍穆。表以父死敌场，求用为将，领兵五百人。表欲得战士之力，倾意接待，士皆爱附，乐为用命。时有盗官物者，疑无难士施明。明素壮悍，收考极毒，惟死无辞，廷尉以闻。权以表能得健儿之心，诏以明付表，使自以意求其情实。表便破械沐浴，易其衣服，厚设酒食，欢以诱之。明乃首服，具列支党。表以状闻。权奇之，欲全其名，特为赦明，诛戮其党。迁表为无难右部督，封都亭侯，以继旧爵。表皆陈让，乞以传脩子延，权不许。嘉禾三年，诸葛恪领丹杨太守，讨平山越，以表领新安都尉，与恪参势。初，表所受赐复人得二百家，在会稽新安县。表简视其人，皆堪好兵，乃上疏陈让，乞以还官，充足精锐。诏曰："先将军有功于国，国家以此报之，卿何得辞焉？"表乃称曰："今除国贼，报父之仇，以人为本。空枉此劲锐以为僮仆，非表志也。"皆辄料取以充部伍。所在以闻,权甚嘉之。下郡县,料正户羸民以补其处。表在官三年,广开降纳,得兵万馀人。事捷当出,会鄱阳民吴遽等为乱,攻没城郭,属县摇动,表便越界赴讨,遽以破败,遂降。陆逊拜表偏将军,进封都乡侯,北屯章阬。年三十四卒。家财尽于养士,死之日,妻子露立,太子登为起屋宅。子敷年十七,拜别部司马,授兵四百人。敷卒,脩子延复为司马代敷。延弟永,将军,封侯。始施明感表,自变行为善,遂成健将,致位将军。

董袭字元代,会稽馀姚人,长八尺,武力过人。[1]孙策入郡,袭迎于高迁亭,策见而伟之,到署门下贼曹。时山阴宿贼黄龙罗、周勃聚党数千人,策自出讨,袭身斩罗、勃首,还拜别部司马,授兵数千,迁扬武都尉。从策攻皖,又讨刘勋于寻阳,伐黄祖于江夏。

[1]谢承后汉书称袭志节慷慨,武毅英烈。

策薨,权年少,初统事,太妃忧之,引见张昭及袭等,问江东可保安否,袭对曰:"江东地势,有山川之固,而讨逆明府,恩德在民。讨虏承基,大小用命,张昭秉众事,袭等为爪牙,此地利人和之时也,万无所忧。"众皆壮其言。

鄱阳贼彭虎等众数万人,袭与凌统、步骘、蒋钦各别分讨。袭所向辄破,虎等望见旌旗,便散走,旬日尽平,拜威越校尉,迁偏将军。

建安十三年,权讨黄祖。祖横两蒙冲挟守沔口,以栟闾大绁系石为矴,上有千人,以弩交射,飞矢雨下,军不得前。袭与凌统俱为前部,各将敢死百人,人被两铠,乘大舸船,突入蒙冲里。袭身以刀断两绁,蒙冲乃横流,大兵遂进。祖便开门走,兵追斩之。明日大会,权举觞属袭曰:"今日之会,断绁之功也。"

曹公出濡须,袭从权赴之,使袭督五楼船住濡须口。夜卒暴风,五楼船倾覆,左右散走舸,乞使袭出。袭怒曰:"受将军任,在此备贼,何等委去也,敢复言此者斩!"于是莫敢干。其夜船败,袭死。权改服临殡,供给甚厚。

甘宁字兴霸,巴郡临江人也。<sup>①</sup>少有气力,好游侠,招合轻薄少年,为之渠帅;群聚相随,挟持弓弩,负毦带铃,民闻铃声,即知是宁。<sup>②</sup>人与相逢,及属城长吏,接待隆厚者乃与交欢;不尔,即放所将夺其资货,于长吏界中有所贼害,作其发负,至二十馀年。止不攻劫,颇读诸子,乃往依刘表,因居南阳,不见进用,后转托黄祖,祖又以凡人畜之。<sup>③</sup>

①吴书曰:宁本南阳人,其先客于巴郡。宁为吏举计掾,补蜀郡丞,顷之,弃官归家。

②吴书曰:宁轻侠杀人,藏舍亡命,闻于郡中。其出入,步则陈车骑,水则连轻舟,侍从被文绣,所如光道路,住止常以缯锦维舟,去或割弃,以示奢也。

③吴书曰:宁将僮客八百人就刘表。表儒人,不习军事。时诸英豪各各起兵,宁观表事势,终必无成,恐一朝土崩,并受其祸,欲东入吴。黄祖在夏口,军不得过,乃留依祖,三年,祖不礼之。权讨祖,祖军败奔走,追兵急,宁以善射,将兵在后,射杀校尉凌操。祖既得免,军罢还营,待宁如初。祖都督苏飞数荐宁,祖不用,令人化诱其客,客稍亡。宁欲去,恐不获免,独忧闷不知所出。飞知其意,乃要宁,为之置酒,谓曰:"吾荐子者数矣,主不能用。日月逾迈,人生几何,宜自远图,庶遇知己。"宁良久乃曰:"虽有其志,未知所由。"飞曰:"吾欲白子为邾长,于是去就,孰与临版转丸乎?"宁曰:"幸甚。"飞白祖,听宁之县。招怀亡客并义从者,得数百人。

于是归吴。周瑜、吕蒙皆共荐达,孙权加异,同于旧臣。宁陈计曰:"今汉祚日微,曹操弥憍,终为篡盗。南荆之地,山陵形便,江川流通,诚是国之西势也。宁已观刘表,虑既不远,儿子又劣,非能承业传基者也。至尊当早规之,不可后操。图之之计,宜先取黄祖。祖今年老,昏耄已甚,财谷并乏,左右欺弄,务于货利,侵求吏士,吏士心怨,舟船战具,顿废不修,怠于耕农,军无法伍。至尊今往,其破可必。一破祖军,鼓行而西,西据楚关,大势弥广,即可渐规巴蜀。"权深纳之。张昭时在坐,难曰:"吴下业业,若军果行,恐必致乱。"宁谓昭曰:"国家以萧何之任付君,君居守而忧乱,奚以希慕古人乎?"权举酒属宁曰:"兴霸,今年行讨,如此酒矣,决以付卿。卿但当勉建方略,令必克祖,则卿之功,何嫌张长史之言乎。"权遂西,果禽祖,尽获其士众。遂授宁兵,屯当口。①

> ①吴书曰:初,权破祖,先作两函,欲以盛祖及苏飞首。飞令人告急于宁,宁曰:"飞若不言,吾岂忘之?"权为诸将置酒,宁下席叩头,血涕交流,为权言:"飞畴昔旧恩,宁不值飞,固已损骸于沟壑,不得致命于麾下。今飞罪当夷戮,特从将军乞其首领。"权感其言,谓曰:"今为君致之,若走去何?"宁曰:"飞免分裂之祸,受更生之恩,逐之尚必不走,岂当图亡哉!若尔,宁头当代入函。"权乃赦之。

后随周瑜拒破曹公于乌林。攻曹仁于南郡,未拔,宁建计先径进取夷陵,往即得其城,因入守之。时手下有数百兵,并所新得,仅满千人。曹仁乃令五六千人围宁。宁受攻累日,敌设高楼,雨射城中,士众皆惧,惟宁谈笑自若。遣使报瑜,瑜用吕蒙计,帅诸将解围。后随鲁肃镇益阳,拒关羽。羽号有三万人,自择选锐士五千人,投县上流十馀里浅濑,云欲夜涉渡。肃与诸将议。宁时有三百兵,乃曰:"可复以五百人益吾,吾往对之,保羽闻吾欬唾,不敢涉水,涉水即是吾禽。"肃便选千兵益宁,宁乃夜往。羽闻之,住不渡,而结柴营,今遂名此处为关羽濑。权嘉宁功,拜西陵太守,领阳新、下雉两县。

后从攻皖,为升城督。宁手持练,身缘城,为吏士先,卒破获朱光。计功,吕蒙为最,宁次之,拜折冲将军。

后曹公出濡须,宁为前部督,受敕出斫敌前营。权特赐米酒众殽,宁乃料赐手下百馀人食。食毕,宁先以银碗酌酒,自饮两碗,乃酌与其都督。都督伏,不肯时持。宁引白削置膝上,呵谓之曰:"卿见知于至尊,孰与甘宁?甘宁尚不惜死,卿何以独惜死乎?"都督见宁色厉,即起拜持酒,通酌兵各一银碗。至二更时,衔枚出斫敌。敌惊动,遂退。宁益贵重,增兵二千人。①

① 江表传曰:"曹公出濡须,号步骑四十万,临江饮马。权率众七万应之,使宁领三千人为前部督。权密敕宁,使夜入魏军。宁乃选手下健儿百馀人,径诣曹公营下,使拔鹿角,逾垒入营,斩得数十级。北军惊骇鼓噪,举火如星,宁已还入营,作鼓吹,称万岁。因夜见权,权喜曰:'足以惊骇老子否?聊以观卿胆耳。'即赐绢千匹,刀百口。权曰:'孟德有张辽,孤有兴霸,足相敌也。'停住月馀,北军便退。

宁虽粗猛好杀,然开爽有计略,轻财敬士,能厚养健儿,健儿亦乐为用命。建安二十年,从攻合肥,会疫疾,军旅皆已引出,唯车下虎士千馀人,并吕蒙、蒋钦、凌统及宁,从权逍遥津北。张辽觇望知之,即将步骑奄至。宁引弓射敌,与统等死战。宁厉声问鼓吹何以不作,壮气毅然,权尤嘉之。①

① 吴书曰:凌统怨宁杀其父操,宁常备统,不与相见。权亦命统不得雠之。尝于吕蒙舍会,酒酣,统乃以刀舞。宁起曰:"宁能双戟舞。"蒙曰:"宁虽能,未若蒙之巧也。"因操刀持盾,以身分之。后权知统意,因令宁将兵,遂徙屯于半州。

宁厨下儿曾有过,走投吕蒙。蒙恐宁杀之,故不即还。后宁赍礼礼蒙母,临当与升堂,乃出厨下儿还宁。宁许蒙不杀。斯须还船，缚置桑树，自挽弓射杀之。毕，敕船人更增舸缆，解衣卧船中。蒙大怒，击鼓会兵，欲就船攻宁。宁闻之，故卧不起。蒙母徒跣出谏蒙曰："至尊待汝如骨肉，属汝以大事，何有以私怒而欲攻杀甘宁？宁死之日，纵至尊不问，汝是为臣下非法。"蒙素至孝，闻母言，即豁然意释，自至宁船，笑呼之曰："兴霸，老母待卿食，急上！"宁涕泣歔欷曰："负卿。"与蒙俱还见母，欢宴竟日。

宁卒，权痛惜之。子瓌，以罪徒会稽，无几死。


凌统字公绩，吴郡馀杭人也。父操，轻侠有胆气，孙策初兴，每从征伐，常冠军履锋。守永平长，平治山越，奸猾敛手，迁破贼校尉。及权统事，从讨江夏。入夏口，先登，破其前锋，轻舟独进，中流矢死。

统年十五，左右多称述者，权亦以操死国事，拜统别部司马，行破贼都尉，使摄父兵。后从击山贼，权破保屯先还，馀麻屯万人，统与督张异等留攻围之，克日当攻。先期，统与督陈勤会饮酒，勤刚勇任气，因督祭酒，陵轹一坐，举罚不以其道。统疾其侮慢，面折不为用。勤怒詈统，及其父操，统流涕不答，众因罢出。勤乘酒凶悖，又于道路辱统。统不忍，引刀斫勤，数日乃死。及当攻屯，统曰："非死无以谢罪。"乃率厉士卒，身当矢石，所攻一面，应时披坏，诸将乘胜，遂大破之。还，自拘于军正。权壮其果毅，使得以功赎罪。

后权复征江夏，统为前锋，与所厚健儿数十人共乘一船，常去大兵数十里。行入右江，斩黄祖将张硕，尽获船人。还以白权，引军兼道，水陆并集。时吕蒙败其水军，而统先搏其城，于是大获。权以统为承烈都尉，与周瑜等拒破曹公于乌林，遂攻曹仁，迁为校尉。虽在军旅，亲贤接士，轻财重义，有国士之风。

又从破皖，拜荡寇中郎将，领沛相。与吕蒙等西取三郡，反自益阳，从往合肥，为右部督。时权彻军，前部已发，魏将张辽等奄至津北。权使追还前兵，兵去已远，势不相及，统率亲近三百人陷围，扶扞权出。敌已毁桥，桥之属者两版，权策马驱驰，统复还战，左右尽死，身亦被创，所杀数十人，度权已免，乃还。桥败路绝，统被甲潜行。权既御船，见之惊喜。统痛亲近无反者，悲不自胜。权引袂拭之，谓曰："公绩，亡者已矣，苟使卿在，何患无人？"[1]拜偏将军，倍给本兵。

> [1]吴书曰：统创甚，权遂留统于舟，尽易其衣服。其创赖得卓氏良药，故得不死。

时有荐同郡盛暹于权者，以为梗概大节，有过于统，权曰："且令如统足矣。"后召暹夜至，时统已卧，闻之，摄衣出门，执其手以入。其爱善不害如此。

统以山中人尚多壮悍，可以威恩诱也，权令东占且讨之，命敕属城，凡统所求，皆先给后闻。统素爱士，士亦慕焉。得精兵万馀人，过本县，步入寺门，见长吏怀三版，恭敬尽礼，亲旧故人，恩意益隆。事毕当出，会病卒，时年四十九。权闻之，拊床起坐，哀不能自止，数日减膳，言及流涕，使张承为作铭诔。

二子烈、封，年各数岁，权内养于宫，爱待与诸子同，宾客进见，呼示之曰："此吾虎子也。"及八九岁，令葛光教之读书，十日一令乘马。追录统功，封烈亭侯，还其故兵。后烈有罪免，封复袭爵领兵。[1]

> [1]孙盛曰：观孙权之养士也，倾心竭思，以求其死力，泣周泰之夷，殉陈武之妾，请吕蒙之命，育凌统之孤，卑曲苦志，如此之勤也。是故虽令德无闻，仁泽周著，[3]而能屈强荆吴，僭拟年岁者，抑有由也。然霸王之道，期于大者远者，是以先王建德义之基，恢信顺之宇，制经略之纲，明贵贱之序，易简而其亲可久，体全而其功可大，岂委璅近务，邀利于当年

战?语曰"虽小道，必有可观者焉，致远恐泥"，其是之谓乎！

徐盛字文向，琅邪莒人也。遭乱，客居吴，以勇气闻。孙权统事，以为别部司马，授兵五百人，守柴桑长，拒黄祖。祖子射，尝率数千人下攻盛。盛时吏士不满二百，与相拒击，伤射吏士千馀人。已乃开门出战，大破之。射遂绝迹不复为寇。权以为校尉、芜湖令。复讨临城南阿山贼有功，徙中郎将，督校兵。

曹公出濡须，从权御之。魏尝大出横江，盛与诸将俱赴讨。时乘蒙冲，遇迅风，船落敌岸下，诸将恐惧，未有出者，盛独将兵，上突斫敌，敌披退走，有所伤杀，风止便还，权大壮之。

及权为魏称藩，魏使邢贞拜权为吴王。权出都亭候贞，贞有骄色，张昭既怒，而盛忿愤，顾谓同列曰："盛等不能奋身出命，为国家并许洛，吞巴蜀，而令吾君与贞盟，不亦辱乎！"因涕泣横流。贞闻之，谓其旅曰："江东将相如此，非久下人者也。"

后迁建武将军，封都亭侯，领庐江太守，赐临城县为奉邑。刘备次西陵，盛攻取诸屯，所向有功。曹休出洞口，盛与吕范、全琮渡江拒守。遭大风，船人多丧，盛收馀兵，与休夹江。休使兵将就船攻盛，盛以少御多，敌不能克，各引军退。迁安东将军，封芜湖侯。

后魏文帝大出，有渡江之志，盛建计从建业筑围，作薄落，围上设假楼，江中浮船。诸将以为无益，盛不听，固立之。文帝到广陵，望围愕然，弥漫数百里，而江水盛长，便引军退。诸将乃伏。[1]

① 干宝晋纪所云疑城，已注孙权传。

魏氏春秋云：文帝叹曰："魏虽有武骑千群，无所用也。"

黄武中卒。子楷，袭爵领兵。

潘璋字文珪，东郡发干人也。孙权为阳羡长，始往随权。性博荡嗜酒，居贫，好赊酤，债家至门，辄言后豪富相还。权奇爱之，因使召募，得百馀人，遂以为将。讨山贼有功，署别部司马。后为吴大市刺奸，盗贼断绝，由是知名，迁豫章西安长。刘表在荆州，民数被寇，自璋在事，寇不入境。比县建昌起为贼乱，转领建昌，加武猛校尉，讨治恶民，旬月尽平，召合遗散，得八百人，将还建业。

合肥之役，张辽奄至，诸将不备，陈武斗死，宋谦、徐盛皆披走，璋身次在后，便驰进，横马斩谦、盛兵走者二人，兵皆还战。权甚壮之，拜偏将军，遂领百校，屯半州。

权征关羽，璋与朱然断羽走道，到临沮，住夹石。璋部下司马马忠禽羽，并羽子平、都督赵累等。权即分宜都巫、[4]秭归二县为固陵郡，拜璋为太守、振威将军，封溧阳侯。甘宁卒，又并其军。刘备出夷陵，璋与陆逊并力拒之，璋部下斩备护军冯习等，所杀伤甚众，拜平北将军、襄阳太守。

魏将夏侯尚等围南郡，分前部三万人作浮桥，渡百里洲上，诸葛瑾、杨粲并会兵赴救，未知所出，而魏兵日渡不绝。璋曰："魏势始盛，江水又浅，未可与战。"便将所领，到魏上流五十里，伐苇数百万束，缚作大筏，欲顺流放火，烧败浮桥。作筏适毕，伺水长当下，尚便引退。璋下备陆口。权称尊号，拜右将军。

璋为人粗猛，禁令肃然，好立功业，所领兵马不过数千，而其所在常如万人。征伐止顿，便立军市，他军所无，皆仰取足。然性奢泰，末年弥甚，服物僭拟。吏兵富者，或杀取其财物，数不奉法。监司举奏，权惜其功而辄原不问。嘉禾三年卒。子平，以无行徙会稽。璋妻居建业，赐田宅，复客五十家。

丁奉字承渊，庐江安丰人也。少以骁勇为小将，属甘宁、陆逊、潘璋等。数随征伐，战斗常冠军。每斩将搴旗，身被创夷。稍迁偏将军。孙亮即位，为冠军将军，封都亭侯。

魏遣诸葛诞、胡遵等攻东兴，诸葛恪率军拒之。诸将皆曰："敌闻太傅自来，上岸必遁走。"奉独曰："不然。彼动其境内，悉许、洛兵大举而来，必有成规，岂虚还哉？无恃敌之不至，恃吾有以胜之。"及恪上岸，奉与将军唐咨、吕据、留赞等，俱从山西上。奉曰："今诸军行迟，若敌据便地，则难与争锋矣。"乃辟诸军使下道，帅麾下三千人径进。时北风，奉举帆二日至，遂据徐塘。天寒雪，敌诸将置酒高会，奉见其前部兵少，相谓曰："取封侯爵赏，正在今日！"乃使兵解铠著胄，持短兵。敌人从而笑焉，不为设备。奉纵兵斫之，大破敌前屯。会据等至，魏军遂溃。迁灭寇将军，进封都乡侯。[5]

魏将文钦来降，以奉为虎威将军，从孙峻至寿春迎之，与敌追军战于高亭。奉跨马持矛，突入其陈中，斩首数百，获其军器。进封安丰侯。

太平二年，魏大将军诸葛诞据寿春来降，魏人围之。遣朱异、唐咨等往救，复使奉与黎斐解围。奉为先登，屯于黎浆，力战有功，拜左将军。

孙休即位，与张布谋，欲诛孙綝，布曰："丁奉虽不能吏书，而计略过人，能断大事。"休召奉告曰："綝秉国威，将行不轨，欲与将军诛之。"奉曰："丞相兄弟友党甚盛，恐人心不同，不可卒制，可因腊会，有陛下兵以诛之也。"休纳其计，因会请綝，奉与张布目左右斩之。迁大将军，加左右都护。永安三年，假节领徐州牧。六年，魏伐蜀，奉率诸军向寿春，为救蜀之势。蜀亡，军还。

休薨，奉与丞相濮阳兴等从万彧之言，共迎立孙晧，迁右大司马左军师。宝鼎三年，晧命奉与诸葛靓攻合肥。奉与晋大将石苞书，构而间之，苞以征还。建衡元年，奉复帅众治徐塘，因攻晋谷阳。谷阳民知之，引去，奉无所获。晧怒，斩奉导军。三年，卒。奉贵而有功,渐以骄矜,或有毁之者,晧追以前出军事,徙奉家于临川。奉弟封,官至后将军,先奉死。

评曰:凡此诸将,皆江表之虎臣,孙氏之所厚待也。以潘璋之不修,权能忘过记功,其保据东南,宜哉!陈表将家支庶,而与胄子名人比翼齐衡,拔萃出类,不亦美乎!

【校勘记】
〔1〕拜右护军　拜下原衍"津"字,据三国志集解卢弼说删。
〔2〕从太子中庶子　从,原作"徙",据三国志辨误卷下改。
〔3〕仁泽罔著　罔,原作"内",据三国志集解李光地说改。
〔4〕权即分宜都巫　巫,原作"至",据三国志集解钱大昕说改。
〔5〕进封都乡侯　乡,原作"亭",据三国志辨误卷下改。

# 三国志卷五十六　吴书十一

## 朱治朱然吕范朱桓传第十一

朱治字君理,丹杨故鄣人也。初为县吏,后察孝廉,州辟从事,随孙坚征伐。中平五年,拜司马,从讨长沙、零、桂等三郡贼周朝、苏马等,有功,坚表治行都尉。从破董卓于阳人,入洛阳。表治行督军校尉,特将步骑,东助徐州牧陶谦讨黄巾。

会坚薨,治扶翼策,依就袁术。后知术政德不立,乃劝策还平江东。时太傅马日磾在寿春,辟治为掾,迁吴郡都尉。是时吴景已在丹杨,而策为术攻庐江,于是刘繇恐为袁、孙所并,遂构嫌隙。而策家门尽在州下,治乃使人于曲阿迎太妃及权兄弟,所以供奉辅护,甚有恩纪。治从钱唐欲进到吴,吴郡太守许贡拒之于由拳,治与战,大破之。贡南就山贼严白虎,治遂入郡,领太守事。策既走刘繇,东定会稽。

权年十五,治举为孝廉。后策薨,治与张昭等共尊奉权。建安七年,权表治为吴郡太守,[1]行扶义将军,割娄、由拳、无锡、毗陵为奉邑,置长吏。征讨夷越,佐定东南,禽截黄巾馀类陈败、万秉

1087

等。黄武元年，封毗陵侯，领郡如故。二年，拜安国将军，金印紫绶，徙封故鄣。

权历位上将，及为吴王，治每进见，权常亲迎，执版交拜，飨宴赠赐，恩敬特隆，至从行吏，皆得奉赞私觌，其见异如此。

初，权弟翊，性峭急，喜怒快意，治数责数，谕以道义。权从兄豫章太守贲，女为曹公子妇，及曹公破荆州，威震南土，贲畏惧，欲遣子入质。治闻之，求往见贲，为陈安危，[1] 贲由此遂止。

①江表传载治说贲曰："破虏将军昔率义兵入讨董卓，声冠中夏，义士壮之。讨逆继世，廓定六郡，特以君侯骨肉至亲，器为时生，故表汉朝，剖符大郡，兼建将校，仍关综两府，荣冠宗室，为远近所瞻。加讨虏聪明神武，继承洪业，揽结英雄，周济世务，军众日盛，事业日隆，虽昔萧王之在河北，无以加也，以克成王基，应运东南。故刘玄德远布腹心，求见拯救，此天下所共知也。前在东闻道路之言，云将军有异趣，良用忧然。今曹公阻兵，倾覆汉室，幼帝流离，百姓元元未知所归。而中国萧条，或百里无烟，城邑空虚，道殣相望，士叹于外，妇怨乎室，加之以师旅，因之以饥馑，以此料之，岂能越长江与我争利哉？将军当斯时也，而欲背骨肉之亲，违万安之计，割同气之肤，啖虎狼之口，为一女子，改虑易图，失机毫厘，差以千里，岂不惜哉！"

权常叹治忧勤王事。性俭约，虽在富贵，车服惟供事。权优异之，自令督军御史典属城文书，治领四县租税而已。然公族子弟及吴四姓多出仕郡，郡吏常以千数，治率数年一遣诣王府，所遣数百人，每岁时献御，权答报过厚。是时丹杨深地，颇有奸叛，亦以年向老，思恋土风，自表屯故鄣，镇抚山越。诸父老故人，莫不诣门，治皆引进，与共饮宴，乡党以为荣。在故鄣岁馀，还吴。黄武三年卒，在郡三十一年，年六十九。

子才，素为校尉领兵，既嗣父爵，迁偏将军。[1] 才弟纪，权以策女妻之，亦以校尉领兵。纪弟纬、万岁，皆早夭。才子琬，袭爵为将，至镇西将军。

①吴书曰：才字君业，为人精敏，善骑射，权爱异之，常侍从游戏。少以父任为武卫校尉，领兵随从征伐，屡有功捷。本郡议者以才少处荣贵，未留意于乡党，才乃叹曰："我初为将，谓跨马蹈敌，当身履锋，足以扬名，不知乡党复追迹其举措乎！"于是更折节为恭，留意于宾客，轻财尚义，施不望报，又学兵法，名声始闻于远近。会疾卒。

朱然字义封，治姊子也，本姓施氏。初治未有子，然年十三，乃启策乞以为嗣。策命丹杨郡以羊酒召然，然到吴，策优以礼贺。

然尝与权同学书，结恩爱。至权统事，以然为馀姚长，时年十九。后迁山阴令，加折冲校尉，督五县。权奇其能，分丹杨为临川郡，然为太守，①授兵二千人。会山贼盛起，然平讨，旬月而定。曹公出濡须，然备大坞及三关屯，拜偏将军。建安二十四年，从讨关羽，别与潘璋到临沮禽羽，迁昭武将军，封西安乡侯。

①臣松之案：此郡寻罢，非今临川郡。

虎威将军吕蒙病笃，权问曰："卿如不起，谁可代者？"蒙对曰："朱然胆守有馀，愚以为可任。"蒙卒，权假然节，镇江陵。黄武元年，刘备举兵攻宜都，然督五千人与陆逊并力拒备。然别攻破备前锋，断其后道，备遂破走。拜征北将军，封永安侯。

魏遣曹真、夏侯尚、张郃等攻江陵，魏文帝自住宛，为其势援，连屯围城。权遣将军孙盛督万人备州上，立围坞，为然外救。郃渡兵攻盛，盛不能拒，即时却退，郃据州上围守，然中外断绝。权遣潘璋、杨粲等解围而围不解。[2] 时然城中兵多肿病，堪战者裁五千人。真等起土山，凿地道，立楼橹，临城弓矢雨注，将士皆失色，然晏如而无恐意，方厉吏士，伺间隙攻破两屯。魏攻围然凡六月日，未退。江陵令姚泰领兵备城北门，见外兵盛，城中人少，谷食欲尽，因与敌交通，谋为内应。垂发，事觉，<u>然</u>治戮泰。<u>尚</u>等不能克，乃彻攻退还。由是<u>然</u>名震于敌国，改封<u>当阳侯</u>。

六年，<u>权</u>自率众攻<u>石阳</u>，及至旋师，<u>潘璋</u>断后。夜出错乱，敌追击<u>璋</u>，<u>璋</u>不能禁。<u>然</u>即还住拒敌，使前船得引极远，徐乃后发。<u>黄龙</u>元年，拜车骑将军、右护军，领<u>兖州</u>牧。顷之，以<u>兖州</u>在<u>蜀</u>分，解牧职。

<u>嘉禾</u>三年，<u>权</u>与<u>蜀</u>克期大举，<u>权</u>自向<u>新城</u>，<u>然</u>与<u>全琮</u>各受斧钺，为左右督。会吏士疾病，故未攻而退。

<u>赤乌</u>五年，征<u>柤中</u>，<sup>①</sup>[①]<u>魏</u>将<u>蒲忠</u>、<u>胡质</u>各将数千人，<u>忠</u>要遮险隘，图断<u>然</u>后，<u>质</u>为<u>忠</u>继援。时<u>然</u>所督兵将先四出，闻问不暇收合，便将帐下见兵八百人逆掩。<u>忠</u>战不利，<u>质</u>等皆退。<sup>②</sup>[②]九年，复征<u>柤中</u>，<u>魏</u>将<u>李兴</u>等闻<u>然</u>深入，率步骑六千断<u>然</u>后道，<u>然</u>夜出逆之，军以胜反。先是，归义<u>马茂</u>怀奸，觉诛，<u>权</u>深忿之。<u>然</u>临行上疏曰："<u>马茂</u>小子，敢负恩养。臣今奉天威，事蒙克捷，欲令所获，震耀远近，方舟塞江，使足可观，以解上下之忿。惟陛下识臣先言，责臣后效。"<u>权</u>时抑表不出。<u>然</u>既献捷，群臣上贺，<u>权</u>乃举酒作乐，而出<u>然</u>表曰："此家前初有表，孤以为难必，今果如其言，可谓明于见事也。"遣使拜<u>然</u>为左大司马、右军师。

①<u>襄阳记</u>曰：<u>柤</u>音如租税之租。<u>柤中</u>在<u>上黄</u>界，去<u>襄阳</u>一百五十里。<u>魏</u>时夷王<u>梅敷</u>兄弟三人，部曲万馀家屯此，分布在<u>中庐宜城</u>西山鄢、沔二谷中，土地平敞，宜桑麻，有水陆良田，沔南之膏腴沃壤，谓之<u>柤中</u>。

②<u>孙氏异同评</u>曰：<u>魏书</u>及<u>江表传</u>云<sup>[3]</sup><u>然</u>以<u>景初</u>元年、<u>正始</u>二年再出为寇，所破<u>胡质</u>、<u>蒲忠</u>在<u>景初</u>元年。<u>魏志</u>承<u>魏书</u>，依违不说<u>质</u>等为<u>然</u>所破，而直云<u>然</u>退耳。<u>吴志</u>说<u>赤乌</u>五年，于<u>魏</u>为<u>正始</u>三年，<u>魏</u>将<u>蒲忠</u>与<u>朱然</u>战，<u>忠</u>不利，<u>质</u>等皆退。按<u>魏少帝纪</u>及<u>孙权传</u>，是岁并无事，当是<u>陈寿</u>误以<u>吴嘉禾</u>六年为<u>赤乌</u>五年耳。

然长不盈七尺，气候分明，内行修絜，其所文采，惟施军器，馀皆质素。终日钦钦，常存战场，[4]临急胆定，尤过绝人，虽世无事，每朝夕严鼓，兵在营者，咸行装就队，以此玩敌，使不知所备，故出辄有功。诸葛瑾子融，步骘子协，虽各袭任，权特复使然总为大督。又陆逊亦卒，[5]功臣名将存者惟然，莫与比隆。寝疾二年，后渐增笃，权昼为减膳，夜为不寐，中使医药口食之物，相望于道。然每遣使表疾病消息，权辄召见，口自问讯，入赐酒食，出送布帛。自创业功臣疾病，权意之所锺，吕蒙、凌统最重，然其次矣。年六十八，赤乌十二年卒，权素服举哀，为之感恸。子绩嗣。

绩字公绪，以父任为郎，后拜建忠都尉。叔父才卒，绩领其兵，随太常潘濬讨五溪，以胆力称。迁偏将军营下督，领盗贼事，持法不倾。鲁王霸注意交绩，尝至其廨，就之坐，欲与结好，绩下地住立，辞而不当。然卒，绩袭业，拜平魏将军，乐乡督。明年，魏征南将军王昶率众攻江陵城，不克而退。绩与奋威将军诸葛融书曰："昶远来疲困，马无所食，力屈而走，此天助也。今追之力少，可引兵相继，吾欲破之于前，足下乘之于后，岂一人之功哉，宜同断金之义。"融答许绩。绩便引兵及昶于纪南，纪南去城三十里，绩先战胜而融不进，绩后失利。权深嘉绩，盛责怒融，融兄大将军恪贵重，故融得不废。初绩与恪、融不平，及此事变，为隙益甚。建兴元年，迁镇东将军。二年春，恪向新城，要绩并力，而留置半州，使融兼其任。冬，恪、融被害，绩复还乐乡，假节。太平二年，拜骠骑将军。孙綝秉政，大臣疑贰，绩恐吴必扰乱，而中国乘衅，乃密书结蜀，使为并兼之虑。蜀遣右将军阎宇将兵五千，增白帝守，以须绩之后命。永安初，迁上大将军、都护督，自巴丘上迄西陵。元兴元年，就拜左大司马。初，然为治行丧竟，乞复本姓，权不许，绩以五凤中表还为施氏，建衡二年卒。

吕范字子衡，汝南细阳人也。少为县吏，有容观姿貌。邑人刘氏，家富女美，范求之。女母嫌，欲勿与，刘氏曰："观吕子衡宁当久贫者邪？"遂与之婚。后避乱寿春，孙策见而异之，范遂自委昵，将私客百人归策。时太妃在江都，策遣范迎之。徐州牧陶谦谓范为袁氏觇候，讽县掠考范，范亲客健儿篡取以归。时唯范与孙河常从策，跋涉辛苦，危难不避，策亦亲戚待之，每与升堂，饮宴于太妃前。

后从策攻破庐江，还俱东渡，到横江、当利，破张英、于麋，下小丹杨、湖孰，领湖孰相。策定秣陵、曲阿，收笮融、刘繇馀众，增范兵二千，骑五十匹。后领宛陵令，讨破丹杨贼，还吴，迁都督。[1]

[1] 江表传曰：策从容独与范棋，范曰："今将军事业日大，士众日盛，范在远，闻纲纪犹有不整者，范愿暂领都督，佐将军部分之。"策曰："子衡，卿既士大夫，加手下已有大众，立功于外，岂宜复屈小职，知军中细碎事乎！"范曰："不然。今舍本土而托将军者，非为妻子也，欲济世务。犹同舟涉海，一事不牢，即俱受其败。此亦范计，非但将军也。"策笑，无以答。范出，更释襦，著裈褶，执鞭，诣阁下启事，自称领都督，策乃授传，委以众事。由是军中肃睦，威禁大行。

是时下邳陈瑀自号吴郡太守，住海西，与强族严白虎交通。策自将讨虎，别遣范与徐逸攻瑀于海西，枭其大将陈牧。[1] 又从攻祖郎于陵阳，太史慈于勇里。七县平定，拜征房中郎将，征江夏，还平鄱阳。

[1] 九州春秋曰：初平三年，扬州刺史陈祎死，袁术使瑀领扬州牧。后术为曹公所败于封丘，南人叛瑀，瑀拒之。术走阴陵，好辞以下瑀，瑀不知权，而又怯，不即攻术。术于淮北集兵向寿春，瑀惧，使其弟公琰请和于术。术执之而进，瑀走归下邳。

策薨，奔丧于吴。后权复征江夏，范与张昭留守。

曹公至赤壁，与周瑜等俱拒破之，拜裨将军，领彭泽太守，以彭泽、柴桑、历阳为奉邑。刘备诣京见权，范密请留备。后迁平南将军，屯柴桑。

权讨关羽，过范馆，谓曰："昔早从卿言，无此劳也。今当上取之，卿为我守建业。"权破羽还，都武昌，拜范建威将军，封宛陵侯，领丹杨太守，治建业，督扶州以下至海，转以溧阳、怀安、宁国为奉邑。

曹休、张辽、臧霸等来伐，范督徐盛、全琮、孙韶等，以舟师拒休等于洞口，迁前将军，假节，改封南昌侯。时遭大风，船人覆溺，死者数千，还军，拜扬州牧。

性好威仪，州民如陆逊、全琮及贵公子，皆修敬虔肃，不敢轻脱。其居处服饰，于时奢靡，然勤事奉法，故权悦其忠，不怪其侈。①

①江表传曰：人有白范与贺齐奢丽夸绮，服饰僭拟王者，权曰："昔管仲逾礼，桓公优而容之，无损于霸。今子衡、公苗，身无夷吾之失，但其器械精好，舆车严整耳，此适足作军容，何损于治哉？"告者乃不敢复言。

初策使范典主财计，权时年少，私从有求，范必关白，不敢专许，当时以此见望。权守阳羡长，有所私用，策或料覆，功曹周谷辄为傅著簿书，使无谴问。权临时悦之，及后统事，以范忠诚，厚见信任，以谷能欺更簿书，不用也。

黄武七年，范迁大司马，印绶未下，疾卒。权素服举哀，遣使者追赠印绶。及还都建业，权过范墓呼曰："子衡！"言及流涕，祀以太牢。①

①江表传曰：初，权移都建业，大会将相文武，时谓严畯曰："孤昔叹鲁子敬比邓禹，吕子衡方吴汉，闻卿诸人未平此论，今定云何？"畯退席曰："臣未解指趣，谓肃、范受饶，褒叹过实。"权曰："昔邓仲华初见光武，光

武时受更始使，抚河北，行大司马事耳，未有帝王志也。禹劝之以复汉业，是禹开初议之端矣。子敬英爽有殊略，孤始与一语，便及大计，与禹相似，故比之。吕子衡忠笃亮直，性虽好奢，然以忧公为先，不足为损，避袁术自归于兄，兄作大将，别领部曲，故忧兄事，乞为都督，办护修整，加之恪勤，与吴汉相类，故方之。皆有指趣，非孤私之也。"峻乃服。

范长子先卒，次子据嗣。据字世议，以父任为郎，后范寝疾，拜副军校尉，佐领军事。范卒，迁安军中郎将。数讨山贼，诸深恶剧地，所击皆破。随太常潘濬讨五谿，复有功。朱然攻樊，据与朱异破城外围，还拜偏将军，入补马闲右部督，迁越骑校尉。太元元年，大风，江水溢流，渐淹城门，权使视水，独见据使人取大船以备害。权嘉之，拜荡魏将军。权寝疾，以据为太子右部督。太子即位，拜右将军。魏出东兴，据赴讨有功。明年，孙峻杀诸葛恪，迁据为骠骑将军，平西宫事。五凤二年，假节，与峻等袭寿春，还遇魏将曹珍，破之于高亭。太平元年，帅师侵魏，未及淮，闻孙峻死，以从弟綝自代，据大怒，引军还，欲废綝。綝闻之，使中书奉诏，诏文钦、刘纂、唐咨等使取据，又遣从兄宪以都下兵逆据于江都。[6]左右劝据降魏，据曰："耻为叛臣。"遂自杀。夷三族。

朱桓字休穆，吴郡吴人也。孙权为将军，桓给事幕府，除馀姚长。往遇疫疠，谷食荒贵，桓分部良吏，隐亲医药，馔粥相继，士民感戴之。迁荡寇校尉，授兵二千人，使部伍吴、会二郡，鸠合遗散，期年之间，得万馀人。后丹杨、鄱阳山贼蜂起，攻没城郭，杀略长吏，处处屯聚。桓督领诸将，周旋赴讨，应皆平定。稍迁裨将军，封新城亭侯。

后代周泰为濡须督。黄武元年，魏使大司马曹仁步骑数万向濡须，仁欲以兵袭取州上，伪先扬声，欲东攻羡溪。桓分兵将赴羡溪,既发,卒得仁进军拒濡须七十里问。桓遣使追还羡溪兵,兵未到而仁奄至。时桓手下及所部兵,在者五千人,诸将业业,各有惧心,桓喻之曰:"凡两军交对,胜负在将,不在众寡。诸君闻曹仁用兵行师,孰与桓邪?兵法所以称客倍而主人半者,谓俱在平原,无城池之守,又谓士众勇怯齐等故耳。今人既非智勇,加其士卒甚怯,又千里步涉,人马罢困,桓与诸军,共据高城,南临大江,北背山陵,以逸待劳,为主制客,此百战百胜之势也。虽曹丕自来,尚不足忧,况仁等邪!"桓因偃旗鼓,外示虚弱,以诱致仁。仁果遣其子泰攻濡须城,分遣将军常雕督诸葛虔、王双等,乘油船别袭中洲。中洲者,部曲妻子所在也。仁自将万人留橐皋,复为泰等后拒。桓部兵将攻取油船,或别击雕等,桓等身自拒泰,烧营而退,遂枭雕,生虏双,送武昌,临陈斩溺,死者千馀。权嘉桓功,封嘉兴侯,迁奋武将军,领彭城相。

黄武七年,鄱阳太守周鲂谲诱魏大司马曹休,休将步骑十万至皖城以迎鲂。时陆逊为元帅,全琮与桓为左右督,各督三万人击休。休知见欺,当引军还,自负众盛,邀于一战。桓进计曰:"休本以亲戚见任,非智勇名将也。今战必败,败必走,走当由夹石、挂车,此两道皆险厄,若以万兵柴路,则彼众可尽,而休可生虏,臣请将所部以断之。若蒙天威,得以休自效,便可乘胜长驱,进取寿春,割有淮南,以规许、洛,此万世一时,不可失也。"权先与陆逊议,逊以为不可,故计不施行。

黄龙元年,拜桓前将军,领青州牧,假节。嘉禾六年,魏庐江主簿吕习请大兵自迎,欲开门为应。桓与卫将军全琮俱以师迎。既至,事露,军当引还。城外有溪水,去城一里所,广三十馀丈,深者八九尺,浅者半之,诸军勒兵渡去,桓自断后。时庐江太守李膺整严兵骑,欲须诸军半渡,因迫击之。及见桓节盖在后,卒不敢出,其见惮如此。

是时全琮为督,权又令偏将军胡综宣传诏命,参与军事。琮以军出无获,议欲部分诸将,有所掩袭。桓素气高,耻见部伍,乃往见琮,问行意,感激发怒,与琮校计。琮欲自解,因曰:"上自令胡综为督,综意以为宜尔。"桓愈恚恨,还乃使人呼综。综至军门,桓出迎之,顾谓左右曰:"我纵手,汝等各自去。"有一人旁出,语综使还。桓出,不见综,知左右所为,因斫杀之。桓佐军进谏,刺杀佐军,遂托狂发,诣建业治病。权惜其功能,故不罪。[1] 使子异摄领部曲,令医视护,数月复遣还中洲。权自出祖送,谓曰:"今寇虏尚存,王涂未一,孤当与君共定天下,欲令君督五万人专当一面,以图进取,想君疾未复发也。"桓曰:"天授陛下圣姿,当君临四海,猥重任臣,以除奸逆,臣疾当自愈。"[2]

> [1] 孙盛曰:书云臣无作威作福,作威作福,则凶于而家,害于而国。桓之贼忍,殆虎狼也,人君且犹不可,况将相乎?语曰,得一夫而失一国,纵罪亏刑,失孰大焉!
>
> [2] 吴录曰:桓奉觞曰:"臣当远去,愿一捋陛下须,无所复恨。"权冯几前席,桓进前捋须曰:"臣今日真可谓捋虎须也。"权大笑。

桓性护前,耻为人下,每临敌交战,节度不得自由,辄嗔恚愤激。然轻财贵义,兼以强识,与人一面,数十年不忘,部曲万口,妻子尽识之。爱养吏士,赡护六亲,俸禄产业,皆与共分。及桓疾困,举营忧戚。年六十二,赤乌元年卒。吏士男女,无不号慕。又家无馀财,权赐盐五千斛以周丧事。子异嗣。

异字季文,以父任除郎,[1] 后拜骑都尉,代桓领兵。赤乌四年,随朱然攻魏樊城,建计破其外围,还拜偏将军。魏庐江太守文钦营住六安,多设屯砦,置诸道要,以招诱亡叛,为边寇害。异乃身率其手下二千人,掩破钦七屯,斩首数百,迁扬武将军。权与论攻战,辞对称意。权谓异从父骠骑将军据曰："本知季文胆定,[7]见之复过所闻。"十三年,文钦诈降,密书与异,欲令自迎。异表呈钦书,因陈其伪,不可便迎。权诏曰："方今北土未一,钦云欲归命,宜且迎之。若嫌其有谲者,但当设计网以罗之,盛重兵以防之耳。"乃遣吕据督二万人,与异并力,至北界,钦果不降。建兴元年,迁镇南将军,是岁魏遣胡遵、诸葛诞等出东兴,异督水军攻浮梁,坏之,魏军大破。② 太平二年,假节,为大都督,救寿春围,不解。还军,为孙綝所枉害。③

①文士传曰:张惇子纯与张俨及异俱童少,往见骠骑将军朱据。据闻三人才名,欲试之,告曰:"老鄙相闻,饥渴甚矣。夫骠袅以迅骤为功,鹰隼以轻疾为妙,其为吾各赋一物,然后乃坐。"俨乃赋犬曰:"守则有威,出则有获,韩卢、宋鹊,书名竹帛。"纯赋席曰:"席以冬设,簟为夏施,揖让而坐,君子攸宜。"异赋弩曰:"南岳之干,锺山之铜,应机命中,获隼高墉。"三人各随其目所见而赋之,皆成而后坐,据大欢说。

②吴书曰:异又随诸葛恪围新城,城既不拔,异等皆言宜速还豫章,袭石头城,不过数日可拔。恪以书晓异,异投书于地曰:"不用我计,而用儇子言!"恪大怒,立夺其兵,遂废还建业。

③吴书曰:綝要异相见,将往,恐陆抗止之,异曰:"子通,家人耳,当何所疑乎!"遂往。綝使力人于坐上取之。异曰:"我吴国忠臣,有何罪乎?"乃拉杀之。


评曰:朱治、吕范以旧臣任用,朱然、朱桓以勇烈著闻,吕据、朱异、施绩咸有将领之才,克绍堂构。若范、桓之越隘,得以吉终,至于据、异无此之尤而反罹殃者,所遇之时殊也。


【校勘记】

〔1〕权表治为吴郡太守　吴郡,原作"九真",据三国志考证卷八改。

〔2〕杨粲等解围而围不解　原脱上"围"字,据三国志集解钱仪吉说补。

〔3〕魏书及江表传云　书,原作"志",据三国志辨误卷下改。

〔4〕常存战场　存,原作"在",据太平御览卷三七六改。

〔5〕又陆逊亦卒　卒,原作"本",据三国志辨误卷下改。

〔6〕又遣从兄宪以都下兵逆据於江都　宪,原作"虑",据三国志集解钱大
　　昕说改。

〔7〕本知季文胆定　胆,原作"恰",据三国志集解卢弼说改。

# 三国志卷五十七　吴书十二

## 虞陆张骆陆吾朱传第十二

虞翻字仲翔,会稽馀姚人也,<sup>①</sup>太守王朗命为功曹。孙策征会稽,翻时遭父丧,衰绖诣府门,朗欲就之,翻乃脱衰入见,劝朗避策。朗不能用,拒战败绩,亡走浮海。翻追随营护,到东部候官,候官长闭城不受,翻往说之,然后见纳。<sup>②</sup>朗谓翻曰:“卿有老母,可以还矣。”<sup>③</sup>翻既归,策复命为功曹,待以交友之礼,身诣翻第。<sup>④</sup>

①吴书曰:翻少好学,有高气。年十二,客有候其兄者,不过翻,翻追与书曰:“仆闻虎魄不取腐芥,磁石不受曲针,过而不存,不亦宜乎?”客得书奇之,由是见称。

②吴书曰:翻始欲送朗到广陵,朗惑王方平记,言“疾来邀我,南岳相求”,故遂南行。既至候官,又欲投交州,翻谏朗曰:“此妄书耳,交州无南岳,安所投乎?”乃止。

③翻别传曰:朗使翻见豫章太守华歆,图起义兵。翻未至豫章,闻孙策向会稽,翻乃还。会遭父丧,以臣使有节,不敢过家,星行追朗至候官。朗遣翻还,然后奔丧。而传云孙策之来,翻衰绖诣府门,劝朗避策,则为大异。

④江表传曰：策书谓翻曰："今日之事，当与卿共之，勿谓孙策作郡吏相待也。"

策好驰骋游猎，翻谏曰："明府用乌集之众，驱散附之士，皆得其死力，虽汉高帝不及也。至于轻出微行，从官不暇严，吏卒常苦之。夫君人者不重则不威，故白龙鱼服，困于豫且，白蛇自放，刘季害之，愿少留意。"策曰："君言是也。然时有所思，端坐悒悒，有裨谌草创之计，是以行耳。"①

①吴书曰：策讨山越，斩其渠帅，悉令左右分行逐贼，独骑与翻相得山中。翻问左右安在，策曰："悉行逐贼。"翻曰："危事也！"令策下马："此草深，卒有惊急，马不及萦策，但牵之，执弓矢以步。翻善用矛，请在前行。"得平地，劝策乘马。策曰："卿无马奈何？"答曰："翻能步行，日可二百里，自征讨以来，吏卒无及翻者，明府试跃马，翻能疏步随之。"行及大道，得一鼓吏，策取角自鸣之，部曲识声，小大皆出，遂从周旋，平定三郡。

江表传曰：策讨黄祖，旋军欲过取豫章，特请翻语曰："华子鱼自有名字，然非吾敌也。加闻其战具甚少，若不开门让城，金鼓一震，不得无所伤害，卿便在前具宣孤意。"翻即奉命辞行，径到郡，请被褠葛巾与歆相见，[1]谓歆曰："君自料名声之在海内，孰与鄗郡故王府君？"歆曰："不及也。"翻曰："豫章资粮多少，器仗精否，士民勇果孰与鄗郡？"又曰："不如也。"翻曰："讨逆将军智略超世，用兵如神，前走刘扬州，君所亲见，南定鄗郡，亦君所闻也。今欲守孤城，自料资粮，已知不足，不早为计，悔无及也。今大军已次椒丘，仆便还去，明日日中迎檄不到者，与君辞矣。"翻既去，歆明旦出城，遣吏迎策。策既定豫章，引军还吴，飨赐将士，计功行赏，谓翻曰："孤昔再至寿春，见马日磾，及与中州士大夫会，语我东方人多才耳，但恨学问不博，语议之间，有所不及耳。孤意犹谓未耳。卿博学洽闻，故前欲令卿一诣许，交见朝士，以折中国妄语儿。卿不愿行，便使子纲；恐子纲不能结儿辈舌也。"翻曰："翻是明府家宝，而以示人，人倘留之，则去明府良佐，故前不行耳。"策笑曰："然。"因曰：

"孤有征讨事，未得还府，卿复以功曹为吾萧何，守会稽耳。"后三日，便遣翻还郡。

臣松之以为王、华二公于扰攘之时，抗猛锐之锋，俱非所能。歆之名德，实高于朗，而江表传述翻说华，云"海内名声，孰与于王"，此言非也。然王公拒战，华逆请服，实由孙策初起，名微众寡，故王能举兵，岂武胜战？策后威力转盛，势不可敌，华量力而止，非必用仲翔之说也。若使易地而居，亦华战王服耳。

按吴历载翻谓歆曰："窃闻明府与王府君齐名中州，海内所宗，虽在东垂，常怀瞻仰。"歆答曰："孤不如王会稽。"翻复问："不审豫章精兵，何如会稽？"对曰："大不如也。"翻曰："明府言不如王会稽，谦光之谭耳；精兵不如会稽，实如尊教。"因述孙策才略殊异，用兵之奇，歆乃答云当去。翻出，歆遣吏迎策。二说有不同，此说为胜也。[2]

翻出为富春长。策薨，诸长吏并欲出赴丧，翻曰："恐邻县山民或有奸变，远委城郭，必致不虞。"因留制服行丧。诸县皆效之，咸以安宁。[1]后翻州举茂才，汉召为侍御史，曹公为司空辟，皆不就。[2]

①吴书曰：策薨，权统事。定武中郎将暠，策之从兄也，屯乌程，整帅吏士，欲取会稽。会稽闻之，使民守城以俟嗣主之命，因令人告谕暠。

会稽典录载翻说暠曰："讨逆明府，不竟天年。今摄事统众，宜在孝廉，翻已与一郡吏士，婴城固守，必欲出一旦之命，为孝廉除害，惟执事图之。"于是暠退。

臣松之案：此二书所说策亡之时，翻犹为功曹，与本传不同。

②吴书曰：翻闻曹公辟，曰："盗跖欲以馀财污良家邪？"遂拒不受。

翻与少府孔融书，并示以所著易注。融答书曰："闻延陵之理乐，睹吾子之治易，乃知东南之美者，非徒会稽之竹箭也。又观象云物，察应寒温，原其祸福，与神合契，可谓探赜穷通者也。"会稽东部都尉张纮又与融书曰："虞仲翔前颇为论者所侵，美宝为质，雕摩益光，不足以损。"

孙权以为骑都尉。翻数犯颜谏争,权不能悦,又性不协俗,多见谤毁,坐徙丹杨泾县。吕蒙图取关羽,称疾还建业,以翻兼知医术,请以自随,亦欲因此令翻得释也。后蒙举军西上,南郡太守麋芳开城出降。蒙未据郡城而作乐沙上,翻谓蒙曰:"今区区一心者麋将军也,城中之人岂可尽信,何不急入城持其管籥乎?"蒙即从之。时城中有伏计,赖翻谋不行。关羽既败,权使翻筮之,得兑下坎上,节,五爻变之临,翻曰:"不出二日,必当断头。"果如翻言。权曰:"卿不及伏羲,可与东方朔为比矣。"

魏将于禁为羽所获,系在城中,权至释之,请与相见。他日,权乘马出,引禁并行,翻呵禁曰:"尔降虏,何敢与吾君齐马首乎!"欲抗鞭击禁,权呵止之。后权于楼船会群臣饮,禁闻乐流涕,翻又曰:"汝欲以伪求免邪?"权怅然不平。①

① 吴书曰:后权与魏和,欲遣禁还归北,翻复谏曰:"禁败数万众,身为降虏,又不能死。北习军政,得禁必不如所规。还之虽无所损,犹为放盗,不如斩以令三军,示为人臣有二心者。"权不听。群臣送禁,翻谓禁曰:"卿勿谓吴无人,吾谋适不用耳。"禁虽为翻所恶,然犹盛叹翻,魏文帝常为翻设虚坐。

权既为吴王,欢宴之末,自起行酒,翻伏地阳醉,不持。权去,翻起坐。权于是大怒,手剑欲击之,侍坐者莫不惶遽,惟大农刘基起抱权谏曰:[3]"大王以三爵之后杀善士,[4]虽翻有罪,天下孰知之?且大王以能容贤畜众,故海内望风,今一朝弃之,可乎?"权曰:"曹孟德尚杀孔文举,孤于虞翻何有哉?"基曰:"孟德轻害士人,天下非之。大王躬行德义,欲与尧、舜比隆,何得自喻于彼乎?"翻由是得免。权因敕左右,自今酒后言杀,皆不得杀。

翻尝乘船行,与麋芳相逢,芳船上人多欲令翻自避,先驱曰:"避将军船!"翻厉声曰:"失忠与信,何以事君?倾人二城,而称将军,可乎?"芳阖户不应而遽避之。后翻乘车行,又经芳营门,吏闭门,车不得过。翻复怒曰:"当闭反开,当开反闭,岂得事宜邪?"芳闻之,有惭色。

翻性疏直,数有酒失。权与张昭论及神仙,翻指昭曰:"彼皆死人,而语神仙,世岂有仙人邪!"[5]权积怒非一,遂徙翻交州。虽处罪放,而讲学不倦,门徒常数百人。① 又为老子、论语、国语训注,皆传于世。②

①翻别传曰:权即尊号,翻因上书曰:"陛下膺明圣之德,体舜、禹之孝,历运当期,顺天济物。奉承策命,臣独抃舞。罪弃两绝,拜贺无阶,仰瞻宸极,且喜且悲。臣伏自刻省,命轻雀鼠,性辱毫厘,罪恶莫大,不容于诛,昊天罔极,全宥九载,退当念戮,频受生活,复偷视息。臣年耳顺,思咎忧愤,形容枯悴,发白齿落,虽未能死,自悼终没,不见宫阙百官之富,不睹皇舆金轩之饰,仰观巍巍众民之谣,傍听钟鼓侃然之乐,永陨海隅,弃骸绝域,不胜悲慕,逸豫大庆,悦以忘罪。"

②翻别传曰:翻初立易注,奏上曰:"臣闻六经之始,莫大阴阳,是以伏羲仰天县象,而建八卦,观变动六爻为六十四,以通神明,以类万物。臣高祖父故零陵太守光,少治孟氏易,曾祖父故平舆令成,缵述其业,至臣祖父凤为之最密。臣亡考故日南太守歆,受本于凤,最有旧书,世传其业,至臣五世。前人通讲,多玩章句,虽有秘说,于经疏阔。臣生遇世乱,长于军旅,习经于枹鼓之间,讲论于戎马之上,蒙先师之说,依经立注。又臣郡吏陈桃梦臣与道士相遇,放发被鹿裘,布易六爻,烧其三以饮臣,[6]臣乞尽吞之。道士言易道在天,三爻足矣。岂臣受命,应当知经!所览诸家解不离流俗,义有不当实,辄悉改定,以就其正。孔子曰:'乾元用九而天下治。'圣人南面,盖取诸离,斯诚天子所宜协阴阳致麟凤之道矣。谨正书副上,惟不罪戾。"翻又奏曰:"经之大者,莫过于易。自汉初以来,海内英才,其读易者,解之率少。至孝灵之际,颍川荀谞号为知易,臣得其注,有愈俗儒,至所说西南得朋,东北丧朋,颠倒反逆,了不可知。孔子叹易曰:'知变化之道者,其知神之所为乎!'以美大衍四象之作,而上为章首,尤可怪笑。又南郡太守马融,名有俊才,其所解

释，复不及谞。孔子曰'可与共学，未可与适道'，岂其然！若乃北海郑玄，南阳宋忠，虽各立注，忠小差玄而皆未得其门，难以示世。"又奏郑玄解尚书违失事目："臣闻周公制礼以辨上下，孔子曰'有君臣然后有上下，有上下然后礼义有所错'，是故尊君卑臣，礼之大司也。伏见故征士北海郑玄所注尚书，以顾命康王执瑁，古'同'似'同'，从误作'同'，既不觉定，复训为杯，谓之酒杯；成王疾病凭几，洮颒为濯，以为浣衣成事，'洮'字虚更作'濯'，以从其非；又古大篆'卯'字读当为'柳'，古'柳''卯'同字，而以为昧；'分北三苗'，'北'古'别'字，又训北，言北犹别也。若此之类，诚可怪也。玉人职曰天子执瑁以朝诸侯，谓之酒杯；天子洮颒面，谓之浣衣；古篆'卯'字，反以为昧。甚违不知盖阙之义。于此数事，误莫大焉，宜命学官定此三事。又马融训注亦以为同者大同天下，今经益'金'就作'铜'字，诂训言天子副玺，虽皆不得，犹愈于玄。然此不定，臣没之后，而奋乎百世，虽世有知者，怀谦莫或奏正。又玄所注五经，违义尤甚者百六十七事，不可不正。行乎学校，传乎将来，臣窃耻之。"翻放弃南方，云"自恨疏节，骨体不媚，犯上获罪，当长没海隅，生无可与语，死以青蝇为吊客，使天下一人知己者，足以不恨。"以典籍自慰，依易设象，以占吉凶。又以宋氏解玄颇有缪错，更为立法，并著明杨、释宋以理其滞。

臣松之案：翻云"古大篆'卯'字读当言'柳'，古'柳''卯'同字"，窃谓翻言为然。故"刘""留""聊""柳"同用此字，以从声故也，与日辰"卯"字字同音异。然汉书王莽传论卯金刀，故以为日辰之"卯"，今未能详正。然世多乱之，故翻所说云。荀谞，荀爽之别名。

初，山阴丁览，太末徐陵，或在县吏之中，或众所未识，翻一见之，便与友善，终成显名。[1]

[1]会稽典录曰：览字孝连，八岁而孤，家又单微，清身立行，用意不苟，推财从弟，以义让称。仕郡至功曹，守始平长。为人精微絜净，门无杂宾。孙权深贵待之，未及擢用，会病卒，甚见痛惜，殊其门户。览子固，字子贱，本名密，避滕密，改作固。固在襁褓中，阚泽见而异之，曰："此儿后

必致公辅。"固少丧父，独与母居，家贫守约，色养致敬，族弟孤弱，与同寒温。翻与固同僚书曰："丁子贱塞渊好德，堂构克举，野无遗薪，斯之为懿，其美优矣。令德之后，惟此君嘉耳。"历显位，孙休时固为左御史大夫，孙皓即位，迁司徒。皓悖虐，固与陆凯、孟宗同心忧国，年七十六卒。子弥，字钦远，仕晋，至梁州刺史。孙潭，光禄大夫。徐陵字元大，历三县长，所在著称，迁零陵太守。时朝廷侯以列卿之位，故翻书曰："元大受上卿之遇，叔向在晋，未若于今。"其见重如此。陵卒，僮客土田或见侵夺，骆统为陵家讼之，求与丁览、卜清等为比，权许焉。陵子平，字伯先，童龀知名，翻甚爱之，屡称叹焉。诸葛恪为丹杨太守，讨山越，以平威重思虑，可与效力，请平为丞，稍迁武昌左部督，倾心接物，士卒皆为尽力。初，平为恪从事，意甚薄，及恪辅政，待平益疏。恪被害，子建亡走，为平部曲所得，平使遣去，别为佗军所获。平两妇归宗，敬奉情过乎厚。其行义敦笃，皆此类也。

在南十馀年，年七十卒。① 归葬旧墓，妻子得还。②

①吴书曰：翻虽在徙弃，心不忘国，常忧五谿宜讨，以辽东海绝，听人使来属，尚不足取，今去人财以求马，既非国利，又恐无获。欲谏不敢，作表以示吕岱，岱不报，为爱憎所白，复徙苍梧猛陵。

江表传曰：后权遣将士至辽东，于海中遭风，多所没失，权悔之，乃令曰："昔赵简子称诸君之唯唯，不如周舍之谔谔。虞翻亮直，善于尽言，国之周舍也。前使翻在此，此役不成。"促下问交州，翻若尚存者，给其人船，发遣还都；若以亡者，送丧还本郡，使儿子仕宦。会翻已终。

②会稽典录曰：孙亮时，有山阴朱育，少好奇字，凡所特达，依体象类，造作异字千名以上。仕郡门下书佐。太守濮阳兴正旦宴见掾吏，言次，问："太守昔闻朱颍川问士于郑召公，韩吴郡问士于刘圣博，王景兴问士于虞仲翔，尝见郑、刘二答而未睹仲翔对也。钦闻国贤，思睹盛美有日矣，书佐宁识之乎？"育对曰："往过习之。昔初平末年，王府君以渊妙之才，超迁临郡，思贤嘉善，乐采名俊，问功曹虞翻曰：'闻玉出昆山，珠生南海，远方异域，各生珍宝。且曾闻士人叹美贵邦，旧多英俊，徒以远于京畿，含香未越耳。功曹雅好博古，宁识其人邪？'翻对曰：'夫会稽上

应牵牛之宿，下当少阳之位，东渐巨海，西通五湖，南畅无垠，北渚浙江，南山攸居，实为州镇，昔禹会群臣，因以命之。山有金木鸟兽之殷，水有鱼盐珠蚌之饶，海岳精液，善生俊异，是以忠臣继踵，孝子连闾，下及贤女，靡不育焉。'王府君笑曰：'地势然矣，士女之名可悉闻乎？'翻对曰：'不敢及远，略言其近者耳。往者孝子句章董黯，尽心色养，丧致其哀，单身林野，鸟兽归怀，怨亲之辱，白日报仇，海内闻名，昭然光著。太中大夫山阴陈嚣，渔则化盗，居则让邻，感侵退藩，遂成义里，摄养车姬，行足厉俗，自扬子云等上书荐之，粲然传世。太尉山阴郑公，清亮质直，不畏强御。鲁相山阴锺离意，禀殊特之姿，孝家忠朝，宰县相国，所在遗惠，故取养有君子之誉，鲁国有丹书之信。及陈宫、费齐皆上契天心，功德治状，记在汉籍。有道山阴赵晔，征士上虞王充，各洪才渊懿，学究道源，著书垂藻，骆驿百篇，释经传之宿疑，解当世之槃结，或上穷阴阳之奥秘，下摅人情之归极。交阯刺史上虞綦毋俊，拔济一郡，让爵土之封。决曹掾上虞孟英，三世死义。主簿句章梁宏，功曹史馀姚驷勋，主簿句章郑云，皆敦终始之义，引罪免居。门下督盗贼馀姚伍隆，鄾莫候反。主簿任光，章安小吏黄他，身当白刃，济君于难。扬州从事句章王脩，委身授命，垂声来世。河内太守上虞魏少英，遭世屯塞，忘家忧国，列在八俊，为世英彦。尚书乌伤杨乔，桓帝妻以公主，辞疾不纳。近故太尉上虞朱公，天姿聪亮，钦明神武，策无失谟，征无遗虑，是以天下义兵，思以为首。上虞女子曹娥，父溺江流，投水而死，立石碑纪，炳然著显。'王府君曰：'是既然矣，颍川有巢、许之逸轨，吴有太伯之三让，贵郡虽士人纷纭，于此足矣。'翻对曰：'故先言其近者耳，若乃引上世之事，及抗节之士，亦有其人。昔越王翳让位，逃于巫山之穴，越人薰而出之，斯非太伯之俦邪？且太伯外来之君，非其地人也。若以外来言之，则大禹亦巡于此而葬之矣。鄞大里黄公，絜己暴秦之世，高祖即阼，不能一致，惠帝恭让，出则济难。征士馀姚严遵，王莽数聘，抗节不行，光武中兴，然后俯就，矫手不拜，志陵云日。皆著于传籍，较然彰明，岂如巢、许，流俗遗谭，不见经传者哉？'王府君笑曰：'善哉话言也！贤矣，非君不著。太守未之前闻也。'"濮阳府君曰："御史所云，既闻其人，亚斯已下，书佐宁识之乎？"育曰："瞻仰景行，敢不识之？近者太守上虞陈业，絜身清行，志怀霜雪，贞亮之信，同操柳下，遭汉中微，委官弃禄，遁迹黟歙，以求其志，高邈妙踪，天下所闻，故桓文林遗之尺牍之书，[7]比竟三高。其聪明大略，忠直謇谔，则侍御史馀姚虞翻、偏将军乌伤骆统。其渊懿纯德，则太子少傅山阴阚泽，学通行茂，作帝师儒。其雄姿武毅，立功当世，则后将军贺齐，勋成绩著。其探极秘术，言合神明，则太史令上虞吴范。其文章之士，立言粲盛，则御史中丞句章任奕，鄱阳太守章安虞翔，各驰文檄，晔若春荣。处士鄮卢叙，[8]弟犯公宪，自杀乞代。吴宁斯敦、山阴祁庚、上虞樊正，咸代父死罪。其女则松阳柳朱、永宁瞿素，[9]或一醮守节，丧身不顾，或遭寇劫贼，死不亏行。皆近世之事，尚在耳目。"府君曰："皆海内之英也。吾闻秦始皇二十五年，以吴越地为会稽郡，治吴。汉封诸侯王，以何年复为郡，而分治于此？"育对曰："刘贾为荆王，贾为英布所杀，又以刘濞为吴王。景帝四年，濞反诛，乃复为郡，治于吴。元鼎五年，除东越，因以其地为治，并属于此，而立东部都尉，后徙章安。阳朔元年，又徙治鄞，或有寇害，复徙句章。到永建四年，刘府君上书，浙江之北，以为吴郡，会稽还治山阴。自永建四年岁在己巳，以至今年，积百二十九岁。"府君称善。是岁，吴之太平三年，岁在丁丑。育后仕朝，常在台阁，为东观令，遥拜清河太守，加位侍中，推刺占射，文艺多通。

翻有十一子，第四子氾最知名，永安初，从选曹郎为散骑中常侍，后为监军使者，讨扶严，病卒。① 氾弟忠，宜都太守；② 耸，越骑校尉，累迁廷尉，湘东、河间太守；③ 昺，廷尉尚书，济阴太守。④

① 会稽典录曰：氾字世洪，生南海，年十六，父卒，还乡里。孙𬘬废幼主，迎立琅邪王休。休未至，𬘬欲入宫，图为不轨，召百官会议，皆惶怖失色，徒唯唯而已。氾对曰："明公为国伊周，处将相之位，擅废立之威，将上安宗庙，下惠百姓，大小踊跃，自以伊霍复见。今迎王未至，而欲入宫，如是，群下摇荡，众听疑惑，非所以永终忠孝，扬名后世也。"𬘬不怿，竟立休。休初即位，氾与贺邵、王蕃、薛莹俱为散骑中常侍。以讨扶严功拜

交州刺史、冠军将军、馀姚侯,寻卒。

②会稽典录曰:忠字世方,翻第五子。贞固干事,好识人物,造吴郡陆机于童龀之年,称上虞魏迁于无名之初,终皆远致,为著闻之士。交同县王岐于孤宦之族,仕进先至宜都太守,忠乃代之。晋征吴,忠与夷道监陆晏、晏弟中夏督景坚守不下,城溃被害。忠子谭,字思奥。

晋阳秋称谭清贞有检操,外如退弱,内坚正有胆干。仕晋,历位内外,终于卫将军,追赠侍中左光禄大夫,开府仪同三司。

③会稽典录曰:耸字世龙,翻第六子也。清虚无欲,进退以礼,在吴历清官,入晋,除河间相,王素闻耸名,厚敬礼之。耸抽引人物,务在幽隐孤陋之中。时王岐难耸,以高士所达,必合秀异,耸书与族子察曰:“世之取士,曾不招未齿于丘园,索良才于总猥,所誉依已成,所毁依已败,此吾所以叹息也。”耸疾俗丧祭无度,弟晷卒,祭以少牢,酒饭而已,当时族党并遵行之。

④会稽典录曰:晷字世文,翻第八子也。少有偲傥之志,仕吴黄门郎,以捷对见异,超拜尚书侍中。晋军来伐,遣晷持节都督武昌已上诸军事,晷先上还节盖印绶,然后归顺。在济阴,抑强扶弱,甚著威风。


陆绩字公纪,吴郡吴人也。父康,汉末为庐江太守。① 绩年六岁,于九江见袁术。术出橘,绩怀三枚,去,拜辞堕地,术谓曰:“陆郎作宾客而怀橘乎?”绩跪答曰:“欲归遗母。”术大奇之。孙策在吴,张昭、张纮、秦松为上宾,共论四海未泰,须当用武治而平之,绩年少末坐,遥大声言曰:“昔管夷吾相齐桓公,九合诸侯,一匡天下,不用兵车。孔子曰:‘远人不服,则修文德以来之。’今论者不务道德怀取之术,而惟尚武,绩虽童蒙,窃所未安也。”昭等异焉。

①谢承后汉书曰:康字季宁,少悙孝悌,勤修操行,太守李肃察孝廉。肃后坐事伏法,康敛尸送丧还颍川,行服,礼终,举茂才,历三郡太守,所在称治,后拜庐江太守。

绩容貌雄壮,博学多识,星历算数无不该览。虞翻旧齿名盛,庞统荆州令士,年亦差长,皆与绩友善。孙权统事,辟为奏曹掾,以直道见惮,出为郁林太守,加偏将军,给兵二千人。绩既有躄疾,又意存儒雅,[10]非其志也。虽有军事,著述不废,作浑天图,注易释玄,皆传于世。豫自知亡日,乃为辞曰:"有汉志士吴郡陆绩,幼敦诗、书,长玩礼、易,受命南征,遘疾逼厄,[11]遭命不永,[12]呜呼悲隔!"又曰:"从今已去,六十年之外,车同轨,书同文,恨不及见也。"年三十二卒。长子宏,会稽南部都尉,次子睿,长水校尉。①

① 绩于郁林所生女,名曰郁生,适张温弟白。姚信集有表称之曰:"臣闻唐、虞之政,举善而教,旌德擢异,三王所先,是以忠臣烈士,显名国朝,淑妇贞女,表迹家闾。盖所以阐崇化业,广殖清风,使苟有令性,幽明俱著,苟怀懿姿,士女同荣。故王蠋建寒松之节而齐王表其里,义姑立殊绝之操而鲁侯高其门。臣窃见故郁林太守陆绩女子郁生,少履贞特之行,幼立匪石之节,年始十三,适同郡张白。侍庙三月,妇礼未卒,白遭罹家祸,迁死异郡。郁生抗声昭节,义形于色,冠盖交横,誓而不许,奉白姊妹荃巇之中,蹈履水火,志怀霜雪,义心固于金石,体信贯于神明,送终以礼,邦士慕则。臣闻昭德以行,显行以爵,苟非名爵,则劝善不严,故士之有谏,鲁人志其勇,杞妇见书,齐人哀其哭。乞蒙圣朝,斟酌前训,上开天聪,下垂坤厚,褒郁生以义姑之号,以厉两髦之节,则皇风穆畅,士女改视矣。"

张温字惠恕,吴郡吴人也。父允,以轻财重士,名显州郡,为孙权东曹掾,卒。温少修节操,容貌奇伟。权闻之,以问公卿曰:"温当今与谁为比?"大农刘基曰:[13]"可与全琮为辈。"太常顾雍曰:"基未详其为人也。温当今无辈。"权曰:"如是,张允不死也。"征到延见,文辞占对,观者倾竦,权改容加礼。罢出,张昭执其手曰:"老夫托意,君宜明之。"拜议郎、选曹尚书,徙太子太傅,甚见信重。

时年三十二,以辅义中郎将使蜀。权谓温曰:"卿不宜远出,恐诸葛孔明不知吾所以与曹氏通意,故屈卿行。〔14〕若山越都除,便欲大构于丕。〔15〕行人之义,受命不受辞也。"温对曰:"臣入无腹心之规,出无专对之用,惧无张老延誉之功,又无子产陈事之效。然诸葛亮达见计数,必知神虑屈申之宜,加受朝廷天覆之惠,推亮之心,必无疑贰。"温至蜀,诣阙拜章曰:"昔高宗以谅闇昌殷祚于再兴,成王以幼冲隆周德于太平,功冒溥天,声贯罔极。今陛下以聪明之姿,等契往古,总百揆于良佐,参列精之炳燿,遐迩望风,莫不欣赖。吴国勤任旅力,清澄江浒,愿与有道平一宇内,委心协规,有如河水,军事凶烦,〔16〕使役乏少,是以忍鄙倍之羞,使下臣温通致情好。陛下敦崇礼义,未便耻忽。臣自远境,〔17〕及即近郊,频蒙劳来,恩诏辄加,以荣自惧,悚怛若惊。谨奉所赍函书一封。"蜀甚贵其才。还,顷之,使入豫章部伍出兵,事业未究。

权既阴衔温称美蜀政,又嫌其声名大盛,众庶炫惑,恐终不为己用,思有以中伤之,会暨艳事起,遂因此发举。艳字子休,亦吴郡人也。温引致之,以为选曹郎,至尚书。艳性狷厉,好为清议,见时郎署混浊淆杂,多非其人,欲臧否区别,贤愚异贯。弹射百僚,核选三署,率皆贬高就下,降损数等,其守故者十未能一,其居位贪鄙,志节污卑者,皆以为军吏,置营府以处之。而怨愤之声积,浸润之谮行矣。竞言艳及选曹郎徐彪,①专用私情,爱憎不由公理。艳、彪皆坐自杀。温宿与艳、彪同意,数交书疏,闻问往还,即罪温。权幽之有司,下令曰:"昔令召张温,虚己待之,既至显授,有过旧臣,何图凶丑,专挟异心。昔暨艳父兄,附于恶逆,寡人无忌,故进而任之,欲观艳何如。察其中间,形态果见。而温与之结连死生,艳所进退,皆温所为头角,更相表里,共为腹背,非温之党,即就疵瑕,为之生论。又前任温董督三郡,指挟吏客及残馀兵,时恐有事,欲令速归,故授棨戟,奖以威柄。乃便到豫章,表讨宿恶,寡人信受其言,特以绕帐、帐下、解烦兵五千人付之。后闻曹丕自出淮、泗,故豫敕温有急便出,而温悉内诸将,布于深山,被命不至。赖丕自退,不然,已往岂可深计。又殷礼者,本占候召,而温先后乞将到蜀,扇扬异国,为之谭论。又礼之还,当亲本职,而令守尚书户曹郎,如此署置,在温而已。又温语贾原,当荐卿作御史,语蒋康,当用卿代贾原,专炫贾国恩,为己形势。揆其奸心,无所不为。不忍暴于市朝,今斥还本郡,以给厮吏。呜呼温也,免罪为幸!"

①吴录曰:彪字仲虞,广陵人也。

将军骆统表理温曰:"伏惟殿下,天生明德,神启圣心,招髦秀于四方,置俊乂于宫朝。多士既受普笃之恩,张温又蒙最隆之施。而温自招罪谴,孤负荣遇,念其如此,诚可悲疚。然臣周旋之间,为国观听,深知其状,故密陈其理。温实心无他情,事无逆迹,但年纪尚少,镇重尚浅,而戴赫烈之宠,体卓伟之才,亢臧否之谭,效褒贬之议。于是务势者妒其宠,争名者嫉其才,玄默者非其谭,瑕衅者讳其议,此臣下所当详辨,明朝所当究察也。昔贾谊,至忠之臣也,汉文,大明之君也,然而绛、灌一言,贾谊远退。何者?疾之者深,潜之者巧也。然而误闻于天下,失彰于后世,故孔子曰'为君难,为臣不易'也。温虽智非从横,武非虓虎,然其弘雅之素,英秀之德,文章之采,论议之辨,卓跞冠群,炜晔曜世,世人未有及之者也。故论温才即可惜,言罪则可恕。若忍威烈之赦盛德,宥贤才以敦大业,固明朝之休光,四方之丽观也。国家之于暨艳,不内之忌族,犹等之平民,是故先见用于朱治,次见举于众人,中见任于明朝,亦见交于温也。君臣之义,义之最重,朋友之交,交之最轻者也。国家不嫌于艳为最重之义,是以温亦不嫌与艳为最轻之交也。时世宠之于上,温窃亲之于下也。夫宿恶之民,放逸山险,则为劲寇,将置平

1111

土，则为健兵，故温念在欲取宿恶，以除劲寇之害，而增健兵之锐也。但自错落，功不副言。然计其送兵，以比许晏，数之多少，温不减之，用之强羸，温不下之，至于迟速，温不后之，故得及秋冬之月，赴有警之期，不敢忘恩而遗力也。温之到蜀，共誉殷礼，虽臣无境外之交，亦有可原也。境外之交，谓无君命而私相从，非国事而阴相闻者也；若以命行，既修君好，因叙己情，亦使臣之道也。故孔子使邻国，则有私觌之礼；季子聘诸夏，亦有燕谭之义也。古人有言，欲知其君，观其所使，见其下之明明，知其上之赫赫。温若誉礼，能使彼叹之，诚所以昭我臣之多良，明使之得其人，显国美于异境，扬君命于他邦。是以晋赵文子之盟于宋也，称随会于屈建；楚王孙围之使于晋也，誉左史于赵鞅。亦向他国之辅，而叹本邦之臣，经传美之以光国，而不讥之以外交也。王靖内不忧时，外不趋事，温弹之不私，推之不假，于是与靖遂为大怨，此其尽节之明验也。靖兵众之势，干任之用，皆胜于贾原、蒋康，温尚不容私以安于靖，岂敢卖恩以协原、康邪？又原在职不勤，当事不堪，温数对以丑色，弹以急声；若其诚欲卖恩作乱，则亦不必贪原也。凡此数者，校之于事既不合，参之于众亦不验。臣窃念人君虽有圣哲之姿，非常之智，然以一人之身，御兆民之众，从层宫之内，瞰四国之外，照群下之情，求万机之理，犹未易周也，固当听察群下之言，以广聪明之烈。今者人非温既殷勤，臣是温又契阔，辞则俱巧，意则俱至，各自言欲为国，谁其言欲为私，仓卒之间，犹难即别。然以殿下之聪睿，察讲论之曲直，若潜神留思，纤粗研核，情何嫌而不宣，事何昧而不昭哉？温非亲臣，臣非爱温者也。昔之君子，皆抑私忿，以增君明。彼独行之于前，臣耻废之于后，故遂发宿怀于今日，纳愚言于圣听，实尽心于明朝，非有念于温身也。”权终不纳。

后六年，温病卒。二弟祗、白，亦有才名，与温俱废。[1]

①会稽典录曰：徐姚虞俊叹曰："张惠恕才多智少，华而不实，怨之所聚，有覆家之祸，吾见其兆矣。"诸葛亮闻俊忧温，意未之信，及温放黜，亮乃叹俊之有先见。亮初闻温败，未知其故，思之数日，曰："吾已得之矣，其人于清浊太明，善恶太分。"

臣松之以为庄周云"名者公器也，不可以多取"，张温之废，岂其取名之多乎！多之为弊，古贤既知之矣。是以远见之士，退藏于密，不使名浮于德，不以华伤其实，既不能被褐怀宝，挫廉逃誉，使才映一世，声盖人上，冲用之道，庸可暂替！温则反之，能无败乎？权既疾温名盛，而骆统方骤言其美，至云"卓跞冠群，炜晔曜世，世人未有及之者也"。斯何异燎之方盛，又执膏以炽之哉！

文士传曰：温姊妹三人皆有节行，为温事，已嫁者皆见录夺。其中妹先适顾承，官以许嫁丁氏，成婚有日，遂饮药而死。吴朝嘉叹，乡人图画，为之赞颂云。

骆统字公绪，会稽乌伤人也。父俊，官至陈相，为袁术所害。①统母改适，为华歆小妻，统时八岁，遂与亲客归会稽。其母送之，拜辞上车，面而不顾，其母泣涕于后。御者曰："夫人犹在也。"统曰："不欲增母思，故不顾耳。"事适母甚谨。时饥荒，乡里及远方客多有困乏，统为之饮食衰少。其姊仁爱有行，寡归无子，见统甚哀之，数问其故。统曰："士大夫糟糠不足，我何心独饱！"姊曰："诚如是，何不告我，而自苦若此？"乃自以私粟与统，又以告母，母亦贤之，遂使分施，由是显名。

①谢承后汉书曰：俊字孝远，有文武才干，少为郡吏，察孝廉，补尚书郎，擢拜陈相。值袁术僭号，兄弟忿争，天下鼎沸，群贼并起。陈与比界，奸愿四布，俊厉威武，保疆境，贼不敢犯。养济百姓，灾害不生，岁获丰稔。后术军众饥困，就俊求粮。俊疾恶术，初不应答。术怒，密使人杀俊。

孙权以将军领会稽太守，统年二十，试为乌程相，民户过万，咸叹其惠理。权嘉之，召为功曹，行骑都尉，妻以从兄辅女。统志在补察，苟所闻见，夕不待旦。常劝权以尊贤接士，勤求损益，飨赐之日，可人人别进，问其燥湿，加以密意，诱谕使言，察其志趣，令皆感恩戴义，怀欲报之心。权纳用焉。出为建忠中郎将，领武射吏三千人。及凌统死，复领其兵。

是时征役繁数，重以疫疠，民户损耗，统上疏曰："臣闻君国者，以据疆土为强富，制威福为尊贵，曜德义为荣显，永世胤为丰祚。然财须民生，强赖民力，威恃民势，福由民殖，德俟民茂，义以民行，六者既备，然后应天受祚，保族宜邦。书曰：'众非后无能胥以宁，后非众无以辟四方。'推是言之，则民以君安，君以民济，不易之道也。今强敌未殄，海内未乂，三军有无已之役，江境有不释之备，征赋调数，由来积纪，加以殃疫死丧之灾，郡县荒虚，田畴芜旷，听闻属城，民户浸寡，又多残老，少有丁夫，闻此之日，心若焚燎。思寻所由，小民无知，既有安土重迁之性，且又前后出为兵者，生则困苦无有温饱，死则委弃骸骨不反，是以尤用恋本畏远，同之于死。每有征发，羸谨居家重累者先见输送。小有财货，倾居行赂，不顾穷尽。轻剽者则迸入险阻，党就群恶。百姓虚竭，嗷然愁扰，愁扰则不营业，不营业则致穷困，致穷困则不乐生，故口腹急，则奸心动而携叛多也。又闻民间，非居处小能自供，生产儿子，多不起养；屯田贫兵，亦多弃子。天则生之，而父母杀之，既惧干逆和气，感动阴阳。且惟殿下开基建国，乃无穷之业也，强邻大敌非造次所灭，疆埸常守非期月之戍，而兵民减耗，后生不育，非所以历远年，致成功也。夫国之有民，犹水之有舟，停则以安，扰则以危，愚而不可欺，弱而不可胜，是以圣王重焉，祸福由之，故与民消息，观时制政。方今长吏亲民之职，惟以办具为能，取过目前之急，少复以恩惠为治，副称殿下天覆之仁，勤恤之德者。官民政俗，日以凋弊，渐以陵迟，势不可久。夫治疾及其未笃，除患贵其未深，愿殿下少以万机馀闲，留神思省，补复荒虚，深图远计，育残馀之民，阜人财之用，参曜三光，等崇天地。臣统之大愿，足以死而不朽矣。"权感统言，深加意焉。

以随陆逊破蜀军于宜都，迁偏将军。黄武初，曹仁攻濡须，使别将常雕等袭中洲，统与严圭共拒破之，封新阳亭侯，后为濡须督。数陈便宜，前后书数十上，所言皆善，文多故不悉载。尤以占募在民间长恶败俗，生离叛之心，急宜绝置，权与相反覆，终遂行之。年三十六，黄武七年卒。

陆瑁字子璋，丞相逊弟也。少好学笃义。陈国陈融、陈留濮阳逸、沛郡蒋纂、广陵袁迪等，皆单贫有志，就瑁游处，①瑁割少分甘，与同丰约。及同郡徐原，爱居会稽，素不相识，临死遗书，托以孤弱，瑁为起立坟墓，收导其子。又瑁从父绩早亡，二男一女，皆数岁以还，瑁迎摄养，至长乃别。州郡辟举，皆不就。

①迪孙晔，字思光，作献帝春秋，云迪与张纮等俱过江，迪父绥为太傅掾，张超之讨董卓，以绥领广陵事。

时尚书暨艳盛明臧否，差断三署，颇扬人暗昧之失，以显其谪。瑁与书曰："夫圣人嘉善矜愚，忘过记功，以成美化。加今王业始建，将一大统，此乃汉高弃瑕录用之时也，若令善恶异流，贵汝颍月旦之评，诚可以厉俗明教，然恐未易行也。宜远模仲尼之泛爱，中则郭泰之弘济，近有益于大道也。"艳不能行，卒以致败。

嘉禾元年，公车征瑁，拜议郎、选曹尚书。孙权忿公孙渊之巧诈反覆，欲亲征之，瑁上疏谏曰："臣闻圣王之御远夷，羁縻而已，不常保有，故古者制地，谓之荒服，言慌惚无常，不可保也。今渊东夷小丑，屏在海隅，虽托人面，与禽兽无异。国家所为不爱货宝远以加之者,非嘉其德义也,诚欲诱纳愚弄,以规其马耳。渊之骄黠,恃远负命,此乃荒貊常态,岂足深怪?昔汉诸帝亦尝锐意以事外夷,驰使散货,充满西域,虽时有恭从,然其使人见害,财货并没,不可胜数。今陛下不忍悁悁之忿,欲越巨海,身践其土,群臣愚议,窃谓不安。何者?北寇与国,壤地连接,苟有间隙,应机而至。夫所以越海求马,曲意于渊者,为赴目前之急,除腹心之疾也,而更弃本追末,捐近治远,忿以改规,激以动众,斯乃猾虏所愿闻,非大吴之至计也。又兵家之术,以功役相疲,劳逸相待,得失之间,所觉辄多。且沓渚去渊,道里尚远,今到其岸,兵势三分,使强者进取,次当守船,又次运粮,行人虽多,难得悉用;加以单步负粮,经远深入,贼地多马,邀截无常。若渊狙诈,与北未绝,动众之日,唇齿相济。若实子然无所凭赖,其畏怖远进,或难卒灭。使天诛稽于朔野,山虏承间而起,恐非万安之长虑也。"权未许。

瑁重上疏曰:"夫兵革者,固前代所以诛暴乱,威四夷也,然其役皆在奸雄已除,天下无事,从容庙堂之上,以馀议议之耳。至于中夏鼎沸,九域槃互之时,率须深根固本,爱力惜费,务自休养,以待邻敌之阙,未有正于此时,舍近治远,以疲军旅者也。昔尉佗叛逆,僭号称帝,于时天下乂安,百姓殷阜,带甲之数,粮食之积,可谓多矣,然汉文犹以远征不易,重兴师旅,告喻而已。今凶桀未珍,疆场犹警,虽蚩尤、鬼方之乱,故当以缓急差之,未宜以渊为先。愿陛下抑威任计,暂宁六师,潜神嘿规,以为后图,天下幸甚。"权再览瑁书,嘉其词理端切,遂不行。

初,瑁同郡闻人敏见待国邑,优于宗脩,惟瑁以为不然,后果如其言。

赤乌二年,瑁卒。子喜亦涉文籍,好人伦,孙晧时为选曹尚书。①

①吴录曰:喜字文仲,瑁第二子也,入晋为散骑常侍。瑁孙晔,字士光,至

车骑将军、仪同三司。晔弟玩,字士瑶。晋阳秋称玩器量淹雅,位至司空,追赠太尉。


吾粲字孔休,吴郡乌程人也。①孙河为县长,粲为小吏,河深奇之。河后为将军,得自选长吏,表粲为曲阿丞,迁为长史,治有名迹。虽起孤微,与同郡陆逊、卜静等比肩齐声矣。孙权为车骑将军,召为主簿,出为山阴令,还为参军校尉。

①吴录曰:粲生数岁,孤城妪见之,谓其母曰:"是儿有卿相之骨。"

黄武元年,与吕范、贺齐等俱以舟师拒魏将曹休于洞口。值天大风,诸船绠缒断绝,漂没著岸,为魏军所获,或覆没沈溺,其大船尚存者,水中生人皆攀缘号呼,他吏士恐船倾没,皆以戈矛撞击不受。粲与黄渊独令船人以承取之,左右以为船重必败,粲曰:"船败,当俱死耳! 人穷,奈何弃之。"粲、渊所活者百馀人。

还,迁会稽太守,召处士谢谭为功曹,谭以疾不诣,粲教曰:"夫应龙以屈伸为神,凤皇以嘉鸣为贵,何必隐形于天外,潜鳞于重渊者哉?"粲募合人众,拜昭义中郎将,与吕岱讨平山越,入为屯骑校尉、少府,迁太子太傅。遭二宫之变,抗言执正,明嫡庶之分,欲使鲁王霸出驻夏口,遣杨竺不得令在都邑。又数以消息语陆逊,逊时驻武昌,连表谏争。由此为霸、竺等所谮害,下狱诛。


朱据字子范,吴郡吴人也。有姿貌膂力,又能论难。黄武初,征拜五官郎中,补侍御史。是时选曹尚书暨艳,疾贪污在位,欲沙汰之。据以为天下未定,宜以功覆过,弃瑕取用,举清厉浊,足以沮劝,若一时贬黜,惧有后咎。艳不听,卒败。

权咨嗟将率,发愤叹息,追思吕蒙、张温,以为据才兼文武,可以继之,由是拜建义校尉,领兵屯湖孰。黄龙元年,权迁都建业,征据尚公主,拜左将军,封云阳侯。谦虚接士,轻财好施,禄赐虽丰而常不足用。嘉禾中,始铸大钱,一当五百。后据部曲应受三万缗,工王遂诈而受之,典校吕壹疑据实取,考问主者,死于杖下,据哀其无辜,厚棺敛之。壹又表据吏为据隐,故厚其瘱。权数责问据,据无以自明,藉草待罪。数月,典军吏刘助觉,言王遂所取,权大感寤,曰:"朱据见枉,况吏民乎?"乃穷治壹罪,赏助百万。

赤乌九年,迁骠骑将军。遭二宫构争,据拥护太子,言则恳至,义形于色,守之以死,① 遂左迁新都郡丞。未到,中书令孙弘谮润据,因权寝疾,弘为诏书追赐死,时年五十七。孙亮时,二子熊、损各复领兵,为全公主所谮,皆死。永安中,追录前功,以熊子宣袭爵云阳侯,尚公主。孙晧时,宣至骠骑将军。

①殷基通语载据争曰:"臣闻太子国之本根,雅性仁孝,天下归心,今卒责之,将有一朝之虑。昔晋献用骊姬而申生不存,汉武信江充而戾太子冤死。臣窃惧太子不堪其忧,虽立思子之宫,无所复及矣。"

评曰:虞翻古之狂直,固难免乎末世,然权不能容,非旷宇也。陆绩之于扬玄,是仲尼之左丘明,老聃之严周矣;以瑚琏之器,而作守南越,不亦贼夫人欤! 张温才藻俊茂,而智防未备,用致艰患。骆统抗明大义,辞切理至,值权方闭不开。陆瑁笃义规谏,君子有称焉。吾粲、朱据遭罹屯蹇,以正丧身,悲夫!

【校勘记】

〔1〕请被襦葛巾与歆相见　歆,原作"敌",据杨通说改。

〔2〕翻出歆遣吏迎策二说有不同此说为胜也　"此说为胜也"五字原在"翻"上,陈乃乾先生据文意改。

〔3〕惟大农刘基起抱权谏曰　大下原衍"司"字,据古写本删。

〔4〕大王以三爵之后杀善士　后下原衍"手"字,据古写本删。

〔5〕世岂有仙人邪　邪,原作"也",据古写本改。

〔6〕烧其三以饮臣　烧,原作"挠",据太平御览卷三九九改。

〔7〕故桓文林遗之尺牍之书　原脱"林"字,据三国志补注续补。

〔8〕处士贸卢叙　贸,原作"邓",据三国志辨误卷下改。

〔9〕永宁翟素　翟,原作"瞿",据李慈铭校本改。

〔10〕又意存儒雅　存,原作"在",据古写本改。

〔11〕遘疾逼厄　逼,原作"遇",据古写本改。

〔12〕遭命不永　永,原作"幸",据古写本改。

〔13〕大农刘基曰　大下原衍"司"字,据古写本删。

〔14〕故屈卿行　故上原衍"以"字,据古写本删。

〔15〕便欲大构於丕　丕,原作"蜀",据古写本改。

〔16〕军事凶烦　凶,原作"兴",据古写本改。

〔17〕臣自远境　自下原衍"入"字,据古写本删。

# 三国志卷五十八　吴书十三

## 陆逊传第十三

陆逊字伯言，吴郡吴人也。本名议，世江东大族。[1]逊少孤，随从祖庐江太守康在官。袁术与康有隙，将攻康，康遣逊及亲戚还吴。逊年长于康子绩数岁，为之纲纪门户。

> [1]陆氏世颂曰：逊祖纡，字叔盘，敏淑有思学，守城门校尉。父骏，字季才，淳懿信厚，为邦族所怀，官至九江都尉。

孙权为将军，逊年二十一，始仕幕府，历东西曹令史，出为海昌屯田都尉，并领县事。[1]县连年亢旱，逊开仓谷以振贫民，劝督农桑，百姓蒙赖。时吴、会稽、丹杨多有伏匿，逊陈便宜，乞与募焉。会稽山贼大帅潘临，旧为所在毒害，历年不禽。逊以手下召兵，讨治深险，所向皆服，部曲已有二千馀人。鄱阳贼帅尤突作乱，复往讨之，拜定威校尉，军屯利浦。

> [1]陆氏祠堂像赞曰：海昌，今盐官县也。

权以兄策女配逊，数访世务，逊建议曰："方今英雄棋跱，豺狼窥望，克敌宁乱，非众不济。而山寇旧恶，依阻深地。夫腹心未平，

1121

难以图远，可大部伍，取其精锐。"权纳其策，以为帐下右部督。会丹杨贼帅费栈受曹公印绶，扇动山越，为作内应，权遣逊讨栈。栈支党多而往兵少，逊乃益施牙幢，分布鼓角，夜潜山谷间，鼓噪而前，应时破散。遂部伍东三郡，强者为兵，羸者补户，得精卒数万人，宿恶荡除，所过肃清，还屯芜湖。

会稽太守淳于式表逊枉取民人，愁扰所在。逊后诣都，言次，称式佳吏，权曰："式白君而君荐之，何也？"逊对曰："式意欲养民，是以白逊。若逊复毁式以乱圣听，不可长也。"权曰："此诚长者之事，顾人不能为耳。"

吕蒙称疾诣建业，逊往见之，谓曰："关羽接境，如何远下，后不当可忧也？"蒙曰："诚如来言，然我病笃。"逊曰："羽矜其骁气，陵轹于人。始有大功，意骄志逸，但务北进，未嫌于我，有相闻病，必益无备。今出其不意，自可禽制。下见至尊，宜好为计。"蒙曰："羽素勇猛，既难为敌，且已据荆州，恩信大行，兼始有功，胆势益盛，未易图也。"蒙至都，权问："谁可代卿者？"蒙对曰："陆逊意思深长，才堪负重，观其规虑，终可大任。而未有远名，非羽所忌，无复是过。若用之，当令外自韬隐，内察形便，然后可克。"权乃召逊，拜偏将军右部督代蒙。

逊至陆口，书与羽曰："前承观衅而动，以律行师，小举大克，一何巍巍！敌国败绩，利在同盟，闻庆拊节，想遂席卷，共奖王纲。近以不敏，受任来西，延慕光尘，思禀良规。"又曰："于禁等见获，遐迩欣叹，以为将军之勋足以长世，虽昔晋文城濮之师，淮阴拔赵之略，蔑以尚兹。闻徐晃等少骑驻旌，窥望麾葆。操猾虏也，忿不思难，恐潜增众，以逞其心。虽云师老，犹有骁悍。且战捷之后，常苦轻敌，古人杖术，军胜弥警，愿将军广为方计，以全独克。仆书生疏迟，忝所不堪，喜邻威德，乐自倾尽，虽未合策，犹可怀也。傥明注仰,有以察之。"羽览逊书,有谦下自托之意,意大安,无复所嫌。逊具启形状,陈其可禽之要。权乃潜军而上,使逊与吕蒙为前部,至即克公安、南郡。逊径进,领宜都太守,拜抚边将军,封华亭侯。备宜都太守樊友委郡走,诸城长吏及蛮夷君长皆降。逊请金银铜印,以假授初附。是岁建安二十四年十一月也。

逊遣将军李异、谢旌等将三千人,攻蜀将詹晏、陈凤。异将水军,旌将步兵,断绝险要,即破晏等,生降得凤。又攻房陵太守邓辅、南乡太守郭睦,大破之。秭归大姓文布、邓凯等合夷兵数千人,首尾西方。逊复部旌讨破布、凯。布、凯脱走,蜀以为将。逊令人诱之,布帅众还降。前后斩获招纳,凡数万计。权以逊为右护军、镇西将军,进封娄侯。[1]

①吴书曰:权嘉逊功德,欲殊显之,虽为上将军列侯,犹欲令历本州举命,乃使扬州牧吕范就辟别驾从事,举茂才。

时荆州士人新还,仕进或未得所,逊上疏曰:"昔汉高受命,招延英异,光武中兴,群俊毕至,苟可以熙隆道教者,未必远近。今荆州始定,人物未达,臣愚偻偻,乞普加覆载抽拔之恩,令并获自进,然后四海延颈,思归大化。"权敬纳其言。

黄武元年,刘备率大众来向西界,权命逊为大都督、假节,督朱然、潘璋、宋谦、韩当、徐盛、鲜于丹、孙桓等五万人拒之。备从巫峡、建平连围至夷陵界,立数十屯,以金锦爵赏诱动诸夷,使将军冯习为大督,张南为前部,辅匡、赵融、廖淳、傅肜等各为别督,先遣吴班将数千人于平地立营,欲以挑战。诸将皆欲击之,逊曰:"此必有谲,且观之。"[1]备知其计不可,乃引伏兵八千,从谷中出。逊曰:"所以不听诸君击班者,揣之必有巧故也。"逊上疏曰:"夷陵要害,国之关限,虽为易得,亦复易失。失之非徒损一郡之地,荆州可忧。今日争之，当令必谐。备干天常，不守窟穴，而敢自送。臣虽不材，凭奉威灵，以顺讨逆，破坏在近。寻备前后行军，多败少成，推此论之，不足为戚。臣初嫌之，水陆俱进，今反舍船就步，处处结营，察其布置，必无他变。伏愿至尊高枕，不以为念也。"诸将并曰："攻备当在初，今乃令入五六百里，相衔持经七八月，其诸要害皆以固守，击之必无利矣。"逊曰："备是猾虏，更尝事多，其军始集，思虑精专，未可干也。今住已久，不得我便，兵疲意沮，计不复生，掎角此寇，正在今日。"乃先攻一营，不利。诸将皆曰："空杀兵耳。"逊曰："吾已晓破之之术。"乃敕各持一把茅，以火攻拔之。一尔势成，通率诸军同时俱攻，斩张南、冯习及胡王沙摩柯等首，破其四十馀营。备将杜路、刘宁等穷逼请降。备升马鞍山，陈兵自绕。逊督促诸军四面蹙之，土崩瓦解，死者万数。备因夜遁，驿人自担，烧铙铠断后，仅得入白帝城。其舟船器械，水步军资，一时略尽，尸骸漂流，塞江而下。备大惭恚，曰："吾乃为逊所折辱，岂非天邪！"

①吴书曰：诸将并欲迎击备，逊以为不可，曰："备举军东下，锐气始盛，且乘高守险，难可卒攻，攻之纵下，犹难尽克，若有不利，损我大势，非小故也。今但且奖厉将士，广施方略，以观其变。若此间是平原旷野，当恐有颠沛交驰之忧，今缘山行军，势不得展，自当罢于木石之间，徐制其弊耳。"诸将不解，以为逊畏之，各怀愤恨。

初，孙桓别讨备前锋于夷道，为备所围，求救于逊。逊曰："未可。"诸将曰："孙安东公族，见围已困，奈何不救？"逊曰："安东得士众心，城牢粮足，无可忧也。待吾计展，欲不救安东，安东自解。"及方略大施，备果奔溃。桓后见逊曰："前实怨不见救，定至今日，乃知调度自有方耳。"

当御备时，诸将军或是孙策时旧将，或公室贵戚，各自矜恃。不相听从。逊案剑曰："刘备天下知名，曹操所惮，今在境界，此强对也。诸君并荷国恩,当相辑睦,共翦此虏,上报所受,而不相顺,非所谓也。仆虽书生,受命主上。国家所以屈诸君使相承望者,以仆有尺寸可称,能忍辱负重故也。各在其事,岂复得辞!军令有常,不可犯矣。"及至破备,计多出逊,诸将乃服。权闻之,曰:"君何以初不启诸将违节度者邪?"逊对曰:"受恩深重,任过其才。又此诸将或任腹心,或堪爪牙,或是功臣,皆国家所当与共克定大事者。臣虽驽懦,窃慕相如、寇恂相下之义,以济国事。"权大笑称善,加拜逊辅国将军,领荆州牧,即改封江陵侯。

又备既住白帝,徐盛、潘璋、宋谦等各竞表言备必可禽,乞复攻之。权以问逊,逊与朱然、骆统以为曹丕大合士众,外托助国讨备,内实有奸心,谨决计辄还。无几,魏军果出,三方受敌也。[1]

> [1]吴录曰:刘备闻魏军大出,书与逊云:"贼今已在江陵,吾将复东,将军谓其能然不?"逊答曰:"但恐军新破,创痍未复,始求通亲,且当自补,未暇穷兵耳。若不惟算,欲复以倾覆之馀,远送以来者,无所逃命。"

备寻病亡,子禅袭位,诸葛亮秉政,与权连和。时事所宜,权辄令逊语亮,并刻权印,以置逊所。权每与禅、亮书,常过示逊,轻重可否,有所不安,便令改定,以印封行之。

七年,权使鄱阳太守周鲂谲魏大司马曹休,休果举众入皖,乃召逊假黄钺,为大都督,逆休。[1]休既觉知,耻见欺诱,自恃兵马精多,遂交战。逊自为中部,令朱桓、全琮为左右翼,三道俱进,果冲休伏兵,因驱走之,追亡逐北,径至夹石,斩获万馀,牛马骡驴车乘万两,军资器械略尽。休还,疽发背死。诸军振旅过武昌,权令左右以御盖覆逊,入出殿门,凡所赐逊,皆御物上珍,于时莫与为比。遣还西陵。

> [1]陆机为逊铭曰:魏大司马曹休侵我北鄙,乃假公黄钺,统御六师及中军禁卫而摄行王事,主上执鞭,百司屈膝。吴录曰:假逊黄钺,吴王亲执鞭

以见之。

黄龙元年，拜上大将军、右都护。是岁，权东巡建业，留太子、皇子及尚书九官，征逊辅太子，并掌荆州及豫章三郡事，董督军国。时建昌侯虑于堂前作斗鸭栏，颇施小巧，逊正色曰："君侯宜勤览经典以自新益，用此何为？"虑即时毁彻之。射声校尉松于公子中最亲，戏兵不整，逊对之髡其职吏。南阳谢景善刘廙先刑后礼之论，逊呵景曰："礼之长于刑久矣，廙以细辩而诡先圣之教，皆非也。君今侍东宫，宜遵仁义以彰德音，若彼之谈，不须讲也。"

逊虽身在外，乃心于国，上疏陈时事曰："臣以为科法严峻，下犯者多。顷年以来，将吏罹罪，虽不慎可责，然天下未一，当图进取，小宜恩贷，以安下情。且世务日兴，良能为先，自非奸秽入身，[1]难忍之过，乞复显用，展其力效。此乃圣王忘过记功，以成王业。昔汉高舍陈平之愆，用其奇略，终建勋祚，功垂千载。夫峻法严刑，非帝王之隆业；有罚无恕，非怀远之弘规也。"

权欲遣偏师取夷州及朱崖，皆以谘逊，逊上疏曰："臣愚以为四海未定，当须民力，以济时务。今兵兴历年，见众损减，陛下忧劳圣虑，忘寝与食，将远规夷州，以定大事。臣反覆思惟，未见其利，万里袭取，风波难测，民易水土，必致疾疫，今驱见众，经涉不毛，欲益更损，欲利反害。又珠崖绝险，民犹禽兽，得其民不足济事，无其兵不足亏众。今江东见众，自足图事，但当畜力而后动耳。昔桓王创基，兵不一旅，而开大业。陛下承运，拓定江表。臣闻治乱讨逆，须兵为威，农桑衣食，民之本业，而干戈未戢，民有饥寒。臣愚以为宜育养士民，宽其租赋，众克在和，义以劝勇，则河渭可平，九有一统矣。"权遂征夷州，得不补失。

及公孙渊背盟，权欲往征，逊上疏曰："渊凭险恃固，拘留大使，名马不献，实可雠忿。蛮夷猾夏，未染王化，鸟窜荒裔，拒逆王师,至令陛下爰赫斯怒,欲劳万乘泛轻越海,不虑其危而涉不测。方今天下云扰,群雄虎争,英豪踊跃,张声大视。陛下以神武之姿,诞膺期运,破操乌林,败备西陵,禽羽荆州,斯三虏者当世雄杰,皆摧其锋。圣化所绥,万里草偃,方荡平华夏,总一大猷。今不忍小忿,而发雷霆之怒,违垂堂之戒,轻万乘之重,此臣之所惑也。臣闻志行万里者,不中道而辍足;图四海者,匪怀细以害大。强寇在境,荒服未庭,陛下乘桴远征,必致窥窬,戚至而忧,悔之无及。若使大事时捷,则渊不讨自服;今乃远惜辽东众之与马,奈何独欲捐江东万安之本业而不惜乎?乞息六师,以威大虏,早定中夏,垂耀将来。"权用纳焉。

嘉禾五年,权北征,使逊与诸葛瑾攻襄阳。逊遣亲人韩扁赍表奉报,还,遇敌于沔中,钞逻得扁。瑾闻之甚惧,书与逊云:"大驾已旋,贼得韩扁,具知吾阔狭。且水干,宜当急去。"逊未答,方催人种葑豆,与诸将弈棋射戏如常。瑾曰:"伯言多智略,其当有以。"自来见逊,逊曰:"贼知大驾以旋,无所复戚,得专力于吾。又已守要害之处,兵将意动,且当自定以安之,施设变术,然后出耳。今便示退,贼当谓吾怖,仍来相蹙,必败之势也。"乃密与瑾立计,令瑾督舟船,逊悉上兵马,以向襄阳城。敌素惮逊,遽还赴城。瑾便引船出,逊徐整部伍,张拓声势,步趋船,敌不敢干。军到白围,托言住猎,潜遣将军周峻、张梁等击江夏新市、安陆、石阳,石阳市盛,峻等奄至,人皆捐物入城。城门噎不得关,敌乃自斫杀己民,然后得阖。斩首获生,凡千馀人。[1] 其所生得,皆加营护,不令兵士干扰侵侮。将家属来者,使就料视。若亡其妻子者,即给衣粮,厚加慰劳,发遣令还,或有感慕相携而归者。邻境怀之,[2] 江夏功曹赵濯、弋阳备将裴生及夷王梅颐等,并帅支党来附逊。逊倾财帛,周赡经恤。

①臣松之以为逊虑孙权以退,魏得专力于己,既能张拓形势,使敌不敢

犯，方舟顺流，无复恐惕矣，何为复潜遣诸将，奄袭小县，致令市人骇奔，自相伤害？俘馘千人，未足损魏，徒使无辜之民横罹荼酷，与诸葛渭滨之师，何其殊哉！用兵之道既违，失律之凶宜应，其祚无三世，及孙而灭，岂此之馀殃哉！

②臣松之以为此无异残林覆巢而全其遗鷇，曲惠小仁，何补大虐？

又魏江夏太守逯式逯音录。兼领兵马，颇作边害，而与北旧将文聘子休宿不协。逊闻其然，即假作答式书云："得报恳恻，知与休久结嫌隙，势不两存，欲来归附，辄以密呈来书表闻，撰众相迎。宜潜速严，更示定期。"以书置界上，式兵得书以见式，式惶惧，遂自送妻子还洛。由是吏士不复亲附，遂以免罢。①

①臣松之以为边将为害，盖其常事，使逯式得罪，代者亦复如之，自非狡焉思肆，将成大患，何足亏损雅虑，尚为小诈哉？以斯为美，又所不取。

六年，中郎将周祗乞于鄱阳召募，事下问逊。逊以为此郡民易动难安，不可与召，恐致贼寇。而祗固陈取之，郡民吴遽等果作贼杀祗，攻没诸县。豫章、庐陵宿恶民，并应遽为寇。逊自闻，辄讨即破，遽等相率降，逊料得精兵八千馀人，三郡平。

时中书典校吕壹，窃弄权柄，擅作威福，逊与太常潘濬同心忧之，言至流涕。后权诛壹，深以自责，语在权传。

时谢渊、谢厷等各陈便宜，欲兴利改作，① 以事下逊。逊议曰："国以民为本，强由民力，财由民出。夫民殷国弱，民瘠国强者，未之有也。故为国者，得民则治，失之则乱，若不受利，而令尽用立效，亦为难也。是以诗叹'宜民宜人，受禄于天'。乞垂圣恩，宁济百姓，数年之间，国用少丰，然后更图。"

①会稽典录曰：谢渊字休德，少修德操，躬秉耒耜，既无戚容，又不易虑，由是知名。举孝廉，稍迁至建武将军，虽在戎旅，犹垂意人物。骆统子名秀，被门庭之谤，众论狐疑，莫能证明。渊闻之叹息曰："公绪早夭，同盟

所哀。闻其子志行明辩，而被暗昧之谤，望诸夫子烈然高断，而各怀迟疑，非所望也。"秀卒见明，无复瑕玷，终为显士，渊之力也。

吴历称云，谢宏才辩有计术。

赤乌七年，代顾雍为丞相，诏曰："朕以不德，应期践运，王涂未一，奸宄充路，夙夜战惧，不遑鉴寐。惟君天资聪睿，明德显融，统任上将，匡国弭难。夫有超世之功者，必应光大之宠；怀文武之才者，必荷社稷之重。昔伊尹隆汤，吕尚翼周，内外之任，君实兼之。今以君为丞相，使使持节守太常傅常授印绶。君其茂昭明德，修乃懿绩，敬服王命，绥靖四方。於乎！总司三事，以训群寮，可不敬与！君其勖之。其州牧都护领武昌事如故。"

先是，二宫并阙，中外职司，多遣子弟给侍。全琮报逊，逊以为子弟苟有才，不忧不用，不宜私出以要荣利；若其不佳，终为取祸。且闻二宫势敌，必有彼此，此古人之厚忌也。琮子寄，果阿附鲁王，轻为交构。逊书与琮曰："卿不师日磾，而宿留阿寄，终为足下门户致祸矣。"琮既不纳，更以致隙。及太子有不安之议，逊上疏陈："太子正统，宜有盘石之固，鲁王藩臣，当使宠秩有差，彼此得所，上下获安。谨叩头流血以闻。"书三四上，及求诣都，欲口论适庶之分，以匡得失。既不听许，而逊外生顾谭、顾承、姚信，并以亲附太子，枉见流徙。太子太傅吾粲坐数与逊交书，下狱死。权累遣中使责让逊，逊愤恚致卒，时年六十三，家无馀财。

初，暨艳造营府之论，逊谏戒之，以为必祸。又谓诸葛恪曰："在我前者，吾必奉之同升；在我下者，则扶持之。今观君气陵其上，意蔑乎下，非安德之基也。"又广陵杨竺少获声名，而逊谓之终败，劝竺兄穆令与别族。其先睹如此。长子延早夭，次子抗袭爵。孙休时，追谥逊曰昭侯。

抗字幼节，孙策外孙也。逊卒时，年二十，拜建武校尉，领逊众五千人，送葬东还，诣都谢恩。孙权以杨竺所白逊二十事问抗，禁绝宾客，中使临诘，抗无所顾问，事事条答，权意渐解。赤乌九年，迁立节中郎将，与诸葛恪换屯柴桑。抗临去，皆更缮完城围，葺其墙屋，居庐桑果，不得妄败。恪入屯，俨然若新。而恪柴桑故屯，颇有毁坏，深以为惭。太元元年，就都治病。病差当还，权涕泣与别，谓曰："吾前听用谗言，与汝父大义不笃，以此负汝。前后所问，一焚灭之，莫令人见也。"建兴元年，拜奋威将军。太平二年，魏将诸葛诞举寿春降，拜抗为柴桑督，赴寿春，破魏牙门将偏将军，迁征北将军。永安二年，拜镇军将军，都督西陵，自关羽至白帝。三年，假节。孙晧即位，加镇军大将军，领益州牧。建衡二年，大司马施绩卒，拜抗都督信陵、西陵、夷道、乐乡、公安诸军事，治乐乡。

抗闻都下政令多阙，忧深虑远，乃上疏曰："臣闻德均则众者胜寡，力侔则安者制危，盖六国所以兼并于强秦，西楚所以北面于汉高也。今敌跨制九服，非徒关右之地；割据九州，岂但鸿沟以西而已。国家外无连国之援，内非西楚之强，庶政陵迟，黎民未乂，而议者所恃，徒以长川峻山，限带封域，此乃守国之末事，非智者之所先也。臣每远惟战国存亡之符，近览刘氏倾覆之衅，考之典籍，验之行事，中夜抚枕，临餐忘食。昔匈奴未灭，去病辞馆；汉道未纯，贾生哀泣。况臣王室之出，世荷光宠，身名否泰，与国同戚，死生契阔，义无苟且，凤夜忧怛，念至情惨。夫事君之义犯而勿欺，人臣之节匪躬是殉，谨陈时宜十七条如左。"十七条失本，故不载。

时何定弄权，阉官预政；抗上疏曰："臣闻开国承家，小人勿用，靖潜庸回，唐书攸戒，是以雅人所以怨刺，仲尼所以叹息也。春秋已来，爰及秦、汉，倾覆之衅，未有不由斯者也。小人不明理道，所见既浅，虽使竭情尽节，犹不足任，况其奸心素笃，而憎爱移易哉?苟患失之，无所不至。今委以聪明之任，假以专制之威，而冀雍熙之声作，肃清之化立，不可得也。方今见吏，殊才虽少，然或冠冕之胄，少渐道教，或清苦自立，资能足用，自可随才授职，抑黜群小，然后俗化可清，庶政无秽也。”

凤皇元年，西陵督步阐据城以叛，遣使降晋。抗闻之，日部分诸军，令将军左奕、吾彦、蔡贡等径赴西陵，敕军营更筑严围，自赤溪至故市，内以围阐，外以御寇，昼夜催切，如敌已至，众甚苦之。诸将咸谏曰：“今及三军之锐，亟以攻阐，比晋救至，阐必可拔。何事于围，而以弊士民之力乎？”抗曰：“此城处势既固，粮谷又足，且所缮修备御之具，皆抗所宿规。今反身攻之，既非可卒克，且北救必至，至而无备，表里受难，何以御之？”诸将咸欲攻阐，抗每不许。宜都太守雷谭言至恳切，抗欲服众，听令一攻。攻果无利，围备始合。晋车骑将军羊祜率师向江陵，诸将咸以抗不宜上，抗曰：“江陵城固兵足，无所忧患。假令敌没江陵，必不能守，所损者小。如使西陵槃结，则南山群夷皆当扰动，则所忧虑，难可竟言也。吾宁弃江陵而赴西陵，况江陵牢固乎？”初，江陵平衍，道路通利，抗敕江陵督张咸作大堰遏水，渐渍平中，以绝寇叛。祜欲因所遏水，浮船运粮，扬声将破堰以通步军。抗闻，使咸亟破之。诸将皆惑，屡谏不听。祜至当阳，闻堰败，乃改船以车运，大费损功力。晋巴东监军徐胤率水军诣建平，荆州刺史杨肇至西陵。抗令张咸固守其城；公安督孙遵巡南岸御祜；水军督留虑、镇西将军朱琬拒胤；身率三军，凭围对肇。将军朱乔、营都督俞赞亡诣肇。抗曰：“赞军中旧吏，知吾虚实者，吾常虑夷兵素不简练，若敌攻围，必先此处。”即夜易夷民，皆以旧将充之。明日，肇果攻故夷兵处，抗命旋军击之，矢石雨下，肇众伤死者相属。肇至经月，计屈夜遁。抗欲追之，而虑阐畜力项领，伺视间隙，兵不足分，于是但鸣鼓戒众，若将追者。肇众凶惧，悉解甲挺走，抗使轻兵蹑之，肇大破败，祜等皆引军还。抗遂陷西陵城，诛夷阐族及其大将吏，自此以下，所请赦者数万口。修治城围，东还乐乡，貌无矜色，谦冲如常，故得将士欢心。①

①晋阳秋曰：抗与羊祜推侨、札之好。抗尝遗祜酒，祜饮之不疑。抗有疾，祜馈之药，抗亦推心服之。于时以为华元、子反复见于今。

汉晋春秋曰：羊祜既归，增修德信，以怀吴人。陆抗每告其边戍曰："彼专为德，我专为暴，是不战而自服也。各保分界，无求细益而已。"于是吴、晋之间，馀粮栖亩而不犯，牛马逸而入境，可宣告而取也。沔上猎，吴获晋人先伤者，皆送而相还。抗尝疾，求药于祜，祜以成合与之，曰："此上药也，近始自作，未及服，以君疾急，故相致。"抗得而服之，诸将或谏，抗不答。孙皓闻二境交和，以诘于抗，抗曰："夫一邑一乡，不可以无信义之人，而况大国乎？臣不如是，正足以彰其德耳，于祜无伤也。"或以祜、抗为失臣节，两讥之。

习凿齿曰：大理胜者天下之所保，信顺者万人之所宗，虽大猷既丧，义声久沦，狙诈驰于当涂，权略周乎急务，负力从横之人，臧获牧竖之智，未有不凭此以创功，舍兹而独立者也。是故晋文退舍，而原城请命；穆子围鼓，训之以力；冶夫献策，而费人斯归；乐毅缓攻，而风烈长流。观其所以服物制胜者，岂徒威力相诈而已哉！自今三家鼎足四十有馀年矣，吴人不能越淮、沔而进取中国，中国不能陵长江以争利者，力均而智侔，道不足以相倾也。夫残彼而利我，未若利我而无残；振武以惧物，未若德广而民怀。匹夫犹不可以力服，而况一国乎？力服犹不如以德来，而况不制乎？是以羊祜恢大同之略，思五兵之则，齐其民人，均其施泽，振义网以罗强吴，明兼爱以革暴俗，易生民之视听，驰不战乎江表。故能德音悦畅，而襁负云集，殊邻异域，义让交弘，自吴之遇敌，未有若此者也。抗见国小主暴，而晋德弥昌，人积兼己之善，而己无固本之规，百姓怀严敌之德，阖境有弃主之虑，思所以镇定民心，缉宁外内，奋其危弱，抗权上国者，莫若亲行斯道，以侔其胜。使彼德靡加吾，而此善流闻，归重邦国，弘明远风，折冲于枕席之上，校胜于帷幄之内，倾敌而不以甲兵之力，保国而不浚沟池之固，信义感于寇雠，丹怀体于先日。岂设狙诈以危贤，徇己身之私名，贪外物之重我，暗服之而不备者哉！由

三国志卷五十八

是论之，苟守局而保疆，一卒之所能；协数以相危，小人之近事；积诈以防物，臧获之馀虑；威胜以求安，明哲之所贱。贤人君子所以拯世垂范，舍此而取彼者，其道良弘故也。

加拜都护。闻武昌左部督薛莹征下狱，抗上疏曰："夫俊乂者，国家之良宝，社稷之贵资，庶政所以伦叙，四门所以穆清也。故大司农楼玄、散骑中常侍王蕃、少府李勖，皆当世秀颖，一时显器，既蒙初宠，从容列位，而并旋受诛殛，或夷族替祀，或投弃荒裔。盖周礼有赦贤之辟，春秋有宥善之义。书曰：'与其杀不辜，宁失不经。'而蕃等罪名未定，大辟以加，心经忠义，身被极刑，岂不痛哉！且已死之刑，固无所识，至乃焚烁流漂，弃之水滨，惧非先王之正典，或甫侯之所戒也。是以百姓哀耸，士民同戚。蕃、勖永已，悔亦靡及，诚望陛下赦召玄出，而顷闻薛莹卒见逮录。莹父综纳言先帝，傅弼文皇，及莹承基，内厉名行，今之所坐，罪在可宥。臣惧有司未详其事，如复诛戮，益失民望，乞垂天恩，原赦莹罪，哀矜庶狱，清澄刑网，则天下幸甚！"

时师旅仍动，百姓疲弊，抗上疏曰："臣闻易贵随时，传美观衅，故有夏多罪而殷汤用师，纣作淫虐而周武授钺。苟无其时，玉台有忧伤之虑，孟津有反旆之军。今不务富国强兵，力农畜谷，使文武之才效展其用，百揆之署无旷厥职，明黜陟以厉庶尹，审刑赏以示劝沮，训诸司以德，而抚百姓以仁，然后顺天乘运，席卷宇内，而听诸将徇名，穷兵黩武，动费万计，士卒凋瘁，寇不为衰，而我已大病矣！今争帝王之资，而昧十百之利，此人臣之奸便，非国家之良策也。昔齐鲁三战，鲁人再克而亡不旋踵。何则？大小之势异也。况今师所克获，不补所丧哉？且阻兵无众，古之明鉴，诚宜暂息进取小规，以畜士民之力，观衅伺隙，庶无悔吝。"

二年春，就拜大司马、荆州牧。三年夏，疾病，上疏曰："西陵、建平，国之蕃表，既处下流，受敌二境。若敌泛舟顺流，舳舻千里，星奔电迈，俄然行至，非可恃援他部以救倒县也。此乃社稷安危之机，非徒封疆侵陵小害也。臣父逊昔在西垂陈言，以为西陵国之西门，虽云易守，亦复易失。若有不守，非但失一郡，则荆州非吴有也。如其有虞，当倾国争之。臣往在西陵，得涉逊迹，前乞精兵三万，而主者循常，[2]未肯差赴。自步阐以后，益更损耗。今臣所统千里，受敌四处，外御强对，内怀百蛮，而上下见兵财有数万，羸弊日久，难以待变。臣愚以为诸王幼冲，未统国事，可且立傅相，辅导贤姿，无用兵马，以妨要务。又黄门竖宦，开立占募，兵民怨役，逋逃入占。乞特诏简阅，一切料出，以补疆场受敌常处，使臣所部足满八万，省息众务，信其赏罚，虽韩、白复生，无所展巧。若兵不增，此制不改，而欲克谐大事，此臣之所深戚也。若臣死之后，乞以西方为属。愿陛下思览臣言，则臣死且不朽。"

秋遂卒，子晏嗣。晏及弟景、玄、机、云，分领抗兵。晏为裨将军、夷道监。天纪四年，晋军伐吴，龙骧将军王濬顺流东下，所至辄克，终如抗虑。景字士仁，以尚公主拜骑都尉，封毗陵侯，既领抗兵，拜偏将军、中夏督，澡身好学，著书数十篇也。①二月壬戌，晏为王濬别军所杀。癸亥，景亦遇害，时年三十一。景妻，孙皓适妹，与景俱张承外孙也。②

①文士传曰：陆景母张承女，诸葛恪外生。恪诛，景母坐见黜。景少为祖母所育养，及祖母亡，景为之心丧三年。

②景弟机，字士衡，云字士龙。

机云别传曰：晋太康末，俱入洛，造司空张华，华一见而奇之，曰："伐吴之役，利在获二俊。"遂为之延誉，荐之诸公。太傅杨骏辟机为祭酒，转太子洗马、尚书著作郎。云为吴王郎中令，出宰浚仪，甚有惠政，吏民怀之，生为立祠。后并历显位。机天才绮练，文藻之美，独冠于时。云亦善属文，清新不及机，而口辩持论过之。于时朝廷多故，机、云并自结于成都王颖。颖用机为平原相，云清河内史。寻转云右司马，甚见委仗。无几而与长沙王构隙，遂举兵攻洛，以机行后将军，督王粹、牵秀等诸军二十万，士龙著南征赋以美其事。机吴人，羁旅单宦，顿居群士之右，多不厌服。机屡战失利，死散过半。初，宦人孟玖，颖所嬖幸，乘宠豫权，云数言其短，颖不能纳，玖又从而毁之。是役也，玖弟超亦领众配机，不奉军令。机绳之以法，超宣言曰陆机将反。及牵秀等谮机于颖，以为持两端，玖又构之于内，颖信之，遣收机，并收云及弟耽，并伏法。机兄弟既江南之秀，亦著名诸夏，并以无罪夷灭，天下痛惜之。机文章为世所重，云所著亦传于世。初，抗之克步阐也，诛及婴孩，识道者尤之曰："后世必受其殃！"及机之诛，三族无遗，孙惠与朱诞书曰："马援择君，凡人所闻，不意三陆相携暴朝，杀身伤名，可为悼叹。"事亦并在晋书。

评曰：刘备天下称雄，一世所惮，陆逊春秋方壮，威名未著，摧而克之，罔不如志。予既奇逊之谋略，又叹权之识才，所以济大事也。及逊忠诚恳至，忧国亡身，庶几社稷之臣矣。抗贞亮筹干，咸有父风，奕世载美，具体而微，可谓克构者哉！

【校勘记】

〔1〕自非奸秽入身　非，原作"不"，据殿本考证改。

〔2〕而主者循常　主，原作"至"，据资治通鉴卷八○改。

# 三国志卷五十九　吴书十四

## 吴主五子传第十四

孙登字子高,权长子也。魏黄初二年,以权为吴王,拜登东中郎将,封万户侯,登辞侯不受。是岁,立登为太子,选置师傅,铨简秀士,以为宾友,于是诸葛恪、张休、顾谭、陈表等以选入,侍讲诗书,出从骑射。权欲登读汉书,习知近代之事,以张昭有师法,重烦劳之,乃令休从昭受读,还以授登。登待接寮属,略用布衣之礼,与恪、休、谭等或同舆而载,或共帐而寐。太傅张温言于权曰:"夫中庶子官最亲密,切问近对,宜用隽德。"于是乃用表等为中庶子。后又以庶子礼拘,复令整巾侍坐。黄龙元年,权称尊号,立为皇太子,以恪为左辅,休右弼,谭为辅正,表为翼正都尉,是为四友,而谢景、范慎、刁玄、羊衜等皆为宾客,衜音道。于是东宫号为多士。①

①吴录曰:慎字孝敬,广陵人,竭忠知己之君,缠绵三益之友,时人荣之。著论二十篇,名曰矫非。后为侍中,出补武昌左部督,治军整顿。孙晧移都,甚惮之,诏曰:"慎勋德俱茂,朕所敬凭,宜登上公,以副众望。"以为太尉。慎自恨久为将,遂托老耄。军士恋之,举营为之陨涕。凤凰三年卒,子耀嗣。玄,丹杨人。衜,南阳人。

吴书曰：衡初为中庶子。年二十。时廷尉监隐蕃交结豪杰，自卫将军全琮等皆倾心敬待，惟衡及宣诏郎豫章杨迪拒绝不与通，时人咸怪之。而蕃后叛逆，众乃服之。

江表传曰：登使侍中胡综作宾友目曰："英才卓越，超逾伦匹，则诸葛恪。精识时机，达幽究微，则顾谭。凝辨宏达，言能释结，则谢景。究学甄微，游夏同科，则范慎。"衡乃私驳综曰："元逊才而疏，子嘿精而狠，叔发辨而浮，孝敬深而狭。"所言皆有指趣。而衡卒以此言见咎，不为恪等所亲。后四人皆败，吴人谓衡之言有征。位至桂阳太守，卒。

权迁都建业，征上大将军陆逊辅登镇武昌，领宫府留事。登或射猎，当由径道，常远避良田，不践苗稼，至所顿息，又择空闲之地，其不欲烦民如此。尝乘马出，有弹丸过，左右求之。有一人操弹佩丸，咸以为是，辞对不服，从者欲捶之，登不听，使求过丸，比之非类，乃见释。又失盛水金马盂，觉得其主，左右所为，不忍致罚，呼责数之，长遣归家，敕亲近勿言。后弟虑卒，权为之降损，登昼夜兼行，到赖乡，自闻，即时召见。见权悲泣，因谏曰："虑寝疾不起，此乃命也。方今朔土未一，四海喁喁，天戴陛下，而以下流之念，减损大官殽馔，过于礼制，臣窃忧惶。"权纳其言，为之加膳。住十馀日，欲遣西还，深自陈乞，以久离定省，子道有阙，又陈陆逊忠勤，无所顾忧，权遂留焉。嘉禾三年，权征新城，使登居守，总知留事。时年谷不丰，颇有盗贼，乃表定科令，所以防御，甚得止奸之要。

初，登所生庶贱，徐夫人少有母养之恩，后徐氏以妒废处吴，而步夫人最宠。步氏有赐，登不敢辞，拜受而已。徐氏使至，所赐衣服，必沐浴服之。登将拜太子，辞曰："本立而道生，欲立太子，宜先立后。"权曰："卿母安在？"对曰："在吴。"权默然。①

①吴书曰：弟和有宠于权，登亲敬，待之如兄，常有欲让之心。

立凡二十一年，年三十三卒。临终，上疏曰："臣以无状，婴抱笃疾，自省微劣，惧卒陨毙。臣不自惜，念当委离供养，埋骸后土，长不复奉望宫省，朝觐日月，生无益于国，死贻陛下重戚，以此为哽结耳。臣闻死生有命，长短自天，周晋、颜回有上智之才，而尚夭折，况臣愚陋，年过其寿，生为国嗣，没享荣祚，于臣已多，亦何悲恨哉！方今大事未定，遗寇未讨，万国喁喁，系命陛下，危者望安，乱者仰治。愿陛下弃忘臣身，割下流之恩，修黄老之术，笃养神光，加羞珍膳，广开神明之虑，以定无穷之业，则率土幸赖，臣死无恨也。皇子和仁孝聪哲，德行清茂，宜早建置，以系民望。诸葛恪才略博达，器任佐时。张休、顾谭、谢景，皆通敏有识断，入宜委腹心，出可为爪牙。范慎、华融矫矫壮节，有国士之风。羊衜辩捷，有专对之材。刁玄优弘，志履道真。裴钦博记，翰采足用。蒋脩、虞翻，志节分明。凡此诸臣，或宜廊庙，或任将帅，皆练时事，明习法令，守信固义，有不可夺之志。此皆陛下日月所照，选置臣官，得与从事，备知情素，敢以陈闻。臣重惟当今方外多虞，师旅未休，当厉六军，以图进取。军以人为众，众以财为宝，窃闻郡县颇有荒残，民物凋弊，奸乱萌生，是以法令繁滋，刑辟重切。臣闻为政听民，律令与时推移，诚宜与将相大臣详择时宜，博采众议，宽刑轻赋，均息力役，以顺民望。陆逊忠勤于时，出身忧国，謇謇在公，有匪躬之节。诸葛瑾、步骘、朱然、全琮、朱据、吕岱、吾粲、阚泽、严畯、张承、孙怡忠于为国，通达治体。可令陈上便宜，蠲除苛烦，爱养士马，抚循百姓。五年之外，十年之内，远者归复，近者尽力，兵不血刃，而大事可定也。臣闻‘鸟之将死其鸣也哀，人之将死其言也善’，故子囊临终，遗言戒时，君子以为忠，岂况臣登，其能已乎？愿陛下留意听采，臣虽死之日，犹生之年也。”既绝而后书闻，权益以摧感，言则陨涕。是岁，赤乌四年也。谢景时为豫章太守，不胜哀情，弃官奔赴，拜表自劾。权曰：“君与太子从事，异于他吏。”使中使慰劳，听复本职,发遣还郡。谥登曰宣太子。①

①吴书曰:初葬句容,置园邑,奉守如法,后三年改葬蒋陵。

子璠、希,皆早卒,次子英,封吴侯。五凤元年,英以大将军孙峻擅权,谋诛峻,事觉自杀,国除。①

①吴历曰:孙和以无罪见杀,众庶皆怀愤叹,前司马桓虑因此招合将吏,欲共杀峻立英,事觉,皆见杀,英实不知。

谢景者字叔发,南阳宛人。在郡有治迹,吏民称之,以为前有顾劭,其次即景。数年卒官。

孙虑字子智,登弟也。少敏惠有才艺,权器爱之。黄武七年,封建昌侯。后二年,丞相雍等奏虑性聪体达,所尚日新,比方近汉,宜进爵称王,权未许。久之,尚书仆射存上疏曰:"帝王之兴,莫不褒崇至亲,以光群后,故鲁卫于周,宠冠诸侯,高帝五王,封列于汉,所以藩屏本朝,为国镇卫。建昌侯虑禀性聪敏,才兼文武,于古典制,宜正名号。陛下谦光,未肯如旧,群寮大小,咸用于邑。方今奸寇恣睢,金鼓未弭,腹心爪牙,惟亲与贤。辄与丞相雍等议,咸以虑宜为镇军大将军,授任偏方,以光大业。"权乃许之,于是假节开府,治半州。①虑以皇子之尊,富于春秋,远近嫌其不能留意。及至临事,遵奉法度,敬纳师友,过于众望。年二十,嘉禾元年卒。无子,国除。

①吴书载权诏曰:"期运扰乱,凶邪肆虐,咸罚有序,干戈不戢。以虑气志休懿,武略凤昭,必能为国佐定大业,故授以上将之位,显以殊特之荣,宠以兵马之势,委以偏方之任。外欲威振敌房,庆难万里,内欲镇抚远近,慰恤将士,诚虑建功立事竭命之秋也。虑其内修文德,外经武训,持盈若冲,则满而不溢。敬慎乃心,无忝所受。"

孙和字子孝,虑弟也。少以母王有宠见爱,年十四,为置宫卫,使中书令阚泽教以书艺。好学下士,其见称述。赤乌五年,立为太子,时年十九。阚泽为太傅,薛综为少傅,而蔡颖、张纯、封俌、严维等皆从容侍从。①

①吴书曰:和少岐嶷有智意,故权尤爱幸,常在左右,衣服礼秩雕玩珍异之赐,诸子莫得比焉。好文学,善骑射,承师涉学,精识聪敏,尊敬师傅,爱好人物。颖等每朝见进贺,和常降意,欢以待之。讲校经义,综察是非,及访谘朝臣,考绩行能,以知优劣,各有条贯。后诸葛壹伪叛以诱魏将诸葛诞,[1]权潜军待之。和以权暴露外次,又战者凶事,常忧劳憔悴,不复会同饮食,数上谏,戒令持重,务在全胜,权还,然后敢安。

张纯字元基,敦之子。吴录曰:纯少厉操行,学博才秀,切问捷对,容止可观。拜郎中,补广德令,治有异绩,擢为太子辅义都尉。

是时有司颇以条书问事,和以为奸妄之人,将因事错意,以生祸心,不可长也,表宜绝之。又都督刘宝白庶子丁晏,晏亦白宝,和谓晏曰:“文武在事,当能几人,因隙构薄,图相危害,岂有福哉?”遂两释之,使之从厚。常言当世士人宜讲修术学,校习射御,以周世务,而但交游博弈以妨事业,非进取之谓。后群寮侍宴,言及博弈,以为妨事费日而无益于用,劳精损思而终无所成,非所以进德修业,积累功绪者也。且志士爱日惜力,君子慕其大者,高山景行,耻非其次。夫以天地长久,而人居其间,有白驹过隙之喻,年齿一暮,荣华不再。凡所患者,在于人情所不能绝,诚能绝无益之欲以奉德义之涂,弃不急之务以修功业之基,其于名行,岂不善哉?夫人情犹不能无嬉娱,嬉娱之好,亦在于饮宴琴书射御之间,何必博弈,然后为欢。乃命侍坐者八人,各著论以矫之。于是中庶子韦曜退而论奏,和以示宾客。时蔡颖好弈,直事在署者颇教焉,故以此讽之。

是后王夫人与全公主有隙。权尝寝疾,和祠祭于庙,和妃叔父张休居近庙,邀和过所居。全公主使人觇视,因言太子不在庙中,专就妃家计议;又言王夫人见上寝疾,有喜色。权由是发怒,夫人忧死,而和宠稍损,惧于废黜。鲁王霸觊觎滋甚,陆逊、吾粲、顾谭等数陈适庶之义,理不可夺,全寄、杨竺为鲁王霸支党,谮愬日兴。粲遂下狱诛,谭徙交州。权沈吟者历年,①后遂幽闭和。于是骠骑将军朱据、尚书仆射屈晃率诸将吏泥头自缚,连日诣阙请和。权登白爵观见,甚恶之,敕据、晃等无事忿忿。权欲废和立亮,无难督陈正、五营督陈象上书,称引晋献公杀申生,立奚齐,晋国扰乱,又据、晃固谏不止。权大怒,族诛正、象,据、晃牵入殿,杖一百,②竟徙和于故鄣,群司坐谏诛放者十数。众咸冤之。③

①殷基通语曰:初权既立和为太子,而封霸为鲁王,初拜犹同宫室,礼秩未分。群公之议,以为太子、国王上下有序,礼秩宜异,于是分宫别僚,而隙端开矣。自侍御宾客造为二端,仇党疑贰,滋延大臣。丞相陆逊、大将军诸葛恪、太常顾谭、骠骑将军朱据、会稽太守滕胤、大都督施绩、尚书丁密等奉礼而行,宗事太子,骠骑将军步骘、镇南将军吕岱、大司马全琮、左将军吕据、中书令孙弘等附鲁王,中外官僚将军大臣举国中分。权患之,谓侍中孙峻曰:"子弟不睦,臣下分部,将有袁氏之败,为天下笑。一人立者,安得不乱?"于是有改嗣之规矣。

臣松之以为袁绍、刘表谓尚、琮为贤,本有传后之意,异于孙权既以立和而复宠霸,坐生乱阶,自构家祸,方之袁、刘,昏悖甚矣。步骘以德度著称,为吴良臣,而阿附于霸,事同杨竺,何哉?和既正位,适庶分定,就使才德不殊,犹将义不党庶,况霸实无闻,而和为令嗣乎?夫邪僻之人,岂其举体无善,但一为不善,众美皆亡耳。骘若果有此事,则其馀不足观矣!吕岱、全琮之徒,盖所不足论耳。

②吴历曰:晃入,口谏曰:"太子仁明,显闻四海。今三方鼎跱,实不宜摇动太子,以生众心。愿陛下少垂圣虑,老臣虽死,犹生之年。"叩头流血,辞气不挠。权不纳晃言,斥还田里。孙晧即位,诏曰:"故仆射屈晃,志匡社稷,忠谏亡身。封晃子绪为东阳亭侯,弟幹、恭为立义都尉。"绪后亦至

尚书仆射。晃,汝南人,见胡冲答问。

吴书曰:张纯亦尽言极谏,权幽之,遂弃市。

③吴书曰:权寝疾,意颇感寤,欲征和还立之,全公主及孙峻、孙弘等固
争之,乃止。

太元二年正月,封和为南阳王,遣之长沙。① 四月,权薨,诸葛
恪秉政。恪即和妃张之舅也。妃使黄门陈迁之建业上疏中宫,并
致问于恪。临去,恪谓迁曰:“为我达妃,期当使胜他人。”此言颇
泄。又恪有徙都意,使治武昌宫,民间或言欲迎和。及恪被诛,孙
峻因此夺和玺绶,徙新都,又遣使者赐死。和与妃张辞别,张曰:
“吉凶当相随,终不独生活也。”亦自杀,举邦伤焉。

①吴书曰:和之长沙,行过芜湖,有鹊巢于帆樯,故官寮闻之皆忧惨,以为
樯末倾危,非久安之象。或言鹊巢之诗有“积行累功以致爵位”之言,今
王至德茂行,复受国土,傥神灵以此告窭人意乎?

孙休立,封和子晧为乌程侯,自新都之本国。休薨,晧即阼,
其年追谥父和曰文皇帝,改葬明陵,置园邑二百家,令、丞奉守。后
年正月,又分吴郡、丹杨九县为吴兴郡,治乌程,置太守,四时奉
祠。有司奏言,宜立庙京邑。宝鼎二年七月,使守大匠薛珝营立寝
堂,号曰清庙。十二月,遣守丞相孟仁、太常姚信等备官僚中军步
骑二千人,以灵舆法驾,东迎神于明陵。晧引见仁,亲拜送于庭。①
灵舆当至,使丞相陆凯奉三牲祭于近郊,晧于金城外露宿。明日,
望拜于东门之外。其翌日,拜庙荐祭,歔欷悲感。比七日三祭,倡技
昼夜娱乐。有司奏言“祭不欲数,数则黩,宜以礼断情”,然后止。②

①吴书曰:比仁还,中使手诏,日夜相继,奉问神灵起居动止。巫觋言见和
被服,颜色如平日,[2]晧悲喜涕泪,悉召公卿尚书诣阙门下受赐。

②吴历曰:和四子:晧、德、谦、俊。孙休即位,封德钱唐侯,谦永安侯,俊拜

骑都尉。晧在武昌，吴兴施但因民之不堪命，聚万馀人，劫谦，将至秣陵，欲立之。未至三十里住，择吉日，但遣使以谦命诏丁固、诸葛靓。靓即斩其使。但遂前到九里，固、靓出击，大破之。但兵裸身无铠甲，临陈皆披散。谦独坐车中，遂生获之。固不敢杀，以状告晧，晧鸩之，母子皆死。俊，张承外孙，聪明辨惠，为远近所称，晧又杀之。

孙霸字子威，和弟也。[3]和为太子，霸为鲁王，宠爱崇特，与和无殊。顷之，和、霸不穆之声闻于权耳，权禁断往来，假以精学。督军使者羊衜上疏曰："臣闻古之有天下者，皆先显别適庶，封建子弟，所以尊重祖宗，为国藩表也。二宫拜授，海内称宜，斯乃大吴兴隆之基。顷闻二宫并绝宾客，远近悚然，大小失望。窃从下风，听采众论，咸谓二宫智达英茂，自正名建号，于今三年，德行内著，美称外昭，西北二隅，久所服闻。谓陛下当副顺遐迩所以归德，勤命二宫宾延四远，使异国闻声，思为臣妾。今既未垂意于此，而发明诏，省夺备卫，抑绝宾客，使四方礼敬，不复得通，虽实陛下敦尚古义，欲令二宫专志于学，不复顾虑观听小宜，期于温故博物而已，然非臣下倾企喁喁之至愿也。或谓二宫不遵典式，此臣所以寝息不宁。就如所嫌，犹宜补察，密加斟酌，不使远近得容异言。臣惧积疑成谤，久将宣流，而西北二隅，去国不远，异同之语，易以闻达。闻达之日，声论当兴，将谓二宫有不顺之愆，不审陛下何以解之？若无以解异国，则亦无以释境内。境内守疑，异国兴谤，非所以育巍巍，镇社稷也。愿陛下早发优诏，使二宫周旋礼命如初，则天清地晏，万国幸甚矣。"

时全寄、吴安、孙奇、杨竺等阴共附霸，图危太子。谮毁既行，太子以败，霸亦赐死。流竺尸于江，兄穆以数谏戒竺，得免大辟，犹徙南州。霸赐死后，又诛寄、安、奇等，咸以党霸构和故也。

霸二子，基、壹。五凤中，封基为吴侯，壹宛陵侯。基侍孙亮在内，太平二年，盗乘御马，收付狱。亮问侍中刁玄曰："盗乘御马罪云何？"玄对曰："科应死。然鲁王早终，惟陛下哀原之。"亮曰："法者，天下所共，何得阿以亲亲故邪？当思惟可以释此者，奈何以情相迫乎？"玄曰："旧赦有大小，或天下，亦有千里、五百里赦，随意所及。"亮曰："解人不当尔邪！"乃赦宫中，基以得免。孙皓即位，追和、霸旧隙，削基、壹爵土，与祖母谢姬俱徙会稽乌伤县。

孙奋字子扬，霸弟也，母曰仲姬。太元二年，立为齐王，居武昌。权薨，太傅诸葛恪不欲诸王处江滨兵马之地，徙奋于豫章。奋怒，不从命，又数越法度。恪上笺谏曰："帝王之尊，与天同位，是以家天下，臣父兄，四海之内，皆为臣妾。仇雠有善，不得不举，亲戚有恶，不得不诛，所以承天理物，先国后身，盖圣人立制，百代不易之道也。昔汉初兴，多王子弟，至于太强，辄为不轨，上则几危社稷，下则骨肉相残，其后惩戒，以为大讳。自光武以来，诸王有制，惟得自娱于宫内，不得临民，干与政事，其与交通，皆有重禁，遂以全安，各保福祚。此则前世得失之验也。近袁绍、刘表各有国土，土地非狭，人众非弱，以適庶不分，遂灭其宗祀。此乃天下愚智，所共嗟痛。大行皇帝览古戒今，防芽遏萌，虑于千载。是以寝疾之日，分遣诸王，各早就国，诏策殷勤，科禁严峻，其所戒敕，无所不至，诚欲上安宗庙，下全诸王，使百世相承，无凶国害家之悔也。大王宜上惟太伯顺父之志，中念河间献王、东海王彊恭敬之节，下当裁抑骄恣荒乱以为警戒。而闻顷至武昌以来，多违诏敕，不拘制度，擅发诸将兵治护宫室。又左右常从有罪过者，当以表闻，公付有司，而擅私杀，事不明白。大司马吕岱亲受先帝诏敕，辅导大王，既不承用其言，令怀忧怖。华锜先帝近臣，忠良正直，其所陈道，当纳用之,而闻怒锜,有收缚之语。又中书杨融,亲受诏敕,所当恭肃,云'正自不听禁,当如我何'?闻此之日,大小惊怪,莫不寒心。里语曰:'明镜所以昭形,古事所以知今。'大王宜深以鲁王为戒,改易其行,战战兢兢,尽敬朝廷,如此则无求不得。若弃忘先帝法教,怀轻慢之心,臣下宁负大王,不敢负先帝遗诏,宁为大王所怨疾,岂敢忘尊主之威,而令诏敕不行于藩臣邪?此古今正义,大王所照知也。夫福来有由,祸来有渐,渐生不忧,将不可悔。向使鲁王早纳忠直之言,怀惊惧之虑,享祚无穷,岂有灭亡之祸哉?夫良药苦口,惟疾者能甘之。忠言逆耳,惟达者能受之。今者恪等偻偻欲为大王除危殆于萌芽,广福庆之基原,是以不自知言至,愿蒙三思。"

奋得笺惧,遂移南昌,游猎弥甚,官属不堪命。及恪诛,奋下住芜湖,欲至建业观变。傅相谢慈等谏奋,奋杀之。[1] 坐废为庶人,徙章安县。太平三年,封为章安侯。[2]

> [1]慈字孝宗,彭城人,见礼论,撰丧服图及变除行于世。
> [2]江表传载亮诏曰:"齐王奋前坐杀吏,废为庶人,连有赦令,独不见原,纵未宜复王,何以不侯?又诸孙兄弟作将,列在江渚,孤有兄独尔云何?"有司奏可,就拜为侯。

建衡二年,孙晧左夫人王氏卒。晧哀念过甚,朝夕哭临,数月不出,由是民间或谓晧死,讹言奋与上虞侯奉当有立者。奋母仲姬墓在豫章,豫章太守张俊疑其或然,扫除坟茔。晧闻之,车裂俊,夷三族,诛奋及其五子,国除。[1]

> [1]江表传曰:豫章吏十人乞代俊死,晧不听。奋以此见疑,本在章安,徙还吴城禁锢,使男女不得通婚,或年三十四十不得嫁娶。奋上表乞自比禽兽,使男女自相配偶。晧大怒,遣察战赍药赐奋,奋不受药,叩头千下,曰:"老臣自将儿子治生求活,无豫国事,乞丐馀年。"晧不听,父子皆饮药死。

臣松之案：建衡二年至奋之死，孙晧即位，尚犹未久。若奋未被疑之前，儿女年二十左右，至奋死时，不得年三十四卌也。若先已长大，自失时未婚娶，则不由晧之禁锢矣。此虽欲增晧之恶，然非实理。

评曰：孙登居心所存，足为茂美之德。虑、和并有好善之姿，规自砥砺，或短命早终，或不得其死，哀哉！霸以庶干适，奋不遵轨度，固取危亡之道也。然奋之诛夷，横遇飞祸矣。

【校勘记】

〔1〕后诸葛壹伪叛以诱魏将诸葛诞　壹，原作"丰"，据本书卷四七孙权传注引江表传改。

〔2〕颜色如平日　平下原衍"生"字，据宋书卷一六礼三删。

〔3〕和弟也　和下原衍"同母"二字，据群书治要卷二八删。

# 三国志卷六十　吴书十五

### 贺全吕周锺离传第十五

贺齐字公苗,会稽山阴人也。①少为郡吏,守剡长。县吏斯从轻侠为奸,齐欲治之,主簿谏曰:"从,县大族,山越所附,今日治之,明日寇至。"齐闻大怒,便立斩从。从族党遂相纠合,众千馀人,举兵攻县。齐率吏民,开城门突击,大破之,威震山越。后太末、丰浦民反,转守太末长,诛恶养善,期月尽平。

> ①虞预晋书曰:贺氏本姓庆氏。齐伯父纯,儒学有重名,汉安帝时为侍中、江夏太守,去官,与江夏黄琼、广汉杨厚俱公车征。[1]避安帝父孝德皇讳,[2]改为贺氏。齐父辅,永宁长。

建安元年,孙策临郡,察齐孝廉。时王朗奔东冶,候官长商升为朗起兵。策遣永宁长韩晏领南部都尉,将兵讨升,以齐为永宁长。晏为升所败,齐又代晏领都尉事。升畏齐威名,遣使乞盟。齐因告喻,为陈祸福,升遂送上印绶,出舍求降。贼帅张雅、詹彊等不愿升降,反共杀升,雅称无上将军,彊称会稽太守。贼盛兵少,未足以讨,齐住军息兵。雅与女婿何雄争势两乖,齐令越人因事交构,遂致疑隙，阻兵相图。<u>齐</u>乃进讨，一战大破<u>雅</u>，<u>彊</u>党震惧，率众出降。

候官既平，而<u>建安</u>、<u>汉兴</u>、<u>南平</u>复乱，<u>齐</u>进兵<u>建安</u>，立都尉府，是岁八年也。郡发属县五千兵，各使本县长将之，皆受<u>齐</u>节度。贼<u>洪明</u>、<u>洪进</u>、<u>苑御</u>、<u>吴免</u>、<u>华当</u>等五人，率各万户，连屯<u>汉兴</u>、<u>吴五</u>。六千户别屯<u>大潭</u>，<u>邹临</u>六千户别屯<u>盖竹</u>，同出<u>馀汗</u>。[3]音干。军讨<u>汉兴</u>，经<u>馀汗</u>。<u>齐</u>以为贼众兵少，深入无继，恐为所断，令<u>松阳</u>长<u>丁蕃</u>留备<u>馀汗</u>。<u>蕃</u>本与<u>齐</u>邻城，耻见部伍，辞不肯留。<u>齐</u>乃斩<u>蕃</u>，于是军中震栗，无不用命。遂分兵留备，进讨<u>明</u>等，连大破之。临陈斩<u>明</u>，其<u>免</u>、<u>当</u>、<u>进</u>、<u>御</u>皆降。转击<u>盖竹</u>，军向<u>大潭</u>，二将又降。[4]凡讨治斩首六千级，名帅尽禽，复立县邑，料出兵万人，拜为平东校尉。十年，转讨<u>上饶</u>，分以为<u>建平县</u>。

十三年，迁威武中郎将，讨<u>丹阳</u><u>黟</u>、<u>歙</u>。时<u>武彊</u>、<u>叶乡</u>、<u>东阳</u>、<u>丰浦</u>四乡先降，<u>齐</u>表言以<u>叶乡</u>为<u>始新县</u>。而<u>歙</u>贼帅<u>金奇</u>万户屯<u>安勒山</u>，<u>毛甘</u>万户屯<u>乌聊山</u>，<u>黟</u>帅<u>陈仆</u>、<u>祖山</u>等二万户屯<u>林历山</u>。<u>林历山</u>四面壁立，高数十丈，径路危狭，不容刀楯，贼临高下石，不可得攻。军住经日，将吏患之。<u>齐</u>身出周行，观视形便，阴募轻捷士，为作铁弋，密于隐险贼所不备处，以弋拓堑为缘道，[5]夜令潜上，乃多县布以援下人，得上百数人，四面流布，俱鸣鼓角，<u>齐</u>勒兵待之。贼夜闻鼓声四合，谓大军悉已得上，惊惧惑乱，不知所为，守路备险者，皆走还依众。大军因是得上，大破<u>仆</u>等，其馀皆降，凡斩首七千。①<u>齐</u>复表分<u>歙</u>为<u>新定</u>、<u>黎阳</u>、<u>休阳</u>。并<u>黟</u>、<u>歙</u>凡六县，<u>权</u>遂割为<u>新都郡</u>，<u>齐</u>为太守，立府于<u>始新</u>，加偏将军。

①<u>抱朴子</u>曰：昔<u>吴</u>遣<u>贺将军</u>讨山贼，贼中有善禁者，每当交战，官军刀剑不得拔，弓弩射矢皆还自向，辄致不利。<u>贺将军</u>长情有思，乃曰："吾闻

金有刃者可禁，虫有毒者可禁，其无刃之物，无毒之虫，则不可禁。彼必是能禁吾兵者也，必不能禁无刃物矣。"乃多作劲木白棓，选有力精卒五千人为先登，尽捉棓。彼山贼恃其有善禁者，了不严备。于是官军以白棓击之，彼禁者果不复行，所击杀者万计。

十六年，吴郡馀杭民郎稚合宗起贼，复数千人，齐出讨之，即复破稚，表言分馀杭为临水县。①被命诣所在，及当还郡，权出祖道，作乐舞象。②赐齐辎车骏马，罢坐住驾，使齐就车。齐辞不敢，权使左右扶齐上车，令导吏卒兵骑，如在郡仪。权望之笑曰："人当努力，非积行累勤，此不可得。"去百馀步乃旋。

①吴录曰：晋改为临安。

②吴书曰：权谓齐曰："今定天下，都中国，使殊俗贡珍，狡兽卒舞，非君谁与？"齐曰："殿下以神武应期，廓开王业，臣幸遭际会，得驱驰风尘之下，佐助末行，效鹰犬之用，臣之愿也。若殊俗贡珍，狡兽率舞，宜在圣德，非臣所能。"

十八年，豫章东部民彭材、李玉、王海等起为贼乱，众万馀人。齐讨平之，诛其首恶，馀皆降服。拣其精健为兵，次为县户。迁奋武将军。

二十年，从权征合肥。时城中出战，徐盛被创失矛，齐引兵拒击，得盛所失。①

①江表传曰：权征合肥还，为张辽所掩袭于津北，几至危殆。齐时率三千兵在津南迎权。权既入大船，会诸将饮宴，齐下席涕泣而言曰："至尊人主，常当持重。今日之事，几至祸败，群下震怖，若无天地，愿以此为终身诫。"权自前收其泪曰："大惭！谨以克心，非但书诸绅也。"

二十一年，鄱阳民尤突受曹公印绶，化民为贼，陵阳、始安、泾县皆与突相应。齐与陆逊讨破突，斩首数千，馀党震服，丹杨三县皆降，料得精兵八千人。拜安东将军，封山阴侯，出镇江上，督扶州以上至皖。

黄武初，魏使曹休来伐，齐以道远后至，因住新市为拒。会洞口诸军遭风流溺，所亡中分，将士失色，赖齐未济，偏军独全，诸将倚以为势。

齐性奢绮，尤好军事，兵甲器械极为精好，所乘船雕刻丹镂，青盖绛襜，干橹戈矛，葩瓜文画，弓弩矢箭，咸取上材，蒙冲斗舰之属，望之若山。休等惮之，遂引军还。迁后将军，假节领徐州牧。

初，晋宗为戏口将，以众叛如魏，还为蕲春太守，图袭安乐，取其保质。权以为耻忿，因军初罢，六月盛夏，出其不意，诏齐督糜芳、鲜于丹等袭蕲春，遂生虏宗。后四年卒，子达及弟景皆有令名，为佳将。①

> ①会稽典录曰：景为灭贼校尉，御众严而有恩，兵器精饰，为当时冠绝，早卒。达颇任气，多所犯迕，故虽有征战之劳，而爵位不至，然轻财贵义，胆烈过人。子质，位至虎牙将军。景子邵，别有传。


全琮字子璜，吴郡钱唐人也。父柔，汉灵帝时举孝廉，补尚书郎右丞，董卓之乱，弃官归，州辟别驾从事，诏书就拜会稽东部都尉。孙策到吴，柔举兵先附，策表柔为丹杨都尉。孙权为车骑将军，以柔为长史，徙桂阳太守。柔尝使琮赍米数千斛到吴，有所市易。琮至，皆散用，空船而还。柔大怒，琮顿首曰："愚以所市非急，而士大夫方有倒县之患，故便振赡，不及启报。"柔更以奇之。①是时中州士人避乱而南，依琮居者以百数，琮倾家给济，与共有无，遂显名远近。后权以为奋威校尉，授兵数千人，使讨山越。因开募召，得精兵万馀人，出屯牛渚，稍迁偏将军。

> ①徐众评曰：礼，子事父无私财，又不敢私施，所以避尊上也。弃命专财而以邀名，未尽父子之礼。

臣松之以为子路问"闻斯行诸"?子曰"有父兄在"。琮辄散父财,诚非子
道,然士类县命,忧在朝夕,权其轻重,以先人急,斯亦冯煖市义、汲黯
振救之类,全谓邀名,或负其心。

建安二十四年,刘备将关羽围樊、襄阳,琮上疏陈羽可讨之
计,权时已与吕蒙阴议袭之,恐事泄,故寝琮表不答。及禽羽,权置
酒公安,顾谓琮曰:"君前陈此,孤虽不相答,今日之捷,抑亦君之
功也。"于是封阳华亭侯。

黄武元年,魏以舟军大出洞口,权使吕范督诸将拒之,军营相
望。敌数以轻船钞击,琮常带甲仗兵,伺候不休。顷之,敌数千人出
江中,琮击破之,枭其将军尹卢。迁琮绥南将军,进封钱唐侯。四
年,假节领九江太守。

七年,权到皖,使琮与辅国将军陆逊击曹休,破之于石亭。是时
丹杨、吴、会山民复为寇贼,攻没属县,权分三郡险地为东安郡,琮
领太守。① 至,明赏罚,招诱降附,数年中,得万馀人。权召琮还牛
渚,罢东安郡。② 黄龙元年,迁卫将军、左护军、徐州牧,③ 尚公主。

① 吴录曰:琮时治富春。

② 江表传曰:琮还,经过钱唐,修祭坟墓,麾幢节盖,曜于旧里,请会邑人
平生知旧、宗族六亲,施散惠与,千有馀万,本土以为荣。

③ 吴书曰:初,琮为将甚勇决,当敌临难,奋不顾身。及作督帅,养威持重,
每御军,常任计策,不营小利。

江表传曰:权使子登出征,已出军,次于安乐,群臣莫敢谏。琮密表曰:
"古来太子未尝偏征也,故从曰抚军,守曰监国。今太子东出,非古制
也,臣窃忧疑。"权即从之,命登旋军,议者咸以为琮有大臣之节也。

嘉禾二年,督步骑五万征六安,六安民皆散走,诸将欲分兵捕
之。琮曰:"夫乘危徼幸,举不百全者,非国家大体也。今分兵捕民,
得失相半,岂可谓全哉?纵有所获,犹不足以弱敌而副国望也。

如或邂逅，亏损非小，与其获罪，琮宁以身受之，不敢徼功以负国也。”

赤乌九年，迁右大司马、左军师。为人恭顺，善于承颜纳规，言辞未尝切迕。初，权将围珠崖及夷州，皆先问琮，琮曰："以圣朝之威，何向而不克？然殊方异域，隔绝障海，水土气毒，自古有之，兵入民出，必生疾病，转相污染，往者惧不能反，所获何可多致？猥亏江岸之兵，以冀万一之利，愚臣犹所不安。"权不听。军行经岁，士众疾疫死者十有八九，权深悔之。后言次及之，琮对曰："当是时，群臣有不谏者，臣以为不忠。"

琮既亲重，宗族子弟并蒙宠贵，赐累千金，然犹谦虚接士，貌无骄色。十二年卒，子怿嗣。后袭业领兵，救诸葛诞于寿春，出城先降，魏以为平东将军，封临湘侯。怿兄子祎、仪、静等亦降魏，皆历郡守列侯。[1]

①吴书曰：琮长子绪，幼知名，奉朝请，出授兵，稍迁扬武将军、牛渚督。孙亮即位，迁镇北将军。东关之役，绪与丁奉建议引兵先出，以破魏军，封一子亭侯，年四十四卒。次子奇，坐阿党鲁王霸赐死。小子昊，孙权外孙，封都乡侯。

吕岱字定公，广陵海陵人也，为郡县吏，避乱南渡。孙权统事，岱诣幕府，出守吴丞。权亲断诸县仓库及囚系，长丞皆见，岱处法应问，甚称权意，召署录事，出补馀姚长，召募精健，得千馀人。会稽东冶五县贼吕合、秦狼等为乱，权以岱为督军校尉，与将军蒋钦等将兵讨之，遂禽合、狼，五县平定，拜昭信中郎将。[1]

①吴书曰：建安十六年，岱督郎将尹异等，以兵二千人西诱汉中贼帅张鲁到汉兴巻城，鲁嫌疑断道，事计不立，权遽召岱还。

建安二十年，督孙茂等十将从取长沙三郡。又安成、攸、永新、茶陵四县吏共入阴山城，合众拒岱，岱攻围，即降，三郡克定。权留岱镇长沙。安成长吴砀及中郎将袁龙等首尾关羽，复为反乱。砀据攸县，龙在醴陵。权遣横江将军鲁肃攻攸，砀得突走。岱攻醴陵，遂禽斩龙，迁庐陵太守。

延康元年，代步骘为交州刺史。到州，高凉贼帅钱博乞降，岱因承制，以博为高凉西部都尉。又郁林夷贼攻围郡县，岱讨破之。是时桂阳浈阳贼王金合众于南海界上，首乱为害，权又诏岱讨之，生缚金，传送诣都，斩首获生凡万馀人。迁安南将军，假节，封都乡侯。

交阯太守士燮卒，权以燮子徽为安远将军，领九真太守，以校尉陈时代燮。岱表分海南三郡为交州，以将军戴良为刺史，海东四郡为广州，岱自为刺史。遣良与时南入，而徽不承命，举兵戍海口以拒良等。岱于是上疏请讨徽罪，督兵三千人晨夜浮海。或谓岱曰："徽藉累世之恩，为一州所附，未易轻也。"岱曰："今徽虽怀逆计，未虞吾之卒至，若我潜军轻举，掩其无备，破之必也。稽留不速，使得生心，婴城固守，七郡百蛮，云合响应，虽有智者，谁能图之？"遂行，过合浦，与良俱进。徽闻岱至，果大震怖，不知所出，即率兄弟六人肉袒迎岱。岱皆斩送其首。徽大将甘醴、桓治等率吏民攻岱，岱奋击大破之，进封番禺侯。于是除广州，复为交州如故。岱既定交州，复进讨九真，斩获以万数。又遣从事南宣国化，暨徼外扶南、林邑、堂明诸王，各遣使奉贡。权嘉其功，进拜镇南将军。

黄龙三年，以南土清定，召岱还屯长沙沤口。①会武陵蛮夷蠢动，岱与太常潘濬共讨定之。嘉禾三年，权令岱领潘璋士众，屯陆口，后徙蒲圻。四年，庐陵贼李桓、路合、会稽东冶贼随春、南海贼罗厉等一时并起。权复诏岱督刘纂、唐咨等分部讨击，春即时首降，岱拜春偏将军，使领其众，遂为列将，桓、厉等皆见斩获，传首诣都。权诏岱曰："厉负险作乱，自致枭首；桓凶狡反覆，已降复叛。前后讨伐，历年不禽，非君规略，谁能枭之？忠武之节，于是益著。元恶既除，大小震慑，其馀细类，扫地族矣。自今已去，国家永无南顾之虞，三郡晏然，无怵惕之惊，又得恶民以供赋役，重用叹息。赏不逾月，国之常典，制度所宜，君其裁之。"

①王隐交广记曰：吴后复置广州，以南阳滕脩为刺史。或语脩虾须长一丈，脩不信，其人后故至东海，取虾须长四丈四尺，封以示脩，脩乃服之。

潘濬卒，岱代濬领荆州文书，与陆逊并在武昌，故督蒲圻。顷之，廖式作乱，攻围城邑，零陵、苍梧、郁林诸郡骚扰，岱自表辄行，星夜兼路。权遣使追拜岱交州牧，及遣诸将唐咨等骆驿相继，攻讨一年破之，斩式及遣诸所伪署临贺太守费杨等，并其支党，郡县悉平，复还武昌。时年已八十，然体素精勤，躬亲王事。奋威将军张承与岱书曰："昔旦奭翼周，二南作歌，今则足下与陆子也。忠勤相先，劳谦相让，功以权成，化与道合，君子叹其德，小人悦其美。加以文书鞅掌，宾客终日，罢不舍事，劳不言倦，又知上马辄自超乘，不由跨蹑，如此足下过廉颇也，何其事事快也。周易有之，礼言恭，德言盛，足下何有尽此美耶！"及陆逊卒，诸葛恪代逊，权乃分武昌为两部，岱督右部，自武昌上至蒲圻。迁上大将军，拜子凯副军校尉，监兵蒲圻。孙亮即位，拜大司马。

岱清身奉公，所在可述。初在交州，历年不饷家，妻子饥乏。权闻之叹息，以让群臣曰："吕岱出身万里，为国勤事，家门内困，而孤不早知。股肱耳目，其责安在？"于是加赐钱米布绢，岁有常限。

始，岱亲近吴郡徐原，慷慨有才志，岱知其可成，赐巾褠，与共言论，后遂荐拔，官至侍御史。原性忠壮，好直言，岱时有得失，原辄谏诤，又公论之，人或以告岱，岱叹曰："是我所以贵德渊者也。"及原死，岱哭之甚哀，曰："德渊，吕岱之益友，今不幸，岱复于何闻过?"谈者美之。

太平元年,年九十六卒,子凯嗣。遗令殡以素棺,疏巾布裸,葬送之制,务从约俭,凯皆奉行之。

周鲂字子鱼,吴郡阳羡人也。少好学,举孝廉,为宁国长,转在怀安。钱唐大帅彭式等蚁聚为寇,以鲂为钱唐侯相,旬月之间,斩式首及其支党,迁丹杨西部都尉。黄武中,鄱阳大帅彭绮作乱,攻没属城,乃以鲂为鄱阳太守,与胡综戮力攻讨,遂生禽绮,送诣武昌,加昭义校尉。被命密求山中旧族名帅为北敌所闻知者,令谲挑魏大司马扬州牧曹休。鲂答,恐民帅小丑不足仗任,事或漏泄,不能致休,乞遣亲人赍笺七条以诱休:

其一曰:"鲂以千载徼幸,得备州民,远隔江川,敬恪未显,瞻望云景,天实为之。精诚微薄,名位不昭,虽怀焦渴,曷缘见明?狐死首丘,人情恋本,而逼所制,奉觐礼违。每独矫首西顾,未尝不寤寐劳叹,展转反侧也。今因隙穴之际,得陈宿昔之志,非神启之,岂能致此!不胜翘企,万里托命。谨遣亲人董岑、邵南等托叛奉笺。时事变故,列于别纸,惟明公君侯垂日月之光,照远民之趣,永令归命者有所戴赖。"

其二曰:"鲂远在边隅,江汜分绝,恩泽教化,未蒙抚及,而于山谷之间,遥陈所怀,惧以大义,未见信纳。夫物有感激,计因变生,古今同揆。鲂仕东典郡,始愿已获,铭心立报,永矣无贰。岂图顷者中被横谴,祸在漏刻,危于投卵,进有离合去就之宜,退有诬罔枉死之咎,虽志行轻微,存没一节,顾非其所,能不怅然!敢缘古人,因知所归,拳拳输情,陈露肝膈。乞降春天之润,哀拯其急,不复猜疑,绝其委命。事之宣泄,受罪不测,一则伤慈损计,二则杜绝向化者心,惟明使君远览前世,矜而愍之,留神所质,速赐秘报。鲂当候望举动，俟须向应。"

其三曰："鲂所代故太守广陵王靖，往者亦以郡民为变，以见谴责，靖勤自陈释，而终不解，因立密计，欲北归命，不幸事露，诛及婴孩。鲂既目见靖事，且观东主一所非薄，姻不复厚，虽或暂舍，终见翦除。今又令鲂领郡者，是欲责后效，必杀鲂之趣也。虽尚视息，忧惕焦灼，未知躯命，竟在何时。人居世间，犹白驹过隙，而常抱危怖，其可言乎！惟当陈愚，重自披尽，惧以卑贱，未能采纳。愿明使君少垂详察，忖度其言。今此郡民，虽外名降首，而故在山草，看伺空隙，欲复为乱，为乱之日，鲂命讫矣。东主顷者潜部分诸将，图欲北进。吕范、孙韶等入淮，全琮、朱桓趋合肥，诸葛瑾、步骘、朱然到襄阳，陆议、潘璋等讨梅敷。东主中营自掩石阳，别遣从弟孙奂治安陆城，修立邸阁，辇赍运粮，以为军储，又命诸葛亮进指关西，江边诸将无复在者，才留三千所兵守武昌耳。若明使君以万兵从皖南首江渚，鲂便从此率厉吏民，以为内应。此方诸郡，前后举事，垂成而败者，由无外援使其然耳；若北军临境，传檄属城，思咏之民，谁不企踵？愿明使君上观天时，下察人事，中参蓍龟，则足昭往言之不虚也。"

其四曰："所遣董岑、邵南少长家门，亲之信之，有如儿子，是以特令赍笺，托叛为辞，目语心计，不宣唇齿，骨肉至亲，无有知者。又已敕之，到州当言往降，欲北叛来者得传之也。鲂建此计，任之于天，若其济也，则有生全之福；邂逅泄漏，则受夷灭之祸。常中夜仰天，告誓星辰。精诚之微，岂能上感，然事急孤穷，惟天是诉耳。遣使之日，载生载死，形存气亡，魄爽恍惚。私恐使君未深保明，岑、南二人可留其一，以为后信。一赍教还，教还故当言悔叛还首。东主有常科，悔叛还者，皆自原罪。如是彼此俱塞，永无端原。县命西望，涕笔俱下。"

其五曰："鄱阳之民，实多愚劲，帅之赴役，未即应人，倡之为变，闻声响抃。今虽降首，盘节未解，山栖草藏，乱心犹存，而今东主图兴大众，举国悉出，江边空旷，屯坞虚损，惟有诸剌奸耳。若因是际而骚动此民，一旦可得便会，然要恃外援，表里机互，不尔以往，无所成也。今使君若从皖道进住江上，纮当从南对岸历口为应。若未径到江岸，可住百里上，令此间民知北军在彼，即自善也。此间民非苦饥寒而甘兵寇，苦于征讨，乐得北属，但穷困举事，不时见应，寻受其祸耳。如使石阳及青、徐诸军首尾相衔，牵缀往兵，使不得速退者，则善之善也。纮生在江、淮，长于时事，见其便利，百举百捷，时不再来，敢布腹心。"

其六曰："东主致恨前者不拔石阳，今此后举，大合新兵，并使潘濬发夷民，人数甚多，闻豫设科条，当以新赢兵置前，好兵在后，攻城之日，云欲以赢兵填堑，使即时破，虽未能然，是事大趣也。私恐石阳城小，不能久留往兵，明使君速垂救济，诚宜疾密。王靖之变，其鉴不远。今纮归命，非复在天，正在明使君耳。若见救以往，则功必成，如见救不时，则与靖等同祸。前彭绮时，闻旌麾在逢龙，此郡民大小欢喜，并思立效。若留一月日间，事当大成，恨去电速，东得增众专力讨绮，绮始败耳。愿使君深察此言。"

其七曰："今举大事，自非爵号无以劝之，乞请将军、侯印各五十纽，郎将印百纽，校尉、都尉印各二百纽，得以假授诸魁帅，奖厉其志，并乞请幢麾数十，以为表帜，使山兵吏民，目瞻见之，知去就之分已决，承引所救画定。又彼此降叛，日月有人，阔狭之间，辄得闻知。今之大事，事宜神密，若省纮笺，乞加隐秘。伏知智度有常，防虑必深，纮怀忧震灼，启事蒸仍，乞未罪怪。"

纮因别为密表曰："方北有逋寇，固阻河洛，久稽王诛，自擅朔土，臣曾不能吐奇举善，上以光赞洪化，下以输展万一，忧心如捣，假寐忘寝。圣朝天覆，含臣无效，猥发优命，救臣以前诱致贼休，恨不如计。令于郡界求山谷魁帅为北贼所闻知者，令与北通。臣伏思惟，喜怖交集，窃恐此人不可卒得，假使得之，惧不可信，不如令臣谲休，于计为便。此臣得以经年之冀愿，逢值千载之一会，辄自督竭，竭尽顽蔽，撰立笺草以诳诱休者，如别纸。臣知无古人单复之术，加卒奉大略，怂矇狼狈，惧以轻愚，忝负特施，豫怀忧灼。臣闻唐尧先天而天弗违，博询刍荛，以成盛勋。朝廷神谟，欲必致休于步度之中，灵赞圣规，休必自送，使六军囊括，虏无孑遗，威风电迈，天下幸甚。谨拜表以闻，并呈笺草，惧于浅局，追用悚息。"被报施行。休果信鲂，帅步骑十万，辎重满道，径来入皖。鲂亦合众，随陆逊横截休，休幅裂瓦解，斩获万计。

鲂初建密计时，频有郎官奉诏诘问诸事，鲂乃诣部郡门下，因下发谢，故休闻之，不复疑虑。事捷军旋，权大会诸将欢宴，酒酣，谓鲂曰："君下发载义，成孤大事，君之功名，当书之竹帛。"加裨将军，赐爵关内侯。[1]

> [1]徐众评曰：夫人臣立功效节，虽非一涂，然各有分也。为将执枹鼓，则有必死之义，志守则有不假器之义，死必得所，义在不苟。鲂为郡守，职在治民，非君所命，自占诱敌，髡剔发肤，以徇功名，虽事济受爵，非君子所美。

贼帅董嗣负阻劫钞，豫章、临川并受其害。[1]吾粲、唐咨尝以三千兵攻守，连月不能拔。鲂表乞罢兵，得以便宜从事。鲂遣间谍，授以方策，诱狙杀嗣。嗣弟怖惧，诣武昌降于陆逊，乞出平地，自改为善，由是数郡无复忧惕。

> [1]臣松之案：孙亮太平二年始立临川郡，是时未有临川。

鲂在郡十三年卒，赏善罚恶，威恩并行。子处，亦有文武材干，天纪中为东观令、无难督。①

①虞预晋书曰：处入晋，为御史中丞，多所弹纠，不避强御。齐万年反，以处为建威将军，西征，众寡不敌，处临陈慷慨，奋不顾身，遂死于战场，追赠平西将军。处子玘、札，皆有才力，中兴之初，并见宠任。其诸子侄悉处列位，为扬土豪右，而札凶淫放恣，为百姓所苦。泰宁中，王敦诛之，灭其族。

锺离牧字子幹，会稽山阴人，汉鲁相意七世孙也。①少爱居永兴，躬自垦田，种稻二十馀亩。临熟，县民有识认之，牧曰："本以田荒，故垦之耳。"遂以稻与县人。县长闻之，召民系狱，欲绳以法，牧为之请。长曰："君慕承宫，自行义事，②仆为民主，当以法率下，何得寝公宪而从君邪？"牧曰："此是郡界，缘君意顾，故来暂住。今以少稻而杀此民，何心复留？"遂出装，还山阴，长自往止之，为释系民。民惭惧，率妻子春所取稻得六十斛米，送还牧，牧闭门不受。民输置道旁，莫有取者。牧由此发名。③

①会稽典录曰：牧父绪，楼船都尉，兄骃，上计吏，少与同郡谢赞、吴郡顾谭齐名。牧童龀时号为迟讷，骃常谓人曰："牧必胜我，不可轻也。"时人皆以为不然。

②续汉书曰：宫字少子，琅邪人，尝在蒙阴山中耕种禾黍，临熟，人就认之，宫便推与而去，由是发名，位至左中郎将、侍中。

③徐众评曰：牧蹈长者之规。问者曰："如牧所行，犯而不校，又从而救之，直而不有，又还而不受，可不谓之仁让乎哉？"答曰："异乎吾所闻。原宪之问于孔子曰：'克伐怨欲不行焉，可以为仁乎？'孔子曰：'可以为难矣，仁则吾不知也。''恶不仁者，其为仁矣。'今小民不展四体，而认人之稻，不仁甚矣，而牧推而与之，又救其罪，斯为让非其义，所救非人，非所谓恶不仁者。苟不恶不仁，安得为仁哉！苍梧浇娶妻而美，让于其兄；尾生笃信，水至不去而死，直躬好直，证父攘羊；申鸣奉法，尽忠于君而执其父。忠信直让，此四行者，圣贤之所贵也。然不贵苍梧之让，非

让道也;不取尾生之信,非信所也;不许直躬之直,非直体也;不嘉申鸣之忠,非忠意也。今牧犯而不校,还而不取,可以为难矣,未得为仁让也。夫圣人以德报德,以直报怨,而牧欲以德报怨,非也。必不得已,二者何从?吾从孔子也。”

赤乌五年,从郎中补太子辅义都尉,迁南海太守。① 还为丞相长史,转司直,迁中书令。会建安、鄱阳、新都三郡山民作乱,出牧为监军使者,讨平之。贼帅黄乱、常俱等出其部伍,以充兵役。封秦亭侯,拜越骑校尉。

①会稽典录曰:高凉贼率仍弩等破略百姓,残害吏民,牧越界扑讨,旬日降服。又揭阳县贼率曾夏等众数千人,历十馀年,以侯爵杂缯千匹,下书购募,绝不可得。牧遣使慰譬,登皆首服,自改为良民。始兴太守羊衟与太常滕胤书曰:“锺离子幹吾昔知之不熟,定见其在南海,咸恩部伍,智勇分明,加操行清纯,有古人之风。”其见贵如此。在郡四年,以疾去职。

永安六年,蜀并于魏,武陵五谿夷与蜀接界,时论惧其叛乱,乃以牧为平魏将军,领武陵太守,往之郡。魏遣汉葭县长郭纯试守武陵太守,率涪陵民入蜀迁陵界,屯于赤沙,诱致诸夷邑君,或起应纯,又进攻酉阳县,郡中震惧。牧问朝吏曰:“西蜀倾覆,边境见侵,何以御之?”皆对曰:“今二县山险,诸夷阻兵,不可以军惊扰,惊扰则诸夷盘结。宜以渐安,可遣恩信吏宣教慰劳。”牧曰:“不然。外境内侵,诳诱人民,当及其根柢未深而扑取之,此救火贵速之势也。”敕外趣严,掾史沮议者便行军法。抚夷将军高尚说牧曰:“昔潘太常督兵五万,然后以讨五谿夷耳。是时刘氏连和,诸夷率化,今既无往日之援,而郭纯已据迁陵,而明府以三千兵深入,尚未见其利也。”牧曰:“非常之事,何得循旧?”即率所领,晨夜进道,缘山险行,垂二千里,从塞上,斩恶民怀异心者魁帅百馀人及其支党凡千馀级,纯等散,五谿平。迁公安督、扬武将军,封都乡侯,徙濡须督。①复以前将军假节,领武陵太守。卒官。家无馀财,士民思之。子祎嗣,代领兵。②

①会稽典录曰:牧之在濡须,深以进取可图,而不敢陈其策,与侍中东观令朱育宴,慨然叹息。育谓牧恨于策爵未副,因谓牧曰:"朝廷诸君,以际会坐取高官,亭侯功无与比,不肯在人下,见顾者犹以于邑,况于侯也!"牧笑而答曰:"卿之所言,未获我心也。马援有言,人当功多而赏薄。吾功不足录,而见宠已过当,岂以为恨?国家不深相知,而见害朝人,是以默默不敢有所陈。若其不然,当建进取之计,以报所受之恩,不徒自守而已,愤叹以此也。"育复曰:"国家已自知侯,以侯之才,无为不成。愚谓自可陈所怀。"牧曰:"武安君谓秦王云:'非成业难,得贤难;非得贤难,用之难;非用之难,任之难。'武安君欲为秦王并兼六国,恐授事而不见任,故先陈此言。秦王既许而不能,卒陨将成之业,赐剑杜邮。今国家知吾,不如秦王之知武安,而害吾者有过范雎。大皇帝时,陆丞相讨鄱阳,以二千人授吾,潘太常讨武陵,吾又有三千人,而朝廷下议,弃吾于彼,使江渚诸督,不复发兵相继。蒙国威灵自济,今日何为常。向使吾不料时度宜,苟有所陈,至见委以事,不足兵势,终有败绩之患,何无不成之有?"

②会稽典录曰:牧次子盛,亦履恭让,为尚书郎。弟徇领兵为将,拜偏将军,戍西陵,与监军使者唐盛论地形势,谓宜城、信陵为建平援,若不先城,敌将先入。盛以施绩、留平,智略名将,屡经于彼,无云当城之者,不然徇计。后半年,晋果遣将修信陵城。晋军平吴,徇领水军督,临阵战死。

评曰:山越好为叛乱,难安易动,是以孙权不遑外御,卑词魏氏。凡此诸臣,皆克宁内难,绥静邦域者也。吕岱清恪在公;周鲂谲略多奇;锺离牧蹈长者之规;全琮有当世之才,贵重于时,然不检奸子,获讥毁名云。

【校勘记】

〔1〕广汉杨厚俱公车征　广汉,原作"汉中",据本书卷四二周群传、后汉书卷三〇上杨厚传改。

〔2〕避安帝父孝德皇讳　皇下原衍"帝"字,据何焯校本删。

〔3〕同出馀汗　同上原衍"大潭"二字,据何焯校本删。

〔4〕二将又降　二,原作"三",陈乃乾先生据文意改。

〔5〕以弋拓埏为缘道　埏,原作"斩山",据何焯校本改。

# 三国志卷六十一　吴书十六

## 潘濬陆凯传第十六

潘濬字承明,武陵汉寿人也。弱冠从宋仲子受学。①年未三十,荆州牧刘表辟为部江夏从事。时沙羡长赃秽不修,濬按杀之,一郡震竦。后为湘乡令,治甚有名。刘备领荆州,以濬为治中从事。备入蜀,留典州事。

①吴书曰:濬为人聪察,对问有机理,山阳王粲见而贵异之。由是知名,为郡功曹。

孙权杀关羽,并荆土,拜濬辅军中郎将,授以兵。①迁奋威将军,封常迁亭侯。②权称尊号,拜为少府,进封刘阳侯,③迁太常。五谿蛮夷叛乱盘结,权假濬节,督诸军讨之。信赏必行,法不可干,斩首获生,盖以万数,自是群蛮衰弱,一方宁静。④

①江表传曰:权克荆州,将吏悉皆归附,而濬独称疾不见。权遣人以床就家舆致之,濬伏面著床席不起,涕泣交横,哀咽不能自胜。权慰劳与语,呼其字曰:"承明,昔观丁父,鄀俘也,武王以为军帅;彭仲爽,申俘也,文王以为令尹。此二人,卿荆国之先贤也,初虽见囚,后皆擢用,为楚名

臣。卿独不然，未肯降意，将以孤异古人之量邪?"使亲近以手巾拭其面，潘起下地拜谢。即以为治中，荆州诸军事一以谘之。武陵部从事樊伷诱导诸夷，图以武陵属刘备，外白差督督万人往讨之。权不听，特召问潘，潘答:"以五千兵往，足可以擒伷。"权曰:"卿何以轻之?"潘曰:"伷是南阳旧姓，颇能弄唇吻，而实无辩论之才。臣所以知之者，伷昔尝为州人设馔，比至日中，食不可得，而十馀自起，此亦侜儒观一节之验也。"权大笑而纳其言，即遣潘将五千往，果斩平之。

②吴书曰:芮玄卒，潘并领玄兵，屯夏口。玄字文表，丹杨人。父祉，字宣嗣，从孙坚征伐有功，坚荐祉为九江太守，后转吴郡，所在有声。玄兄良，字文鸾，随孙策平定江东，策以为会稽东部都尉，卒，玄领良兵，拜奋武中郎将，以功封溧阳侯。权为子登拣择淑媛，群臣咸称玄父祉兄良并以德义文武显名三世，故遂娉玄女为妃焉。黄武五年卒，权甚愍惜之。

③江表传曰:权数射雉，潘谏权，权曰:"相与别后，时时暂出耳，不复如往日之时也。"潘曰:"天下未定，万机务多，射雉非急，弦绝括破，皆能为害，乞特为臣故息置之。"潘出，见雉翳故在，乃手自撤坏之。权由是自绝，不复射雉。

④吴书曰:骠骑将军步骘屯沤口，求召募诸郡以增兵。权以问潘，潘曰:"豪将在民间，耗乱为害，加骘有名势，在所所媚，不可听也。"权从之。中郎将豫章徐宗，有名士也，尝到京师，与孔融交结，然儒生诞节，部曲宽纵，不奉节度，为众作殿，潘遂斩之。其奉法不惮私议，皆此类也。归义隐蕃，以口辩为豪杰所善，潘子翥亦与周旋，馈饷之。潘闻大怒，疏责翥曰:"吾受国厚恩，志报以命，尔辈在都，当念恭顺，亲贤慕善，何故与降虏交，以粮饷之?在远闻此，心震面热，惆怅累旬。疏到，急就往使受杖一百，促责所饷。"当时人咸怪潘，而蕃果图叛诛夷，众乃归服。

江表传曰:时潘姨兄零陵蒋琬为蜀大将军，或有间潘于武陵太守卫旌者，云潘遣密使与琬相闻，欲有自托之计。旌以启权，权曰:"承明不为此也。"即封旌表以示于浚，而召旌还，免官。

先是，潘与陆逊俱驻武昌，共掌留事，还复故。时校事吕壹操弄威柄，奏按丞相顾雍、左将军朱据等，皆见禁止。黄门侍郎谢厷语次问壹："顾公事何如？"壹答："不能佳。"厷又问："若此公免退，谁当代之？"壹未答厷，厷曰："得无潘太常得之乎？"壹良久曰："君语近之也。"厷谓曰："潘太常常切齿于君，但道远无因耳。今日代顾公，恐明日便击君矣。"壹大惧，遂解散雍事。濬求朝，诣建业，欲尽辞极谏。至，闻太子登已数言之而不见从，濬乃大请百寮，欲因会手刃杀壹，以身当之，为国除患。壹密闻知，称疾不行。濬每进见，无不陈壹之奸险也。由此壹宠渐衰，后遂诛戮。权引咎责躬，因诮让大臣，语在权传。

赤乌二年，濬卒，子矞嗣。濬女配建昌侯孙虑。①

①吴书曰：矞字文龙，拜骑都尉，后代领兵，早卒。矞弟秘，权以姊陈氏女妻之，调湘乡令。

襄阳记曰：襄阳习温为荆州大公平。大公平，今之州都。秘过辞于温，问曰："先君昔曰君侯当为州里议主，今果如其言，不审州里谁当复相代者？"温曰："无过于君也。"后秘为尚书仆射，代温为公平，甚得州里之誉。

陆凯字敬风，吴郡吴人，丞相逊族子也。黄武初为永兴、诸暨长，所在有治迹，拜建武都尉，领兵。虽统军众，手不释书。好太玄，论演其意，以筮辄验。赤乌中，除儋耳太守，讨朱崖，斩获有功，迁为建武校尉。五凤二年，讨山贼陈毖于零陵，斩毖克捷，拜巴丘督、偏将军，封都乡侯，转为武昌右部督。与诸将共赴寿春，还，累迁荡魏、绥远将军。孙休即位，拜征北将军，假节领豫州牧。孙晧立，迁镇西大将军，都督巴丘，领荆州牧，进封嘉兴侯。孙晧与晋平，使者丁忠自北还，说晧弋阳可袭，凯谏止，语在晧传。宝鼎元年，迁左丞相。

晧性不好人视己，群臣侍见，皆莫敢迕。凯说晧曰："夫君臣无不相识之道，若卒有不虞，不知所赴。"晧听凯自视。

晧徙都武昌，扬土百姓泝流供给，以为患苦，又政事多谬，黎元穷匮。凯上疏曰：

臣闻有道之君，以乐乐民；无道之君，以乐乐身。乐民者，其乐弥长；乐身者，不乐而亡。夫民者，国之根也，诚宜重其食，爱其命。民安则君安，民乐则君乐。自顷年以来，君威伤于桀纣，君明暗于奸雄，君惠闭于群孽。无灾而民命尽，无为而国财空，辜无罪，赏无功，使君有谬误之愆，天为作妖。而诸公卿媚上以求爱，困民以求饶，导君于不义，败政于淫俗，臣窃为痛心。今邻国交好，四边无事，当务息役养士，实其廪库，以待天时。而更倾动天心，骚扰万姓，使民不安，大小呼嗟，此非保国养民之术也。

臣闻吉凶在天，犹影之在形，响之在声也，形动则影动，形止则影止，此分数乃有所系，非在口之所进退也。昔秦所以亡天下者，但坐赏轻而罚重，政刑错乱，民力尽于奢侈，目眩于美色，志浊于财宝，邪臣在位，贤哲隐藏，百姓业业，天下苦之，是以遂有覆巢破卵之忧。汉所以强者，躬行诚信，听谏纳贤，惠及负薪，躬请岩穴，广采博察，以成其谋。此往事之明证也。

近者汉之衰末，三家鼎立，曹失纲纪，晋有其政。又益州危险，兵多精强，闭门固守，可保万世，而刘氏与夺乖错，赏罚失所，君恣意于奢移，民力竭于不急，是以为晋所伐，君臣见虏。此目前之明验也。

臣暗于大理，文不及义，智慧浅劣，无复冀望，窃为陛下惜天下耳。臣谨奏耳目所闻见，百姓所为烦苛，刑政所为错乱，愿陛下息大功，损百役，务宽荡，忽苛政。

又武昌土地，实危险而墝确，非王都安国养民之处，船泊则沈漂，陵居则峻危，且童谣言："宁饮建业水，不食武昌鱼；宁还建业死，不止武昌居。"臣闻翼星为变，荧惑作妖，童谣之言，生于天心，乃以安居而比死，足明天意，知民所苦也。

臣闻国无三年之储，谓之非国，而今无一年之畜，此臣下之责也。而诸公卿位处人上，禄延子孙，曾无致命之节，匡救之术，苟进小利于君，以求容媚，荼毒百姓，不为君计也。自从孙弘造义兵以来，耕种既废，所在无复输入，而分一家父子异役，廪食日张，畜积日耗，民有离散之怨，国有露根之渐，而莫之恤也。民力困穷，鬻卖儿子，调赋相仍，日以疲极，所在长吏，不加隐括，加有监官，既不爱民，务行威势，所在骚扰，更为烦苛，民苦二端，财力再耗，此为无益而有损也。愿陛下一息此辈，矜哀孤弱，以镇抚百姓之心。此犹鱼鳖得免毒螫之渊，鸟兽得离罗网之纲，四方之民襁负而至矣。如此，民可得保，先王之国存焉。

臣闻五音令人耳不聪，五色令人目不明，此无益于政，有损于事者也。自昔先帝时，后宫列女，及诸织络，数不满百，米有畜积，货财有馀。先帝崩后，幼、景在位，更改奢侈，不蹈先迹。伏闻织络及诸徒坐，乃有千数，计其所长，不足为国财，然坐食官廪，岁岁相承，此为无益，愿陛下料出赋嫁，给与无妻者。如此，上应天心，下合地意，天下幸甚。

臣闻殷汤取士于商贾，齐桓取士于车辕，周武取士于负薪，大汉取士于奴仆。明王圣主取士以贤，不拘卑贱，故其功德洋溢，名流竹素，非求颜色而取好服、捷口、容悦者也。臣伏见当今内宠之臣，位非其人，任非其量，不能辅国匡时，群党相扶，害忠隐贤。愿陛下简文武之臣，各勤其官，州牧督将，藩镇方外，公卿尚书，务修仁化，上助陛下，下拯黎民，各尽其忠，拾遗万一，则康哉之歌作，刑错之理清。愿陛下留神思臣愚言。

时殿上列将何定佞巧便辟，贵幸任事，凯面责定曰："卿见前后事主不忠,倾乱国政,宁有得以寿终者邪!何以专为佞邪,秽尘天听?宜自改厉。不然,方见卿有不测之祸矣。"定大恨凯,思中伤之,凯终不以为意,乃心公家,义形于色,表疏皆指事不饰,忠恳内发。

建衡元年,疾病,晧遣中书令董朝问所欲言,凯陈:"何定不可任用,宜授外任,不宜委以国事。奚熙小吏,建起浦里田,欲复严密故迹,亦不可听。姚信、楼玄、贺邵、张悌、郭逴、薛莹、滕脩及族弟喜、抗,或清白忠勤,或姿才卓茂,皆社稷之桢干,国家之良辅,愿陛下重留神思,访以时务,各尽其忠,拾遗万一。"遂卒,时年七十二。

子祎,初为黄门侍郎,出领部曲,拜偏将军。凯亡后,入为太子中庶子。右国史华表荐祎曰:"祎体质方刚,器干强固,董率之才,鲁肃不过。及被召当下,径还赴都,道由武昌,曾不回顾,器械军资,一无所取,在戎果毅,临财有节。夫夏口,贼之冲要,宜选名将以镇戍之,臣窃思惟,莫善于祎。"

初,晧常衔凯数犯颜忤旨,加何定谮构非一,既以重臣,难绳以法,又陆抗时为大将在疆场,故以计容忍。抗卒后,竟徙凯家于建安。

或曰宝鼎元年十二月,凯与大司马丁奉、御史大夫丁固谋,因晧谒庙,欲废晧立孙休子。时左将军留平领兵先驱,故密语平,平拒而不许,誓以不泄,是以所图不果。太史郎陈苗奏晧久阴不雨,风气回逆,将有阴谋,晧深警惧云。①

① 吴录曰:旧拜庙,选兼大将军领三千兵为卫,凯欲因此兵以图之,令选曹白用丁奉。晧偶不欲,曰:"更选。"晧令执据,虽暂兼,然宜得其人。晧曰:"用留平。"凯令其子祎以谋语平。平素与丁奉有隙,晧未及得宣凯旨,平语晧曰:"闻野猪入丁奉营,此凶征也。"有喜色。晧乃不敢言,还,

因具启凯，故辄止。

予连从荆、扬来者得凯所谏晧二十事，博问吴人，多云不闻凯有此表。又按其文殊甚切直，恐非晧之所能容忍也。或以为凯藏之箧笥，未敢宣行，病困，晧遣董朝省问欲言，因以付之。虚实难明，故不著于篇，然爱其指摘晧事，足为后戒，故钞列于凯传左云。

晧遣亲近赵钦口诏报凯前表曰："孤动必遵先帝，有何不平？君所谏非也。又建业宫不利，故避之，而西宫室宇摧朽，须谋移都，何以不可徙乎？"凯上疏曰：

臣窃见陛下执政以来，阴阳不调，五星失晷，职司不忠，奸党相扶，是陛下不遵先帝之所致。① 夫王者之兴，受之于天，修之由德，岂在宫乎？而陛下不谘之公辅，便盛意驱驰，六军流离悲惧，逆犯天地，天地以灾，童歌其谣。纵令陛下一身得安，百姓愁劳，何以用治？此不遵先帝一也。

臣闻有国以贤为本，夏杀龙逄，殷获伊挚，斯前世之明效，今日之师表也。中常侍王蕃黄中通理，处朝忠謇，斯社稷之重镇，大吴之龙逄也，而陛下忿其苦辞，恶其直对，枭之殿堂，尸骸暴弃。邦内伤心，有识悲悼，咸以吴国夫差复存。先帝亲贤，陛下反之，是陛下不遵先帝二也。

臣闻宰相国之柱也，不可不强，是故汉有萧、曹之佐，先帝有顾、步之相。而万彧琐才凡庸之质，昔从家隶，超步紫闼，于彧已丰，于器已溢，而陛下爱其细介，不访大趣，荣以尊辅，越尚旧臣。贤良愤惋，智士赫咤，是不遵先帝三也。

先帝爱民过于婴孩，民无妻者以妾妻之，见单衣者以帛给之，枯骨不收而取埋之。而陛下反之，是不遵先帝四也。

昔桀纣灭由妖妇，幽厉乱在襞妾，先帝鉴之，以为身戒，故左右不置淫邪之色，后房无旷积之女。今中宫万数，不备嫔嫱，外多鳏夫，女吟于中。风雨逆度，正由此起，是不遵先帝五也。

先帝忧劳万机，犹惧有失。陛下临阼以来，游戏后宫，眩惑妇女，乃令庶事多旷，下吏容奸，是不遵先帝六也。

先帝笃尚朴素，服不纯丽，宫无高台，物不雕饰，故国富民充，奸盗不作。而陛下征调州郡，竭民财力，土被玄黄，宫有朱紫，是不遵先帝七也。

先帝外仗顾、陆、朱、张，内近胡综、薛综，是以庶绩雍熙，邦内清肃。今者外非其任，内非其人，陈声、曹辅，斗筲小吏，先帝之所弃，而陛下幸之，是不遵先帝八也。

先帝每宴见群臣，抑损醇酽，臣下终日无失慢之尤，百寮庶尹，并展所陈。而陛下拘以视瞻之敬，惧以不尽之酒。夫酒以成礼，过则败德，此无异商辛长夜之饮也，是不遵先帝九也。

昔汉之桓、灵，亲近宦竖，大失民心。今高通、詹廉、羊度，黄门小人，而陛下赏以重爵，权以战兵。若江渚有难，烽燧互起，则度等之武不能御侮明也，是不遵先帝十也。

今宫女旷积，而黄门复走州郡，条牒民女，有钱则舍，无钱则取，怨呼道路，母子死诀，是不遵先帝十一也。

先帝在时，亦养诸王太子，若取乳母，其夫复役，赐与钱财，给其资粮，时遣归来，视其弱息。今则不然，夫妇生离，夫故作役，儿从后死，家为空户，是不遵先帝十二也。

先帝叹曰："国以民为本，民以食为天，衣其次也，三者，孤存之于心。"今则不然，农桑并废，是不遵先帝十三也。

先帝简士，不拘卑贱，任之乡闾，效之于事，举者不虚，受者不妄。今则不然，浮华者登，朋党者进，是不遵先帝十四也。

先帝战士，不给他役，使春惟知农，秋惟收稻，江渚有事，责其死效。今之战士，供给众役，廪赐不赡，是不遵先帝十五也。

夫赏以劝功，罚以禁邪，赏罚不中，则士民散失。今江边将士，死不见哀，劳不见赏，是不遵先帝十六也。

今在所监司，已为烦猥，兼有内使，扰乱其中，一民十吏，何以堪命？昔景帝时，交阯反乱，实由兹起，是为遵景帝之阙，不遵先帝十七也。

夫校事，吏民之仇也。先帝末年，虽有吕壹、钱钦，寻皆诛夷，以谢百姓。今复张立校曹，纵吏言事，是不遵先帝十八也。

先帝时，居官者咸久于其位，然后考绩黜陟。今州县职司，或莅政无几，便征召迁转，迎新送旧，纷纭道路，伤财害民，于是为甚，是不遵先帝十九也。

先帝每察竟解之奏，常留心推按，是以狱无冤囚，死者吞声。今则违之，是不遵先帝二十也。

若臣言可录，藏之盟府；如其虚妄，治臣之罪。愿陛下留意。②

①江表传载凯此表曰："臣拜受明诏，心与气结。陛下何心之难悟，意不聪之甚也！"

②江表传曰：皓所行弥暴，凯知其将亡，上表曰："臣闻恶不可积，过不可长；积恶长过，丧乱之源也。是以古人惧不闻非，故设进善之旌，立敢谏之鼓。武公九十，思闻警戒，诗美其德，士悦其行。臣察陛下无思警戒之义，而有积恶之渐，臣深忧之，此祸兆见矣。故略陈其要，写尽愚怀。陛下宜克己复礼，述修前德，不可捐弃臣言，而放奢意。意奢情至，吏日欺民；民离则上不信下，下当疑上，骨肉相克，公子相奔。臣虽愚，暗于天命，以心审之，败不过二十稔也。臣常忿亡国之人夏桀、殷纣，亦不可使后人复忿陛下也。臣受国恩，奉朝三世，复以馀年，值遇陛下，不能循俗，与众沈浮。若比干、伍员，以忠见戮，以正见疑，自谓毕足，无所馀

恨,灰身泉壤,无负先帝,愿陛下九思,社稷存焉。"初,晧始起宫,凯上表谏,不听,凯重表曰:"臣闻宫功当起,夙夜反侧,是以频烦上事,往往留中,不见省报,于邑叹息,企想应罢。昨食时,被诏曰:'君所谏,诚是大趣,然未合鄙意,如何?此宫殿不利,宜当避之,乃可以妨劳役,长坐不利宫乎?父之不安,子亦何倚?'臣拜纸诏,伏读一周,不觉气结于胸,而涕泣雨集也。臣年已六十九,荣禄已重,于臣过望,复何所冀?所以勤勤数进苦言者,臣伏念大皇帝创基立业,劳苦勤至,白发生于鬓肤,黄耇被于甲胄。天下始静,晏驾早崩,自含息之类,能言之伦,无不歔欷,如丧考妣。幼主嗣统,柄在臣下,军有连征之费,民有凋残之损。贼臣干政,公家空竭。今强敌当涂,西州倾覆,孤罢之民,宜当畜养,广力肆业,以备有虞。且始徙都,属有军征,战士流离,州郡骚扰,而大功复起,征召四方,斯非保国致治之渐也。臣闻为人主者,禳灾以德,除咎以义。故汤遭大旱,身祷桑林,荧惑守心,宋景退殿,是以旱魃销亡,妖星移舍。今宫室之不利,但当克己复礼,笃汤、宋之至道,愍黎庶之困苦,何忧宫之不安,灾之不销乎?陛下不务修德,而务筑宫室,若德之不修,行之不贵,虽殷辛之瑶台,秦皇之阿房,何止而不丧身覆国,宗庙作墟乎?夫兴土功,高台榭,既致水旱,民又多疾,其不疑也。为父长安,使子无倚,此乃子离于父,臣离于陛下之象也。臣子一离,虽念克骨,茅茨不翦,复何益焉?是以大皇帝居于南宫,自谓过于阿房。故先朝大臣,以为宫室宜厚,备卫非常,大皇帝曰:'逆虏游魂,当爱育百姓,何聊趣于不急?'然臣下恳恻,由不获已,故裁调近郡,苟副众心,比当就功,犹豫三年。当此之时,寇钞慴威,不犯我境,师徒奔北,且西阻岷、汉,南州无事,尚犹冲让,未肯筑宫,况陛下危侧之世,又乏大皇帝之德,可不虑哉?愿陛下留意,臣不虚言。"

胤字敬宗,凯弟也。始为御史、尚书选曹郎,太子和闻其名,待以殊礼。会全寄、杨竺等阿附鲁王霸,与和分争,阴相谮构,胤坐收下狱,楚毒备至,终无他辞。①

①吴录曰:太子自惧黜废,而鲁王觊觎益甚。权时见杨竺,辟左右而论霸

之才，竺深述霸有文武英姿，宜为嫡嗣，于是权乃许立焉。有给使伏于床下，具闻之，以告太子。胤当至武昌，往辞太子。太子不见，而微服至其车上，与共密议，欲令陆逊表谏。既而逊有表极谏，权疑竺泄之，竺辞不服。权使竺出寻其由，竺白顷惟胤西行，必其所道。又遣问逊何由知之，逊言胤所述。召胤考问，胤为太子隐曰："杨竺向臣道之。"遂共为狱。竺不胜痛毒，服是所道。初权疑竺泄之，及服，以为果然，乃斩竺。

后为衡阳督军都尉。赤乌十一年，交址九真夷贼攻没城邑，交部骚动。以胤为交州刺史、安南校尉。胤入南界，喻以恩信，务崇招纳，高凉渠帅黄吴等支党三千馀家皆出降。引军而南，重宣至诚，遗以财币。贼帅百馀人，民五万余家，深幽不羁，莫不稽颡，交域清泰。就加安南将军。复讨苍梧建陵贼，破之，前后出兵八千馀人，以充军用。

永安元年，征为西陵督，封都亭侯，后转在虎林。[1]中书丞华覈表荐胤曰："胤天姿聪朗，才通行絜，昔历选曹，遗迹可纪。还在交州，奉宣朝恩，流民归附，海隅肃清。苍梧、南海，岁有暴风瘴气之害，[2]风则折木，飞砂转石，气则雾郁，飞鸟不经。自胤至州，风气绝息，商旅平行，民无疾疫，田稼丰稔。州治临海，海流秋咸，胤又畜水，民得甘食。惠风横被，化感人神，遂凭天威，招合遗散。至被诏书当出，民感其恩，以忘恋土，负老携幼，甘心景从，众无携贰，不烦兵卫。自诸将合众，皆胁之以威，未有如胤结以恩信者也。衔命在州，十有馀年，宾带殊俗，宝玩所生，而内无粉黛附珠之妾，家无文甲犀象之珍，方之今臣，实难多得。宜在辇毂，股肱王室，以赞唐虞康哉之颂。江边任轻，不尽其才，虎林选督，堪之者众。若召还都，宠以上司，则天工毕修，庶绩咸熙矣。"

胤卒，子式嗣，为柴桑督、扬武将军。天策元年，与从兄祎俱徙建安。天纪二年,召还建业,复将军、侯。

评曰:潘浚公清割断,陆凯忠壮质直,皆节概梗梗,有大丈夫格业。胤身絜事济,著称南土,可谓良牧矣。

【校勘记】

〔1〕后转在虎林　在,原作"左",据三国志辨误卷下改。

〔2〕岁有暴风瘴气之害　暴,原作"旧",据册府元龟改。

# 三国志卷六十二　吴书十七

## 是仪胡综传第十七

是仪字子羽，北海营陵人也。本姓氏，初为县吏，后仕郡，郡相孔融嘲仪，言"氏"字"民"无上，可改为"是"，乃遂改焉。①后依刘繇，避乱江东。繇军败，仪徙会稽。

①徐众评曰：古之建姓，或以所生，或以官号，或以祖名，皆有义体，以明氏族。故曰胙之以土而命之氏，此先王之典也，所以明本重始，彰示功德，子孙不忘也。今离文析字，横生忌讳，使仪易姓，忘本诬祖，不亦谬哉！教人易姓，从人改族，融既失之，仪又不得也。

孙权承摄大业，优文征仪。到见亲任，专典机密，拜骑都尉。

吕蒙图袭关羽，权以问仪，仪善其计，劝权听之。从讨羽，拜忠义校尉。仪陈谢，权令曰："孤虽非赵简子，卿安得不自屈为周舍邪？"

既定荆州，都武昌，拜裨将军，后封都亭侯，守侍中。欲复授兵，仪自以非材，固辞不受。黄武中，遣仪之皖就将军刘邵，欲诱致曹休。休到，大破之，迁偏将军，入阙省尚书事，外总平诸官，兼领辞讼,又令教诸公子书学。

大驾东迁,太子登留镇武昌,使仪辅太子。太子敬之,事先咨询,然后施行。进封都乡侯。后从太子还建业,复拜侍中、中执法,平诸官事、领辞讼如旧。典校郎吕壹诬白故江夏太守刁嘉谤讪国政,权怒,收嘉系狱,悉验问。时同坐人皆怖畏壹,并言闻之,仪独云无闻。于是见穷诘累日,诏旨转厉,群臣为之屏息。仪对曰:"今刀锯已在臣颈,臣何敢为嘉隐讳,自取夷灭,为不忠之鬼!顾以闻知当有本末。"据实答问,辞不倾移。权遂舍之,嘉亦得免。①

①徐众评曰:是仪以羁旅异方,客仕吴朝,值谗邪殄行,当严毅之威,命县漏刻,祸急危机,不雷同以害人,不苟免以伤义,可谓忠勇公正之士,虽祁奚之免叔向,庆忌之济朱云,何以尚之?忠不诡君,勇不惧笋,公不存私,正不党邪,资此四德,加之以文敏,崇之以谦约,履之以和顺,保傅二宫,存身爱名,不亦宜乎!

蜀相诸葛亮卒,权垂心西州,遣仪使蜀申固盟好。奉使称意,后拜尚书仆射。

南、鲁二宫初立,仪以本职领鲁王傅。仪嫌二宫相近切,乃上疏曰:"臣窃以鲁王天挺懿德,兼资文武,当今之宜,宜镇四方,为国藩辅。宣扬德美,广耀威灵,乃国家之良规,海内所瞻望。但臣言辞鄙野,不能究尽其意。愚以二宫宜有降杀,正上下之序,明教化之本。"书三四上。为傅尽忠,动辄规谏;事上勤,与人恭。

不治产业,不受施惠,为屋舍财足自容。邻家有起大宅者,权出望见,问起大室者谁,左右对曰:"似是仪家也。"权曰:"仪俭,必非也。"问果他家。其见知信如此。

服不精细,食不重膳,拯赡贫困,家无储蓄。权闻之,幸仪舍,求视蔬饭,亲尝之,对之叹息,即增俸赐,益田宅。仪累辞让,以恩为戚。

时时有所进达，未尝言人之短。权常责仪以不言者，无所是非，仪对曰："圣主在上，臣下守职，惧于不称，实不敢以愚管之言，上干天听。"

事国数十年，未尝有过。吕壹历白将相大臣，或一人以罪闻者数四，独无以白仪。权叹曰："使人尽如是仪，当安用科法为？"

及寝疾，遗令素棺，敛以时服，务从省约，年八十一卒。

胡综字伟则，汝南固始人也。少孤，母将避难江东。孙策领会稽太守，综年十四，为门下循行，留吴与孙权共读书。策薨，权为讨虏将军，以综为金曹从事，从讨黄祖，拜鄂长。权为车骑将军，都京，召综还，为书部，与是仪、徐详俱典军国密事。刘备下白帝，权以见兵少，使综料诸县，得六千人，立解烦两部，详领左部、综领右部督。吴将晋宗叛归魏，魏以宗为蕲春太守，去江数百里，数为寇害。权使综与贺齐轻行掩袭，生虏得宗，加建武中郎将。魏拜权为吴王，封综、仪、详皆为亭侯。

黄武八年夏，黄龙见夏口，于是权称尊号，因瑞改元。又作黄龙大牙，常在中军，诸军进退，视其所向，命综作赋曰：

> 乾坤肇立，三才是生。狼弧垂象，实惟兵精。圣人观法，是效是营，始作器械，爰求厥成。黄、农创代，拓定皇基，上顺天心，下息民灾。高辛诛共，舜征有苗，启有甘师，汤有鸣条。周之牧野，汉之垓下，靡不由兵，克定厥绪。明明大吴，实天生德，神武是经，惟皇之极。乃自在昔，黄、虞是祖，越历五代，继世在下。应期受命，发迹南土，将恢大繇，革我区夏。乃律天时，制为神军，取象太一，五将三门；疾则如电，迟则如云，进止有度，约而不烦。四灵既布，黄龙处中，周制日月，实曰太常，桀然特立，六军所望。仙人在上，鉴观四方，神实使之，为

国休祥。军欲转向，黄龙先移，金鼓不鸣，寂然变施，暗谟若神，可谓秘奇。在昔周室，赤乌衔书，今也大吴，黄龙吐符。合契河洛，动与道俱，天赞人和，金曰惟休。

蜀闻权践阼，遣使重申前好。综为盟文，文义甚美，语在权传。

权下都建业，详、综并为侍中，进封乡侯，兼左右领军。时魏降人或云魏都督河北振威将军吴质，颇见猜疑，综乃伪为质作降文三条：

其一曰："天纲弛绝，四海分崩，群生憔悴，士人播越，兵寇所加，邑无居民，风尘烟火，往往而处，自三代以来，大乱之极，未有若今时者也。臣质志薄，处时无方，系于土壤，不能翻飞，遂为曹氏执事戎役，远处河朔，天衢隔绝，虽望风慕义，思托大命，愧无因缘，得展其志。每往来者，窃听风化，伏知陛下齐德乾坤，同明日月，神武之姿，受之自然，敷演皇极，流化万里，自江以南，户受覆焘。英雄俊杰，上达之士，莫不心歌腹咏，乐在归附者也。今年六月末，奉闻吉日，龙兴践阼，恢弘大繇，整理天纲，将使遗民，睹见定主。昔武王伐殷，殷民倒戈；高祖诛项，四面楚歌。方之今日，未足以喻。臣质不胜昊天至愿，谨遣所亲同郡黄定恭行奉表，及托降叛，间关求达，其欲所陈，载列于左。"

其二曰："昔伊尹去夏入商，陈平委楚归汉，书功竹帛，遗名后世，世主不谓之背诞者，以为知天命也。臣昔为曹氏所见交接，外托君臣，内如骨肉，恩义绸缪，有合无离，遂受偏方之任，总河北之军。当此之时，志望高大，永与曹氏同死俱生，惟恐功之不建，事之不成耳。及曹氏之亡，后嗣继立，幼冲统政，谗言弥兴。同侪者以势相害，异趣者得间其言，而臣受性简略，素不下人，视彼数子，意实迫之，此亦臣之过也。遂为邪议所见构会，招致猜疑，诬臣欲叛。虽识真者保明其心，世乱谗胜，馀嫌犹在，常惧一旦横受无辜，忧心孔疚，如履冰炭。昔乐毅为燕昭王立功于齐，惠王即位，疑夺其任，遂去燕之赵，休烈不亏。彼岂欲二三其德，盖畏功名不建，而惧祸之将及也。昔遣魏郡周光以贾贩为名，托叛南诣，宣达密计。时以仓卒，未敢便有章表，使光口传而已。以为天下大归可见，天意所在，非吴复谁？此方之民，思为臣妾，延颈举踵，惟恐兵来之迟耳。若使圣恩少加信纳，当以河北承望王师，款心赤实，[1]天日是鉴。而光去经年，不闻咳唾，未审此意竟得达不？瞻望长叹，日月以几，鲁望高子，何足以喻！又臣今日见待稍薄，苍蝇之声，绵绵不绝，必受此祸，迟速事耳。臣私度陛下未垂明慰者，必以臣质贯穿仁义之道，不行若此之事，谓光所传，多虚少实，或谓此中有他消息，不知臣质构谗见疑，恐受大害也。且臣质若有罪之日，自当奔赴鼎镬，束身待罪，此盖人臣之宜也。今日无罪，横见潛毁，将有商鞅、白起之祸。寻惟事势，去亦宜也。死而弗义，不去何为！乐毅之出，吴起之走，君子伤其不遇，未有非之者也。愿陛下推古况今，不疑怪于臣质也。又念人臣获罪，当如伍员奉己自效，不当徼幸因事为利。然今与古，厥势不同，南北悠远，江湖隔绝，自不举事，何得济免！是以忘志士之节，而思立功之义也。且臣质又以曹氏之嗣，非天命所在，政弱刑乱，柄夺于臣，诸将专威于外，各自为政，莫或同心，士卒衰耗，帑藏空虚，纲纪毁废，上下并昏，想前后数得降叛，具闻此问。兼弱攻昧，宜应天时，此实陛下进取之秋，是以区区敢献其计。今若内兵淮、泗，据有下邳，荆、扬二州，闻声响应，臣从河北席卷而南，形势一连，根牙永固。关西之兵系于所卫，青、徐二州不敢彻守，许、洛馀兵众不满万，谁能来东与陛下争者？此诚千载一会之期，可不深思而熟计乎！及臣所在，既自多马，加以羌胡常以三四月中美草时，驱马来出，隐度今者，可得三千馀匹。陛下出军，当投此时，多将骑士来就马耳。此皆先定所一二知。凡两军不能相究虚实，今此间实赢，易可克定，陛下举动，应者必多。上定洪业，使普天一统，下令臣质建非常之功，此乃天也。若不见纳，此亦天也。愿陛下思之，不复多陈。"

其三曰："昔许子远舍袁就曹，规画计较，应见纳受，遂破袁军，以定曹业。向使曹氏不信子远，怀疑犹豫，不决于心，则今天下袁氏有也。愿陛下思之。间闻界上将阎浮、赵楫欲归大化，唱和不速，以取破亡。今臣款款，远授其命，若复怀疑，不时举动，令臣孤绝，受此厚祸，即恐天下雄夫烈士欲立功者，不敢复托命陛下矣。愿陛下思之。皇天后土，实闻其言。"此文既流行，而质已入为侍中矣。

二年，青州人隐蕃归吴，上书曰："臣闻纣为无道，微子先出；高祖宽明，陈平先入。臣年二十二，委弃封域，归命有道，赖蒙天灵，得自全致。臣至止有日，而主者同之降人，未见精别，使臣微言妙旨，不得上达。于邑三叹，曷惟其已。谨诣阙拜章，乞蒙引见。"权即召入。蕃谢答问，及陈时务，甚有辞观。综时侍坐，权问何如，综对曰："蕃上书，大语有似东方朔，巧捷诡辩有似祢衡，而才皆不及。"权又问可堪何官，综对曰："未可以治民，且试以都辇小职。"权以蕃盛论刑狱，用为廷尉监。左将军朱据、廷尉郝普称蕃有王佐之才，普尤与之亲善，常怨叹其屈。后蕃谋叛，事觉伏诛，[1]普见责自杀。据禁止，历时乃解。拜综偏将军，兼左执法，领辞讼。辽东之事，辅吴将军张昭以谏权言辞切至，权亦大怒，其和协彼此，使之无隙，综有力焉。

[1] 吴录曰：蕃有口才，魏明帝使诈叛如吴，令求作廷尉职，重案大臣以离间之。既为廷尉监，众人以据、普与蕃亲善，常车马云集，宾客盈堂。及至事觉，蕃亡走，捕得，考问党与，蕃无所言。吴主使将入，谓曰："何乃以肌肉为人受毒乎？"蕃曰："孙君，丈夫图事，岂有无伴！烈士死，不足相牵耳。"遂闭口而死。

吴历曰:权问晋:"卿前盛称蕡,又为之怨望朝廷,使蕡反叛,皆卿之由。"

性嗜酒,酒后欢呼极意,或推引杯觞,搏击左右。权爱其才,弗之责也。

凡自权统事,诸文诰策命,邻国书符,略皆综之所造也。初以内外多事,特立科,长吏遭丧,皆不得去,而数有犯者。权患之,使朝臣下议。综议以为宜定科文,示以大辟,行之一人,其后必绝。遂用综言,由是奔丧乃断。

赤乌六年卒,子冲嗣。冲平和有文干,天纪中为中书令。①

①吴录曰:冲后仕晋尚书郎、吴郡太守。

徐详者字子明,吴郡乌程人也,先综死。

评曰:是仪、徐详、胡综,皆孙权之时干兴事业者也。仪清恪贞素,详数通使命,综文采才用,各见信任,辟之广夏,其榱椽之佐乎!

【校勘记】

〔1〕款心赤实　款,原作"疑",据册府元龟改。

# 三国志卷六十三　吴书十八

## 吴范刘惇赵达传第十八

吴范字文则，会稽上虞人也。以治历数，知风气，闻于郡中。举有道，诣京都，世乱不行。会孙权起于东南，范委身服事，每有灾祥，辄推数言状，其术多效，遂以显名。

初，权在吴，欲讨黄祖，范曰："今兹少利，不如明年。明年戊子，荆州刘表亦身死国亡。"权遂征祖，卒不能克。明年，军出，行及寻阳，范见风气，因诣船贺，催兵急行，至即破祖，祖得夜亡。权恐失之，范曰："未远，必生禽祖。"至五更中，果得之。刘表竟死，荆州分割。

及壬辰岁，范又白言："岁在甲午，刘备当得益州。"后吕岱从蜀还，遇之白帝，说备部众离落，死亡且半，事必不克。权以难范，范曰："臣所言者天道也，而岱所见者人事耳。"备卒得蜀。

权与吕蒙谋袭关羽，议之近臣，多曰不可。权以问范，范曰："得之。"后羽在麦城，使使请降。权问范曰："竟当降否？"范曰："彼有走气,言降诈耳。"权使潘璋邀其径路,觇候者还,白羽已去。范曰:"虽去不免。"问其期,曰:"明日日中。"权立表下漏以待之。及中不至,权问其故,范曰:"时尚未正中也。"顷之,有风动帷,范拊手曰:"羽至矣。"须臾,外称万岁,传言得羽。

后权与魏为好,范曰:"以风气言之,彼以貌来,其实有谋,宜为之备。"刘备盛兵西陵,范曰:"后当和亲。"终皆如言。其占验明审如此。

权以范为骑都尉,领太史令,数从访问,欲知其决。范秘惜其术,不以至要语权。权由是恨之。[1]

①吴录曰:范独心计,所以见重者术,术亡则身弃矣,故终不言。

初,权为将军时,范尝白言江南有王气,亥子之间有大福庆。权曰:"若终如言,以君为侯。"及立为吴王,范时侍宴,曰:"昔在吴中,尝言此事,大王识之邪?"权曰:"有之。"因呼左右,以侯绶带范。范知权欲以厌当前言,辄手推不受。及后论功行封,以范为都亭侯。诏临当出,权恚其爱道于己也,削除其名。

范为人刚直,颇好自称,然与亲故交接有终始。素与魏滕同邑相善。滕尝有罪,权责怒甚严,敢有谏者死,范谓滕曰:"与汝偕死。"滕曰:"死而无益,何用死为?"范曰:"安能虑此,坐观汝邪?"乃髡头自缚诣门下,使铃下以闻。铃下不敢,曰:"必死,不敢白。"范曰:"汝有子邪?"曰:"有。"曰:"使汝为吴范死,子以属我。"铃下曰:"诺。"乃排阁入。言未卒,权大怒,欲便投以戟,逡巡走出,范因突入,叩头流血,言与涕并。良久,权意释,乃免滕。滕见范谢曰:"父母能生长我,不能免我于死。丈夫相知,如汝足矣,何用多为!"[1]

①会稽典录曰:滕字周林,祖父河内太守朗,字少英,列在八俊。滕性刚直,行不苟合,虽遭困逼,终不回挠。初亦连策,几殆,赖太妃救得免,语见妃嫔传。历历阳、鄱阳、[1]山阴三县令,鄱阳太守。

1186

黄武五年,范病卒。长子先死,少子尚幼,于是业绝。权追思之,募三州有能举知术数如吴范、赵达者,封千户侯,卒无所得。①

①吴录曰:范先知其死日,谓权曰:"陛下某日当丧军师。"权曰:"吾无军师,焉得丧之?"范曰:"陛下出军临敌,须臣言而后行,臣乃陛下之军师也。"至其日果卒。

臣松之案,范死时,权未称帝,此云陛下,非也。


刘惇字子仁,平原人也。遭乱避地,客游庐陵,事孙辅。以明天官达占数显于南土。每有水旱寇贼,皆先时处期,无不中者。辅异焉,以为军师,军中咸敬事之,号曰神明。

建安中,孙权在豫章,时有星变,以问惇,惇曰:"灾在丹杨。"权曰:"何如?"曰:"客胜主人,到某日当得问。"是时边鸿作乱,卒如惇言。

惇于诸术皆善,尤明太乙,皆能推演其事,穷尽要妙,著书百馀篇,名儒刁玄称以为奇。惇亦宝爱其术,不以告人,故世莫得而明也。


赵达,河南人也。少从汉侍中单甫受学,用思精密,谓东南有王者气,可以避难,故脱身渡江。治九宫一算之术,究其微旨,是以能应机立成,对问若神,至计飞蝗,射隐伏,无不中效。或难达曰:"飞者固不可校,谁知其然,此殆妄耳。"达使其人取小豆数斗,播之席上,立处其数,验覆果信。尝过知故,知故为之具食。食毕,谓曰:"仓卒乏酒,又无嘉肴,无以叙意,如何?"达因取盘中只箸,再三从横之,乃言:"卿东壁下有美酒一斛,又有鹿肉三斤,何以辞无?"时坐有他宾,内得主人情,主人惭曰:"以卿善射有无,欲相试耳,竟效如此。"遂出酒酣饮。又有书简上作千万数,著空仓中封之,令达算之。达处如数,云:"但有名无实。"其精微若是。

1187

达宝惜其术,自阚泽、殷礼皆名儒善士,亲屈节就学,达秘而不告。太史丞公孙滕少师事达,勤苦累年,达许教之者有年数矣,临当喻语而辄复止。滕他日赍酒具,候颜色,拜跪而请,达曰:"吾先人得此术,欲图为帝王师,至仕来三世,不过太史郎,诚不欲复传之。且此术微妙,头乘尾除,一算之法,父子不相语。然以子笃好不倦,今真以相授矣。"饮酒数行,达起取素书两卷,大如手指,达曰:"当写读此,则自解也。吾久废,不复省之,今欲思论一过,数日当以相与。"滕如期往,至乃阳求索书,惊言失之,云:"女婿昨来,必是渠所窃。"遂从此绝。

初孙权行师征伐,每令达有所推步,皆如其言。权问其法,达终不语,由此见薄,禄位不至。①

①吴书曰:初,权即尊号,令达算作天子之后,当复几年?达曰:"高祖建元十二年,陛下倍之。"权大喜,左右称万岁。果如达言。

达常笑谓诸星气风术者曰:"当回算帷幕,不出户牖以知天道,而反昼夜暴露以望气祥,不亦难乎!"闲居无为,引算自校,乃叹曰:"吾算讫尽某年月日,其终矣。"达妻数见达效,闻而哭泣。达欲弭妻意,乃更步算,言:"向者谬误耳,尚未也。"后如期死。权闻达有书,求之不得,乃录问其女,及发棺无所得,法术绝焉。①

①吴录曰:皇象字休明,广陵江都人。幼工书。时有张子并、陈梁甫能书。甫恨逋,并恨峻,象斟酌其间,甚得其妙,中国善书者不能及也。严武字子卿,卫尉峻再从子也,围棋莫与为辈。宋寿占梦,十不失一。曹不兴善画,权使画屏风,误落笔点素,因就以作蝇。既进御,权以为生蝇,举手弹之。孤城郑妪能相人,及范、悖、达八人,世皆称妙,谓之八绝云。

晋阳秋曰:吴有葛衡字思真,明达天官,能为机巧,作浑天,使地居于中,以机动之,天转而地止,以上应晷度。

评曰：三子各于其术精矣，其用思妙矣，然君子等役心神，宜于大者远者，是以有识之士，舍彼而取此也。①

①孙盛曰：夫玄览未然，逆鉴来事，虽禅灶、梓慎其犹病诸，况术之下此者乎？吴史书达知东南当有王气，故轻举济江。魏承汉绪，受命中畿，达不能豫睹兆萌，而流审吴越。又不知吝术之鄙，见薄于时，安在其能逆睹天道而审帝王之符瑞哉？昔圣王观天地之文，以画八卦之象，故叠叠成于著策，变化形乎六爻，是以三易虽殊，卦繇理一，安有回转一筹，可以钩深测隐，意对逆占，而能逆知来物者乎？流俗好异，妄设神奇，不幸之中，仲尼所弃，是以君子志其大者，无所取诸。

臣松之以为盛云"君子志其大者，无所取诸"，故评家之旨，非新声也。其馀所讥，则皆为非理。自中原酷乱，至于建安，数十年间，生民殆尽，比至小康，皆百死之馀耳。江左虽有兵革，不能如中国之甚也，焉知达不算其安危，知祸有多少，利在东南，以全其身乎？而责不知魏氏将兴，流播吴越，在京房之筹，犹不能自免刑戮，况达但以秘术见薄，在悔吝之间乎！古之道术，盖非一方，探赜之功，岂惟六爻，苟得其要，则可以易而知之矣，回转一筹，胡足怪哉？达之推算，穷其要妙以知幽测隐，何愧于古！而以禅、梓限之，谓达为妄，非笃论也。

抱朴子曰：时有葛仙公者，每饮酒醉，常入人家门前陂水中卧，竟日乃出。曾从吴主别，到洌州，还遇大风，百官船多没，仙公船亦沉沦，吴主甚怅恨。明日使人钩求公船，而登高以望焉。久之，见公步从水上来，衣履不沾，而有酒色。既见而言曰："臣昨侍从而伍子胥见请，暂过设酒，忽忽不得，即委之。"又有姚光者，有火术。吴主身临试之，积获数千束，使光坐其上，又以数千束获之，因猛风而燔之。获了尽，谓光当以化为烬，而光端坐灰中，振衣而起，把一卷书。吴主取其书视之，不能解也。

又曰：吴景帝有疾，求觋视者，得一人。景帝欲试之，乃杀鹅而埋于苑中，架小屋，施床几，以妇人屐履服物著其上，乃使觋视。告曰："若能说此冢中鬼妇人形状者，当加赏而即信矣。"竟日尽夕无言，帝推问之急，乃曰："实不见有鬼，但见一头白鹅立墓上，所以不即白之，疑是鬼神变化作此相，当候其真形而定。无复移易，不知何故，不敢不以实上闻。"景帝乃厚赐之。然则鹅死亦有鬼也。

葛洪神仙传曰：仙人介象，字元则，会稽人，有诸方术。吴主闻之，征象到武昌，甚敬贵之，称为介君，为起宅，以御帐给之，赐遗前后累千金，从象学蔽形之术。试还后宫，及出殿门，莫有见者。又使象作变化，种瓜菜百果，皆立生可食。吴主共论鲙鱼何者最美，象曰："鲻鱼为上。"吴主曰："论近道鱼耳，此出海中，安可得邪？"象曰："可得耳。"乃令人于殿庭中作方坎，汲水满之，并求钩。象起饵之，垂纶于坎中。须臾，果得鲻鱼。吴主惊喜，问象曰："可食不？"象曰："故为陛下取以作生鲙，安敢取不可食之物！"乃使厨下切之。吴主曰："闻蜀使来，得蜀姜作齑甚好，恨尔时无此。"象曰："蜀姜岂不易得，愿差所使者，并付直。"吴主指左右一人，以钱五十付之。象书一符，以著青竹杖中，使行人闭目骑杖，杖止，便买姜讫，复闭目。此人承其言骑杖，须臾止，已至成都，不知是何处，问人，人言是蜀市中，乃买姜。于时吴使张温先在蜀，既于市中相识，甚惊，便作书寄其家。此人买姜毕，捉书负姜，骑杖闭目，须臾已还到吴，厨下切鲙适了。

臣松之以为葛洪所记，近为惑众，其书文颇行世，故撮取数事，载之篇末也。神仙之术，讵可测量，臣之臆断，以为惑众，所谓夏虫不知冷冰耳。

【校勘记】

〔1〕历历阳鄱阳　历阳，原作"历山"；鄱阳，原作"潘阳"。据三国志考证卷八改。

# 三国志卷六十四　吴书十九

## 诸葛滕二孙濮阳传第十九

诸葛恪字元逊,瑾长子也。少知名。①弱冠拜骑都尉,与顾谭、张休等侍太子登讲论道艺,并为宾友。从中庶子转为左辅都尉。

①江表传曰:恪少有才名,发藻岐嶷,辩论应机,莫与为对。权见而奇之,谓瑾曰:"蓝田生玉,真不虚也。"

吴录曰:恪长七尺六寸,少须眉,折頞广额,大口高声。

恪父瑾面长似驴,孙权大会群臣,使人牵一驴入,长检其面,题曰诸葛子瑜。恪跪曰:"乞请笔益两字。"因听与笔。恪续其下曰"之驴"。举坐欢笑,乃以驴赐恪。他日复见,权问恪曰:"卿父与叔父孰贤?"对曰:"臣父为优。"权问其故,对曰:"臣父知所事,叔父不知,以是为优。"权又大噱。命恪行酒,至张昭前,昭先有酒色,不肯饮,曰:"此非养老之礼也。"权曰:"卿其能令张公辞屈,乃当饮之耳。"恪难昭曰:"昔师尚父九十,秉旄仗钺,犹未告老也。今军旅之事,将军在后,酒食之事,将军在先,何谓不养老也?"昭卒无辞,遂为尽爵。后蜀使至,群臣并会,权谓使曰:"此诸葛恪雅好骑乘,还告丞相,为致好马。"恪因下谢,权曰:"马未至而谢何也?"恪对曰:"夫蜀者陛下之外厩,今有恩诏,马必至也,安敢不谢?"恪之才捷,皆此类也。①权甚异之,欲试以事,令守节度。节度掌军粮谷,文书繁猥,非其好也。②

①恪别传曰:权尝飨蜀使费祎,先逆敕群臣:"使至,伏食勿起。"祎至,权为辍食,而群下不起。祎嘲之曰:"凤皇来翔,骐驎吐哺,驴骡无知,伏食如故。"恪答曰:"爰植梧桐,以待凤皇,有何燕雀,自称来翔?何不弹射,使还故乡!"祎停食饼,索笔作麦赋,恪亦请笔作磨赋,咸称善焉。权尝问恪:"顷何以自娱,而更肥泽?"恪对曰:"臣闻富润屋,德润身,臣非敢自娱,修己而已。"又问:"卿何如滕胤?"恪答曰:"登阶蹑履,臣不如胤;回筹转策,胤不如臣。"恪尝献权马,先鑷其耳。范慎时在坐,嘲恪曰:"马虽大畜,禀气于天,今残其耳,岂不伤仁?"恪答曰:"母之于女,恩爱至矣,穿耳附珠,何伤于仁?"太子尝嘲恪:"诸葛元逊可食马矢。"恪:"愿太子食鸡卵。"权曰:"人令卿食马矢,卿使人食鸡卵何也?"恪曰:"所出同耳。"权大笑。

江表传曰:曾有白头鸟集殿前,权曰:"此何鸟也?"恪曰:"白头翁也。"张昭自以坐中最老,疑恪以鸟戏之,因曰:"恪欺陛下,未尝闻鸟名白头翁者,试使恪复求白头母。"恪曰:"鸟名鹦母,未必有对,试使辅吴复求鹦父。"昭不能答,坐中皆欢笑。

②江表传曰:权为吴王,初置节度官,使典掌军粮,非汉制也。初用侍中偏将军徐详,详死,将用恪。诸葛亮闻恪代详,书与陆逊曰:"家兄年老,而恪性疏,今使典主粮谷,粮谷军之要最,仆虽在远,窃用不安。足下特为启至尊转之。"逊以白权,即转恪领兵。

恪以丹杨山险,民多果劲,虽前发兵,徒得外县平民而已,其馀深远,莫能禽尽,屡自求乞为官出之,三年可得甲士四万。众议咸以丹杨地势险阻,与吴郡、会稽、新都、鄱阳四郡邻接,周旋数千里,山谷万重,其幽邃民人,未尝入城邑,对长吏,皆仗兵野逸,白首于林莽。逋亡宿恶,咸共逃窜。山出铜铁,自铸甲兵。俗好武习战,高尚气力,其升山赴险,抵突丛棘,若鱼之走渊,猿狖之腾木也。时观间隙,出为寇盗,每致兵征伐,寻其窟藏。其战则蜂至,败则鸟窜,自前世以来,不能羁也。皆以为难。恪父瑾闻之,亦以事终不逮,叹曰:"恪不大兴吾家,将大赤吾族也。"恪盛陈其必捷。权拜恪抚越将军,领丹杨太守,授棨戟武骑三百。拜毕,命恪备威仪,作鼓吹,导引归家,时年三十二。

恪到府,乃移书四郡属城长吏,令各保其疆界,明立部伍,其从化平民,悉令屯居。乃分内诸将,罗兵幽阻,但缮藩篱,不与交锋,候其谷稼将熟,辄纵兵芟刈,使无遗种。旧谷既尽,新田不收,平民屯居,略无所入,于是山民饥穷,渐出降首。恪乃复敕下曰:"山民去恶从化,皆当抚慰,徙出外县,不得嫌疑,有所执拘。"臼阳长胡伉得降民周遗,遗旧恶民,困迫暂出,内图叛逆,伉缚送诸府。[1]恪以伉违教,遂斩以徇,以状表上。民闻伉坐执人被戮,知官惟欲出之而已,于是老幼相携而出,岁期,人数皆如本规。恪自领万人,馀分给诸将。

权嘉其功,遣尚书仆射薛综劳军。综先移恪等曰:"山越恃阻,不宾历世,缓则首鼠,急则狼顾。皇帝赫然,命将西征,神策内授,武师外震。兵不染锷,甲不沾汗。元恶既枭,种党归义,荡涤山薮,献戎十万。野无遗寇,邑罔残奸。既埽凶慝,又充军用。藜莠稂莠,化为善草。魑魅魍魉,更成虎士。虽实国家威灵之所加,亦信元帅临履之所致也。虽诗美执讯,易嘉折首,周之方、召,汉之卫、霍,岂足以谈?功轶古人,勋超前世。主上欢然,遥用叹息。感四牡之遗典,思饮至之旧章。故遣中台近官,迎致犒赐,以旌茂功,以慰勤劳。"拜恪威北将军,封都乡侯。恪乞率众佃庐江、皖口,因轻兵袭舒,掩得其民而还。复远遣斥候,观相径要,欲图寿春,权以为不可。

赤乌中,魏司马宣王谋欲攻恪,权方发兵应之,望气者以为不利,于是徙恪屯于柴桑。与丞相陆逊书曰:"杨敬叔传述清论,以为方今人物凋尽,守德业者不能复几,宜相左右,更为辅车,上熙国事,下相珍惜。又疾世俗好相谤毁,使已成之器,中有损累;将进之徒,意不欢笑。闻此喟然,诚独击节。愚以为君子不求备于一人,自孔氏门徒大数三千,其见异者七十二人,至于子张、子路、子贡等七十之徒,亚圣之德,然犹各有所短,师辟由喭,赐不受命,岂况下此而无所阙?且仲尼不以数子之不备而引以为友,不以人所短弃其所长也。加以当今取士,宜宽于往古,何者?时务从横,而善人单少,国家职司,常苦不充。苟令性不邪恶,志在陈力,便可奖就,骋其所任。若于小小宜适,私行不足,皆宜阔略,不足缕责。且士诚不可纤论苛克,苛克则彼贤圣犹将不全,况其出人者邪?故曰以道望人则难,以人望人则易,贤愚可知。自汉末以来,中国士大夫如许子将辈,所以更相谤讪,或至于祸,原其本起,非为大雠,惟坐克己不能尽如礼,而责人专以正义。夫己不如礼,则人不服。责人以正义,则人不堪。内不服其行,外不堪其责,则不得不相怨。相怨一生,则小人得容其间。得容其间,则三至之言,浸润之谮,纷错交至,虽使至明至亲者处之,犹难以自定,况已为隙,且未能明者乎?是故张、陈至于血刃,萧、朱不终其好,本由于此而已。夫不舍小过,纤微相责,久乃至于家户为怨,一国无复全行之士也。"恪知逊以此嫌己,故遂广其理而赞其旨也。会逊卒,恪迁大将军,假节,驻武昌,代逊领荆州事。

久之,权不豫,而太子少,乃征恪以大将军领太子太傅,中书令孙弘领少傅。权疾困,召恪、弘及太常滕胤、将军吕据、侍中孙峻,属以后事。①

①吴书曰:权寝疾,议所付托。时朝臣咸皆注意于恪,而孙峻表恪器任辅

政，可付大事。权嫌恪刚很自用，峻以当今朝臣皆莫及，遂固保之，乃征恪。后引恪等见卧内，受诏床下，权诏曰："吾疾困矣，恐不复相见，诸事一以相委。"恪歔欷流涕曰："臣等皆受厚恩，当以死奉诏，愿陛下安精神，损思虑，无以外事为念。"权诏有司诸事一统于恪，惟杀生大事然后以闻。为治第馆，设陪卫。群官百司拜揖之仪，各有品叙。诸法令有不便者，条列以闻，权辄听之。中外翕然，人怀欢欣。

翌日，权薨。弘素与恪不平，惧为恪所治，秘权死问，欲矫诏除恪。峻以告恪，恪请弘咨事，于坐中诛之，乃发丧制服。与弟公安督融书曰："今月十六日乙未，大行皇帝委弃万国，群下大小，莫不伤悼。至吾父子兄弟，并受殊恩，非徒凡庸之隶，是以悲恸，肝心圮裂。皇太子以丁酉践尊号，哀喜交并，不知所措。吾身受顾命，辅相幼主，窃自揆度，才非博陆而受姬公负图之托，惧忝丞相辅汉之效，恐损先帝委付之明，是以忧惭惶惶，所虑万端。且民恶其上，动见瞻观，何时易哉？今以顽钝之姿，处保傅之位，艰多智寡，任重谋浅，谁为唇齿？近汉之世，燕、盖交遘，有上官之变，以身值此，何敢怡豫邪？又弟所在，与贼犬牙相错，当于今时整顿军具，率厉将士，警备过常，念出万死，无顾一生，以报朝廷，无忝尔先。又诸将备守各有境界，犹恐贼虏闻讳，恣睢寇窃。边邑诸曹，已别下约敕，所部督将，不得妄委所戍，径来奔赴。虽怀怆怛不忍之心，公义夺私，伯禽服戎，若苟违戾，非徒小故。以亲正疏，古人明戒也。"恪更拜太傅。于是罢视听，息校官，原逋责，除关税，事崇恩泽，众莫不悦。恪每出入，百姓延颈，思见其状。

初，权黄龙元年迁都建业，二年筑东兴堤遏湖水。后征淮南，败以内船，由是废不复修。恪以建兴元年十月会众于东兴，更作大堤，左右结山侠筑两城，各留千人，使全端、留略守之，引军而还。魏以吴军入其疆土，耻于受侮，命大将胡遵、诸葛诞等率众七万，欲攻围两坞,图坏堤遏。恪兴军四万,晨夜赴救。遵等敕其诸军作浮桥度,陈于堤上,分兵攻两城。城在高峻,不可卒拔。恪遣将军留赞、吕据、唐咨、丁奉为前部。时天寒雪,魏诸将会饮,见赞等兵少,而解置铠甲,不持矛戟。但兜鍪刀楯,保身缘遏,大笑之,不即严兵。兵得上,便鼓噪乱斫。魏军惊扰散走,争渡浮桥,桥坏绝,自投于水,更相蹈藉。乐安太守桓嘉等同时并没,死者数万。故叛将韩综为魏前军督,亦斩之。获车乘牛马驴骡各数千,资器山积,振旅而归。进封恪阳都侯,加荆扬州牧,督中外诸军事,赐金一百斤,马二百匹,缯布各万匹。

恪遂有轻敌之心,以十二月战克,明年春,复欲出军。[1] 诸大臣以为数出罢劳,同辞谏恪,恪不听。中散大夫蒋延或以固争,扶出。

①汉晋春秋曰:恪使司马李衡往蜀说姜维,令同举,曰:"古人有言,圣人不能为时,时至亦不可失也。今故政在私门,外内猜隔,兵挫于外,而民怨于内,自曹操以来,彼之亡形未有如今者也。若大举伐之,使吴攻其东,汉入其西,彼救西则东虚,重东则西轻,以练实之军,乘虚轻之敌,破之必矣。"维从之。

恪乃著论谕众意曰:"夫天无二日,土无二王,王者不务兼并天下而欲垂祚后世,古今未之有也。昔战国之时,诸侯自恃兵强地广,互有救援,谓此足以传世,人莫能危。恣情从怀,惮于劳苦,使秦渐得自大,遂以并之,此既然矣。近者刘景升在荆州,有众十万,财谷如山,不及曹操尚微,与之力竞,坐观其强大,吞灭诸袁。北方都定之后,操率三十万众来向荆州,当时虽有智者,不能复为画计,于是景升儿子,交臂请降,遂为囚虏。凡敌国欲相吞,即仇雠欲相除也。有雠而长之,祸不在己,则在后人,不可不为远虑也。昔伍子胥曰:'越十年生聚,十年教训,二十年之外,吴其为沼乎!'夫差自恃强大,闻此邈然,是以诛子胥而无备越之心,至于临败悔之,

岂有及乎?越小于吴,尚为吴祸,况其强大者邪?昔秦但得关西耳,
尚以并吞六国,今贼皆得秦、赵、韩、魏、燕、齐九州之地,地悉戎马
之乡,士林之薮。今以魏比古之秦,土地数倍;以吴与蜀比古六国,
不能半之。然今所以能敌之,但以操时兵众,于今适尽,而后生者
未悉长大,正是贼衰少未盛之时。加司马懿先诛王凌,续自陨毙,
其子幼弱,而专彼大任,虽有智计之士,未得施用。当今伐之,是其
厄会。圣人急于趋时,诚谓今日。若顺众人之情,怀偷安之计,以为
长江之险可以传世,不论魏之终始,而以今日遂轻其后,此吾所以
长叹息者也。自古以来,[2]务在产育,今者贼民岁月繁滋,但以尚
小,未可得用耳。若复十数年后,其众必倍于今,而国家劲兵之地,
皆已空尽,唯有此见众可以定事。若不早用之,端坐使老,复十数
年,略当损半,而见子弟数不足言。若贼众一倍,而我兵损半,虽复
使伊、管图之,未可如何。今不达远虑者,必以此言为迂。夫祸难未
至而豫忧虑,此固众人之所迂也。及于难至,然后顿颡,虽有智者,
又不能图。此乃古今所病,非独一时。昔吴始以伍员为迂,故难至
而不可救。刘景升不能虑十年之后,故无以诒其子孙。今恪无具臣
之才,而受大吴萧、霍之任,智与众同,思不经远,若不及今日为国
斥境,俯仰年老,而雠敌更强,欲刎颈谢责,宁有补邪?今闻众人或
以百姓尚贫,欲务闲息,此不知虑其大危,而爱其小勤者也。昔汉
祖幸已自有三秦之地,何不闭关守险,以自娱乐,空出攻楚,身被
创痍,介胄生虮虱,将士厌困苦,岂甘锋刃而忘安宁哉?虑于长久
不得两存者耳!每览荆邯说公孙述以进取之图,近见家叔父表陈与
贼争竞之计,未尝不喟然叹息也。夙夜反侧,所虑如此,故聊疏愚
言,以达二三君子之末。若一朝陨殁,志画不立,贵令来世知我所
忧,可思于后。"众皆以恪此论欲必为之辞,然莫敢复难。

丹杨太守聂友素与恪善,书谏恪曰:"大行皇帝本有遏东关之

计,计未施行。今公辅赞大业,成先帝之志,寇远自送,将士凭赖威德,出身用命,一旦有非常之功,岂非宗庙神灵社稷之福邪!宜且案兵养锐,观衅而动。今乘此势,欲复大出,天时未可。而苟任盛意,私心以为不安。"恪题论后,为书答友曰:"足下虽有自然之理,然未见大数。熟省此论,可以开悟矣。"于是违众出军,大发州郡二十万众,百姓骚动,始失人心。

恪意欲曜威淮南,驱略民人,而诸将或难之曰:"今引军深入,疆埸之民,必相率远遁,恐兵劳而功少,不如止围新城。新城困,救必至,至而图之,乃可大获。"恪从其计,回军还围新城。攻守连月,城不拔。士卒疲劳,因暑饮水,泄下流肿,病者大半,死伤涂地。诸营吏日白病者多,恪以为诈,欲斩之,自是莫敢言。恪内惟失计,而耻城不下,忿形于色。将军朱异有所是非,恪怒,立夺其兵。都尉蔡林数陈军计,恪不能用,策马奔魏。魏知战士罢病,乃进救兵。恪引军而去。士卒伤病,流曳道路,或顿仆坑壑,或见略获,存亡忿痛,大小呼嗟。而恪晏然自若。出住江渚一月,图起田于浔阳,诏召相衔,徐乃旋师。由此众庶失望,而怨黩兴矣。

秋八月军还,陈兵导从,归入府馆。即召中书令孙嘿,厉声谓曰:"卿等何敢妄数作诏?"嘿惶惧辞出,因病还家。恪征行之后,曹所奏署令长职司,一罢更选,愈治威严,多所罪责,当进见者,无不竦息。又改易宿卫,用其亲近,复敕兵严,欲向青、徐。

孙峻因民之多怨,众之所嫌,构恪欲为变,与亮谋,置酒请恪。恪将见之夜,精爽扰动,通夕不寐。明将盥漱,闻水腥臭,侍者授衣,衣服亦臭。恪怪其故,易衣易水,其臭如初,意惆怅不悦。严毕趋出,犬衔引其衣,恪曰:"犬不欲我行乎?"还坐,顷刻乃复起,犬又衔其衣,恪令从者逐犬,遂升车。

初,恪将征淮南,有孝子著缞衣入其阁中,从者白之,令外诘问,孝子曰:"不自觉入。"时中外守备,亦悉不见,众皆异之。出行之后,所坐厅事屋栋中折。自新城出住东兴,有白虹见其船;还拜蒋陵,白虹复绕其车。

及将见,驻车宫门,峻已伏兵于帷中,恐恪不时入,事泄,自出见恪曰:"使君若尊体不安,自可须后,峻当具白主上。"欲以尝知恪。恪答曰:"当自力入。"散骑常侍张约、朱恩等密书与恪曰:"今日张设非常,疑有他故。"恪省书而去。未出路门,逢太常滕胤,恪曰:"卒腹痛,不任入。"胤不知峻阴计,谓恪曰:"君自行旋未见,今上置酒请君,君已至门,宜当力进。"恪踌躇而还,剑履上殿,谢亮,还坐。设酒,恪疑未饮,峻因曰:"使君病未善平,当有常服药酒,自可取之。"恪意乃安,别饮所赍酒。① 酒数行,亮还内。峻起如厕,解长衣,著短服,出曰:"有诏收诸葛恪!"② 恪惊起,拔剑未得,而峻刀交下。张约从旁斫峻,裁伤左手,峻应手斫约,断右臂。武卫之士皆趋上殿,峻云:"所取者恪也,今已死。"悉令复刃,乃除地更饮。③

① 吴历曰:张约、朱恩密疏告恪,恪以示滕胤,胤劝恪还,恪曰:"峻小子何能为邪! 但恐因酒食中人耳。"乃以药酒入。

孙盛评曰:恪与胤亲厚,约等疏,非常大事,势应示胤,共谋安危。然恪性强梁,加素侮峻,自不信,入,岂胤微劝,便为之冒祸乎?吴历为长。

② 吴录曰:峻提刀称诏收恪,亮起立曰:"非我所为! 非我所为!"乳母引亮还内。

吴历云:峻先引亮入,然后出称诏。与本传同。

臣松之以为峻欲称诏,宜如本传及吴历,不得如吴录所言。

③ 搜神记曰:恪入,已被杀,其妻在室,语使婢曰:[3]"汝何故血臭?"婢曰:"不也。"有顷愈剧,又问婢曰:"汝眼目视瞻,何以不常?"婢蹶然起跃,头至于栋,攘臂切齿而言曰:"诸葛公乃为孙峻所杀!"于是大小知恪死矣,而吏兵寻至。

志林曰:初权病笃,召恪辅政。临去,大司马吕岱戒之曰:"世方多难,子每事必十思”恪答曰:“昔季文子三思而后行,夫子曰‘再思可矣’,今君令恪十思,明恪之劣也。”岱无以答,当时咸谓之失言。虞喜曰:夫托以天下至重也,以人臣行主威至难也,兼二至而管万机,能胜之者鲜矣。自非采纳群谋,询于刍荛,虚己受人,恒若不足,则功名不成,勋绩莫著。况吕侯国之元者,智度经远,而甫以十思戒之,而便以示劣见拒,此元逊之疏,乃机神不俱者也。若因十思之义,广咨当世之务,闻善速于雷动,从谏急于风移,岂得陨首殿堂,死凶竖之刃?世人奇其英辩,造次可观,而晒吕侯无对为陋,不思安危终始之虑,是乐春藻之繁华,而忘秋实之甘口也。昔魏人伐蜀,蜀人御之,精严垂发,六军云扰,士马擐甲,羽檄交驰,费祎时为元帅,荷国任重,而与来敏围棋,意无厌倦。敏临别谓祎:“君必能办贼者也。”言其明略内定,貌无忧色,况长宁以为君子临事而惧,好谋而成者。且蜀为蕞尔之国,而方向大敌,所规所图,唯守与战,何可矜己有馀,晏然无戒?斯乃性之宽简,不防细微,卒为降人郭修所害,岂非兆见于彼而祸成于此哉?往闻长宁之甄文伟,今睹元逊之逆吕侯,二事体同,故并而载之,可以镜诫于后,永为世鉴。

先是,童谣曰:“诸葛恪,芦苇单衣蔑钩落,于何相求成子阁。”成子阁者,反语石子冈也。建业南有长陵,名曰石子冈,葬者依焉。钩落者,校饰革带,世谓之钩络带。恪果以苇席裹其身而篾束其腰,投之于此冈。①

① 吴录曰:恪时年五十一。

恪长子绰,骑都尉,以交关鲁王事,权遣付恪,令更教诲,恪鸩杀之。中子竦,长水校尉。少子建,步兵校尉。闻恪诛,车载其母而走。峻遣骑督刘承追斩竦于白都。建得渡江,欲北走魏,行数十里,为追兵所逮。恪外甥都乡侯张震及常侍朱恩等,皆夷三族。

初,竦数谏恪,恪不从,常忧惧祸。及亡,临淮臧均表乞收葬恪曰:“臣闻震雷电激,不崇一朝,大风冲发,希有极日,然犹继以云雨,因以润物,是则天地之威,不可经日浃辰,帝王之怒,不宜讫情尽意。臣以狂愚，不知忌讳，敢冒破灭之罪，以邀风雨之会。伏念故太傅诸葛恪得承祖考风流之烈，伯叔诸父遭汉祚尽，九州鼎立，分托三方，并履忠勤，熙隆世业。爰及恪，生长王国，陶育圣化，致名英伟，服事累纪，祸心未萌，先帝委以伊、周之任，属以万机之事。恪素性刚愎，矜己陵人，不能敬守神器，穆静邦内，兴功暴师，未期三出，虚耗士民，空竭府藏，专擅国宪，废易由意，假刑劫众，大小屏息。侍中武卫将军都乡侯俱受先帝嘱寄之诏，见其奸虐，日月滋甚，将恐荡摇宇宙，倾危社稷，奋其威怒，精贯昊天，计虑先于神明，智勇百于荆、聂，躬持白刃，枭恪殿堂，勋超朱虚，功越东牟。国之元害，一朝大除，驰首徇示，六军喜踊，日月增光，风尘不动，斯实宗庙之神灵，天人之同验也。今恪父子三首，县市积日，观者数万，詈声成风。国之大刑，无所不震，长老孩幼，无不毕见。人情之于品物，乐极则哀生，见恪贵盛，世莫与贰，身处台辅，中间历年，今之诛夷，无异禽兽，观讫情反，能不恻然！且已死之人，与土壤同域，凿掘斫刺，无所复加。愿圣朝稽则乾坤，怒不极旬，使其乡邑若故吏民，收以士伍之服，惠以三寸之棺。昔项籍受殡葬之施，韩信获收敛之恩，斯则汉高发神明之誉也。惟陛下敦三皇之仁，垂哀矜之心，使国泽加于辜戮之骸，复受不已之恩，于以扬声遐方，沮劝天下，岂不弘哉！昔栾布矫命彭越，臣窃恨之，不先请主上，而专名以肆情，其得不诛，实为幸耳。今臣不敢章宣愚情，以露天恩，谨伏手书，冒昧陈闻，乞圣朝哀察。"于是亮、峻听恪故吏敛葬，遂求之于石子冈。①

① 江表传曰：朝臣有乞为恪立碑以铭其勋绩者，博士盛冲以为不应。孙休曰："盛夏出军，士卒伤损，无尺寸之功，不可谓能；受托孤之任，死于竖子之手，不可谓智。冲议为是。"遂寝。

始恪退军还，聂友知其将败，书与滕胤曰："当人强盛，河山可拔,一朝赢缩,人情万端,言之悲叹。"恪诛后,孙峻忌友,欲以为郁林太守,友发病忧死。友字文悌,豫章人也。①

①吴录曰:友有唇吻,少为县吏。虞翻徙交州,县令使友送之,翻与语而奇焉,为书与豫章太守谢斐,令以为功曹。郡时见有功曹,斐见之,问曰:"县吏聂友,可堪何职?"对曰:"此人县间小吏耳,犹可堪曹佐。"斐曰:"论者以为宜作功曹,君其避之。"乃用为功曹。使至都,诸葛恪友之。时论谓顾子嘿、子直,其间无所复容,恪欲以友居其间,由是知名。后为将,讨儋耳,还拜丹杨太守,年五十三卒。

滕胤字承嗣,北海剧人也。伯父耽,父胄,与刘繇州里通家,以世扰乱,渡江依繇。孙权为车骑将军,拜耽右司马,以宽厚称,早卒,无嗣。胄善属文,权待以宾礼,军国书疏,常令损益润色之,亦不幸短命。权为吴王,追录旧恩,封胤都亭侯。少有节操,美容仪。①弱冠尚公主。年三十,起家为丹杨太守,徙吴郡、会稽,所在见称。②

①吴书曰:胤年十二,而孤单茕立,能治身厉行。为人白晰,威仪可观。每正朔朝贺修勤,在位大臣见者,无不叹赏。

②吴书曰:胤上表陈及时宜,及民间优劣,多所匡弼。权以胤故,增重公主之赐,屡加存问。胤每听辞讼,断罪法,察言观色,务尽情理。人有穷冤悲苦之言,对之流涕。

太元元年,权寝疾,诣都,留为太常,与诸葛恪等俱受遗诏辅政。孙亮即位,加卫将军。

恪将悉众伐魏,胤谏恪曰:"君以丧代之际,受伊、霍之托,入安本朝,出摧强敌,名声振于海内,天下莫不震动,万姓之心,冀得蒙君而息。今猥以劳役之后,兴师出征,民疲力屈,远主有备。若攻城不克,野略无获,是丧前劳而招后责也。不如案甲息师,观隙而动。且兵者大事,事以众济,众苟不悦,君独安之?"恪曰:"诸云不可者,皆不见计算,怀居苟安者也,而子复以为然,吾何望焉?夫以曹芳暗劣,而政在私门,彼之臣民,固有离心。今吾因国家之资,藉战胜之威,则何往而不克哉!"以胤为都下督,掌统留事。胤白日接宾客,夜省文书,或通晓不寐。①

①吴书曰:胤宠任弥高,接士愈勤,表奏书疏,皆自经意,不以委下。

孙峻字子远,孙坚弟静之曾孙也。静生暠。暠生恭,为散骑侍郎。恭生峻。少便弓马,精果胆决。孙权末,徙武卫都尉,为侍中。权临薨,受遗辅政,领武卫将军,故典宿卫,封都乡侯。既诛诸葛恪,迁丞相大将军,督中外诸军事,假节,进封富春侯。滕胤以恪子竦妻父辞位,峻曰:"鲧禹罪不相及,滕侯何为?"峻、胤虽内不沾洽,而外相包容,进胤爵高密侯,共事如前。①

①吴录曰:群臣上奏,共推峻为太尉,议胤为司徒。时有媚峻者,以为大统宜在公族,若滕胤为亚公,声名素重,众心所附,不可贰也。乃表以峻为丞相,又不置御史大夫,士人皆失望矣。

峻素无重名,骄矜险害,多所刑杀,百姓嚣然。又奸乱宫人,与公主鲁班私通。五凤元年,吴侯英谋杀峻,英事泄死。

二年,魏将毌丘俭、文钦以众叛,与魏人战于乐嘉,峻帅骠骑将军吕据、左将军留赞袭寿春,会钦败降,军还。①是岁,蜀使来聘,将军孙仪、张怡、林恂等欲因会杀峻。[4]事泄,仪等自杀,死者数十人,并及公主鲁育。

①吴书曰:留赞字正明,会稽长山人。少为郡吏,与黄巾贼帅吴桓战,手斩得桓。赞一足被创,遂屈不伸。然性烈,好读兵书及三史,每览古良将战攻之势,辄对书独叹,因呼诸近亲谓曰:"今天下扰乱,英豪并起,历观前世,富贵非有常人,而我屈躄在闾巷之间,存亡无以异。今欲割引吾足,幸不死而申,几复见用,死则已矣。"亲戚皆难之。有间,赞乃以刀自割其筋,血流滂沱,气绝良久。家人惊怖,亦以既尔,遂引申其足。足申创愈,以得蹉步。凌统闻之,请与相见,甚奇之,乃表荐赞,遂被试用。

累有战功，稍迁屯骑校尉。时事得失，每常规谏，好直言不阿旨，权以此惮之。诸葛恪征东兴，赞为前部，合战先陷陈，大败魏师，迁左将军。孙峻征淮南，授赞节，拜左护军。未至寿春，道路病发，峻令赞将车重先还。魏将蒋班以步骑四千追赞。赞病困，不能整陈，知必败，乃解曲盖印绶付弟子以归，曰："吾自为将，破敌搴旗，未尝负败。今病困兵羸，众寡不敌，汝速去矣，俱死无益于国，适所以快敌耳。"弟子不肯受，拔刀欲斫之，乃去。初，赞为将，临敌必先被发叫天，因抗音而歌，左右应之，毕乃进战，战无不克。及败，叹曰："吾战有常术，今病困若此，固命也！"遂被害，时年七十三，众庶痛惜焉。二子略、平，并为大将。

峻欲城广陵，朝臣知其不可城，而畏之莫敢言。唯滕胤谏止，不从，而功竟不就。

其明年，文钦说峻征魏，峻使钦与吕据、车骑将军刘纂、镇南将军朱异、前将军唐咨自江都入淮、泗，以图青、徐。峻与胤至石头，因饯之，领从者百许人入据营。据御军齐整，峻恶之，称心痛去，遂梦为诸葛恪所击，恐惧发病死，时年三十八，以后事付綝。

孙綝字子通，与峻同祖。綝父绰为安民都尉。綝始为偏将军，及峻死，为侍中武卫将军，领中外诸军事，代知朝政。吕据闻之大恐，与诸督将连名，共表荐滕胤为丞相，綝更以胤为大司马，代吕岱驻武昌。据引兵还，使人报胤，欲共废綝。綝闻之，遣从兄虑将兵逆据于江都，使中使敕文钦、刘纂、唐咨等合众击据，遣侍中左将军华融、中书丞丁晏告胤取据，并喻胤宜速去意。胤自以祸及，因留融、晏，勒兵自卫，召典军杨崇、将军孙咨，告以綝为乱，迫融等使有书难綝。綝不听，表言胤反，许将军刘丞以封爵，使率兵骑急攻围胤。胤又劫融等，使诈诏发兵。融等不从，胤皆杀之。① 胤颜色不变，谈笑若常。或劝胤引兵至苍龙门，将士见公出，必皆委綝就公。时夜已半，胤恃与据期，又难举兵向宫，乃约令部曲，说吕侯以在近道，故皆为胤尽死，无离散者。时大风，比晓，据不至。綝兵大会，遂杀胤及将士数十人，夷胤三族。②

① 文士传曰：华融字德蕤，广陵江都人。祖父避乱，居山阴蕊山下。时皇象亦寓居山阴，吴都张温来就象学，欲得所舍。或告温曰："蕊山下有华德蕤者，虽年少，美有令志，可舍也。"温遂止融家，朝夕谈讲。俄而温为选部尚书，乃擢融为太子庶子，遂知名显达。融子谞，黄门郎，与融并见害，次子谭，以才辩称，晋秘书监。

② 臣松之以为孙綝虽凶虐，与滕胤宿无嫌隙，胤若且顺綝意，出镇武昌，岂徒免当时之祸，仍将永保元吉，而犯机触害，自取夷灭，悲夫！

綝迁大将军，假节，封永宁侯，负贵倨傲，多行无礼。初，峻从弟虑与诛诸葛恪之谋，峻厚之，至右将军、无难督，授节盖，平九官事。綝遇虑薄于峻时，虑怒，与将军王惇谋杀綝。惇杀綝，虑服药死。

魏大将军诸葛诞举寿春叛，保城请降。吴遣文钦、唐咨、全端、全怿等帅三万人救之。魏镇南将军王基围诞，钦等突围入城。魏悉中外军二十馀万增诞之围。朱异帅三万人屯安丰城，为文钦势。魏兖州刺史州泰拒异于阳渊，异败退，为泰所追，死伤二千人。綝于是大发卒出屯镬里，复遣异率将军丁奉、黎斐等五万人攻魏，留辎重于都陆。异屯黎浆，遣将军任度、张震等募勇敢六千人，于屯西六里为浮桥夜渡，筑偃月垒。为魏监军石苞及州泰所破，军却退就高。异复作车箱围趣五木城。苞、泰攻异，异败归，而魏太山太守胡烈以奇兵五千诡道袭都陆，尽焚异资粮。綝授兵三万人使异死战，异不从，綝斩之于镬里，而遣弟恩救，会诞败引还。綝既不能拔出诞，而丧败士众，自戮名将，莫不怨之。

綝以孙亮始亲政事，多所难问，甚惧。还建业，称疾不朝，筑室于朱雀桥南，使弟威远将军据入苍龙宿卫，弟武卫将军恩、偏将军干、长水校尉闿分屯诸营,欲以专朝自固。亮内嫌綝,乃推鲁育见杀本末,责怒虎林督朱熊、熊弟外部督朱损不匡正孙峻,乃令丁奉杀熊于虎林,杀损于建业。綝入谏不从,亮遂与公主鲁班、太常全尚、将军刘承议诛綝。亮妃,綝从姊女也,以其谋告綝。綝率众夜袭全尚,遣弟恩杀刘承于苍龙门外,遂围宫。① 使光禄勋孟宗告庙废亮,召群司议曰:"少帝荒病昏乱,不可以处大位,承宗庙,以告先帝废之。诸君若有不同者,下异议。"皆震怖,曰:"唯将军令。"綝遣中书郎李崇夺亮玺绶,以亮罪状班告远近。尚书桓彝不肯署名,綝怒杀之。②

①江表传曰:亮召全尚息黄门侍郎纪密谋,曰:"孙綝专势,轻小于孤。孤见敕之,使速上岸,为唐咨等作援,而留湖中,不上岸一步。又委罪朱异,擅杀功臣,不先表闻。筑第桥南,不复朝见。此为自在,无复所畏,不可久忍。今规取之,卿父作中军都督,使密严整士马,孤当自出临桥,帅宿卫虎骑、左右无难一时围之。作版诏敕綝所领皆解散,不得举手,正尔自得之。卿去,但当使密耳。卿宣诏语卿父,勿令卿母知之,女人既不晓大事,且綝同堂姊,邂逅泄漏,误孤非小也。"纪承诏,以告尚,尚无远虑,以语纪母。母使人密语綝。綝夜发严兵废亮,比明,兵已围宫。亮大怒,上马,带鞬执弓欲出,曰:"孤大皇帝之適子,在位已五年,谁敢不从者?"侍中近臣及乳母共牵攀止之,乃不得出,叹咤二日不食,骂其妻曰:"尔父愦愦,败我大事!"又呼纪,纪曰:"臣父奉诏不谨,负上,无面目复见。"因自杀。

孙盛曰:亮传称亮少聪慧,势当先与纪谋,不先令妻知也。江表传说漏泄有由,于事为详矣。

②汉晋春秋曰:彝,魏尚书令阶之弟。

吴录曰:晋武帝问薛莹吴之名臣,莹对称彝有忠贞之节。

典军施正劝綝征立琅邪王休,綝从之,遣宗正楷奉书于休曰:"綝以薄才,见授大任,不能辅导陛下。项月以来,多所造立,亲近刘承，悦于美色，发吏民妇女，料其好者，留于宫内，取兵子弟十八已下三千馀人，习之苑中，连日续夜，大小呼嗟，败坏藏中矛戟五千馀枚，以作戏具。朱据先帝旧臣，子男熊、损皆承父之基，以忠义自立，昔杀小主，自是大主所创，帝不复精其本末，便杀熊、损，谏不见用，诸下莫不侧息。帝于宫中作小船三百馀艘，成以金银，师工昼夜不息。太常全尚，累世受恩，不能督诸宗亲，而全端等委城就魏。尚位过重，曾无一言以谏陛下，而与敌往来，使传国消息，惧必倾危社稷。推案旧典，运集大王，辄以今月二十七日擒尚斩承。以帝为会稽王，遣楷奉迎。百寮喁喁，立住道侧。"

綝遣将军孙耽送亮之国，徙尚于零陵，迁公主于豫章。綝意弥溢，侮慢民神，遂烧大桥头伍子胥庙，又坏浮屠祠，斩道人。休既即位，称草莽臣，诣阙上书曰："臣伏自省，才非干国，因缘肺腑，位极人臣，伤锦败驾，罪负彰露，寻愆惟阙，夙夜忧惧。臣闻天命棐谌，必就有德，是以幽厉失度，周宣中兴，陛下圣德，篡承大统，宜得良辅，以协雍熙，虽尧之盛，犹求稷契之佐，以协明圣之德。古人有言：'陈力就列，不能者止。'臣虽自展竭，无益庶政，谨上印绶节钺，退还田里，以避贤路。"休引见慰喻。又下诏曰："朕以不德，守藩于外，值兹际会，群公卿士，暨于朕躬，以奉宗庙。朕用忧然，若涉渊冰。大将军忠计内发，扶危定倾，安康社稷，功勋赫然。昔汉孝宣践阼，霍光尊显，褒德赏功，古今之通义也。其以大将军为丞相、荆州牧，食五县。"恩为御史大夫、卫将军，据右将军，皆县侯。幹杂号将军、亭侯。闿亦封亭侯。綝一门五侯，皆典禁兵，权倾人主，自吴国朝臣未尝有也。

綝奉牛酒诣休，休不受，赍诣左将军张布；酒酣，出怨言曰："初废少主时，多劝吾自为之者。吾以陛下贤明，故迎之。帝非我不立，今上礼见拒，是与凡臣无异，当复改图耳。"布以言闻休，休衔之,恐其有变,数加赏赐,又复加恩侍中,与綝分省文书。或有告綝怀怨侮上欲图反者,休执以付綝,綝杀之,由是愈惧,因孟宗求出屯武昌,休许焉,尽敕所督中营精兵万馀人,皆令装载,所取武库兵器,咸令给与。[1]将军魏邈说休曰"綝居外必有变",武卫士施朔又告"綝欲反为征"。休密问张布,布与丁奉谋于会杀綝。

> [1] 吴历曰:綝求中书两郎,典知荆州诸军事,主者奏中书不应外出,休特
> 听之,其所请求,一皆给与。

永安元年十二月丁卯,建业中谣言明会有变,綝闻之,不悦。夜大风发木扬沙,綝益恐。戊辰腊会,綝称疾。休强起之,使者十馀辈,綝不得已,将入,众止焉。綝曰:"国家屡有命,不可辞。可豫整兵,令府内起火,因是可得速还。"遂入,寻而火起,綝求出,休曰:"外兵自多,不足烦丞相也。"綝起离席,奉、布目左右缚之。綝叩首曰:"愿徙交州。"休曰:"卿何以不徙滕胤、吕据?"綝复曰:"愿没为官奴。"休曰:"何不以胤、据为奴乎!"遂斩之。以綝首令其众曰:"诸与綝同谋皆赦。"放仗者五千人。闿乘船欲北降,追杀之。夷三族。发孙峻棺,取其印绶,斫其木而埋之,以杀鲁育等故也。

綝死时年二十八。休耻与峻、綝同族,特除其属籍,称之曰故峻、故綝云。休又下诏曰:"诸葛恪、滕胤、吕据盖以无罪为峻、綝兄弟所见残害,可为痛心,促皆改葬,各为祭奠。其罹恪等事见远徙者,一切召还。"

濮阳兴字子元,陈留人也。父逸,汉末避乱江东,官至长沙太守。[1]兴少有士名,孙权时除上虞令,稍迁至尚书左曹,以五官中郎将使蜀,还为会稽太守。时琅邪王休居会稽,兴深与相结。及休即位,征兴为太常卫将军、平军国事,封外黄侯。

> [1] 逸事见陆瑁传。

永安三年,都尉严密建丹杨湖田,作浦里塘。诏百官会议,咸以为用功多而田不保成,唯兴以为可成。遂会诸兵民就作,功佣之费不可胜数,士卒死亡,或自贼杀,百姓大怨之。

兴迁为丞相,与休宠臣左将军张布共相表里,邦内失望。

七年七月,休薨。左典军万彧素与乌程侯孙晧善,乃劝兴、布,于是兴、布废休適子而迎立晧。晧既践阼,加兴侍郎,领青州牧。俄彧谮兴、布追悔前事。十一月朔入朝,晧因收兴、布,徙广州,道追杀之,夷三族。

评曰:诸葛恪才气干略,邦人所称,然骄且吝,周公无观,况在于恪?矜己陵人,能无败乎!若躬行所与陆逊及弟融之书,则悔吝不至,何尤祸之有哉?滕胤厉修士操,遵蹈规矩,而孙峻之时犹保其贵,必危之理也。峻、綝凶竖盈溢,固无足论者。濮阳兴身居宰辅,虑不经国,协张布之邪,纳万彧之说,诛夷其宜矣。

【校勘记】

〔1〕优缚送诸府　诸,原作"言",据郝经续后汉书卷六三改。

〔2〕自古以来　古,原作"本",据通志卷一二〇改。

〔3〕语使婢曰　语,原在"婢"字下,据杨通说改。

〔4〕张怡林恂等欲因会杀峻　张怡林恂,原作"孙邵綝恂",据本书卷四八孙亮传、资治通鉴卷七六改。

# 三国志卷六十五　吴书二十

## 王楼贺韦华传第二十

王蕃字永元,庐江人也。博览多闻,兼通术艺。始为尚书郎,去官。孙休即位,与贺邵、薛莹、虞氾俱为散骑中常侍,皆加驸马都尉。时论清之。遣使至蜀,蜀人称焉,还为夏口监军。

孙晧初,复入为常侍,与万彧同官。彧与晧有旧,俗士挟侵,谓蕃自轻。又中书丞陈声,晧之嬖臣,数谮毁蕃。蕃体气高亮,不能承颜顺指,时或迕意,积以见责。

甘露二年,丁忠使晋还,晧大会群臣,蕃沈醉顿伏,晧疑而不悦,舆蕃出外。顷之请还,酒亦不解。蕃性有威严,行止自若,晧大怒,呵左右于殿下斩之。卫将军滕牧、征西将军留平请,不能得。①

①江表传曰:晧用巫史之言,谓建业宫不利,乃西巡武昌,仍有迁都之意,恐群臣不从,乃大请会,赐将吏。问蕃"射不主皮,为力不同科,其义云何"?蕃思惟未答,即于殿上斩蕃。出登来山,使亲近将掷蕃首,[1]作虎跳狼争咋啮之,头皆碎坏,欲以示威,使众不敢犯也。此与本传不同。

吴录曰:晧每于会,因酒酣,辄令侍臣嘲谑公卿,以为笑乐。万彧既为右丞相,[2]蕃嘲彧曰:"鱼潜于渊,出水煦沫。何则?物有本性,不可横处非分也。或出自溪谷，羊质虎皮，虚受光赫之宠，跨越三九之位，犬马犹能识养，将何以报厚施乎？"或曰："唐虞之朝无谬举之才，造父之门无驾蹇之质，蕃上诬明选，下讪桢干，何伤于日月，适多见其不知量耳。"

臣松之按本传云丁忠使晋还，晧为大会，于会中杀蕃，检忠从北还在此年之春，或时尚未为丞相，至秋乃为相耳。吴录所言为乖互不同。

丞相陆凯上疏曰："常侍王蕃黄中通理，知天知物，处朝忠蹇，斯社稷之重镇，大吴之龙逢也。昔事景皇，纳言左右，景皇钦嘉，叹为异伦。而陛下忿其苦辞，恶其直对，枭之殿堂，尸骸暴弃，郡内伤心，有识悲悼。"其痛蕃如此。蕃死时年三十九，晧徙蕃家属广州。二弟著、延皆作佳器，郭马起事，不为马用，见害。

楼玄字承先，沛郡蕲人也。孙休时为监农御史。孙晧即位，与王蕃、郭逴、万晧俱为散骑中常侍，出为会稽太守，入为大司农。旧禁中主者自用亲近人作之，或陈亲密近职，宜用好人，晧因敕有司，求忠清之士，以应其选，遂用玄为宫下镇禁中候，主殿中事。玄从九卿持刀侍卫，正身率众，奉法而行，应对切直，数迕晧意，渐见责怒。后人诬白玄与贺邵相逢，驻共耳语大笑，谤讪政事，遂被诏诘责，送付广州。

东观令华覈上疏曰："臣窃以治国之体，其犹治家。主田野者，皆宜良信。又宜得一人总其条目，为作维纲，众事乃理。论语曰：'无为而治者其舜也与！恭己正南面而已。'言所任得其人，故优游而自逸也。今海内未定，天下多事，事无大小，皆当关闻，动经御坐，劳损圣虑。陛下既垂意博古，综极艺文，加勤心好道，随节致气，宜得闲静以展神思，呼翕清淳，与天同极。臣夙夜思惟，诸吏之中，任干之事，足委仗者，无胜于楼玄。玄清忠奉公，冠冕当世，众服其操，无与争先。夫清者则心平而意直，忠者惟正道而履之，如玄之性,终始可保,乞陛下赦玄前愆,使得自新,擢之宰司,责其后效,使为官择人,随才授任,则舜之恭己,近亦可得。"晧疾玄名声,复徙玄及子据,付交阯将张奕,使以战自效,阴别敕奕令杀之。据到交阯,病死。玄一身随奕讨贼,持刀步涉,见奕辄拜,奕未忍杀。会奕暴卒,玄殡敛奕,于器中见敕书,还便自杀。①

> ①江表传曰:晧遣将张奕追赐玄鸩,奕以玄贤者,不忍即宣诏致药,玄阴知之,谓奕曰:"当早告玄,玄何惜邪?"即服药死。
>
> 臣松之以玄之清高,必不以安危易操,无缘骤拜张奕,以亏其节。且祸机既发,岂百拜所免?江表传所言,于理为长。

贺邵字兴伯,会稽山阴人也。①孙休即位,从中郎为散骑中常侍,出为吴郡太守。孙晧时,入为左典军,迁中书令,领太子太傅。

> ①吴书曰:邵,贺齐之孙,景之子。

晧凶暴骄矜,政事日弊。邵上疏谏曰:

古之圣王,所以潜处重闱之内而知万里之情,垂拱衽席之上,明照八极之际者,任贤之功也。陛下以至德淑姿,统承皇业,宜率身履道,恭奉神器,旌贤表善,以康庶政。自顷年以来,朝列纷错,真伪相贸,上下空任,文武旷位,外无山岳之镇,内无拾遗之臣;佞谀之徒附翼天飞,干弄朝威,盗窃荣利,而忠良排坠,信臣被害。是以正士摧方,而庸臣苟媚,先意承旨,各希时趣,人执反理之评,士吐诡道之论,遂使清流变浊,忠臣结舌。陛下处九天之上,隐百重之室,言出风靡,令行景从,亲洽宠媚之臣,日闻顺意之辞,将谓此辈实贤,而天下已平也。臣心所不安,敢不以闻。

臣闻兴国之君乐闻其过,荒乱之主乐闻其誉;闻其过者过日消而福臻,闻其誉者誉日损而祸至。是以古之人君,揖让以进贤,虚己以求过,譬天位于乘奔,以虎尾为警戒。至于陛下,严刑法以禁直辞,黜善士以逆谏臣,眩耀毁誉之实,沈沦近习之言。昔高宗思佐，梦寐得贤，而陛下求之如忘，忽之如遗。故常侍王蕃忠恪在公，才任辅弼，以醉酒之间加之大戮。近鸿胪葛奚，先帝旧臣，偶有逆迕，昏醉之言耳，三爵之后，礼所不讳，陛下猥发雷霆，谓之轻慢，饮之醇酒，中毒陨命。自是之后，海内悼心，朝臣失图，仕者以退为幸，居者以出为福，诚非所以保光洪绪，熙隆道化也。

又何定本趋走小人，仆隶之下，身无锱铢之行，能无鹰犬之用，而陛下爱其佞媚，假其威柄，使定恃宠放恣，自擅威福，口正国议，手弄天机，上亏日月之明，下塞君子之路。夫小人求入，必进奸利，定间妄兴事役，发江边戍兵以驱麋鹿，结罝山陵，芟夷林莽，殚其九野之兽，聚于重围之内，上无益时之分，下有损耗之费。而兵士罢于运送，人力竭于驱逐，老弱饥冻，大小怨叹。臣窃观天变，自比年以来阴阳错谬，四时逆节，日食地震，中夏陨霜，参之典籍，皆阴气陵阳，小人弄势之所致也。臣尝览书传，验诸行事，灾祥之应，所为寒栗。昔高宗修己以消鼎雉之异，宋景崇德以退荧惑之变，愿陛下上惧皇天谴告之消，下追二君攘灾之道，远览前代任贤之功，近寤今日谬授之失，清澄朝位，旌叙俊义，放退佞邪，抑夺奸势，如是之辈，一勿复用，广延淹滞，容受直辞，祗承乾指，敬奉先业，则大化光敷，天人望塞也。

传曰："国之兴也，视民如赤子；其亡也，以民为草芥。"陛下昔韬神光，潜德东夏，以圣哲茂姿，龙飞应天，四海延颈，八方拭目，以成康之化必隆于旦夕也。自登位以来，法禁转苛，赋调益繁；中宫内竖，分布州郡，横兴事役，竞造奸利；百姓罹杼轴之困，黎民罢无已之求，老幼饥寒，家户菜色，而所在长吏，迫畏罪负，严法峻刑，苦民求办。是以人力不堪，家户离散，呼嗟之声，感伤和气。又江边戍兵，远当以拓土广境，近当以守界备难，宜特优育，以待有事，而征发赋调，烟至云集，衣不全裋褐，食不赡朝夕，出当锋镝之难，入抱无聊之戚。是以父子相弃，叛者成行。愿陛下宽赋除烦，振恤穷乏，省诸不急，荡禁约法，则海内乐业，大化普洽。夫民者国之本，食者民之命也，今国无一年之储，家无经月之畜，而后宫之中坐食者万有馀人。内有离旷之怨，外有损耗之费，使库廪空于无用，士民饥于糟糠。

又北敌注目，伺国盛衰，陛下不恃己之威德，而怙敌之不来，忽四海之困穷，而轻虏之不为难，诚非长策庙胜之要也。昔大皇帝勤身苦体，创基南夏，割据江山，拓土万里，虽承天赞，实由人力也。馀庆遗祚，至于陛下，陛下宜勉崇德器，以光前烈，爱民养士，保全先轨，何可忽显祖之功勤，轻难得之大业，忘天下之不振，替兴衰之巨变哉？臣闻否泰无常，吉凶由人，长江之限不可久恃，苟我不守，一苇可航也。昔秦建皇帝之号，据殽函之阻，德化不修，法政苛酷，毒流生民，忠臣杜口，是以一夫大呼，社稷倾覆。近刘氏据三关之险，守重山之固，可谓金城石室，万世之业，任授失贤，一朝丧没，君臣系颈，共为羁仆。此当世之明鉴，目前之炯戒也。愿陛下远考前事，近鉴世变，丰基强本，割情从道，则成康之治兴，而圣祖之祚隆矣。

书奏，晧深恨之。邵奉公贞正，亲近所惮。乃共谮邵与楼玄谤毁国事，俱被诘责。玄见送南州，邵原复职。后邵中恶风，口不能言，去职数月，晧疑其托疾，收付酒藏，掠考千所，邵卒无一语，竟见杀害，家属徙临海。并下诏诛玄子孙，是岁天册元年也，邵年四十九。[①]

①邵子循，字彦先。

　　虞预晋书曰：循丁家祸，流放海滨，吴平，还乡里。节操高厉，童龀不群，言行举动，必以礼让。好学博闻，尤善三礼。举秀才，除阳羡、武康令。顾荣、陆机、陆云表荐循曰："伏见吴兴武康令贺循德量邃茂，才鉴清远，服膺道素，风操凝峻，历践三城，刑政肃穆，守职下县，编名凡苹，出自新邦，朝无知己，悋居遐外，志不自营，年时倏忽，而遴无阶绪，实州党愚智所为怅然。臣等并以凡才，累授饰进，被服恩泽，忝豫朝末，知良士后时，而守局无言，惧有蔽贤之咎，是以不胜愚管，谨冒死表闻。"久之，召为太子舍人。石冰破扬州，循亦合众，事平，杜门不出。陈敏作乱，以循为丹杨内史，循称疾固辞，敏不敢逼。于时江东豪右无不受敏爵位，惟循与同郡朱诞不挂贼网。后除吴国内史，不就。元皇帝为镇东将军，请循为军司马，帝为晋王，以循为中书令，固让不受，转太常，领太子太傅。时朝廷初建，动有疑议，宗庙制度皆循所定，朝野谘询，为一时儒宗。年六十，太兴二年卒。追赠司空，谥曰穆。循诸所著论，并传于世。子熙，临海太守。

韦曜字弘嗣，吴郡云阳人也。[1]少好学，能属文，从丞相掾，除西安令，还为尚书郎，迁太子中庶子。

①曜本名昭，史为晋讳，改之。

时蔡颖亦在东宫，性好博弈，太子和以为无益，命曜论之。其辞曰：

盖闻君子耻当年而功不立，疾没世而名不称，故曰学如不及，犹恐失之。是以古之志士，悼年齿之流迈而惧名称之不立也，故勉精厉操，晨兴夜寐，不遑宁息，经之以岁月，累之以日力，若甯越之勤，董生之笃，渐渍德义之渊，栖迟道艺之域。且以西伯之圣，姬公之才，犹有日昃待旦之劳，故能隆兴周道，垂名亿载，况在臣庶，而可以已乎？历观古今立功名之士，皆有累积殊异之迹，劳身苦体，契阔勤思，平居不堕其业，穷困不易其素，是以卜式立志于耕牧，而黄霸受道于圄圉，终有荣显之福，以成不朽之名。故山甫勤于夙夜，而吴汉不离公门，岂有游惰哉？

今世之人多不务经术，好玩博弈，废事弃业，忘寝与食，穷日尽明，继以脂烛。当其临局交争，雌雄未决，专精锐意，心劳体倦，人事旷而不修，宾旅阙而不接，虽有太牢之馔，韶夏之乐，不暇存也。至或赌及衣物，徙棋易行，廉耻之意弛，而忿戾之色发，然其所志不出一枰之上，所务不过方罫之间，胜敌无封爵之赏，获地无兼土之实。技非六艺，用非经国；立身者不阶其术，征选者不由其道。求之于战陈，则非孙、吴之伦也；考之于道艺，则非孔氏之门也；以变诈为务，则非忠信之事也；以劫杀为名，则非仁者之意也；而空妨日废业，终无补益。是何异设木而击之，置石而投之哉！且君子之居室也勤身以致养，其在朝也竭命以纳忠，临事且犹旰食，而何博弈之足耽？夫然，故孝友之行立，贞纯之名彰也。

方今大吴受命，海内未平，圣朝乾乾，务在得人，勇略之士则受熊虎之任，儒雅之徒则处龙凤之署，百行兼苞，文武并骛，博选良才，旌简髦俊，设程试之科，垂金爵之赏，诚千载之嘉会，百世之良遇也。当世之士，宜勉思至道，爱功惜力，以佐明时，使名书史籍，勋在盟府，乃君子之上务，当今之先急也。

夫一木之枰孰与方国之封？枯棋三百孰与万人之将？衮龙之服，金石之乐，足以兼棋局而贸博弈矣。假令世士移博弈之力而用之于诗书，是有颜、闵之志也；用之于智计，是有良、平之思也；用之于资货，是有猗顿之富也；用之于射御，是有将帅之备也。如此则功名立而鄙贱远矣。

和废后，为黄门侍郎。孙亮即位，诸葛恪辅政，表曜为太史令，撰吴书，华覈、薛莹等皆与参同。孙休践阼，为中书郎、博士祭酒。命曜依刘向故事，校定众书。又欲延曜侍讲，而左将军张布近习宠幸，事行多玷，惮曜侍讲儒士，又性精确，惧以古今警戒休意，固争不可。休深恨布，语在休传。然曜竟止不入。

孙皓即位，封高陵亭侯，迁中书仆射，职省，为侍中，常领左国史。时所在承指数言瑞应。皓以问曜，曜答曰："此人家筐箧中物耳。"又皓欲为父和作纪，曜执以和不登帝位，宜名为传。如是者非一,渐见责怒。曜益忧惧,自陈衰老,求去侍、史二官,乞欲成所造书,以从业别有所付,晧终不听。时有疾病,医药监护,持之愈急。

晧每飨宴,无不竟日,坐席无能否率以七升为限,虽不悉入口,皆浇灌取尽。曜素饮酒不过二升,初见礼异时,常为裁减,或密赐茶荈以当酒,至于宠衰,更见逼强,辄以为罪。又于酒后使侍臣难折公卿,以嘲弄侵克,发摘私短以为欢。时有忤过,或误犯晧讳,辄见收缚,至于诛戮。曜以为外相毁伤,内长尤恨,使不济济,非佳事也,故但示难问经义言论而已。晧以为不承用诏命,意不忠尽,遂积前后嫌忿,收曜付狱,是岁凤皇二年也。

曜因狱吏上辞曰:“囚荷恩见哀,无与为比,曾无芒𣝔有以上报,孤辱恩宠,自陷极罪。念当灰灭,长弃黄泉,愚情惓惓,窃有所怀,贪令上闻。囚昔见世间有古历注,其所纪载既多虚无,在书籍者亦复错谬。囚寻按传记,考合异同,采摭耳目所及,以作洞纪,起自庖犠,至于秦、汉,凡为三卷,当起黄武以来,别作一卷,事尚未成。又见刘熙所作释名,信多佳者,然物类众多,难得详究,故时有得失,而爵位之事,又有非是。愚以官爵,今之所急,不宜乖误。囚自忘至微,又作官职训及辩释名各一卷,欲表上之。新写始毕,会以无状,幽囚待命,泯没之日,恨不上闻,谨以先死列状,乞上言秘府,于外料取,呈内以闻。追惧浅蔽,不合天听,抱怖雀息,乞垂哀省。”

曜冀以此求免,而晧更怪其书之垢,故又以诘曜。曜对曰:“囚撰此书,实欲表上,惧有误谬,数数省读,不觉点污。被问寒战,形气呐吃。谨追辞叩头五百下,两手自搏。”而华覈连上疏救曜曰:“曜运值千载,特蒙哀识,以其儒学,得与史官,貂蝉内侍,承合天问,圣朝仁笃,慎终追远,迎神之际,垂涕救曜。曜愚惑不达,不能敷宣陛下大舜之美,而拘系史官,使圣趣不叙,至行不彰,实曜愚蔽当死之罪。然臣惓惓，见曜自少勤学，虽老不倦，探综坟典，温故知新，及意所经识古今行事，外吏之中少过曜者。昔李陵为汉将，军败不还而降匈奴，司马迁不加疾恶，为陵游说，汉武帝以迁有良史之才，欲使毕成所撰，忍不加诛，书卒成立，垂之无穷。今曜在吴，亦汉之史迁也。伏见前后符瑞彰著，神指天应，继出累见，一统之期，庶不复久。事平之后，当观时设制，三王不相因礼，五帝不相沿乐，质文殊涂，损益异体，宜得曜辈依准古义，有所改立。汉氏承秦，则有叔孙通定一代之仪，曜之才学亦汉通之次也。又吴书虽已有头角，叙赞未述。昔班固作汉书，文辞典雅，后刘珍、刘毅等作汉记，远不及固，叙传尤劣。今吴书当垂千载，编次诸史，后之才士论次善恶，非得良才如曜者，实不可使阙不朽之书。如臣顽蔽，诚非其人。曜年已七十，馀数无几，乞赦其一等之罪，为终身徒，使成书业，永足传示，垂之百世。谨通进表，叩头百下。"晧不许，遂诛曜，徙其家零陵。子隆，亦有文学也。

华覈字永先，吴郡武进人也。始为上虞尉、典农都尉，以文学入为秘府郎，迁中书丞。

蜀为魏所并，覈诣宫门发表曰："间闻贼众蚁聚向西境，西境艰险，谓当无虞。定闻陆抗表至，成都不守，臣主播越，社稷倾覆。昔卫为翟所灭而桓公存之，今道里长远，不可救振，失委附之土，弃贡献之国，臣以草芥，窃怀不宁。陛下圣仁，恩泽远抚，卒闻如此，必垂哀悼。臣不胜忡怅之情，谨拜表以闻。"

孙晧即位，封徐陵亭侯。宝鼎二年，晧更营新宫，制度弘广，饰以珠玉，所费甚多。是时盛夏兴工，农守并废，覈上疏谏曰：

臣闻汉文之世，九州晏然，秦民喜去惨毒之苛政，归刘氏之宽仁，省役约法，与之更始，分王子弟以藩汉室，当此之时，皆以为泰山之安，无穷之基也。至于贾谊，独以为可痛哭及流涕者三，可为长叹息者六，乃曰当今之势何异抱火于积薪之下而寝其上，火未及然而谓之安。其后变乱，皆如其言。臣虽下愚，不识大伦，窃以曩时之事，揆今之势。

　谊曰复数年间，诸王方刚，汉之傅相称疾罢归，欲以此为治，虽尧舜不能安。今大敌据九州之地，有大半之众，习攻战之馀术，乘戎马之旧势，欲与中国争相吞之计，其犹楚汉势不两立，非徒汉之诸王淮南、济北而已。谊之所欲痛哭，比今为缓，抱火卧薪之喻，于今而急。大皇帝览前代之如彼，察今势之如此，故广开农桑之业，积不訾之储，恤民重役，务养战士，是以大小感恩，各思竭命。期运未至，早弃万国。自是之后，强臣专政，上诡天时，下违众议，亡安存之本，邀一时之利，数兴军旅，倾竭府藏，兵劳民困，无时获安。今之存者乃创夷之遗众，哀苦之馀民耳。遂使军资空匮，仓廪不实，布帛之赐，寒暑不周，重以失业，家户不赡。而北积谷养民，专心向东，无复他警。蜀为西藩，土地险固，加承先主统御之术，谓其守御足以长久，不图一朝，奄至倾覆。唇亡齿寒，古人所惧。交州诸郡，国之南土，交阯、九真二郡已没，日南孤危，存亡难保，合浦以北，民皆摇动，因连避役，多有离叛，而备戍减少，威镇转轻，常恐呼吸复有变故。昔海虏窥窬东县，多得离民，地习海行，狃于往年，钞盗无日，今胸背有嫌，首尾多难，乃国朝之厄会也。诚宜住建立之役，先备豫之计，勉垦殖之业，为饥乏之救。惟恐农时将过，东作向晚，有事之日，整严未办。若舍此急，尽力功作，卒有风尘不虞之变，当委版筑之役，应烽燧之急，驱怨苦之众，赴白刃之难，此乃大敌所因为资也。如但固守，旷日持久，则军粮必乏，不待接刃，而战士已困矣。

　昔太戊之时，桑谷生庭，惧而修德，怪消殷兴。荧惑守心，宋以为灾,景公下从瞽史之言,而荧惑退舍,景公延年。夫修德于身而感异类,言发于口而通神明,臣以愚蔽,误忝近署,不能翼宣仁泽以感灵祇,仰惭俯愧,无所投处。退伏思惟,荧惑桑谷之异,天示二主,至如他馀锱介之妖,近是门庭小神所为,验之天地,无有他变,而征祥符瑞前后屡臻,明珠既观,白雀继见,万亿之祚,实灵所挺,以九域为宅,天下为家,不与编户之民转徙同也。又今之宫室,先帝所营,卜土立基,非为不祥。又杨市土地与宫连接,若大功毕竟,舆驾迁住,门行之神,皆当转移,犹恐长久未必胜旧。屡迁不可,留则有嫌,此乃愚臣所以夙夜为忧灼也。臣省月令,季夏之月,不可以兴土功,不可以会诸侯,不可以起兵动众,举大事必有大殃。今虽诸侯不会,诸侯之军与会无异。六月戊己,土行正王,既不可犯,加又农月,时不可失。昔鲁隐公夏城中丘,春秋书之,垂为后戒。今筑宫为长世之洪基,而犯天地之大禁,袭春秋之所书,废敬授之上务,臣以愚管,窃所未安。

又恐所召离民,或有不至,讨之则废役兴事,不讨则日月滋蔓。[3]若悉并到,大众聚会,希无疾病。且人心安则念善,苦则怨叛。江南精兵,北土所难,欲以十卒当东一人。天下未定,深可忧惜之。如此宫成,死叛五千,则北军之众更增五万,若到万人,则倍益十万,病者有死亡之损,叛者传不善之语,此乃大敌所以欢喜也。今当角力中原,以定强弱,正于际会,彼益我损,加以劳困,此乃雄夫智士所以深忧。

臣闻先王治国无三年之储,曰国非其国,安宁之世戒备如此,况敌强大而忽农忘畜。今虽颇种殖,间者大水沈没,其馀存者当须耘获,而长吏怖期,上方诸郡,身涉山林,尽力伐材,废农弃务,士民妻孥羸小,垦殖又薄,若有水旱则永无所获。州郡见米,当待有事,冗食之众,仰官供济。若上下空乏,运漕不供,而北敌犯疆,使周、召更生，良、平复出，不能为陛下计明矣。臣闻君明者臣忠，主圣者臣直，是以倭倭，昧犯天威，乞垂哀省。

书奏，晧不纳。后迁东观令，领右国史，荩上疏辞让，晧答曰："得表，以东观儒林之府，常讲校文艺，处定疑难，汉时皆名学硕儒乃任其职，乞更选英贤。闻之。以卿研精坟典，博览多闻，可谓悦礼乐敦诗书者也。当飞翰骋藻，光赞时事，以越杨、班、张、蔡之畴，怪乃谦光，厚自菲薄，宜勉修所职，以迈先贤，勿复纷纷。"

时仓廪无储，世俗滋侈，荩上疏曰："今寇虏充斥，征伐未已，居无积年之储，出无应敌之畜，此乃有国者所宜深忧也。夫财谷所生，皆出于民，趋时务农，国之上急。而都下诸官，所掌别异，各自下调，不计民力，辄与近期。长吏畏罪，昼夜催民，委舍佃事，遑赴会日，定送到都，或蕴积不用，而徒使百姓消力失时。到秋收月，督其限人，夺其播殖之时，而责其今年之税，如有逋悬，则籍没财物，故家户贫困，衣食不足。宜暂息众役，专心农桑。古人称一夫不耕，或受其饥，一女不织，或受其寒，是以先王治国，惟农是务。军兴以来，已向百载，农人废南亩之务，女工停机杼之业。推此揆之，则蔬食而长饥，薄衣而履冰者，固不少矣。臣闻主之所求于民者二，民之所望于主者三。二谓求其为己劳也，求其为己死也。三谓饥者能食之，劳者能息之，有功者能赏之。民以致其二事而主失其三望者，则怨心生而功不建。今帑藏不实，民劳役猥，主之二求已备，民之三望未报。且饥者不待美馔而后饱，寒者不俟狐貉而后温，为味者口之奇，文绣者身之饰也。今事多而役繁，民贫而俗奢，百工作无用之器，妇人为绮靡之饰，不勤麻枲，并绣文黼黻，转相仿效，耻独无有。兵民之家，犹复逐俗，内无儋石之储，而出有绫绮之服，至于富贾商贩之家，重以金银，奢恣尤甚。天下未平，百姓不赡，宜一生民之原，丰谷帛之业，而弃功于浮华之巧，妨日于侈靡之事，上无尊卑等级之差，下有耗财物力之损。今吏士之家，少无子女，多者三四，少者一二，通令户有一女，十万家则十万人，人织绩一岁一束，则十万束矣。使四疆之内同心戮力，数年之间，布帛必积。恣民五色，惟所服用，但禁绮绣无益之饰。且美貌者不待华采以崇好，艳姿者不待文绮以致爱，五采之饰，足以丽矣。若极粉黛，穷盛服，未必无丑妇；废华采，去文绣，未必无美人也。若实如论，有之无益废之无损者，何爱而不暂禁以充府藏之急乎？此救乏之上务，富国之本业也，使管、晏复生，无以易此。汉之文、景，承平继统，天下已定，四方无虞，犹以雕文之伤农事，锦绣之害女红，开富国之利，杜饥寒之本。况今六合分乖，豺狼充路，兵不离疆，甲不解带，而可以不广生财之原，充府藏之积哉？"

　　晧以覈年老，敕令草覈表，不敢。又敕作草文，停立待之。覈为文曰："咨覈小臣，草芥凡庸。遭眷值圣，受恩特隆。越从朽壤，蝉蜕朝中。熙光紫闼，青璅是凭。毖挹清露，沐浴凯风。效无丝氂，负阙山崇。滋润含垢，恩贷累重。秒质被荣，局命得融。欲报罔极，委之皇穹。圣恩雨注，哀弃其尤。猥命草对，润被下愚。不敢违敕，惧速罪诛。冒承诏命，魂逝形留。"

　　覈前后陈便宜，及贡荐良能，解释罪过，书百馀上，皆有补益，文多不悉载。天册元年以微谴免，数岁卒。曜、覈所论事章疏，咸传于世也。

　　评曰：薛莹称王蕃器量绰异，弘博多通；楼玄清白节操，才理条畅；贺邵历志高洁，机理清要；韦曜笃学好古，博见群籍，有记述之才。胡冲以为玄、邵、蕃一时清妙，略无优劣。必不得已，玄宜在先，邵当次之。华覈文赋之才，有过于曜，而典诰不及也。予观覈数献良规，期于自尽，庶几忠臣矣。然此数子，处无妄之世而有名位，强死其理,得免为幸耳。

【校勘记】

〔1〕使亲近将掷蕃首　掷,原作"跳",据资治通鉴卷七九改。

〔2〕万或既为右丞相　右,原作"左",据本书卷四八三嗣主传改。

〔3〕不讨则日月滋蔓　蔓,原作"慢",据群书治要卷二八改。

## 上三国志注表

　　臣松之言：臣闻智周则万理自宾，鉴远则物无遗照。虽尽性穷微，深不可识，至于绪馀所寄，则必接乎粗迹。是以体备之量，犹曰好察迩言。畜德之厚，在于多识往行。伏惟陛下道该渊极，神超妙物，晖光日新，郁哉弥盛。虽一贯坟典，怡心玄赜，犹复降怀近代，博观兴废。将以总括前踪，贻诲来世。

　　臣前被诏，使采三国异同以注陈寿国志。寿书铨叙可观，事多审正。诚游览之苑囿，近世之嘉史。然失在于略，时有所脱漏。臣奉旨寻详，务在周悉。上搜旧闻，傍摭遗逸。按三国虽历年不远，而事关汉、晋，首尾所涉，出入百载。注记纷错，每多舛互。其寿所不载，事宜存录者，则罔不毕取以补其阙。或同说一事而辞有乖杂，或出事本异，疑不能判，并皆抄内以备异闻。若乃纰缪显然，言不附理，则随违矫正以惩其妄。其时事当否及寿之小失，颇以愚意有所论辩。自就撰集，已垂期月。写校始讫，谨封上呈。

　　窃惟缀事以众色成文，蜜蜂以兼采为味，故能使绚素有章，甘逾本质。臣实顽乏，顾惭二物。虽自馨励，分绝藻缋，既谢淮南食时之敏，又微狂简斐然之作。淹留无成，只秽翰墨，不足以上酬圣旨，少塞愆责。愧惧之深，若坠渊谷。谨拜表以闻，随用流汗。臣松之诚惶诚恐顿首顿首死罪谨言。

　　元嘉六年七月二十四日，中书侍郎西乡侯臣裴松之上。

# 四库全书总目提要

三国志六十五卷,晋陈寿撰,宋裴松之注。寿事迹具晋书本传,松之事迹具宋书本传。凡魏志三十卷,蜀志十五卷,吴志二十卷。其书以魏为正统,至习凿齿作汉晋春秋始立异议。自朱子以来,无不是凿齿而非寿。然以理而论,寿之谬万万无辞;以势而论,则凿齿帝汉顺而易,寿欲帝汉逆而难。盖凿齿时晋已南渡,其事有类乎蜀,为偏安者争正统,此孚于当代之论者也。寿则身为晋武之臣,而晋武承魏之统,伪魏是伪晋矣。其能行于当代哉?此犹宋太祖篡立近于魏,而北汉、南唐迹近于蜀,故北宋诸儒皆有所避而不伪魏。高宗以后,偏安江左,近于蜀,而中原魏地全入于金,故南宋诸儒乃纷纷起而帝蜀。此皆当论其世,未可以一格绳也。惟其误沿史记周、秦本纪之例,不托始于魏文,而托始曹操,实不及魏书叙纪之得体,是则诚可已不已耳。

宋元嘉中,裴松之受诏为注,所注杂引诸书,亦时下己意。综其大致约有六端:一曰引诸家之论,以辨是非;一曰参诸书之说,以核讹异;一曰传所有之事,详其委曲;一曰传所无之事,补其阙佚;一曰传所有之人,详其生平;一曰传所无之人,附以同类。其中往往嗜奇爱博,颇伤芜杂。如袁绍传中之胡母班,本因为董卓使绍而见,乃注曰"班尝见太山府君及河伯,事在搜神记,语多不载",斯已赘矣。锺繇传中乃引陆氏异林一条,载繇与鬼妇狎昵事;蒋济传中引列异传一条,载济子死为泰山伍伯,迎孙阿为泰山令事;此类凿空语怪,凡十馀处,悉与本事无关,而深于史法有碍,殊为瑕额。又其初意似亦欲如应劭之注汉书,考究训诂,引证故实。故于魏志武帝纪沮授字则注"沮音菹"，犷平字则引续汉书郡国志注"犷平县名属渔阳"，甬道字则引汉书"高祖二年与楚战筑甬道"，赘旒字则引公羊传，先正字则引文侯之命，释位字则引左传，致届字则引诗，绥爰字、率俾字、昏作字则皆引书，纠虔天刑字则引国语。至蜀志谯正传释诲一篇，句句引古事为注至连数简。又如彭羕传之革不训老，华佗传之夐本似专，秦宓传之棘革异文，少帝纪之叟更异字，亦间有所辨证，其他传文句则不尽然。然如蜀志廖立传首忽注其姓曰补救切，魏志凉茂传中忽引博物记注缢一字之类，亦间有之。盖欲为之而未竟，又惜所已成，不欲删弃，故或详或略，或有或无，亦颇为例不纯。然网罗繁富，凡六朝旧籍今所不传者，尚一一见其厓略。又多首尾完具，不似郦道元水经注、李善文选注皆剪裁割裂之文。故考证之家，取材不竭，转相引据者，反多于陈寿本书焉。

## 华阳国志陈寿传

陈寿字承祚，巴西安汉人也。少受学于散骑常侍谯周，治尚书、三传，锐精史、汉，聪警敏识，属文富艳。初应州命卫将军主簿、东观秘书郎、散骑黄门侍郎。大同后察孝廉，为本郡中正。

益部自建武后，蜀郡郑伯邑、太尉赵彦信及汉中陈申伯、祝元灵、广汉王文表皆以博学洽闻，作巴蜀耆旧传。寿以为不足经远，乃并巴、汉撰为益部耆旧传十篇。散骑常侍文立表呈其传，武帝善之，再为著作郎。吴平后，寿乃鸠合三国史，著魏、吴、蜀三书六十五篇，号三国志，又著古国志五十篇，品藻典雅，中书监荀勖、令张华深爱之，以班固、史迁不足方也。出为平阳侯相。华又表令次定诸葛亮故事集为二十四篇，时寿良亦集，故颇不同。复入为著作郎。镇南将军杜预表为散骑侍郎，诏曰："昨适用蜀人寿良具员，且可以为侍御史。"上官司论七篇，依据典故，议所因革。又上释讳、广国论。华表令兼中书郎，而寿魏志有失勖意，勖不欲其处内，表为长广太守。继母遗令不附葬，以是见讥。数岁，除太子中庶子。太子转徙后，再兼散骑常侍。惠帝谓司空张华曰："寿才宜真，不足久兼也。"华表欲登九卿，会受诛，忠贤排摈，寿遂卒洛下，位望不充其才，当时冤之。

兄子符，字长信，亦有文才，继寿著作佐郎，上廉令。符弟莅，字叔度，梁州别驾，骠骑将军齐王辟掾，卒洛下。莅从弟阶，字达芝，州主簿，察孝廉，褒中令、永昌西部都尉、建宁兴古太守。皆辞章粲丽，驰名当世。凡寿所述作二百馀篇，符、莅、阶各数十篇。二州先达及华夏文士多为作传，大较如此。

三国志

时梓潼李骧叔龙亦隽逸器，知名当世，举秀才，尚书郎，拜建平太守，以疾辞不就，意在州里，除广汉太守。初与寿齐望，又相昵友，后与寿情好携隙，还相诬攻，有识以是短之。

## 晋书陈寿传

陈寿字承祚，巴西安汉人也。少好学，师事同郡谯周。仕蜀为观阁令史，宦人黄皓专弄威权，大臣皆曲意附之，寿独不为之屈，由是屡被谴黜。

遭父丧，有疾，使婢丸药，客往见之，乡党以为贬议；及蜀平，坐是沉滞者累年。司空张华爱其才，以寿虽不远嫌，原情不至贬废，举为孝廉，除佐著作郎，出补阳平令。撰蜀相诸葛亮集，奏之，除著作郎，领本郡中正。撰魏、吴、蜀三国志，凡六十五篇，时人称其善叙事，有良史之才。夏侯湛时著魏书，见寿所作，便坏己书而罢。张华深善之，谓寿曰："当以晋书相付耳。"其为时所重如此。或云丁仪、丁廙有盛名于魏，寿谓其子曰："可觅千斛米见与，当为尊公作佳传。"丁不与之，竟不为立传。寿父为马谡参军，谡为诸葛亮所诛，寿父亦坐被髡，诸葛瞻又轻寿；寿为亮立传谓"亮将略非长，无应敌之才"，言"瞻惟工书，名过其实"。议者以此少之。

张华将举寿为中书郎，荀勖忌华而疾寿，遂讽吏部，迁寿为长广太守。辞母老不就。杜预将之镇，复荐之于帝，宜补黄散，由是授御史治书，以母忧去职。母遗言令葬洛阳，寿遵其志。又坐不以母归葬，竟被贬议。初，谯周尝谓寿曰："卿必以才学成名，当被损折，亦非不幸也，宜深慎之。"寿至此再致废辱，皆如周言。后数岁，起为太子中庶子，未拜。元康七年病卒，时年六十五。

梁州大中正尚书郎范頵等上表曰："昔汉武帝诏曰'司马相如病甚，可遣悉取其书'，使者得其遗书，言封禅事，天子异焉。臣等按故治书侍御史陈寿作三国志，辞多劝诫，明乎得失，有益风化。虽文艳不若相如，而质直过之。愿垂采录。"于是诏下河南尹、洛阳令就家写其书。寿又撰古国志五十篇、益部耆旧传十篇，馀文章传于世。

## 宋书裴松之传

裴松之字世期,河东闻喜人也。祖昧,光禄大夫。父珪正,员外郎。松之年八岁,学通论语、毛诗。博览坟籍,立身简素。年二十,拜殿中将军。此官直卫左右,晋孝武太元中,革选名家以参顾问,始用琅邪王茂之、会稽谢辑,皆南北之望。舅庾楷在江陵,欲得松之西上,除新野太守,以事难不行,拜员外散骑侍郎。义熙初,为吴兴故鄣令。在县有绩,入为尚书祠部郎。

松之以世立私碑有乖事实,上表陈之曰:"碑铭之作,以明示后昆,自非殊功异德,无以允应兹典,大者道动光远,世所宗推;其次节行高妙,遗烈可纪。若乃亮采登庸,绩用显著,敷化所莅,惠训融远,述咏所寄,有赖镌勒。非斯族也,则几乎僭黩矣。俗敝伪兴,华烦已久。是以孔悝之铭,行是人非;蔡邕制文,每有愧色。而自时厥后,其流弥多。预有臣吏,必为建立。勒铭寡取信之实,刊石成虚伪之常,真假相蒙,殆使合美者不贵。但论其功费,又不可称,不加禁裁,其弊无已。以为诸欲立碑者,宜悉令言上,为朝议所许,然后听之。庶可以防遏无征,显彰茂实,使百世之下知其不虚,则义信于仰止,道孚于来叶。"由是并断。高祖北伐,领司州刺史,以松之为州主簿,转治中从事史。既克洛阳,高祖敕之曰:"裴松之廊庙之才,不宜久尸边务,今召为世子洗马,与殷景仁同,可令知之。"于时议立五庙乐,松之以妃臧氏庙乐亦宜与四庙同。除零陵内史,征为国子博士。

太祖元嘉三年,诛司徒徐羡之等,分遣大使巡行天下。通直散骑常侍袁渝、司徒左司掾孔邈使扬州,尚书三公郎陆子真、起部甄法崇使荆州，员外散骑常侍范雝、司徒主簿庞遵使南兖州，前尚书右丞孔默使南北二豫州，抚军参军王歆之使徐州，冗从仆射车宗使青、兖州，松之使湘州，尚书殿中郎阮长之使雝州，前竟陵太守殷道鸾使益州，员外散骑常侍李犹之使广州，郎中殷斌使梁州、南秦州，前员外散骑侍郎阮园客使交州，驸马都尉奉朝请潘思先使宁州，并兼散骑常侍。班宣诏书曰："昔王者巡功，群后述职，不然则有存省之礼，聘觌之规，所以观民立政，命事考绩，上下偕通，遐迩咸被，故能功昭长世，道历远年。朕以寡暗，属承洪业，夤畏在位，昧于治道，夕惕惟忧，如临渊谷，惧国俗陵颓，民风凋伪，眚厉违和，水旱伤业，虽勤躬庶事，思弘攸宜，而机务惟殷，顾循多阙，政刑乖谬，未获具闻。岂诚素弗孚，使群心莫尽，纳隍之愧，在予一人。以岁时多难，王道未壹，卜征之礼，废而未修，眷被氓庶，无忘钦恤。今使兼散骑常侍渝等申令四方，周行郡邑，亲见刺史二千石官长，申述至诚，广询治要，观察吏政，访求民隐，旌举操行，存问所疾，礼俗得失，一依周典，每各为书，还具条奏，俾朕昭然若亲览焉。大夫君子其各悉心敬事，无惰乃力！其有咨谋远图，谨言中诚，陈之使者，无或隐遗。方将敬纳良规，以补其阙，勉哉勖之，称朕意焉！"

松之反使，奏曰："臣闻天道以下济光明，君德以广运为极。古先哲后，因心溥被。是以文思在躬，则时雝自洽，礼行江汉，而美化斯远。故能垂大哉之休咏，廓造周之盛则。伏惟陛下神睿玄通，道契旷代，冕旒华堂，垂心八表，咨敬敷之未纯，虑明扬之靡畅，清问下民，哀此鳏寡，涣焉大号，周爱四达，远猷形于雅诰，惠训播乎遐陬。是故率土仰咏，重译咸说，莫不讴吟踊跃，式铭皇风，或有扶老携幼，称欢路左。诚由亭毒既流，故忘其自至，千载一时，于是乎在。臣谬蒙铨任，忝厕显列，猥以短乏，思纯八表，无以宣畅圣旨，肃明风化，黜陟无序，搜扬寡闻，惭惧屏营，不知所措。奉二十四条，谨随事为牒。伏见癸卯诏书，礼俗得失，一依周典，每各为书还具条奏，谨依事为书以系之后。"松之甚得奉使之义，论者美之。转中书侍郎、司冀二州大中正。

上使注陈寿三国志，松之鸠集传记，增广异闻，既成，奏上。上善之，曰："此为不朽矣。"出为永嘉太守，勤恤百姓，吏民便之。入补通直，为常侍，复领二州大中正，寻出为南琅邪太守。十四年，致仕，拜中散大夫，寻领国子博士，进大中大夫，博士如故。续何承天国史，未及撰述，二十八年卒，时年八十。

子骃，南中郎参军。松之所著文论及晋纪，骃注司马迁史记，并行于世。